住房城乡建设部土建类学科专业"十三五"规划教材

高等学校工程管理专业规划教材

工程建设法规教程

（第二版）

何佰洲　宿　辉　编著

中国建筑工业出版社

图书在版编目（CIP）数据

工程建设法规教程/何佰洲，宿辉编著. —2 版 .—北京：
中国建筑工业出版社，2019.4（2022.2重印）
住房城乡建设部土建类学科专业"十三五"规划教材. 高
等学校工程管理专业规划教材
ISBN 978-7-112-23388-5

Ⅰ.①工… Ⅱ.①何… ②宿… Ⅲ.①建筑法-中国-高等
学校-教材 Ⅳ.①D922.297

中国版本图书馆 CIP 数据核字（2019）第 040654 号

　　本书结合最新立法、司法动态，力求全面系统地反映建设工程全生命周期各阶段相关法律制度。使读者能够在学习理论知识的同时，掌握《物权法》、《城乡规划法》、《劳动合同法》、最高人民法院《关于审理建设工程施工合同纠纷案件适用法律问题的解释》等新近颁布实施的法律、司法解释对我国工程建设的影响。本书突出特色为采用大量翔实缜密的工程案例，真正做到了理论联系实际，增强了本书的应用性。同时，考虑到高校教学需要和建筑业企业经营管理的实际工作需求，本书附录部分列出了大量实用的工程建设法律法规，查阅起来更加方便。这些内容丰富和完善了全书的体系结构，使其更具有实践指导意义。

　　为更好地支持相应课程的教学，我们向采用本书作为教材的教师提供教学课件，有需要者可与出版社联系，邮箱：1203027534@QQ.com。

＊　　＊　　＊

责任编辑：张　晶　牛　松　张智芊
责任校对：党　蕾

住房城乡建设部土建类学科专业"十三五"规划教材
高等学校工程管理专业规划教材
工程建设法规教程
（第二版）
何佰洲　宿　辉　编著

＊

中国建筑工业出版社出版、发行（北京海淀三里河路9号）
各地新华书店、建筑书店经销
北京红光制版公司制版
天津画中画印刷有限公司印刷

＊

开本：787 毫米×1092 毫米　1/16　印张：28　字数：691 千字
2019 年 7 月第二版　　2022 年 2 月第十六次印刷
定价：**58.00** 元（赠课件）
ISBN 978-7-112-23388-5
（33646）

序　言

全国高等学校工程管理和工程造价学科专业指导委员会（以下简称"专指委"），是受教育部委托，由住房和城乡建设部组建和管理的专家组织，其主要工作职责是在教育部、住房城乡建设部、高等学校土建学科教学指导委员会的领导下，负责高等学校工程管理和工程造价类学科专业的建设与发展、人才培养、教育教学、课程与教材建设等方面的研究、指导、咨询和服务工作。在住房城乡建设部的领导下，专指委根据不同时期建设领域人才培养的目标要求，组织和富有成效地实施了工程管理和工程造价类学科专业的教材建设工作。经过多年的努力，建设完成了一批既满足高等院校工程管理和工程造价专业教育教学标准和人才培养目标要求，又有效反映相关专业领域理论研究和实践发展最新成果的优秀教材。

根据住房和城乡建设部人事司《关于申报高等教育、职业教育土建类学科专业"十三五"规划教材的通知》（建人专函〔2016〕3 号），专指委于 2016 年 1 月起在全国高等学校范围内进行了工程管理和工程造价专业普通高等教育"十三五"规划教材的选题申报工作，并按照高等学校土建学科教学指导委员会制定的《土建类专业"十三五"规划教材评审标准及办法》以及"科学、合理、公开、公正"的原则，组织专业相关专家对申报选题教材进行了严谨细致地审查、评选和推荐。这些教材选题涵盖了工程管理和工程造价专业主要的专业基础课和核心课程。2016 年 12 月，住房和城乡建设部发布《关于印发高等教育 职业教育土建类学科专业"十三五"规划教材选题的通知》（建人函〔2016〕293 号），审批通过了 25 种（含 48 册）教材入选住房和城乡建设部土建类学科专业"十三五"规划教材。

这批入选规划教材的主要特点是创新性、实践性和应用性强，内容新颖，密切结合建设领域发展实际，符合当代大学生学习习惯。教材的内容、结构和编排满足高等学校工程管理和工程造价专业相关课程的教学要求。我们希望这批教材的出版，有助于进一步提高国内高等学校工程管理和工程造价本科专业的教育教学质量和人才培养成效，促进工程管理和工程造价本科专业的教育教学改革与创新。

高等学校工程管理和工程造价学科专业指导委员会
2017 年 8 月

第 二 版 前 言

本书是住房和城乡建设部土建类学科专业"十三五"规划教材和高等学校工程管理专业规划教材,初版以来,已逾十年。期间我国建设领域法律体系日臻完善,立法技术趋于成熟。已经形成了涵盖法律规范、技术标准、示范文本等层次分明的建设监管体系,因此有必要对书稿进行修订,以满足教学和工作需要。

工程建设法规是高等学校工程管理类专业,包括工程管理和工程造价专业学生应当掌握的专业知识。本课程与经济法、工程合同法律基础、建设工程招标投标、工程合同管理等共同构成了高等学校工程管理专业一个课程群,以实现学生具备工程合同管理专业能力的培养目标。

本次修订,我们更新了初版的全部教学案例,并结合《建筑法》《招标投标法实施条例》《建设工程质量管理条例》《建设工程安全生产管理条例》等建设领域基本法律制度修订或实施情况,对教材内容进行了完善。同时,增加了对于工程争议解决具有重要意义的新颁司法解释和司法文件相关内容。

本书由何佰洲、宿辉共同编著。写作过程中继续得到了主管部门和行业协会的大力支持。除前版参与资料收集整理人员外,万俊伟、张帆、范飞翔、王玉、朴一梅、姚甜甜、徐好倩、宿梦远、白洛妍、李东虓为本书再版付出了辛勤努力。囿于作者能力所限,书中不足偏谬之处,望读者不吝指正!

何佰洲　宿辉

2019 年 7 月

前　　言

随着我国建筑产业国民经济支柱性地位的不断加强和巩固，建设工程领域的立法进程不断加快，立法技术也日臻完善和成熟。特别是近几年来，国家修订、颁布了包括《城乡规划法》《物权法》等在内的一大批与工程建设相关的法律法规。鉴于此，作者在多年科研、教学实践及以往教材编写经验的基础上，编写了这本《工程建设法规教程》。蒙广大读者和同行专家学者的关心与厚爱，本书被教育部及住房和城乡建设部先后评为普通高等教育"十一五"国家级规划教材和普通高等教育土建学科专业"十一五"规划教材。

本书在内容上涵盖了工程建设领域涉及的主要法律法规，以期能够全面反映我国建设工程领域最新的立法情况，满足教学和实务工作者的需求。同时，对近年颁布的法律法规着重加以介绍，主要包括：最高人民法院《关于审理建设工程施工合同纠纷案件适用法律问题的解释》，新近颁布、修订实施的《城乡规划法》《物权法》《城市房地产管理法》《公司法》《合伙企业法》《企业所得税法》《劳动合同法》《固体废物污染环境防治法》等相关法律法规。

为增强本书的适用性，作者在每章后面都收集和整理了部分典型案例，并给出了深入分析，使得读者可以了解相关法规在实务工作中的应用情况。同时，作者在附录部分对建设工程领域相关法律法规、部门规章、示范文本进行了归纳，为读者全面便捷地检索查阅提供了便利。

在本书的编写过程中，得到了住房和城乡建设部工程质量安全监督与行业发展司、政策法规司、人事司，中国建筑业协会，北京德恒律师事务所，建纬律师事务所，中建—大成建筑有限责任公司的鼎力支持，在此向这些协助单位表示衷心感谢！另外，宿辉同志在本书编写过程中协助作者做了大量工作，付出了辛勤的劳动，在此一并感谢！

由于本人水平所限，在成书过程中虽经反复推敲，不妥之处也在所难免，诚望广大读者提出宝贵意见。

何佰洲
2009 年 2 月于北京建筑工程学院
hebaizhou@bucea.edu.cn

目　　录

第一章　工程建设法律基础

第一节　工程建设法律概述

一、工程建设法的概念

工程建设法是法律体系的重要组成部分，它直接体现国家组织、管理、协调城市建设、乡村建设、工程建设、建筑业、房地产业、市政公用事业等各项建设活动的方针、政策和基本原则。

工程建设法是调整国家管理机关、企业、事业单位、经济组织、社会团体，以及公民在工程建设活动中所发生的社会关系的法律规范的总称。工程建设法的调整范围主要体现在三个方面：一是工程建设管理关系，即国家机关正式授权的有关机构对工程建设的组织、监督、协调等职能活动；二是工程建设协作关系，即从事工程建设活动的平等主体之间发生的往来、协作关系，如发包人与承包人签订工程建设合同等；三是从事工程建设活动的主体内部劳动关系，如订立劳动合同、规范劳动纪律等。

二、工程建设法的基本原则

工程建设活动通常具有周期长、涉及面广、人员流动性大、技术要求高等特点，因此在建设活动的整个过程中，必须贯彻以下基本原则，才能保证建设活动的顺利进行：

（一）工程建设活动应确保工程建设质量与安全原则

工程建设质量与安全是整个工程建设活动的核心，是关系到人民生命、财产安全的重大问题。工程建设质量是指国家规定和合同约定的对工程建设的适用、安全、经济、美观等一系列指标的要求。工程建设活动确保工程建设质量就是确保工程建设符合有关适用、安全、经济、美观等各项指标的要求。工程建设的安全是指工程建设对人身的安全和财产的安全。确保工程建设的安全就是确保工程建设不能引起人身伤亡和财产损失。

（二）工程建设活动应当符合国家的工程建设安全标准原则

国家的建设安全标准是指国家标准和行业标准。国家标准是指由国务院行政主管部门制定的在全国范围内适用的统一的技术要求。行业标准是指由国务院有关行政主管部门制定并报国务院标准化行政主管部门备案的，没有国家标准而又需要在全国范围内适用的统一技术要求。工程建设安全标准是对工程建设的设计、施工方法和安全所作的统一要求。工程建设活动符合工程建设安全标准对保证技术进步，提高工程建设质量与安全，发挥社会效益与经济效益，维护国家利益和人民利益具有重要作用。

（三）从事工程建设活动应当遵守法律、法规原则

社会主义市场经济是法制经济，工程建设活动应当依法行事。法律是全国人大及其常委会审议通过并发布，在全国有效的规范性文件；行政法规是国务院制定与发布，在全国有效的规范性文件；地方法规是由地方人大及其常委会制定与发布，在本区域有效的规范性文件。作为工程建设活动的参与者，从事工程建设勘察、设计的单位、个人，从事工程

建设监理的单位、个人，从事工程建设施工的单位、个人，从事建设活动监督和管理的单位、个人，以及建设单位等，都必须遵守法律、法规的强制性规定。

（四）不得损害社会公共利益和他人的合法权益原则

社会公共利益是全体社会成员的整体利益，保护社会公共利益是法律的基本出发点，从事工程建设活动不得损害社会公共利益也是维护建设市场秩序的保障。

（五）合法权利受法律保护原则

宪法和法律保护每一个市场主体的合法权益不受侵犯，任何单位和个人都不得妨碍和阻挠依法进行的建设活动，这也是维护建设市场秩序的必然要求。

三、工程建设法的特征及作用

（一）工程建设法的特征

工程建设法作为调整工程建设管理和协作所发生的社会关系的法律规范，除具备一般法律基本特征外，还具有不同于其他法律的特征。

1. 行政隶属性

这是工程建设法的主要特征，也是区别于其他法律的主要特征。这一特征决定了工程建设法必然要采用直接体现行政命令的调整方法，即以行政指令为主的方法调整工程建设法律关系。调整方式包括：

（1）授权。国家通过工程建设法律规范，授予国家工程建设管理机关某种管理权限，或具体的权利，对工程建设进行监督管理。如规定设计文件的审批权限、工程建设质量监督、工程建设合同的鉴证等。

（2）命令。国家通过工程建设法律规范赋予工程建设法律关系主体某种作为的义务。如限期拆迁房屋，进行企业资质认定，领取开工许可证等。

（3）禁止。国家通过工程建设法律规范赋予工程建设法律关系主体某种不作为的义务，即禁止主体某种行为。如严禁利用工程建设承发包索贿受贿，严禁无证设计、无证施工，严禁工程建设转包、肢解发包、挂靠等行为。

（4）许可。国家通过工程建设法律规范，允许特别的主体在法律允许范围内有某种作为的权利。如建筑工程施工总承包资质标准，一级资质企业可承担单项合同额 3000 万元以上的下列建筑工程的施工：①高度 200m 以下的工业、民用建筑工程。②高度 240m 以下的构筑物工程；二级资质企业可承担高度 100m 以下的工业与民用建筑工程、高度 120m 以下的构筑物工程及单跨跨度 39m 以下的建筑工程等工程；三级资质企业可承担高度 50m 以下的工业与民用建筑工程、高度 70m 以下的构筑物工程及单跨跨度 27m 以下的建筑工程等项目。

（5）免除。国家通过工程建设法律规范，对主体依法应履行的义务在特定情况下予以免除。如用炉渣、粉煤灰等废渣作为主要原料生产建筑材料的可享有减、免税的优惠等。

（6）确认。国家通过工程建设法律规范，授权工程建设管理机关依法对争议的法律事实和法律关系进行认定，并确定其是否存在，是否有效。如各级工程建设质量监督站检查受监工程的勘察、设计、施工单位和建筑构件厂的资质等级和营业范围，监督勘察、设计、施工单位和建筑构件厂是否严格执行技术标准，并检查其工程（产品）质量等。

（7）计划。国家通过工程建设法律规范，对工程建设进行计划调节。计划可分为两种：一种是指令性计划，一种是指导性计划。指令性计划具有法律约束力，具有强制性。当事人必须严格执行，违反指令性计划的行为，要承担法律责任。指令性计划本身就是行政管理。指导性计划一般不具有约束力，是可以变动的，但是在条件可能的情况下也是应该遵守的。工程建设必须执行国家的固定资产投资计划。

（8）撤销。国家通过工程建设法律规范，授予工程建设行政管理机关，运用行政权力对某些权利能力或法律资格予以撤销或消灭。如没有落实工程建设投资计划的项目必须停建、缓建。对无证设计、无证施工、转包和挂靠予以坚决取缔等。

2. 经济性

工程建设法是经济法的重要组成部分。经济性是工程建设法的又一重要特征。工程建设活动直接为社会创造财富，为国家增加积累。工程建设法的经济性既包括财产性，也包括其与生产、分配、交换、消费的联系性。如工程建设勘察设计、施工安装等都直接为社会创造财富，随着工程建设的发展，其在国民经济中的地位日益突出。邓小平同志早在1980年4月曾明确指出：建筑业是可以为国家增加积累的一个重要产业部门。许多国家把建筑业看作是国民经济的强大支柱之一，不是没有道理的。可见，作为调整建筑等行业的工程建设法的经济性是非常明显的。

3. 政策性

工程建设法律规范体现着国家的工程建设政策。它一方面是实现国家工程建设政策的工具，另一方面也把国家工程建设政策规范化。国家工程建设形势总是处于不断发展变化之中，工程建设法要随着工程建设政策的变化而变化，灵活而机敏地适应变化了的工程建设形势的客观需要。如国家人力、财力、物力紧张时，基建投资就要压缩，通过法律规范加以限制。国力储备充足时，就可以适当增加基建投资，同时，以法律规范予以扶植、鼓励。可见工程建设法的政策性比较强，相对比较灵活。

4. 技术性

技术性是工程建设法律规范一个十分重要的特征。工程建设的发展与人类的生存、进步息息相关。工程建设产品的质量与人民的生命财产紧紧连在一起。为保证工程建设产品的质量和人民生命财产的安全，大量的工程建设法规是以技术规范形式出现的，直接、具体、严密、系统，便于广大工程技术人员及管理机构遵守和执行。如各种设计规范、施工规范、验收规范、产品质量监测规范等。有些非技术规范的工程建设法律规范中也带有技术性的规定。如城市规划法就含有计量、质量、规划技术、规划编制内容等技术性规范。

（二）工程建设法的作用

工程建设业是与社会进步、国家强盛、民族兴衰紧密相连的一个行业。它所从事的生产活动，不仅为人类自身的生存发展提供一个最基本的物质环境，而且反映各个历史时期的社会面貌，反映各个地区、各个民族科学技术、社会经济和文化艺术的综合发展水平。工程建设产品是人类精神文明发展史的一个重要标志。工程建设管理是自然科学与社会科学交叉的一个独立学科，它由工程技术、经济、管理、法律四条腿支撑。工程建设法律、法规是工程建设管理的依据。

在国民经济中，工程建设业是一个重要的物质生产部门，工程建设法的作用就是保护、巩固和发展社会主义的经济基础，最大限度地满足人们日益增长的美好生活的需要，保障工程建设业健康有序的发展。

国家要发展，人类要生存，国家建设必不可少。工程建设业要最大限度地满足各行各业最基本的环境，为人们创造良好的工作环境、生活环境、教学研究环境和生产环境。为此，工程建设法通过各种法律规范规定工程建设业的基本任务、基本原则、基本方针，加强工程建设业的管理，充分发挥其效能，为国民经济各部门提供必需的物质基础，为国家增加积累，为社会创造财富，推动社会主义各项事业的发展，促进社会主义现代化建设。

第二节　工程建设法律关系

一、工程建设法律关系的概念

（一）法律关系的概念

法律关系是指由法律规范在调整人们行为过程中所形成的具有法律上权利义务形式的社会关系。一定的法律关系是以一定的法律规范为前提的，是一定法律规范调整一定社会关系的结果。

（二）工程建设法律关系的概念

工程建设法律关系是法律关系的一种，是指由工程建设法律规范所确认和调整的，在建设管理和建设协作过程中所产生的权利、义务关系。

工程建设法律关系是工程建设法律规范在社会主义市场经济活动中实施的结果，只有当社会组织按照工程建设法律规范进行建设活动，形成具体的权利和义务关系时才构成工程建设法律关系。

二、工程建设法律关系的特征

不同的法律关系有着不同的特征，构成其特征的条件是不同的法律关系的主体及其所依据的法律规范。建设业活动面广，内容繁杂，法律关系主体广泛，所依据的法律规范多样，由此决定工程建设法律关系具有如下特征：

（一）综合性

和工程建设法律规范相应，工程建设法律关系不是单一的，而是带有明显的综合性。工程建设法律规范是由工程建设行政法律、工程建设民事法律和工程建设技术法规构成的。这三种法律规范在调整工程建设活动中是相互作用、综合运用的。如国家建设主管部门行使组织、管理、监督的职权，依据工程建设程序、工程建设计划，组织、指导、协调、检查建设单位和勘察、设计、施工、安装等企业工程建设活动，就一定要导致某种法律关系的发生。这种法律关系是以指令服从、组织管理为特征的工程建设行政法律关系。与建设行政法律关系交叉相互作用的则是民事法律关系。这主要是建设单位和银行、勘察、设计、施工、安装等企业之间产生的权利义务关系。如资金借贷关系、工程承包关系、设备和材料承包供应关系等。这些关系往往表现为平等、自愿、公平的合同关系。而建设单位与勘察、设计、施工、安装等企业完成工程建设任务的标准及评价依据是设计规范、施工规范和验收规范。可见，调整工程建设活动是建设行政法律、工程建设民事法律和工程建设技术法规的综合运用。由此而产生了工程建设法律关系。

（二）复杂性

工程建设法律关系是一种涉及面广、内容复杂的权利义务关系。工程建设活动，关系到国民经济和人民生活的方方面面。如建设单位要进行工程建设，则必须使自己的建设项目获得批准、核准或备案，列入国家计划，由此而产生了它与业务主管机关、计划批准机关的关系。建设计划被批准后，又需进行筹备资金、购置材料、招投标，进一步组织设计、施工、安装，以便将建设计划付诸实施，这样又产生建设单位与银行、物资供应部门、勘察、设计、施工、安装等企业的关系、项目管理关系等。这些关系中有纵向的关系，横向的关系，也有纵横交错的关系。

（三）协同性

工程建设行政法律关系决定、制约、影响着工程建设协作关系。工程建设活动的法律调整是以行政管理法律规范为主的，工程建设行政法规与工程建设民事法规保持着高度协调一致性，具有与其同步平行发展的特征。

三、工程建设法律关系的构成要素

任何法律关系都是由法律关系主体、法律关系客体和法律关系内容三个要素构成，缺少其中一个要素就不能构成法律关系。由于三要素的内涵不同，则组成不同的法律关系，诸如民事法律关系、行政法律关系、劳动法律关系、经济法律关系等。同样，变更其中一个要素就不再是原来的法律关系。

工程建设法律关系则是由工程建设法律关系主体、工程建设法律关系客体和工程建设法律关系内容构成的。

（一）工程建设法律关系主体

工程建设法律关系主体是指参加建设活动，受工程建设法律规范调整，在法律上享有权利、承担义务的人。

1. 自然人

自然人是基于出生而依法成为民事法律关系主体的人。在我国的民法通则中，公民与自然人在法律地位上是一样的。但实际上，自然人的范围要比公民的范围广。公民是指具有本国国籍，依法享有宪法和法律所赋予的权利并承担宪法和法律所规定的义务的人。在我国，公民是社会中具有我国国籍的一切成员，包括成年人、未成年人和儿童。自然人则既包括公民，又包括外国人和无国籍的人。各国的法律一般对自然人都没有条件限制。

自然人在工程建设活动中也可以成为工程建设法律关系的主体。如施工企业工作人员（建筑工人、专业技术人员、注册执业人员等）同企业签订劳动合同时，即成为工程建设法律关系主体。

2. 法人

法人与自然人相对，法人是具有民事权利能力和民事行为能力，依法独立享有民事权利和承担民事义务的组织。法人的存在必须具备如下几个条件：依法成立；有必要的财产或者经费；有自己的名称、组织机构和场所；能够独立承担民事责任。

我国的民法总则依据法人是否具有营利性，把法人分为如下三大类、四种具体类型：

（1）营利法人

营利法人是以取得利润并分配给股东等出资人为目的成立的法人，为营利法人。在我国的各类法人中，最基本的、最典型的、为数众多的、在社会经济生活中活动最频繁的，就是营利法人，包括有限责任公司、股份有限公司和其他企业法人等。工程建设活动中，营利法人的表现形式：

1）勘察设计单位

　　勘察设计单位是指从事工程勘察设计工作的各类设计院、所等。我国有勘察设计合一的机构，也有分立的勘察和设计机构。

　　根据 2007 年 6 月 26 日建设部令第 160 号发布、2015 年 5 月 4 日住房城乡建设部令第 24 号修正的《建设工程勘察设计资质管理规定》，国家对工程勘察、设计企业的资质等级及业务范围的规定如下：

　　①工程勘察企业。工程勘察企业资质分为工程勘察综合资质、工程勘察专业资质、工程勘察劳务资质。工程勘察综合资质只设甲级；工程勘察专业资质设甲级、乙级，根据工程性质和技术特点，部分专业可以设丙级；工程勘察劳务资质不分等级。取得工程勘察综合资质的企业，可以承接各专业（海洋工程勘察除外）、各等级工程勘察业务；取得工程勘察专业资质的企业，可以承接相应等级相应专业的工程勘察业务；取得工程勘察劳务资质的企业，可以承接岩土工程治理、工程钻探、凿井等工程勘察劳务业务。

　　②工程设计企业。工程设计资质分为工程设计综合资质、工程设计行业资质、工程设计专业资质和工程设计专项资质。工程设计综合资质只设甲级；工程设计行业资质、工程设计专业资质、工程设计专项资质设甲级、乙级。根据工程性质和技术特点，个别行业、专业、专项资质可以设丙级，建筑工程专业资质可以设丁级。

　　取得工程设计综合资质的企业，可以承接各行业、各等级的建设工程设计业务；取得工程设计行业资质的企业，可以承接相应行业相应等级的工程设计业务及本行业范围内同级别的相应专业、专项（设计施工一体化资质除外）工程设计业务；取得工程设计专业资质的企业，可以承接本专业相应等级的专业工程设计业务及同级别的相应专项工程设计业务（设计施工一体化资质除外）；取得工程设计专项资质的企业，可以承接本专项相应等级的专项工程设计业务。

　　2）城市规划编制单位

　　城市规划编制单位的任务是进行城镇建设总体规划、详细规划及建设项目选址、可行性研究等。根据 2012 年 7 月 2 日住房城乡建设部令第 12 号发布的《城乡规划编制单位资质管理规定》，国家根据城市规划编制单位的技术条件和资历将其分为甲、乙、丙三级，授予等级证书，并规定取得不同等级证书的编制单位的业务范围，城市规划编制单位必须严格执行。

　　3）建筑业企业

　　建筑业企业，是指从事土木工程、建筑工程、线路管道设备安装工程、装修工程的新建、扩建、改建活动的企业。

　　关于建筑业企业的资质，住房城乡建设部第 22 号令《建筑业企业资质管理规定》已于 2015 年 1 月 22 日发布，自 2015 年 3 月 1 日起开始实施。建筑业企业资质分为施工总承包资质、专业承包资质、施工劳务资质三个序列；施工总承包序列企业资质设有 12 个类别，一般分为 4 个等级（特级、一级、二级、三级）；专业承包序列企业资质设有 36 个类别，一般分为 3 个等级（一级、二级、三级）。施工劳务资质不分类别与等级。

　　4）房地产开发企业

　　房地产开发企业是指依法设立、具有企业法人资格的、专营城市综合开发建设、经营商品房等房地产开发项目的经济实体。根据 2000 年 3 月 29 日建设部令第 77 号发布的《房地产开发企业资质管理规定》，房地产开发企业按资质条件划分为一、二、三、四共四个等级。国家严格规定了不同等级的业务范围，房地产开发企业必须严格遵照执行。

（2）非营利法人

非营利法人是指为公益目的或者其他非营利目的成立，不向出资人、设立人或者会员分配所取得利润的法人。包括：事业单位、社会团体、基金会、社会服务机构等。

（3）特别法人

特别法人是指机关法人、农村集体经济组织法人、城镇农村的合作经济组织法人、基层群众性自治组织法人。

（二）工程建设法律关系客体

工程建设法律关系客体是指参加工程建设法律关系的主体享有的权利和承担的义务所共同指向的事物。在通常情况下，建设主体都是为了某一客体，彼此才设立一定的权利、义务，从而产生工程建设法律关系，这里的权利、义务所指向的事物，便是工程建设法律关系的客体。

法学理论上，一般客体分为财、物、行为和非物质财富。工程建设法律关系客体也不外乎四类：

1. 表现为财的客体

财一般指资金及各种有价证券。在工程建设法律关系中表现为财的客体主要是建设资金，如基本建设贷款合同的标的，即一定数量的货币。

2. 表现为物的客体

法律意义上的物是指可为人们控制的并具有经济价值的生产资料和消费资料。在工程建设法律关系中表现为物的客体主要是建筑材料，如钢材、木材、水泥等，及其构成的建筑物，还有建筑机械等设备。某个具体基本建设项目即是工程建设法律关系中的客体。

3. 表现为行为的客体

法律意义上的行为是指人的有意识的活动。在工程建设法律关系中，行为多表现为完成一定的工作，如勘察设计、施工安装、检查验收等活动。工程建设勘察设计合同的标的，即完成一定的勘察设计任务；工程建设施工合同的标的，即按期完成一定质量要求的施工行为。

4. 表现为非物质财富的客体

法律意义上的非物质财富是指人们脑力劳动的成果或智力方面的创作，也称智力成果。在工程建设法律关系中，如果设计单位提供的具有创造性的设计图纸，该设计单位依法可以享有专有权，使用单位未经允许不能无偿使用。

（三）工程建设法律关系的内容

工程建设法律关系的内容即建设权利和建设义务。工程建设法律关系的内容是建设主体的具体要求，决定着工程建设法律关系的性质，它是联结主体的纽带。

1. 建设权利

建设权利是指工程建设法律关系主体在法定范围内，根据国家建设管理要求和自己企业活动的需要有权进行各种建设活动。权利主体可要求其他主体作出一定的行为或抑制一定行为，以实现自己的建设权利，因其他主体的行为而使建设权利不能实现时有权要求国家机关加以保护并予以制裁。

2. 建设义务

建设义务是指工程建设法律关系主体必须按法律规定或约定承担应负的责任。建设义务和建设权利是相互对应的，相应主体应自觉履行建设义务，义务主体如果不履行或不适当履行，就要受到法律制裁。

四、工程建设法律关系的产生、变更和消灭

（一）工程建设法律关系的产生、变更和消灭的概念

1. 工程建设法律关系的产生

工程建设法律关系的产生是指工程建设法律关系的主体之间形成了一定的权利和义务关系。某建设单位与施工单位签订了工程建设承包合同，主体双方产生了相应的权利和义务。此时，受工程建设法律规范调整的工程建设法律关系即告产生。

2. 工程建设法律关系的变更

工程建设法律关系的变更是指工程建设法律关系的三个要素发生变化。

（1）主体变更。主体变更是指工程建设法律关系主体数目增多或减少，也可以是主体改变。在建设合同中，客体不变，相应权利义务也不变，此时主体改变也称为合同转让。

（2）客体变更。客体变更是指工程建设法律关系中权利义务所指向的事物发生变化。客体变更可以是其范围变更，也可以是其性质变更。

工程建设法律关系主体与客体的变更，必然导致相应的权利和义务，即内容的变更。

3. 工程建设法律关系的消灭

工程建设法律关系的消灭是指工程建设法律关系主体之间的权利义务不复存在，彼此丧失了约束力。

（1）自然消灭。工程建设法律关系自然消灭是指某类工程建设法律关系所规范的权利义务顺利得到履行，取得了各自的利益，从而使该法律关系达到完结。

（2）协议消灭。工程建设法律关系协议消灭是指工程建设法律关系主体之间协商解除某类工程建设法律关系规范的权利义务，致使该法律关系归于消灭。

（3）违约消灭。工程建设法律关系违约消灭是指工程建设法律关系主体一方违约，或发生不可抗力，致使某类工程建设法律关系规范的权利不能实现。

（二）工程建设法律关系产生、变更和消灭的原因

工程建设法律关系并不是由工程建设法律规范本身产生的，工程建设法律规范并不直接产生法律关系。工程建设法律关系只有在一定的情况下才能产生，而这种法律关系的变更和消灭也由一定情况决定的。这种引起工程建设法律关系产生、变更和消灭的情况，即是人们通常称之为的法律事实。法律事实即是工程建设法律关系产生、变更和消灭的原因。

1. 法律事实

法律事实是指能够引起工程建设法律关系产生、变更和消灭的客观现象和事实。工程建设法律关系不会自然而然的产生，不是任何客观现象都可以作为法律事实，也不能仅凭工程建设法律规范规定，就可在当事人之间发生具体的工程建设法律关系。只有通过一定的法律事实，才能在当事人之间产生一定的法律关系，或者使原来的法律关系变更或消灭。不是任何事实都可成为工程建设法律事实，只有当工程建设法规把某种客观情况同一定的法律后果联系起来时，这种事实才被认为是工程建设法律事实，成为产生工程建设法律关系的原因，从而和法律后果形成因果关系。

2. 工程建设法律事实的分类

工程建设法律事实按是否包含当事人的意志分为两类。

（1）事件。事件是指不以当事人意志为转移而产生的自然现象。

当工程建设法律规范规定把某种自然现象和建设权利义务关系联系在一起的时候，这种现象就成为法律事实的一种，即事件。这就是工程建设法律关系的产生、变更或消灭的原因之一。如洪水灾害导致工程施工延期，致使某建筑安装合同不能履行。事件产生大致有三种情况：

1）自然事件。自然现象引起的，如地震、台风、水灾、火灾等。

2）社会事件。社会现象引起的，如战争、暴乱、政府禁令等。

3）意外事件。即突发事故，如失火、爆炸、触礁等。

（2）行为。行为是指人的有意识的活动。包括积极的作为或消极的不作为，都能引起工程建设法律关系的产生、变更或消灭。行为通常表现为以下几种：

1）民事法律行为。民事法律行为是指基于法律规定或有法律依据，受法律保护的行为。如根据设计任务书进行的初步设计的行为、依法签订工程建设承包合同的行为。

2）违法行为。违法行为是指受法律禁止的侵犯其他主体的建设权利和建设义务的行为。如违反法律规定或因过错不履行工程建设合同；没有国家批准的建设、擅自动工建设等行为。

3）行政行为。行政行为是指国家授权机关依法行使对建设业管理权而发生法律后果的行为。如国家建设管理机关下达基本建设计划、监督执行工程项目建设程序的行为。

4）立法行为。立法行为是指国家机关在法定权限内通过规定的程序，制定、修改、废止工程建设法律的活动。如国家制定、颁布工程建设法律、法规、条例等行为。

5）司法行为。司法行为是指国家司法机关的法定职能活动。它包括各级检察机构所实施的法律监督，各级审判机构的审判、调解活动等。如人民法院对工程建设纠纷案件作出判决的行为。

第三节　工程建设基本民事法律制度

一、法律制度的含义

法律制度有多种含义，从广义上讲，法律制度是指一个国家法律规范的总和；从狭义上讲，法律制度是指调整某一类特定关系，规范某一类特定行为的法律规范的总和。在本书中我们所要了解的是狭义的法律制度。

法律制度按照划分方式不同，可以作出不同的分类，但多数都以法律部门为依据来建立法律制度，如企业法律制度、民事法律制度、诉讼法律制度等。在一个部门法中，还有许多不同的具体法律制度，如在宪法制度中包含有政党制度、议会制度、经济制度等；在诉讼法制度中有回避制度、两审终审制度等；在工程建设法律制度中有质量责任制度、安全生产制度、招标投标制度、许可证制度等。

由于本书把工程建设管理作为重点，所以我们在此只阐述了工程建设所涉及的相关法律制度。本节中，我们重点要介绍与工程建设有关的基本民事法律制度。

二、法人制度

（一）法人概述

1. 法人的概念

依照《中华人民共和国民法总则》（以下简称《民法总则》）第 57 条规定："法人是具有民事权利能力和民事行为能力，依法独立享有民事权利和承担民事义务的组织"。

法人是与自然人相对应的一个法律概念，是指在法律上与自然人（或称公民）相对应的"人"。

2. 法人成立的条件

（1）依法成立。这里要求，一是法人的设立目的和方式必须符合法律法规的具体规定和要求；二是设立法人必须经过有关国家机关的批准；三是设立法人必须经过主管机关的批准或核准登记。

（2）有必要的财产或经费。这是法人进行民事活动的物质基础，它要求法人的财产或经费必须与法人的经营范围和设立目的相适应，否则不能被批准设立或核准登记。

（3）有自己的名称、组织机构和经营场所。法人的名称或字号是法人之间相互区别的标志和法人进行民事活动时使用的名称；法人的组织机构是指对内管理法人事务、对外代表法人进行民事活动的常设机构或机关，包括法人的决策机构、执行机构和监督机构以及内部业务活动机构；法人的经营场所是法人进行业务活动的所在地。

（4）能够独立承担民事责任。即法人能够以自己所拥有的财产或经费承担其在民事活动中的债务，以及法人在民事活动中给他人造成损失时的赔偿责任。

（二）法定代表人

法人的法定代表人是指能够代表法人行使民事权利、承担民事义务的主要负责人。法人作为一个组织是不能直接实施行为的，而必须通过法定代表人的行为，或其依照职权和法律要求而授权他人的行为才能完成。所以，法定代表人是法人实施行为的第一载体。

在了解法定代表人时需要注意以下几个问题：

1. 法定代表人不一定是法人的最高领导人

一方面，成为法定代表人往往要受到一定条件的限制，如法定代表人的户籍所在地应当与法人的注册地相一致；另一方面，法定代表人是代表法人实施行为的载体，其作用是对外代表本单位，与内部管理往往没有直接关系。所以，作为法定代表人首先要注意的是在代表法人实施有关民事法律行为时，必须贯彻法人的决策意志，不可一意孤行。

2. 法定代表人享有的权利和承担的义务具有特殊性

由于法定代表人对外代表着法人整体，所以，他具有特殊的权利和义务范围。在权利方面，法定代表人享有授权代理权、诉讼权、签约权、指令职工实施法人权限之内行为的权利等；在义务方面，法定代表人相应地也要承担一些特殊的法律责任。

3. 法定代表人的变更并非意味着法人的变更

尽管法人的行为都是通过法定代表人或其法定代理人实施的，但归根结底还应当是法人的行为。因此，法人更换法定代表人不影响法人所实施行为的法律效力。

三、代理制度

（一）代理的概念

代理是代理人在代理权限内，以被代理人的名义实施民事法律行为。被代理人对代理人的代理行为承担民事责任。由此可见，在代理关系中，通常涉及三个人，即被代理人、代理人和第三人。如某甲委托某乙去某丙处为自己购买机床一台，在这个代理关系中，某甲为被代理人，某乙为代理人，某丙为第三人。

（二）代理的种类

1. 委托代理

委托代理是指根据被代理人的委托而产生的代理。如公民委托律师代理诉讼即属于委托代理。委托代理可采用口头形式委托，也可采用书面形式委托，如果法律明确规定必须采用书面形式委托的，必须采用书面形式，如代签工程建设合同就必须采用书面形式。

在实际生活中，委托代理应注意下列问题：

（1）被代理人应慎重选择代理人。因为代理活动要由代理人来实施，且实施结果要由被代理人承受，因此，如果代理人不能胜任工作，将会给被代理人带来不利的后果，甚至还会损害被代理人的利益。

（2）委托授权的范围要明确。由于委托代理是基于被代理人的委托授权而产生的，所以，被代理人的授权范围一定要明确。如果由于授权不明确而给第三人造成损失的，则被代理人要向第三人承担责任，代理人承担连带责任。

（3）委托代理的事项必须合法。被代理人自己不能亲自进行违法活动，也不能委托他人进行违法活动；同时，代理人也不能接受此类的委托，否则，被代理人、代理人要承担连带责任。

2. 法定代理

法定代理是基于法律的直接规定而产生的代理。如父母代理未成年人进行民事活动就是属于法定代理。法定代理是为了保护无行为能力的人或限制行为能力的人的合法权益而设立的一种代理形式，适用范围比较窄。

（三）代理人在代理活动中应注意的几个问题

1. 代理人应在代理权限范围内进行代理活动

如果代理人没有代理权、超越代理权限范围或代理权终止后进行活动，即属于无权代理，倘若被代理人不予以追认的话，则由行为人承担法律责任。

2. 代理人应亲自进行代理活动

代理关系中的委托授权，是基于对代理人的信任，委托代理就是建立在这种人身信任的基础上的，因此，代理人必须亲自进行代理活动，完成代理任务。

3. 代理人应认真履行职责

代理人接受了委托，就有义务尽职尽责地完成代理工作。如果不履行或不认真履行代理职责而给被代理人造成损害的，代理人应承担赔偿责任。

4. 不得滥用代理权

滥用代理权表现为：

（1）以被代理人的名义同自己实施法律行为。如果以被代理人的名义同自己订立合同，就属于此种情形。

（2）代理双方当事人实施同一个法律行为。例如，在同一诉讼中，律师既代理原告，又代理被告，这就很可能损害合同一方当事人的利益，因此，此种情形为法律所禁止。

（3）代理人与第三人恶意串通损害被代理人的利益。例如，代理人与第三人相互勾结，在订立合同时给第三人以种种优惠，而损害了被代理人的利益，对此，代理人、第三人要承担连带责任。

（四）代理权的终止

由于代理的种类不同，代理关系终止的原因也不尽相同。

1. 委托代理的终止

（1）代理期限届满或代理事务完成。

（2）被代理人取消委托或代理人辞去委托。

（3）代理人丧失民事行为能力。

（4）代理人或者被代理人死亡。

（5）作为代理人或者被代理人的法人、非法人组织终止。

2. 法定代理终止

（1）被代理人取得或者恢复完全民事行为能力。

（2）代理人丧失民事行为能力。

（3）代理人或者被代理人死亡。

（4）法律规定的其他情形。

四、诉讼时效制度

（一）时效的概念

时效是指一定事实状态在法律规定期间内的持续存在，从而产生与该事实状态相适应的法律效力。时效一般可分为取得时效和消灭时效。

关于时效，《中华人民共和国民法通则》《中华人民共和国民法总则》均做了相应规定。在我国只承认消灭时效制度，不承认取得时效制度。消灭时效就是我们所说的诉讼时效。

（二）诉讼时效

1. 诉讼时效的概念

诉讼时效是指权利人在法定期间内，未向人民法院提起诉讼请求保护其权利时，法律规定消灭其胜诉权的制度。

2. 诉讼时效的种类

（1）普通诉讼时效。我国《民法总则》188条规定，向人民法院请求保护民事权利的诉讼时效为三年，法律另有规定的除外。由此可见，普通诉讼时效期间通常为3年。

（2）短期诉讼时效。我国《民法通则》136条规定，下列诉讼时效期间为1年：

①身体受到伤害要求赔偿的；

②延付或拒付租金的；

③出售质量不合格的商品未声明的；

④寄存财物被丢失或损毁的。

（3）特殊诉讼时效。《民法通则》141条规定，法律对诉讼时效另有规定的，依照法律规定。如《中华人民共和国合同法》129条规定，因国际货物买卖合同和技术进出口争议提起诉讼或者申请仲裁的期限为4年。

（4）权利的最长保护期限。《民法总则》188条规定，诉讼时效期间自权利人知道或应当知道权利受到损害以及义务人之日起计算。法律另有规定的，依照其规定。但是自权利受到损害之日起超过 20 年的，人民法院不予保护。这就是说，权利人不知道或不能知道权利已被侵害，自权利被侵害之日起经过 20 年的，其权利也失去法律的强制性保护。

3. 诉讼时效的起算

诉讼时效的起算，也即诉讼时效期间的开始，它是从权利人知道或应当知道其权利受到侵害及义务人之日起开始计算，即从权利人能行使请求权之日开始算起。但是，从权利被侵害之日起超过 20 年的，人民法院不予保护。

4. 诉讼时效的中止

诉讼时效的中止是指在时效进行中，因一定法定事由的出现，阻碍权利人提起诉讼，法律规定暂时终止诉讼时效期间的计算，待阻碍诉讼时效的法定事由消失后，诉讼时效继续进行，累计计算。

我国《民法总则》194 条规定，在诉讼时效期间的最后六个月内，因下列障碍，不能行使请求权的，诉讼时效中止：

（一）不可抗力；

（二）无民事行为能力人或者限制民事行为能力人没有法定代理人，或者法定代理人死亡、丧失民事行为能力、丧失代理权；

（三）继承开始后未确定继承人或者遗产管理人；

（四）权利人被义务人或者其他人控制；

（五）其他导致权利人不能行使请求权的障碍。

自中止时效的原因消除之日起满六个月，诉讼时效期间届满。

5. 诉讼时效的中断

诉讼时效的中断是指在时效进行中，因一定法定事由的发生，阻碍时效的进行，致使以前经过的诉讼时效期间统归无效，待中断事由消除后，其诉讼时效期间重新计算。我国《民法总则》第 195 条规定，有下列情形之一的，诉讼时效中断，从中断、有关程序终结时起，诉讼时效期间重新计算：

（一）权利人向义务人提出履行请求；

（二）义务人同意履行义务；

（三）权利人提起诉讼或者申请仲裁；

（四）与提起诉讼或者申请仲裁具有同等效力的其他情形。

五、物权制度

（一）物权的概念

物权是每个国家经济发展的基础，是交换的前提，是人生存发展的物质保障。第十届全国人民代表大会第五次会议于 2007 年 3 月 16 日通过的《中华人民共和国物权法》（以下简称《物权法》），自 2007 年 10 月 1 日起施行。物权法是规范财产关系的民事基本法律，调整因物的归属和利用而产生的民事关系，包括明确国家、集体、私人和其他权利人的物权以及对物权的保护。

根据《物权法》第二条规定："本法所称物权，是指权利人依法对特定的物享有直接支配和排他的权利，包括所有权、用益物权和担保物权"。

（二）物权的种类

依据传统民法理论，对于物权有多种分类：如以对标的物的支配范围为标准，分为所有权与定限物权；以标的物的种类为标准，分为动产物权、不动产物权与权利物权；以物权是否具有独立性为标准，分为主物权与从物权等。我国《物权法》遵循物权法定原则，第五条规定："物权的种类和内容，由法律规定。"

1. 所有权

所有权就是权利人全面支配标的物，并排除他人干涉的权利。所谓"全面支配"，即表现为所有权的权利内容具体包括对标的物的占有、使用、收益和处分，不仅包括对标的物使用价值的支配，还包括对标的物交换价值的支配。

《物权法》确定的所有权形式包括国家所有权、集体所有权和私人所有权。同时，随着现代城市的兴起以及人类建筑技术的高度发展，"建筑物区分所有权"成为一种较为特殊的不动产所有权形态。《物权法》采取设专章共计 14 个条文的形式，对建筑物区分所有权制度的宗旨及功能予以了明晰，首次通过法律层面上的对建筑物区分所有权制度基本原则和部分内容的规制设计，初步建立起我国建筑物区分所有权制度。

2. 用益物权

用益物权就是非所有人对他人所有的不动产或者动产依法所享有的占有、使用和收益的权利。《物权法》第十一章到第十四章明确规定了土地承包经营权、建设用地使用权、宅基地使用权和地役权这四种用益物权。第一百二十二条和一百二十三条规定了海域使用权、探矿权、采矿权、取水权和使用水域、滩涂从事养殖、捕捞的权利。对于海域使用权等权利，有人称之为特许物权，也有人称之为准物权。

3. 担保物权

担保物权就是以担保债务的清偿为目的，而以债务人或第三人的特定物或权利设定的定限物权。《物权法》第一百七十条规定："担保物权人在债务人不履行到期债务或者发生当事人约定的实现担保物权的情形，依法享有就担保财产优先受偿的权利，但法律另有规定的除外。"所谓"法律另有规定"，综观我国现有法律，主要有以下四种情况：

（1）在担保物权设定人欠税的情况下，国家的税收权优于担保物权。

（2）特定情形下未清偿职工债权将优于担保权。

（3）承租人的优先购买权优于担保权。

（4）建筑工程承包人的优先受偿权优于抵押权。

《物权法》第十六章到第十八章规定了抵押权、质权、留置权三种担保物权。

（三）物权的保护方法

物权的保护方法有刑法、民法、行政法之分，这里仅介绍民法的保护方法。

1. 请求确认物权

当物权归属不明或是发生争执时，当事人可以向法院提起诉讼，请求确认物权。请求确认物权包括请求确认所有权和请求确认他物权。

2. 请求排除妨碍

当他人的行为非法妨碍物权人行使物权时，物权人可以请求妨碍人排除妨碍，也可请求法院责令妨碍人排除妨碍。排除妨碍的请求，所有权人、用益物权人都可行使。

3. 请求恢复原状

当物权的标的物因他人的侵权行为而遭受损坏时，如果能够修复，物权人可以请求侵权行为人加以修理以恢复物之原状。恢复原状的请求，所有人、合法使用人都可以行使。

4. 请求返还原物

当所有人的财产被他人非法占有时，财产所有人或合法占有人，可以依照有关规定请求不法占有人返还原物，或请求法院责令不法占有人返还原物。

在请求返还原物时，应注意以下问题：

（1）只能向非法占有者要求返还。凡没有合法根据的占有都属于非法占有，不管主观上是否有过错，均可要求返还。

（2）原物必须存在。如原物不存在，则只能请求赔偿。

（3）如物权已被转让，则情况较为复杂。一般认为原则上要保护所有人的合法权益，也要顾及善意占有的第三人的正当利益。即以第三人在取得物权时有无过错，或是否有偿取得来确定。如果第三人在取得物权时并无过错，并支付了合理的价金，所有人则无法向第三人主张权利，只能向非法转让人要求赔偿。如第三人在取得物权时有过错，则所有人有权请求返还占有。如第三人是无偿取得物权，则不论第三人主观上是否有过错，均应返还物权。

5. 请求损失赔偿

当他人侵害物权的行为造成物权人的经济损失时，物权人可以直接请求侵害人赔偿损失，也可请求法院责令侵害人赔偿损失。

六、债权制度

（一）债的概念

债是按照合同约定或依照法律规定，在当事人之间产生的特定的权利和义务关系。

（二）债与物权的区别

债与物权都是与财产有密切联系的法律关系，但它们却有着明显的不同。

1. 债与物权的主体不同

债权的权利主体和义务主体都是特定的，是对人权；物权的权利主体是特定的，义务主体则为不特定的，是对世权。

2. 债与物权的内容不同

债权的实现需要义务主体积极行为的协助，是相对权；物权的实现则不需要他人的协助，是绝对权。

3. 债与物权的客体不同

债权的客体可以是物、行为和智力成果；物权的客体则只能是物。

（三）债的发生根据

根据我国《民法通则》以及相关的法律规范的规定，能够引起债的发生的法律事实，即债的发生根据，主要有：

1. 合同

合同是指民事主体之间关于设立、变更和终止民事关系的协议。合同是引起债权债务关系发生的最主要、最普遍的根据。

2. 侵权行为

侵权行为是指行为人不法侵害他人的财产权或人身权的行为。因侵权行为而产生的债，在我国习惯上也称之为"致人损害之债"。

3. 不当得利

不当得利是指没有法律或合同根据，有损于他人而取得的利益。它可能表现为得利人财产的增加，致使他人不应减少的财产减少了；也可能表现为得利人应支付的费用没有支付，致使他人应当增加的财产没有增加。不当得利一旦发生，不当得利人负有返还的义务。因而，这是一种债权债务关系。

4. 无因管理

无因管理是指既未受人之托，也不负有法律规定的义务，而是自觉为他人管理事务的行为。

无因管理行为一经发生，便会在管理人和其事务被管理人之间产生债权债务关系，其事务被管理者负有赔偿管理者在管理过程中所支付的合理的费用及直接损失的义务。

5. 债的其他发生根据

债的发生根据除前述几种外，遗赠、扶养、发现埋藏物等，也是债的发生根据。

（四）债的消灭

债因一定的法律事实的出现而使既存的债权债务关系在客观上不复存在，叫做债的消灭。债因以下事实而消灭：

1. 债因履行而消灭

债务人履行了债务，债权人的利益得到了实现，当事人间设立债的目的已达到，债的关系也就自然消灭了。

2. 债因抵消而消灭

抵消是指同类已到履行期限的对等债务，因当事人相互抵充其债务而同时消灭。用抵消方法消灭债务应符合下列的条件：

（1）必须是对等债务；

（2）必须是同一种类的给付之债；

（3）同类的对等之债都已到履行期限。

3. 债因提存而消灭

提存是指债权人无正当理由拒绝接受履行或其下落不明，或数人就同一债权主张权利，债权人一时无法确定，致使债务人一时难以履行债务，经公证机关证明或人民法院的裁决，债务人可以将履行的标的物提交有关部门保存的行为。

提存是债务履行的一种方式。如果超过法律规定的期限，债权人仍不领取提存标的物的，应收归国库所有。

4. 债因混同而消灭

混同是指某一具体之债的债权人和债务人合为一体。如两个相互订有合同的企业合并，则产生混同的法律效果。

5. 债因免除而消灭

免除是指债权人放弃债权，从而解除债务人所承担的义务。债务人的债务一经债权人解除，债的关系自行解除。

6. 债因当事人死亡而解除

债因当事人死亡而解除仅指具有人身性质的合同之债，因为人身关系是不可继承和转让的，所以，凡属委托合同的受托人、出版合同的约稿人等死亡时，其所签订的合同也随之终止。

第四节　工程建设基本法律制度案例

案例 1

原告：吴某

被告：××建工集团有限公司（以下简称"建工集团"）

被告：××房地产开发有限公司（以下简称"房地产开发有限公司"）

被告：××房地产开发有限公司项目部（以下简称"项目部"）

一、基本案情

吴某起诉至法院称：要求被告建工集团有限公司、被告房地产开发有限公司、项目部立即给付原告吴某垫付的工程款及农民工工资本金 2,682,640 元,利息 2895.332 元。

2011 年 6 月 16 日，被告项目部负责人与原告吴某签订了梅河口市二中附属工程承包协议书，吴某承建二中附属工程门卫房、给水房、泵房、厕所等 16 项工程，总价款 2,682,640 元；合同签订后吴某按约定如期施工、交工，并经验收合格。按约定，验收合格后两个月内项目部应以红梅人家小区退税款一次性支付工程款。时隔六年的时间，河口市二中已交付使用六年有余，工程款及农民工工资至今未给，项目部以房子没卖出去、没产生税收为由，拒绝支付原告工程款。

二、案件审理

法院经审查认为，项目部既不是法人分支机构又没有营业执照，不具有民事主体资格，不能独立承担民事责任，原告吴某的起诉不符法定条件，遂裁定驳回原告的起诉。

三、案例评析

《公司登记管理条例》第四十七条规定："公司设立分公司的，应当自决定作出之日起30 日内向分公司所在地的公司登记机关申请登记；法律、行政法规或者国务院决定规定必须报经有关部门批准的，应当自批准之日起 30 日内向公司登记机关申请登记。"项目部并非法人的分支机构，没有按照上述规定向公司登记机关申请登记并领取营业执照，其不具有合法的民事主体资格，即不具有民事权利能力及民事行为能力，其并非适合的民事主体。

案例 2

原告：吴某

被告：大新县某资产经营有限公司（以下简称"甲公司"）

一、基本案情

2014 年 12 月 17 日，原告吴某与被告甲公司签订了《商品房预售合同》，合同约定的主要内容有：1. 吴某与甲公司签订了《商品房预售合同》，购买甲公司开发的位于崇左市园区西路东侧（大新花园小区）第 7 栋 2 单元×号房，房屋总价款为 260712 元；2. 商品房交付时间：2015 年 6 月 30 日前；3. 除不可抗力外，出卖人未按约定的期限和条件将该商品房交付买受人的，（1）逾期在 30 日之内⋯⋯；（2）逾期超过 30 日，买受人有权退房。买受人退房的，应当书面通知出卖人。出卖人应当自退房通知送达之日起 60 日内退还全部已付款，并按照买受人全部已付款的2%向买受人支付违约金。买受人要求继续履行合同的，合同继续履行，自约定的交付期限届满之次日起至实际交付之日止，出卖人按日计算向买受人支付全部已付款万分之三的违约金，并于该商品房实际交付之日起10日内向买受人支付违约金；4. 出卖人应当在2015年6月30日前，取得该商品房所在楼栋的房屋所有权登记；如因出卖人的责任，买受人未能在商品房交付之日起10日内取得房屋所有权登记的，买受人有权退房……；买受人不退房的，自买受人应当取得房屋所有权登记的期限届满之次日起至实际取得房屋所有权登记之日止，出卖人按日计算向买受人支付全部已付款万分之三的违约金。合同签订后，吴某依约支付了全部购房款260712元。现因甲公司逾期交付房屋及逾期办理房屋所有权证书，吴某诉至法院主张因上述违约行为导致的违约金。

二、案件审理

本案中，被告甲公司主张原告应当在2018年6月30日前提出逾期交房违约及逾期办证违约的诉请，其认为应驳回原告的诉讼请求。法院经审查认为，依照《商品房预售合同》的约定，被告甲公司应当在2015年6月30日前将房屋交付给原告使用，且应当在商品房交付之日起十日内协助办理房屋所有权登记，但被告甲公司直至2016年1月18日才交付涉案房屋，且至今未协助办理涉案商品房的房屋所有权登记，被告甲公司现仍处于持续侵权的状态，依照《中华人民共和国民法总则》第一百八十八条的规定"向人民法院请求保护民事权利的诉讼时效期间为三年。法律另有规定的，依照其规定。"原告的起诉未超过诉讼时效，故法院对被告甲公司的关于诉讼时效已过的抗辩理由未予支持。

三、案例评析

《民法总则》第一百八十八条规定："向人民法院请求保护民事权利的诉讼时效期间为三年。法律另有规定的，依照其规定。诉讼时效期间自权利人知道或者应当知道权利受到损害以及义务人之日起计算。法律另有规定的，依照其规定。但是自权利受到损害之日起超过二十年的，人民法院不予保护；有特殊情况的，人民法院可以根据权利人的申请决定延长。"本案的争议焦点之一在于原告的诉讼请求是否已过诉讼时效，因被告的违约行为处于持续状态，本案并不属于诉讼时效已过的情形。为了维护自身的合法权益，民事主体应注意诉讼时效期间，必要时应保存关于诉讼时效中断的证据。

案例3

原告：无锡市南长区××业主委员会（以下简称"甲业主委员会"）

被告：无锡市××房产发展有限公司（以下简称"乙公司"）

被告：郭晓影

一、基本案情

××小区由乙公司开发建设。2003年11月10日，乙公司就无锡市金钩桥街11、13、15、17号房屋向无锡市住房保障和房产管理局（以下简称"市房管局"）申请初始登记。市房管局经审核，于2003年12月11日颁发锡房商登784342008064号无锡市商品房屋初始登记证，登记单位为乙公司。金钩桥街11、13、15、17房屋权属初始登记到乙公司名下后，乙公司于2004年7月18日与郭某签订商品房买卖合同，将上述房屋出售给郭某。2005年6月，上述房屋权属转移登记到郭某名下，同时市房管局注销了锡房商登

784342008064 号无锡市商品房屋初始登记证。

2007 年 6 月 2 日，甲业委会成立，并于 2007 年 7 月 1 日经无锡市南长区房产管理局备案。2007 年 11 月 16 日，无锡市南长区甲业主大会通过业主签名表决授权甲业委会采用法律手段维权。2009 年 11 月 2 日甲业委会向无锡市崇安区人民法院提起诉讼，要求撤销市房管局于 2003 年 12 月 11 日对无锡市金钩桥街 11、13、15、17 号房屋作出的锡房商登 784342008064 号商品房屋初始登记行为。无锡市崇安区人民法院经审理后认为无锡市金钩桥街 11、13、15、17 号房屋在规划时被确定为物业管理用房，乙公司将规划设计为物业管理用房的房屋作为商品房出售的行为，不具合法性。乙公司申请初始登记时，将规划部门确定为物业管理用房的房屋作为商业用房申请房屋权属初始登记，属申报不实。市房管局依据乙公司不真实的申请，作出的房屋权属初始登记行为缺乏事实依据，依法应予撤销。依法判决撤销市房管局于 2003 年 12 月 11 日对无锡市金钩桥街 11、13、15、17 号房屋作出的锡房商登 784342008064 号商品房屋初始登记行为。乙公司向无锡市中级人民法院提起上诉，无锡市中级人民法院经审理后认为，2003 年 11 月上诉人乙公司在向市房管局申请对金钩桥街 11、13、15、17 号房屋办理初始登记时，按规定提供了相应的证明文件。但根据本案查明的事实，乙公司是将规划部门确定为管理用房的房屋作为商业用房申请权属登记的，属申报不实。市房管局依据不真实的申请实施的登记结果不具有合法性，依法应当予以纠正。依法判决驳回上诉，维持原判。

2011 年 5 月，甲业委会提起诉讼，要求确认无锡市金钩桥街 11、13、15、17 号房屋产权归无锡市南长区××小区全体业主共有，乙公司与郭某之间的房屋权属转移行为无效，乙公司与郭某将无锡市金钩桥街 11、13、15、17 号房屋移交甲业委会。

二、案件审理

一审法院认为：市房管局对无锡市金钩桥街 11、13、15、17 号房屋作出商品房屋初始登记行为后，乙公司与郭某之间据此进行了上述房屋的买卖行为。因乙公司是将规划部门确定为管理用房的房屋作为商业用房申请权属登记的，属申报不实。市房管局依据不真实的申请实施的登记结果不具有合法性，市房管局对上述房屋的商品房屋初始登记行为被判决撤销后，无锡市金钩桥街 11、13、15、17 号房屋即属于未依法登记领取权属证书的房地产，故乙公司与郭某关于上述买卖行为的合法性依据丧失，不能适用善意取得制度。所谓善意取得，必须是围绕可交易的标的物进行的，因无锡市金钩桥街 11、13、15、17 号房屋未依法登记领取权属证书，依法不可交易，故乙公司与郭某关于无锡市金钩桥街 11、13、15、17 号房屋的转让行为无效，至于乙公司与郭某之间的损失可另行处理。无锡市金钩桥街 11、13、15、17 号房屋在规划设计时被确定为物业管理用房，性质为公共设施用房，上述房屋也没有依法取得权属证书，故上述房屋应属于无锡市南长区××小区全体业主共有，由无锡市南长区甲业主委员会代为管理。

被告郭某不服一审判决，向无锡市中级人民法院提起上诉，请求撤销原判、改判驳回甲业委会的诉讼请求，确认本案诉争房屋属郭某所有。

无锡市中级人民法院二审认为：无效的合同自始没有法律约束力。本案中，乙公司将规划部门核准为管理用房的无锡市金钩桥街 11、13、15、17 号房屋作为商业用房申请初始登记，经生效判决确认，属虚假申请的恶意登记行为，不具合法性，因此，上述诉争房屋应视为房屋权属未经依法登记领取权属证书房地产，不得交易。乙公司与郭某虽就无锡市金钩桥街 11、13、15、17 号房屋签订了买卖合同并办理了权属登记，但该买卖行为没有合法性基础，自始无效。郭某上诉认为其支付了合理的对价购得了诉争房屋系善意取得，但该房屋并非法律许可转让的标的物，郭某就该房屋不属于善意第三人。至于因无效合同导致的损失，郭某可以另行向乙公司主张赔偿。综上，上诉人郭某要求法院确认其为诉争房屋所有人的上诉请求，于法无据，不予支持。原审法院认定事实清楚，所作判决正确，应予维持。

三、案例评析

《民法通则》第五十八条规定："下列民事行为无效：（一）无民事行为能力人实施的；（二）限制民事行为能力人依法不能独立实施的；（三）一方以欺诈、胁迫的手段或者乘人之危，使对方在违背真实意思的情况下所为的；（四）恶意串通，损害国家、集体或者第三人利益的；（五）违反法律或者社会公共利益的；（六）以合法形式掩盖非法目的的；无效的民事行为，从行为开始起就没有法律约束力。"

《城市房地产管理法》第三十八条规定："下列房地产，不得转让：（一）以出让方式取得土地使用权的，不符合本法第三十九条规定的条件的；（二）司法机关和行政机关依法裁定、决定查封或者以其他形式限制房地产权利的；（三）依法收回土地使用权的；（四）共有房地产，未经其他共有人书面同意的；（五）权属有争议的；（六）未依法登记领取权属证书的；（七）法律、行政法规规定禁止转让的其他情形。"

本案中，一审法院依据《民法通则》第五十八条第五款及《城市房地产管理法》第三十八条第六款，认为二被告之间的房屋转让行为无效。

第二章 工程建设从业资格制度

第一节 从业资格制度概述

一、建立从业资格制度的意义

建筑工程种类很多，不同的建筑工程，其建设规模和技术要求的复杂程度可能有很大的差别。而从事建筑活动的施工企业、勘察单位、设计单位和工程监理单位的情况也各有不同，有的资本雄厚，专业技术人员较多，有关技术装备齐全，有较强的经济和技术实力，而有的经济和技术实力则比较薄弱。为此，我国在对建筑活动的监督管理中，将从事建筑活动的单位按其具有的不同经济、技术条件，划分为不同的资质等级，并对不同的资质等级的单位所能从事的建筑活动范围做出了明确的规定。《建筑法》第13条明确规定："从事建筑活动的建筑施工企业、勘察单位、设计单位和工程监理单位，按照其拥有的注册资本、专业技术人员、技术装备和已完成的建筑工程业绩等资质条件，划分不同的资质等级，经资质审查合格，取得相应等级资质证书后，方可在其资质等级许可证的范围内从事建筑活动。"这在法律上确定了我国从业资格许可制度。实践证明，从业资格制度是建立和维护建筑市场的正常秩序，保证建筑工程质量的一项有效措施。

国家按照有利于经济发展、社会公认、国际可比、事关公共利益的原则，在涉及国家、人民生命财产安全的专业技术工作领域，实行专业技术人员职业资格制度。它包括注册建筑师、注册结构师、注册监理师、注册造价师、注册估价师和注册建造师等。

开展职业技能鉴定，推行职业资格证书制度，是落实党中央、国务院提出的"科教兴国"战略方针的重要举措，也是我国人力资源开发的一项战略措施。这对于提高劳动者素质，促进劳动力市场的建设以及深化国有企业改革，促进经济发展都具有重要意义。

二、专业技术人员职业资格分类

专业技术人员职业资格是对从事某一职业所必备的学识、技术和能力的基本要求，职业资格包括从业资格和执业资格。

从业资格是政府规定专业技术人员从事某种专业技术性工作的学识、技术和能力的起点标准；执业资格是政府对某些责任较大、社会通用性强、关系公共利益的专业技术工作实行的准入控制，是专业技术人员依法独立开业或独立从事某种专业技术工作学识、技术和能力的必备标准。

三、职业资格证书制度

（一）职业资格证书制度概述

职业资格证书制度是劳动就业制度的一项重要内容，也是一种特殊形式的国家考试制度。它是指按照国家制定的职业技能标准或任职资格条件，通过政府认定的考核鉴定机构，对劳动者的技能水平或职业资格进行客观公正、科学规范的评价和鉴定，对合格者授予相应的国家职业资格证书。

（二）职业资格证书作用

职业资格证书是表明劳动者具有从事某一职业所必备的学识和技能的证明。它是劳动者求职、任职、开业的资格凭证，是用人单位招聘、录用劳动者的主要依据，也是境外就业、对外劳务合作人员办理技能水平公证的有效证件。

（三）实施职业资格证书制度的法律依据

《劳动法》第八章第69条规定："国家确定职业分类，对规定的职业制定职业技能标准，实行职业资格证书制度，由经过政府批准的考核鉴定机构负责对劳动者实施职业技能考核鉴定。"《职业教育法》第一章第8条明确指出："实施职业教育应当根据实际需要，同国家制定的职业分类和职业等级标准相适应，实行学历文凭、培训证书和职业资格证书制度。"这些法规确定了国家推行职业资格证书制度和开展职业技能鉴定的法律依据。

（四）职业资格证书的办理

根据国家有关规定，办理职业资格证书的程序为：职业技能鉴定所（站）将考核合格人员名单报经当地职业技能鉴定指导中心审核，再报经同级劳动保障行政部门或行业部门劳动保障工作机构批准后，由职业技能鉴定指导中心按照国家规定的证书编码方案和填写格式要求统一办理证书，加盖职业技能鉴定机构专用印章，经同级劳动保障行政部门或行业部门劳动保障工作机构验印后，由职业技能鉴定所（站）送交本人。

第二节　从业单位资质管理

一、从业单位的条件

（一）有符合国家规定的资本

注册资本反映的是企业法人的财产权，也是判断企业经济力量的依据之一。从事经营活动的企业组织，都必须具备基本的责任能力，能够承担与其经营活动相适应的财产义务。这既是法律权利与义务相一致、利益与风险相一致的反映，也是保证债权人利益的需要。因此，建筑施工企业、勘察单位、设计单位和工程监理单位的注册资本必须适应从事建筑活动的需要，不得低于一定限额。注册资本由国家规定，既可以由全国人大及其常委会通过制定法律来规定，也可以由国务院或国务院建设行政主管部门来规定。

（二）有与其从事的建筑活动相适应的具有法定执业资格的专业技术人员

由于建筑活动是一种专业性、技术性很强的活动，所以从事建筑活动的建筑施工企业、勘察单位、设计单位和工程监理单位必须有足够的专业技术人员。如设计单位不仅要有建筑师，还需要有结构、水、暖、电等方面的工程师。建筑活动是一种涉及公民生命和财产安全的一种特殊活动，因而从事建筑活动的专业技术人员还必须有法定执业资格。这种法定执业资格必须依法通过考试和注册才能取得。建筑工程的规模和复杂程度各不相同，因此，建筑活动所要求的专业技术人员的级别和数量也不同，建筑施工企业、勘察单位、设计单位和工程监理单位必须有与其从事的建筑活动相适应的专业技术人员。

（三）有从事相关建筑活动所应有的技术装备

建筑活动具有专业性强、技术性强的特点，没有相应的技术装备无法进行。如从事建筑施工活动，必须有相应的施工机械设备与质量检验测试手段；从事勘察设计活动的建筑施工企业、勘察单位、设计单位和工程监理单位，必须有从事相关建筑活动所应有的技术装备。没有相应技术装备的单位，不得从事建筑活动。

（四）法律、行政法规的其他条件

建筑施工企业、勘察单位、设计单位和工程监理单位，除了应具备以上三项条件外，还必须具备从事经营活动所应具备的其他条件。如按照《民法总则》第58条规定，法人应当有自己的名称、组织机构和场所。按照《公司法》规定设立从事建筑活动的有限责任公司和股份有限公司，股东或发起人必须符合法定人数；股东或发起人共同制定公司章程；有公司名称，建立符合要求的组织机构；有固定的生产经营场所和必要的生产条件等。

二、从业单位资质

（一）建筑业企业资质审查

2015年1月22日，中华人民共和国住房和城乡建设部令第22号发布了《建筑业企业资质管理规定》，按照该规定，建筑业企业是指从事土木工程、建筑工程、线路管道设备安装工程的新建、扩建、改建等施工活动的企业。建筑业企业资质分为施工总承包资质、专业承包资质、施工劳务资质三个序列。

施工总承包资质、专业承包资质按照工程性质和技术特点分别划分为若干资质类别，各资质类别按照规定的条件划分为若干资质等级。施工劳务资质不分类别与等级。建筑业企业资质标准和取得相应资质的企业可以承担工程的具体范围，由住房城乡建设主管部门会同国务院有关部门制定。国家鼓励取得施工总承包资质的企业拥有全资或者控股的劳务企业。

1. 建筑业企业资质等级标准

（1）施工总承包资质序列特级资质、一级资质及铁路工程施工总承包二级资质。

（2）专业承包资质序列公路、水运、水利、铁路、民航方面的专业承包一级资质及铁路、民航方面的专业承包二级资质；涉及多个专业的专业承包一级资质。

2. 建筑业企业的资质管理

企业可以申请一项或多项建筑业企业资质。企业首次申请或增项申请资质，应当申请最低等级资质。

申请施工总承包资质序列特级资质、一级资质及铁路工程施工总承包二级资质；专业承包资质序列公路、水运、水利、铁路、民航方面的专业承包一级资质及铁路、民航方面的专业承包二级资质；涉及多个专业的专业承包一级资质的，应当向企业工商注册所在地省、自治区、直辖市人民政府住房城乡建设主管部门提出申请。其中，国务院国有资产管理部门直接监管的建筑企业及其下属一层级的企业，可以由国务院国有资产管理部门直接监管的建筑企业向国务院住房城乡建设主管部门提出申请。

施工总承包资质序列二级资质及铁路、通信工程施工总承包三级资质；专业承包资质序列一级资质（不含公路、水运、水利、铁路、民航方面的专业承包一级资质及涉及多个专业的专业承包一级资质）；专业承包资质序列二级资质（不含铁路、民航方面的专业承包二级资质）；铁路方面专业承包三级资质；特种工程专业承包资质的资质许可程序由省、自治区、直辖市人民政府住房城乡建设主管部门依法确定，并向社会公布。

施工总承包资质序列三级资质（不含铁路、通信工程施工总承包三级资质）；专业承包资质序列三级资质（不含铁路方面专业承包资质）及预拌混凝土、模板脚手架专业承包资质；施工劳务资质；燃气燃烧器具安装、维修企业资质的许可程序由设区的市级人民政府住房城乡建设主管部门依法确定，并向社会公布。

3. 建筑业企业资质管理

企业申请建筑业企业资质，应当如实提交有关申请材料。资质许可机关收到申请材料后，应当按照《中华人民共和国行政许可法》的规定办理受理手续。资质证书有效期为5年。

建筑业企业资质证书有效期届满，企业继续从事建筑施工活动的，应当于资质证书有效期届满3个月前，向原资质许可机关提出延续申请。企业在建筑业企业资质证书有效期内名称、地址、注册资本、法定代表人等发生变更的，应当在工商部门办理变更手续后1个月内办理资质证书变更手续。

企业发生合并、分立、重组以及改制等事项，需承继原建筑业企业资质的，应当申请重新核定建筑业企业资质等级。企业需更换、遗失补办建筑业企业资质证书的，应当持建筑业企业资质证书更换、遗失补办申请等材料向资质许可机关申请办理。资质许可机关应当在2个工作日内办理完毕。企业遗失建筑业企业资质证书的，在申请补办前应当在公众媒体上刊登遗失声明。

（二）工程勘察和工程设计单位资质审查

国家对从事建设工程勘察设计活动的单位实行统一的资质管理制度，是我国社会主义市场经济发展的客观要求。这项制度是根据建设工程勘察设计活动的特点确立的一项重要的从业资格许可制度。建设工程勘察设计单位是否具有相应的资质，决定了其是否能够成为建设工程勘察设计合同的主体。而根据合同法的规定，合同主体不合格，将导致合同的无效。建设勘察设计单位资质的重要性可见一斑。

2007年6月26日，建设部第160号令发布了《建设工程勘察设计资质管理规定》，该规定根据《中华人民共和国行政许可法》《中华人民共和国建筑法》《建设工程质量管理条例》和《建设工程勘察设计管理条例》等法律、行政法规制定。

1. 勘察设计单位资格等级

工程勘察资质分为工程勘察综合资质、工程勘察专业资质、工程勘察劳务资质。工程勘察综合资质只设甲级。取得工程勘察综合资质的企业，可以承接各专业（海洋工程勘察除外）工程勘察业务。工程勘察专业资质设甲级、乙级，根据工程性质和技术特点，部分专业可以设丙级。取得工程勘察专业资质的企业，可以承接相应等级相应专业的工程勘察业务。工程勘察劳务资质不分等级。取得工程勘察劳务资质的企业，可以承接岩土工程治理、工程钻探、凿井等工程勘察劳务业务。

工程设计资质分为工程设计综合资质、工程设计行业资质、工程设计专业资质和工程设计专项资质。工程设计综合资质只设甲级；工程设计行业资质、工程设计专业资质、工程设计专项资质设甲级、乙级。根据工程性质和技术特点，个别行业、专业、专项资质可以设丙级，建筑工程专业资质可以设丁级。取得工程设计综合资质的企业，可以承接各行业、各等级的建设工程设计业务；取得工程设计行业资质的企业，可以承接相应行业相应等级的工程设计业务及本行业范围内同级别的相应专业、专项（设计施工一体化资质除外）工程设计业务；取得工程设计专业资质的企业，可以承接本专业相应等级的专业工程设计业务及同级别的相应专项工程设计业务（设计施工一体化资质除外）；取得工程设计专项资质的企业，可以承接本专项相应等级的专项工程设计业务。

2. 工程勘察设计单位资质申请和审批

申请工程勘察甲级资质、工程设计甲级资质，以及涉及铁路、交通、水利、信息产业、民航等方面的工程设计乙级资质的，应当向企业工商注册所在地的省、自治区、直辖市人民政府建设主管部门提出申请。其中，国务院国资委管理的企业应当向国务院建设主管部门提出申请；国务院国资委管理的企业下属一层级的企业申请资质，应当由国务院国资委管理的企业向国务院建设主管部门提出申请。

工程勘察乙级及以下资质、劳务资质、工程设计乙级（涉及铁路、交通、水利、信息产业、民航等方面的工程设计乙级资质的除外）及以下资质许可由省、自治区、直辖市人民政府建设主管部门实施。

（1）企业申请工程勘察、工程设计资质，应在资质许可机关的官方网站或审批平台上提出申请，提交资金、专业技术人员、技术装备和已完成的业绩等电子材料：

①工程勘察、工程设计资质申请表；

②企业法人、合伙企业营业执照副本复印件；

③企业章程或合伙人协议；

④企业法定代表人、合伙人的身份证明；

⑤企业负责人、技术负责人的身份证明、任职文件、毕业证书、职称证书及相关资质标准要求提供的材料；

⑥工程勘察、工程设计资质申请表中所列注册执业人员的身份证明、注册执业证书；

⑦工程勘察、工程设计资质标准要求的非注册专业技术人员的职称证书、毕业证书、身份证明及个人业绩材料；

⑧工程勘察、工程设计资质标准要求的注册执业人员、其他专业技术人员与原聘用单位解除聘用劳动合同的证明及新单位的聘用劳动合同；

⑨资质标准要求的其他有关材料。

（2）从事建设工程勘察、设计活动的企业，申请资质升级、资质增项，在申请之日起前一年内有下列情形之一的，资质许可机关不予批准企业的资质升级申请和增项申请：

①企业相互串通投标或者与招标人串通投标承揽工程勘察、工程设计业务；

②将承揽的工程勘察、工程设计业务转包或违法分包；

③注册执业人员未按照规定在勘察设计文件上签字；

④违反国家工程建设强制性标准；

⑤因勘察设计原因造成过重大生产安全事故；

⑥设计单位未根据勘察成果文件进行工程设计；

⑦设计单位违反规定指定建筑材料、建筑构配件的生产厂、供应商；

⑧无工程勘察、工程设计资质或者超越资质等级范围承揽工程勘察、工程设计业务；

⑨涂改、倒卖、出租、出借或者以其他形式非法转让资质证书；

⑩允许其他单位、个人以本单位名义承揽建设工程勘察、设计业务；

⑪其他违反法律、法规行为。

（三）工程监理企业资质审查

国家对工程监理单位实行资质许可制度。《建设工程质量管理条例》第34条第1款规定："工程监理单位应当依法取得相应等级的资质证书，并在其资质等级许可的范围内承担工程监理业务。"同时，该条还规定："禁止工程监理单位超越本单位资质等级许可的范围或者以其他工程监理单位的名义承担工程监理业务。禁止工程监理单位允许其他单位或者个人以本单位的名义承担工程监理业务。工程监理单位不得转让工程监理业务。"这与对勘察、设计、施工单位的规定是一样的。

根据《中华人民共和国建筑法》《建设工程质量管理条例》，建设部于 2007 年 6 月 26 日颁布了建设部令第 158 号《工程监理企业资质管理规定》，规定工程监理企业应当按照其拥有的注册资本、专业技术人员和工程监理业绩等资质条件申请资质，经审查合格，取得相应等级的资质证书后，方可在其资质等级许可的范围内从事工程监理活动。

1. 工程监理单位资质等级

工程监理企业资质分为综合资质、专业资质和事务所资质。其中，专业资质按照工程性质和技术特点划分为若干工程类别。综合资质、事务所资质不分级别。专业资质分为甲级、乙级；其中，房屋建筑、水利水电、公路和市政公用专业资质可设立丙级。

2. 工程监理单位资质申请和审批

申请综合资质、专业甲级资质的，应当向企业工商注册所在地的省、自治区、直辖市人民政府建设主管部门提出申请。省、自治区、直辖市人民政府建设主管部门应当自受理申请之日起 20 日内初审完毕，并将初审意见和申请材料报国务院建设主管部门，由国务院建设主管部门根据初审意见进行审批。

专业乙级、丙级资质和事务所资质由企业所在地省、自治区、直辖市人民政府建设主管部门审批。省、自治区、直辖市人民政府建设主管部门应当自作出决定之日起 10 日内，将准予资质许可的决定报国务院建设主管部门备案。

企业申请工程监理企业资质，在资质许可机关的网站或审批平台提出申请事项，提交专业技术人员、技术装备和已完成业绩等电子材料：

①工程监理企业资质申请表（一式三份）及相应电子文档；

②企业法人、合伙企业营业执照；

③企业章程或合伙人协议；

④企业法定代表人、企业负责人和技术负责人的身份证明、工作简历及任命（聘用）文件；

⑤工程监理企业资质申请表中所列注册监理工程师及其他注册执业人员的注册执业证书；

⑥有关企业质量管理体系、技术和档案等管理制度的证明材料；

⑦有关工程试验检测设备的证明材料。

取得专业资质的企业申请晋升专业资质等级或者取得专业甲级资质的企业申请综合资质的，除前款规定的材料外，还应当提交企业原工程监理企业资质证书正、副本复印件，企业《监理业务手册》及近两年已完成代表工程的监理合同、监理规划、工程竣工验收报告及监理工作总结。

工程监理企业合并的，合并后存续或者新设立的工程监理企业可以承继合并前各方中较高的资质等级，但应当符合相应的资质等级条件。

工程监理企业分立的，分立后企业的资质等级，根据实际达到的资质条件，按照本规定的审批程序核定。

《工程监理企业资质管理规定》中规定工程监理企业不得有下列行为：

①与建设单位串通投标或者与其他工程监理企业串通投标，以行贿手段谋取中标；

②与建设单位或者施工单位串通弄虚作假、降低工程质量；

③将不合格的建设工程、建筑材料、建筑构配件和设备按照合格签字；

④超越本企业资质等级或以其他企业名义承揽监理业务；

⑤允许其他单位或个人以本企业的名义承揽工程；

⑥将承揽的监理业务转包；

⑦在监理过程中实施商业贿赂；

⑧涂改、伪造、出借、转让工程监理企业资质证书；

⑨其他违反法律法规的行为。

3. 工程监理单位资质管理

有下列情形之一的，资质许可机关或者其上级机关，根据利害关系人的请求或者依据职权，可以撤销工程监理企业资质：

①资质许可机关工作人员滥用职权、玩忽职守作出准予工程监理企业资质许可的；

②超越法定职权作出准予工程监理企业资质许可的；

③违反资质审批程序作出准予工程监理企业资质许可的；

④对不符合许可条件的申请人作出准予工程监理企业资质许可的；

⑤依法可以撤销资质证书的其他情形。

此外，以欺骗、贿赂等不正当手段取得工程监理企业资质证书的，应当予以撤销。

第三节 专业人员执业资格管理

从事建筑活动的专业技术人员，应当依法取得相应的执业资格证书，并在执业资格证书许可的范围内从事建筑活动。

一、执业资格制度的含义

执业资格制度是指对具备一定专业学历、资历的从事建筑活动的专业技术人员，通过考试和注册确定其执业的技术资格，获得相应建筑工程文件签字级的一种制度。

当前，对从事建筑活动的专业技术人员实行执业资格制度非常必要，主要体现于以下几个方面的作用：

1. 推进深化我国建筑工程管理体制改革

我国较早就对从事建筑活动的单位实行资质审查制度。这种管理制度虽然从整体上管住了单位的资格，但对专业技术人员的个人技术资格缺乏定量的评定，专业技术人员的责、权、利不明确，常常出现高资质单位承接的任务，由低水平的专业技术人员来完成的现象，影响了建筑工程质量和投资效益的提高。实行专业技术人员执业资格制度有利于克服上述种种问题，保证建筑工程由具有相应资格的专业技术人员主持完成设计、施工、监理任务。

2. 促使我国工程建设领域与国际惯例接轨，适应对外开放

当前，世界大多数发达国家对从事涉及公众生命和财产安全的建筑活动的专业技术人员都制定了严格的执业资格制度，如美国、英国、日本、加拿大等国。随着我国对外开放

的不断扩大，我国的专业技术人员走向世界，其他国家和地区的专业技术人员希望进入中国建筑市场，建筑专业技术人员执业资格制度有利于对等互相承认和管理。

3. 加速人才培养，提高专业技术人员业务水平和队伍素质

执业资格制度有一套严格的考试、注册办法和继续教育的要求，这种激励机制有利于促进建筑工程质量、专业技术人员水平和从业能力的不断提高。

二、专业人员执业资格

（一）注册建筑师

1995 年 9 月国务院发布的《中华人民共和国注册建筑师条例》和 2008 年 1 月 29 日建设部发布的《中华人民共和国注册建筑师条例实施细则》，对注册建筑师执业资格作了具体规定。

1. 注册建筑师的概念

注册建筑师是指依法取得注册建筑师证书并从事房屋建筑设计及相关业务的人员。我国注册建筑师分为两级，即一级注册建筑师和二级注册建筑师。

2. 注册建筑师的考试

（1）考试的级别、时间和方式

注册建筑师考试分为一级注册建筑师考试和二级注册建筑师考试两级。两种考试在标准、内容、参加考试的条件等方面均有所不同。

注册建筑师考试一般每年举行一次。在特别情况下，也可以每半年或每两年举行一次。注册建筑师的考试实行全国统一考试制度。由全国注册建筑师管理委员会统一组织、统一命题，在同一时间内在全国同时进行。

（2）考试的条件

申请参加注册建筑师考试者，必须符合国家规定的教育标准和职业实践要求。

1）一级注册建筑师考试的条件

符合下列条件之一者，可申请参加一级注册建筑师考试：

①已取得建筑学硕士以上学位或者相近专业工学博士学位，并从事建筑设计或者相关业务两年以上的；

②取得建筑学学士学位或者相近专业工学硕士学位，并从事建筑设计或者相关业务三年以上的；

③具有建筑学专业大学本科毕业学历并从事建筑设计或者相关业务五年以上的，或者具有建筑学相近专业大学本科毕业学历并从事建筑设计或者相关业务七年以上的；

④取得高级工程师技术职称并从事建筑设计或者相关业务三年以上的，或者取得工程师技术职称并从事建筑设计或者相关业务五年以上的；

⑤不具有前四项规定的条件，但设计成绩突出，经全国注册建筑师管理委员会认定达到前四项的专业水平的。

2）二级注册建筑师考试的条件

符合下列条件之一的，可以申请参加二级注册建筑师考试：

①具有建筑学或者相近专业大学本科毕业以上学历，从事建筑设计或者相关业务两年以上的；

②具有建筑设计技术专业或者相近专业大学毕业以上学历，并从事建筑设计或者相关

业务三年以上的；

③具有建筑设计技术专业四年制中专毕业学历，并从事建筑设计或者相关业务五年以上的；

④具有建筑设计技术相近专业中专毕业学历，并从事建筑设计或者相关业务七年以上的；

⑤取得助理工程师以上技术职称，并从事建筑设计或者相关业务三年以上的。

3）考试合格证书的颁发

一级注册建筑师考试合格者，由全国注册建筑师管理委员会核发《一级注册建筑师考试合格证书》。二级注册建筑师考试合格者，由省、自治区、直辖市注册建筑师管理委员会核发《二级注册建筑师考试合格证书》。《注册建筑师考试合格证书》由国务院建设行政主管部门统一制定。

3. 注册建筑师的注册

（1）注册的条件

申请注册建筑师初始注册，应当具备以下条件：

①依法取得执业资格证书或者互认资格证书；

②只受聘于中华人民共和国境内的一个建设工程勘察、设计、施工、监理、招标代理、造价咨询、施工图审查、城乡规划编制等单位（以下简称"聘用单位"）；

③近三年内在中华人民共和国境内从事建筑设计及相关业务一年以上；

④达到继续教育要求。

注册建筑师每一注册有效期为二年。注册建筑师注册有效期满需继续执业的，应在注册有效期届满三十日前，按照本细则第十五条规定的程序申请延续注册。延续注册有效期为二年。

申请人有下列情形之一的，不予注册：

①不具有完全民事行为能力的；

②申请在两个或者两个以上单位注册的；

③未达到注册建筑师继续教育要求的；

④因受刑事处罚，自刑事处罚执行完毕之日起至申请注册之日止不满五年的；

⑤因在建筑设计或者相关业务中犯有错误受行政处罚或者撤职以上行政处分，自处罚、处分决定之日起至申请之日止不满二年的；

⑥受吊销注册建筑师证书的行政处罚，自处罚决定之日起至申请注册之日止不满五年的；

⑦申请人的聘用单位不符合注册单位要求的；

⑧法律、法规规定不予注册的其他情形。

（2）注册的申请程序与机构

注册建筑师的申请注册采取个人注册与单位统一办理手续相结合的程序。即申请注册建筑师注册，由申请注册者向注册建筑师管理委员会提出申请，由聘用的设计单位统一办理注册手续。申请者能否注册决定于其是否具备注册的条件，设计单位无权决定。经注册建筑师管理委员会审查合格后，予以注册，并发给相应等级的注册建筑师注册证明。

一级注册建筑师的注册机构是全国注册建筑师管理委员会。二级注册建筑师的注册机构是省、自治区、直辖市注册建筑师管理委员会。

4. 注册建筑师的执业

(1) 注册建筑师的执业范围

注册建筑师的执业范围包括建筑设计、建筑设计技术咨询、建筑物调查与鉴定、对本人主持设计的项目进行施工指导和监督,以及国务院建设行政主管部门规定的其他业务。

一级注册建筑师的业务范围与二级注册建筑师的业务范围有所不同。一级注册建筑师业务范围不受建筑规模和工程复杂程度的限制,二级注册建筑师的业务范围限定在国家规定的建筑规模和工程复杂程度范围内。

(2) 执业的机构、业务的承担及收费

注册建筑师执行业务,应当加入建筑设计单位。注册建筑师执行业务应由设计单位统一接受委托并指派。注册建筑师不得私自承接业务。注册建筑师执行业务应当由设计单位统一收费,注册建筑师不得私自收费。

(3) 注册建筑师的权利和义务

1) 注册建筑师的权利

①专有名称权。注册建筑师有权以注册建筑师的名义执行注册建筑师业务。非注册建筑师不得以注册建筑师的名义执行注册建筑师业务。二级注册建筑师不得以一级注册建筑师的名义执行业务,也不得超越国家规定的二级注册建筑师的执业范围执行业务。

②设计文件签字权。国家规定的一定跨度和高度以上的房屋建筑,应当由注册建筑师主持设计并在设计文件上签字。

③独立设计权。任何单位和个人修改注册建筑师的设计图纸,应当征得该注册建筑师同意;但是,因特殊情况不能征得该注册建筑师同意的除外。

2) 注册建筑师的义务

遵守法律、法规和职业道德,维护社会公共利益;保证建筑设计的质量,并在其负责的设计图纸上签字;保守在执业中知悉的单位和个人的秘密;不得同时受聘于两个以上建筑设计单位执行业务;不能准许他人以本人名义执行业务。

(4) 注册建筑师的责任

因设计质量造成的经济损失,首先由设计单位承担赔偿责任再由设计单位对签字的注册建筑师根据其责任大小进行追偿。

(二) 注册结构工程师

1997年9月1日建设部、人事部联合发布的《注册结构工程师执业资格制度暂行规定》,对注册结构工程师的执业资格作出了规定。

1. 注册结构工程师的概念

注册结构工程师是指取得中华人民共和国注册结构工程师执行资格证书和注册证书,从事房屋结构、桥梁结构及塔架结构等工程设计及相关业务的专业技术人员。

注册结构工程师分为一级注册结构工程师和二级注册结构工程师。

2. 注册结构工程师考试

注册结构工程师考试实行全国统一大纲、统一命题、统一组织的办法,原则上每年举行一次。

一级注册结构工程师资格考试由基础考试和专业考试两部分组成。通过基础考试的人员，从事结构工程设计或相关业务满规定年限，方可申请参加专业考试。

注册结构工程师资格考试合格者，颁发注册结构工程师执业资格证书。

3．注册结构工程师注册

有下列情形之一的，不予注册：

（1）不具备完全民事行为能力的；

（2）因受刑事处罚，自处罚完毕之日起至申请注册之日止不满五年的；

（3）因在结构工程设计或相关业务中犯有错误受到行政处罚或者撤职以上行政处分，自处罚、处分决定之日起至申请注册之日止不满两年的；

（4）受吊销注册结构工程师注册证书处罚，自处罚决定之日起至申请注册之日止不满五年的；

（5）建设部和国务院有关部门规定不予注册的其他情形的。

对准予注册的申请人，分别由全国注册结构工程师管理委员会和省、自治区、直辖市注册结构工程师管理委员会核发注册结构工程师注册证书。

4．注册结构工程师的执业

（1）注册结构工程师的执业范围

注册结构工程师的执业范围包括结构工程设计；结构工程设计技术咨询；建筑物、构筑物、工程设施等调查和鉴定；对本人主持设计的项目进行施工指导和监督；建设部和国务院有关部门规定的其他业务。

一级注册结构工程师的执业范围不受工程规模及工程复杂程度的限制；二级注册结构工程师执业范围另行规定。

（2）执业的机构、业务的承担及收费

注册结构工程师执行业务，应当加入一个勘察设计单位，由勘察设计单位统一接受业务并统一收费。

（3）注册结构工程师的权利和义务

1）注册结构工程师的权利

①名称专有权。注册结构工程师有权以注册结构工程师的名义执行注册结构工程师业务。非注册结构工程师不得以注册结构工程师的名义执行注册结构工程师业务。

②结构工程设计主持权。国家规定的一定跨度、高度以上的结构工程设计，应当由注册结构工程师主持设计。

③独立设计权。任何单位和个人修改注册结构工程师的设计图纸，应当征得该注册结构工程师同意；但是因特殊情况不能征得该注册结构工程师同意的除外。

2）注册结构工程师的义务

①遵守法律、法规和职业道德，维护社会公众利益；

②保证工程设计的质量，并在其负责的设计图纸上签字盖章；

③保守在执业中知悉的单位和个人的秘密；

④不得同时受聘于两个以上勘察设计单位执行业务；

⑤不得准许他人以本人名义执行业务；

⑥按规定接受必要的继续教育，定期进行业务和法规培训。

（4）注册结构工程师的责任

因结构设计质量造成的经济损失，由勘察设计单位承担赔偿责任；勘察设计单位有权向签字的注册结构工程师追偿。

（三）注册监理工程师

2006 年 1 月，建设部以部令第 147 号发布了《注册监理工程师管理规定》，对注册监理工程师的注册、执业、继续教育和监督管理作出了规定。

1. 监理工程师的概念

监理工程师系岗位职务，是指经全国统一考试合格并经注册取得《监理工程师岗位证书》的工程建设监理人员。经全国统一考试合格只是成为监理工程师的一个前提条件；同时，还应在建设监理岗位上工作，才能申请注册；经过注册，取得《监理工程师岗位证书》，就成为监理工程师。不从事监理工作，就不再具有监理工程师岗位职务。

监理工程师按专业设置岗位，一般设置建筑、土建结构、工程测量、工程地质、给水排水、采暖通风、电气、通信、城市燃气、工程机械及设备安装、焊接工艺、建筑经济等岗位。目前，我国还没有设计监理工程师，国际上很多发达国家已设立了设计监理工程师。

监理工程师一经政府注册确认，即意味着具有相应于岗位责任的签字权，监理单位任命的工程项目总监理工程师具有对外签字权。

2. 监理工程师资格考试

监理工程师执业资格考试实行全国统一大纲、统一命题、统一组织的办法，每年举行一次。

考试报名条件：凡中华人民共和国公民，遵纪守法，具有工程技术或工程经济专业大专以上（含大专）学历，并符合下列条件之一者，可申请参加监理工程师执业资格考试。

①具有按照国家有关规定评聘的工程技术或工程经济专业中级专业技术职务，并任职满三年。

②具有按照国家有关规定评聘的工程技术或工程经济专业高级专业技术职务。

参加考试，由本人提出申请，所在单位推荐，持报名表到当地考试管理机构报名。考试管理机构按规定程序和报名条件审查合格后，发给准考证。考生凭准考证在指定的时间和地点参加考试。

监理工程师执业资格考试合格者，由各省、自治区、直辖市人事部门颁发人事部统一印制，人事部和建设部共同用印的《中华人民共和国监理工程师执业资格证书》。

3. 监理工程师注册

注册监理工程师实行注册执业管理制度。取得资格证书的人员，经过注册方能以注册监理工程师的名义执业。注册监理工程师依据其所学专业、工作经历、工程业绩，按照《工程监理企业资质管理规定》划分的工程类别，按专业注册。每人最多可以申请两个专业注册。取得资格证书的人员申请注册，由省、自治区、直辖市人民政府建设主管部门初审，国务院建设主管部门审批。

2017 年 9 月 20 日，中华人民共和国住房和城乡建设部建筑市场监管司印发《注册监理工程师注册管理工作规程》，自 2017 年 11 月 1 日施行。该规程指出，取得中华人民共和国监理工程师执业资格证书的申请人，应自证书签发之日起 3 年内提出初始注册申请。

逾期未申请者，须符合近 3 年继续教育要求后方可申请初始注册。

申请初始注册需在网上提交下列材料：

① 本人填写的《中华人民共和国注册监理工程师初始注册申请表》；

② 由社会保险机构出具的近一个月在聘用单位的社保证明扫描件（退休人员需提供有效的退休证明）；

③ 本人近期一寸彩色免冠证件照扫描件。

注册监理工程师注册有效期为 3 年，注册期满需继续执业的，应符合继续教育要求并在注册有效期届满 30 日前申请延续注册。在注册有效期届满 30 日前未提出延续注册申请的，在有效期满后，其注册执业证书和执业印章自动失效，需继续执业的，应重新申请初始注册。

申请延续注册需在网上提交下列材料：

① 本人填写的《中华人民共和国注册监理工程师延续注册申请表》；

② 由社会保险机构出具的近一个月在聘用单位的社保证明扫描件（退休人员需提供有效的退休证明）。

注册监理工程师在注册有效期内，需要变更执业单位、注册专业等注册内容的，应申请变更注册。

申请办理变更注册手续的，变更注册后仍延续原注册有效期。申请变更注册需在网上提交下列材料：

① 本人填写的《中华人民共和国注册监理工程师变更注册申请表》；

② 由社会保险机构出具的近一个月在聘用单位的社保证明扫描件（退休人员需提供有效的退休证明）；

③ 在注册有效期内，变更执业单位的，申请人应提供工作调动证明扫描件（与原聘用单位终止或解除聘用劳动合同的证明文件，或由劳动仲裁机构出具的解除劳动关系的劳动仲裁文件）；

④ 在注册有效期内，因所在聘用单位名称发生变更的，应在聘用单位名称变更后 30 日内按变更注册规定办理变更注册手续，并提供聘用单位新名称的营业执照、工商核准通知书扫描件。

4. 注册监理工程师执业

取得资格证书的人员，应当受聘于一个具有建设工程勘察、设计、施工、监理、招标代理、造价咨询等一项或者多项资质的单位，经注册后方可从事相应的执业活动。从事工程监理执业活动的，应当受聘并注册于一个具有工程监理资质的单位。工程监理活动中形成的监理文件由注册监理工程师按照规定签字盖章后方可生效。

5. 注册监理工程师继续教育

注册监理工程师在每一注册有效期内应当达到国务院建设主管部门规定的继续教育要求。继续教育作为注册监理工程师逾期初始注册、延续注册和重新申请注册的条件之一。

（四）注册造价工程师

1. 造价工程师的概念

造价工程师，是指通过职业资格考试取得中华人民共和国造价工程师职业资格证书，并经注册后从事建设工程造价工作的专业技术人员。

国家设置造价工程师准入类职业资格，纳入国家职业资格目录。

工程造价咨询企业应配备造价工程师；工程建设活动中有关工程造价管理岗位按需要配备造价工程师。

2. 造价工程师的考试

一级造价工程师职业资格考试全国统一大纲、统一命题、统一组织。

二级造价工程师职业资格考试全国统一大纲，各省、自治区、直辖市自主命题并组织实施。

凡遵守中华人民共和国宪法、法律、法规，具有良好的业务素质和道德品行，具备下列条件之一者，可以申请参加一级造价工程师职业资格考试：

（一）具有工程造价专业大学专科（或高等职业教育）学历，从事工程造价业务工作满5年；

具有土木建筑、水利、装备制造、交通运输、电子信息、财经商贸大类大学专科（或高等职业教育）学历，从事工程造价业务工作满6年。

（二）具有通过工程教育专业评估（认证）的工程管理、工程造价专业大学本科学历或学位，从事工程造价业务工作满4年；

具有工学、管理学、经济学门类大学本科学历或学位，从事工程造价业务工作满5年。

（三）具有工学、管理学、经济学门类硕士学位或者第二学士学位，从事工程造价业务工作满3年。

（四）具有工学、管理学、经济学门类博士学位，从事工程造价业务工作满1年。

（五）具有其他专业相应学历或者学位的人员，从事工程造价业务工作年限相应增加1年。

凡遵守中华人民共和国宪法、法律、法规，具有良好的业务素质和道德品行，具备下列条件之一者，可以申请参加二级造价工程师职业资格考试：

（一）具有工程造价专业大学专科（或高等职业教育）学历，从事工程造价业务工作满2年；

具有土木建筑、水利、装备制造、交通运输、电子信息、财经商贸大类大学专科（或高等职业教育）学历，从事工程造价业务工作满3年；

（二）具有工程管理、工程造价专业大学本科及以上学历或学位，从事工程造价业务工作满1年；

具有工学、管理学、经济学门类大学本科及以上学历或学位，从事工程造价业务工作满2年。

（三）具有其他专业相应学历或学位的人员，从事工程造价业务工作年限相应增加1年。

3. 造价工程师的注册

（1）注册管理机关

住房城乡建设部、交通运输部、水利部按照职责分工，制定相应注册造价工程师管理办法并监督执行。

住房城乡建设部、交通运输部、水利部分别负责一级造价工程师注册及相关工作。各省、自治区、直辖市住房城乡建设、交通运输、水利行政主管部门按专业类别分别负责二级造价工程师注册及相关工作。

（2）注册的条件

申请注册的人员必须同时具备下列条件：取得执业资格；受聘于一个工程造价咨询企业或者工程建设领域的建设、勘察设计、施工、招标代理、工程监理、工程造价管理等单位。

（3）注册程序

取得资格证书的人员，可自资格证书签发之日起1年内申请初始注册。逾期未申请者，须符合继续教育的要求后方可申请初始注册。

取得执业资格的人员申请注册的，应当向聘用单位工商注册所在地的省、自治区、直辖市人民政府建设主管部门（以下简称"省级注册初审机关"）或者国务院有关部门（以下简称"部门注册初审机关"）提出注册申请。

对申请初始注册的，注册初审机关应当自受理申请之日起20日内审查完毕，并将申请材料和初审意见报国务院建设主管部门（以下简称"注册机关"）。注册机关应当自受理之日起20日内作出决定。

对申请变更注册、延续注册的，注册初审机关应当自受理申请之日起5日内审查完毕，并将申请材料和初审意见报注册机关。注册机关应当自受理之日起10日内作出决定。

（4）注册有效期

初始注册的有效期为4年。取得资格证书的人员，自资格证书签发之日起1年后申请初始注册的，应当提供继续教育合格证明。注册造价工程师注册有效期满需继续执业的，应当在注册有效期满30日前，按照规定的程序申请延续注册。延续注册的有效期为4年。

4. 造价工程师的权利与义务

（1）造价工程师的权利

1）使用注册造价工程师名称；

2）依法独立执行工程造价业务；

3）在本人执业活动中形成的工程造价成果文件上签字并加盖执业印章；

4）发起设立工程造价咨询企业；

5）保管和使用本人的注册证书和执业印章；

6）参加继续教育。

（2）造价工程师的义务

1）遵守法律、法规及有关管理规定，恪守职业道德；

2）保证执业活动成果的质量；

3）接受继续教育，提高执业水平；

4）执行工程造价计价标准和计价方法；

5）与当事人有利害关系的，应当主动回避；

6）保守在执业中知悉的国家秘密和他人的商业、技术秘密。

第四节　注册建造师执业资格制度

一、建立建造师执业资格制度必要性

为了加强工程建设项目管理，提高工程建设施工管理专业技术人员素质，规范施工管理行为，保证工程质量和施工安全，根据《中华人民共和国建筑法》《建设工程质量管理条例》，我国决定建立建造师执业资格制度。人事部、建设部于2002年12月5日联合下发了《关于印发〈建造师执业资格制度暂行规定〉的通知》（人发〔2002〕111号），印发了《建造师执业资格制度暂行规定》。建造师执业资格制度是一项重要的改革举措和制度创新，必将对我国建设事业的发展带来重大而深远的影响。

1. 建立建造师执业资格制度是深化建设事业管理体制改革的需要

改革开放以来，我国建设事业迅速发展，各项改革不断深化，有关法律、法规和管理规章不断完善。多年来，出台了一系列改革措施和政策，为促进建设事业健康发展发挥了重要作用。建设部从1994年开始研究建立建造师执业资格制度，对其必要性、可行性进行了长期的充分论证。2000年，温家宝同志在听取建设部关于深化建设体制改革汇报时指出："调整和完善现行的专业技术人员注册分类，在现有注册建筑师、结构工程师、监理工程师、造价师的基础上，增设建造师。实行建造师后，大中型项目的建筑业企业项目经理须逐步由取得注册建造师资格的人员担任，以提高项目经理素质，保证工程质量"，为我国建立建造师执业资格制度指明了方向。

2. 建立建造师执业资格制度是完善工程建设领域执业资格体系的重要内容

《中华人民共和国建筑法》第14条规定："从事建筑活动的专业技术人员，应当依法取得相应的执业资格证书，并在执业证书许可的范围内从事建筑活动。"《建设工程质量管理条例》规定，注册执业人员因过错造成质量事故时，应接受相应的处理。因此，对从事建筑活动的专业技术人员实行执业资格制度势在必行。按工程建设的实施过程，可分为勘察设计、施工两大阶段。目前，我国已为从事勘察设计的专业技术人员设立了注册建筑师、注册结构工程师等执业资格。但是，在从事施工管理的广大专业技术人员，特别是施工企业的项目经理中，还未建立起执业资格制度。在市场经济条件下，企业是市场主体，依法独立承担民事责任。企业经理的任职，政府或有关部门亦不得干预。因此，由政府部门以行政审批的方式对企业内部的项目经理资格予以认可的做法显然不合时宜。《国务院关于取消第二批行政审批项目和改变一批行政审批项目管理方式的通知》（国发〔2003〕5号）规定："取消建筑业企业项目经理资质核准，由注册建造师代替，并设立过渡期。"将建筑业企业项目经理的行政审批管理制度改为建造师执业资格制度，不仅填补了工程建设施工阶段的专业技术人员执业资格注册制度的空白，而且符合社会主义市场经济发展和政府职能转变的要求。因此，建立建造师执业资格制度是完善工程建设领域执业资格体系的重要内容。

3. 建立建造师执业资格制度是整顿和规范建筑市场秩序、保证工程质量安全的重要举措

《中华人民共和国招标投标法》第27条规定："招标项目属于建设工程的，投标文件的内容应当包括拟派出的项目负责人与主要技术人员的简历、业绩和拟用于完成招标项目

的机械设备等。"《建设工程质量管理条例》第 26 条规定："施工单位对建设工程的施工质量负责。施工单位应当建立质量负责制,确定工程的项目经理、技术负责人和施工管理负责人。"项目经理是施工企业所承包工程的主要负责人。他根据企业法定代表人的授权,对工程项目自开工准备至竣工验收实施全面组织管理。项目经理的素质、管理水平及其行为是否规范,对工程项目的质量、进度、安全生产具有重要作用。建立建造师执业资格制度后,一旦工程项目发生重大施工质量安全事故或出现违法违规行为,不仅可以依法追究有关单位的责任,还可以依法追究负责该项目的注册建造师的责任,视其情节予以停止执业、吊销执业资格证书和注册证书等处罚,使质量安全事故和违法违规行为的责任追究到人。目前,我国施工企业项目经理队伍的人员素质和管理水平参差不齐,专业理论水平和文化程度总体偏低。今后,企业聘任经考试并取得执业资格的建造师担任施工企业项目经理,有助于促进其素质和管理水平的提高,有利于保证工程项目的顺利实施。因此,建立建造师执业资格制度是规范建筑市场秩序、保证工程质量安全的重要举措。

4. 建立建造师执业资格制度是与国际接轨、开拓国际建筑市场的客观要求

建造师执业资格制度起源于英国,迄今已有 150 余年历史。目前,世界上许多发达国家均建立起该项制度。建设部几次派团参加国际建造师学会年会。我国已加入世贸组织,当前不仅要积极应对国外承包商进入我国,同时还要认真贯彻中央关于"走出去"的发展战略,把握机遇,积极组织开拓国际建筑市场。我国建筑业从业人数约占全世界建筑业从业人数的 25%,但对外工程承包额却仅占国际建筑市场的 1.3%。原因固然很多,但缺乏高素质的施工管理人员是重要原因。建立建造师执业资格制度,将对我国开拓国际建筑市场、增强对外工程承包能力有所帮助。因此,建立建造师执业资格制度也是与国际接轨、开拓国际建筑市场的客观要求。

二、建造师执业资格取得的基本程序

（一）报名申请

1. 建造师的级别

建造师分为一级建造师和二级建造师。英文分别为 Constructor 和 Associate Constructor。一级建造师具有较高的标准、较高的素质和管理水平,有利于开展国际互认。同时,考虑我国工程建设项目量大面广,工程项目的规模差异悬殊,各地经济、文化和社会发展水平有较大差异,以及不同工程项目对管理人员的要求也不尽相同,设立二级建造师可以适应施工管理的实际需求。建造师执业资格的取得须通过有关部门组织的统一考试。

2. 参加考试报名条件

（1）一级建造师报考条件

凡遵守国家法律、法规,具备下列条件之一者,可以申请参加一级建造师执业资格考试:

1）取得工程类或工程经济类大学专科学历,工作满 6 年,其中从事建设工程项目施工管理工作满 4 年。

2）取得工程类或工程经济类大学本科学历,工作满 4 年,其中从事建设工程项目施工管理工作满 3 年。

3）取得工程类或工程经济类双学士学位或研究生班毕业,工作满 3 年,其中从事建

设工程项目施工管理工作满2年。

4）取得工程类或工程经济类硕士学位，工作满2年，其中从事建设工程项目施工管理工作满1年。

5）取得工程类或工程经济类博士学位，从事建设工程项目施工管理工作满1年。

（2）二级建造师报考条件

凡遵纪守法并具备工程类或工程经济类中等专科以上学历并从事建设工程项目施工管理工作满2年，可报名参加二级建造师执业资格考试。

（二）考试

建造师执业资格考试相应也分为一级、二级两级考试，考试内容分为综合知识与能力和专业知识与能力两部分。

1．一级建造师考试

（1）一级建造师执业资格实行统一大纲、统一命题、统一组织的考试制度，由人事部、建设部共同组织实施，原则上每年举行一次考试。

（2）建设部负责编制一级建造师执业资格考试大纲和组织命题工作，统一规划建造师执业资格的培训等有关工作。

（3）培训工作按照培训与考试分开、自愿参加的原则进行。

（4）人事部负责审定一级建造师执业资格考试科目、考试大纲和考试试题，组织实施考务工作；会同建设部对考试考务工作进行检查、监督、指导和确定合格标准。

（5）一级建造师执业资格考试，分综合知识与能力和专业知识与能力两个部分。其中，专业知识与能力部分的考试，按照建设工程的专业要求进行，具体专业划分由建设部另行规定。

（6）参加一级建造师执业资格考试合格，由各省、自治区、直辖市人事部门颁发人事部统一印制，人事部、建设部用印的《中华人民共和国一级建造师执业资格证书》。该证书在全国范围内有效。

2．二级建造师考试

（1）二级建造师执业资格实行全国统一大纲，省、自治区、直辖市命题并组织考试的制度。

（2）建设部负责拟定二级建造师执业资格考试大纲，人事部负责审定考试大纲。

（3）各省、自治区、直辖市人事厅（局），建设厅（委）按照国家确定的考试大纲和有关规定，在本地区组织实施二级建造师执业资格考试。

（4）二级建造师执业资格考试合格者，由省、自治区、直辖市人事部门颁发由人事部、建设部统一格式的《中华人民共和国二级建造师执业资格证书》。该证书在所在行政区域内有效。

（三）注册

1．已取得建造师资格申请注册的人员必须具备的条件

（1）取得建造师执业资格证书；

（2）无犯罪记录；

（3）身体健康，能坚持在建造师岗位上工作；

（4）经所在单位考核合格。

2. 一级建造师执业资格的注册程序

一级建造师执业资格注册，由本人提出申请，由各省、自治区、直辖市建设行政主管部门或其授权的机构初审合格后，报住房和城乡建设部或其授权的机构注册。准予注册的申请人，由建设部或其授权的注册管理机构发放由建设部统一印制的《中华人民共和国一级建造师注册证》。

3. 二级建造师执业资格的注册程序

二级建造师执业资格的注册办法由省、自治区、直辖市建设行政主管部门制定，颁发辖区内有效的《中华人民共和国二级建造师注册证》，并报建设部或其授权的注册管理机构备案。

4. 注册管理

(1) 注册效力。取得建造师执业资格证书的人员，必须经过注册登记，方可以建造师名义执业。

(2) 注册的监督检查。人事部和各级地方人事部门对建造师执业资格注册和使用情况有检查、监督的责任。

(3) 注册期限。建造师执业资格注册有效期一般为3年，有效期满前3个月，持证者应到原注册管理机构办理再次注册手续。在注册有效期内，变更执业单位者，应当及时办理变更手续。

(4) 再注册。再次注册者，须提供接受继续教育的证明，每年要接受不少于30学时的建造师执业继续教育。

(5) 注销注册。经注册的建造师有下列情况之一的，由原注册管理机构注销注册：

①不具有完全民事行为能力的；②受刑事处罚的；③因过错发生工程建设重大质量安全事故或有建筑市场违法违规行为的；④脱离建设工程施工管理及其相关工作岗位连续2年（含2年）以上的；⑤同时在2个及以上建筑业企业执业的；⑥严重违反职业道德的。

(6) 注册公示。建设部和省、自治区、直辖市建设行政主管部门应当定期公布建造师执业资格的注册和注销情况。

三、建造师的执业要求

(一) 建造师执业前提

建造师经注册后，方有权以建造师名义担任建设工程项目施工的项目经理及从事其他施工活动的管理。取得建造师执业资格，未经注册的，不得以建造师名义从事建设工程施工项目的管理工作。

(二) 建造师执业基本要求

建造师在工作中，必须严格遵守法律、法规和行业管理的各项规定，恪守职业道德。

(三) 建造师执业分类

建造师执业划分为14个专业：房屋建筑工程、公路工程、铁路工程、民航机场工程、港口与航道工程、水利水电工程、电力工程、矿山工程、冶炼工程、石油化工工程、市政公用与城市轨道工程、通信与广电工程、机电安装工程、装饰装修工程。注册建造师应在相应的岗位上执业。同时鼓励和提倡注册建造师"一师多岗"，从事国家规定的其他业务。

四、建造师的执业技术能力

(一) 一级建造师的执业技术能力

(1) 具有一定的工程技术、工程管理理论和相关经济理论水平，并具有丰富的施工管理专业知识。

(2) 能够熟练掌握和运用与施工管理业务相关的法律、法规、工程建设强制性标准和行业管理的各项规定。

(3) 具有丰富的施工管理实践经验和资历，有较强的施工组织能力，能保证工程质量和安全生产。

(4) 有一定的外语水平。

(二) 二级建造师的执业技术能力

(1) 了解工程建设的法律、法规、工程建设强制性标准及有关行业管理的规定。

(2) 具有一定的施工管理专业知识。

(3) 具有一定的施工管理实践经验和资历，有一定的施工组织能力，能保证工程质量和安全生产。

(4) 建造师必须接受继续教育，更新知识，不断提高业务水平。

五、职业道德规范

注册建造师应具备如下道德规范：

1. 维护国家的荣誉和利益；

2. 执行有关工程建设的法律、法规、标准、规范、规程和制度，履行合同规定的义务和职责；

3. 努力学习专业技术和建设管理知识，不断提高业务能力和水平；

4. 不同时在两个或两个以上单位注册和从事建造师业务活动。

六、注册建造师的主要执业范围

(一) 注册建造师的执业范围

注册建造师有权以建造师的名义担任建设工程项目施工的项目经理；从事其他施工活动的管理；从事法律法规或国务院行政主管部门规定的其他业务。

(二) 注册建造师担任项目经理

建造师执业资格制度建立以后，承担建设工程项目施工的项目经理仍是施工企业所承包某一具体工程的主要负责人，他的职责是根据企业法定代表人的授权，对工程项目自开工准备至竣工验收，实施全面的组织管理。而大中型工程项目的项目经理必须由取得建造师执业资格的建造师担任，即建造师在所承担的具体工程项目中行使项目经理职权。注册建造师资格是担任大中型工程项目的项目经理之必要条件。建造师须按人发〔2002〕111号文件的规定，经统一考试和注册后才能从事担任项目经理等相关活动，是国家的强制性要求，而项目经理的聘任则是企业行为。

(三) 鼓励和提倡注册建造师"一师多岗"

近期，注册建造师以建设工程项目施工的项目经理为主要岗位。但是，同时鼓励和提倡注册建造师"一师多岗"，从事国家规定的其他业务，例如担任质量监督工程师等。

七、项目经理资质管理制度向建造师执业资格制度过渡问题

2003 年 2 月 27 日《国务院关于取消第二批行政审批项目和改变一批行政审批项目管理方式的决定》(国发〔2003〕5 号)规定："取消建筑施工企业项目经理资质核准，由注册建造师代替，并设立过渡期。"

（1）建筑业企业项目经理资质管理制度向建造师执业资格制度过渡的时间定为5年，即从国发〔2003〕5号文印发之日起至2008年2月27日止。在过渡期内，原项目经理资质证书继续有效。对于具有建筑业企业项目经理资质证书的人员，在取得建造师注册证书后，其项目经理资质证书应交回原发证机关。过渡期满后，项目经理资质证书停止使用。

（2）从国发〔2003〕5号文印发之日起，各级建设行政主管部门、国务院有关专业部门、中央管理的企业及有关行业协会不再审批建筑业企业项目经理资质。

（3）过渡期内，大中型工程项目的项目经理的补充，由获取建造师执业资格的渠道实现；小型工程项目的项目经理的补充，可由企业依据原三级项目经理的资质条件考核合格后聘用。

（4）过渡期内，凡持有项目经理资质证书或者建造师注册证书的人员，经其所在企业聘用后均可担任工程项目施工的项目经理。过渡期满后，大、中型工程项目施工的项目经理必须由取得建造师注册证书的人员担任；但取得建造师注册证书的人员是否担任工程项目施工的项目经理，由企业自主决定。

（5）过渡期内，企业申办资质和资质年检时，凡涉及考核项目经理人数的资质标准，应将取得项目经理资质证书、建造师注册证书和企业聘用的项目经理的人数合并计算：一级建造师对应一级项目经理，二级建造师对应二级项目经理，企业聘用的项目经理对应三级项目经理。

外商投资建筑业企业申办资质和资质年检时，凡涉及考核项目经理的资质标准，按照《外商投资建筑业企业管理规定》（建设部、对外贸易经济合作部令第113号）和《关于印发〈建设部关于外商投资建筑业企业管理规定中有关资质管理的实施办法〉的通知》（建市〔2003〕73号）的规定办理。

（6）过渡期内，建筑业企业一级项目经理资质证书的变更和补证，委托省级建设行政主管部门、国务院有关部门、中央管理有关总公司、有关行业协会办理，并将结果报建设部备案。对于跨地区、跨部门的一级项目经理资质变更，由调入方负责项目经理资质变更的部门办理备案。

（7）在全面实施建造师执业资格制度后仍然要坚持落实项目经理岗位责任制。项目经理岗位是保证工程项目建设质量、安全、工期的重要岗位，要充分发挥有关行业协会的作用，加强项目经理培训，不断提高项目经理队伍素质。要加强对建筑业企业项目经理市场行为的监督管理，对发生重大工程质量安全事故或市场违法违规行为的项目经理，必须依法予以严肃处理。

（8）符合考核认定条件的一级项目经理，可通过考核认定取得一级建造师执业资格（考核认定办法另行发布）。二级建造师考核认定工作由省级建设行政主管部门负责。

第三章　城乡规划法律制度

第一节　城乡规划管理概述

一、城乡规划管理的概念和意义

（一）城乡规划及城乡规划管理的概念

1. 城乡规划的概念

城乡规划是指对一定时期内城市、镇、乡、村庄的经济和社会发展、土地利用、空间布局以及各项建设的综合部署、具体安排和实施管理，是由城镇体系规划、城市规划、镇规划、乡规划和村庄规划组成的规划体系，是政府指导、调控城市和乡村建设的基本手段，是促进城市和乡村协调发展的有效途径，也是维护社会公平、保障公共安全和公众利益、提供公共服务的重要公共政策之一。

1989 年 12 月 26 日，第七届全国人大常委会第十一次会议通过的《城市规划法》对城市规模和发展方向的确定、城市经济和社会发展目标的实现、城市规划合理制定以及城市建设的有序进行，起到了重要的推动与规范作用。1993 年 6 月 29 日国务院颁布的《村庄和集镇规划建设管理条例》也对加强村庄集镇的规划建设管理、改善村庄集镇的生产生活环境、促进农村经济和社会发展起到重要作用。

但是发展至今建立在城乡二元结构上的规划管理制度，以及就城市论城市、就乡村论乡村的规划制定与实施模式，已经不适应现实需要。这种行政管理上的城乡二元分治方式带来种种弊端：其一，不利于城乡统筹均衡发展。在城镇化进程中，一方面由于经济规律作用，大中城市获得了更为优越的发展条件，另一方面由于地方政府在发展战略上客观存在的城市导向，结果必然导致大部分生产要素流向城市，进一步拉大城乡差距。事实上，城乡是不可分割的有机整体，没有乡村的健康发展，就不可能有城镇的持续健康发展。其二，造成法律空白地带。在一些地区无法进行有效的规划管制，在城乡接合部地区和各类开发区中表现得尤为明显；在广大的农村地区，由于规划管理薄弱，出现了遍地开花式的零星建设，大量耕地被圈占，直接损害广大农民的根本利益。

2006 年 10 月 11 日，党的十六届六中全会通过的《中共中央关于构建社会主义和谐社会若干重大问题的决定》提出，坚持科学发展，扎实推进社会主义新农村建设，促进城乡协调发展，实现经济社会全面协调可持续发展。因此，为贯彻落实科学发展观和构建社会主义和谐社会的要求，统筹城乡建设和发展，确立科学的规划体系和严格的规划实施制度，提出"城乡规划"的概念，制定《城乡规划法》以代替《城市规划法》与《村庄和集镇规划建设管理条例》。

从国际经验来看，采用统一的城乡规划体系是符合世界潮流的。随着城市化的发展和市场经济的需求，各国规划制度从关注城市问题为主，逐步发展为以强化区域协调为核心的城乡统一规划。英国始终坚持统一的城乡规划体系，制定《城乡规划法》对城乡全部国土进行统一规划。德国《联邦建设法典》确定的规划体系包括各联邦州的空间规划、州内大区的空间规划、跨州界各区域的空间规划、各城市的总体规划和各个城镇社区的建造规划等多个层面，形成统一的城乡规划体系。在美国统称为"城市与区域规划"。

2. 城乡规划管理的概念

城乡规划管理是指组织编制和审批城乡规划，并依法对城市、镇、乡、村庄的土地使用和各项建设的安排实施控制、指导和监督检查的行政管理活动。

（二）城乡规划管理的意义

城乡规划管理是各级城乡规划行政主管部门制订审批城乡规划并贯彻实施经批准的城乡规划的重要职能活动，通过完善、科学、合理的城乡规划管理活动，使各级政府可以依靠法律的权威，运用法律的、经济的、行政的手段，保证科学合理地制定城乡规划，稳定地、连续地、有效地实施城乡规划，从而推动城乡经济和社会的协调发展。

二、城乡规划法的立法目的

1. 加强城乡规划管理是城乡规划法的直接目的

1984 年 10 月 20 日，党的十二届三中全会通过的《中共中央关于经济体制改革的决定》指出，城市政府应该集中力量做好城市的规划、建设和管理，加强各种公用设施的建设，进行环境的综合整治。这就明确城市规划是政府行政管理的重要职责之一。将镇、乡、村庄规划管理纳入法制化轨道之后，进行城乡规划管理就成为各级政府的主要职责。城乡规划工作具有全局性、综合性、战略性，涉及政治、经济、文化和社会生活等方面，加强对城乡规划的管理成为经依法批准的城乡各种规划得以有效实施的保证。因此制定城乡规划法的直接目的就是加强对城乡规划的管理。

2. 协调城乡空间布局、改善人居环境是城乡规划法的根本目的

城乡规划法的目标不是为加强管理而设定，加强管理是为了协调城乡空间布局、改善人居环境，从这个意义上讲加强城乡规划管理也只是一个手段。城乡规划的根本目的在于通过城乡规划的编制、审批、实施以及监督检查的法制化，实现城乡空间协调布局，建造良好的人居环境，真正为人民群众谋福祉。而现实中存在大量破坏城乡空间布局和人居环境的现象，如一些地方在城市建设中脱离实际，不顾环境资源承载力和经济条件，擅自变更规划，批准开发建设，盲目扩大城市建设规模，贪大求洋，急功近利，搞"政绩工程"、"形象工程"；乡村规划管理薄弱，现有的一些规划未能体现农村特点，难以满足农村生产和生活需求，农村无序建设和土地浪费严重；城乡规划建设中的违法行为出现一些新特点，现行法律法规难以有效规范等等。这些都需要城乡规划统一考虑解决。

3. 促进城乡经济社会全面、协调、可持续发展是城乡规划法的终极价值目标

城乡规划法最终体现出来的价值目标是促进城乡经济社会全面、协调、可持续发展。这是贯彻落实科学发展观、构建社会主义和谐社会的必然要求，是城乡规划公益性的集中体现。这就要求要正确处理近期建设与长远发展、局部利益与整体利益、经济发展与环境保护、现代化建设与历史文化保护等关系，促进合理布局，节约资源，保护环境，体现特色，充分发挥城乡规划在引导城镇化健康发展、促进城乡经济社会可持续发展中的统筹协调和综合调控作用。

三、城乡规划所依据的法律法规

我国城乡规划管理所依据法律法规包括全国人大制定的法律，国务院制定的有关城乡

规划的行政法规，国家建设行政主管部门制定的一系列部门规章，地方人大制定的地方性法规及同级政府制定的规章，这些法律法规按立法主体地位的高低分为不同的层次，其原则是下一层次制定的法规文件必须符合上一层次的法律法规，如国务院制定的行政法规必须符合全国人大制定的法律，地方性法规文件必须符合全国人大和国务院制定的法律法规，不能违背上一层次法律法规的精神和原则。具体来说，我国城乡规划法规体系的构成如下所述。

（一）法律

城乡规划所依据的法律主要是指《中华人民共和国城乡规划法》，（以下简称《城乡规划法》），由第十届全国人民代表大会常务委员会第三十次会议于 2007 年 10 月 28 日通过，自 2008 年 1 月 1 日起施行，原《城市规划法》同时废止。《城乡规划法》共七章七十条，与《城市规划法》比较，取消了"城市新区开发和旧区改造"这一章，新增加了"城乡规划的修改"和"监督检查"两个章节。

（二）行政法规

指《村庄和集镇规划建设管理条例》，由国务院于 1993 年 6 月 29 日以国务院第 116 号令发布。该条例对村庄和集镇规划建设管理的原则、村庄和集镇规划的编制与审批、村庄和集镇规划的实施、村庄和集镇建设活动的管理、村庄和集镇的建设管理等内容作了全面的规定，是基层规划管理部门对村庄和集镇进行规划管理的重要法律依据，具有很强的实用性和可参照性。目前该条例正在修订过程中。

（三）部门规章

在实际的规划管理工作中，适用最多的就是部门规章这部分内容。因为它的内容比较多且比较繁杂，在这里根据这些部门规章所涉及的管理内容的不同，将它们分为以下四类：

1. 城乡规划编制审批管理类

此类规章涉及的内容主要是城乡规划的编制与审批，其中包括《城市规划编制办法》（建设部令第 146 号，自 2006 年 4 月 1 日起施行）、《省域城镇体系规划编制审批办法》《建制镇规划建设管理办法》等规范性文件。

2. 城乡规划实施管理类

此类规章包括土地使用实施管理、市政工程实施管理等方面：

（1）土地使用规划管理规章，主要包括《城市国有土地使用权出让转让规划管理办法》《建设项目选址规划管理办法》；

（2）市政工程规划管理规章，主要包括《关于城市绿化规划建设指标的规定》。

3. 城乡规划实施监督检查管理类

此类规章涉及的主要是行政检查与档案方面的内容，包括《城市管理执法办法》和《城市建设档案管理规定》。

4. 城乡规划行业管理类

此类规章包括规划设计单位资格管理和规划师执业资格管理两方面的内容。

（1）规划设计单位资格管理规章，如《城乡规划编制单位管理规定》。

（2）规划师执业资格管理规章，包括《注册城乡规划师执业资格制度暂行规定》和《注册城乡规划师执业资格认定办法》。

（四）城乡规划技术标准与技术规范

城乡规划技术标准与技术规范是城乡规划编制和审批过程中必须遵守的技术标准和规范，具有强制性特征。此类技术标准和技术规范可分为两级：第一级为国家规范；第二级为地方规范，我们主要介绍国家规范，这类规范大多由建设部组织编制，主要分为三类：

1. 城乡规划编制规范

包括《城市规划编制办法》《城市总体规划审查工作规则》《省域城镇体系规划审查办法》《村镇规划编制办法》《历史文化名城名镇名村保护规划编制要求》《城市居住区规划设计规范》《村镇规划标准》等。

2. 城乡规划各专业规划设计规范

包括《城市综合交通体系规划标准》（GB/T 51328—2018）《城市工程管线综合规划规范》（GB 50289—2016）《城市给水工程规划规范》（GB 50282—2016）《城市电力规划规范》（GB/T 50293—2014）等。

四、城乡规划的制定和实施

（一）城乡规划制定和实施的概念

1. 城乡规划的制定是指依法组织编制、审批城乡各类规划

城乡规划的制定关系重大，规划的科学性、合理性将直接影响规划的实施效果，直接影响城乡空间布局的合理性与舒适度，直接影响居民的生活环境与质量，在城乡规划管理工作中具有极为重要的地位。科学合理地制定城乡规划是严格实施城乡规划，防止一些地方脱离实际，盲目扩大城市建设规模的前提和基础。因此，《城乡规划法》对城乡规划的制定作出以下具体规定：一是明确规划的制定原则；二是明确规划编制的主体和审批程序；三是扩大社会公众参与。

2. 城乡规划的实施是指经依法批准并公布的城乡规划的执行

城乡规划能否取得预期的效果关键在于实施。城乡规划的严肃性体现在已经批准的城乡规划必须得到严格遵守和执行，避免一些地方政府及其领导人违反法定程序，随意干预和变更规划。因此，《城乡规划法》作出了以下具体规定：一是规定普遍性义务，即任何单位和个人都应当遵守经依法批准并公布的城乡规划，服从规划管理；二是要求各级地方人民政府有计划、分步骤地实施当地的总体规划，并根据当地的总体规划，制定近期建设规划；三是控制频繁修改城乡规划。城乡规划一经批准，不得随意修改，特别是不能因为地方领导人的变更而变更，更不能因为个别领导人的意见而擅自修改，并明确了修改城乡规划的条件；四是明确规划修改的审批程序；五是规范选址意见书、建设用地规划许可证和建设工程规划许可证的发放；六是强化监督检查措施。

在规划区内进行建设活动必须遵守《城乡规划法》。建设活动是《城乡规划法》调整的行为对象之一，规划区是《城乡规划法》适用的地域范围。《城乡规划法》对在规划区内进行建设活动作出具体的规则：一是在规划区内进行的建设活动作出原则性规则，要求符合规则，遵守其他相关法律法规；二是在规划区内进行的建设活动必须严格依据规划实施，获得相应行政许可；三是为在规划区内进行的不合法建设活动设定法律责任。

（二）城乡规划的范围

《城乡规划法》所称的城乡规划，是指由城镇体系规划、城市规划、镇规划、乡规划和村庄规划组成的一个规划体系，调整的是城市、镇、乡、村庄等居民点以及居民点之间

的相互关系，不是覆盖全部国土面积的规划。

城镇体系规划是指一定地域范围内，以区域生产力合理布局和城镇职能分工为依据，确定不同人口规模等级和职能分工的城镇的分布和发展规划。城市规划是指对一定时期内城市的经济和社会发展、土地利用、空间布局以及各项建设的综合部署、具体安排和实施管理。乡规划是指对一定时期内乡的经济和社会发展、土地利用、空间布局以及各项建设的综合部署、具体安排和实施管理。村庄规划是指在其所在乡（镇）域规划所确定的村庄规划建设原则基础上，对一定时期内村庄的经济发展进行综合布局，进一步确定村庄建设规模、用地范围和界线，安排村民住宅建设、村庄公共服务设施和基础设施建设，为村民提供适合其特点并与社会经济发展水平相适应的人居环境。村庄规划主要是安排农民的宅基地和少量公共建筑。中心村的建设规划，除布置建筑物外，还要安排必要的生活服务设施和简易的公用工程设施。

城市规划、镇规划分为总体规划和详细规划。详细规划分为控制性详细规划和修建性详细规划。

根据《城市规划基本术语标准》（GB/T 50280—98），城市总体规划是指对一定时期内城市性质、发展目标、发展规模、土地利用、空间布局以及各项建设的综合部署和实施措施。城市总体规划包括：城市的性质、发展目标和发展规模，城市建设用地布局和功能分区，城市综合交通体系和河湖、绿地系统各项专业规划。根据《城市规划基本术语标准》（GB/T 50280—98），城市详细规划是指以城市总体规划或分区规划为依据，对一定时期内城市局部地区的土地利用、空间环境和各项建设用地所作的具体安排。城市详细规划在城市总体规划和分区规划的基础上，对城市近期建设区域内各项建设作出具体规划。详细规划包括：规划地段各项建设的具体用地范围，建设密度和高度的控制指标，总平面布置、工程管线综合规划和竖向规划。控制性详细规划是指以城市总体规划或分区规划为依据，确定建设地区的土地使用性质和使用强度的控制指标、道路和工程管线控制性位置以及空间环境控制的规划要求。修建性详细规划是指以城市总体规划、分区规划或控制性详细规划为依据，制订用以指导各项建筑和工程设施的设计和施工的规划设计。

镇总体规划和详细规划包括控制性详细规划和修建性详细规划均适用上述表述内容。

（三）规划区

《城乡规划法》所称规划区，是指城市、镇和村庄的建成以及因城乡建设和发展需要，必须实行规划控制的区域。其中分为两个部分：一是建成区，即实际已经成片开发建设、市政公用设施和公共设施基本具备的地区；二是尚未建成但由于进一步发展建设的需要必须实行规划控制的区域。

为了防止一些地方脱离实际，盲目扩大城市建设规模，《城乡规划法》要求有关人民政府在组织编制的总体规划、乡规划和村庄规划中，按照经济发展水平和统筹城乡发展的需要，科学地规定规划区，并明确制定和实施城乡规划以及在规划区内进行城乡各项建设。

五、城乡建设活动与制定城乡规划的关系

规定城市和镇应依法制定规定，并严格按规划进行建设是必要的，但乡和村庄的情况则与城市和镇有较大不同，目前多数乡和村庄还没有制定规划。要求所有乡和村庄，特别是中西部地区的乡和村庄都按照本法编制乡村规划，按照规划进行建设，目前还难以做到。如果法律作出统一要求，难免流于形式，还是根据不同地区农村发展的实际情况和要求，作出有区别的规定逐步推行为好，因此，增加本条规定。本条的规定区分了城镇和乡村的不同情况，符合我国实际，便于执行。

1. 根据城乡规划法，城市和镇必须制定城市规划和镇规划，由有关机构依据本法规定的程序和步骤制定。我国城市规划法实施后，城市规划、镇规划实施效果较好，各级城市都依照法定程序开展了规划制定工作。目前省域城镇体系规划工作全面推进，全国27个省（自治区）的城镇体系规划已基本编制完成。经依法批准的城乡规划是城乡建设的依据，城市、镇规划区内的建设活动应当符合规划要求。

2. 应当制定城乡规划、村庄规划的区域由县级以上地方人民政府确定。由于受到多种因素的影响，部分村庄和集镇建设缺乏规划指导，村庄集镇规划的整体水平不高，实施的效果也不理想。因此，必须根据本地农村经济社会实际的发展水平，按照因地制宜，切实可行的原则，来确定哪些地区需要或者适合制定城乡规划、村庄规划，哪些地区条件还不成熟，不适合制定城乡规划、村庄规划。纳入确定区域的乡、村庄，应当依照本法规定的程序和步骤由有关机构制定规划。经依法批准的城乡规划是城乡建设的依据，规划区内的乡、村庄建设应当符合规划要求。

3. 未纳入确定区域的乡、村庄，根据自身发展水平决定是否制定乡规划、村庄规划，并非法定责任和义务。但是县级以上地方人民政府要鼓励其制定和实施乡规划、村庄规划，并给予业务上的指导。

六、城乡规划的制定、实施原则

（一）城乡规划制定、实施的一般原则

1. 城乡统筹、合理布局、节约土地、集约发展的原则

以科学发展观统筹城乡区域协调发展，充分发挥城市的辐射带动作用，发挥特色小城镇，促进大中小城市和小城镇协调发展，做好村庄建设与整治规划，合理安排城乡布局，充分利用土地，坚决杜绝浪费土地资源的现象，走可持续、集约的发展道路。

2. 先规划后建设的原则

没有规矩无以成方圆。没有科学规划的指导，建设活动必然没有明确目标，城乡建设必然盲目无序。因此，必须坚持先规划后建设的原则，坚决杜绝"先建设后规划"、"边建设边规划"。全国人大法律委会同财经委和国务院法制办、建设部研究后采纳这一意见。

3. 环保节能原则

这一原则要求，城乡规划的制定实施要考虑保护问题，改善生活环境与生态环境，防治污染和其他公害，同时要节约能源，提高能源利用效率和经济效益，促进资源、能源节约和综合利用。

4. 保护自然资源和历史文化遗产原则

保护自然资源尤其是耕地资源，城乡规划的制定实施要贯彻合理用地、节约用地的原则，考虑与土地利用总体规划的衔接，实行差别化的土地利用政策，确保18亿亩耕地数量不减少、质量不下降，严格乡村建设管理，防止乡镇企业、乡村公共设施和公益事业建设以及农村村民住宅建设乱占耕地，严格对限制开发区域和禁止开发区域的土地用途管制，严禁改变生态用途。

保护历史文化遗产要求，城乡规划要与历史文化名城的整体风貌相协调，加强对历史

文化名城、名镇、名村的保护，保护具有重要历史意义、革命纪念意义、科学和艺术价值的文物古迹、风景名胜和传统街区，保持和延续传统格局和历史风貌，维护历史文化遗产的真实性和完整性，继承和弘扬中华民族优秀文化，正确处理经济社会发展和文化遗产保护的关系。

5. 城乡规划要体现地方特色，保持民族传统和地方风貌，体现城市各自特点，不能搞千篇一律的大都市化。

6. 城乡规划还要符合区域人口发展、国防建设、防灾减灾和公共卫生、公共安全的需要原则，要满足城市防火、防暴、抗震、抗洪、防泥石流以及治安、交通管理和人民防空建设等要求，保障人民群众生命财产安全和社会安定。

（二）建设活动应遵守其他相关法律、法规

在规划区内进行建设活动应遵守其他相关法律，这主要是城乡规划法和其他相关法律、法规的衔接关系问题。土地管理、环境保护、自然资源等相关法规与城乡规划法的衔接性规定有：

1. 土地管理法关于城市总体规划、村庄和集镇规划与土地利用总体规划相衔接的规定，关于在城市规划区内改变土地规划用途的规定，关于乡（镇）村建设使用建设用地的规定；

2. 海域使用管理法关于城市规划与海洋功能区相划分、相衔接的规定；

3. 气象法关于国家基准气候站、基本气象站迁移的规定，关于规定气象探测环境的保护范围规定；

4. 建筑法关于申请领取施工许可证的条件规定；

5. 环境噪声污染防治法关于城市建设防噪声规划设计的规定；

6. 体育法关于按照城市规划改变体育场地用途的规定；

7. 城市房地产管理法关于城市规划区内的集体土地征用的规定，关于土地使用权出让的规定，关于房地产开发严格执行城市规划的规定；

8. 铁路法关于铁路有关设施的规划的规定；关于在城市规划区内设置平交道口或者人行道的规定；

9. 环境保护法关于制定城市规划应当确定保护和改善环境的目标和任务的规定，关于城乡建设保护自然环境的原则性规定；

10. 草原法关于草原保护、建设、利用规划与村庄和集镇规划相协调的规定。

（三）城市总体规划、镇总体规划合理确定城市、镇的发展规模、步骤和建设标准

城市、镇的发展规模、步骤和建设标准要从经济社会发展的实际出发，科学预测城市远景发展的需要，使城市的发展规模、各项建设标准等与国家和地方的经济技术发展水平相适应，这是制定城市总体规划、镇总体规划科学性的重要体现。

第二节 城乡规划的制定

一、全国城镇体系规划的制定

全国城镇体系规划的作用是指导省域城镇体系规划和城市总体规划的编制。全国城镇体系规划是指全国范围内的，以全国生产力合理布局和城镇职能分工为依据，确定不同人

口规划等级和职能分工的城镇的分布和发展规划。其中的城镇包括设市城市和重要的县城。它对各省（区）的省域城镇体系规划和各城市的总体规划起到的指导作用主要体现在：通过综合评价全国城镇发展条件，明确全国城镇发展方针、城镇化道路、城镇化发展目标；制定各区域城镇的合理发展，作好各省、区间和重点地区间的协调；统筹城乡建设和发展；明确全国城镇化的可持续发展，包括生态环境的保护和优化、水资源的合理利用和保护、土地资源的协调利用和保护等等。各省域城镇体系规划和城市总体规划的编制应当与全国城镇体系规划相符合。国务院在审批各省域城镇体系规划和城市总体规划时应当审查其是否符合全国城镇体系规划。

从中可以明确看出，全国主体功能区规划是区别于全国城镇体系规划的，全国主体功能区规划是为了明确主体功能区的范围、功能定位、发展方向和区域政策，是为了落实国民经济和社会发展规划而编制的；而全国城镇体系规划的主要作用是指导省域城镇体系规划和城市总体规划的编制，它强调的是城镇的分布和发展规划。因此，全国城镇体系规划与全国主体功能区规划是不冲突也不矛盾的，有自己独立的作用与价值。目前，全国城镇体系规划正在编制过程中。

全国城镇体系规划的编制主体主要是国务院城乡规划主管部门，即住房和城乡建设部，这与住房和城乡建设部的职责是相联系的。但是全国城镇体系规划还涉及与国民经济和社会发展规划、全国土地利用总体规划及正在编制的全国主体功能区规划等相互衔接，在编制过程中也需要国土资源部门、气象部门提供土地勘察、测绘、气象、水文等资料，同时涉及文物保护等问题，因此应当严肃、权威，全国城镇体系规划涉及全国的城镇规划、建设，对全国经济、社会发展影响很大，为保证全国城镇体系规划的严肃性、权威性及与其他规划的协调性，同时确保全国城镇体系规划能对省域城镇体系规划和城市总体规划的编制起到指导作用，规定国务院城乡规划主管部门应将全国城镇体系规划报国务院审查、批准。

二、省域城镇体系规划的制定及其内容的规定

（一）省域城镇体系规划的制定

省域城镇体系规划的编制主体是省、自治区人民政府，在理解上需要注意两个方面：一是编制主体只有省、自治区人民政府，不包括直辖市人民政府，直辖市人民政府编制的是城市总体规划，不涉及省域城镇体系规划的问题。2007重庆市被批准成为城乡统筹发展综合配套改革试验区后，国务院批准的《重庆市城乡总体规划（2007～2020年）》，虽然在本法没有关于"城乡总体规划"的规定，但是"城乡总体规划"在本质上属于"城市总体规划"，而不是省域城镇体系规划。这可以从国务院《关于重庆市城乡总体规划的批复》的内容中看出来。二是由省、自治区人民政府组织编制，而非省、自治区人民政府城乡规划主管部门。这样设置的原因是，省域城镇体系规划的任务是：综合评价城镇发展条件；制定区域城镇发展战略；预测区域人口增长和城市化水平；拟定各相关城镇的发展方向与规模；协调城镇发展与产业配置的时空关系；统筹安排区域基础设施和社会设施；引导和控制区域城镇的合理发展与布局；指导城市总体规划的编制。从省域城镇体系规划的任务可以看出，它与国民经济和社会发展规划、土地利用总体规划、全省产业布局等有关，而不仅仅是建设规划，这些需要由省、自治区人民政府综合统筹考虑，从全省发展的角度上来综合编制，因此本条规定由省、自治区人民政府组织编制。

同时，为保证规划的科学性、严肃性与权威性，确保省域城镇体系规划能够与全国城镇体系规划相符合，同时规定了省域城镇体系规划由国务院审批，审批包括两个方面：一是审查；二是批准。《城乡规划法》对审查作了有关规定。至于批准，国务院在批准省域城镇体系规划时，一般会针对各省、自治区的不同情况，强调在实施省域城镇体系规划时应注意的事项。以国务院批准《海南省城镇体系规划》（以下简称《规划》）为例，批复中要求海南省城镇发展战略，紧紧围绕建设生态省的发展目标，落实"南北运动、两翼推进、发展周边、扶持中间"的总体部署。要按照循序渐进、集约发展的原则，积极稳妥地推进城镇化，逐步形成布局合理、功能明确、设施完善、生态良好、发展协调的城镇体系。批复还要求海南省要在《规划》指导下，认真做好以海口市为核心的琼北等重点地区城镇发展规划、各市县城镇体系规划、城市总体规划以及村镇规划的编制与实施工作。要认真组织落实《规划》要求，做好海南岛中部地区生态环境保护规划、沿海岸线资源开发利用与控制规划，加强对重大建设项目和开发区域的规划管理。批复还对节约用地、保护耕地，重视小城镇建设和发展及加强区域基础设施建设，切实改善生态环境，加强历史文化遗产保护各方面的工作提出了原则要求。

（二）省域城镇体系规划的内容

省域城镇体系规划涉及的城镇应包括市、县城和其他重要的建制镇、独立工矿区，在编制时应包括以下内容：城镇空间布局和规模控制，重大基础设施的布局，为保护生态环境、资源等需要严格控制的区域。除此以外，省域城镇体系规划应当包括的内容还有：

1. 综合评价区域与城市的发展和开发建设条件；
2. 预测区域人口增长，确定城市化目标；
3. 确定本区域的城镇发展战略，划分城市经济区；
4. 提出城镇体系的功能结构和城镇分工；
5. 确定城镇体系的等级和规模结构；
6. 确定城镇体系的空间布局；
7. 统筹安排区域基础设施、社会设施；
8. 确定保护区域生态环境、自然和人文景观以及历史文化遗产的原则和措施；
9. 确定各时期重点发展的城镇，提出近期重点发展城镇的规划建议；
10. 提出实施规划的政策和措施等。

三、城市总体规划的编制

城市总体规划是促进城市科学协调发展的重要依据，是保障城市公共安全与公众利益的重要公共政策，是指导城市科学发展的重要文件。城市总体规划直接关系到城市总体功能的有效发挥，关系到经济、社会、人口、资源、环境的协调发展，必须体现前瞻性、战略性、综合性。因此本条规定，城市人民政府负责组织编制，根据建设部的有关规章，具体工作由城市人民政府规划主管部门承担。

城市人民政府在组织编制过程中，要针对存在的问题和面临的新情况，着眼城市的发展目标和发展可能，从土地、水资源和环境等城市长远的发展保障出发，组织空间发展战略研究，前瞻性地研究城市的定位和空间布局等战略问题；要客观分析资源条件和制约因素，着重研究城市的综合承载能力，解决好资源保护、生态建设、重大基础设施建设等城市发展的主要环节；要处理好城市与区域统筹发展、城市与乡村统筹发展的关系，在更广阔的空间领域研究资源配置、区域环境治理等问题；要改变只注重建设规划的观念，使规划内容能体现经济、社会、生态的可持续发展等重大问题；要突出规划的控制性，明确规划强制性内容，规划禁止、限制与适宜建设地区；要重视市域城镇体系规划，促进城乡协调发展；要重视对历史和风景名胜资源的保护；要明确近期建设规划的发展重点和建设时序。在此基础上，科学、合理地提出城市发展的目标、规模和空间布局。

根据有关规定，城市总体规划的编制程序如下：第一，组织前期研究并提出编制工作报告，经同意后方可组织编制。其中，组织编制直辖市、省会城市、国务院指定市的城市总体规划的，应当向国务院建设主管部门提出报告；组织编制其他市的城市总体规划的，应当向省、自治区建设主管部提出报告；第二，组织编制城市总体规划纲要，并提请审查。其中，组织编制直辖市、省会城市、国务院指定市的城市总体规划的，应当报请国务院建设主管部门组织审查；组织编制其他市的城市总体规划的，应当报请省、自治区建设主管部门组织审查；第三，依据国务院建设主管部门或者省、自治区建设主管部门提出的审查意见，组织编制城市总体规划成果，根据规定报请审查和批准。

不同城市的总体规划由不同级别的人民政府审批，直辖市直辖于中央，因此直接报国务院审批。但省会市及国务院确定的城市都应由省、自治区人民政府审查同意后才报国务院审批的，这是国为这些城市的规划发展涉及与省域城镇体系规划相协调，与全省国民经济和社会发展规划相衔接，符合土地利用总体规划等，先由省、自治区人民政府审查同意是必要的。其他所有城市都由省、自治区人民政府审批。

四、镇总体规划的编制

根据规定，县人民政府所在地镇的总体规划由县人民政府组织编制，而不是县人民政府所在地镇人民政府。这是考虑到县人民政府所在地镇是整个县的经济、文化等中心，需要统筹考虑全县的经济、社会发展及全县的城乡空间布局及城镇规模。不设区的市人民政府虽然属于县级人民政府，但其所在地编制的是城市总体规划而不是镇总体规划。除县人民政府所在地镇以外的其他镇的总体规划则由镇人民政府根据镇的发展需要，依据本法有关规定自行编制。镇属于城市与农村的联结点，具有特殊的地位，在编制镇总体规划时应注意适应农村经济和社会发展的需要，为促进乡镇企业适当集中建设、农村富余劳动力向非农产业转移，加快农村城市化进程服务的同时应坚持合理布局、节约用地的原则，全面规划、正确引导、依靠群众、自力更生、因地制宜、逐步建设，实现经济效益、社会效益和环境效益的统一。县人民政府组织编制的镇总体规划应报上一级人民政府批准，这里上一级人民政府主要是设区的市级人民政府；而其他镇人民政府组织编制的镇总体规划也应报上一级政府批准，这主要是指县级人民政府，包括不设区的市人民政府。上一级人民政府在审批镇总体规划时应符合本法规定，是在审查的基础上批准。

五、各级人民代表大会常务委员会参与规划制定

制定城乡规划属于政府职责，根据宪法关于组织法的规定，应由政府组织编制并报上级政府审批；但同时，为了增强规划制定的民主性、科学性，适应地方人大常委会对规划编制和实施工作进行监督的需要，地方政府在将有关规划报上级政府审批前，应先提请本级人大或其常委会审议，听取意见，根据意见作相应修改，并将审议意见和根据审议意见修改规划情况一并报送上级政府。这一规定改变了《中华人民共和国城市规划法》确定的体制，为确保规划的稳定性，制约政府频繁修改规划，1989年制定的城市规划法第二十一条规定，城市人民政府和县级人民政府在向上级人民政府报请审批城市总体规划前，须经同级人民代表大会或者其常务委员会审查同意。1993 年国务院颁布的《村庄和集镇规划建设管理条例》第十四条也规定，村庄、集镇总体规划和集镇建设规划，须经乡级人民代表大会审查同意，由乡级人民政府报县级人民政府批准。2006 年 12 月国务院提请审议的城乡规划法草案对此作了类似规定，同时增加了城镇体系规划（全国城镇规划体系除外）和镇总体规划报上级人民政府审批前，须经本级人大或者其常委会审查同意。

根据规定，在报请上级人民政府审批前，应先经本级人民代表大会常务委员会审议的规划包括：省、自治区组织编制的省域城镇体系规划，城市人民政府组织编制的城市总体规划，县人民政府组织编制的县人民政府所在地镇总体规划；而应先经本级人民代表大会审议的规划是镇人民政府组织编制的镇总体规划，这主要是因为镇一级没有人大常委会，除这几项规划外，其他规划，如城市详细规划等则不需要提请审议，根据规定是报请备案。另外，规划组织编制机关报送需审批的规划时，应一并报送以下材料：（一）人大常委会或镇人民代表大会的审议意见；（二）根据审议意见修改规划的情况。第二项材料是为了加强对规划组织编制机关的监督，防止人大或人大常委会的审议意见被虚置，起不到应有的作用。

六、城市、镇总体规划的内容和期限

城市、镇总体规划是城镇发展与建设的基本依据，是调控各项资源（包括水资源、土地资源、能源等）、保护生态环境、维护社会公平、保障公共安全和公众利益的重要公共政策。为充分发挥城市、镇总体规划的综合调控作用，发挥其合理高效配置空间资源，优化城镇功能的作用，本条规定了城市、镇总体规划的内容，包括两个方面，即应当包括的内容和强制性内容，强制性内容是必备的内容，在任何情况下都不能缺少，应当包括的内容的强制性就没有这么强。

（一）城市、镇总体规划应当包括的内容

1. 城市、镇的发展布局。

2. 功能分区。

3. 包括土地使用强度管制区划和相应的控制指标（建筑密度、建筑高度、容积率、人口容量等）在内的用地布局。

4. 综合交通体系，如对外交通设施和主要道路交通设施。

5. 禁止、限制和适宜建设的地域范围，即划定禁建区、限建区、适建区和已建区，并制定空间管制措施。

6. 综合交通、环境保护、商业网点、医疗卫生、绿地系统、河湖水系、历史文化名城保护、地下空间、基础设施、综合防灾等各类专项规划等。

（二）强制性内容

强制性内容是指城市、镇总体规划的必备内容，应当在规划图纸上有准确标明，并在规划文本上有明确、严格、规范的表述，并提出相应的管制性措施。它包括：

1. 城市规划范围。

2. 城市建设用地规划。包括：规划期限内城市建设用地的发展规模，土地使用强度管制区划和相应的建设指标（建设用地面积、容积率、人口容量等）。

3. 城市基础设施和公共服务设施。包括：城市干道系统网络、城市轨道交通网络、交通枢纽布局；城市水源地及其保护区范围和其他重大市政基础设施；文化、教育、卫生、体育等方面主要公共服务设施的布局。

4. 市域内应当控制开发的地域。包括：基本农田保护区，风景名胜区、湿地、水源保护区等生态区，地下矿产资源分布地区；城市各类绿地的具体布局；城市地下空间开发布局。

5. 城市历史文化遗产保护。包括：历史文化保护的具体控制指标和规定；历史文化街区、历史建筑、重要地下文物埋藏区的具体位置和界线。

6. 生态环境保护与建设目标，污染控制与治理措施。

7. 城市防灾减灾工程。包括：城市防洪标准、防洪堤走向；城市抗震与消防疏散通道；城市人防设施布局；地质灾害防护规定等。

（三）城市、镇总体规划的期限

城市总体规划、镇总体规划的规划期限一般为二十年。城镇总体规划的期限设置为二十年，一是为了防止规划频繁修改，影响经济和社会发展；二是提高规划的指导性，让人民群众在相当长时期内对城市建设与发展有一个合理的预期；三是防止规划期限过长，因为如果过长的话，既超出了人的预见性，也无法适应经济社会的发展，导致规划与现实脱节，出现频频修改规划的情形。但是，为了弥补二十年可能过短，人民群众无法合理预期城市将来的建设和发展，也为了保证城市总体规划的连续性，本法同时规定，对于城市总体规划，城市还应当对更长远的发展作出预测性安排。

七、乡规划和村庄规划的内容

建设社会主义新农村，是当前我国面临的新的历史任务、要建设社会主义新农村，必须先从根本上改变农村建设中存在的没有规划、无序建设和土地资源浪费现象，做到规划先行、全盘考虑、统筹城乡，避免盲目建设。但此前，乡村规划主要是由《村庄集镇规划建设管理条例》这一行政法规范，与城市规划形成了二元管理结构，属于就城市论城市、就乡村论乡村的规划制定与实施模式。结果导致乡村规划管理非常薄弱，大部分地区未编制规划，已经编制规划的，也大都是模仿城市，未能充分体现农村特点，难以满足农民生产和生活需要，农村无序建设和浪费土地严重。为改变这一现象，实现城乡统筹发展，加强规划管理，确保规划能落到实处，对乡村建设起到应有的作用。

根据规定，乡村规划在内容方面有着三方面的要求：第一，从农村实际出发，即应当避免不切实规划，盲目照搬城市规划，或者提出不符合当前发展阶段与当地农业经济发展不相适应的规划。应提高规划对乡村建设的指导作用，充分考虑经济、社会发展及农村文化发展现状，合理确定应当制定规划的区域及规划区范围等等。第二，尊重村民意愿，即乡镇人民政府不能任意将编制规划强加于村庄。在立法过程中，各方对此意见并不统一，有意见认为，现在农村普遍存在滥建、乱建的现象，乡村规划应是特别强势的引导，要让村民的意愿服从于规划。另外，如果按照村民的意愿进行规划，院子总是要越大越好，不利于新农村建设。但是，经研究认为，村民作为乡村建设的主体，对乡村未来发展有着自己的期望与理想，并将这些预期用于指导生产、生活，如果乡镇人民政府强加一个未考虑其意愿的规划，将可能导致规划无法实施，也可能给农村的生产和生活造成损失，引发社会矛盾，更不利于社会主义新农村建设。同时，规划要尊重村民意愿并不意味着要完全按村民意愿来编制规划，根据本法第二十二条规定，乡村规划由乡镇人民政府组织编制，报上一级人民政府审批。在报送审批前，应由村民会议或村民代表会议讨论同意。第三，体现地方和农村特色，社会主义新农村建设要求尽可能发挥农村的地方及其本身的特色，以特色满足村民的生产生活所需，既改善村民的人居环境，又保证当地民风及某些体现当地特色的历史文物等能够保留，村民因此受益。

关于乡村规划的内容，建设部原部长汪光焘在《关于〈中华人民共和国城乡规划法（草案）〉的说明》中指出，起草城乡规划法的指导思想是：按照贯彻落实科学发展观和构建社会主义和谐社会的要求，统筹城乡建设和发展，确立科学的规划体系和严格的规划实施制度，正确处理近期建设与长远发展、局部利益与整体利益、经济发展与环境保护历史文化保护等关系，促进合理布局，节约资源，保护环境体现特色，充分发挥城乡规划在引导城镇化健康发展、促进城乡经济社会可持续发展中的统筹协调和综合调控作用。正是在这一思想指导下，根据建设新农村的要求，针对实践中存在的乡村规划盲目模仿城市规划，缺乏针对性的问题，本法强调乡村规划要安排好农村公共服务设施、基础设施、公益事业建设的用地布局和范围，并充分考虑村民的生产生活需要，具体就体现在第十八条第二款关于乡村规划的内容方面：规划区范围，住宅、道路、供水、排水、垃圾收集、畜禽养殖场所等农村生产、生活服务设施、公益事业等各项建设的用地布局、建设要求，以及对耕地等自然资源和历史文化遗产保护、防灾减灾等的具体安排。同时为保障全乡统筹发展，本条还规定，乡规划还应当包括本行政区域内的村庄发展布局。

八、城市控制性详细规划的编制

控制性详细规划主要是要确定建设地区的土地使用性质和使用强度的控制指标，道路和工程管线控制性位置以及空间环境控制的规划要求，它的具体内容应当包括：

1. 确定规划范围内不同使用性质用地的界限，确定各类用地内适建、不适建或者有条件地允许建设的建筑类型；

2. 确定各地块建筑高度、建筑密度、容积率、绿地率等控制指标；确定公共设施配套要求、交通出入口方位、停车泊位、建筑后退红线距离等要求；

3. 提出各地块的建筑体量、体型、色彩等城市设计指导原则；

4. 根据交通需求分析，确定地块出入口位置、停车泊位、公共交通场站用地范围和站点位置、步行交通以及其他交通设施。规定各级道路的红线、断面、交叉口形式及渠化措施、控制点坐标和标高；

5. 根据规划建设容量，确定市政工程管线位置、管径和工程设施的用地界线，进行管线综合。确定地下空间开发利用具体要求；

6. 制定相应的土地使用与建筑管理规定。

城市控制性详细规划的组织编制主体是城市人民政府的城乡规划主管部门，而编制依据则是城市总体规划，制定程序则是城乡规划主管部门。在编制过程中，不得违反城市总体规划或者任意改变城市总体规划确定的各项指标，本法同时要求本级人民政府在批准控制性详细规划后，还应当同时在本级人民代表大会常务委员会和上一级人民政府备案。控制性详细规划只是总体规划的具体落实，而且已经规定了批准与备案程序，能够有相应的监督检查作用，再规定人大常委会审议并报上一给人民政府审批，将造成资源浪费并可能降低效率。从成本与实效两方面考虑都不是最合适的选择。

九、镇控制性详细规划的编制

镇规划在本质上是与城市规划相同的，在镇规划区内从事的一切建设活动都应严格依照镇规划进行。镇总体规划制定后，需要通过镇详细规划，特别是镇控制性详细规划来落实。本条对镇控制性详细规划的编制作了规定，包括以下几方面内容：

1. 编制镇控制性详细规划的依据是镇总体规划，不得在控制性详细规划中改变或变相改变镇总体规划的内容。镇控制性详细规划的内容应当结合镇的经济社会发展程度及现实需要，有侧重地作出规定，内容项目与城市控制性详细规划是相同的，但侧重点不同。

2. 不同情况下，镇控制性详细规划的编制主体不同，具体来说，县人民政府所在地镇的控制性详细规划由县城乡规划主管部门组织编制，这主要是考虑到县人民政府所在地镇一般来说是全县的经济社会文化中心，需要根据全县发展来考虑镇的规模、用地布局等，因此由县城乡规划主管部门组织编制较县人民政府所在地镇人民政府编制更具优势，也更符合现实情况。但县城乡规划主管部门组织编制并不意味着县人民政府所在地镇人民政府就不参与有关编制工作，如果涉及县人民政府所在地镇人民政府的事项，县人民政府所在地镇人民政府也应当参与。其他镇的镇控制性详细规划则由镇人民政府组织编制，镇一级一般没有规划主管部门，即使有力量也是很薄弱，无法承担相应的工作，因此由镇人民政府组织编制是比较合适的。

3. 镇控制性详细规划的审批机关是县级人民政府，无论编制主体是镇人民政府还是县城乡规划主管部门。需要区别的是，镇人民政府组织编制镇控制性详细规划的，报上一级人民政府审批，上一级人民政府可能是县人民政府，也可能是不设区的市人民政府，还可能是区人民政府；县城乡规划主管部门组织编制控制性详细规划的，审批机关一定是县人民政府，不设区的市人民政府所在地不存在镇总体规划也不存在镇控制性详细规划的问题。

4. 县城乡规划主管部门组织编制的县人民政府所在地镇控制性详细规划还应该报本级人大常委会和上一级人民政府备案，这还是考虑与镇总体规划保持一致，防止控制性详细规划改变或变相改变镇规划而设置的监督机制。

十、修建性详细规划的编制

城市、镇规划分为总体规划和详细规划，详细规划分为控制性详细规划和修建性详细规划。修建性详细规划主要是用以指导各项建筑和工程设施的施工规划设计，它一般针对的是某一具体地块，能直接应用于指导建筑和工程施工，一般应包括以下内容：

1. 建设条件分析及综合技术经济论证；
2. 建筑、道路和绿地等的空间布局和景观规划设计，布置总平面图；
3. 对住宅、医院、学校和托幼等建筑进行日照分析；
4. 根据交通影响分析，提出交通组织方案和设计；
5. 市政工程管线规划设计和管线综合；
6. 竖向规划设计；
7. 估计工程量、拆迁量和总造价，分析投资效益。

《城乡规划法》规定了编制修建性详细规划的几个方面：第一，修建性详细规划的对象是重要地块，也就是说修建性详细规划针对的不是整个城市也不是整个镇，它只对某一具体的地块提出规划设计要求。同时这一具体地块应当是重要地块，这是为了节约行政成本，如果任何地块都编制修建性详细规划，那么成本将很高，与其生产的效益也不相匹配。第二，修建性详细规划的编制主体是城市、县人民政府城乡规划主管部门和镇人民政府，城市、县人民政府城乡规划主管部门针对城市总体规划及县人民政府所在地城镇总体规划所划定的规划范围内的重要地块编制修建性详细规划，而镇人民政府则针对其编制的镇总体规划所划定的规划范围内的重要地块编制修建性详细规划。第三，编制修建性详细规划的依据是控制性详细规划，是对控制性详细规划的具体落实，不允许其改变或变相改变控制性详细规划对用地规模、用地布局等的规定。当然编制修建性详细规划符合控制性详细规划同时也就意味着其应符合城镇体系规划、城镇总体规划。第四，本法没有规定修建性详细规划应经批准或备案，主要是因为修建性详细规划是指导某一具体（重要）地块的建筑或工程的设计和施工，已经属于控制性详细规划的具体落实，规定报经批准或备案的意义也就大不了。第五，修建性详细规划不是一定要编制的。实践中应根据需要决定是否编制，只有那些重要的地块确有必要编制修建性详细规划的，有关部门才编制。

十一、乡、村规划的编制

《城乡规划法》明确了并不是所有乡、村庄都编制规划，只有那些县级以上地方人民政府根据当地农村经济社会发展水平，按照因地制宜、切实可行的原则，确定应当制定乡、村庄规划的区域才制定乡、村庄规划。除应当制定乡、村庄规划的区域外，其他区域也可以制定规划，只是法律没有做强制性要求。这条规定明确了一个原则，乡、村庄规划要符合乡村实际，要尊重村民意愿，不能由政府部门将规划强加于村民。

1. 应当制定乡规划和村庄规划的区域，由乡、镇人民政府组织编制

这一规定需要从两方面来理解，第一，乡、镇人民政府作为乡、村庄规划编制的主体，是为了保证规划的严肃性、科学性、权威性。在规划编制过程中乡镇人民政府应当居于主导地位，应当尊重村民意愿。规划的编制应以科学性作为第一要求，应当对新农村建设起到引导作用，防止农村建设中出现无序建设和浪费土地资源的现象，避免农村建设陷入盲目状态。第二，规划编制的费用由财政承担，这是防止出现滥摊派等导致农民负担加重的现象产生。实践中，乡村规划的编制经费来源并不完全一致。以北京市延庆县为例，乡村规划的编制费用就是由市财政专项补助；上海市是由市和区（县）财政给予专项补助。而根据本法第六条的规定，乡镇人民政府应将组织编制乡、村庄规划的经费纳入财政预算。

2. 乡规划、村庄规划应报上一级人民政府批准

上一级人民政府指的是县人民政府或不设区的市人民政府或区人民政府等。规定乡、村庄规划应由上一级人民政府批准，是为了实现城乡统筹发展，将乡、村庄规划纳入到全县的国民经济和社会发展中考虑，结合镇总体规划等综合考虑，以城镇发展带动乡村发展，逐步实现城市化，同时也可对乡人民政府编制乡、村庄规划的活动进行监督，进一步保证规划的科学性、严肃性与权威性。

3. 尊重村民意愿

村庄规划在报送审批前，应当经村民会议或村民代表大会讨论同意。立法过程中如何在保证规划的科学性、防止无序建设与尊重村民意愿方面实现平衡是一个难点问题。特别是村庄规划的编制主要是用地规划布局，控制建设用地规划，保护耕地，并通过控制人员建设用地指标实现，这就与村民希望扩大建设面积的追求是相违背的。按照国家标准，村庄建设用地指标为人均 $150m^2$，但很多地方的村民实际可能超过了 $300m^2$。同时，规划的专业性和技术性较强，又涉及现实利益和长远利益、局部利益和整体利益的关系，要求村

民会议讨论同意可能有较大难度。但是，村庄规划涉及土地使用问题，关系村民切实利益，如果不经村民讨论可能规划无法实施，规划管理成本也可能会很高。另外，村民是规划实施的主体，村庄规划最终落实主体还是村民。因此村庄规划报送审批前，应当经村民会议或村民代表会议讨论同意。

十二、城乡规划编制单位

城乡规划的编制是一项专业性、技术性很强的工作，各级人民政府或城乡规划主管部门要自行完成编制工作是一件非常困难的事。城乡规划组织编制机关应当委托具有相应资质等级的单位承担城乡规划的具体编制工作。

城乡规划编制单位从事规划编制工作应事先取得行政许可，并经国务院城乡规划主管部门或者省、自治区、直辖市人民政府城乡规划主管部门依法审查合格，取得相应等级的资质证书后，方可在资质等级许可的范围内从事城乡规划编制工作：

（一）有法人资格；

（二）有规定数量的经国务院城乡规划主管部门批准的注册城市规划师；

（三）有规定数量的相关专业技术人员；

（四）有相应的技术装备；

（五）有健全的技术、质量、财务管理制度。

根据不同的条件，有关部门授予不同的申请不同的资质等级。目前包括甲、乙、丙三个等级。城乡规划编制单位在具体承担各项规划编制工作中，应当遵守国家有关城乡规划的各项标准。

第三节　城乡规划的实施

一、实施城乡规划的一般原则

为确保已经批准的城乡规划得到严格的遵守和执行，防止有的地方政府领导人违反法定程序随意干预和变更城乡规划，《城乡规划法》作出了一些保障城乡规划实施的原则性规定。这些规定的核心是强调实施主体实施城乡规划时必须遵守要求，要按照客观规律办事，将规划执行好、落实好。地方各级人民政府应当根据当地经济社会发展水平，量力而行，尊重群众意愿，有计划、分步骤地组织实施城乡规划；城市新区的开发和建设，应当确定合理的建设规模和时序，充分利用现有市政基础设施和公共服务设施，严格保护自然资源和生态环境，体现地方特色。城市的建设和发展，应当优先安排基础设施以及公共服务设施的建设，妥善处理新区开发与旧区改建的关系，统筹兼顾进城务工人员生活和周边农村经济社会发展、村民生产与生活的需要。镇的建设和发展，应当结合农村经济社会发展和产业结构调整，优先安排供水、排水、供电、供气、道路、通信、广播电视等基础设施和学校、卫生院、文化站、幼儿园、福利院等公共服务设施的建设，为周边农村提供服务。乡、村庄的建设和发展，应当因地制宜、节约用地，发挥村民自治组织的作用，引导村民合理进行建设，改善农村生产、生活条件。

城乡建设和发展，应当依法保护和合理利用风景名胜资源，统筹安排风景名胜区及周边乡、镇、村庄的建设。风景名胜区的规划、建设和管理，应当遵守有关法律、行政法规和国务院的规定。城市地下空间的开发和利用，应当与经济和技术发展水平相适应，遵循统筹安排、综合开发、合理利用的原则，充分考虑防灾减灾、人民防空和通信等需要，并符合城市规划，履行规划审批手续。城乡规划确定的铁路、公路、港口、机场、道路、绿地、输配电设施及输电线路走廊、通信设施、广播电视设施、管道设施、河道、水库、水源地、自然保护区、防汛通道、消防通道、核电站、垃圾填埋场及焚烧厂、污水处理厂和公共服务设施的用地以及其他需要依法保护的用地，禁止擅自改变用途。

城市、县、镇人民政府应当根据城市总体规划、镇总体规划、土地利用总体规划和年度计划以及国民经济和社会发展规划，制定近期建设规划，报总体规划审批机关备案。近期建设规划应当以重要基础设施、公共服务设施和中低收入居民住房建设以及生态环境保护为重点内容，明确近期建设的时序、发展方向和空间布局。近期建设规划的规划期限为五年。

二、城市新区开发和旧区改建

（一）城市新区的开发和建设应遵守的原则

城市新区开发和建设，是指按城市总体规划的部署和要求，在城市建成区之外的一定区域，进行集中的、成片的、综合配套的开发建设活动。按照本条规定，城市新区的开发与建设应遵守以下原则：

1. 应当确定合理的建设规模和时序

城市新区开发和建设的依据是经过"批准的城乡规划"，是实施城市规划涉及的一项重要内容。按照本条规定，城市新区的开发与建设，应当确定合理的建设规模和时序。这是城市全面、协调、持续发展的基本要求，是科学发展观的需要。按照这些需要，城市新区的开发和建设应进一步考虑并落实好城市规划中确定的城市综合性和协调性发展的需要，需进一步考虑到近期和远期发展的需要，要进一步处理好发展和保护的关系等。根据上述关系，在城市新区的开发和建设中，要安排好不同建设标的的时间顺序，以确保城市规划的有效落实。

2. 应当充分利用现有市政基础设施和公共服务设施

城市新区的开发和建设也是一个持续科学发展的过程，有其客观规律，就是说，绝对不能随意行事，违反客观规律，随意建设，绝对不能浪费现有资源。城市新区的开发和建设中要充分体现效能原则，要按照本法规定，在充分利用现有市政基础设施和公共服务设施的基础上开发和建设。

3. 应当严格保护自然资源和生态环境

所称环境即《中华人民共和国环境保护法》所称的环境。按照规定，环境是指影响人类生存和发展的各种天然的和经过人工改造的自然因素的总体，包括大气、水、海洋、土地、矿藏、森林、草原、野生生物、自然遗迹、人文遗迹、自然保护区、风景名胜区、城市和乡村等。本法所称自然环境，通常是指人类生存和发展所依赖的各种自然条件总和，对人类生存和发展有直接的影响。本法所称的生态环境，通常是指生物群落及非生物自然因素组成的各种生态系统所构成的整体，它主要是或者完全是由自然因素形成，对人类的生存和发展有间接的、潜在的、长远的影响。本法规定是落实《宪法》原则的要求。按照现行《宪法》规定，国家保障自然资源的合理利用，保护珍贵的动物和植物。禁止任何组织或者个人用任何手段侵占或破坏自然资源。为落实《宪法》确定的这项原则，我国颁布了有关法律和行政法规，国务院也发布了一些政策和措施。就是说，本法规定也是执行有关的环境保护法律、国家环境政策方面的要求。比如《中华人民共和国环境保护法》规定，一切单位和个人有保护环境的义务，并有权对污染和破坏环境的单位和个人进行检举和控告。

各级人民政府对具有代表性的各种类型的自然生态系统区域，珍稀、濒危的野生动植物自然分布区域，重要的水源涵养区域，具有重大科学文化价值的地质构造、著名溶洞和化石分布区、冰川、火山、温泉等自然遗迹，以及人文遗迹、古树名木，应当采取措施加以保护，严禁破坏。开发利用自然资源，必须采取措施保护生态环境。制定城乡规划，应当确定保护和改善环境的目标和任务。城乡建设应当结合当地自然环境的特点，保护植被、水域和自然景观，加强城市园林、绿地和风景名胜区的建设。加强环境保护是落实科学发展观的重要举措，是全面建设小康社会的内在要求，是坚持执政为民、提高执政能力的实际行动，是构建社会主义和谐社会的有力保障。加强环境保护，有利于促进经济结构调整和增长方式转变，实现更快更好地发展；有利于带动环保和相关产业发展，培育新的经济增长点和增加就业；有利于带动环境意识和道德素质，促进社会主义精神文明建设；有利于保障人民群众身体健康，提高生活质量和延长人均寿命；有利于维护中华民族的长远利益，为子孙后代留下良好的生存和发展空间。因此，必须遵守国家有关环境保护法律、行政法规等的规定，不能以牺牲环境为代价，必须在城市新区开发和建设的同时，要注重生态建设和环境保护，注重资源的节约和循环使用，推进城市建设的可持续发展。

4. 应当体现地方特色

地方特色是指一个地方的内涵和外在表现明显区别于其他地方的个性特征。我国幅员辽阔，自然区域和文化地域的特征相去甚远，城市新区开发和建设，在实施有关规划时，应当从当地的实际情况出发，结合当地气候与地理环境特征，做到有特色地开发和建设，防止千篇一律。

在城市、镇总体规划确定的建设用地范围以外，不得设立各类开发区和城市新区。

为防止在城市、镇总体规划确定的建设用地范围以外设立各类开发区和城市新区，防止城市、镇总体规划执行中的随意性，坚决杜绝"政绩工程""形象工程"等不良现象的发生。本法规定，在城市、镇总体规划确定的建设用地范围以外，不得设立各类开发区和城市新区。如果违反这一规定，应依法承担相应的法律责任。比如，按照《中华人民共和国土地管理法》第七十六条规定："未经批准或者采取欺骗手段骗取批准，非法占用土地的，由县级以上人民政府土地行政主管部门责令退还非法占用的土地，对违反土地利用总体规划擅自将农用地改为建设用地的，限期拆除在非法占用的土地上新建的建筑物和其他设施，恢复土地原状，对符合土地利用总体规划的，没收在非法占用的土地上新建的建筑物和其他设施，可以并处罚款；对非法占用土地单位的直接负责的主管人员和其他直接责任人员依法给予行政处分；构成犯罪的作法追究刑事责任。超过批准的数量占用土地，多占用的土地以非法占用土地论处"。

（二）旧城区的改建实施城乡规划时应遵守的原则

旧城区的改建应遵守的原则包括：

1. 应当保护历史文化遗产和传统风貌；

2. 应当合理确定拆迁和建设规模；

3. 应当有计划地对危房集中、基础设施落后等地段进行改建。

历史文化名城、名镇、名村的保护以及受保护建筑物的维护和使用应当遵守国家规定：

1. 应当遵守法律的规定；

2. 应当遵守行政法规的规定。指由国务院颁布的有关历史文化名城、名镇、名村的保护以及受保护建筑物的维护和使用的规范性文件；

3. 应当遵守国务院的规定。国务院规定，是指除行政法规以外由国务院发布的一些规定，包括通知、命令等，比如，《国务院关于加强文化遗产保护的通知》（2005 年 12 月 22 日国务院发布）。

三、选址意见书

《城乡规划法》第 36 条确定了关于申请核发选址意见书的规定："按照国家规定需要有关部门批准或者核准的建设项目，以划拨方式提供国有土地使用权的，建设单位在报送有关部门批准或者核准前，应当向城乡规划主管部门申请核发选址意见书。

前款规定以外的建设项目不需要申请选址意见书。"

（一）按照国家规定需要有关部门批准或者核准的建设项目

该条所称的国家规定，包括三个方面：一是法律的规定；二是行政法规的规定；三是国务院及国务院有关部门的规定。

1. 法律的规定。比如《中华人民共和国港口法》规定，按照国家规定须经有关部门批准的港口建设项目，应当按照国家有关规定办理审批手续，并符合国家有关标准和技术规范。建设港口工程项目，应当依法进行环境影响评价。港口建设项目的安全设施和环境保护设施，必须与主体工程同时设计，同时施工，同时投入使用。

2. 行政法规、国务院的其他规定。比如按照《中华人民共和国电信条例》规定，公用电信网，专用电信网，广播电视传输网建设，在按照国家基本建设项目审批程序报批前，应当征得国务院信息产业主管部门同意。

3. 国务院有关部门的规定。比如按照《国际通信设施建设管理规定》（信息产业部颁布）规定，信息产业部受理企业所报限额以上国际通信设施建设项目初审申请后，应当在 30 个工作日内书面答复申请人。对未通过初审的，应当书面通知申请人并说明理由。信息产业部受理企业所报限额以下国际通信设施建设项目审批申请后，应当在 45 个工作日内书面答复申请人。对不予批准的，应当书面通知申请人并说明理由。

（二）以划拨方式提供国有土地使用权的，按照国家规定需要有关部门批准或者核准的建设项目批准或者核准前应当向城乡规划主管部门申请核发选址意见书

1. 规定申请核发选址意见书的主要考虑是便于国家对建设项目的宏观管理，确保规划的正确实施。法律规定申请核发选址意见书，可以将宏观管理与规划管理统一起来，确保建设项目按照规划实施，确保经济效益、社会效益和环境效益相统一。

2. 申请核发选址意见书的建设项目范围。按照规定，申请核发选址意见书范围为以划拨方式提供国有土地使用权的、按照国家规定需要有关部门批准或者核准的建设项目。根据《中华人民共和国土地管理法》的规定，经批准的建设项目需要使用国有建设用地的，建设单位应当持法律、行政法规规定的有关文件，向有批准权的县级以上人民政府土地行政主管部门提出建设用地申请，经土地行政主管部门审查，报本级人民政府批准。建设单位使用国有土地，应当以出让等有偿使用方式取得。但是，下列建设用地，经县级以

上人民政府依法批准，可以以划拨方式取得：国家机关用地和军事用地；城市基础设施用地和公益事业用地；国家重点扶持的能源、交通、水利等基础设施用地；法律、行政法规规定的其他用地。以出让等有偿使用方式取得国有土地使用权的建设单位，按照国务院规定的标准和方法，缴纳土地使用权出让金等土地有偿使用费和其他费用后，方可使用土地。这就是说，建设单位取得建设用地分两种情况：一种情况是以出让等有偿使用方式取得的建设用地；另一种情况是以划拨方式取得的建设用地。该条规定的是以划拨方式提供国有土地使用权的，按照国家规定需要有关部门批准或者核准的建设项目在批准或者核准前应当向城乡规划主管部门申请核发选址意见书。按照本条第二款规定，上述之外的建设项目不需要申请选址意见书。

3. 申请核发选址意见书的时间，必须是在需要有关部门批准或者核准的建设项目批准或者核准前进行。

4. 建设项目选址意见书的内容。按照原建设部和国家计委发布的《建设项目选址规划管理内容》等的规定，建设项目选址意见书应当包括下列内容：一是建设项目的基本情况，主要是建设项目名称、性质、用地与建设规模、供水与能源的需求量、采取的运输方式与运输量，以及废水、废气、废渣的排放方式和排放量。二是建设项目与城市规划布局的协调；建设项目与城市交通、通信、能源、市政、防灾规划的衔接与协调；建设项目配套的生活设施与城市生活居住及公共设施规划的衔接与协调；建设项目对于城市环境可能造成的污染影响，以及与城市环境保护规划和风景名胜、文物古迹保护规划的协调。三是建设项目选址、用地范围和具体规划要求。此外，建设项目选址意见书应当包括建设项目地址和用地范围的附图和明确有关问题的附件。附图和附件是建设项目选址意见书的配套证件，具有同等的法律效力。附图和附件由发证单位根据法律、法规规定和实际情况制定。

5. 申请建设项目选址意见书的程序。按照《建设部关于统一印发建设项目选址意见书的通知》的规定，应遵循下述程序：第一，凡计划在城市规划区内进行建设，需要编制设计任务书（可行性研究报告）的，建设单位必须向当地市、县人民政府城市规划主管部门提出选址申请。第二，建设单位填写建设项目选址申请表后，城市规划主管部门根据《建设项目选址规划管理办法》的规定，分级核发建设项目选址意见书。第三，按规定应由上级城市规划主管部门核发选址意见书的建设项目，市、县城市规划主管部门应对建设单位的选址报告进行审核，并提出选址意见，报上级城市规划主管部门核发建设项目选址意见书。

四、划拨建设用地程序

为了保护和有效利用土地资源及确保城乡建设规范的落实和实施，根据划拨土地管理的实际情况，特别是根据《城市规划法》实施的情况，《城乡规划法》对以划拨方式取得建设用地的程序作出了较为明确而又严格的规定。

（一）建设单位须依法将建设项目报经有关部门批准、核准、备案

根据我国现行法律、行政法规及《国务院关于投资体制改革的决定》（2004年7月16日）规定的精神，我国对建设项目分别实行批准、核准和备案制度。

1. 有的建设项目需要经过有关部门批准。比如，按照《中华人民共和国环境影响评价法》的规定，国家根据建设项目对环境的影响程度，对建设项目的环境影响评价文件，

由建设单位按照国务院的规定报有审批权的环境保护行政主管部门审批；建设项目有行业主管部门的，其环境影响报告书或者环境影响报告表应当经行业主管部门预审后，报有审批权的环境保护行政主管部门审批。海洋工程建设项目的海洋环境影响报告书的审批，按照《中华人民共和国海洋环境保护法》的规定办理。

2. 有的建设项目要经过核准。比如，按照《中华人民共和国职业病防治法》的规定，建设项目可能产生职业病危害的，建设单位在可行性论证阶段应当向卫生行政部门提交职业病危害预评价报告。卫生行政部门应当自收到职业病危害预评价报告之日起 30 日内，作出审核决定并书面通知建设单位。

3. 有的需要向有关部门备案。比如，按照《云南省建设工程抗震设防管理条例》（2007 年 5 月 23 日云南省第十届人大常委会第二十九次会议通过，自 2007 年 10 月 1 日起施行）的规定，建设单位应当将属于国家建筑工程抗震设防分类标准中乙类以上的建设工程的抗震设防要求采用情况报当地地震工作主管部门备案。

按照《国务院关于投资体制改革的决定》精神，转变政府管理职能，确立企业的投资主体地位。比如，①改革项目审批制度，落实企业投资自主权。彻底改革现行不分投资主体，不分资金来源，不分项目性质，一律按投资规模大小分别由各级政府及有关部门审批的企业投资管理办法。对于企业不使用政府投资建设的项目，一律不再实行审批制，区别不同情况实行核准制和备案制。其中，政府仅对重大项目和限制类项目从维护社会公共利益角度进行核准，其他项目无论规模大小，均改为备案制，项目的市场前景、经济效益、资金来源和产品技术方案均由企业自主决策，自担风险，并依法办理环境保护、土地使用、资源利用、安全生产、城市规划等许可手续和减免税确认手续。对企业使用政府补助、转贷、贴息投资建设的项目，政府只审批资金申请报告。各地区、各部门要相应改进管理办法，规范管理行为，不得以任何名义截留下放给企业的投资决策权力。②规范政府核准制，要严格限定实行政府核准制的范围，并根据变化的情况适时调整。《政府核准的投资项目目录》（以下简称《目录》）由国务院投资主管部门会同有关部门研究提出，报国务院批准后实施。未经国务院批准，各地区、各部门不得擅自增减《目录》规定的范围。企业投资建设实行核准制的项目，仅需向政府提交项目申请报告，不再经过批准项目建议书、可行性研究报告和开工报告的程序。政府对企业提交的项目申请报告，主要从维护经济安全，合理开发利用资源，保护生态环境，优化重大布局，保障公共利益，防止出现垄断等方面进行核准。对于外商投资项目，政府还要从市场准入、资本项目管理等方面进行核准。政府有关部门要制定严格规范的核准制度，明确核准的范围、内容、申报程序和办理时限，并向社会公布，提高办事效率，增强透明度。③健全备案制。对于《目录》以外的企业投资项目，实行备案制，除国家另有规定外，由企业按照属地原则向地方政府投资主管部门备案。备案制的具体实施办法由省级人民政府自行制定。国务院投资主管部门要对备案工作加强指导和监督，防止以备案的名义变相审批。

（二）建设单位提出用地规划许可申请

根据规定，建设单位在依法报经有关部门批准、核准、备案后，应当向城市、县人民政府城乡规划主管部门提出建设用地规划许可申请。这里需要强调的是，建设单位提出用地规划许可申请需要具备三个前提条件：一是地域范围条件，即在城市、镇规划区内；二是以划拨方式提供国有土地使用权的建设项目；三是已依法经有关部门批准、核准或者备案。

按照《建设部关于统一实行建设用地规划许可证和建设工程规划许可证的通知》精神，申请建设用地规划许可证的一般程序：一是凡在城市规划区内进行建设需要申请用地的，必须持国家批准建设项目的有关文件，向城市规划主管部门提出定点申请。二是城市规划主管部门根据用地项目的性质、规模等，按照城市规划的要求，初步选定用地项目的具体位置和界限。三是根据要求，征求有关行政主管部门对用地位置和界限的具体意见。四是城市规划主管部门根据城市规划的要求向用地单位提供规划设计条件。五是审核用地单位提供的规划设计总图。六是核发建设用地规划许可证。

（三）核发建设用地规划许可证

建设用地规划许可证是指为了确保建设用地符合城市规划、镇规划，维护建设单位按照城市规划、镇规划使用土地的合法权益，建设单位依照法定程序向城市、县人民政府规划主管部门提出申请，由城市、县规划主管部门确认的建设项目位置和范围符合城市规划、镇规划的由建设单位使用的法律凭证。

按照本条规定，由城市、县人民政府城乡规划主管部门依据控制性详细规划对申请的建设用地的位置、面积、允许建设的范围进行核定后，发给《建设用地规划许可证》，《建设用地规划许可证》一经发放即具有法律效力，受法律的保护。

按照《建设部关于贯彻〈国务院关于深化改革严格土地管理的决定〉的通知》精神，各类新建、改建、扩建工程项目必须严格执行用地指标。城乡规划主管部门在审批建设用地申请时，要依据国家规定的建设用地指标，对建设用地面积进行严格审查，对超过国家规定用地指标的，不得发放建设用地规划许可证、建设工程规划许可证。禁止超过国家用地指标、以"花园式工厂"为名圈占土地。

（四）向县级以上地方人民政府土地主管部门申请用地

建设单位依照规定在取得《建设用地规划许可证》后，可向县级以上地方人民政府土地主管部门申请用地。

《国土资源部关于修改〈建设用地审查报批管理办法〉的决定》，已于2016年11月25日国土资源部第4次部务会议审议通过，自2017年1月1日起施行。根据该规定，县级以上人民政府土地行政主管部门负责建设用地的申请受理、审查、报批工作。在土地利用总体规划确定的城市建设用地范围外单独选址的建设项目使用土地的，建设单位应当向土地所在地的市、县人民政府土地行政主管部门提出用地申请。建设单位提出用地申请时，应当填写《建设用地申请表》，并附具下列材料：建设项目用地预审意见；建设项目批准、核准或者备案文件；建设项目初步设计批准或者审核文件。建设项目拟占用耕地的，还应当提出补充耕地方案；建设项目位于地质灾害易发区的，还应当提供地质灾害危险性评估报告。市、县人民政府土地行政主管部门对材料齐全、符合条件的建设用地申请，应当受理，并在收到申请之日起30日内拟订农用地转用方案、补充耕地方案、征用土地方案和供地方案，编制建设项目用地呈报说明书，经同级人民政府审核同意后，报上一级土地行政主管部门审查。

按照《建设用地审查报批管理办法》的规定，在土地利用总体规划确定的城市建设用地范围内，为实施城市规划占用土地的，由市、县人民政府土地行政主管部门拟订农用地转用方案、补充耕地方案和征用土地方案，编制建设项目用地呈报说明书，经同级人民政府审核同意后，报上一级土地行政主管部门审查。在土地利用总体规划确定的村庄和集镇建设用地范围内，为实施村庄和集镇规划占用土地的，由市、县人民政府土地行政主管部门拟订农用地转用方案，补充耕地方案，编制建设项目用地承包说明书，经同级人民政府审核同意后，报上级土地行政主管部门审查。

（五）县级以上人民政府审查批准

1. 报有批准权的人民政府审查批准必须符合的条件。按照《国土资源部关于修改〈建设用地审查报批管理办法〉的决定》，农用地转用方案，应当包括占用农用地的种类、面积、质量等，以及符合规划计划、基本农田占用补划等情况。补充耕地方案，应当包括补充耕地的位置、面积、质量，补充的期限，资金落实情况等，以及补充耕地项目备案信息。征收土地方案，应当包括征收土地的范围、种类、面积、权属，土地补偿费和安置补助费标准，需要安置人员的安置途径等。供地方案，应当包括供地方式、面积、用途等。

征收土地方案符合下列条件的，国土资源主管部门方可报人民政府批准：被征收土地界址、地类、面积清楚，权属无争议的；被征收土地的补偿标准符合法律、法规规定的；被征收土地上需要安置人员的安置途径切实可行。建设项目施工和地质勘查需要临时使用农民集体所有的土地的，依法签订临时使用土地合同并支付临时使用土地补偿费，不得办理土地征收。

方案符合下列条件的，国土资源主管部门方可报人民政府批准：符合国家的土地供应政策；申请用地面积符合建设用地标准和集约用地的要求；只占用国有未利用地的，符合规划、界址清楚、面积准确。

2. 县级以上人民政府审查批准。按照《中华人民共和国土地管理法实施条例》2014年7月29日修正的规定，建设单位持建设项目的有关批准文件，向市、县人民政府土地行政主管部门审查。拟订供地方案，报市、县人民政府批准；需要上级人民政府批准的，应当报上级人民政府批准。具体建设项目需要占用土地利用总体规划确定的国有未利用地的，按照省、自治区、直辖市的规定办理；但是，国家重点建设项目、军事设施和跨省、自治区、直辖市行政区域的建设项目以及国务院规定的其他建设项目用地，应当报国务院批准。

（六）土地主管部门划拨土地

经县级以上人民政府审查批准后，由土地主管部门划拨土地。

按照《中华人民共和国土地管理法实施条例》的规定，供地方案经批准后，由市、县人民政府向建设单位办理建设用地批准书。划拨使用国有土地的，由市、县人民政府土地行政主管部门向土地使用者核发国有土地划拨决定书。

按照《建设用地审查报批管理办法》的规定，经批准的农用地转用方案、补充耕地方案、征用土地方案和供地方案。在土地利用总体规划确定的城市建设用地范围内单独选址的建设项目，由市、县人民政府土地行政主管部门负责监督落实；在土地利用总体规划确定的城市和村庄、集镇建设用地范围内，为实施城市规划和村庄、集镇规划占用土地的，由省、自治区、直辖市人民政府土地行政主管部门负责监督落实。

五、规划条件应纳入国有土地出让合同中

（一）规划条件、土地使用权出让、土地使用权出让合同

1. 规划条件，是指由城市、县人民政府城乡规划主管部门根据控制性详细规划提出

的包括出让地块的位置、使用性质、开发强度等方面的要求。按照现行的规定，在城市、镇规划区内，出让国有土地使用权，出让前应当制定控制性详细规划。出让的地块，必须具有城乡规划主管部门提出的规划设计要求及附图。规划设计要求应当包括：地块面积，土地使用性质，容积率，建筑密度，建筑高度，停车泊位，主要出入口，绿地比率，须配置的公共设施、工程设施，建筑界线，开发期限及其他要求。附图应当包括：地块区位和现状，地块坐标、标高，道路红线坐标、标高，出入口位置，建筑界线以及地块周围地区环境与基础设施条件。

2. 国有土地使用权出让。国有土地，是指市、县城、建制镇、工矿区范围内属于国家所有的土地。国有土地使用权出让，是指国家以土地所有者的身份将土地使用权在一定年限内让与土地使用者，并由土地使用者向国家支付土地使用权出让金的行为。土地使用权出让应当签订出让合同。按照《中华人民共和国城镇国有土地使用权出让和转让暂行条例》（1990 年 5 月 19 日国务院颁布）的规定，土地使用权的出让，由市、县人民政府负责，有计划、有步骤地进行。土地使用权出让的地块、用途、年限和其他条件，由市、县人民政府土地管理部门会同城市规划和建设管理部门、房产管理部门共同拟订方案，按照国务院规定的批准权限报经批准后，由土地管理部门实施。土地使用权出让最高年限按下列用途确定：居住用地 70 年；工业用地 50 年；教育、科技、文化、卫生、体育用地 50 年；商业、旅游、娱乐用地 40 年；综合或者其他用地 50 年。土地使用权出让可以采取下列方式：协议、招标、拍卖。

3. 土地使用权出让合同，是指市、县人民政府土地管理部门作为出让方将国有土地使用权在一定年限内让与受让方，受让方支付土地使用权出让金的协议。按照《中华人民共和国城镇国有土地使用权出让和转让暂行条例》规定，土地使用权出让合同应当按照平等、自愿、有偿的原则，由市、县人民政府土地管理部门（以下简称"出让方"）与土地使用者签订。土地使用者应当在签订土地使用权出让合同后 60 日内，支付全部土地使用权出让金。逾期未全部支付的，出让方有权解除合同，并可请求违约赔偿。出让方应当按照合同规定，提供出让的土地使用权。未按合同规定提供土地使用权的，土地使用者有权解除合同，并可请求违约赔偿。土地使用者在支付全部土地使用出让金后，应当依照规定办理登记，领取土地使用证，获得土地使用权。土地使用者应当按照土地使用权出让合同的规定和城市规划的要求，开发、利用、经营土地。未按合同规定的期限和条件开发、利用土地的，市、县人民政府土地管理部门应当予以纠正，并根据情节可以给予警告、罚款直至无偿收回土地使用权的处罚。土地使用者需要改变土地使用权出让合同规定用途的，应当征得出让方同意并经市、县人民政府土地管理部门和城市规划部门批准，依照规定重新签订土地使用权出让合同，调整土地使用权出让金，并办理登记。

按照《最高人民法院关于审理及国有土地使用权合同纠纷案件适用法律问题的解释》（2004 年 11 月 23 日最高人民法院审判委员会第 1334 次会议通过，自 2005 年 8 月 1 日起实行）的规定，开发区管理委员会作为出让方签订的土地使用权出让合同，应当确定无效。解释实施前，开发区管理委员作为出让方与受让方签订的土地使用权出让合同，起诉前经市、县人民政府土地管理部门追认的，可以认定合同有效。经市、县人民政府批准同意以协议方式出让的土地使用权，土地使用权出让金低于签订合同时当地政府按照国家规定确定的最低价的，应当确定土地使用权出让合同约定的价格条款无效。当事人请求按照订立合同时的市场评估价格缴纳土地使用权出让金的，应予支持；受让方不同意按照市场评估价格补足，请求解除合同，应予支持。因此造成的损失，由当事人按照过错承担责任。土地使用权出让合同的出让方未经办理土地使用权出让批准手续而不能交付土地，受让方请求解除合同的，应予支持。受让方经出让方和市、县人民政府规划主管部门同意，改变土地使用权出让合同约定的土地用途，当事人请求按照起诉时同一用途的土地出让金标准调整土地出让金的，应予支持。受让方擅自改变土地使用权出让合同约定的土地用途，出让方请求解除合同，予以支持。

（二）规划条件作为国有土地使用权出让合同的组成部分属于义务性规定

1. 土地使用权合同应包括规划条件。在城市、镇规划区内以出让方式提供国有土地使用权的，在国有土地使用权出让前，城市、县人民政府城乡规划主管部门应当根据控制性详细规划，提出出让地块的位置、使用性质、开发强度等规划条件，作为国有土地使用权出让合同的组成部分。这一规定强调的是，国有土地使用权出让合同的组成部分不能缺少规划条件。这项规定属于义务性的规定，不履行这项义务要按照本法及有关法律、行政法规的规定，承担相应的法律后果。按照《城市国有土地使用权出让转让规划管理办法》（建设部 1992 年 12 月 4 日颁布、自 1993 年 1 月 1 日起施行）的规定在城市、镇规划区内，国有土地使用权出让、转让合同必须附具规划设计条件及附图，出让方和受让方不得擅自变更。在出让、转让过程中确需变更的，必须经城市规划主管部门批准。

2. 未确定有关规划条件的地块不得出让国有土地使用权。这也属于强制性的规定，为必须履行的义务。签订合同的各方必须履行。

（三）建设单位签订国有土地使用权出让合同后应向城市、县人民政府城乡规划主管部门领取建设用地规划许可证

以出让方式取得国有土地使用权的建设项目，在签订国有土地使用权出让合同后，建设单位应当持审批、核准、备案文件和国有土地使用权出让合同，向城市、县人民政府城乡规划主管部门领取建设用地规划许可证。这也是一项义务性规定，这项规定也是对现实做法的肯定。比如，按照《城市国有土地使用权出让转让规划管理办法》的规定，已取得土地出让合同的，受让方应当持出让合同依法向城乡规划主管部门申请建设用地规划许可证。在取得建设规划用地许可证后，方可办理土地使用权属证明。通过出让获得的土地使用权再转让时，受让方应当遵守原出让合同附具的规划设计条件，并由受让方向城乡规划主管部门办理登记手续。受让方如需改变规划设计条件，应当先经城乡规划主管部门批准。受让方在符合规划设计条件外为公众提供公共使用空间或设施的，经城乡规划主管部门批准后，可给予适当提高容积率的补偿。受让方经城乡规划主管部门批准变更规划设计条件而获得的收益，应当按规定比例上交城市政府。城乡规划主管部门有权对城市国有土地使用权出让、转让过程是否符合城市规划进行监督检查。凡未出具城乡规划主管部门提供规划设计条件及附图的出让、转让合同，或擅自变更的，城乡规划主管部门不予办理建设用地规划许可证。凡未取得或擅自变更建设用地规划许可证而办理土地使用权属证明的，土地权属证明无效。各级人民政府城乡规划主管部门，应当对本行政区域内的城市国有土地使用权出让、转让规划管理情况逐项登记，定期汇总。

（四）不得在建设用地规划许可证中，擅自改变作为国有土地使用权出让合同组成部分的规划条件

城市、县人民政府城乡规划主管部门不得在建设用地规划许可证中，擅自改变作为国有土地使用权出让合同组成部分的规划条件。这款也属义务性规定，义务主体属于城市、县人民政府城乡规划主管部门。如果规划实施过程中确实需要改变的，也需要依据本法的规定进行。这里需要说明的是，除城市、县人民政府城乡规划主管部门不得擅自改变规划条件外，建设单位即受让人也不得擅自改变。

（五）国有土地使用权出让合同未包含规划条件的法律后果

1. 规划条件未纳入国有土地使用权出让合同的，该国有土地使用权出让合同无效。在城市、镇规划区内以出让方式提供国有土地使用权的，在国有土地使用权出让前，城市、县人民政府城乡规划主管部门应当根据控制性详细规划，提出出让地块的位置、使用性质、开发强度等规划条件，作为国有土地使用权出让合同的组成部分。未确定有关规划条件的地块，不得出让国有土地使用权。上述规定属于强制性的规定。

按照《中华人民共和国合同法》第五十二条的规定："违反法律、行政法规的强制性规定"的合同无效。《中华人民共和国城乡规划法》明确规定："规划条件未纳入国有土地使用权出让合同的，该国有土地使用权出让合同无效。"规划条件未纳入国有土地使用权出让合同的，属于违反《中华人民共和国城乡规划法》的强制规定。

2. 对未取得建设用地规划许可证的建设单位所取得的批准用地的批准文件给予撤销。以出让方式取得国有土地使用权的建设项目，在签订国有土地使用权出让合同后，建设单位应当持审批、核准、备案文件到城市、县人民政府城乡规划主管部门领取建设用地规划许可证。按照《中华人民共和国土地管理法》的规定，经批准的建设项目需要使用国有建设用地的，建设单位应当持法律、行政法规规定的有关文件，向有批准权的县级以上人民政府土地行政主管部门提出建设用地申请，经土地行政主管部门审查，报本级人民政府批准。征收下列土地的，由国务院批准：基本农田；基本农田以外的耕地超过 35 公顷的；其他土地超过 70 公顷的。征收上述规定以外的土地的，由省、自治区、直辖市人民政府批准，并报国务院备案。就是说，向有批准权的县级以上人民政府土地行政主管部门提出建设用地申请必须遵守有关法律和行政法规的规定，比如建设用地规划许可证等。领取建设用地规划许可证属于建设单位的一项法定义务，也是建设单位取得建设用地的重要前提条件，未执行这一条件，或者未履行这项法定义务，法律法规规定的部门不得批准建设用地，对未取得建设用地规划许可证的建设单位批准用地的，属于违反本法及土地管理法等的规定。按照本条规定，对未取得建设用地规划许可证的建设单位批准用地的，由县级以上人民政府依据法律、法规规定的权限撤销有关的批准文件。

3. 非法占用土地的建设单位应当及时退回。按照土地管理法等法律的规定，建设单位使用土地必须依照法定程序申请建设用地，如果违反法定程序，占用土地，按照本条规定必须及时退回。

4. 非法占有土地给当事人造成损失的应当依法给予赔偿。没有经过合法程序取得土地，或者违法批准用地的，如果给当事人造成损失，有关单位和个人还应当赔偿有关当事人的损失，如果不给予赔偿的，有关当事人可依据本法及《中华人民共和国民事诉讼法》、《中华人民共和国民法通则》等的规定，通过诉讼程序请求人民法院判决违法当事人赔偿自己的损失。

六、建设工程规划许可证的申请与核发

（一）建设工程规划许可证

建设工程规划许可证，是指在城市、镇规划区内进行的建筑物、构筑物、道路、管线和其他工程建设的建设单位或者个人依照规定，向城市、县人民政府城乡规划主管部门或者省、自治区、直辖市人民政府确定的镇人民政府申请领取的建设工程的法律凭证。建设工程规划许可证是建设活动中接受监督检查的法定依据。建设单位或者个人只有在取得建设工程规划许可证和其他有关批准文件后，可申请办理开工手续。没有建设工程规划许可证的建设单位，所建设的工程是违法建设、违章建筑，不能领取房地产权属证件。

按照《建设部关于统一实行建设用地规划许可证和建设工程规划许可证的通知》（1990年2月23日建设部发布）的规定，建设工程规划许可证所包括的附图和附件，按照建筑物、构筑物、道路、管线以及个人建房等不同要求，由发证单位根据法律、法规规定和实际情况制定。附图和附件是建设工程规划许可证的配套证件，具有同等法律效力。

（二）建设单位或者个人进行工程建设应当领取建设工程规划许可证是法定义务

1. 义务主体。即在城市、镇规划区内进行建筑物、构筑物、道路、管线和其他工程建设的建设单位或者个人。

2. 履行义务的前提条件。即是将要在城市、镇规划区内进行建筑物、构筑物、道路、管线和其他工程的建设。这里面有两个关键点：一是在城市、镇规划区内；二是进行建筑物、构筑物、道路、管线和其他工程建设。两个条件缺一不可。

3. 申请对象。即向城市、县人民政府城乡规划主管部门或者省、自治区、直辖市人民政府确定的镇人民政府申请办理。

（三）核发建设工程规划许可证

1. 申请办理建设工程规划许可证应当提交以下材料：一是使用土地的有关证明文件。通常是指使用权属证明文件。土地权属通常是指土地的所有权、使用权和他项权利。土地所有权是土地所有制的法律表现，是国家或农民集体依法对归其所有的土地所享有的具有支配性和决定性的权利。按照《中华人民共和国土地管理法》的规定，中华人民共和国实行土地的社会主义公有制，即国家所有土地的所有权由国务院代表国家行使。任何单位和个人不得侵占、买卖或者以其他形式非法转让土地。土地使用权可以依法转让。国家为了公共利益的需要，可以依法对土地实行征收或者征用并给予补偿。国家依法实行国有土地有偿使用制度。但是，国家在法律规定的范围内划拨国有土地使用权的除外。城市市区的土地属于国家所有。农村和城市郊区的土地，除由法律规定属于国家所有的以外，属于农民集体所有；宅基地和自留地、自留山，属于农民集体所有。土地使用权是指依法取得土地上的实际经营权和利用权。此项权利是指非土地所有人或使用人在他人土地上享有一定权利。按照《中华人民共和国土地管理法》的规定，国有土地和农民集体所有的土地，可以依法确定给单位或者个人使用。使用土地的单位和个人，有保护、管理和合理利用土地的义务。按照《中华人民共和国土地管理法》的规定，农民集体所有的土地，由县级人民政府登记造册，核发证书，确认所有权。农民集体所有的土地依法用于非农业建设的，由县级人民政府登记造册，核发证书，确认建设用地使用权。单位和个人依法使用的国有土地，由县级以上人民政府登记造册，核发证书，确认使用权；其中，中央国家机关使用的国有土地的具体登记发证机关，由国务院确认。确认林地、草原的所有权或者使用权，分

别按照《中华人民共和国森林法》、《中华人民共和国草原法》和《中华人民共和国渔业法》的有关规定办理，依法改变土地权属和用途的，应当办理土地变更登记手续。本条规定的使用土地的有关证明文件，一般是指有关土地所有权、使用权和他项权利的证明文件，比如，县级人民政府核发的土地使用权证书等。

二是建设工程设计方案等材料。比如，按照我国一些地方的规定，申请建筑工程规划许可证要提交总平面设计图4份（比例1/500或1/1000，应标明建筑基地界限、加盖道路规划红线示章、划示相邻建筑物现状、标注高压线的间距尺寸），并加盖注册建筑师章；如涉及高层建筑（包括小高层）需加送日照分析图2份；原有基地拆房，需提供应拆房屋的权属证件1份；标注好建筑总平面位置的地形图4份（比例1/500或1/1000，地形图上需按总平面设计图要求划示各新建建筑物位置及有关尺寸）；加盖注册建筑师章的建筑施工图（平、立、剖面图和图纸目录）2套；分层面积表2份（应按国家有关建筑面积规定计算）；基础施工平面图、基础详图及桩位平面布置图各2份；建筑工程概预算书1份；规划部门对设计方案或扩初设计批复文件或会议纪要及相关部门对初步设计同意意见；涉及市、区、镇级的保留河道都需征询水利局意见，划示河道蓝线，加盖水利局审核章；涉及机场控制区域需征询空港办意见（方案阶段已征询过的，送复印件）；地名使用批准书复印件等。

三是需要建设单位编制修建性详细规划的建设项目，还应当提交修建性详细规划。本条所称的修建性详细规划，是指以城市总体规划、镇总体规划、控制性详细规划等为依据，制定的用以指导建筑和工程设施的设计和施工的具体安排。修建性详细规划一般包括：建设条件分析及综合技术经济论证；作出建筑、道路交通规划、绿地系统规划设计、工程管线规划设计、竖向规划设计；估算工程量、拆迁量和总造价，分析投资效益等内容。

2. 核发建设工程规划许可证。对符合控制性详细规划和规划条件的，由城市、县人民政府城乡规划主管部门或者省、自治区、直辖市人民政府确定的镇人民政府核发建设工程规划许可证。出于学习上的方便，现将《建设部关于统一实行建设用地规划许可证和建设工程规划许可证的通知》的规定摘录如下：建设用地规划许可证和建设工程规划许可证，设市城市由市人民政府城市规划行政主管部门核发；县人民政府所在地镇和其他建制镇，由县人民政府城市规划行政主管部门核发。

3. 现行规定的做法。按照《建设部关于统一实行建设用地规划许可证和建设工程规划许可证的通知》的规定，申请建设工程规划许可证的一般程序：第一，凡在城市规划区内新建、扩建和改建建筑物、构筑物、道路、管线和其他工程设施的单位与个人必须持有关批准文件向城乡规划主管部门提出建设申请。第二，城乡规划主管部门根据城市规划提出建设工程规划设计要求。第三，城乡规划主管部门征求并综合协调有关行政主管部门对建设单位设计方案的意见，审定建设工程初步设计方案。第四，城乡规划主管部门审核建设单位或个人提供的工程施工图后，核发建设工程规划许可证。

（四）经审定的修建性详细规划、建设工程设计方案的总平面图予以公布

城市、县人民政府城乡规划主管部门或者省、自治区、直辖市人民政府确定的镇人民政府应当将经审定的修建性详细规划、建设工程设计方案的总平面图予以公布。本条规定经审核的修建性详细规划、建设工程设计方案的总平面图予以公布有两个目的：一是方便

社会公众，利于社会公众做好相应的准备，有利于保护社会公众的合法权益。二是确保城乡规划的严肃性，公开后可避免一些地方政府及其领导人违反法定程序，随意干预和变更规划。这里需要说明的是：第一，本条所称的建设工程设计方案的总平面图应包括以下内容：道路、出入口、化粪池和给水、雨水、污水、电力、电信、燃气等工程管线的位置和走向以及技术经济指标、建筑密度、容积率、绿地率等指标。第二，公布的"修建性详细规划、建设工程设计方案的总平面图"必须是经过依法审定的。否则，不符合本法的要求。

七、乡村建设规划许可证

（一）乡镇企业、乡村公共设施和公益事业建设的建设单位或者个人应申领乡村建设规划许可证

1. 乡村建设规划许可证，是指为了确保乡、村庄规划区内的建设用地符合规划的要求，维护乡镇企业、乡村公共设施和公益事业建设的建设单位或者个人按照规划使用土地的合法权益，建设单位或者个人依照法定程序向乡、镇人民政府提出申请，由乡、镇人民政府报城市、县人民政府城乡规划主管部门核发的由建设单位或者个人使用土地的法律凭证。

2. 申领乡村建设规划许可证需要具备以下条件：一是在乡、村庄规划区内；二是在乡、村庄规划区内进行乡镇企业、乡村公共设施和公益事业建设；三是申请主体为建设单位或者个人。

乡镇企业是指农村集体经济组织或者农民投资为主，在乡镇（包括所辖村）举办的承担支援农业义务的各类企业。所谓投资为主，是指农村集体经济组织或者农民投资超过50%，或者虽不足50%，但能起到控股或者实际支配作用。乡镇企业符合企业法人条件的，依法取得企业法人资格。按照现行法律的有关规定，乡镇企业是农村经济的重要支柱和国民经济的重要组成部分。乡镇企业的主要任务是，根据市场需要发展商品生产，提供社会服务，增加社会有效供给，吸收农村剩余劳动力，提高农民收入，支援农业，推进农业和农村现代化，促进国民经济和社会事业发展。发展乡镇企业，坚持以农村集体经济为主导，多种经济成分共同发展的原则。国家对乡镇企业积极扶持、合理规划、分类指导、依法管理。国家鼓励和重点扶持经济欠发达地区、少数民族地区发展乡镇企业，鼓励经济发达地区的乡镇企业或者其他经济组织采取多种形式支持经济欠发达地区和少数民族地区举办乡镇企业。农村集体经济组织投资设立的乡镇企业，其企业财产权属于设立该企业的全体农民所有。农村集体经济组织与其他企业组织或者个人共同投资设立的乡镇企业，其企业财产权按照出资份额属于投资者所有。

乡村公共设施是指由乡人民政府、村民委员会、乡镇企业及其他企业事业单位、社会组织建设的用于乡村社会公众使用或享用的一些公共建筑设施。比如乡村教育设施、乡村医疗卫生设施、乡村文化娱乐设施、乡村体育设施、乡村商业设施、乡村道路等基础公用设施。本条所称乡村公共设施建设，就是指上述的一些基础性公共建筑设施的建设。

乡村公益事业建设是指直接或者间接地为乡村经济、社会活动和乡村居民生产和生活服务的一些建设。比如乡村自来水生产建设、生产供应系统建设、乡村电力供应系统建设、乡村卫生保健系统建设、乡村文化教育系统建设等。

申领乡村建设规划许可证的程序为：首先是提出申请。即由建设单位或者个人向所在

地的乡、镇人民政府提出申请。其次是报批审核。即由接受申请的乡、镇人民政府报城市、县人民政府城乡规划主管部门审核。第三是核发证照。城市、县人民政府城乡规划主管部门接到申请审核后认为符合条件的发给乡村建设规划许可证；不符合条件的不发给乡村建设规划许可证。这里需要指出的是，城市、县人民政府城乡规划主管部门在审核过程中必须依法认真履行职责，依照法定的条件和时限核发乡村建设规划许可证。否则，要依法承担相应的法律责任。比如，按照本法的规定，城市、县人民政府城乡规划主管部门对符合法定条件的申请人未在法定期限内核发乡村建设规划许可证的，由本级人民政府、上级人民政府城乡规划主管部门或者监察机关依照职权责令改正，通报批评；对直接负责的主管人员和其他直接负责的人员依法给予处分。

（二）使用原有宅基地进行农村村民住宅建设的规划管理

对于在乡、村庄规划区内使用原有宅基地进行农村村民住宅建设的规划管理问题，授权省、自治区、直辖市根据本地的实际情况作出符合当地实际情况的规定。对此问题，省、自治区、直辖市人大及其常委会可以根据本法规定的精神和原则制定有关的地方性法规，省、自治区、直辖市人民政府也可以根据本法规定的精神和原则制定有关的政府规章。无论是何机关制定的，一经制定，则必须执行。

对此需要说明的是，关于宅基地问题，《中华人民共和国土地管理法》有严格的规定，省、自治区、直辖市制定有关规定时应遵守《中华人民共和国土地管理法》的规定。按照《中华人民共和国土地管理法》的规定，农村村民一户只能拥有一处宅基地，其宅基地的面积不得超过省、自治区、直辖市规定的标准。农村村民建住宅，应当符合乡（镇）土地利用总体规划，并尽量使用原有的宅基地和村内空闲地。农村村民住宅用地，经乡（镇）人民政府审核，由县级人民政府批准；其中，设计占用农用地的，依照土地管理法有关审批权限的规定办理审批手续。农村村民出卖、出租住房后，再申请宅基地的，不予批准。另外，需要说明的是按照《中华人民共和国立法法》的规定，省、自治区、直辖市人民政府制定有关规定时除遵守国家法律、行政法规的规定外，还应遵守地方性法规的规定。

（三）原则上有关建设不得占用农耕地

农耕地即《中华人民共和国土地管理法》规定的农用地，是指直接用于农业生产的土地，包括耕地、林地、草地、农田、农田水利用地、养殖水面等。

农用地必须严格管理，必须严格控制占用农用地。按照规定，在乡、村庄规划区内进行乡镇企业、乡村公共设施和公益事业建设以及农村村民住宅建设，不得占用农耕地。如果确实需要占用农耕地的，应当依照《中华人民共和国土地管理法》有关规定办理农用地转用审批手续后，由城市、县人民政府城乡规划主管部门核发乡村建设规划许可证。依照《中华人民共和国土地管理法》规定，征收农用地的，应当依照规定先行办理农用地转用审批。其中，经国务院批准农用地转用的，同时办理征地审批手续，不再另行办理征地审批；经省、自治区、直辖市人民政府在征地批准权限内批准农用地转用的，同时办理征地审批手续，不再另行办理征地审批，超过征地批准权限的，应当依照规定另行办理征地审批。依照《中华人民共和国土地管理法》规定，建设占用土地涉及农用地转为建设用地的，应当办理农用地转用审批手续。省、自治区、直辖市人民政府批准的道路、管线工程和大型基础设施建设项目、国务院批准的建设项目占用土地，涉及农用地转为建设用地的，由国务院批准。在土地利用总体规划确定的城市和村庄、集镇建设用地规模范围内，为实施该规划而将农用地转为建设用地的，按土地利用年度简化分批次由原批准土地利用总体规划的机关批准。在已批准的农用地转用范围内，具体建设项目用地可以由市、县人民政府批准。上述规定以外的建设项目占用土地，涉及农用地转为建设用地的，由省、自治区、直辖市人民政府批准。

（四）办理用地审批手续

建设单位或者个人只有在取得乡村建设规划许可后，才能办理用地审批手续。

按照《中华人民共和国土地管理法》的规定，乡镇企业、乡（镇）村公共设施、公益事业、农村村民住宅等乡（镇）村建设，应当按照村庄和集镇规划，合理布局，综合开发，配套建设；建设用地应当符合乡（镇）土地利用总体规划和土地利用年度计划，并依本法相关规定办理审批手续。农村集体经济组织使用乡（镇）土地利用总体规划确定的建设用地兴办企业与其他单位、个人以土地使用权入股、联营等形式共同举办企业的，应当持有关批准文件，向县级以上地方人民政府土地行政主管部门提出申请，按照省、自治区、直辖市规定的批准权限，由县级以上地方人民政府批准；其中，涉及占用农用地的，依照土地管理法的有关规定办理审批手续。按照规定兴办企业的建设用地，必须严格控制。省、自治区、直辖市可以按照乡镇企业的不同行业和经营规模，分别规定用地标准。乡（镇）村公共设施、公益事业建设，需要使用土地的，经乡（镇）人民政府审核，向县级以上地方人民政府土地行政主管部门提出申请，按照省、自治区、直辖市规定的批准权限，由县级以上地方人民政府批准；其中，涉及占用农地的，依照土地管理法的有关规定办理审批手续。

根据《村庄和集镇规划建设管理条例》（国务院令116号1993年6月29日发布）的规定：兴建乡（镇）村企业，必须持县级以上地方人民政府批准的设计任务书或其他批准文件，向县级人民政府建设行政主管部门申请选址定点，县级人民政府建设行政主管部门审查同意并出具选址意见书后，建设单位方可依法向县级人民政府土地管理部门申请用地，经县级以上人民政府批准后，由土地管理部门划拨土地。

乡（镇）村公共设施、公益事业建设，须持乡级人民政府批准的设计任务书或者其他批准文件，经县级人民政府建设行政主管部门审查同意并出具选址意见书后，建设单位方可依法向县级人民政府土地管理部门申请用地，经县级以上人民政府批准后，由土地管理部门划拨土地。

农村村民在村庄、集镇规划区内建住宅的，应当先向村集体经济组织或者村民委员会提出建房申请，经村民会议讨论通过后，按照下列审批程序办理：（1）需要使用耕地的，经乡级人民政府审核、县级人民政府建设行政主管部门审查同意并出具选址意见书后，方可依照《土地管理法》向县级人民政府土地管理部门申请用地，经县级人民政府批准后，由县级人民政府土地管理部门划拨土地；（2）使用原有宅基地、村内空闲地和其他土地的，由乡级人民政府根据村庄、集镇规划和土地利用规划批准。城镇非农业户口居民在村庄、集镇规划区内需要使用集体所有的土地建住宅的，应当经其所在单位或者居民委员会同意后，依照第（1）项规定的审批程序办理。回原籍村庄、集镇落户的职工、退伍军人和离休、退休干部以及回乡定居的华侨、港澳台同胞，在村庄、集镇规划区内需要使用集体所有的土地建住宅的，依照第（1）项规定的审批程序办理。

此外，《城乡规划法》中规定，在城市、镇规划区内进行临时建设的，应当经城市、县人民政府城乡规划主管部门批准。临时建设影响近期建设规划或者控制性详细规划的实施以及交通、市容、安全等的，不得批准。临时建设应当在批准的使用期限内自行拆除。

县级以上地方人民政府城乡规划主管部门按照国务院规定对建设工程是否符合规划条件予以核实。未经核实或者经核实不符合规划条件的，建设单位不得组织竣工验收。建设单位应当在竣工验收后六个月内向城乡规划主管部门报送有关竣工验收资料。

第四节　城乡规划的修改

城镇体系规划、城市总体规划、镇总体规划是对城镇的一种长远规划，依法批准的城乡规划，是城乡建设和规划管理的依据，未经法定程序，不得修改。省域城镇体系规划、城市总体规划、镇总体规划一经批准，就应当严格执行。但同时，省域城镇体系规划、城市总体规划、镇总体规划作为一种长远性的安排，具有长期性的特点。按照建设部《城镇体系规划编制审批办法》的规定，城镇体系规划的期限一般为二十年。而且我国正处于全面建设小康社会的时期，经济社会发展很快，如果要求省域城镇体系规划、城市总体规划、镇总体规划在 20 年的时间内一成不变，就会产生客观形势发生重大变化而不能对规划进行及时调整，严重影响或者妨碍城市建设、城镇化发展等的问题。1989 年制定的《城市规划法》第二十二条规定："城市人民政府可以根据城市经济和社会发展需要，对城市总体规划进行局部调整，报同级人民代表大会常务委员会和原批准机关备案；但涉及城市性质、规模、发展方向和总体布局重大变更的，须经同级人民代表大会或者其常务委员会审查同意后报原批准机关审批。"

1993 年 6 月 29 日国务院发布的《村庄和集镇规划建设管理条例》第十五条也规定："根据社会经济发展需要，依照本条例第十四条的规定，经乡级人民代表大会或者村民会议同意，乡级人民政府可以对村庄、集镇规划进行局部调整，并报县级人民政府备案。涉及村庄、集镇的性质、规模、发展方向和总体布局重大变更的，依照本条例第十四条规定的程序办理。"

因此，为了适应经济和社会发展的客观需要，有必要对省域城镇体系规划、城市总体规划、镇总体规划在实施过程中需要进行调整的问题作出规定，在法律上明确省域城镇体系规划、城市总体规划、镇总体规划的修改条件和程序。

一、对规划实施情况的评估

根据《城乡规划法》第 46 条的规定："省域城镇体系规划、城市总体规划、镇总体规划的组织编制机关，应当组织有关部门和专家定期对规划实施情况进行评估，并采取论证会、听证会或者其他方式征求公众意见。组织编制机关应当向本级人民代表大会常务委员会、镇人民代表大会和原审批机关提出评估报告并附具征求意见的情况。"

二、省域城镇体系规划、城市总体规划、镇总体规划的修改条件

1. 上级人民政府制定的城乡规划发生变更，提出修改规划要求的

由国务院城乡规划主管部门会同国务院有关部门组织编制并报国务院审批的全国城镇体系规划指导省域城镇体系规划、城市总体规划的编制。省域城镇体系规划的内容包括城

镇空间布局和规模控制，重大基础设施布局，为保护生态环境、资源等需要严格控制的区域。城市总体规划、镇总体规划的内容应当包括城市、镇的发展布局，功能分区，用地布局，综合交通体系，禁止、限制和适宜建设的地域范围，各类专项规划等。城镇体系规划的任务包括综合评价城镇发展条件、制订区域城镇发展战略、预测区域人口增长和城市化水平、拟定各相关城镇的发展方向与规模、协调城镇发展与产业配置的时空关系、统筹安排区域基础设施和社会设施、引导和控制区域城镇的合理发展与布局以及指导城市总体规划的编制。2006 年 2 月 23 日《国务院办公厅转发建设部关于加强城市总体规划工作意见的通知》（国办发〔2006〕12 号）也明确要求："发挥城镇体系规划的指导作用"，省域城镇体系规划已经审批的地区，城市总体规划修编要按照城镇体系规划确定的原则，结合人口、资源情况和环境承载能力，对城市的性质、功能和规模作出准确定位，统筹安排对城市发展有重大影响的基础设施和重大建设项目，促进城市产业结构和布局的合理调整。

因此，上级人民政府制定的城乡规划发生变更，提出修改规划要求的，是省域城镇体系规划、城市总体规划、镇总体规划修改的一个法定条件。如全国城镇体系规划发生变更，并且要求某省的省域城镇体系规划或者某城市的城市总体规划提出修改规划要求的，该省域城镇体系规划或者城市总体规划应当进行修改。

2. 行政区划调整确需修改规划的

根据宪法的规定，中华人民共和国的行政区域划分如下：全国分为省、自治区、直辖市；省、自治区分为自治州、县、自治县、市；县、自治县分为乡、民族乡、镇。直辖市和较大的市分为区、县；自治州分为县、自治县、市。同时宪法还规定国务院批准省、自治区、直辖市的区域划分，批准自治州、县、自治县、市的建置和区域划分；省、直辖市的人民政府决定乡、民族乡、镇的建置和区域划分。2019 年 1 月 1 日实施的《行政区划管理条例》中规定，下列行政区划的变更由国务院审批：（一）省、自治区、直辖市的行政区域界线的变更，人民政府驻地的迁移，简称、排列顺序的变更；（二）自治州、县、自治县、市、市辖区的设立、撤销、更名和隶属关系的变更以及自治州、自治县、设区的市人民政府驻地的迁移；（三）自治州、自治县的行政区域界线的变更，县、市、市辖区的行政区域界线的重大变更；（四）凡涉及海岸线、海岛、边疆要地、湖泊、重要资源地区及特殊情况地区的隶属关系或者行政区域界线的变更。县、市、市辖区的部分行政区域界线的变更，县、不设区的市、市辖区人民政府驻地的迁移，国务院授权省、自治区、直辖市人民政府审批；批准变更时，同时报送国务院备案。乡、民族乡、镇的设立、撤销、更名，行政区域界线的变更，人民政府驻地的迁移，由省、自治区、直辖市人民政府审批。规划区域范围一般按行政区划划定。2002 年 5 月 15 日国务院以《国务院关于加强城乡规划监督管理的通知》（国发〔2002〕13 号）中明确提出，行政区划调整的城市，应当及时修编城市总体规划和近期建设规划。因此，行政区划调整确需修改规划的，也是省域城镇体系规划、城市总体规划、镇总体规划修改的一个法定条件。

3. 因国务院批准重大建设工程需要修改规划的

经国务院批准的重大建设工程，如铁路工程、水电工程等，往往是事关国民经济和社会发展全局的重大项目。这些重大建设工程项目的实施，常常会影响该工程所在地的规划。如长江三峡工程的建设，就涉及城镇的迁建，以及公路、桥梁、港口、码头、水利工程、电力设施、电信线路、广播电视等基础设施和文物古迹的淹没等。因此，因国务院批准重大建设工程需要修改规划的，也是省域城镇体系规划、城市总体规划、镇总体规划修改的一个法定条件。

4.经评估确需修改规划的

省域城镇体系规划、城市总体规划、镇总体规划的组织编制机关，应当组织有关部门和专家定期对规划实施情况进行评估，全面分析和客观评价省域城镇体系规划、城市总体规划、镇总体规划的实施情况，并向本级人民代表大会常务委员会、镇人民代表大会和原审批机关提出评估报告。经过评估确认，规划实施中存在的问题，不是由于执行中的问题，而是属于规划本身存在不足而形成的，并且不及时修改将难以解决问题或者会带来更多问题时，应当及时修改规划。因此，经评估确需修改规划的，也是省域城镇体系规划、城市总体规划、镇总体规划修改的一个法定条件。

5.城乡规划的审批机关认为应当修改规划的其他情形

这是一项概括性、授权性的规定。一方面，是指除了已经明确规定以外的其他应当修改规划的条件，属于兜底性条款；另一方面，则将应当修改规划的"其他情形"，授权给城乡规划的审批机关认定。至于"应当修改规划的其他情形"究竟包括哪些，需要在实践中由城乡规划的审批机关根据具体情况予以认定。

三、省域城镇体系规划、城市总体规划、镇总体规划的修改程序

1.编制修改方案

在具备规定的应当修改省域城镇体系规划、城市总体规划、镇总体规划的条件时，组织编制机关应当首先对省域城镇体系规划、城市总体规划、镇总体规划的实施情况进行总结。按照国务院办公厅2006年2月23日《国务院办公厅转发建设部关于加强城市总体规划工作意见的通知》（国办发〔2006〕12号）的要求，各地在修编城市总体规划前，要对原总体规划实施情况进行认真总结，针对存在的问题和面临的新情况，着眼城市的发展目标和发展可能，从土地、水、能源和环境等城市长远的发展保障出发，组织空间发展战略研究，前瞻性地研究城市的定位和空间布局等战略问题。要客观分析资源条件和制约因素，着重研究城市的综合承载能力，解决好资源保护、生态建设、重大基础设施建设等城市发展的主要环节。要处理好城市与区域统筹发展、城市与乡村统筹发展的关系，在更广阔的空间领域研究资源配置、区域环境治理等问题。在此基础上，科学、合理地提出城市发展的目标、规模和空间布局，为城市总体规划的修编提供基本依据。

组织编制机关应当将省域城镇体系规划、城市总体规划、镇总体规划实施情况的总结，报告原审批机关。修改涉及城市总体规划、镇总体规划强制性内容的，应当先向原审批机关提出专题报告，经同意后，方可编制修改方案。所谓强制性内容，是指涉及区域协调发展、资源利用、环境保护、风景名胜资源保护、自然与文化遗产保护、公众利益和公共安全等方面的内容，是正确处理好城市可持续发展的重要保证。根据本法第十七条的规定，规划区范围、规划区内建设用地规模、基础设施和公共服务设施用地、水源地和水系、基本农田和绿化用地、环境保护、自然与历史文化遗产保护以及防灾减灾等内容，应当作为城市总体规划、镇总体规划的强制性内容。组织编制机关应当向原审批机关提出关于修改城市总体规划、镇总体规划强制性内容的专题报告，说明情况和理由，经原审批机关同意后，方可编制修改方案。

此外，按照 2002 年 8 月 2 日建设部、中央机构编制委员会办公室、国家发展计划委员会、财政部、监察部、国土资源部、文化部、国家旅游局、国家文物局联合发布的《关于贯彻落实〈国务院关于加强城乡规划监督管理的通知〉》（建规〔2002〕204 号）的通知，省域城镇体系规划中的强制性内容包括：城市发展用地规模与布局；区域重大基础设施布局；需要严格保护的区域和控制开发的区域及控制指标；毗邻城市的城市取水口、污水排放口的位置和控制范围；区域性公共设施的布局。

2. 按照审批程序报批

修改后的省域城镇体系规划、城市总体规划、镇总体规划，应当依照关于省域城镇体系规划、城市总体规划、镇总体规划审批程序的规定，进行报批。即省域城镇体系规划、直辖市的城市总体规划以及省、自治区人民政府所在地的城市以及国务院确定的城市的总体规划，报国务院审批；其他城市的总体规划，报省、自治区人民政府审批；县人民政府所在地镇的总体规划，报县人民政府的上一级人民政府审批；其他镇的总体规划，报镇人民政府的上一级人民政府审批。同时，在报上一级人民政府审批前，应当先经本级人民代表大会常务委员会或者镇人民代表大会审议。

四、其他规划修改条件及程序

1. 修改控制性详细规划的，组织编制机关应当对修改的必要性进行论证，征求规划地段内利害关系人的意见，并向原审批机关提出专题报告，经原审批机关同意后，方可编制修改方案。修改后的控制性详细规划，应当依照规定的审批程序报批。控制性详细规划修改涉及城市总体规划、镇总体规划的强制性内容的，应当先修改总体规划。修改乡规划、村庄规划的，应当依照规定的审批程序报批。

2. 城市、县、镇人民政府修改近期建设规划的，应当将修改后的近期建设规划报总体规划审批机关备案。

3. 在选址意见书、建设用地规划许可证、建设工程规划许可证或者乡村建设规划许可证发放后，因依法修改城乡规划给被许可人合法权益造成损失的，应当依法给予补偿。经依法审定的修建性详细规划、建设工程设计方案的总平面图不得随意修改；确需修改的，城乡规划主管部门应当采取听证会等形式，听取利害关系人的意见；因修改给利害关系人合法权益造成损失的，应当依法给予补偿。

第五节 城乡规划法律制度案例

案例 1

上诉人：大连经济技术开发区××房地产开发有限公司（以下简称"甲公司"）、纪某

被上诉人：清原满族自治县城乡建设管理局

原审第三人：清原满族自治县客运公司

一、基本案情

清原城建局在收到客运公司关于建安全例检线的申请及相关材料后，于 2016 年 8 月 15 日向客运公司颁发了建设工程规划许可证。甲公司及纪某认为清原城建局为客运公司颁发建设工程规划许可证的行为侵犯其合法权益，于 2016 年 8 月 18 日诉至法院，要求撤

销清原城建局为客运公司颁发的建设工程规划许可证。2016 年 8 月 18 日，清原城建局以客运公司所提供的土地使用证确定的土地使用权存在争议为由，作出了《关于撤销建字〔210423201600017〕号建设工程规划许可证的决定书》。并于当日向客运公司送达。另查明客运公司用于申请建设工程规划许可证所提供的清国用〔2009〕0131 号土地使用证与清国用〔90〕字第 195 号土地使用证所注记的为同一地块。2016 年 8 月 29 日，清原国土资源局作出清国土资发〔2016〕117 号关于注销清原满族自治县振兴发展有限公司土地使用证《清国用〔2009〕第 0131 号》的决定，决定收回清原满族自治县振兴发展有限公司13765m² 国有土地使用权；注销《国有土地使用证》（清国用〔2009〕第 0131 号）；原客运公司名下土地使用证（面积：9075m²）依然有效。一审法院收案时间是 2016 年 8 月 18日，审批时间是 2016 年 8 月 19 日，一审法院向清原城建局及客运公司送达起诉状等相关诉讼材料的时间是 2016 年 8 月 22 日。

二、案件审理

二审法院审理认为：本案的争议焦点是清原城建局于 2016 年 8 月 15 日为客运公司颁发的建设工程规划许可证是否符合法律规定。《城乡规划法》第四十条第二款规定，申请办理建设工程规划许可证，应当提交使用土地的有关证明文件、建设工程设计方案等材料。需要建设单位编制修建性详细规划的建设项目，还应当提交修建性详细规划。《抚顺市城乡规划管理条例》第二十二条规定，在城市、镇规划区内进行建筑物、构筑物、道路、管线和其他工程建设的，建设单位或者个人应当持以下材料向城乡规划主管部门申请办理建设工程规划许可证：申请书、建设用地规划许可证、土地批复文件、消防审核意见、经审查的建设工程设计方案以及总平面图、单体工程各层平面图、立体图和剖面图、法律、法规规定的其他材料。申请人提交的材料齐全，城乡规划主管部门依据控制性详细规划和规划设计条件，在 20 个工作日内审查完毕；对符合条件的，核发建设工程规划许可证；对不符合条件的，告知申请人并书面说明理由。

《行政许可法》第二条规定，本法所称的行政许可，是指行政机关根据公民、法人或者其他组织的申请，经依法审查，准予其从事特定活动的行为。本案清原城建局为客运公司颁发建设工程规划许可证也应受该法的调整。就本案而言，《行政许可法》属于普通法，《城乡规划法》属于特别法，在特别法没有规定的情况下应适用普通法。《行政许可法》第三十四条第三款规定，根据法定条件和程序，需要对申请材料的实质内容进行核实的，行政机关应当指派两名以上工作人员进行核查。第三十六条规定，行政机关对行政许可申请进行审查时，发现行政许可事项直接关系他人重大利益的，应当告知该利害关系人。申请人、利害关系人有权进行陈述和申辩。行政机关应当听取申请人、利害关系人的意见。本案中，在客运公司提供的土地使用证为清原满族自治县振兴发展有限公司的情况下，清原城建局并未提供证据证明其找到了利害关系人进行核实，更没有听取利害关系人的意见，只是要求清原满族自治县国土资源局在土地使用证上加盖公章并注明"经查，该复印件与原初始登记相符"，故清原城建局没有尽到合理范围内的注意义务，其颁证行为程序不当。2016 年 8 月 18 日，清原城建局撤销了给客运公司颁发的建设工程规划许可证进一步佐证了其没有查清本案土地使用证的权属，没有进行实地的调查核实导致颁证出现错误，属于认定事实不清。因此，应当确认清原城建局为客运公司颁发建设工程规划许可证的行为违法。

三、案例评析

《行政许可法》属于普通法，《城乡规划法》属于特别法，在特别法没有规定的情况下应适用普通法。具体到本案中，《城乡规划法》并未具体规定行政机关在核发建设工程规划许可证时应履行的具体职责，但核发建设工程规划许可证的行为属于行政许可，应当受《行政许可法》的调整。

案例 2

再审申请人：黑龙江交通发展股份有限公司
被申请人：哈尔滨市道里区城市管理行政执法局、哈尔滨市道里区城市管理局

一、基本案情

2013 年 5 月 10 日，交通发展公司在哈尔滨市道里区群力第五大道 1688 号公司门前实施建设单位围栏、门卫房的行为，交通发展公司实施该建设行为未向规划部门申请办理建设工程规划许可证。2013 年 6 月 4 日，城管局收取交通发展公司一年的城市占道费 4.5 万元。2014 年 10 月 28 日，执法局对交通发展公司作出哈里行执限拆公告字（2014）第 0112006 号限期拆除公告，责令交通发展公司于 2014 年 11 月 2 日前自行拆除单位围栏、门卫房；逾期不拆除的，执法局将依法强制拆除。交通发展公司不服，提起行政复议。2014 年 12 月 25 日，哈尔滨市道里区人民政府作出哈里政复决字（2014）6 号行政复议决定书：决定予以维持。交通发展公司仍不服，提起行政诉讼，请求依法撤销执法局作出的限期拆除公告并依法确认交通发展公司所建围墙合法。

二、案件审理

一审判决认为，根据《城乡规划法》《哈尔滨市城市管理相对集中行政处罚权实施办法》的有关规定，执法局具有对违反城市规划管理违法建设建筑物、构筑物行为进行行政处罚权的职权。执法局认定交通发展公司未取得建设工程规划许可证违法建设单位围栏、门卫房，并作出的限期拆除公告的行政行为，事实清楚，程序合法，适用法律正确。关于交通发展公司提出的建围墙是为保护国家财产、公共安全和职工安全且已缴纳城市占道费，故执法局作出的限期拆除公告行为违法的主张，因城管局给交通发展公司审批的临时占用城市道路期限已满，其未在期满前一个月重新办理审批手续，故交通发展公司的上述主张无法律根据，不予支持。

二审判决认为，《行政强制法》第四十四条规定："对违法的建筑物、构筑物、设施等需要强制拆除的，应当由行政机关予以公告，限期当事人自行拆除。当事人在法定期限内不申请行政复议或者提起行政诉讼，又不拆除的，行政机关可以依法强制拆除。"本案，执法局依据调查的事实及哈尔滨市城乡规划局答复函，认定交通发展公司建设围栏及门卫房的行为属未经规划审批的违法行为，并依据该事实作出《限期拆除通知书》《限期拆除公告》及《催告通知书》，向交通发展公司告知了作出强制拆除决定的事实、依据、依法享有的陈述和申辩权以及诉权，并无不当。交通发展公司的上诉理由作为其所建围栏及门卫房合法性的依据明显不成立，其上诉请求，不予支持。一审判决认定事实清楚，适用法律正确，应以维持。

再审法院认为，《哈尔滨市城市道路管理条例》第四十二条第二款、第三款规定，临时占用城市道路期限最长为一年。占用期满后需要继续占用的，占道单位或者个人应当在

期满前一个月重新办理审批手续。占用期满后，占道单位或者个人应当及时清理占用现场，恢复城市道路的原状。本案中，交通发展公司的临时占道期限已经届满，但其未重新办理审批手续，故交通发展公司继续占用城市道路违反了上述规定。在交通发展公司未重新取得审批手续及逾期未拆除的情况下，执法局根据《城乡规划法》的规定，对交通发展公司作出的限期拆除公告并无不当。原审法院驳回交通发展公司的诉讼请求，认定事实及适用法律正确。

三、案例评析

根据《城乡规划法》第六十四条，未取得建设工程规划许可证或者未按照建设工程规划许可证的规定进行建设的，由县级以上地方人民政府城乡规划主管部门责令停止建设；尚可采取改正措施消除对规划实施的影响的，限期改正，处建设工程造价百分之五以上百分之十以下的罚款；无法采取改正措施消除影响的，限期拆除，不能拆除的，没收实物或者违法收入，可以并处建设工程造价百分之十以下的罚款。本案中，交通发展公司在未取得建设工程规划许可证的情况下擅自建设单位围栏、门卫房，执法局依据《城乡规划法》《行政强制法》等法律法规的规定对交通发展公司做出的具体行政行为符合法律规定、程序合法。

第四章　工程招标投标法律制度

第一节　招标投标法概述

《建筑法》第 19 条规定："建筑工程依法实行招标发包，对不适于招标发包的可以直接发包。"也就是说，建筑工程的发包方式有两种，一种是招标发包，另一种是直接发包。而招标发包是最基本的发包方式。建设工程招标投标是市场经济活动中的一种竞争方式，是以招标的方式，使投标竞争者分别提出有利条件，而由招标人选择其中最优者，并与其订立合同的一种法律制度。它是订立合同的要约与承诺的特殊表现形式。建设工程的招标投标，是法人之间的经济活动，受国家法律的保护。1999 年 8 月 30 日九届全国人大第十一次会议通过了《中华人民共和国招标投标法》（以下简称《招标投标法》），这标志着工程建设招标投标活动进入了法制轨道，真正做到了有法可依。同时，为了规范工程建设项目施工招标投标活动，根据《中华人民共和国招标投标法》和国务院有关部门的职责分工，原国家计委、建设部、铁道部、交通部、信息产业部、水利部、中国民用航空总局于 2003 年 3 月 8 日发布《工程建设项目施工招标投标办法》，并于 2003 年 5 月 1 日起施行国家发展改革委等九部委于 2013 年通过第 23 号令对其进行了修改。

一、招标投标法的概念和调整对象

（一）招标投标法的概念

招标投标法是调整在招标投标活动中产生的社会关系的法律规范的总称。一般所说的招标投标法即《中华人民共和国招标投标法》，已由第九届全国人大常委会第十一次会议于 1999 年 8 月 30 日通过，自 2000 年 1 月 1 日起施行并于 2017 年 12 月 27 日第十二届全国人民代表大会常务委员会第三十一次会议修正。凡在我国境内进行招标的项目建设及其采购活动，必须依照该法的规定进行。

（二）招标投标法的调整对象

1. 招标投标中的民事关系。招标投标作为一种民事法律行为，无疑会产生相应的民事关系，这是招标投标法最主要的调整对象。招标投标中的民事关系主要发生在招标人与投标人之间，也会在招标人与招标代理人、招标人与评标委员会、投标人与投标人之间发生，对这些民事关系，招标投标法都要进行调整。在这些民事关系中，如果一方违反招标投标法的规定，给对方造成损失的，应当承担相应的民事赔偿责任。

2. 招标投标中的行政关系。招标投标虽然是一种民事行为，但这种民事行为需要接受行政管理部门的监督，这种行政监督会产生相应的行政关系。这种行政关系主要发生在行政管理部门与招标人、投标人之间，也可能发生在行政管理部门与招标代理人、评标委员会之间。如果招标人、投标人、招标代理人、评标委员会等民事主体违反招标投标法的规定，行政管理部门有权对其进行行政处罚，包括没收违法所得、罚款、取消招标代理资格、取消投标资格、取消担任评标委员会成员的资格等。

二、招标投标法的立法模式

世界各国招标投标法的立法模式有两种。一种是单独立法，即颁布独立的招标投标法；另一种则是在其他法律中规定招标投标制度。

（一）单独立法

采用单独立法的国家很少，主要是埃及和科威特，颁布有《公共招标法》，都是只规范政府的招标项目。以埃及的《公共招标法》为例，1998 年第 89 号法令（新的招标法）的实施取代了关于进行经济发展计划的 1962 年第 147 号法令和 1983 年第 9 号法令（旧的招标法）。新的招标法对于同埃及政府部门达成的所有供货、服务和建设合同均有效。通常，政府合同的订立必须通过公开招标或经过政府和承包商之间公开谈判。有关部门列出了某些特殊情况，在这些情况下签约可以采用以下方式：

1. 有限范围招标，在合同性质要求特定的国内或国外的供应商、承包商、咨询人员、技术人员或其他专家的情况下；

2. 当地招标，所有额度不超过 20 万埃磅的合同都被限定在当地供应商的范围内；

3. 有限范围谈判，在所生产的项目仅能被特定的承包商提供或要求特定的生产场所、技术工作需要特定的专家或需要保守国家机密的情况下；

4. 在特殊情况下直接签订合同。

通常，没有标准的政府合同文本，每个政府部门各有其自己的合同形式（但这些合同形式必须符合新公开招标法的规定）。公开招标和直接谈判必须根据合同的性质刊登在当地或国外的日报上，并且必须保证机会的均等和竞争的自由。

尽管政府合同必须给予提供最优质量和最低报价的承包商，但如果埃及国内承包商的报价不超过外国最低报价的 15%，则享有优先权。

每份标书必须支付不超过 2% 的临时保证金，这一保证金将返还给没有中标的投标商，中标后 10 天内必须支付不超过 5% 的最终保证金。如果没有支付最终保证金，合同可以被取消，由此直接引起的损失应予以赔偿。

耽误工期或延迟交货时，最多可以向承包商收取不超过建筑合同金额的 10% 或不超过供货合同金额 3% 的罚金。

新的公开招标法允许政府部门在投标商有欺诈行为、宣布破产或贿赂政府官员违反新公开招标法规定时终止合同。

另外，在下列情况下标书可以被拒绝：

1. 出于公共利益和福利的原因；

2. 仅有一份标书被提交；

3. 标书的最低价格超出预计的合同金额。

如果签约方违反规定的条款和条件，合同可以在任何时候终止，所引起的损失可以要求赔偿。

通常，在耽误工期或未进行施工的情况下，不可抗力的概念依照埃及民法的原则来确定。某些事件（例如物资不完备、罢工和船期延误）如要被视作不可抗力，则必须在合同中明确标明。

（二）在其他法律中规定招标投标

这是大多数国家采用的立法模式。大多数国家都是在《政府采购法》中规定招标投标程序。其基本的理念是：对于政府采购的项目（包括建设项目），一般情况下应当采用招标程序。因此，招标程序将成为这些国家政府采购法的主要内容。

三、招标投标活动的基本原则

（一）公开原则

招标投标活动的公开原则，首先要求进行招标活动的信息要公开。采用公开招标方式，应当发布招标公告，依法必须进行招标的项目的招标公告，必须通过国家指定的报刊、信息网络或者其他公共媒介发布。无论是招标公告、资格预审公告，还是招标邀请书，都应当载明能大体满足潜在投标人决定是否参加投标竞争所需要的信息。另外开标的程序、评标的标准和程序、中标的结果等都应当公开。

（二）公平原则

招标投标活动的公平原则，要求招标人严格按照规定的条件和程序办事，同等地对待每一个投标竞争者，不得对不同的投标竞争者采用不同的标准。招标人不得以任何方式限制或者排斥本地区、本系统以外的法人或者其他组织参加投标。

（三）公正原则

在招标投标活动中招标人行为应当公正。对所有的投标竞争者都应平等对待，不能有特殊。特别是在评标时，评标标准应当明确、严格，对所有在投标截止日期以后送到的投标书都应拒收，与投标人有利害关系的人员都不得作为评标委员会的成员。招标人和投标人双方在招标投标活动中的地位平等，任何一方不得向另一方提出不合理的要求，不得将自己的意志强加给对方。

（四）诚实信用原则

诚实信用是民事活动的一项基本原则，招标投标活动是以订立采购合同为目的的民事活动，当然也适用这一原则。诚实信用原则要求招标投标各方都要诚实守信，不得有欺骗、背信的行为。

第二节　工程建设项目招标

一、工程建设招标的基本要求

1. 工程建设招标的原则

《招标投标法》第5条规定："招标投标活动应当遵循公开、公平、公正和诚实信用的原则。"这些原则是招投标活动的基本准则。

2. 强制性招标的工程项目

《招标投标法》第3条、第4条规定：在中华人民共和国境内进行下列工程建设项目，包括项目的勘察、设计、施工、监理以及与工程建设有关的重要设备、材料等的采购，必须进行招标：

（一）大型基础设施、公用事业等关系社会公共利益、公众安全的项目；

（二）全部或者部分使用国有资金投资或者国家融资的项目；

（三）使用国际组织或者外国政府贷款、援助资金的项目。

前款所列项目的具体范围和规模标准，由国务院发展计划部门会同国务院有关部门制订，报国务院批准。

　　法律或者国务院对必须进行招标的其他项目的范围有规定的，依照其规定。任何单位和个人不得将依法必须进行招标的项目化整为零或者以其他任何方式规避招标。

　　强制性招标是发展国民经济和振兴国有经济单位的一项重要的制度保证。推行强制性招标的意义是：

　　（1）国有资产投资量大，其质量直接关系着社会安定和国民经济的发展，强制性招标可以防范投资风险，避免投资浪费，提高经济效益；

　　（2）市场竞争中的盲目性、随意性、自发性，往往导致决策失误，招标制度为民主、科学的投资决策提供保障；

　　（3）投资领域大量存在的不正之风、贪污腐败行为，在强制性招标中可以得到有效的扼制；

　　（4）强制性招标的严密的程序和规范化的操作，能够使所有符合条件的供应商，在公开、公平、公正的竞争环境中投标，择优决定，能够保证采购的质量；

　　（5）强制性招标制度有利于打破采购供应领域的地方、行业、部门的垄断及保护政策。

二、工程建设招标应具备的条件

　　《招标投标法》第9条规定："招标项目按照国家有关规定需要履行项目审批手续的，应当先履行审批手续，取得批准。

　　招标人应当有进行招标项目的相应资金或者资金来源已经落实，并应当在招标文件中如实载明。"

　　《工程建设项目施工招标投标办法》第8条规定："依法必须招标的工程建设项目，应当具备下列条件才能进行施工招标：

　　（一）招标人已经依法成立；

　　（二）初步设计及概算应当履行审批手续的，已经批准；

　　（三）有相应资金或资金来源已经落实；

　　（四）有招标所需的设计图纸及技术资料。

　　我国对招标投标的管理分为三个方面：一是对招标投标项目的管理；二是对招标投标参与方的管理；三是对招标投标活动的管理。

　　国家对某些招标项目实行审批控制，主要是从国家经济建设与发展的全局出发，对某些涉及国计民生以及有其他方面重要影响的项目进行总量控制的重要手段。同时，国家对某些招标项目的审批控制，也有利于促进招标工作正确迅速地进行。

　　根据国家有关规定需要先履行审批手续的招标项目，在未取得批准之前，不允许进行有关招标的具体工作。从这一意义上说，履行审批手续是这些项目取得招标资格的先决条件。未取得国家有关部门批准而擅自进行招标投标工作的，除应当立即停止招标投标工作外，还必须补办审批手续，并对由此造成的第三人的损失承担赔偿责任。

　　"进行招标项目的相应资金"不仅包括招标项目本身所需的资金（如在政府采购行为中，作为招标方的政府应当具有进行采购所必需的资金；在建筑工程招标中，招标方应具有支付该建筑工程建设费用的能力等）；也包括招标项目在招标投标、评标、定标过程中所需的一切费用。

三、工程建设招标方式

1.《招标投标法》第 10 条规定："招标分为公开招标和邀请招标。公开招标，是指招标人以招标公告的方式邀请不特定的法人或者其他组织投标。邀请招标，是指招标人以投标邀请书的方式邀请特定的法人或者其他组织投标。"

采用公开招标可为所有的承包商提供一个平等竞争的机会，业主有较大的选择余地，有利于降低工程造价，提高工程质量和缩短工期。

《招标投标法》第 16 条规定："招标人采用公开招标方式的，应当发布招标公告。依法必须进行招标的项目的招标公告，应当通过国家指定的报刊、信息网络或者其他媒介发布。招标公告应当载明招标人的名称和地址、招标项目的性质、数量、实施地点和时间以及获取招标文件的办法等事项。"

采用邀请招标这种招标方式，由于被邀请参加竞争的投标者为数有限，不仅可以节省招标费用，而且能提高每个投标者的中标概率，所以对招标、投标双方都有利。

《招标投标法》第 17 条规定："招标人采用邀请招标方式的，应当向三个以上具备承担招标项目的能力、资信良好的特定的法人或者其他组织发出投标邀请书。投标邀请书应当载明本法第十六条第二款规定的事项。"

2.《招标投标法》第 11 条规定："国务院发展计划部门确定的国家重点项目和省、自治区、直辖市人民政府确定的地方重点项目不适宜公开招标的，经国务院发展计划部门或者省、自治区、直辖市人民政府批准，可以进行邀请招标。"

《工程建设项目施工招标投标办法》第十一条规定："依法必须进行公开招标的项目，有下列情形之一的，可以邀请招标：

（一）项目技术复杂或有特殊要求，或者受自然地域环境限制，只有少量潜在投标人可供选择；

（二）涉及国家安全、国家秘密或者抢险救灾，适宜招标但不宜公开招标；

（三）采用公开招标方式的费用占项目合同金额的比例过大。

有前款第二项所列情形，属于本办法第十条规定的项目，由项目审批、核准部门在审批、核准项目时作出认定；其他项目由招标人申请有关行政监督部门作出认定。

全部使用国有资金投资或者国有资金投资占控股或者主导地位的并需要审批的工程建设项目的邀请招标，应当经项目审批部门批准，但项目审批部门只审批立项的，由有关行政监督部门批准。"

四、招标程序

1. 成立招标组织，由建设单位自行招标或委托招标；

2. 编制招标文件和标底（如果有）；

3. 发布招标公告或发出招标邀请书；

4. 对投标单位进行资质审查，并将审查结果通知各申请投标者；

5. 发售招标文件；

6. 组织投标单位踏勘现场，并对招标文件答疑。

五、招标文件规定

1.《招标投标法》第 19 条规定："招标人应当根据招标项目的特点和需要编制招标文件。招标文件应当包括招标项目的技术要求、对投标人资格审查的标准、投标报价要求和评标标准等所有实质性要求和条件以及拟签订合同的主要条款。

国家对招标项目的技术、标准有规定的，招标人应当按照其规定在招标文件中提出相应要求。

招标项目需要划分标段、确定工期的，招标人应当合理划分标段、确定工期，并在招标文件中载明。"

招标文件内容一般包括：招标邀请、投标人须知、投标表格、合同条件、技术规范、物品清单及投标担保格式等。编制招标文件时，应注意其应包括招标项目的所有实体要求和拟签订合同的主要条款。招标文件是确定招标投标基本步骤与内容的基本文件，是整个招标中最重要的一环，它关系到招标的成败。

招标文件的措辞应表达清楚、确切，要指明评标时考虑的因素，不仅总价中要考虑到货价以外的如运输、保险、检验费用以及需某些进口部件时的关税、进口费用、支付货币等，还要说明尚有哪些因素以及怎样评价。招标文件的技术规格一定要准确、详细，国家对招标项目的技术、标准有相关规定的，招标文件中应予以体现。

2.《招标投标法》第20条规定："招标文件不得要求或者标明特定的生产供应者以及含有倾向或者排斥潜在投标人的其他内容。"

招标文件的编制与内容直接关系到全部招标工作能否"公开、公正、公平"进行，公平竞争要求招标文件中不得要求或者标明特定的生产供应者以及含有倾向或者排斥潜在投标人的其他内容。

3.《招标投标法》第23条规定："招标人对已发出的招标文件进行必要的澄清或者修改的，应当在招标文件要求提交投标文件截止时间至少十五日前，以书面形式通知所有招标文件收受人。该澄清或者修改的内容为招标文件的组成部分。"

招标文件一经发售就不能随意变更修改。如果必须对招标文件进行补充或修改，则一定要在投标截止日期前的足够时间内进行，以便投标者能够采取适当的行动。

4.《招标投标法》第24条规定："招标人应当确定投标人编制投标文件所需要的合理时间；但是，依法必须进行招标的项目，自招标文件开始发出之日起至投标提交投标文件截止之日止，最短不得少于二十日。"

在工程实践中，利用投标截止时间也是规避招标的常用手段之一。对于建筑工程设计投标文件的提交时限，《工程设计招标投标管理规定》第11条规定："招标人要求投标人提交投标文件的时限为：特级和一级建筑工程不少于45日；二级以下建筑工程不少于30日；进行概念设计招标的，不少于20日。"上述法律规定对保护投标人的合法权益具有十分积极的现实意义。

5.《工程建设项目施工招标投标办法》第14条规定："招标公告或者投标邀请书应当至少载明下列内容：

（一）招标人的名称和地址；

（二）招标项目的内容、规模、资金来源；

（三）招标项目的实施地点和工期；

（四）获取招标文件或者资格预审文件的地点和时间；

（五）对招标文件或者资格预审文件收取的费用；

（六）对招标人的资质等级的要求。"

6.《工程建设项目施工招标投标办法》第 24 条规定："招标人根据施工招标项目的特点和需要编制招标文件。招标文件一般包括下列内容：

（一）投标邀请书；

（二）投标人须知；

（三）合同主要条款；

（四）投标文件格式；

（五）采用工程量清单招标的，应当提供工程量清单；

（六）技术条款；

（七）设计图纸；

（八）评标标准和方法；

（九）投标辅助材料。

招标人应当在招标文件中规定实质性要求和条件，并用醒目的方式标明。"

六、标底的规定

《招标投标法》第 22 条规定："招标人不得向他人透露已获取招标文件的潜在投标人的名称、数量以及可能影响公平竞争的有关招标投标的其他情况，招标人设有标底的，标底必须保密。"

招标人对潜在投标人状况及标底具有保密义务。招标人向他人透露已获取招标文件的潜在投标人的名称、数量以及可能影响公平竞争的有关招标投标的其他情况，泄露本应当保密的标底的行为，都直接违反了招标投标法规定，从而使招标投标流于形式，损害其他投标人的利益，严重破坏了社会主义市场条件下正当的竞争秩序，具有相当大的社会危害性，因此，必须加以禁止。对于招标人将有关信息或标底泄露给某特定投标人的行为，应认定为是招标投标中的不正当竞争行为。

在我国工程建设领域，标底仍然得到普遍的应用。在实践中，投标价格是否接近标底价格仍然是投标人能否中标的一个重要的条件。正是由于标底在投标中的重要作用，所以一些投标人为了中标，想方设法地打听标底，由此产生的违法问题也屡见不鲜。因此，招标人必须依照法律规定，对标底进行保密。

《工程建设项目施工招标投标办法》第 34 条规定："招标人可根据项目特点决定是否编制标底。编制标底的，标底编制过程和标底在开标前必须保密。

招标项目编制标底的，应根据批准的初步设计、投资概算，依据有关计价办法，参照有关工程定额，结合市场供求状况，综合考虑投资、工期和质量等方面因素合理确定。标底由招标人自行编制或委托中介机构编制。一个工程只能编制一个标底。任何单位和个人不得强制招标人编制或报审标底，或干预其确定标底。招标项目可以不设标底，进行无标底招标。

招标人设有最高投标限价的，应当在招标文件中明确最高投标限价或者最高投标限价的计算方法。招标人不得规定最低投标限价。"

七、招标公告规定

《招标投标法》第 16 条规定："招标人采用公开招标方式的，应当发布招标公告。依法必须进行招标的项目的招标公告，应当通过国家指定的报刊、信息网络或者其他媒介发布。

招标公告应当载明招标人的名称和地址，招标项目的性质、数量、实施地点和时间以及获取招标文件的办法等事项。"

为了规范招标公告发布行为，保证潜在投标人平等、便捷、准确地获取招标信息，根据《招标投标法》，国家发展改革委于 2017 年 11 月 23 日发布第 10 号令《招标公告和公示信息发布管理办法》。该办法对依法必须招标项目的招标公告发布活动作出如下主要规定：

1. 指定的媒介

（1）依法必须招标项目的招标公告和公示信息应当在"中国招标投标公共服务平台"或者项目所在地省级电子招标投标公共服务平台发布。

（2）发布媒介应当免费提供依法必须招标项目的招标公告和公示信息发布服务，并允许社会公众和市场主体免费、及时查阅前述招标公告和公示的完整信息。

（3）依法必须招标项目的招标公告和公示信息鼓励通过电子招标投标交易平台录入后交互至发布媒介核验发布，也可以直接通过发布媒介录入并核验发布。

按照电子招标投标有关数据规范要求交互招标公告和公示信息文本的，发布媒介应当自收到起 12 小时内发布。采用电子邮件、电子介质、传真、纸质文本等其他形式提交或者直接录入招标公告和公示信息文本的，发布媒介应当自核验确认起 1 个工作日内发布。核验确认最长不得超过 3 个工作日。招标人或其招标代理机构应当对其提供的招标公告和公示信息的真实性、准确性、合法性负责。发布媒介和电子招标投标交易平台应当对所发布的招标公告和公示信息的及时性、完整性负责。发布媒介应当按照规定采取有效措施，确保发布招标公告和公示信息的数据电文不被篡改、不遗漏和至少 10 年内可追溯。

2. 招标公告

（1）招标公告应当载明招标人的名称和地址、招标项目的性质、数量、实施地点和时间、投标截止日期以及获取招标文件的办法等事项。招标人或其委托的招标代理机构应当保证招标公告内容的真实、准确和完整。

（2）拟发布的招标公告文本应当由招标人或其委托的招标代理机构的主要负责人签名并加盖公章。招标人或其委托的招标代理机构发布招标公告，应当向指定媒介提供营业执照（或法人证书）、项目批准文件的复印件等证明文件。

（3）招标人或其委托的招标代理机构应至少在一家指定的媒介发布招标公告。指定报纸在发布招标公告的同时，应将招标公告如实抄送指定网络。招标人或其委托的招标代理机构在两个以上媒介发布的同一招标项目的招标公告的内容应当相同。

八、对投标者的资格审查

《招标投标法》第 18 条规定："招标人可以根据招标项目本身的要求，在招标公告或者投标邀请书中，要求潜在投标人提供有关资质证明文件和业绩情况并对潜在投标人进行资格审查；国家对投标人的资格条件有规定的，依照其规定。

招标人不得以不合理的条件限制或者排斥潜在投标人，不得对潜在投标人实行歧视待遇。"

关于资格审查的规定主要是针对资格预审作出的，同时《房屋建筑与市政基础设施工程施工招标投标管理办法》第 15 条、第 16 条对资格预审的有关事项进行了规定：

招标人可以根据招标工程的需要，对投标申请人进行资格预审，也可以委托工程招标代理机构对投标申请人进行资格预审。实行资格预审的招标工程，招标人应当在招标公告或者投标邀请书中载明资格预审的条件和获取资格预审文件的办法。

资格预审文件一般应当包括资格预审申请书格式、申请人须知，以及需要投标申请人提供的企业资质、业绩、技术装备、财务状况和拟派出的项目经理与主要技术人员的简历、业绩等证明材料。

经资格预审后，招标人应当向资格预审合格的投标申请人发出资格预审合格通知书，告知获取招标文件的时间、地点和方法，并同时向资格预审不合格的投标申请人告知资格预审结果。

在资格预审合格的投标申请人过多时，可以由招标人从中选择不少于 7 家资格预审合格的投标申请人。

第三节　工程建设项目投标

一、投标文件规定

《招标投标法》第 27 条规定："投标人应当按照招标文件的要求编制投标文件。投标文件应当对招标文件提出的实质性要求和条件作出响应。

招标项目属于建设施工的，投标文件的内容应当包括拟派出的项目负责人与主要技术人员的简历、业绩和拟用于完成招标项目的机械设备等。"

投标文件是投标人根据招标人在招标文件中的要求并结合自身的情况而编制以提供给招标人的一系列文件。通常包括投标书、投标书附录、投标保证金、法定代表人资格证明书、授权委托书、辅助资料表、具有标价的工程量清单与报价表及必要的资格审查表等等。

同时，《房屋建筑与市政基础设施工程施工招标投标管理办法》第 24 条规定："招标文件允许投标人提供备选标的，投标人可以按照招标文件的要求提交替代方案，并作出相应报价作备选标。"

此外，《建筑工程设计招标投标管理办法》第 13 条规定："投标人应当按照招标文件、建筑方案设计文件编制深度规定的要求编制投标文件；进行概念设计招标的，应当按照招标文件要求编制投标文件。投标文件应当由具有相应资格的注册建筑师签章，加盖单位公章。"

《工程建设项目施工招标投标办法》第 36 条规定："投标人应当按照招标文件的要求编制投标文件。投标文件应当对招标文件提出的实质性要求和条件作出响应。

投标文件一般包括下列内容：

（一）投标函；

（二）投标报价；

（三）施工组织设计；

（四）商务和技术偏差表。

投标人根据招标文件载明的项目实际情况，拟在中标后将中标项目的部分非主体、非关键性工作进行分包的，应当在投标文件中载明。"

二、投标担保

1. 投标担保的概念

所谓投标担保，是为防止投标人不审慎进行投标活动而设定的一种担保形式。招标人不希望投标人在投标有效期内随意撤回标书或中标后不能提交履约保证金和签署合同。

2. 投标担保的形式和有效期限

《工程建设项目施工招标投标办法》第 37 条规定："招标人可以在招标文件中要求投标人提交投标保证金。投标保证金除现金外，可以是银行出具的银行保函、保兑支票、银行汇票或现金支票。"

投标保证金不得超过项目估算价的百分之二，且最高不得超过八十万元人民币。投标保证金有效期应当与投标有效期一致。

投标人应当按照招标文件要求的方式和金额，将投标保证金随投标文件提交给招标人或其委托的招标代理机构。

依法必须进行施工招标的项目的境内投标单位，以现金或者支票形式提交的投标保证金应当从其基本账户转出。

三、投标文件的补充、修改和撤回

《招标投标法》第 29 条规定："投标人在招标文件要求提交投标文件的截止时间前，可以补充、修改或者撤回已提交的投标文件，并书面通知招标人。补充、修改的内容为投标文件的组成部分。"

同时，《工程建设项目施工招标投标办法》第 39 条规定："投标人在招标文件要求提交投标文件的截止时间前，可以补充、修改、替代或者撤回已提交的投标文件，并书面通知招标人。补充、修改的内容为投标文件的组成部分。"

四、联合投标

《招标投标法》第 31 条规定："两个以上法人或者其他组织可以组成一个联合体，以一个投标人的身份共同投标。

联合体各方均应当具备承担招标项目的相应能力；国家有关规定或者招标文件对投标人资格条件有规定的，联合体各方均应当具备规定的相应资格条件。由同一专业的单位组成的联合体，按照资质等级较低的单位确定资质等级。

联合体各方应当签订共同投标协议，明确约定各方拟承担的工作和责任，并将共同投标协议连同投标文件一并提交招标人。联合体中标的，联合体各方应当共同与招标人签订合同，就中标项目向招标人承担连带责任。

招标人不得强制投标人组成联合体共同投标，不得限制投标人之间的竞争。"

在工程实践中，尤其是在国际工程承包中，联合投标是实现不同投标人优势互补，跨越地区和国家市场屏蔽的有效方式。

另外，《工程建设项目施工招标投标办法》第 42 条规定："两个以上法人或者其他组织可以组成一个联合体，以一个投标人的身份共同投标。

联合体各方签订共同投标协议后，不得再以自己名义单独投标，也不得组成新的联合体或参加其他联合体在同一项目中投标。"

《工程建设项目施工招标投标办法》第 43 条规定：招标人接受联合体投标并进行资格预审的，联合体应当在提交资格预审申请文件前组成。资格预审后联合体增减、更换成员的，其投标无效。

《工程建设项目施工招标投标办法》第44条规定："联合体各方必须指定牵头人，授权其代表所有联合体成员负责投标和合同实施阶段的主办、协调工作，并应当向招标人提交由所有联合体成员法定代表人签署的授权书。"

《工程建设项目施工招标投标办法》第45条规定："联合体投标的，应当以联合体各方或者联合体中牵头人的名义提交投标保证金。以联合体中牵头人名义提交的投标保证金，对联合体各成员具有约束力。"

第四节　开标、评标、中标

建设工程决标是指招标单位确定中标企业的法律行为。它通常包括开标、评标和定标三个过程。

一、开标

1.《招标投标法》第34条规定："开标应当在招标文件确定的提交投标文件截止时间的同一时间公开进行；开标地点应当为招标文件中预先确定的地点。"

开标是招标人按照招标公告或者投标邀请函规定的时间、地点，当众开启所有投标人的投标文件，宣读投标人名称、投标价格和投标文件的其他主要内容的过程。通常开标有两种形式：第一种是公开开标，即招标人事先在报纸等媒介上公布开标信息，通知投标人，并在有投标人参加的情况下当众进行；第二种是秘密开标，即主要由招标单位和有关专家秘密进行开标，不通知投标人参加开标仪式。招标人可根据需要邀请政府代表或有关人员参加。

2.《招标投标法》第35条规定："开标由招标人主持，邀请所有投标人参加。"

开标由招标人主持。招标人作为整个招标活动的发起者和组织者，应当负责开标的举行。开标应当按照规定的时间、地点公开进行并且通知所有的投标人参加。投标人参加开标是自愿的，但是招标人必须通知其参加，否则将因程序不合法而引起争议，甚至承担赔偿义务。招标人不得只通知一部分投标人参加开标。

3.《招标投标法》第36条规定："开标时，由投标人或者其推选的代表检查投标文件的密封情况，也可以由招标人委托的公证机构检查并公证；经确认无误后，由工作人员当众拆封，宣读投标人名称、投标价格和投标文件的其他主要内容。

招标人在招标文件要求提交投标文件的截止时间前收到的所有投标文件，开标时都应当当众予以拆封、宣读。

开标过程应当记录，并存档备查。"

开标时，由投标人或者其推选的代表检查投标文件的密封情况，也可以由招标人委托的公证机构检查并公证。招标人委托公证机构公证的，应当遵守司法部1992年10月19日制定实施的《招标投标公证程序细则》的有关规定。经确认无误后，由工作人员当众拆封，宣读投标人名称、投标价格和投标文件的其他主要内容。开标过程应当记录，并存档备查。在宣读投标人名称、投标价格和投标文件的其他主要内容时，招标主持人对公开开标所读的每一项，按照开标时间的先后顺序进行记录。开标机构应当事先准备好开标记录的登记表册，开标填写后作为正式记录，保存于开标机构。开标记录的内容包括：项目名称、招标号、刊登招标公告的日期、发售招标文件的日期、购买招标文件的单位名称、投标人的名称及报价、截标后收到投标文件的处理情况等。

4.开标时，投标文件无效的几种情形

根据《房屋建筑与市政基础设施工程施工招标投标管理办法》第35条的规定，在开标时，投标文件出现下列情形之一的，应当作为无效投标文件，不得进入评标：

（1）投标文件未按照招标文件的要求予以密封的；

（2）投标文件中的投标函未加盖投标人的企业及企业法定代表人印章的，或者企业法定代表人委托代理人没有合法、有效的委托书（原件）及委托代理人印章的；

（3）投标文件的关键内容字迹模糊、无法辨认的；

（4）投标人未按照招标文件的要求提供投标保函或者投标保证金的；

（5）组成联合体投标的，投标文件未附联合体各方共同投标协议的。

《房屋建筑与市政基础设施工程施工招标投标管理办法》关于开标时应作为无效投标文件处理的几种情形的规定，是对《招标投标法》的必要补充。在工程实践中，当出现上述情形时，投标人应当根据该办法第34条的规定保护自己的合法权益。

二、评标

1.《招标投标法》第37条规定："评标由招标人依法组建的评标委员会负责。

依法必须进行招标的项目，其评标委员会由招标人的代表和有关技术、经济等方面的专家组成，成员人数为五人以上单数，其中技术经济等方面的专家不得少于成员总数的三分之二。

前款专家应当从事相关领域工作满八年并具有高级职称或者具有同等专业水平，由招标人从国务院有关部门或者省、自治区、直辖市人民政府有关部门提供的专家名册或者招标代理机构的专家库内的相关专业的专家名单中确定；一般招标项目可以采取随机抽取方式，特殊招标项目可以由招标人直接确定。

与投标人有利害关系的人不得进入相关项目的评标委员会；已经进入的应当更换。评标委员会成员的名单在中标结果确定前应当保密。"

评标是招标人根据招标文件的要求，对投标人所报送的投标文件进行审查及评议的过程。它应在开标后立即进行。评标的目的在于从技术、经济、法律、组织和管理等方面对每份投标书加以分析评标，以推荐合格的中标候选人，或直接确定中标人，为决标提供基础。

评标委员会也叫评标专家委员会，它是由招标人聘请各方面的专家组成，具有独立实施评标职能的组织。评标委员会组成成员人数为5人以上的单数。评标的专家必须是该行业技术方面的权威。评标委员会作为独立实施评标职能的组织，其组成成员如与招标项目或投标人有利害关系，则不能进入相关项目的评标委员会。为了避免在评标中，评标委员会的成员受投标人的贿买而替某投标人说话，所以评标委员会的成员名单在中标结果确定前应当保密。

2.《招标投标法》第38条规定："招标人应当采取必要的措施，保证评标在严格保密的情况下进行。任何单位和个人不得非法干预、影响评标的过程和结果。"

评标活动具有保密性和独立性。为保证评标的公正、保证评标委员会的成员免受外界压力或影响，评标工作应该在严格保密情况下进行。

评标应当以招标文件确定的评标标准和方法为依据，以"公正、科学、严谨"为原则，对所有的投标人一视同仁，公平对待，决不能偏袒一方，歧视另一方，这是评标工作成败的关键。对投标文件的评议，要采取科学的方法，综合比较各标的物的性能、质量、价格、交货期和投标方的资信情况等因素，客观地进行评议，使评议结果能准确反映投标方的实际情况，并对方案作公正的评价。保证评标的独立性，才能保证评标的公正性，也才能使决标结果达到招标人以最低价格获得高质量的效益的目的，同时保障社会公共利益不受到损害。

3.《工程建设项目施工招标投标办法》第50条规定：

投标文件有下列情形之一的，招标人应当拒收：

（一）逾期送达；

（二）未按招标文件要求密封。

有下列情形之一的，评标委员会应当否决其投标：

（一）投标文件未经投标单位盖章和单位负责人签字；

（二）投标联合体没有提交共同投标协议；

（三）投标人不符合国家或者招标文件规定的资格条件；

（四）同一投标人提交两个以上不同的投标文件或者投标报价，但招标文件要求提交备选投标的除外；

（五）投标报价低于成本或者高于招标文件设定的最高投标限价；

（六）投标文件没有对招标文件的实质性要求和条件作出响应；

（七）投标人有串通投标、弄虚作假、行贿等违法行为。

三、中标

1.《招标投标法》第45条规定："中标人确定后，招标人应当向中标人发出中标通知书，并同时将中标结果通知所有未中标的投标人。

中标通知书对招标人和中标人具有法律效力。

中标通知书发出后，招标人改变中标结果的，或者中标人放弃中标项目的，应当依法承担法律责任。"

中标通知书，是指招标人在确定中标人后向中标人发出的通知其中标的书面凭证。

中标通知书发出的另一个法律后果是招标人和中标人应当在法律规定的时限内订立书面合同。

决标后，对于未中标的其他投标人，招标人也应当向其发出未中标的通知书，并告知中标结果。

2.《招标投标法》第46条规定："招标人和中标人应当自中标通知书发出之日起三十日内，按照招标文件和中标人的投标文件订立书面合同。招标人与中标人不得再行订立背离合同实质性内容的其他协议。

招标文件要求中标人提交履约保证金的，中标人应当提交。"

一般情况下，合同自承诺生效时成立，但《合同法》第32条规定："当事人采取合同书形式订立合同的，自双方当事人签字或者盖章时合同成立。"建设工程合同的订立就属于这种情况。

建设工程合同订立的依据是招标文件和中标人的投标文件，双方不得再订立违背合同实质性内容的其他协议。"合同实质性内容"包括投标价格、投标方案等涉及招标人和中标人权利义务关系的实体内容。如果允许招标人和中标人可以再行订立背离违背合同实质性内容的其他协议，就违背了招标投标活动的初衷，对其他未中标人来讲也是不公正的。因此对于这类行为，法律必须予以严格禁止。

要求中标人提供履约担保，是国际工程惯例。履约担保除可以采用履约保证金这种形式外，还可以采用银行、保险公司或担保公司出具履约保函，通常为建设工程合同金额的10％左右。在招标文件中，招标人应当就提交履约担保的方式作出规定，中标人应当按照招标文件中的规定提交履约担保。中标人不按照招标文件的规定提交履约担保的，将失去订立合同的资格，其提交的投标担保不予退还。

3.《房屋建筑与市政基础设施工程施工招标投标管理办法》第47条规定："招标文件要求中标人提交履约担保的，中标人应当提交。招标人应当同时向中标人提供工程款支付担保。"

要求招标人提供付款担保，同样是国际工程惯例。建设工程合同中设立付款担保条款，是为了保证招标人（发包人）按合同约定向中标人（承包人）支付工程款。

《合同法》规定，当事人应当遵循公平原则确定双方的权利义务，据此，建设工程合同当事人的权利和义务应当是对等的。

工程实践中，工程款拖欠屡禁不止的重要原因之一是缺乏有效的招标人付款担保制度。《建设工程施工合同（示范文本）》（GF—2017—0201），发包人与承包人为了全面履行合同，应互相提供担保；《房屋建筑与市政基础设施工程施工招标投标管理办法》则以部门规章的形式确立了付款担保制度，是很有现实意义的。

第五节 工程招标投标法律制度案例

案例 1

一、基本案情

某工业园市政工程于 2013 年 9 月 6 日上午 11：00 准时开标。开标后，有一家投标人未按要求提供担保，界定为其投标不予受理，有两家报价超过标底。剩下 5 家投标人入围。其报价分别为：甲投标人，4359502 元；乙投标人，5690045 元；丙投标人，5714293元；丁投标人，5746092 元；戊投标人，5768395 元。标底价：5879774 元。招标人按照有关规定确定甲投标人为拟中标人，并于 9 月 7 日开始，在当地工程交易中心网站上公示三天。9 月 8 日，甲投标人向招标人和有关部门发出书面通知，声称自己的报价存在严重失误，要求将其评为不合理报价（按照招标文件的规定，不合理报价除取消中标资格外无任何惩罚）。遂产生争议：甲投标人认为仅以丧失投标保证金为代价即可；招标人认为甲投标人应向其赔偿甲投标人与乙投标人的报价差额，即 1330543 元。

二、处理结果

10 月 18 日，招投标领导小组召开会议，决定取消甲投标人的中标资格，没收投标保证金，将其列入失信黑名单，并由工业园加入黑名单拒绝其参与今后该园所有工程建设项目的投标；确定乙投标人为拟中标人并予以公示。

三、案件评析

根据当地有关规定，评标结果必须经至少两个工作日的公示，在各投标人报价悬殊时，增大了第一候选人放弃的可能性。探讨第一候选人放弃的民事责任承担，具有理论与现实意义。

（1）投标是附生效期限的要约。投标文件内容视具体而确定，对投标报价、施工组织方案、工程质量目标、工期目标等均作出了详尽的陈述，是对招标文件的实质性响应。一旦中标，投标文件的内容都将落实为合同，其与合同的其他组成部分如协议书、通用条款、专用条款能够相互解释。在合同履行过程中，中标人受这些条款的约束，否则构成违约。投标人针对招标公告（要约邀请）作出的投标行为符合《中华人民共和国合同法》（以下简称《合同法》）规定的要约的构成要件，其性质为要约。

按照阶段来划分，从发出招标公告开始至投标截止日期为止的期间属于要约邀请阶段，从开标至中标通知书发出之前为要约阶段，中标通知书（承诺）发出之后为合同阶段。一般来说，要约到达受要约人时生效，《合同法》第十六条即明确了这一点。但若认为各投标人的投标书到达招标人时要约生效，则在要约邀请阶段就出现了要约行为，在逻辑上说不通。但投标不同于一般的要约，投标书具有一定期限的保密性，开标之时，投标内容才对各方公开。此外，《招标投标法》第二十九条规定：投标人在招标文件要求提交投标文件的截止时间前，可以补充、修改或者撤回已提交的投标文件，并书面通知招标人。补充、修改的内容为投标文件的组成部分。该法使用了"撤回"而不是"撤销"的概念。根据《合同法》的有关规定，要约在生效之前可以撤回，生效之后则应使用撤销。由此看来，前述阶段划分的基础可称之为"投标整体生效说"，即投标截止日到来之前，各投标人的要约不生效，各投标人对投标的生效仅有期待权，各投标行为从法律性质上说并不强于要约邀请；开标期限到来时，所有未撤回的要约生效，即所有投标整体发生法律效力。如此便解决了"要约邀请阶段"的整体性与"投标为要约"的个体性之间的冲突。因此，应进一步明确投标是附生效期限的要约。

（2）投标的撤销是否应受到限制。在投标截止日之前，要约尚未生效，则可以撤回，且不承担民事责任。但进入投标有效期后，因要约已生效，能否撤销、应否承担民事责任则较为复杂。

《政府采购法》第四十三条明确了政府采购合同适用《合同法》，则《合同法》关于合同订立的规定也当然适用于政府采购合同。根据《合同法》第十八条的规定，要约可以撤销，撤销要约的通知应当在受要约人发出承诺通知之前到达受要约人。第十九条规定了不得撤销的情形如下：

1）要约人确定了承诺期限或者以其他形式明示要约不可撤销。

2）受要约人有理由认为要约是不可撤销的，并已经为履行合同作了准备工作。

一般来说，在现有市场状况下，不会出现1）的情形；开标之后，是否满足2）的条件则值得推敲。招标人"有理由认为要约是不可撤销的"这一规定较为弹性，理由比较容易找。问题在于招标人在开标之后的工作是为了订立合同而作准备，严格说来，与"并已经为履行合同作了准备工作"在性质上并不吻合。我国《合同法》借鉴了《国际商事合同通则》和《联合国国际货物买卖合同公约》，但在要约撤销的限制问题上范围较窄。根据通则，受要约人有理由信赖该项要约是不可撤销的，而且已依赖该项要约行事，则要约不得撤销；公约的规定也相类似，使用了"行事"的概念。可以看到，"行事"的范围较为宽泛，足以将"为订立合同而作的准备工作"纳入调整范围，但《合同法》"为履行合同作了准备工作"的规定并不能起到这种作用，也就不能援引为开标后投标不得撤销的法律依据。

那么能否认为《招标投标法》第二十九条关于允许投标人在投标截止日之前撤回投标的规定蕴涵了开标后不得撤销的意思？笔者认为，招标投标法不是行政法，投标人也不是行政机关，不能适用"法无明文授权不可为"的原则，而应适用"法不禁止即可为之"的原则。既然《招标投标法》没有开标后投标人不得撤销投标的禁止性规定，那么按照法理，投标人撤销投标的自由应得到保障。

但从事实的角度来看，与其他选择承包人的方式相比，招标是一种成本高昂的选择方式，招标人为订立合同作了相当的准备工作，若不对投标人随意撤销投标的行为加以限制，则有失公允。因此令随意撤销投标的投标人承担民事责任具有合理性基础。由于《合同法》与《招标投标法》这两部法律关于投标撤销的限制性规定存在瑕疵，导致招标人据以限制投标人随意撤销投标的法律基础并不坚稳。法律途径既然走不通，在法律尚未修正之前，招标人可以考虑通过约定的方式如要求投标人提交投标保证金来加以限制。

（3）第一候选人放弃应承担缔约过失责任。第一候选人放弃发生于开标到发出中标通知书这一阶段。此阶段承诺尚未生效，但要约生效，适用前述关于投标撤销的限制，违背此限制，则应承担缔约过失责任。缔约过失责任是指缔约一方当事人因故意或者过失违反依诚实信用原则所应承担的先合同义务，从而造成对方利益损失时应依法承担民事赔偿责任。

第一候选人的放弃符合缔约过失责任的构成要件如下：

1）第一候选人的行为违反了先合同义务。所谓先合同义务是自缔约双方为订立合同而互相磋商开始产生的主要义务，包括互相协助、互相照顾、互相保护、互相通知等诚实信用义务。第一候选人发现与第二候选人报价差额巨大，在公示期间即宣布放弃，有违诚信，违反了先合同义务。一般认为，先合同义务的起始时间为要约生效时，终止时间为合同成立。第一候选人的放弃行为发生在公示期间，符合先合同义务的时间要求。若放弃行为发生于中标通知书发出之后，合同已经成立，则其违反的是合同义务，而非先合同。

2）第一候选人存在过错。该过错应采取主客观相结合的方法来认定：在候选人名单公示期间，若有证据表明候选人之间因存在串谋而放弃，或者假借订立合同，恶意进行磋商，故意隐瞒与订立合同有关的重要事实或者提供虚假情况等，则可认定其主观上存在；如无充分证据，也可根据其行为违反了相应的注意义务，认定存在过失。

3）招标人受到损害。缔约过失责任一般以损害事实的存在为成立条件，只有缔约一方违反先合同义务造成相对方损失时，才能产生缔约过失责任。一般认为，该损失主要指信赖利益的损失，即当事人因信赖合同的成立和有效，但合同却不成立或无效而遭受的损失。其赔偿范围也主要是与订立合同有关的费用支出，而非与履行合同有关的费用。因此，第一候选人在公示期间内放弃，所应承担责任的范围应以此为限，并非第一候选人与第二候选人的报价差额。

4）第一候选人的违反先合同义务的行为与损害事实之间存在因果关系。通常来说，只要一般观念认为该放弃行为有发生该损害的可能性，就认为放弃行为与损害存在相当的因果关系。第一候选人于公示期间放弃，虽然往往不足以判断招标人发生与该放弃行为直接相关的现实损害，但可以肯定的是，招标人信赖评标结果，但因第一候选的放弃使得合同未能成立而遭受信赖利益损失。因此，二者之间存在法律上的因果关系。

第一候选人在公示期间的放弃发生于要约生效后、承诺生效前，招标人已为订立合作了准备工作，因此其应就放弃行为承担一定的民事责任。处于现行法律存在瑕疵，不以保护招标人，在法律修订之前操作性较强的办法是招标人通过约定的方式追究第一候选人的民事责任。该责任符合缔约过失责任的构成要件，其性质应为缔约过失责任，第一候选人的民事赔偿范围也应以与订立合同有关的费用支出为限，较为简单的处理办法是没收投标保证金，而不是招标人认为的赔偿报价差额。

案例 2

上诉人：××建设集团有限公司（以下简称"甲公司"）
上诉人：云南××置业有限公司（以下简称"乙公司"）

一、基本案情

2014 年，甲公司（承包人）与乙公司（发包人）就河口公园首府公务员小区建设工程签订《建设工程施工合同》，《协议书》部分主要约定：工程内容：河口公园首府（公务员小区）建设工程施工图纸、施工图会审纪要、设计变更通知范围内的总建筑面积约 11.6 万平方米的土建、安装及装饰工程。工程承包方式：包工包料、总承包。工程承包范围：包含设计图范围内的桩基础、基坑人工修挖土方、结构基础、地下室及主体结构、屋面工程、装饰装修工程、楼地面工程、铝合金门窗幕墙工程、防水工程、楼梯阳台栏杆、水电安装工程、消防工程、智能化弱电（线管盒预埋）工程、市政景观工程、小区道路工程。合同价款：暂定总价贰亿伍仟万元整，价款以实际施工工程量最终结算价为准。

合同签订后，甲公司于 2014 年 12 月 8 日申请开工，次日，经监理单位和乙公司审核，同意开工。

2015 年 9 月 15 日，乙公司作为招标人向甲公司发出《中标通知书》，确定甲公司为中标人，主要中标条件：工程名称"河口公园首府一期 1-9 栋工程"；招标方式"邀请招标"；建设地点"河口县行政中心办公楼北侧"；工程规模"建筑面积为 81224.06 平方米"；中标工程范围"施工图纸所含工程内容（以工程量清单内容为准）"；中标总价"54793916.33 元"；施工工期"540 日历天"；计划开工日期"2015 年 10 月"；工程质量承诺"一次性验收合格"。

针对合同效力问题，双方产生争议。乙公司认为，根据《招标投标法》第三条和原国家计委 3 号令《工程建设项目招标范围和规模标准规定》（以下简称"3 号令"）第三条的规定，涉案项目为河口县公务员定向开发的商品房项目，同时项目投资达 5000 多万元，属于必须进行招投标的项目。双方在未确定中标人之前已就价格等实质性内容进行谈判，并签订合同进场施工，中标无效，双方签订的两份《建设工程施工合同》均无效。甲公司认为，涉案工程项目名称虽为公务员公寓项目，但开发商乙公司是民营企业，建设资金是其自筹的，并不是国家投资和开发的，其招标名为强制招标范畴，实际仅需备案招标即可。

二、审理过程

一审云南省高级人民法院认为，对于 2014 年签订的《建设工程施工合同》的效力，第一，《中华人民共和国招标投标法》第四十三条规定："在确定中标人前，招标人不得与投标人就投标价格、投标方案等实质性内容进行谈判"。但并无法律明确规定，因此而签订的合同就是无效合同；第二，本案中，双方认可涉案工程为必须进行招标的工程。虽然在未履行招投标手续前双方就在 2014 年签订一份《建设工程施工合同》，将工程发包给甲公司，甲公司也于 2014 年 12 月 9 日实际进场施工。但乙公司提交的证据证明该工程后来进行了招标，且乙公司及招标代理机构在 2015 年 9 月 15 日向甲公司发出了《中标通知书》，故涉案工程已进行了招标；第三，虽然双方签订《建设工程施工合同》的行为在前，招标行为在后，但该招标行为是否合法，属于招标投标职能管理部门的审查范围，并不属于本案的审理范围，本案只应对必须招标的工程是否进行了招标进行形式审查既可。综上，乙公司关于"涉案项目是必须进行招投标的项目。甲公司和乙公司未履行招投标手续就签订《建设工程施工合同》将工程发包给甲公司进场施工，双方的行为违反上述强制性规定，据此签订的合同为无效合同"的抗辩主张没有法律依据，一审法院不予支持。一审法院确认双方 2014 年签订的《建设工程施工合同》有效。对于 2015 年签订的《建设工程施工合同》，乙公司虽然向一审法院提交了该合同，但明确不作为证据提交，故对该合同的效力一审法院不作认定。

最高院二审认为，根据《招标投标法》第三条第一款及第二款规定，对于大型基础设施、公用事业等关系社会公共利益、公众安全的项目，全部或者部分使用国有资金投资或者国家融资的项目，以及使用国际组织或者外国政府贷款、援助资金的项目，必须进行招标。本案中，甲公司二审庭审中称案涉工程虽名为公务员小区，但建设资金均为开发商自筹，双方均未主张项目资金源于国家投融资，亦不存在使用国际组织或者外国政府贷款、援助资金的情形，案涉项目不属于《招标投标法》第三条第一款第二项、第三项所规定的必须进行招标的项目；另外，由中华人民共和国国家发展和改革委员会制定，且经国务院批准的《必须招标的工程项目规定》第四条规定，对于大型基础设施、公用事业等关系社会公共利益、公众安全的项目，如果不涉及国有资金、国家融资，不涉及国际组织或者外国政府贷款、援助资金，必须招标的具体范围由国务院发展改革部门会同国务院有关部门按照"确有必要、严格限定"的原则制订，报国务院批准。本案中，案涉项目虽属商品房项目，但《必须招标的工程项目规定》中并未明确规定商品房项目属于关系社会公共利益、公众安全的项目，且行政主管部门对《必须招标的工程项目规定》第四条必须进行招标的项目所确立的原则是"确有必要、严格限定"。因此，一审法院对 2014 年《建设工程施工合同》的效力予以认定并无不妥。虽然《必须招标的工程项目规定》系自 2018 年 6 月 1 日起实施，但将该原则适用于既往签订的合同，有利于最大限度尊重当事人的真实意思，且并无证据证明适用的结果将损害公共利益和公众安全。

三、案例评析

2000 年 5 月 1 日实施的原国家计委 3 号令《工程建设项目招标范围和规模标准规定》第三条规定："关系社会公共利益、公众安全的公用事业项目的范围包括：（一）供水、供电、供气、供热等市政工程项目；（二）科技、教育、文化等项目；（三）体育、旅游等项目；（四）卫生、社会福利等项目；（五）商品住宅，包括经济适用住房；（六）其他公用事业项目。"其中，商品住宅属于必须招标的范围。

2018 年 6 月 1 日实施的《必须招标的工程项目规定》第四条规定："不属于本规定第二条、第三条规定情形的大型基础设施、公用事业等关系社会公共利益、公众安全的项目，必须招标的具体范围由国务院发展改革部门会同国务院有关部门按照确有必要、严格限定的原则制订，报国务院批准。"

2018 年 6 月 6 日实施的《必须招标的基础设施和公用事业项目范围规定》第二条不属于《必须招标的工程项目规定》第二条、第三条规定情形的大型基础设施、公用事业等关系社会公共利益、公众安全的项目，必须招标的具体范围包括：（一）煤炭、石油、天然气、电力、新能源等能源基础设施项目；（二）铁路、公路、管道、水运，以及公共航空和 A1 级通用机场等交通运输基础设施项目；（三）电信枢纽、通信信息网络等通信基础设施项目；（四）防洪、灌溉、排涝、引（供）水等水利基础设施项目；（五）城市轨道交通等城建项目。"本规定大幅缩减了必须招标的范围。

本案确立了可以将《必须招标的工程项目规定》适用于既往签订的合同的司法观点，即若有利于最大限度尊重当事人的真实意思，且并无证据证明适用的结果将损害公共利益和公众安全，则可以将《必须招标的工程项目规定》适用于既往签订的合同。

案例 3

上诉人：××建工集团有限公司新疆分公司（以下简称"甲公司"）
被上诉人：××工程开发（集团）有限公司天津分公司（以下简称"乙公司"）
被上诉人：××工程开发（集团）有限公司（以下简称"丙公司"）

一、基本案情

2013 年 1 月，国信招标集团股份有限公司与中投咨询有限公司就国投哈密公司哈密一矿选煤厂 EPC 总承包及运营发布招标文件。2013 年 2 月，××公司针对该招标制作投标文件。2013 年 4 月 24 日，国信招标集团股份有限公司、中投咨询有限公司发出国信中〔2013〕（51）028 号中标通知书，确认××公司为该招标项目的中标人。2013 年 5 月，国投哈密公司与××公司签订国投哈密公司总承包合同，项目名称哈密一矿选煤厂 EPC 总承包。总承包合同第 19 条对分包进行了相关约定："19.3 承包商应按照本合同文件对施工单位的资质规定，通过招标的方式选择，确定合格的分包人，并报业主审核同意，以合同形式委托其完成承包合同范围内的部分项目。19.4 承包商选择的分包人应具有以下资质：（1）土建施工分包人应具有中华人民共和国住房和城乡建设部颁发的房屋建筑工程施工总承包一级及以上资质……"。

2013 年 4 月，乙公司制作国投哈密公司哈密一矿选煤厂土建工程施工招标文件。2013 年 4 月 27 日甲公司制作国投哈密公司哈密一矿选煤厂土建工程施工（B 标段）投标文件，投标人基本情况中载明甲公司经营范围："房屋建筑工程施工总承包壹级……"。2013 年 5 月 17 日，乙公司向甲公司发出中标通知书。乙公司与甲公司于 2013 年 7 月 5 日签署《合同协议书》，于 2015 年 4 月 9 日签订《补充协议》。

关于《合同协议书》及《补充协议》的效力，双方产生争议。甲公司认为，案涉项目是"国有资金占控股或者主导地位的依法必须进行招标的项目"，是必须公开招投标的项目，案涉项目采取邀请招标方式，且仅对诉争"国投哈密一矿选煤厂项目"的土建工程进行邀请招标，并未对"建筑工程标段 B 项目"依法进行招标，属于无效的情况。乙公司认为，案涉《合同协议书》及《补充协议》系当事人真实意思表示，由甲公司与乙公司签署并履行，同时取得业主的认可，内容未违反法律、行政法规的禁止性规定。首先，乙公司通过邀请招标与甲公司签订《合同协议书》，符合其与业主签订的总承包合同约定；其次，现行国家法律、行政法规对EPC总承包管理模式下分包商的选择方式没有明确规定，案涉双方签订《合同协议书》的方式，符合建设主管部门颁布实施的部门规章的要求；最后，案涉双方一直按《合同协议书》约定履行相应义务。

二、审理过程

一审法院新疆维吾尔自治区高级人民法院认为，关于案涉《合同协议书》《补充协议》的效力问题。第一，国投哈密公司经正规的招投标手续，将哈密一矿选煤厂项目以EPC总包的方式发包给××公司。国投哈密公司与××公司2013年5月签订的《合同协议书》中约定"承包商应按照本合同文件对施工单位的资质规定，通过招标的方式选择，确定合格的分包人，并报业主审核同意，以合同形式委托其完成承包合同范围内的部分项目"。××公司通过邀请招标的方式确定甲公司为案涉项目标段B的中标单位。甲公司投标资料资格审查文件中列明，经营范围：房屋建筑工程施工总承包壹级，因此发包方国投哈密公司将案涉工程发包给××公司，允许××公司进行合法分包，甲公司的资质符合国投哈密公司的要求。分包的方式双方约定为"招标"，根据《中华人民共和国招标投标法》（以下简称招标投标法）第十条规定，"招标分为公开招标和邀请招标。公开招标，是指招标人以招标公告的方式邀请不特定的法人或者其他组织投标。邀请招标，是指招标人以投标邀请书的方式邀请特定的法人或者其他组织投标"。该案中，××公司采用邀请招标，并不违反合同约定，自甲公司进驻施工，国投哈密公司未提出任何异议，故国投哈密公司认可并明知××公司的分包。第二，国投哈密公司的资金系国有企业自有资金，但其将工程发包给××公司，工程款支付给××公司后，该款项所有权即属于××公司，国投哈密公司与甲公司之间无建设工程施工合同关系，不存在直接的权利义务关系，甲公司与乙公司签订案涉合同，其工程款由××公司、乙公司支付，并无证据证明××公司为国有企业，故甲公司主张案涉资金为国有资金应当采用公开招投标的方式与事实不符，不予采纳。2013年7月5日乙公司与甲公司签订的《合同协议书》及2015年4月9日签订的《补充协议》系双方自愿达成，且不违反法律、行政法规效力性强制性规定，应为有效合同。

最高院二审认为，关于需要公开招标的项目经公开招标确定总包人后，总包人依法或依约确定分包人是否仍需要进行公开招标的问题。甲公司认为，项目使用的资金源头系国有资金，总包人依约确定分包人时仍需要采取公开招标方式。《招标投标法实施条例》第八条规定，国有资金占控股或者主导地位的依法必须进行招标的项目，应当公开招标。根据一审查明，国投哈密公司的资金系国有企业自有资金，哈密一矿选煤厂项目系国投哈密公司建设的煤炭能源项目，属于依法必须进行公开招标的项目。国投哈密公司依照法律规定通过公开招标的方式将哈密一矿选煤厂项目以EPC总包的方式发包给××公司。该招投标行为符合法律规定。双方签订的《合同协议书》约定。承包商应按照本合同文件对施工单位的资质规定，通过招标的方式选择，确定合格的分包人，并报业主审核同意，以合同形式委托其完成承包合同范围内的部分项目。该协议授权总包方可以通过招标方式确定分包人。作为总包人，××公司并非项目投资建设主体，而是该项目的执行单位。除非有法律规定的必须公开招标的项目，其有权依照约定的方式确定分包人。此外，资金的源头属性，不能无限制的延伸。国投哈密公司运用国有资金建设案涉项目，相关资金支付给××公司后，属于××公司的资产，并非仍是国有资金。因此，××公司对外分包，不具有法定必须公开招标的情形。其通过邀请招标的方式确定甲公司为案涉项目标段 B 的中标单位，符合《合同协议书》的约定，国投哈密公司对甲公司施工亦未提出异议，表明其认可××公司的分包行为。故上述分包行为未违反法律、行政法规的强制性规定。

三、案例评析

《招标投法法》第三条规定："在中华人民共和国境内进行下列工程建设项目包括项目的勘察、设计、施工、监理以及与工程建设有关的重要设备、材料等的采购，必须进行招标：

（一）大型基础设施、公用事业等关系社会公共利益、公众安全的项目；

（二）全部或者部分使用国有资金投资或者国家融资的项目；

（三）使用国际组织或者外国政府贷款、援助资金的项目。"

《招标投标法》第八条规定："招标人是依照本法规定提出招标项目、进行招标的法人或者其他组织。"因此，上述依法必须招标项目的招标人应是项目投资人、建设单位、项目法人，而不是项目的 EPC 总承包单位。

《招标投标法实施条例》第二十九条规定："招标人可以依法对工程以及与工程建设有关的货物、服务全部或者部分实行总承包招标。以暂估价形式包括在总承包范围内的工程、货物、服务属于依法必须进行招标的项目范围且达到国家规定规模标准的，应当依法进行招标。"《住房城乡建设部关于进一步推进工程总承包发展的若干意见》规定："（九）工程总承包项目的分包。工程总承包企业可以在其资质证书许可的工程项目范围内自行实施设计和施工，也可以根据合同约定或者经建设单位同意，直接将工程项目的设计或者施工业务择优分包给具有相应资质的企业。仅具有设计资质的企业承接工程总承包项目时，应当将工程总承包项目中的施工业务依法分包给具有相应施工资质的企业。仅具有施工资质的企业承接工程总承包项目时，应当将工程总承包项目中的设计业务依法分包给具有相应设计资质的企业。"因此，针对工程总承包项目，除以暂估价形式包括在工程总承包范围内且依法必须进行招标的项目外，工程总承包单位可以直接分包。

本案当事人在合同中约定工程总承包单位分包应当通过招标的方式选定，当事人通过邀请招标的方式选定分包单位不违反合同约定，也不违反法律规定。

第五章　建设工程合同法律制度

第一节　合同法概述

一、合同概述

（一）合同的概念

一般意义的合同，泛指一切确立权利义务关系的协议，因此，有物权合同、债权合同和身份合同等。但《中华人民共和国合同法》（以下简称《合同法》）中所规定的合同仅指民法意义上的财产合同。《合同法》规定："本法所称合同是平等主体的自然人、法人、其他组织之间设立、变更、终止民事权利义务关系的协议。"根据这一规定，合同具有以下特点：

1. 合同是当事人协商一致的协议，是双方或多方的民事法律行为；

2. 合同的主体是自然人、法人和其他组织等民事主体；

3. 合同的内容是有关设立、变更和终止民事权利义务关系的约定，通过合同条款具体体现出来；

4. 合同须依法成立，只有依法成立的合同对当事人才具有法律约束力。

（二）合同法的基本原则

1. 合同当事人的法律地位平等，一方不得将自己的意志强加给另一方；

2. 当事人依法享有自愿订立合同的权利，任何单位和个人不得非法干预；

3. 当事人应当遵循公平原则确定各方的权利和义务，对于显失公平的合同，当事人一方有权请求人民法院或仲裁机构变更或撤销；

4. 当事人行使权利、履行义务应当遵循诚实信用原则；

5. 当事人订立合同、履行合同，应当遵守法律、行政法规，尊重社会公德，不得扰乱社会经济秩序，损害社会公共利益。

（三）《合同法》的内容简介

《合同法》共 23 章 428 条，分为总则、分则和附则三个部分。其中总则部分共 8 章，将各类合同所涉及的共性问题进行了统一规定，包括一般规定、合同的订立、合同的效力、合同的履行、合同的变更和转折、合同的权利义务终止、违约责任和其他规定等内容。分则部分共 15 章，分别对买卖合同，供用电、水、气、热力合同，赠与合同，借款合同，租赁合同，融资租赁合同，承揽合同，建设工程合同，运输合同，技术合同，保管合同，仓储合同，委托合同，经纪合同和居间合同进行了具体规定。附则部分仅 1 条，规定了《合同法》的施行日期。限于篇幅，本章仅就《合同法》总则部分的规定作一阐述。

二、合同的订立

合同的订立是指合同当事人依法就合同内容经过协商，达成协议的法律行为。《合同法》对合同订立的基本法律要求作出了明确规定。

（一）当事人主体资格

《合同法》规定：当事人订立合同，应当具有相应的民事权利能力和民事行为能力。合同主体包括自然人、法人和其他组织。对于自然人而言，具有完全民事行为能力的人可以订立一切法律允许自然人作为合同主体的合同；限制民事行为能力的人，只能订立一些与其年龄、智力、精神状况相适应或纯获得利益的合同，其他的合同则应由法定代理人代订或经法定代理人同意。对于法人和其他组织而言，自依法成立或经核准登记后，便具有民事权利能力和民事行为能力，但各个法人或其他组织，因其设立的目的、宗旨、业务活动范围的不同，而决定了其所具有的民事权利能力和民事行为能力亦互不相同。法人和其他组织只有在其权利能力、行为能力的范围内订立合同，才具有合同主体的资格。

当事人也可委托代理人订立合同。代理人订立合同时，应向对方出具被代理人签发的授权委托书。如果行为人没有代理权、超越代理权或者代理权终止后，以被代理人名义订立的合同，未经被代理人追认，对被代理人不发生效力，由行为人承担责任。但相对人有理由相信行为人有代理权的，该代理行为有效。

（二）合同的形式

合同形式是合同当事人所达成协议的表现形式，是合同内容的载体。《合同法》规定：当事人订立合同，有口头形式、书面形式和其他形式。

1. 口头合同，是指当事人只以口头语言的意思表示达成协议，而不以文字表述协议内容的合同。口头合同简便易行，缔约迅速且成本低，但在发生合同纠纷时，难以举证，不易分清责任。

2. 书面合同，是指当事人以文字表述协议内容的合同。书面合同既可成为当事人履行合同的依据，一旦发生合同纠纷又可成为证据，便于确定责任，能够确保交易安全，但不利于交易便捷。合同的书面形式具体又包括合同书、信件和数据电文等三种。其中，合同书是指记载合同内容的文书；信件是指当事人记载合同内容的往来信函；数据电文包括电报、电传、传真、电子数据交换和电子邮件。

3. 其他形式的合同是指以当事人的行为或者特定情形推定成立的合同。

《合同法》在合同形式的规定上，明确了当事人有合同形式的选择权，但基于对重大交易安全考虑，对此又进行了一定的限制，明确规定：法律、行政法规规定采用书面形式的，应当采用书面形式，当事人如果未采用书面形式，则合同不成立。

（三）合同的内容

合同内容是指据以确定当事人权利、义务和责任的具体规定，通过合同条款具体体现。按照合同自愿原则，《合同法》规定：合同内容由当事人约定，同时，为了起到合同条款的示范作用，规定合同一般包括以下条款：

1. 当事人的名称或者姓名和住所。

2. 标的，即合同当事人权利义务共同指向的对象。合同的标的可以为财产或行为，是合同的必备条款。

3. 数量。数量是对标的的计量，是以数字和计量单位来衡量标的的尺度，没有数量条款的规定，就无法确定双方权利义务的大小，使得双方权利义务处于不确定的状态，因此，合同中必须明确标的数量。

4. 质量。质量是指标的的内在素质和外观形态的综合，如产品的品种、规格、执行标准等。当事人约定质量条款时，必须符合国家有关规定和要求。

5. 价款或者报酬。价款或者报酬，是指一方当事人向对方当事人所付代价的货币支付。当事人在约定价款或者报酬时，应遵守国家有关价格方面的法律和规定，并接受工商行政管理机关和物价管理部门的监督。

6. 履行期限、地点和方式。履行期限是合同当事人履行义务的时间界限，是确定当事人是否按时履行的客观标准，也是当事人主张合同权利的时间依据。履行地点是当事人交付标的或者支付价款的地方，当事人应在合同中予以明确。履行方式是指当事人以什么方式来完成合同的义务，合同标的不同，履行方式有所不同，即使合同标的相同，也有不同的履行方式，当事人只有在合同中明确约定合同的履行方式，才便于合同的履行。

7. 违约责任。违约责任是指当事人一方或双方，不履行合同或不能完全履行合同，按照法律规定或合同约定应当承担的民事责任。在违约责任条款中，当事人应明确约定承担违约责任的方式。

8. 解决争议的办法。根据我国现有法律规定，争议解决的方法有和解、调解、仲裁和诉讼四种。

（四）合同订立的方式

合同订立的方式是指合同当事人双方依法就合同内容达成一致的过程。《合同法》规定：当事人订立合同采取要约、承诺方式。

1. 要约

（1）要约的概念

要约是希望和他人订立合同的意思表示。在要约中，提出要约的一方为要约人，要约发向的一方为受要约人。根据《合同法》的规定，要约应当具备以下条件：

1）内容确定；

2）表明经受要约人承诺，要约人即受该意思表示约束。

如果当事人一方所作的是希望他人向自己发出要约的意思表示则是要约邀请，或称为要约引诱，而不是要约。比如寄送价目表、拍卖公告、招标公告、招股说明书等。

（2）要约的效力

《合同法》规定：要约到达受要约人时生效。《合同法》对要约效力作出了如下规定：

1）要约的撤回。《合同法》规定：要约可以撤回。撤回要约的通知应当在要约到达受要约人之前或者要约同时到达受要约人。这时要约并没有生效。

2）要约的撤销。撤销要约是指要约生效后，在受要约人承诺之前，要约人通过一定的方式，使约的效力归于消灭。《合同法》规定：要约可以撤销。撤销要约的通知应当在受要约人发出承诺通知之前到达受要约人。同时，《合同法》也规定了不得撤销要约的情形：要约人确定了承诺期限或者以其他形式明示要约不可撤销；或者受要约人有理由认为要约是不可撤销的，并已经为履行合同作了准备工作。

（3）要约失效

要约失效即要约的效力归于消灭。《合同法》规定了要约失效的四种情形：

1）拒绝要约的通知到达要约人；

2）要约人依法撤销要约；

3）承诺期限届满，受要约人未作出承诺；

4）受要约人对要约的内容作出实质性变更。

2. 承诺

（1）承诺的概念

承诺是受要约人同意要约的意思表示。根据《合同法》的规定，承诺生效应符合以下条件：

1）承诺必须由受要约人向要约人作出。因为要约生效后，只有受要约人取得了承诺资格，如果第三人了解了要约内容，向要约人作出同意的意思表示不是承诺，而是第三人发出的要约。

2）承诺的内容应当与要约的内容相一致。要约失效的原因之一是受要约人对要约的内容作出实质性变更。有关合同标的、数量、质量、价款或者报酬、履行期限、履行地点和方式、违约责任和解决争议方法等的变更，是对要约内容的实质性变更。

3）受要约人应当在承诺期限内作出承诺。如果受要约人未在承诺期限内作出承诺，则要约人就不再受其要约的拘束。对此，《合同法》规定了两种情况：如果受要约人超过期限发出承诺的，除非要约人及时通知受要约人该承诺有效的以外，则为新要约；如果受要约人虽在承诺期限内发出承诺，按照通常情形能够及时到达要约人，但因其他原因承诺到达要约人时超过承诺期限的，要约人应及时通知受要约人承诺超过期限，承诺无效，否则，该承诺有效。

（2）承诺的效力

《合同法》规定：承诺通知到达要约人时生效。承诺生效时合同即告成立，《合同法》对合同成立的时间规定了四种情况：

1）承诺通知到达要约人时生效。

2）当事人采用合同书形式订立合同的，自双方当事人签字或者盖章时合同成立。

3）当事人采用信件、数据电文等形式订立合同的，可以在合同成立之前要求签订确认书。签订确认书时合同成立。

4）法律、行政法规规定或者当事人约定采用书面形式订立合同，当事人未采用书面形式但一方已经履行主要义务，对方接受的，该合同成立。

（3）承诺的撤回

关于承诺的撤回，《合同法》规定：承诺可以撤回。撤回承诺的通知应当在承诺通知到达要约人之前或者与承诺通知同时到达要约人。

（五）订立合同的其他规定

1. 合同成立的地点

关于合同成立地点的确定，《合同法》作出了如下规定：承诺生效的地点为合同成立的地点；这种情况适用于当事人采用合同书形式订立合同的。

2. 对合同形式要求的例外规定

《合同法》规定：法律、行政法规规定或者当事人约定采用书面形式订立合同，当事人未采用书面形式但一方已经履行主要义务，对方接受的，该合同成立。

3. 计划合同

《合同法》规定：国家根据需要下达指令性任务或者国家订货任务的，有关法人、其他组织之间应当依照有关法律、行政法规规定的权利和义务订立合同。

4. 违反合同前义务的法律责任

当事人订立合同过程中，应依据诚实信用的原则，对合同内容进行磋商，如果当事人违背诚实信用原则，给对方造成损失的应承担相应的法律责任。因此，《合同法》对订立合同违反诚实信用原则和保密义务的责任作出了如下规定：

（1）当事人在订立合同过程中有下列情形之一，给对方造成损失的，应当承担损害赔偿责任：

1）假借订立合同，恶意进行磋商；

2）故意隐瞒与订立合同有关的重要事实或者提供虚假情况；

3）有其他违背诚实信用原则的行为。

（2）当事人在订立合同过程中知悉的商业秘密，无论合同是否成立，不得泄露或者不正当地使用。泄露或者不正当地使用该商业秘密给对方造成损失的，应当承担损害赔偿责任。

三、合同的效力

合同的效力，是指合同所具有的法律约束力。《合同法》对合同的效力，不仅规定了合同生效、无效合同，而且还对可撤销或可变更合同进行了规定。

（一）合同生效条件

合同生效，即合同发生法律约束力。合同生效后，当事人必须按约定履行合同，《合同法》对合同生效规定了三种情形：

1. 成立生效

对一般合同而言，只要当事人在合同主体资格、合同形式及合同内容等方面均符合法律、行政法规的要求，经协商达成一致意见，合同成立即可生效。正如《合同法》规定的那样：依法成立的合同，自成立时生效。

2. 批准登记生效

批准登记的合同，是指法律、行政法规规定应当办理批准登记手续的合同。按照我国现有的法律和行政法规的规定，有的将批准登记作为合同成立的条件，有的将批准登记作为合同生效的条件。比如，中外合资经营企业合同必须经过批准后才能成立。《合同法》对此规定："法律、行政法规规定应当办理批准、登记等手续生效的，依照其规定。"

3. 约定生效

约定生效是指合同当事人在订立合同时，约定以将来某种事实的发生作为合同生效或合同失效的条件，合同成立后，当约定的某种事实发生后，合同才能生效或合同即告失效。

当事人约定以不确定的将来事实的成就，限制合同生效或失效的，称为附条件的合同。《合同法》规定："附生效条件的合同，自条件成就时生效。附解除条件的合同，自条件成就时失效。"同时规定："当事人为自己的利益不正当地阻止条件成就的，视为条件已成就；不正当地促成条件成就的，视为条件不成就。"

当事人约定以确定的将来事实的成就，限制合同生效或失效的，即是附期限的合同。《合同法》规定："附生效期限的合同，自期限届满时生效。附终止期限的合同，自期限届满时失效。"

（二）效力待定合同

效力待定合同是指行为人未经权利人同意而订立的合同，因其不完全符合合同生效的要件，合同有效与否，需要由权利人确定。根据《合同法》的规定，效力待定合同有以下几种：

1. 限制民事行为能力人订立的合同

限制民事行为能力人订立的合同，经法定代理人追认后，该合同有效。

2. 无效代理合同

代理合同是指行为人以他人名义，在代理权限范围内与第三人订立的合同。而无权代理合同则是行为人不具有代理权而以他人名义订立的合同。这种合同具体又有三种情况：

（1）行为人没有代理权，即行为人事先并没有取得代理权却以代理人自居而代理他人订立的合同。

（2）无权代理人超越代理权，即代理人虽然获得了被代理人的代理权，但他在代订合同时，超越了代理权限的范围。

（3）代理权终止后以被代理人的名义订立合同，即行为人曾经是被代理人的代理人，但在以被代理人的名义订立合同时，代理权已终止。对于无权代理合同，《合同法》规定：未经被代理人追认，对被代理人不发生效力，由行为人承担责任。但是，相对人有理由相信行为人有代理权的，该代理行为有效。

3. 无处分权的人处分他人财产的合同

这类合同是指无处分权的人以自己的名义对他人的财产进行处分而订立的合同。根据法律规定，财产处分权只能由享有处分权的人行使，但《合同法》对无财产处分权人订立的合同生效情况作出了规定："无处分权的人处分他人财产，经权利人追认或者无处分权的人订立合同后取得处分权的，该合同有效。"

（三）无效合同

无效合同是指虽经当事人协商订立，但因其不具备合同生效条件，不能产生法律约束力的合同。无效合同从订立时起就不具有法律约束力。《合同法》规定了五种无效合同：

1. 一方以欺诈、胁迫的手段订立合同，损害国家利益；

2. 恶意串通，损害国家、集体或者第三人利益；

3. 以合法形式掩盖非法目的；

4. 损害社会公共利益；

5. 违反法律、行政法规的强制性规定。

此外，《合同法》还对合同中的免责条款及争议解决条款的效力作出了规定。合同的免责条款是指当事人在合同中约定的免除或限制其未来责任的条款。免责条款是由当事人协商一致的合同的组成部分，具有约定性。如果需要，当事人应当以明示的方式依法对免责事项及免责的范围进行约定。但对那些具有社会危害性的侵权责任，当事人不能通过合同免除其法律责任，即使约定了，也不承认其有法律约束力。因此，《合同法》明确规定了两种无效免责条款：

1. 造成对方人身伤害的；

2. 因故意或者重大过失造成对方财产损失的。

合同中的解决争议条款具有相对独立性，当合同无效、被撤销或者终止时，解决争议条款的效力不受影响。

（四）可变更或可撤销合同

可变更合同是指合同部分内容违背当事人的真实意思表示，当事人可以要求对该部分内容的效力予以撤销的合同。可撤销合同是指虽经当事人协商一致，但因非对方的过错而导致一方当事人意思表示不真实，允许当事人依照自己的意思，使合同效力归于消灭的合同。《合同法》规定了下列合同当事人一方有权请求人民法院或者仲裁机构变更或者撤销。

1. 因重大误解订立的合同。行为人对行为的性质、对方当事人、标的物的品种、质量、规格和数量等的错误认识，使行为的后果与自己的意思相悖，并造成较大损失的，可以认定为重大误解。

2. 在订立合同时显失公平的合同。一方当事人利用优势或者利用对方没有经验，致使双方的权利义务明显违反公平、等价有偿原则的，可以认定为显失公平。

此外，《合同法》对于一方采用欺诈、胁迫手段或乘人之危订立的合同，也作出了规定：一方以欺诈、胁迫的手段或者乘人之危，使对方在违背真实意思的情况下订立的合同，受损害方有权请求人民法院或者仲裁机构变更或者撤销。

合同经法院或仲裁机构变更，被变更的部分即属无效，而变更后的合同则为有效合同，对当事人有法律约束力。合同经人民法院或仲裁机构撤销，被撤销的合同即属无效合同，自始不具有法律约束力。因此，对于上述合同，如果当事人请求变更的，人民法院或者仲裁机构不得撤销。同时，为了维护社会经济秩序的稳定，保护当事人的合法权益，《合同法》对当事人的撤销权也作出了限制。《合同法》规定："有下列情形之一的，撤销权消灭：

1. 具有撤销权的当事人自知道或者应当知道撤销事由之日起一年内没有行使撤销权；

2. 具有撤销权的当事人知道撤销事由后明确表示或者以自己的行为放弃撤销权。"

（五）无效合同的法律责任

无效合同是一种自始没有法律约束力的合同，而可撤销的合同，其效力并不稳定，只有在有撤销权的当事人提出请求，并被人民法院或者仲裁机构予以撤销，才成为被撤销的合同。被撤销的合同也是自始没有法律约束力的合同。但是，如果当事人没有请求撤销，则可撤销的合同对当事人就具有法律约束力。因此，可撤销合同的效力取决于当事人是否依法行使了撤销权。既然无效合同和被撤销合同自始没有法律约束力，如果当事人一方或双方已对合同进行了履行，就应对因无效合同和被撤销合同的履行而引起的财产后果进行处理，以追究当事人的法律责任。《合同法》对此作出了如下规定：

1. 返还财产。返还财产是指合同当事人应将因履行无效合同或者被撤销合同而取得的对方财产归还给对方。如果只有一方当事人取得对方的财产，则单方返给对方；如果双方当事人均取得了对方的财产，则应双方返还给对方。通过返还财产，使合同当事人的财产状况恢复到订立合同时的状态，从而消除了无效合同或者被撤销合同的财产后果。但返还财产不一定返还原物，如果不能返还财产或者没有必要返还财产的，也可通过折价补偿的方式，达到恢复当事人的财产状况的目的。

2. 赔偿损失。当事人对因合同无效或者被撤销而给对方造成的损失，并不能因返还财产而被补偿，因此，还应承担赔偿责任。但当事人承担赔偿损失责任时，应以过错为原则。如果一方有过错给对方造成损失，则有过错一方应赔偿对方因此而受到的损失；如果双方都有过错，则双方均应承担各自相应的责任。

3. 追缴财产。对于当事人恶意串通，损害国家、集体或者第三人利益的合同，由于其有着明显的违法性，应追缴当事人因合同而取得的财产，以示对其违法行为的制裁，对损害国家利益的合同，当事人因此取得的财产应收归国家所有；对损害集体利益的合同，应将当事人因此而取得的财产返还给集体；对损害第三人利益的合同，应将当事人因此而取得的财产返还给第三人。

四、合同的履行

合同的履行是指合同生效后，当事人双方按照合同约定的标的、数量、质量、价款、履行期限、履行地点和履行方式等，完成各自应承担的全部义务的行为。如果当事人只完成了合同规定的部分义务，称为合同的部分履行或不完全履行；如果合同的义务全部没有完成，称为合同未履行或不履行合同。有关合同履行的规定，是合同法的核心内容。

（一）全面履行合同

当事人订立合同不是目的，只有全面履行合同，才能实现当事人所追求的法律后果，其预期目的得以实现。因此，为了确保合同生效后，能够顺利履行，当事人应对合同内容作出明确具体的约定。但是如果当事人所订立的合同，对有关内容约定不明确或没有约定，为了确保交易的安全与效率，《合同法》允许当事人协议补充。如果当事人不能达成协议的，按照合同有关条款或者交易习惯确定。如果按此规定仍不能确定的，则按《合同法》规定处理：

1. 质量要求不明确的，按照国家标准、行业标准履行；没有国家标准、行业标准的，按照通常标准或者符合合同目的的特定标准履行。

2. 价款或者报酬不明的，按照订立合同时履行地的市场价格履行；依法应当执行政府定价或者政府指导价的，按照规定履行。

3. 履行地点不明确，给付货币的，在接受货币一方所在地履行；交付不动产，在不动产所在地履行；其他标的，在履行义务一方所在地履行。

4. 履行期限不明确的，债务人可以随时履行，债权人也可以随时要求履行，但应当给对方必要的准备时间。

5. 履行方式不明确的，按照有利于实现合同目的的方式履行。

6. 履行费用的负担不明确的，由履行义务的一方负担。

当事人在履行合同时，不仅要按合同约定全面完成自己的义务，而且还要根据合同的性质、目的和交易习惯，履行通知、协助、保密等义务，这是《合同法》诚实信用原则在合同履行中的体现。

此外，《合同法》对执行政府定价或者政府指导价的合同，作出了明确规定：执行政府定价或者政府指导价的，在合同约定的交付期限内政府价格调整时，按照交付时的价格计价。逾期交付标的物的，遇价格上涨时，按照原价格执行；价格下降时，按照新价格执行。逾期提取标的物或者逾期付款的，遇价格上涨时，按照新价格执行；价格下降时，按照原价格执行。

（二）债务人的履行抗辩权

1. 同时履行抗辩权

同时履行抗辩权是指在双务合同中，当事人履行合同义务没有先后顺序，应当同时履行，当对方当事人未履行合同义务时，一方当事人可以拒绝履行合同义务的权利。《合同法》规定：当事人互负债务，没有先后履行顺序的，应当同时履行，一方在对方履行之前有权拒绝其履行要求。一方在对方履行债务不符合约定时，有权拒绝其相应的履行要求。

2. 先履行抗辩权

先履行抗辩权是指在双务合同中，当事人约定了债务履行的先后顺序，当先履行的一方未按约定履行债务时，后履行的一方可拒绝履行其合同债务的权利。《合同法》规定：当事人互负债务，有先后履行顺序，先履行一方未履行的，后履行一方有权拒绝其履行要求。先履行一方履行债务不符合约定的，后履行一方有权拒绝相应的履行要求。

3. 不安抗辩权

不安抗辩权是指在双务合同中，先履行债务的当事人掌握了后履行债务一方当事人丧失或者可能丧失履行债务的能力的确切证据时，暂时停止履行其到期债务的权利。《合同法》规定：应当先履行债务的当事人有确切证据证明对方有下列情形之一的，可以中止履行：

（1）经营状况严重恶化；

（2）转移财产、抽逃资金，以逃避债务；

（3）丧失商业信誉；

（4）有丧失或者可能丧失履行债务能力的其他情形。

根据这一规定，当事人行使不安抗辩权的条件是：第一，当事人订立的是双务合同并约定了履行先后顺序；第二，先履行一方当事人的履行债务期限已到，而后履行一方当事人的债务未到履行期限；第三，后履行一方当事人丧失或者可能丧失履行债务能力，证据确凿；第四，合同中未约定担保。

当事人行使了不安抗辩权，并不意味着合同终止，只是当事人暂时停止履行其到期债务。这时，应如何处理双方之间合同呢？《合同法》对此作出了规定："当事人依照本法第六十八条的规定中止履行的，应当及时通知对方。对方提供适当担保时，应当恢复履行。中止履行后，对方在合理期限内未恢复履行能力并且未提供适当担保的，中止履行的一方可以解除合同。"

（三）债权人的代位权、撤销权

1. 债权人的代位权

债权人的代位权是指债权人为了使其债权免受损害，代为行使债务人权利的权利。《合同法》规定："因债务人怠于行使其到期债权，对债权人造成损害的，债权人可以向人民法院请求以自己的名义代位行使债务人的债权，但该债权专属于债务人自身的除外。"根据这一规定，债权人行使代位权的条件是：第一，债务人怠于行使其到期债权；第二，基于债务人怠于行使权利，会造成债权人的损害；第三，债务人的权利非专属债务人自身；第四，代位权的范围应以债权人的债权为限。

2. 债权人的撤销权

债权人撤销权是指债权人对于债务人实施的损害其债权的行为，请求人民法院予以撤销的权利。《合同法》规定："因债务人放弃其到期债权或者无偿转让财产，对债权人造成损害的，债权人可以请求人民法院撤销债务人的行为。债务人以明显不合理的低价转让财产，对债权人造成损害，并且受让人知道该情形的，债权人也可以请求人民法院撤销债务人的行为。"根据这一规定，债权人行使撤销权的条件是：第一，债务人实施了损害债权人的行为，这种行为有三种表现形式：放弃到期债权、无偿转让财产以及向知情第三人以明显不合理的低价转让财产；第二，债务人造成了债权人的损害；第三，撤销权的行使范围以债权人的债权为限。

债权人无论是行使代位权，还是行使撤销权，均应当向人民法院提起诉讼，由人民法院作出裁判。对债权人行使撤销权的期限，《合同法》作出了规定："撤销权自债权人知道或者应当知道撤销事由之日起一年内行使。自债务人的行为发生之日起五年内没有行使撤销权的，该撤销权消灭。"

五、合同的变更、转让和终止

（一）合同的变更

合同的变更是指合同依法成立后，在尚未履行或尚未完全履行时，当事人双方依法对合同的内容进行修订或调整所达成的协议。按照《合同法》的规定，只要当事人协商一致，即可变更合同。例如，对合同约定的标的数量、质量标准、履行期限、履行地点和履行方式等进行变更。合同变更一般不涉及已履行的部分，而只对未履行的部分进行变更，因此，合同变更不能在合同履行后进行，只能在完全履行合同之前。

（二）合同的转让

合同的转让，是指当事人一方将合同的权利和义务转让给第三人，由第三人接受权利和承担义务的法律行为。《合同法》规定了合同权利转让、合同义务转让和合同权利义务一并转让的三种情况。

1. 合同权利的转让

合同权利的转让，是指合同当事人将合同中的权利全部或部分地转让给第三人的行为。《合同法》对债权的让与作出了如下规定：

（1）不得转让的情形：

1）根据合同性质不得转让；

2）按照当事人约定不得转让；

3）依照法律规定不得转让。

（2）债权人转让权利的条件：债权人转让权利的，应当通知债务人。未经通知，该转让对债务人不发生效力。除非受让人同意，债权人转让权利的通知不得撤销。

（3）债权的让与，对其从权利的效力：债权人转让权利的，受让人取得与债权有关的从权利，但该从权利专属于债权人自身的除外。

（4）债权的让与，对债务人的抗辩权及抵消权的效力：债务人接到债权转让通知后，债务人对原债权人的抗辩，可以向受让人主张；债务人对让与人享有债权，并且债务人的债权先于转让债权到期或者同时到期的，债务人可以向受让人主张抵消。

2. 合同义务的转让

合同义务的转让，是指债务人将合同的义务全部或部分地转移给第三人的行为。《合同法》对债务人转让合同义务作出了如下规定：

（1）债务人转让合同义务的条件：债务人将合同的义务全部或者部分转让给第三人的，应当经债权人同意。

（2）新债务人的抗辩权：债务人转让义务的，新债务人可以主张原债务人对债权人的抗辩。

（3）债务转让对其从债务的效力：债务人转让义务的，新债务人应当承担与主债务有关的从债务，但该从债务专属于原债务人自身的除外。

3. 合同权利和义务一并转让

合同权利和义务一并转让，是指合同当事人一方将债权债务一并转移给第三人，由第三人概括地接受这些债权债务的行为。合同权利和义务一并转让，分两种情况，《合同法》规定："当事人一方经对方同意，可以将自己在合同中的权利和义务一并转让给第三人。"并且，《合同法》中有关合同权利转让和义务转让的规定亦适用。另一种情况是因当事人的组织变更而引起合同权利义务转让。当事人的组织变更是指当事人在合同订立后，发生合并或分立。《合同法》对这种情况下引起的权利义务的转让规定如下：当事人订立合同后合并的，由合并后的法人或者其他组织行使合同权利，履行合同义务。当事人订立合同后分立的，除债权人和债务人另有约定外，由分立的法人或者其他组织对合同的权利和义务享有连带债权，承担连带债务。

（三）合同的终止

合同的终止，是指当事人之间的合同关系由于某种原因而不复存在。《合同法》对合同终止的情形、后合同义务以及合同的解除等作出了规定：

1. 合同终止的情形

（1）债务已经按照约定履行；

（2）合同解除；

（3）债务相互抵消；

（4）债务人依法将标的物提存；

（5）债权人免除债务；

（6）债权债务同归于一人；

（7）法律规定或者当事人约定终止的其他情形。

2. 后合同义务

合同终止后，按照诚实信用原则和交易习惯，当事人还应履行一定的义务，以维护履行合同的效果，有关这方面的义务称为后合同义务。《合同法》规定："合同的权利义务终止后，当事人应当遵循诚实信用原则，根据交易习惯履行通知、协助、保密义务。"

3. 合同的解除

合同的解除，是指合同依法成立后，在尚未履行或者尚未完全履行时，提前终止合同效力的行为。《合同法》把合同的解除规定为终止合同的一种原因，并对约定解除合同和法定解除合同分别作出了规定。

（1）约定解除

约定解除是指当事人通过行使约定的解除权或者通过协商一致而解除合同。《合同法》规定："当事人协商一致，可以解除合同。""当事人可以约定一方解除合同的条件，解除合同的条件成就时，解除权人可以解除合同。"

（2）法定解除

法定解除是指当具有了法律规定可以解除合同的条件时，当事人即可依法解除合同。《合同法》规定了五种法定解除合同的情形：

1）因不可抗力致使不能实现合同目的；

2）在履行期限届满之前，当事人一方明确表示或者以自己的行为表示不履行主要债务；

3）当事人一方迟延履行主要债务，经催告后在合理期限内仍未履行；

4）当事人一方迟延履行债务或者有其他违约行为致使不能实现合同目的；

5）法律规定的其他情形。

关于合同解除的法律后果，《合同法》也作出了相应规定："合同解除后，尚未履行的，终止履行；已经履行的，根据履行情况和合同性质，当事人可以要求恢复原状、采取其他补救措施，并有权要求赔偿损失。"

合同终止后，虽然合同当事人的合同权利义务关系不复存在了，但合同责任并不一定消灭，因此，合同中结算和清算条款不因合同的终止而终止，仍然有效。

六、违约责任

（一）违约责任的概念及方式

违约责任，是指当事人任何一方违约后，依照法律规定或者合同约定必须承担的法律制裁。

关于违约责任的方式，《合同法》规定了三种主要方式：

1. 继续履行合同

继续履行合同是要求违约债务人按照合同的约定，切实履行所承担的合同义务。《合同法》规定：当事人一方不履行金钱债务或者履行非金钱债务不符合约定的，对方可以要求履行，但有下列情形之一的除外：

（1）法律上或者事实上不能履行；

（2）债务的标的不适于强制履行或者履行费用过高；

（3）债权人在合理期限内未要求履行。

2. 采取补救措施

采取补救措施，是指在当事人违反合同后，为防止损失发生或者扩大，由其依照法律或者合同约定而采取的修理、更换、退货、减少价款或者报酬等措施。采用这一违约责任的方式，主要是在发生质量不符合约定的时候。

3. 赔偿损失

赔偿损失，是指合同当事人就其违约而给对方造成的损失给予补偿的一种方法。关于赔偿损失的范围，《合同法》规定，损失赔偿额应当相当于因违约所造成的损失，包括合同履行后可以获得的利益，但不得超过违反合同一方订立合同时预见到或者应当预见到的因违反合同可能造成的损失。关于赔偿损失的方法，《合同法》规定：当事人可以约定一方违约时应当根据违约情况向对方支付一定数额的违约金，也可以约定因违约产生的损失赔偿额的计算方法。约定的违约金低于一定数额的违约金，也可以请求人民法院或者仲裁机构予以增加；约定的违约金过分高于造成损失的，当事人可以请求人民法院或者仲裁机构予以适当减少。此外，《合同法》还规定：当事人可以依照《中华人民共和国担保法》约定一方向对方给付定金作为债权的担保。债务人履行债务后，定金应当抵作价款或者收回。给付定金的一方不履行约定的债务的，无权要求返还定金；收受定金的一方不履行约定的债务的，应当双倍返还定金。当事人既约定违约金，又约定定金的，一方违约时，双方可以选择适用违约金或者定金条款。

（二）违约责任的免除

合同生效后，当事人不履行合同或者履行合同不符合合同约定，都应承担违约责任。但是，根据《合同法》规定，当发生不可抗力时，可以部分或全部免除当事人的违约责任。

1. 不可抗力的概念

《合同法》规定："不可抗力，是指不能预见、不能避免并不能克服的客观情况。"根据这一规定，不可抗力的构成条件是：

（1）不可预见性，即法律要求不可抗力必须是有关当事人在订立合同时，对该事件是否发生不能预见到；

（2）不可避免性，即合同生效后，当事人对可能出现的意外情况尽管采取了合理措施，但是客观上并不能阻止这一意外情况的发生；

（3）不可克服性，即合同的当事人对于意外情况发生导致合同不能履行这一后果不能克服，如果通过当事人努力能够将不利影响克服，则这一意外情况就不能构成不可抗力；

（4）履行期间性，不可抗力作为免责理由时，其发生必须是在合同订立后，履行期限届满前。当事人迟延履行后发生不可抗力的，不能免除责任。

2. 不可抗力的法律后果

（1）合同全部不能履行，当事人可以解除合同，并免除全部责任；

（2）合同部分不能履行，当事人可部分履行合同，并免除其不履行的部分责任；

（3）合同不能按期履行，当事人可延期履行合同，并免除其迟延履行的责任。

3. 遭遇不可抗力一方当事人的义务

根据《合同法》的规定，一方当事人因不可抗力不能履行合同义务时，应承担如下义务：

（1）应当及时采取一切可能采取的有效措施避免或者减少损失；

（2）应当及时通知对方；

（3）当事人应当在合理期限内提供证明。

（三）非违约一方的义务

当事人一方违约后，另一方当事人应当及时采取措施，防止损失的扩大，否则无权就扩大的损失要求赔偿。《合同法》对此明确规定："当事人一方违约后，对方应当采取适当措施防止损失的扩大；没有采取适当措施致使损失扩大的，不得就扩大的损失要求赔偿。""当事人因防止损失扩大而支出的合理费用，由违约方承担。"

第二节　建设工程合同法律规范

建设工程合同，也称建设工程承发包合同，是承包人进行工程建设，发包人支付价款的合同。建设工程合同包括勘察、设计、施工合同。鉴于建设工程委托监理合同与建设工程合同密切相关，我们这里把建设工程委托监理合同也纳入到建设工程合同体系中来。

一、建设工程合同种类

（一）按照承发包内容分

1. 建设工程勘察、设计合同；

2. 建设工程施工合同。

（二）按承发包方式的不同分

1. 设计—建造及交钥匙承包合同，即全包合同。业主将工程的设计、施工、供应、管理全部委托给一个承包商，即业主仅面对一个承包商。

2. 施工总承包，即承包商承担一个工程的全部施工任务，包括土建、水电安装、设备安装等。

3. 管理总承包，即 CM 承包方式。

4. 单位工程施工承包。这是最常见的工程承包合同，包括土木工程施工合同，电气与机械工程承包合同等。在工程中，业主可以将专业性很强的单位工程分别委托给不同的承包商。这些承包商之间为平行关系。

5. 分包合同。它是承包合同的分合同。承包商将承包合同范围内的一些工程或工作委托给另外的承包商来完成。他们之间签订分包合同。

（三）按照承包工程计价方式分

1. 固定价格。工程价格在实施期间不因价格变化而调整。在工程价格中应考虑价格风险因素并在合同中明确固定价格包括的范围。

2. 可调价格。工程价格在实施期间可随价格变化而调整，调整的范围和方法应在合同中约定。

3. 工程成本加酬金确定的价格。工程成本按现行计价依据以合同约定的办法计算，酬金按工程成本乘以通过竞争确定的费率计算，从而确定工程竣工结算价。

二、建设工程勘察、设计合同

（一）建设工程勘察、设计合同的主要内容

根据《中华人民共和国合同法》的规定，建筑工程勘察设计合同应包括以下内容：

1. 工程概况，工程名称、地点、规模；

2. 发包方提供资料的内容、技术要求和期限；

3. 承包方勘察的范围、进度和质量，设计的阶段、进度、质量和设计文件的份数及交付日期；

4. 勘察设计收费的依据、收费标准及拨付办法；

5. 双方当事人的权利与义务；

6. 违约责任；

7. 争议的解决方式等。

（二）建设工程勘察设计合同当事人的权利和义务

一般来说，建设工程勘察、设计合同双方当事人的权利、义务是相互对应的，即发包方的权利往往是承包方的义务，而承包方的权利又往往是发包方的义务。因此，以下只阐述双方当事人的义务。

1. 建设工程勘察、设计合同发包方的主要义务

（1）发包方应向工程勘察项目承包方提供勘察范围图和建筑平面布置图，提交勘察技术要求及附图；向工程设计项目承包方提供设计任务书、选址报告、满足初步设计要求的勘察资料及经过批准的资源、燃料、水电、运输等方面的协议文件。

（2）向勘察设计项目的承包方提供必要的生活和工作条件；

（3）负责勘察现场的通水、通电、通路和场地平整工作；

（4）及时向有关部门申请取得各设计阶段的批准文件，明确设计的范围和深度；

（5）尊重勘察设计方的勘察设计成果，不得私自修改，不得转借他人，如双方约定了保密义务，则委托方不得泄露文件内容。

2. 建设工程勘察设计合同承包方的主要义务

（1）按照勘察设计合同的要求向委托方按时提交勘察成果和设计文件。

（2）初步设计经上级主管部门审查后，在原定任务书范围内的必要修改由承包方负责，承包方对于勘察工作中的遗漏项目应及时进行补充勘察并自行承担补充勘察的有关费用。

（3）对勘察设计成果负瑕疵担保责任。勘察人、设计人应对其提交给委托人的勘察、设计成果的质量进行担保。工程即使进入施工安装阶段，如发现属勘察人、设计人的勘察设计成果有质量瑕疵从而引起工程返工、窝工、建设费用增加的，应由勘察设计人负担造成的损失。

（4）承包方对所承担设计任务的建设项目应配合施工，进行施工前设计技术交底，解决施工过程中的有关设计问题，负责设计变更和修改预算，参加试车考核和隐蔽工程及工程竣工验收，必要时应派员现场设计。

（三）建设工程勘察设计合同当事人的违约责任

1. 发包方的违约责任

发包方因所提供勘察设计的资料不准或未按合同约定支付勘察设计费等应承担相应的违约责任。主要表现在以下几个方面：

（1）发包方未按期提供勘察设计所需的原材料、设备、场地、资金、技术资料，致使工程未能按期进行的，承包方可以顺延工期，承包人由此造成的损失，应由发包人承担；

（2）发包方提供的资料不准确，或中途改变建设计划造成勘察设计工作的返工、窝工、停工或修改计划的，发包方应按承包人的实际消耗工作量增付费用；

（3）发包方未能按期接收承包方的工作成果的，应偿付逾期违约金；

（4）发包方如不履行合同，无权请求返还定金。

2. 承包方的违约责任

承包方的责任主要是承包方未能按合同的约定提交勘察设计文件以及由于勘察设计错误而应承担的有关违约责任。主要表现在以下几个方面：

（1）因勘察、设计质量低劣而引起工程返工，勘察、设计单位应当承担返工所支出的各种费用；

（2）勘察设计单位未能按期提交勘察设计文件，致使拖延工期造成损失的，由勘察、设计单位继续完善勘察、设计，承担相应部分的勘察、设计费，并赔偿拖延工期造成的损失；

（3）由于勘察、设计错误而造成工程重大质量事故的，承包方除免收损失部分的勘察设计费用外，还应承担一定数额的赔偿金；

（4）承包方如不能履行合同，应双倍返还定金。

三、建设工程施工合同

（一）建设工程施工合同概述

建设工程施工合同是发包方（建设单位或总包单位）和承包方（施工单位）为完成特定的建筑安装工程任务，明确相互权利义务关系的协议。建设工程施工合同是建筑、安装合同的合称。

1. 签订建设工程施工合同需要满足一定的条件：

(1) 初步设计和总概算已经批准；

(2) 投资已列入国家和地方工程项目建设计划，建设资金已落实；

(3) 有满足承包要求的设计文件和技术资料；

(4) 场地、水源、电源、气源、运输道路已具备或在开工前完成；

(5) 材料和设备的供应能保证工程连续施工；

(6) 合同当事人应当具有法人资格；

(7) 合同当事人双方均具有履行合同的能力。

2. 建设工程施工合同应具备的主要条款有：

(1) 工程名称和地点；

(2) 建设工期，中间交工工程开、竣工时间；

(3) 工程质量；

(4) 工程造价；

(5) 承包工程的预付金、工程进度款及工程决算的支付时间与方式；

(6) 材料和设备的供应责任；

(7) 当一方提出迟延开工日期或中止工程的全部或一部分时，有关工期变更、承包金额变更或损失的承担及估算方法；

(8) 由于价格变动而变更承包金额或工程内容的规定和估算方法；

(9) 竣工验收；

(10) 违约责任；

(11) 合同争议的解决方式；

(12) 其他约定条款。

(二) 在建设工程施工合同的履行过程中，发包方的主要义务

1. 办理土地征用，青苗树木赔偿，房屋拆迁，清除地面、架空和地下障碍等工作，使施工场地具备施工条件，并在开工后继续负责解决以上事项遗留问题。

2. 将施工所需水、电、电信线路从施工场地外部接至协议条款约定地点，并保证施工期间的需要。

3. 开通施工场地与城乡公共道路的通道，以及协议条款约定的施工场地内的主要交通干道，保证其畅通，满足施工运输的需要。

4. 向承包方提供施工场地的工程地质和地下管网线路资料，保证数据真实准确。

5. 办理施工所需各种证件、批件和临时用地、占道及铁路专用线的申报批准手续（证明承包商自身资质的证件除外）。

6. 将水准点与坐标控制点以书面形式交给承包方，并进行现场交验。

7. 组织承包方和设计单位进行图纸会审，向承包商进行设计交底。

8. 协调处理对施工现场周围地下管线和邻近建筑物、构筑物的保护，并承担有关费用。发包方不按合同约定完成以上工作造成延误，应承担由此造成的经济支出，赔偿承包

方有关损失，工期也应相应顺延。

（三）在建设工程施工合同履行过程中，承包方的主要义务

1. 在设计资格证书允许的范围内，按发包方的要求完成施工组织设计或与工程配套的设计，经发包方批准后使用。

2. 向发包方提供年、季、月工程进度计划及相应进度统计报表和工程事故报告。

3. 按工程需要提供和维修非夜间施工使用的照明、看守、围栏和警卫等，如承包方未履行上述义务造成工程、财产和人身伤害，由承包方承担责任及所需的费用。

4. 按协议条款约定的数量和要求，向发包方提供在施工现场办公和生活的房屋及设施，发生的费用由发包方承担。

5. 遵守地方政府和有关部门对施工场地交通和施工噪音等管理规定，经发包方同意后办理有关手续，发包方承担由此发生的费用，因承包方责任造成的罚款除外。

6. 已竣工工程未交付发包方之前，承包方按协议条款约定负责已完工程的成品保护工作，保护期间发生损坏，承包方自费予以修复。要求承包方采取特殊措施保护的单位工程部位和相应经济支出，在协议条款内约定。发包方提前使用后发生损坏的修理费用，由发包方承担。

7. 按合同的要求做好施工现场地下管线和邻近建筑物、构筑物的保护工作。

8. 保证施工现场清洁符合有关规定，交工前清理现场达到合同文件的要求，承担因违反有关规定造成的损失和罚款（合同签订后颁发的规定和非承包方原因造成的损失和罚款除外）。承包方不履行上述各项义务，造成工期延误和工程损失，应对发包方的损失给予赔偿。

（四）建设工程施工合同发包方的违约责任

1. 未能按照合同的规定履行应负的责任。除竣工日期得以顺延处，还应赔偿承包方因此发生的实际损失。

2. 工程中途停建、缓建或由于设计变更以及设计错误造成的返工，应采取措施弥补或减少损失，同时，赔偿承包方由此而造成的停工、窝工、返工、倒运、人员和机械设备调迁、材料和构件积压的实际损失。

3. 工程未经验收，发包方提前使用或擅自动用，由此而发生的质量或其他问题由发包方承担责任。

4. 超过合同规定日期验收，按合同违约责任条款的规定偿付逾期违约金。

5. 不按合同规定拨付工程款，按银行有关延期付款办法或工程价款结算办法的有关规定处理。

（五）建设工程合同承包方的违约责任

1. 工程质量不符合合同规定的，负责无偿修理或返工。由于修理或返工造成逾期交付的，偿付逾期违约金。

2. 工程交付时间不符合合同规定，按合同中违约责任条款的规定偿付逾期违约金。

3. 由于承包方的责任，造成发包方提供的材料、设备等丢失或损坏，应负赔偿责任。

四、建设工程委托监理合同

建设工程委托监理合同是委托人（业主）与监理人签订的，为委托监理人承担监理业务而明确双方权利义务关系的协议。住房城乡建设部、国家工商行政管理总局联合发布的《关于印发〈建设工程监理合同〉示范文本的通知》（建市〔2012〕46号）对《建设工程

委托监理合同（示范文本）》（GF—2000—2002）进行了修订，并对有关合同双方的权利、义务和责任的内容进行了更加详细的规定。

（一）监理人的主要义务

1. 监理人按合同约定派出监理工作需要的监理机构及监理人员，向委托人报送委派的总监理工程师及其监理机构主要成员名单、监理规划，完成监理合同专用条件中约定的监理工程范围内的监理业务。在履行合同义务期间，应按合同约定定期向委托人报告监理工作。

2. 监理人在履行本合同的义务期间，应认真、勤奋地工作，为委托人提供与其水平相适应的咨询意见，公正维护各方面的合法权益。

3. 监理人使用委托人提供的设施和物品属委托人的财产。在监理工作完成或中止时，应将其设施和剩余的物品按合同约定的时间和方式移交给委托人。

4. 在合同期内或合同终止后，未征得有关方同意，不得泄露与本工程、本合同业务有关的保密资料。

（二）委托人的主要义务

1. 委托人在监理人开展监理业务之前应向监理人支付预付款。

2. 委托人应当负责工程建设的所有外部关系的协调，为监理工作提供外部条件。根据需要，如将部分或全部协调工作委托监理人承担，则应在专用条件中明确委托的工作和相应的报酬。

3. 委托人应当在双方约定的时间内免费向监理人提供与工程有关的为监理工作所需要的工程资料。

4. 委托人应当在专用条款约定的时间内就监理人书面提交并要求作出决定的一切事宜作出书面决定。

5. 委托人应当授权一名熟悉工程情况、能在规定时间内作出决定的常驻代表（在专用条款中约定），负责与监理人联系。更换常驻代表，要提前通知监理人。

6. 委托人应当将授予监理人的监理权利，以及监理人主要成员的职能分工、监理权限及时书面通知已选定的承包合同的承包人，并在与第三人签订的合同中予以明确。

7. 委托人应在不影响监理人开展监理工作的时间内提供如下资料：与本工程合作的原材料、构配件、机械设备等生产厂家名录，以及与本工程有关的协作单位、配合单位的名录。

8. 委托人应免费向监理人提供办公用房、通信设施、监理人员工地住房及合同专用条件约定的设施，对监理人自备的设施给予合理的经济补偿（补偿金额＝设施在工程使用时间占折旧年限的比例×设施原值＋管理费）。

9. 根据情况需要，如果双方约定，由委托人免费向监理人提供其他人员，应在监理合同专用条件中予以明确。

（三）监理人在委托人委托的工程范围内享有的权利

1. 选择工程总承包人的建议权。

2. 选择工程分包人的认可权。

3. 对工程建设有关事项包括工程规模、设计标准、规划设计、生产工艺设计和使用功能要求，向委托人的建议权。

4. 对工程设计中的技术问题，按照安全和优化的原则，向设计人提出建议；如果拟提出的建议可能会提高工程造价，或延长工期，应当事先征得委托人的同意。当发现工程设计不符合国家颁布的建设工程质量标准或设计合同约定的质量标准时，监理人应当书面报告委托人并要求设计人更正。

5. 审批工程施工组织设计和技术方案，按照保质量、保工期和降低成本的原则，向承包人提出建议，并向委托人提出书面报告。

6. 主持工程建设有关协作单位的组织协调，重要协调事项应当事先向委托人报告。

7. 征得委托人同意，监理人有权发布开工令、停工令、复工令，但应当事先向委托人报告。如在紧急情况下未能事先报告时，则应在 24 小时内向委托人作出书面报告。

8. 工程上使用的材料和施工质量的检验权。对于不符合设计要求和合同约定及国家质量标准的材料、构配件、设备，有权通知承包人停止使用；对于不符合规范和质量标准的工序、分部分项工程和不安全施工作业，有权通知承包人停工整改、返工。承包人得到监理机构复工令后才能复工。

9. 工程施工进度的检查、监督权，以及工程实际竣工日期提前或超过工程施工合同规定的竣工期限的签认权。

10. 在工程施工合同约定的工程价格范围内，工程款支付的审核和签认权，以及工程结算的复核确认权与否决权。未经总监理工程师签字确认，委托人不支付工程款。

11. 监理人在委托人授权下，可对任何承包人合同规定的义务提出变更。如果由此严重影响了工程费用或质量、或进度，则这种变更须经委托人事先批准。在紧急情况下未能事先报委托人批准时，监理人所做的变更也应尽快通知委托人。在监理过程中如发现工程承包人人员工作不力，监理机构可要求承包人调换有关人员。

12. 在委托的工程范围内，委托人或承包人对对方的任何意见和要求（包括索赔要求），均必须首先向监理机构提出，由监理机构研究处置意见，再同双方协商确定。当委托人和承包人发生争议时，监理机构应根据自己的职能，以独立的身份判断，公正地进行调解。当双方的争议由政府建设行政主管部门调解或仲裁机关仲裁时，应当提供作证的事实材料。

（四）委托人的主要权利

1. 委托人有选定工程总承包人，以及与其订立合同的权利；

2. 委托人有对工程规模、设计标准、规划设计、生产工艺设计和设计使用功能要求的认定权，以及对工程设计变更的审批权；

3. 监理人调换总监理工程师须事先经委托人同意；

4. 委托人有权要求监理人提交监理工作月报及监理业务范围内的专项报告；

5. 当委托人发现监理人员不按监理合同履行监理职责，或与承包人串通给委托人或工程造成损失的，委托人有权要求监理人更换监理人员，直到终止合同并要求监理人承担相应的赔偿责任或连带赔偿责任。

（五）监理人的主要责任

1. 监理责任期。监理人的责任期即委托监理合同有效期。在监理过程中，如果因工程建设进度的推迟或延误而超过书面约定的日期，双方应进一步约定相应延长的合同期。

2. 监理责任的赔偿额。监理人在责任期内，应当履行约定的义务，如果因监理人过失而造成了委托人的经济损失，应当向委托人赔偿，累计赔偿总额（除依法与承包人承担的连带赔偿责任外）不应超过监理报酬总额（除去税金）。

3. 监理责任的免除。监理人对承包人违反合同规定的质量要求和完工（交图、交货）时限，不承担责任。因不可抗力导致委托监理合同不能全部或部分履行，监理人不承担责任。但对监理人因不认真谨慎的工作以及有失公正所引起的与之有关的事宜，向委托人承担赔偿责任。

4. 监理人向委托人提出赔偿要求不能成立时，监理人应当补偿由于该索赔所导致委托人的各种费用支出。

（六）委托人的主要责任

1. 委托人应当履行委托监理合同约定的义务，如有违反则应当承担违约责任，赔偿给监理人造成的经济损失。监理人处理委托业务时，因非监理人原因的事由受到损失的，可以向委托人要求补偿损失。

2. 委托人如果向监理人提出赔偿的要求不能成立，则应当补偿由该索赔所引起的监理人的各种费用支出。

第三节 国际工程承包合同

一、国际工程承包合同的概念和特点

（一）国际工程的概念和内容

国际工程通常是指工程参与主体来自不同国家，按国际惯例进行管理的工程项目，即面向国际进行招标的工程。在许多发展中国家，根据项目建设资金的来源（例如外国政府贷款、国际金融机构贷款等）和技术复杂程度，以及本国工程公司的能力局限等情况，允许外国公司承包某些工程。还有世界银行贷款项目或者地区性发展银行贷款的项目，必须按贷款银行的规定允许一定范围的外国公司投标。这些均属于国际工程。在我国，随着《外商投资建筑业企业管理规定》及其实施细则的颁布，我国建筑市场已经对外开放，对于外商投资项目以及允许外资建筑企业承包的工程，也应视为国际工程。国际工程包含咨询和承包两大行业：

1. 国际工程咨询

包括对工程项目前期的投资机会研究、预可行性研究、可行性研究、项目评估、勘察、设计、招标文件编制、监理、管理、后评价等，是以高水平的智力劳动为主的行业，一般都是为建设单位（发包人）提供服务的，也可应承包人聘请为其进行施工管理、成本管理等。

2. 国际工程承包

包括对工程项目进行投标、施工、设备采购及安装调试、分包、提供劳务等。按照发包人的要求，有时也作施工详图设计和部分永久工程的设计。

（二）国际工程的特点

1. 合同主体的国际性

国际工程合同签约各方属于不同国别，可能涉及多国的法律制度的约束，这种约束不仅有程序方面的，而且更多是实体方面的，并且牵涉的法律范围极广，诸如招标投标法、建筑法、公司法、合同法、劳动法、投资法、金融法、外汇管制法、社会保险法、税法等。

如果工程所在国家的法律体系比较健全和完备，而且合同中有明确的法律适用条款，这就比较好处理。问题是许多发展中国家的法律并不完备，还有许多是不成文的行业习惯，以及并未明示有约束力的国际惯例。为此，作为国际承包人除了应当聘请当地工程承包方面有经验的律师或法律顾问外，还必须在签订合同时，澄清各项涉及法律和惯例的重大问题。

对于大型和复杂的国际工程项目，其承包建设可能涉及许多国家，例如工程所在国、总承包人的注册国，还有贷款金融机构、咨询设计、设备供货和安装、各类专业工程分包商以及劳务等可能都属于不同的国家，有多个不同的合同和协议来规定他们之间的法律关系。所有这些合同和协议并不一定能适用工程所在国法律，特别是解决他们之间的争议并不一定都是采取仲裁程序或司法程序，也不可能在同一仲裁地点和机构，或者同一个有专属管辖权的法院处理争议。这一国际性特征使国际工程的法律关系问题变得极为复杂和难以处理。

2. 货币和支付方式的多样性

这一特点和国内工程有着明显的不同。国际工程承包肯定要使用多种货币，包括承包人要使用部分其国内货币来支付其国内应缴纳的费用和总部开支，要使用工程所在国的货币支付当地费用，还要使用多种外汇用以支付材料、设备采购费用等。国际工程的支付方式除了现金和支票支付手段外，还有银行信用证、国际托收、银行汇付等不同方式。由于发包人支付的货币和承包人实际使用的货币不同，而且是在整个漫长的工期内按陆续完成的工程内容逐步支付，这就使承包人时刻处于货币汇率浮动和利率变化的复杂国际金融环境中。不熟悉或者不善于分析国际金融形势变化的承包人，即使其施工技术能力再强，也可能因处理国际金融业务不当而败下阵来。

3. 国际政治、经济影响因素的权重明显增大

除了工程本身的合同义务和权利外，国际工程项目可能受到国际政治和经济形势的变化影响较多。例如，某些国家对于承包人实行地区和国别的限制或者歧视性政策；还有些国家的项目受到国际资金来源的约束，可能因为国际政治经济形势变动影响而中止；至于因工程所在国的政治形势变化而使工程中断的情况并非鲜见。国际承包人不能仅关心其承包的工程本身的问题，而应当密切关注工程所在国及其周围地区，乃至国际大环境的变化和影响，采取必要的防范风险的应变措施。

4. 规范标准庞杂，差异较大

国际工程都要求采用在国际上广泛接受的技术标准、规范和各种规程。国际工程承包的合同文件通常为两大组成部分：一是针对商务和法律方面的文件，它们主要是规定各方的权利、义务和责任；二是针对技术方面的细节，不仅包括工程的内容和范围，还要规定其工程、设备、材料和工艺各方面的技术要求，这一部分包括图纸和详细的技术说明书。各个国家可能都有其自己国内适用的标准、规范和规程，但一项国际工程如果不在合同中强行规定统一的标准、规范或规程，就可能把工程搞成五花八门，互不协调而争议不断。承包人进入国际工程市场就必须熟悉国际常用的各种技术标准和规范，并使自己的施工技术和管理适应国际标准、规范和有关惯例的要求。同时，由于有些发展中国家经常使用一

部分当地并不完善的"暂行规定"，为此，承包人还应收集和了解当地的一些习惯做法，使自己能适应当地的惯用规程。

（三）国际工程的参与主体

1. 发包人

发包人是工程项目的投资决策者、资金筹集者、项目实施组织者（常常也是项目的产权所有者）。发包人机构可以是政府部门、社会团体法人、国有企业、股份公司、私人公司以及个人。

企业的性质影响到项目实施的各个方面，许多国家制定了专门的规定以约束公共部门发包人的行为，尤其是工程采购方面。相对而言，私营发包人在决策时有更多的自由。

2. 承包人

承包人通常指承担工程项目施工及设备采购的公司或其联合体。如果发包人将一个工程分为若干的独立的合同，并分别与几个承包人签订合同，凡直接与发包人签订承包合同的都叫承包人。如果一家公司与发包人签订合同从而将整个工程承包下来则称为总承包人。

在国外还有一种工程公司，是指可以提供投资前咨询、设计到设备采购、施工等贯彻项目建设全过程服务的承包公司。这种公司多半拥有自己的设计部门，规模较大，技术先进，在特殊项目中，这类大型公司有时甚至可以提供融资服务。因此总承包人又可以分为两类，即施工总承包人，以及能进行设计和施工等全方位服务的总承包人。

3. 建筑师/工程师

建筑师/工程师均指不同领域和阶段负责咨询或设计的专业公司和专业人员，他们专业领域不同，在不同国家和不同性质的工作中担任的角色可能不一致。如在英国，建筑师负责建筑设计，而工程师则负责土木工程的结构设计；在美国，建筑师在概念设计阶段负责项目的总体规划，而由结构工程师和设备工程师完成设计以保证建筑物的安全。但是在工程项目管理中，建筑师或工程师担任的角色和承担的责任是相似的。不同的合同条件可能称为建筑师、工程师或咨询工程师。各国均有严格的建筑师/工程师的资格认证和注册制度，作为专业人员必须通过相应专业协会的资格认证，而有关公司或事务所必须在政府有关部门注册。

建筑师/工程师提供的服务内容很广泛，一般包括：项目的调查、规划与可行性研究、工程各阶段的设计、工程监理、参与竣工验收、试车和培训、项目后评价以及各类专题咨询。在国外对建筑师/工程师的职业道德和行为准则都有很高的要求，主要包括：努力提高专业水平，用自己的才能为委托人提供高质量的服务；按照法律和合同处理问题；保持独立和公正；不得接受发包人支付酬金以外的任何报酬，特别是不得与承包人、制造商、供应商有业务合伙和经济关系；禁止不正当竞争，为委托人保密等。

4. 分包商

分包商是指那些直接与承包人签订合同，分担一部分承包人与发包人签订合同中的任务的公司。发包人和工程师不直接管理分包商，他们对分包商的工作有要求时，一般通过承包人处理。

国外有许多专业承包人和小型承包人，专业承包人在某些领域有特长，在成本、质量、工期控制等方面有优势，数量上占优势的是大批小承包人。如在英国，大多数小公司人数在 15 人以下，而占总数不足 1％的大公司却承包工程总量的 70％。宏观看来，大小并存、专业分工的局面有利于提高工程项目建设的效率。

此外，由发包人在招标文件中或开工后指定的分包商或供应商，一般称为指定分包商。指定分包商仍应与承包人签订分包合同。

5. 供应商

供应商是指为工程实施提供工程设备、材料和建筑机械的公司和个人。一般供应商不参与工程的施工，但是有一些设备供应商由于设备安装要求比较高，往往既承担供货，又承担安装和调试工作，如电梯、大型发电机组等。

供应商既可以与发包人直接签订供货合同，也可以直接与承包人或分包商签订供货合同，视合同类型而定。

6. 工料测量师

工料测量师是英国、英联邦国家以及我国香港地区对工程经济管理人员的称谓。在美国叫造价工程师或成本咨询工程师，在日本称为建筑测量师。

工料测量师的主要任务是为委托人（一般是发包人，也可以是承包人）进行工程造价管理，协助委托人将工程成本控制在预定目标之内。受雇于发包人时，工料测量师可以协助发包人编制工程的成本计划，建议采用的合同类型，在招标阶段编制工程量表及计算标底，也可以在工程实施阶段进行支付控制，直至编制竣工决算表；受雇于承包人时，可为承包人估算工程量，确定投标报价或在工程实施阶段进行管理。

（四）国际工程承包合同的特点

国际工程承包合同是指国际工程的参与主体之间为了实现特定的目的而签订的明确彼此权利义务关系的协议。与国内工程合同相比，国际工程承包合同具有如下一些特点：

1. 国际工程的合同管理是工程项目管理的核心。国际工程合同从前期准备、招投标、谈判、修改、签订到实施，都是国际工程中十分重要的环节。合同有关任何一方都不能粗心大意，只有订立好一个完善的合同才能保证项目的顺利实施。

2. 国际工程合同文件内容全面，包括合同协议书、投标书、中标函、合同条件、技术规范、图纸、工程量表等多个文件。编制合同文件时，各部分的论述都应力求详尽具体，以便在实施中减少矛盾和争论。

3. 国际工程咨询和承包在国际上都有上百年历史，经过不断总结经验，在国际上已经有了一批比较完善的合同范本，如 FIDIC 合同条件、ICE 合同条件、NEC 合同条件、AIA 合同条件等。这些范本还在不断地修订和完善，可供我们学习和借鉴。

4. 每个工程项目都有各自的特点，"项目"本身就是不重复的、一次性的活动。国际工程项目由于处于不同的国家和地区，面临不同的工程类型、不同的资金条件、不同的合同模式、不同的发包人和咨询工程师、不同的承包人，因而可以说每个项目都是不相同的。

5. 国际工程合同制定时间长，实施时间更长。一个合同实施期短则 1～2 年，长则20～30 年。因此合同中的任何一方都必须十分重视合同的订立和实施，依靠合同来保护自己的权益。

6. 一个国际工程项目往往是一个综合性的商务活动，实施一个工程除主合同外，还可能需要签订多个合同，如融资贷款合同、各类货物采购合同、分包合同、劳务合同、联营体合同、技术转让合同、设备租赁合同等。其他合同均是围绕主合同，为主合同服务的，但每一个合同的订立和管理都会影响到主合同的实施。

综上所述，合同的制定和管理是搞好国际工程项目的关键，工程项目管理包括进度管理、质量管理和成本管理，而这些管理均是以合同要求和规定为依据的。项目任何一方都应配备专门人员认真研究合同，做好合同管理工作，以满足国际工程项目管理的需要。

二、国际工程承包合同的订立

招标是国际工程承包合同订立的最主要形式。按照招标的竞争性和限制程度的不同，国际工程的招标又分为公开招标和邀请招标。在国际工程招标实践中，形成了一套约定俗成的程序，一般从邀请承包商参加资格预审开始到授予合同可分为三个主要程序、十二个阶段。FIDIC专门编写了招标程序文件，用以指导国际工程建设项目的招标工作。其内容如下：

（一）对投标者资格预审的推荐程序

第一阶段，邀请承包商参加资格预审。在这个阶段，业主在公开出版的刊物或大使馆等合适的地方发布资格预审公告，资格预审公告一般包括业主情况、项目概况、咨询的问题和投标书提交日期、申请参加资格预审须知和承包商的资格预审资料提交日期。

第二阶段，向承包商颁发资格预审文件。资格预审文件一般要求投标人提供的材料包括投标人的组织和机构、投标人从事该类工作的经验和在该国家工作的经验、投标人的财务报表和投标人在管理方面、技术方面、劳务方面、设备方面的资格。投标人应按照资格预审文件的要求提供上述材料。

第三阶段，资格预审文件分析，挑选并通知已入选的投标人。这一阶段，招标人通过对资格预审资料的分析，对投标人在经验、资源、财务的稳定性以及总体的适应性等方面进行考察，确定入选的投标者名单，并通知所有的承包商。

（二）得到投标的推荐程序

第四阶段，准备招标文件。招标文件一般包括招标函、投标者须知、合同条件、规范、图纸、工程量表、资料数据、投标书格式和附录。

第五阶段，颁发招标文件。业主向投标者名单上的承包商颁发招标文件。投标人可以开始准备投标书，如需要，可以申请考察施工现场。

第六阶段，业主陪同投标者考察施工现场。

第七阶段，招标文件的修改。招标文件如果有遗漏或错误，业主可以修订招标文件，修订文件应在规定期限颁发到所有投标者名单上的承包商，修订文件为招标文件的组成部分。

第八阶段，投标者质疑。投标人可以通过通信的方式或者是参加招标人组织的投标者会议的方式，向招标人就招标文件提出质疑，招标人解答所有质疑，并将质疑内容、补充质疑和解答以书面形式颁发给所有投标者名单上的承包商。

第九阶段，投标书的提交和接收。投标人应按照招标公告和招标文件规定的期限提交投标文件。招标人收到投标文件后签收保存，并在开标前保证按期提交有效的投标书的安全。截止日期后收到的投标文件，招标人应原封不动的退回。

（三）开标和评标的推荐程序

第十阶段，开标。开标可以采取公开开标、有限制开标或者秘密开标。公开开标是在有招标人员、公证人员、投标人员及公众人员参加的情况下开标；有限制开标是以书面形式通知所有投标人，并只在一定范围内邀请愿意出席开标会的人士参加的开标；秘密开标是仅有业主与咨询工程师以及招标机构的评审人员、公证人员参加的开标。开标时，招标人应宣布并记录投标人名称及标价，包括替代方案的投标书的标价，宣布并记录由于投标书迟到或者未到而成为废标的投标人名单。

第十一阶段，评标。招标人应按照预先在招标文件规定的评标标准，对投标人的投标书在技术方面、合同方面、商务方面进行评标，并可以要求投标人就投标文件进行澄清，投标人应按照要求进行澄清。招标人在评标的基础上确定中标人。

第十二阶段，授予合同。招标人将中标结果通知中标人，准备合同文件，并与中标人签署合同，招标人可以要求中标人提供履约担保。招标人将中标结果通知所有未中标的投标人，并退还投标人提交的投标。

三、国际工程承包合同的履行

国际工程承包合同订立后，即进入合同的履行阶段，或者说工程的实施阶段。对于国际工程承包商来说，实施阶段的工作内容包括如下几方面的管理工作：

（一）合同管理

合同管理的中心任务就是利用合同的正当手段防范风险、维护自身的正当利益，并获取尽可能多的利润。为此，合同管理人员应当熟悉全部合同文件，在工程实施过程，掌握合同内容的变更及这些变更所带来的经济影响，因此，应当集中关注业主或工程师关于设计变更和工程量变更的各类指示，及时向业主或工程师提出相应的价格变更，并争取获得工程师的确认。每月的工程结算和索赔等工作，通常也归属于合同管理部门。

（二）计划管理

计划管理是工程实施阶段的中心，也是项目经营目标的具体化。其重点是制定工程总进度计划，包括网络计划或关键线路计划，编制施工组织设计总规划，施工机械和物资材料及永久设备的供应计划、资金流动计划及劳动力配置计划等。而具体的日进度、周进度和月进度计划则交给现场的施工队长或班组长去安排管理。

（三）成本管理

成本管理是国际工程承包商在获得合同后所面临的极为重要的工作。获得国际工程承包合同，仅仅是赢得了竞争投标的胜利，只有把实际工程实施的成本控制在合同价格之内，才能获得利润。尽管在投标前对工程作过详细的测算，也分析过成本和利润，但因投标时间限制，这种分析一般是较粗的。如果不在实施过程中严格进行成本控制，就可能产生亏损。

抓成本控制，就是要监督工程收支，努力将计划利润变成现实利润；同时要做好盈亏预测，指导工程实施。根据工程实施中的收支情况和成本盈亏预测，可对周转资金需求的数量和时间进行调整，使资金流动计划更趋合理，从而可供资金筹措和偿还借贷参考。此外，积累成本资料用来验证原来投标、指导今后投标报价，都具有十分重要的意义。

（四）财务管理

财务管理包括资金的筹集、运用和回收，银行保函和信用证的开出，工程付款的办理，银行往来，成本会计等工作。财务管理工作涉及的范围较广，又是专业性很强的学科。除资金的筹集和运用、成本管理与控制外，还涉及固定资产的购置、管理和折旧，收益的分配及使用，财务专用报表的编制和经济活动分析等。财务管理贯穿于物资和货币供应、生产、流通直至分配的各个主要环节，对工程能否正常施工和取得经济效益起着重要的作用。财务工作应实行计划管理和经济核算，利用财务管理的特定职能，筹集并合理使用资金，降低成本，开源节流，努力提高经济效益。

（五）物资采购管理

物资采购管理是实施工程管理并取得利润的重要手段，包括各种建筑材料、施工机械设备、永久（生产）设备、模板、工器具的计划、采购、运储保管、分发和回收等，还要组织材料的试验、送审，设备的验收等。需要进口的设备、材料还要办理进口清关手续，临时进口的机械设备尚需办理再出口手续。

（六）质量管理

质量管理是国际工程实施阶段的关键环节，直接决定着其他项目管理目标的实现与否。国际工程施工中的质量管理通常由承包商的项目经理或其指定的技术副经理或总工程师主管，其主要内容是技术管理和质量保证。技术管理包括设计图纸管理、技术规范检验标准和各种试验及其成果的管理；质量保证是在前者准确把握标书的基础上，从选定施工方案、采购合格材料、采用科学合理的工艺、完成符合招标书要求的工程所采用的质量保证措施。

（七）分包商管理

获得整个工程合同的总承包商将该工程按专业性质或工程范围再分包给若干家承包商分担实施任务，是国际工程承包活动中普遍采用的方式。总承包商拟将哪些工程内容向外发包，这与工程的性质、规模、总承包人自身的能力和特点、承包合同的规定或要求等因素有关。总承包商必须十分慎重选择合适的分包商来承担其计划向外分包的工程，否则，总承包商将被分包商拖进困境，引起连锁反应，甚至对整个工程造成不利影响。

（八）移交和竣工验收管理

在工程接近完工时，组织工程的移交和验收是十分重要和严肃认真的工作，关系施工阶段合同履行的终止、合同价款的收取以及缺陷责任期的开始等重要环节。关于工程移交和竣工验收的程序和工作要求，参见 FIDIC 土木工程施工合同条件的有关内容。

第四节　建设工程施工合同纠纷司法解释

为了贯彻执行《民法通则》《合同法》《招标投标法》等法律规定，最高人民法院审判委员会第 1327 次会议讨论通过了《关于审理建设工程施工合同纠纷案件适用法律问题的解释》（以下简称《解释一》），2018 年 10 月 29 日由最高人民法院审判委员会第 1751 次会议通过《最高人民法院关于审理建设工程施工合同纠纷案件适用法律问题的解释（二）》（以下简称《解释二》）。为清理工程拖欠款和农民工工资提供司法保障，统一人民法院执法尺度，公平保护各方当事人的合法权益，维护建筑市场的正常秩序，促进建筑行业的健康发展，最高人民法院制定了这两个司法解释。

一、《解释一》

从该解释的结构来看，该解释总共有 28 条，从大的方面可以分成三个部分：第 1～26 条讲建设工程合同，从本质上及学理上划分是属于合同之债；第 27 条讲侵权，是保修人不正当履行合同承担的侵权责任；第 28 条讲该解释生效时间、溯及力、法律冲突三个法律问题，相当于法条的附则部分。其中第一部分即建设施工合同部分又可以分成两个部分：第 1～23 条讲的实体问题，第 24～26 条讲的是程序问题。且第一部分第 1～23 条再细分又可以分成四个部分：第 1～7 条讲合同无效，或形式无效但法院应当认定有效的情形；第 8～10 条讲有效合同的解除问题；第 11～15 条讲施工工程质量；第 16～23 条讲工程价款。

（一）关于合同效力

1. 建设工程施工合同无效的情形

《解释一》第 1 条规定：建设工程施工合同具有下列情形之一的，应当根据《合同法》第五十二条第（五）项的规定，认定无效：

（1）承包人未取得建筑施工企业资质或者超越资质等级的；

（2）没有资质的实际施工人借用有资质的建筑施工企业名义的；

（3）建设工程必须进行招标而未招标或者中标无效的。

《解释一》第 4 条规定：承包人非法转包、违法分包建设工程或者没有资质的实际施工人借用有资质的建筑施工企业名义与他人签订建设工程施工合同的行为无效。人民法院可以根据《民法通则》第一百三十四条规定，收缴当事人已经取得的非法所得。

建设工程施工合同受到不同领域的多部法律及其他规范性文件调整。法律、行政法规和部颁规章中调整建设工程施工合同的强制性规范就有六十多条，如果违反这些规范都以违反法律强制性规定为由而认定合同无效，不符合《合同法》的立法本意，不利于维护合同稳定性，也不利于保护各方当事人的合法权益，同时也会破坏建筑市场的正常秩序。从相关法律、行政法规的强制性规范内容看，可分为两类：一是保障建设工程质量的规范，二是维护建筑市场公平竞争秩序的规范。《解释一》第 1 条和第 4 条将这两大类分为以下五种情形：一是承包人未取得建筑施工企业资质或者超越资质等级的；二是没有资质的实际施工人借用有资质的建筑施工企业名义的；三是建设工程必须进行招标而未招标或者中标无效的；四是承包人非法转包建设工程的；五是承包人违法分包建设工程的。当然，《民法通则》和《合同法》等基本法律规定的合同无效的情形，也应当适用于建设工程施工合同。

2. 合同无效的处理原则

《解释一》第 2 条规定：建设工程施工合同无效，但建设工程经竣工验收合格，承包人请求参照合同约定支付工程价款的，应予支持。

《解释一》第 3 条规定：建设工程施工合同无效，且建设工程经竣工验收不合格的，按照以下情形分别处理：

（1）修复后的建设工程经竣工验收合格，发包人请求承包人承担修复费用的，应予支持；

（2）修复后的建设工程经竣工验收不合格，承包人请求支付工程价款的，不予支持。因建设工程不合格造成的损失，发包人有过错的，也应承担相应的民事责任。

《解释一》第 5 条规定：承包人超越资质等级许可的业务范围签订建设工程施工合同，在建设工程竣工前取得相应资质等级，当事人请求按照无效合同处理的，不予支持。

《解释一》确立了参照合同约定结算工程价款的折价补偿原则。这是在处理无效的建设工程施工合同纠纷案件中具体体现《合同法》规定的无效处理原则。

《解释一》第 2 条规定：适用的无效合同仅指合同标的物为质量合格的建设工程，不包括质量不合格的建设工程。建设工程质量合格，包括两方面的意思，一是建设工程经竣工验收合格，二是建设工程经竣工验收不合格，但是经过承包人修复后，再验收合格。总之，只要建设工程经过验收合格，即使确认合同无效，也可以按照合同约定结算工程价款。对质量不合格又不能修复的工程可以不支付工程价款。

3．垫资条款的效力

《解释一》第 6 条规定：当事人对垫资和垫资利息有约定，承包人请求按照约定返还垫资及其利息的，应予支持，但是约定的利息计算标准高于中国人民银行发布的同期同类贷款利率的部分除外。

当事人对垫资没有约定的，按照工程欠款处理。

当事人对垫资利息没有约定，承包人请求支付利息的，不予支持。

《解释一》规定当事人对垫资及其利息有约定，请求按照合同约定返还垫资款和利息的，应当予以支持。从而确立了垫资合同有效的处理原则。根据《解释一》规定，当事人对垫资利息计算标准的约定不能超过国家法定基准利率；如超出，对超出部分不予保护。

（二）关于合同解除

1．发包人的解除权

《解释一》第 8 条规定：承包人具有下列情形之一，发包人请求解除建设工程施工合同的，应予支持：

（1）明确表示或者以行为表明不履行合同主要义务的；

（2）合同约定的期限内没有完工，且在发包人催告的合理期限内仍未完工的；

（3）已经完成的建设工程质量不合格，并拒绝修复的；

（4）将承包的建设工程非法转包、违法分包的。

以上四种情形可以从《合同法》的相关规定中寻找法律依据，其中前三种情形是依据《合同法》关于合同当事人法定解除权的内容，第四项是依据《合同法》中关于承揽合同的规定：第一种情形，是承包人明确表示拒绝继续履行合同义务，工程实践中表现为发书面通知、撤场等；第二种情形，合同约定的期限内没有完工，且在发包人催告的合理期限内仍未完工的，在这种情况下也可以解除合同；第三种情形，已经完成的建设工程质量不合格，并拒绝修复的，由于工程质量缺陷进行修复是承包商的权利也是其义务。若其拒绝履行，发包人可解除合同；第四种情形，因为施工合同本质上是承揽合同，有特定的指向对象来完成相应工作。

2．承包人的解除权

《解释一》第 9 条规定：发包人具有下列情形之一，致使承包人无法施工，且在催告的合理期限内仍未履行相应义务，承包人请求解除建设工程施工合同的，应予支持：

（1）未按约定支付工程价款的；

（2）提供的主要建筑材料、建筑构配件和设备不符合强制性标准的；

（3）不履行合同约定的协助义务的。

第一种情形，发包人未按约定支付工程价款的，值得注意的是根据《解释一》的规定，并非只要发包人拖欠工程款承包人即可解除合同，而需达到"致使承包人无法施工，且在催告的合理期限内仍未履行相应义务"的程度。

第二种情形，提供的主要建筑材料、建筑构配件和设备不符合强制性标准的，这是《标准化法》规定的，是国家强制性规定。

第三种情形，发包人不履行合同约定的协助义务的。在承揽合同中，协助义务均为核心义务，比如提供施工资料，在施工现场提供通道等。

（三）关于施工质量

1. 承包人的质量责任

《解释一》第 11 条规定：因承包人的过错造成建设工程质量不符合约定，承包人拒绝修理、返工或者改建，发包人请求减少支付工程价款的，应予支持。

《解释一》的该条规定为司法机关提供了一种不通过鉴定来处理工程质量缺陷的方式和手段。因承包人的过错造成建设工程质量不符合约定，承包人拒绝修理、返工或者改建，发包人请求减少支付工程价款的，应予支持。减少多少，有司法机关根据具体情况自由裁量的组成部分，并非一定要经过鉴定程序而增加当事人的诉讼成本。

2. 发包人的质量责任

《解释一》第 12 条规定：发包人具有下列情形之一，造成建设工程质量缺陷，应当承担过错责任：

（1）提供的设计有缺陷；

（2）提供或者指定购买的建筑材料、建筑构配件、设备不符合强制性标准；

（3）直接指定分包人分包专业工程。

承包人有过错的，也应当承担相应的过错责任。

建设工程的质量关系到公共安全，为了确保建设工程质量，《合同法》《建筑法》等法律、行政法规或者部颁规章都作出了许多具体规定，这些规定的核心都是为了保证工程质量。一般来讲，承包人的主要合同义务就是按照合同约定和国家标准施工，将合格的建设工程交付发包人，如果工程质量有缺陷，应由承包人承担责任。但在特殊情况下，建设工程质量缺陷与发包人的过错有关，如果发包人不承担相应的责任，都让承包人承担责任是不公平的。

第一种情形，发包人提供的设计有缺陷。从实务来看，发包人（业主）提供的第一个方案很少有缺陷，因为法律规定，在拿到开工许可证就应当取得建筑用地许可证、建筑规划许可证，在取得规划许可证时，已经有设计图了，在指标批复了以后才可以施工，所以原始的设计存在缺陷的情况并不多。

第二种情形，发包人提供或者指定购买的建筑材料、建筑构配件、设备不符合强制性标准，在这种情况下，应承担主要责任。

第三种情形，发包人直接指定分包人分包专业工程。这是国务院《建设工程质量管理条例》明令禁止的。

《解释一》第 13 条规定：建设工程未经竣工验收，发包人擅自使用后，又以使用部分质量不符合约定为由主张权利的，不予支持；但是承包人应当在建设工程的合理使用寿命内对地基基础工程和主体结构质量承担民事责任。

按照《合同法》和《建筑法》的规定，工程未经竣工验收或经竣工验收不合格的不得交付使用。法律规定不得交付使用，发包人擅自使用了，本身就是违法。发包人擅自使用越来越多主要有两个原因：第一，基于提前使用项目进行收益的需要；第二，拒绝验收以达到拖延支付工程款的目的。所以《解释一》规定发包人擅自使用后，又以使用部分质量不符合约定为由主张权利的，不予支持；"不予支持"的内涵包括免除承包人施工质量存在的缺陷以及保修责任。

3. 竣工时间的确定

《解释一》第 14 条规定：当事人对建设工程实际竣工日期有争议的，按照以下情形分别处理：

（1）建设工程经竣工验收合格的，以竣工验收合格之日为竣工日期；

（2）承包人已经提交竣工验收报告，发包人拖延验收的，以承包人提交验收报告之日为竣工日期；

（3）建设工程未经竣工验收，发包人擅自使用的，以转移占有建设工程之日为竣工日期。

《解释一》第 15 条规定：建设工程竣工前，当事人对工程质量发生争议，工程质量经鉴定合格的，鉴定期间为顺延工期期间。

实际竣工日期对于解决施工合同纠纷是非常有意义的一个时间点，因为这个时间点：

1）涉及工期是否会拖延，如果拖延工期的话，存在承担违约责任的问题；2）涉及付款的时间，有些合同约定工程竣工以后，才进行一定比例付款；3）涉及欠付工程款的利息的计算。

第一种情形，建设工程经竣工验收合格的，以竣工验收合格之日为竣工日期，这里应当以质量监督管理部门签章的时间点作为最终的验收时间点。

第二种情形，承包人已经提交竣工验收报告，发包人拖延验收的，以承包人提交验收报告之日为竣工日期。从实务来看，发包人拖欠工程款支付主要有两个方式：一个是承包人报送结算资料后发包人不审价，再一个是承包人报了竣工文件后发包人不验收。所以在这种情况下，把这个时间点往前移，以提交验收报告之日为竣工日期。这也是建设部建设施工合同示范文本中规定的。

第三种情形，建设工程未经竣工验收，发包人擅自使用的，以转移占有建设工程之日为竣工日期。"转移占有"是民法物权上的一个概念，涉及物权和物权风险转移的问题。

（四）关于工程价款

1. 计价标准与方法

《解释一》第 16 条规定：当事人对建设工程的计价标准或者计价方法有约定的，按照约定结算工程价款。

因设计变更导致建设工程的工程量或者质量标准发生变化，当事人对该部分工程价款不能协商一致的，可以参照签订建设工程施工合同时当地建设行政主管部门发布的计价方法或者计价标准结算工程价款。

建设工程施工合同有效，但建设工程经竣工验收不合格的，工程价款结算参照本《解释》第 3 条规定处理。

根据建设部、财政部制定的《建设工程价款结算暂行办法》（财建〔2004〕369 号），工程合同的计价方法包括：①固定总价；②固定单价；③可调价格。而我国目前工程计价标准主要包括定额计价和工程量清单计价两种模式。

2. 工程欠款利息计算标准及时间

《解释一》第 17 条规定：当事人对欠付工程价款利息计付标准有约定的，按照约定处理；没有约定的，按照中国人民银行发布的同期同类贷款利率计息。

《解释一》第 18 条规定：利息从应付工程价款之日计付。当事人对付款时间没有约定或者约定不明的，下列时间视为应付款时间：

（1）建设工程已实际交付的，为交付之日；

（2）建设工程没有交付的，为提交竣工结算文件之日；

（3）建设工程未交付，工程价款也未结算的，为当事人起诉之日。

从法理上讲，利息属于法定孳息，应当自工程欠款发生时起算，但由于建设工程是按形象进度付款的，许多案件难以确定工程欠款发生之日，因此，司法机关对拖欠工程款的利息应当从何时计付，认识不一，掌握的标准也不统一。为了统一拖欠工程价款的利息计付时间，维护合同双方的合法权益，《解释一》第 18 条根据建设工程施工合同的不同履行情况，把工程欠款利息的起算时间分为上述三种情况。建设工程是一种特殊的商品，建设工程的交付也是一种交易行为，一方交付商品，对方就应当付款，该款就产生利息；建设工程因结算不下来而未交付的，为了促使发包人积极履行给付工程价款的主要义务，把承包人提交结算报告的时间作为工程价款利息的起算时间具有一定的合理性。当事人因结算纠纷起诉到法院，承包人起诉之日就是以法律手段向发包人要求履行付款义务之时，人民法院对其合法权益应予以保护。

3. 发包人收到结算报告后逾期不答复的法律后果

《解释一》第 20 条规定：当事人约定，发包人收到竣工结算文件后，在约定期限内不予答复，视为认可竣工结算文件的，按照约定处理。承包人请求按照竣工结算文件结算工程价款的，应予支持。

一般情况下，应当按照合同约定结算工程价款，工程经竣工验收合格后，双方就应当结算。结算中，一般先由承包人提交竣工结算报告，由发包人审核。而有的发包人收到承包人提交的工程结算文件后迟迟不予答复或者根本不予答复，以达到拖欠或者不支付工程价款的目的。这种行为严重侵害了承包人的合法权益。为了制止这种不法行为，建设部发布的《建筑工程施工发包与承包计价管理办法》第 16 条规定，发包人应当在收到竣工结算文件后的约定期限内予以答复。逾期未答复的，竣工结算文件视为已被认可。合同对答复期限没有明确约定的，可认为约定期限均为 28 天。这条规定对制止发包人无正当理由拖欠工程款的不法行为，保护承包人的合法权益发挥了很大作用。为了更好地约束双方当事人，使建设部的这条规定更具有可操作性，《解释一》第 20 条明确规定，当事人约定，发包人收到竣工结算文件后，在约定期限内不予答复，视为认可竣工结算文件的，按照约定处理。承包人请求按照竣工结算文件结算工程价款的，应予支持，体现了充分尊重合同当事人约定的原则。但需注意的是，应用这一条款的基本前提是当事人在合同当中有约定。

4. "黑白合同"的法律效力

《解释一》第 20 条规定：当事人就同一建设工程另行订立的建设工程施工合同与经过备案的中标合同实质性内容不一致的，应当以备案的中标合同作为结算工程价款的根据。

在招投标的工程价款结算纠纷案件中，一方当事人主张按照"黑合同"结算，对方当事人则主张按照"白合同"结算的,《解释一》第21条明确规定:应当以"白合同"即备案的中标合同作为结算工程价款的依据。因为法律、行政法规规定中标合同的变更必须经过法定程序,"黑合同"虽然可能是当事人真实意思表示,但由于合同形式不合法,不产生变更"白合同"的法律效力。当事人签订中标合同后,如果出现了变更合同的法定事由,双方协商一致后可以变更合同;但是合同变更的内容,应当及时到有关部门备案,如果未到有关部门备案,就不能成为结算的依据。这样,就能从根本上制止不法行为的发生,有利于维护建筑市场公平竞争秩序,也有利于招标投标法的贯彻实施。

(五)关于施工合同纠纷的诉讼程序性规定

1. 施工合同纠纷的管辖

《解释一》第24条规定:建设工程施工合同纠纷以施工行为地为合同履行地。

该条规定包含了两层意思,一是施工合同的性质属承揽合同,二是建设工程施工合同纠纷,按照不动产纠纷确定管辖。属于专属管辖。

2. 施工合同纠纷诉讼主体

《解释一》第25条规定:因建设工程质量发生争议的,发包人可以以总承包人、分包人和实际施工人为共同被告提起诉讼。

该条规定表面上是程序性规定,但实质上体现的是实体权利义务关系。根据《建筑法》、《建设工程质量管理条例》的规定,分包人就分包工程的质量与总承包人共同向发包人承担连带责任,实际施工人是转承包人,是非法转包和借名协议里面实际进行施工的人,这也是法律规定的,因为合同无效,实际是公认应与他的发包人一起,就工程质量向发包人承担连带责任。实体上承担连带责任在程序上体现为共同被告。

《解释一》第26条规定:实际施工人以转包人、违法分包人为被告起诉的,人民法院应当依法受理。

实际施工人以发包人为被告主张权利的,人民法院可以追加转包人或者违法分包人为本案当事人。发包人只在欠付工程价款范围内对实际施工人承担责任。

建筑业吸收了大量的农民工就业,但由于建设工程的非法转包和违法分包,造成许多农民工辛苦一年往往还拿不到工资。为了有利地保护农民工合法权益,《解释一》第26条规定,实际施工人以发包人为被告主张权利的,人民法院可以追加转包人或者违法分包人为本案当事人,发包人只在欠付工程价款的范围内对实际施工人承担责任。从该条的规定看:

一是实际施工人可以发包人为被告起诉。从建筑市场的情况看,承包人与发包人订立建设工程施工合同后,往往又将建设工程转包或者违法分包给第三人,第三人就是实际施工人。按照合同的相对性来讲,实际施工人应当向与其有合同关系的承包人主张权利,而不应当向发包人主张权利。但是从实际情况看,有的承包人将工程转包收取一定的管理费用后,没有进行工程结算或者对工程结算不主张权利,由于实际施工人与发包人没有合同关系,这样导致实际施工人没有办法取得工程款,而实际施工人不能得到工程款则直接影响到农民工工资的发放。因此,如果不允许实际施工人向发包人主张权利,不利于对农民工利益的保护。

二是承包人将建设工程非法转包、违法分包后,建设工程施工合同的义务都是由实际施工人履行的。实际施工人与发包人已经全面实际履行了发包人与承包人之间的合同并形成了事实上的权利义务关系。在这种情况下，如果不允许实际施工人向发包人主张权利，不利于对实际施工人利益的保护。基于此种考虑，《解释一》第26条规定实际施工人可以向发包人主张权利，但发包人仅在欠付工程款的范围内对实际施工人承担责任，如果发包人已经将工程价款全部支付给承包人的，发包人就不应当再承担支付工程价款的责任。因此，发包人只在欠付工程价款范围内对实际施工人承担责任，并不会损害发包人的权益。

三是为了方便案件审理，《解释一》第26条还规定，人民法院可以追加转包人或者违法分包人为本案当事人，考虑到案件的审理涉及两个合同法律关系，如果转包人或者违法分包人不参加到诉讼的过程中来，许多案件的事实没有办法查清，所以人民法院可以根据案件的实际情况追加转包人或者违法分包人为共同被告或者案件的第三人；实际施工人可以发包人、承包人为共同被告主张权利。这样规定，既能够方便查清案件的事实，分清当事人的责任，也便于实际施工人实现自己的权利。

二、《解释二》

从该解释的结构来看，该解释总共有26条，从大的方面可以分成五个部分：第1～4条讲合同效力及相关问题；第5～11条讲合同价款结算的问题；第12～16条讲工程造价鉴定的问题；第17～23条讲价款优先受偿权的问题；第24～25条讲实际施工人权利保护的问题；第26条讲该解释生效时间、溯及力、法律冲突的问题。

（一）合同效力及相关问题

1. 中标合同实质性内容

《解释二》第一条规定："招标人和中标人另行签订的建设工程施工合同约定的工程范围、建设工期、工程质量、工程价款等实质性内容，与中标合同不一致，一方当事人请求按照中标合同确定权利义务的，人民法院应予支持。

招标人和中标人在中标合同之外就明显高于市场价格购买承建房产、无偿建设住房配套设施、让利、向建设单位捐赠财物等另行签订合同，变相降低工程价款，一方当事人以该合同背离中标合同实质性内容为由请求确认无效的，人民法院应予支持。"

本条是关于中标合同实质性内容范围的解释。《招标投标法》第四十六条第一款内容为：招标人和中标人应当自中标通知书发出之日起三十日内，按照招标文件和中标人的投标文件订立书面合同。招标人和中标人不得再行订立背离合同实质性内容的其他协议。

结合本条规定，中标合同实质性内容包括工程范围、建设工期、工程质量、工程造价等约定。其中工程范围应按招标文件及施工合同协议书部分的"工程承包范围"确定，同时应满足中标人建筑业企业资质要求的承包范围；建设工期应按中标通知书及施工合同协议书部分的"合同工期"确定，并保证该工期合理；工程质量应按招标文件及施工合同协议书的"质量标准"确定，并符合相应技术规范中强制性条文的规定；工程造价应按中标通知书及施工合同协议书的"签约合同价"确定，并保证该工程造价不得低于成本。

除上述施工合同核心条款，工程实践中承包人以高于市场价格购买承建房产、无偿建设住房配套设施、让利、向建设方捐款等承诺行为是与中标人作为企业追求利益最大化的宗旨相违背的，并不符合市场规律，因此可以推定中标人的上述承诺并非真实意思表示。如果双方利用上述行为"变相降低工程价款"的，一方当事人以该合同背离中标合同实质性内容为由请求确认无效的，人民法院应予支持。

2. **违法建筑施工合同无效**

《解释二》第二条规定："当事人以发包人未取得建设工程规划许可证等规划审批手续为由，请求确认建设工程施工合同无效的，人民法院应予支持，但发包人在起诉前取得建设工程规划许可证等规划审批手续的除外。

发包人能够办理审批手续而未办理，并以未办理审批手续为由请求确认建设工程施工合同无效的，人民法院不予支持。"

建设工程施工合同受到不同领域的多部法律及其他规范性文件调整。法律、行政法规和部颁规章中调整建设工程施工合同的强制性规范就有 60 多条，如果违反这些规范都以违反法律强制性规定为由而认定合同无效，不符合《合同法》的立法本意，不利于维护合同稳定性，也不利于保护各方当事人的合法权益，会破坏建筑市场的正常秩序。我们认为，法律和行政法规中的强制性规定，有的属于行政管理规范，如果当事人违反了这些规范应当受到行政处罚，但是不应当影响民事合同的效力。从相关法律、行政法规的强制性规范内容看，可分为两类：一是保障建设工程质量的规范；二是维护建筑市场公平竞争秩序的规范。建设工程规划许可证等规划审批手续系能够影响合同效力的强制性规定。

3. 合同无效的赔偿责任

《解释二》第三条规定："建设工程施工合同无效，一方当事人请求对方赔偿损失的，应当就对方过错、损失大小、过错与损失之间的因果关系承担举证责任。

损失大小无法确定，一方当事人请求参照合同约定的质量标准、建设工期、工程价款支付时间等内容确定损失大小的，人民法院可以结合双方过错程度、过错与损失之间的因果关系等因素作出裁判。"

我国《民法总则》及《合同法》均有关于损失赔偿的规定。[①] 但是对于其赔偿范围，司法实践中对此问题的认定也不统一，目前存在两种主要观点。

第一种观点认为，合同无效后，有过错一方应当赔偿对方因此受到的所有损失，包括在合同有效情形下对方通过履行合同可以获得的利益。

第二种观点认为，合同无效后，有过错一方赔偿对方损失是基于缔约过失责任，赔偿的范围限于"信赖利益"，不包括在合同有效情形下对方通过履行合同可以获得的利益，并且适用过失相抵规则。既有裁判规则倾向第二种观点。

缔约过失责任的最主要承担方式为损害赔偿，损害赔偿的对象为信赖利益。信赖利益的损失是指缔约人信赖合同有效成立，但因法定事由发生，致使合同不成立、无效或被撤销等而遭受的损失。信赖利益范围内的损害赔偿不必然是全额赔偿。即使是属于信赖利益，应否全额赔偿，也要结合案件的实际情形予以认定。如果缔约过程中支出的某些费用属于不缔约也要支出的费用，则不应得到赔偿；如果为准备履约而支出了费用，但同时获益的，应把获益部分予以扣除后再计算费用；为准备履约而购买的设备、工具等，也要考虑在合同无效后是否仍有其他用途。

《解释二》第四条规定："缺乏资质的单位或者个人借用有资质的建筑施工企业名义签

---

① 《民法总则》第 157 条规定："民事法律行为无效、被撤销或者确定不发生效力后，行为人因该行为取得的财产，应当予以返还；不能返还或者没有必要返还的，应当折价补偿。有过错的一方应当赔偿对方由此所受到的损失；各方都有过错的，应当各自承担相应的责任。法律另有规定的，依照其规定"。《合同法》第 58 条规定："合同无效或者被撤销后，因该合同取得的财产，应当予以返还；不能返还或者没有必要返还的，应当折价补偿。有过错的一方应当赔偿对方因此所受到的损失，双方都有过错的，应当各自承担相应的责任"。

订建设工程施工合同，发包人请求出借方与借用方对建设工程质量不合格等因出借资质造成的损失承担连带赔偿责任的，人民法院应予支持。"

《建筑法》第六十六条规定："建筑施工企业转让、出借资质证书或者以其他方式允许他人以本企业的名义承揽工程的，责令改正，没收违法所得，并处罚款，可以责令停业整顿，降低资质等级；情节严重的，吊销资质证书。对因该项承揽工程不符合规定的质量标准造成的损失，建筑施工企业与使用本企业名义的单位或者个人承担连带赔偿责任"。

《民法总则》第一百七十八条第三款规定：连带责任，由法律规定或者当事人约定。在建筑市场中，实际施工人借用他人资质承包工程的情形普遍存在，即挂靠经营。在挂靠关系下，由挂靠人和被挂靠人对外承担连带赔偿责任，符合我国司法实践的普遍做法。

本条强调了赔偿的范围限于出借资质造成的损失。一般来说，如果出借人没有出借资质，借用人就不可能得到实际承包工程的机会，故对于工程质量缺陷导致的损失发生很难说不是因为出借资质造成的。但是由此产生的问题是，本条是否意味着，除了"工程质量不合格"这一明确依据之外，出借资质方对于借用方延期交工、安全生产事故等给发包人造成的损失无需承担责任，即对于本条中"等"的范围尚需进一步明确。

（二）合同价款的结算

1. 开工时间及工期顺延

《解释二》第五条规定："当事人对建设工程开工日期有争议的，人民法院应当分别按照以下情形予以认定：

（一）开工日期为发包人或者监理人发出的开工通知载明的开工日期；开工通知发出后，尚不具备开工条件的，以开工条件具备的时间为开工日期；因承包人原因导致开工时间推迟的，以开工通知载明的时间为开工日期。

（二）承包人经发包人同意已经实际进场施工的，以实际进场施工时间为开工日期。

（三）发包人或者监理人未发出开工通知，亦无相关证据证明实际开工日期的，应当综合考虑开工报告、合同、施工许可证、竣工验收报告或者竣工验收备案表等载明的时间，并结合是否具备开工条件的事实，认定开工日期。"

以上规定，在司法实践中如何判断工程是否"具备开工条件"将是容易引发争议的问题。我们认为，具备开工条件的标准可以从形式要件和实质要件两个层面把握。

（1）具备开工条件的形式要件是发包人已领取建设工程施工许可证。根据《建筑法》以及《建筑工程施工许可管理办法》的相关规定，除了国务院建设行政主管部门确定的限额以下的小型工程以及按照国务院规定的权限和程序批准开工报告的建筑工程外，所有建筑工程在开工前应当取得施工许可证。未取得施工许可证的，一律不得开工。

（2）具备开工条件的实质性要件。本条对于是否具备开工条件的认定，更加关注工程是否实质上已具备进场施工的基础条件。根据《合同法》第二百八十三条规定："发包人未按照约定的时间和要求提供原材料、设备、场地、资金、技术资料的，承包人可以顺延工程日期，并有权要求赔偿停工、窝工等损失"。结合该规定，可以认定工程开工的实质性要件包括但不限于发包人移交施工场地；发包人按合同约定应先行供应的原材料、设备、资金等已到位；尤为重要的是，依据《质量管理条例》第十一条第二款之规定："施工图设计文件未经审查批准的，不得使用"。因此对于实践中施工图设计文件未经审查批准，仅具备电子版图纸或所谓"白图"的，应当认定不具备开工条件。

以上要件，如按照合同约定属于发包人义务的，因发包人原因导致开工条件不具备，即使发出了开工通知，仍应以具备开工条件之日为实际开工日期；如按照合同约定属于承包人义务的，因承包人原因导致开工条件不具备，即使开工时间推迟了，仍应以开工通知载明的时间为实际开工日期。

《解释二》第六条："当事人约定顺延工期应当经发包人或者监理人签证等方式确认，承包人虽未取得工期顺延的确认，但能够证明在合同约定的期限内向发包人或者监理人申请过工期顺延且顺延事由符合合同约定，承包人以此为由主张工期顺延的，人民法院应予支持。

当事人约定承包人未在约定期限内提出工期顺延申请视为工期不顺延的，按照约定处理，但发包人在约定期限后同意工期顺延或者承包人提出合理抗辩的除外。"

FIDIC《施工合同条件》及我国《建设工程施工合同（示范文本）》通用合同条款，均采用列举的方式明确了承包人可以顺延工期的典型情况。承包人如果认为具备延展工期的法定或者约定事由，其有权经由索赔程序申请延期竣工。但是考虑到实践中发包方或监理方往往凭借自身在合同中或管理中的优势地位，拒绝或者拖延审核确认承包人的延期索赔申请，这将导致承包人在符合工期顺延条件的情形下主张工期顺延面临程序上的障碍，进而可能造成承包人相应的合法权益落空，不利于建筑市场的良性发展。因此本条规定，当事人约定顺延工期应当经发包人签证确认，承包人虽未取得工期顺延的签证确认，但能够证明在合同约定的办理期限内向发包人申请过工期顺延的，对其顺延合理工期的主张，人民法院应予支持。

可见，承包人在未取得发包人或监理人确认情形下，其主张工期顺延需要具备两项条件：一是"承包人能够证明在合同约定的期限内向发包人或者监理人申请过工期顺延"；二是"顺延事由符合合同约定"。承包人提出的书面工期顺延索赔应当完整，符合"定性、定量、定责"的"三定"要求："定性"，明确合同或法律的依据；"定量"，明确工期延误的天数，也可视情况包含实际损失及预期利润；"定责"，明确责任方或事实原因。

2. 工程质量问题与质量保证金返还

《解释二》第七条规定："发包人在承包人提起的建设工程施工合同纠纷案件中，以建设工程质量不符合合同约定或者法律规定为由，就承包人支付违约金或者赔偿修理、返工、改建的合理费用等损失提出反诉的，人民法院可以合并审理。"

承包人完成的工程有瑕疵时，发包人可以主张质量瑕疵违约责任，但发包人可否以工程有瑕疵为由拒绝支付工程款报酬，尚存疑义。对此有三种观点：否定说认为，在承包人未履行维修义务的情况下，发包人并不享有拒付工程款的先履行抗辩权；肯定说主张，在承包人完成的建筑具有瑕疵，而瑕疵可归责于承包人之事由所致者，承包人应负不完全给付的债务不履行的责任，此项责任与发包人的报酬支付义务构成对待给付，发包人得以承包人于瑕疵修理前乃尚未完成给付为由而拒绝给付报酬。[①] 此外，尚有观点认为需要根据合同的约定来对此类主张的性质认定。若合同中明确约定工程质量有瑕疵，可以减少给付工程款或者将其修复费用从给付工程款中予以扣除，则此类主张应以抗辩方式提出；若合

---

① 潘军锋：《建设工程施工合同审判新类型问题研究——〈施工合同司法解释（一）〉施行十周年回顾与展望》，载自《法律适用》2015年第4期，第72页。

同中没有明确约定，此时被告的主张应作为一个新的诉讼请求，其提出的反诉人民法院可一并审理。

本条解释采取否定说立场。发包人以建设工程质量不符合合同约定或者法律规定为由，就承包人支付违约金或者赔偿修理、返工、改建的合理费用等损失主张权利的，应提出反诉。

《解释二》第八条规定："有下列情形之一，承包人请求发包人返还工程质量保证金的，人民法院应予支持：

（一）当事人约定的工程质量保证金返还期限届满。

（二）当事人未约定工程质量保证金返还期限的，自建设工程通过竣工验收之日起满二年。

（三）因发包人原因建设工程未按约定期限进行竣工验收的，自承包人提交工程竣工验收报告九十日后起当事人约定的工程质量保证金返还期限届满；当事人未约定工程质量保证金返还期限的，自承包人提交工程竣工验收报告九十日后起满二年。

发包人返还工程质量保证金后，不影响承包人根据合同约定或者法律规定履行工程保修义务。"

本条是关于缺陷责任期起算时点的规定，关系到承包人瑕疵担保义务的解除以及质量保修金的返还。根据《质保金管理办法》的规定，在工程项目竣工前，已经缴纳履约保证金的，发包人不得同时预留工程质量保证金。采用工程质量保证担保、工程质量保险等其他保证方式的，发包人不得再预留保证金。

发包人应按照合同约定方式预留保证金，保证金总预留比例不得高于工程价款结算总额的 3%。缺陷责任期从工程通过竣工验收之日起计。由于承包人原因导致工程无法按规定期限进行竣工验收的，缺陷责任期从实际通过竣工验收之日起计。由于发包人原因导致工程无法按规定期限进行竣工验收的，在承包人提交竣工验收报告 90 天后，工程自动进入缺陷责任期。

3. 工程价款结算的依据

《解释二》第九条规定："发包人将依法不属于必须招标的建设工程进行招标后，与承包人另行订立的建设工程施工合同背离中标合同的实质性内容，当事人请求以中标合同作为结算建设工程价款依据的，人民法院应予支持，但发包人与承包人因客观情况发生了在招标投标时难以预见的变化而另行订立建设工程施工合同的除外。"

本条是关于不属于必须招标工程进行招标的法律效果的规定。实践中存在强制招标范围以外的一些项目，发包人根据主管部门要求或者自行招投标并根据招投标结果签订施工合同，当事人又签订实质性内容不同的施工合同，如何确定结算工程价款依据。对此问题实务中存在两种意见：一种意见认为，当事人自愿进行招投标的项目，在中标合同之外，如果又另行签订的合同并不违反法律禁止性规定，则不存在黑白合同的问题，应根据合同是否体现当事人真实意思表示对其效力予以认定。另一种意见认为，虽然工程项目非强制招投标范围，但当事人自愿进行招投标，应当受《招标投标法》的约束，同样也存在黑白合同问题。司法解释采此观点，因为《招标投标法》所保护的不仅是当事人自身的利益，更是对社会招投标市场的规范，事关不特定投标人利益的保护，涉及市场竞争秩序的维护。因此，只要根据《招标投标法》进行的招投标并因此签订的合同均应受该法约束，当事人不得在此之外签订背离中标合同实质性内容的补充协议。[①]

不属于必须招标的建设工程可以区分为两种情形：一是该工程原本即不属于《招标投标法》要求必须招标的范围；二是该工程从性质上虽属强制招标范围，但由于满足特殊条件而可以不招标。

不属于法律规定强制招标工程范围的项目，但是如果签订了所谓的"黑合同"，也仍然应以中标合同作为结算的依据，也就是说即使是不予强制招标的工程项目，如果履行了招标程序就涉及"黑白合同"的问题。因为依据《招标投标法》第二条"在中华人民共和国境内进行招标投标活动，适用本法"的规定，只要采用了招标的方式，就应该遵守《招标投标法》的有关规定，即《招标投标法》第四十六条规定的"招标人和中标人应当自中标通知书发出之日起三十日内，按照招标文件和中标人的投标文件订立书面合同。招标人和中标人不得再行订立背离合同实质性内容的其他协议。"

同时，考虑对于当事人真实意思表示的尊重，该条规定发包人将不属于必须招标的建设工程项目进行招标后，因客观情况发生了在招标投标时难以预见的变化，发包人与承包人双方可以另行订立建设工程施工合同。这既是对《合同法》第七十七条第一款规定的合同当事人变更权的维护，也可防止因客观情况的变化而造成发包人与承包方权利义务的失衡。

《解释二》第十条规定："当事人签订的建设工程施工合同与招标文件、投标文件、中标通知书载明的工程范围、建设工期、工程质量、工程价款不一致，一方当事人请求将招标文件、投标文件、中标通知书作为结算工程价款的依据的，人民法院应予支持。"

本条是关于双方签订的建设工程施工合同与招标投标文件不一致时工程价款的结算依据问题。该条解释的基本思路是，投标人是建立在对于招标文件确立的招标条件、评标方法、合同文本实质性响应的基础上提交投标文件的。而招标人则是通过评标委员会专业评审过程和发出中标通知书的行为，确认了潜在投标人中最具竞争力的中标单位。鉴于合同文件本身已经是招标文件的组成部分，[②] 招投标双方对其内容均已知悉并认可。因此，招标人与中标人订立书面合同的文件基础应为"招标文件和中标人的投标文件"，而绝非脱离上述文件的"另起炉灶"。

本条意在彰显经招标投标而订立的建设工程施工合同，招投标文件和中标通知书的特殊法律地位，确立了招投标文件、中标通知书在工程结算时优先于中标合同的原则。

《解释二》第十一条规定："当事人就同一建设工程订立的数份建设工程施工合同均无效，但建设工程质量合格，一方当事人请求参照实际履行的合同结算建设工程价款的，人民法院应予支持。

实际履行的合同难以确定，当事人请求参照最后签订的合同结算建设工程价款的，人民法院应予支持。"

---

① 潘军锋：《建设工程施工合同审判新类型问题研究——〈施工合同司法解释（一）〉施行十周年回顾与展望》，载自《法律适用》2015年第4期，第70页。

② 例如，《标准施工招标文件（2007年版）》第二章"投标人须知"2.1【招标文件的组成】规定：本招标文件包括：（1）招标公告（或投标邀请书）；（2）投标人须知；（3）评标办法；（4）合同条款及格式；（5）工程量清单；（6）图纸；（7）技术标准和要求；（8）投标文件格式；（9）投标人须知前附表规定的其他材料。根据本章第1.10款、第2.2款和第2.3款对招标文件所作的澄清、修改，构成招标文件的组成部分。

本条是对于当事人签订的数份施工合同均无效时工程价款的结算原则的规定。也是对于《解释一》第二条之进一步细化。[①] 即就同一建设工程存有多份无效合同，但是工程质量合格，施工方可以请求参照合同约定支付工程款。该条适用的前提条件为已完工程质量合格，包括工程竣工验收合格和正在建设中的工程经阶段性验收合格及经过修复后验收合格的工程。[②] 在此基础上，当事人就同一工程订立了多份施工合同，但多份合同均无效；该多份合同中约定了工程价款结算的方式或原则。在符合上述前提条件下，工程价款的结算首先参照当事人实际履行的合同约定；在无法确定双方当事人实际履行合同时，应当参照当事人最后签订的合同的约定结算建设工程价款。

（三）建设工程造价鉴定

1. 诉讼前达成结算协议及委托造价咨询的效力

《解释二》第十二条规定："当事人在诉讼前已经对建设工程价款结算达成协议，诉讼中一方当事人申请对工程造价进行鉴定的，人民法院不予准许。"

本条规定了当事人在起诉前已达成结算协议后在诉讼中又申请鉴定的处理原则。根据住房城乡建设部、国家质量监督检验检疫总局联合发布的《建设工程造价鉴定规范》（GB/T 51262—2017）定义："工程造价鉴定，指鉴定机构接受人民法院或仲裁机构委托，在诉讼或仲裁案件中，鉴定人运用工程造价方面的科学技术和专业知识，对工程造价争议中设计的专门性问题进行鉴别、判断并提供鉴定意见的活动"。

工程造价司法鉴定，与一般司法鉴定不同。最主要的表现在于，一般的司法鉴定的鉴定意见具有唯一性、确定性，而工程造价司法鉴定的鉴定意见往往不具有唯一性，甚至不具有确定性。[③]

依据《民事诉讼法》第一百二十一条之规定："当事人申请鉴定，可以在举证期限届满前提出。申请鉴定的事项与待证事实无关联，或者对证明待证事实无意义的，人民法院不予准许"。可见，人民法院委托鉴定人进行鉴定的行为，属于其调查收集证据的职权行为。[④] 当事人提出鉴定申请的，人民法院需要就鉴定事项对证明待证事实有无意义，即鉴定的必要性进行审查。但是，双方当事人在起诉前对工程价款结算形成合议的，应当视为双方对原合同履行的变更或补充，根据《合同法》第七十七条的规定，当事人协商一致，可以变更合同。这表明当事人已自愿就结算方面达成合意，根据民事活动中的禁止反言原则、意思自治原则和诚实信用原则，结算协议对双方当事人均具有约束力，当事人不得反悔。

《解释二》第十三条规定："当事人在诉讼前共同委托有关机构、人员对建设工程造价出具咨询意见，诉讼中一方当事人不认可该咨询意见申请鉴定的，人民法院应予准许，但双方当事人明确表示受该咨询意见约束的除外。"

本条明确了诉讼前当事人共同委托有关机构、人员出具工程造价咨询意见在案件处理

---

① 《施工合同司法解释（一）》第二条规定："建设工程施工合同无效，但建设工程经竣工验收合格，承包人请求参照合同约定支付工程价款的，应予支持。"

② 最高人民法院民事审判第一庭. 最高人民法院建设工程施工合同司法解释的理解与适用［M］. 北京：人民法院出版社，2015：34.

③ 周吉高，阚蓉. 关于建设工程司法鉴定若干疑难问题的思考（三）［J］. 建筑房地产法律评论，2014.

④ 沈德咏. 最高人民法院民事诉讼法司法解释理解与适用（上）［M］. 北京：人民法院出版社，2015：392.

过程中的采信规则。在双方当事人未明确表示受该咨询意见约束的情形下，即使有关机构、人员对建设工程造价出具咨询意见系经共同委托，但一方在诉讼中对该咨询意见表示不认可并申请鉴定的，法院仍应准许其鉴定申请。

工程造价鉴定是审理建设工程施工合同案件比较重要但却非常烦琐的工作，对于案件处理结果具有实质性的影响。[①] 委托有关机构、人员进行工程造价咨询并非工程价款结算的必经程序。在施工合同履行过程中，当事人各方就结算过程中就计价原则、工程量、索赔与变更等事项不能形成一致意见时，需要有关机构、人员的介入对完成工程量出具咨询意见，作为双方磋商工程价款结算的主要依据。此条规定适用于解决实践中出现的双方共同委托出具咨询意见后，一方或双方当事人对该咨询意见不予认可的情形。此类专业咨询意见并不属于民事诉讼法第六十三条规定的鉴定意见，因此不具有司法鉴定意见的效力。

2. 委托鉴定中司法权的行使

《解释二》第十四条规定："当事人对工程造价、质量、修复费用等专门性问题有争议，人民法院认为需要鉴定的，应当向负有举证责任的当事人释明。当事人经释明未申请鉴定，虽申请鉴定但未支付鉴定费用或者拒不提供相关材料的，应当承担举证不能的法律后果。

一审诉讼中负有举证责任的当事人未申请鉴定，虽申请鉴定但未支付鉴定费用或者拒不提供相关材料，二审诉讼中申请鉴定，人民法院认为确有必要的，应当依照《民事诉讼法》第一百七十条第一款第三项的规定处理。"

本条第一款规定了人民法院针对司法鉴定举证责任分配的释明义务。有关工程造价、质量、修复费用等内容属于专门性问题，通常需通过司法鉴定予以查明。司法实践中，人民法院认为当事人提交的证据仍无法厘清事实据以裁判的，应当依据职权向当事人进行释明，告知当事人有必要申请司法鉴定，并说明不申请司法鉴定的法律后果。如果当事人经释明后仍不申请鉴定，或者申请鉴定后不支付鉴定费用、不提供相关材料，导致鉴定程序无法推进时，人民法院可以判定由该当事人承担举证不能的不利后果。

本条第二款规定了一审不申请鉴定，二审再申请鉴定时如何处理。一审中当事人未申请鉴定，二审又申请鉴定的，如果鉴定的事项与案件基本事实有关，且不通过鉴定无法查明相关事实时，二审应同意鉴定申请。具体处理上，二审法院可以依照《民事诉讼法》第一百七十条第一款第三项的规定，以事实不清为由发回一审重审，并由一审法院组织司法鉴定。应该注意的是，本条第二款适用的前提是，一审未曾向当事人作出释明。可能包括两种情形，一种是一审法院认为鉴定是非必需的，所以未对负有举证责任的当事人进行释明；另外一种情形是，一审法院认为鉴定是必需的，但并未对负有举证责任的当事人进行释明。如果一审已经明确告知当事人对待事实需要鉴定，以及不申请鉴定可能承担举证不能的不利后果的，当事人一审仍拒绝申请鉴定，二审中又提出鉴定申请的，人民法院应不再准许鉴定申请，继续由该当事人承担举证不能的不利后果。

《解释二》第十五条规定："人民法院准许当事人的鉴定申请后，应当根据当事人申请及查明案件事实的需要，确定委托鉴定的事项、范围、鉴定期限等，并组织双方当事人对争议的鉴定材料进行质证。"

---

① 潘军锋：《建设工程施工合同案件审判疑难问题研究》，载自《法律适用》2017年第4期，第67页。

《民事诉讼法》第七十六条规定，当事人可以就查明事实的专门性问题向人民法院申请鉴定。当事人申请鉴定的，由双方当事人协商确定具备资格的鉴定人；协商不成的，由人民法院指定。当事人未申请鉴定，人民法院对专门性问题认为需要鉴定的，应当委托具备资格的鉴定人进行鉴定。另据《民诉法解释》第一百二十一条规定，当事人申请鉴定，可以在举证期限届满前提出。申请鉴定的事项与待证事实无关联，或者对证明待证事实无意义的，人民法院不予准许。可见，人民法院以申请启动工程造价鉴定的条件包括：待证事项应为专门性问题；当事人在法定时限内提出申请；申请鉴定事项与待证事实相关联。

鉴定机构应在其专业能力范围内接受委托，开展工程造价鉴定活动。委托人向鉴定机构出具鉴定委托书，应载明委托的鉴定机构名称、委托鉴定的目的、范围、事项和鉴定要求、委托人的名称等内容。此外，人民法院应当组织双方当事人对争议的鉴定材料进行质证，质证后的鉴定材料才能够作为鉴定机构出具鉴定意见的依据。

《解释二》第十六条规定："人民法院应当组织当事人对鉴定意见进行质证。鉴定人将当事人有争议且未经质证的材料作为鉴定依据的，人民法院应当组织当事人就该部分材料进行质证。经质证认为不能作为鉴定依据的，根据该材料做出的鉴定意见不得作为认定案件事实的依据。"

本条是关于人民法院对鉴定意见组织质证以及认证的规定。鉴定机构利用专业知识根据鉴定材料出具的鉴定意见，属于新的证据，需要再组织质证。鉴定机构出具工程造价鉴定意见的依据，主要包括三个方面的来源，即鉴定人自备、委托人移交和当事人提交。其中，对于委托人要求当事人直接向鉴定机构提交证据的，鉴定机构应当提请委托人确定当事人的举证期限。鉴定机构收到当事人的证据材料后，应出具收据，写明证据的名称、页数、份数、原件或者复印件以及签收日期，由经办人员签名或盖章。鉴定机构应及时将收到的证据移交委托人，并提请委托人组织质证并确认证据的证明力。

对于当事人有争议的鉴定材料，鉴定人未提交人民法院确认即作为鉴定依据，人民法院应就该部分鉴定材料组织双方当事人进行质证。经质证不能作为鉴定依据的，鉴定人应对相应鉴定意见进行更正。鉴定单位拒不更正的，人民法院可以通过补充鉴定、专家证人审核、重新鉴定等方法解决。

（四）建设工程价款优先受偿权

1. 优先受偿权的权利主体

《解释二》第十七条规定："与发包人订立建设工程施工合同的承包人，根据合同法第二百八十六条规定请求其承建工程的价款就工程折价或者拍卖的价款优先受偿的，人民法院应予支持。"

本条是关于优先受偿权的主体的规定，根据规定，有权行使优先受偿权的主体是建设工程的承包人。根据 2017 版《建设工程施工合同（示范文本）》通用条款第 1.1.2.3 条的定义，承包人是指与发包人签订合同协议书的，具有相应工程施工承包资质的当事人及取得该当事人资格的合法继承人。

依据本条解释规定，建设工程价款优先受偿权的主体应限于施工合同的承包人，不应包括勘察、设计合同的承包人，不包括分包合同、转包合同的实际施工人，不包括劳务分包人。专业分包人如果是直接受雇于施工总承包的，不应该享有优先权；如果是直接受雇于业主的，而且所建设的完成的工程成果是具备独立的使用功能的，则其应该享有优先权。

《解释二》第十八条规定："装饰装修工程的承包人，请求装饰装修工程价款就该装饰装修工程折价或者拍卖的价款优先受偿的，人民法院应予支持，但装饰装修工程的发包人不是该建筑物的所有权人的除外。"

本条是关于装饰装修工程的承包人是否享有工程价款优先受偿权的认定原则。在审判实践中，对建筑物整体装修或重大的修缮，以及家庭的装修合同，其承揽人是否享有工程价款的优先受偿权，意见亦有分歧。

根据本条解释规定，对于装修合同的承包人是否享有优先受偿权的问题，应当区别对待。《最高人民法院关于装修装饰工程款是否享有合同法第二百八十六条规定的优先受偿权的函复》的基本思路是值得肯定的，但区分程度尚显不够。建筑物的装修分两种，一种是建筑物建造过程中的装修，另一种则是建筑物在使用过程中的装修。对于前者，实务上认定属于建造活动的一部分，适用《建筑法》，故其装修人如与发包人有直接的合同关系，自应享有优先受偿权。对于建筑物使用过程中的装修，又区分为两种情况，一种是涉及建筑物主体和承重结构变动的重大装修，另一种则是不涉及建筑物主体和承重结构变动的普通装修。对于前者，因其适用《建筑法》第四十九条的规定，其发包人是建筑物所有权人的，与之有直接合同关系的承包人可以享有优先受偿权，此与我国台湾地区"民法"第五百一十三条规定重大修缮者也享有法定抵押权的思路不谋而合。但对于后一种装修的承包人可否享有优先受偿权，似有进一步讨论的必要。主流观点认为，由于非重大装修的工程款价值相对于建筑物的价值往往很小，若承认优先受偿权，有保护过度且存在不利于交易安全之处，还是以其他担保或者法律救济方式解决为好。

综上，立法上对建设工程价款优先受偿权主体的界定范围不同，是由其本国的社会需求所决定的，各自有其立法的基础与平衡的方法。就我国而言，基于妥当处理各方利益关系的考虑，装饰装修工程的承包人仅有权请求就该装饰装修工程折价或者拍卖的价款优先受偿。且装饰装修工程的发包人须是建筑物所有权人，如果与承包人签订装饰装修施工合同的发包人并非建筑物的所有权人，则装饰装修工程承包人无权行使优先受偿权。

2. 优先受偿权行使的条件

《解释二》第十九条规定："建设工程质量合格，承包人请求其承建工程的价款就工程折价或者拍卖的价款优先受偿的，人民法院应予支持。"

本条文规定的是建设工程价款的优先受偿权的适用前提条件。依据我国《合同法》第二百六十九条规定："建设工程合同是承包人进行工程建设，发包人支付价款的合同"。可见，承包人在建设工程合同中的主要义务为"工程建设"，即提供满足技术规范和合同约定的质量标准的建筑产品；发包人支付工程价款作为其对价。建设工程价款优先受偿权作为承包人获得工程价款请求权的，从权利其适用应以承包人有权获得工程价款为前提，以工程质量合格为对价。

但是，需要注意的是，本条解释规定的"质量合格"，包括三种情形：一是竣工验收合格；二是已完分部分项工程验收合格；三是工程质量缺陷经修复后合格。根据国家标准《建筑工程施工质量验收统一标准》（GB 50300—2013）第 4.0.1 项之规定："建筑工程施工质量验收应划分为单位工程、分部工程、分项工程和检验批"。其中具备独立施工条件并能够形成独立使用功能的建筑物或构筑物为一个单位工程。据此对于已全部竣工工程，承包人行使优先受偿权的前提条件应为单位工程质量验收合格；而对于未竣工工程，则需要已完分部分项工程质量验收合格。关于施工合同是否有效，并不是承包人是否得以主张优先受偿的前提条件。

《解释二》第二十条规定："未竣工的建设工程质量合格，承包人请求其承建工程的价款就其承建工程部分折价或者拍卖的价款优先受偿的，人民法院应予支持。"

本条是关于未竣工工程承包人是否享有优先受偿权的处理原则的规定。即建设工程已完分部分项质量验收合格，即使工程未全部竣工，承包人仍得以行使优先受偿权。具体理由如下：

第一，《建设工程价款优先受偿权批复》第四条的规定所要解决的问题是承包人优先受偿权行使的期限和起算点，与建设工程价款优先受偿权的成立要件不是一个问题，不能将两者混为一谈。

第二，从《物权法》理论与立法上分析，未竣工之建筑物可以成为建设工程价款优先受偿的客体。《担保法解释》第四十七条认可了在建工程可以抵押，[①]《物权法》第一百八十条更是明确规定正在建造的建筑物可以抵押。

第三，建设工程价款优先受偿权的立法目的，在于优先保障承包人的工程款债权，尤其是其中的劳动者工资，而工程是否竣工并不会影响承包人债权的性质与效力。如果认为建设工程价款优先受偿权的客体仅限于已竣工工程，则有违优先权制度的立法旨趣。工程实践中，拖欠工程款更多发生在未完工程和在建工程之中，如果将建设工程价款优先受偿权仅限于已竣工的工程，则会使《合同法》第二百八十六条的作用大打折扣。而且，如果将承包人优先受偿权限定于工程竣工后才能成立，则会造成约定抵押权优于建设工程价款优先受偿权的情况出现。因为，根据《物权法》的规定，未完成工程可以抵押，这样抵押权人可以就未完成工程实现抵押权，如果建设工程价款优先受偿权只能在工程竣工验收合格后才能行使，那么就形成了抵押权优先于建设工程价款优先受偿权的局面，使得清偿顺序发生倾倒。这是违背《建设工程价款优先受偿权批复》，也是违背基本法理的。

第四，从国外立法看，也允许未完成工程的承包人就所建的工程成立法定抵押权。如《德国民法典》第六百四十八条规定："建筑工作物或建筑工作物的各部分的承揽人，可以就因合同而发生的承揽人债权，请求给予定做人建筑地上的保全抵押权。工作尚未完成的，承揽人可以就与所提供的劳动相当的部分报酬，以及就不包含在报酬中的垫付款，请求给予保全抵押权。[②]

第五，将建设工程价款优先受偿权的客体限定于已竣工工程也不符合建筑业的实际情况。根据《建设工程价款结算暂行办法》（财建〔2004〕369号）第三条规定：本办法所称建设工程价款结算，是指对建设工程的发承包合同价款进行约定和依据合同约定进行工程预付款、工程进度款、工程竣工价款结算的活动。其中，工程设计变更确认增（减）的工程变更价款作为追加（减）合同价款与工程进度款同期支付；零星工作和索赔金额按合同约定支付；质量保修金在竣工结算款中保留。上述各类工程价款经常发生在中途停建的

---

① 《最高人民法院关于适用〈中华人民共和国担保法〉若干问题的解释》第四十七条规定：以依法获准尚未建造的或者正在建造中的房屋或者其他建筑物抵押的，当事人办理了抵押物登记，人民法院可以认定抵押有效。

② 《德国民法典》，陈卫佐译，法律出版社2015年版，第255-256页。

"烂尾"工程中。所以，主张建设工程价款优先受偿权只能在工程竣工后才能行使是不符合实际情况的。

3. 优先受偿权的范围

《解释二》第二十一条规定："承包人建设工程价款优先受偿的范围依照国务院有关行政主管部门关于建设工程价款范围的规定确定。

承包人就逾期支付建设工程价款的利息、违约金、损害赔偿金等主张优先受偿的，人民法院不予支持。"

本条是关于建设工程价款优先受偿权行使范围的规定。《建设工程价款优先受偿权批复》第三条规定"建筑工程价款包括承包人为建设工程应当支付的工作人员的报酬、材料款等实际支出的费用，不包括承包人因发包人违约所造成的损失。"前述批复确定的优先受偿的范围过于狭窄，不利于对承包人合法权益的保护。本条规定承包人建设工程价款优先受偿的范围依照国务院有关行政主管部门关于建设工程价款范围的规定确定。

根据《建筑安装工程费用项目组成》规定，建筑安装工程费按照费用构成要素划分，由人工费、材料费、施工机具使用费、企业管理费、利润、规费和税金组成。国家标准《建设工程工程量清单计价规范》（GB 50500—2013）第1.0.3项规定：建设工程发承包及实施阶段的工程造价由分部分项工程费、措施项目费、其他项目费和税金组成。[①]

本条解释明确了承包人承揽工程的利润属于优先受偿的范围，司法实践中对于违约金、损害赔偿金不属于优先受偿范围的观点已基本达成共识。但对于工程款利息是否属于优先受偿范围问题，一直存有争议，最高人民法院亦曾做出"工程款利息为法定孳息，属于优先受偿的范围"的裁判。但是本条解释明确了承包人就逾期支付工程款的利息主张优先受偿权的，人民法院不予支持。

4. 优先受偿权的保护期间

《解释二》第二十二条规定："承包人行使建设工程价款优先受偿权的期限为六个月，自发包人应当给付建设工程价款之日起算。"

本条是关于建设工程价款优先受偿权的行使期限和起算点的规定。根据《建设工程价款优先受偿权批复》（以下简称《批复》）第四条的规定，"建设工程承包人行使优先权的期限为六个月，自建设工程竣工之日或者建设工程合同约定的竣工之日起计算"。但是此项规定在司法实践中产生较多争议和执行困难，一方面原因是该《批复》条文设计自身难以回应工程合同履行客观需求，由于建设工程结算周期长，流程较为复杂，工程竣工后六个月的时间内往往难以完成结算，如果按照《批复》确定的起算日开始计算，则有可能尚未结算完成就已经超过了优先受偿权的行使期限，对承包人显然不公平。另一方面，工程合同的履行情况亦对优先权行使的起算时点产生影响。最高人民法院亦曾针对工程项目具体情况和工程合同不同效力状态，分别做出过以合同解除或终止履行之日、以承包人向发包人主张工程款之日、以承包人退场之日、以工程实际竣工之日起计算优先受偿权期限的裁判。

本条解释规定建设工程价款优先受偿权中行使期限为六个月，其性质为除斥期间，不

---

① 建筑业实现"营业税"改征"增值税"后，原来的计税方法发生根本变化，再采用按税前造价计算增值税已不可行，因此，采用包含税金的全费用单价才适应"营改增"后的计价需要。

适用时效中止、中断、延长的规定。

5. 优先受偿权的放弃

《解释二》第二十三条规定："发包人与承包人约定放弃或者限制建设工程价款优先受偿权，损害建筑工人利益，发包人根据该约定主张承包人不享有建设工程价款优先受偿权的，人民法院不予支持。"

本条是关于当事人能否约定放弃或者限制建设工程价款优先受偿权行使的规定。对于建设工程价款优先受偿权可否预先放弃，我国现行法律没有规定，实务中亦是存在肯定与否定的认识分歧。

肯定说认为，承包人享有的优先权虽然是法律规定的权利，不是当事人约定的权利。但不论是法定的还是约定的，对承包人而言都是一项民事权利。对于权利，当事人既可以行使也可以放弃，只要出于权利人的真实意思表示，法律都不可干预。因此，如没有导致承包人不能正确表示意思的情形，在合同中约定承包人在工程价款未按时清偿时，不得对建设工程折价或拍卖优先受偿的，应认定该约定有效。在遇有发包人不能支付工程款时，承包人不能行使优先权，也不能事后反悔以优先权是法定为由主张合同约定无效。

否定说则认为，以上肯定说的观点从契约自由、意思自治原则来衡量应该是合理的，但法律设立建设工程价款优先受偿权的目的在于保护承包人的利益，以防止发包人利用强势地位，恶意拖欠工程款。如果允许通过约定而放弃，与立法的初衷相违背。同时在发包人与承包人约定放弃承包人的优先受偿权时，由于双方的地位悬殊，很难保证承包人放弃权利的意思是真实的。承包人往往为了揽到建设工程项目，不得不接受发包人提出的苛刻条件，其中包括放弃对工程价款的优先受偿权。在这种情况下，表面上看似自愿放弃自己的权利，实则不是其真实意思的表示。因此，如果允许发包人与承包人约定放弃承包人的优先受偿权，实际上损害的是承包人及其劳务工人的利益，也使法律实施的社会效果消弭。

本条解释原则上采肯定说立场。发包人和承包人原则上可以自由协商约定放弃或者限制建设工程价款优先受偿权的行使，但如果双方的约定损害到建筑工人利益，有关放弃或者限制权利行使的约定无效。因建设工程价款优先受偿权是财产权的一种，其立法目的包含了使建筑工人及时获得工作报酬以及保障工作质量等，是法律为保护建设工程交易活动中相对弱势的承包人、劳务工人和供应商权益设计的、具有较强人身性质的法定担保物权。

本条中关于"损害建筑工人利益"的表述，尚需进一步探究立法本意。可以从两个方面理解，而且将产生完全不同的法律效果。其一，如果将"损害建筑工人权益"作为发包人与承包人约定放弃或者限制建设工程价款优先受偿权所产生的法律后果，则意味着立法者认为优先受偿权不得放弃；其二，如果将"损害建筑工人权益"作为发包人与承包人约定放弃或者限制建设工程价款优先受偿权的补充条件，则意味着立法者本意为放弃或限制建设工程价款优先受偿权的约定有效，除非该约定损害了建筑工人利益。

（五）实际施工人权利的保护

1. 实际施工人权利救济途径及保护范围

《解释二》第二十四条规定："实际施工人以发包人为被告主张权利的，人民法院应当追加转包人或者违法分包人为本案第三人，在查明发包人欠付转包人或者违法分包人建设工程价款的数额后，判决发包人在欠付建设工程价款范围内对实际施工人承担责任。"

本条是关于实际施工人直接向没有合同关系的发包人提起诉讼的规定。《解释一》第二十六条规定："实际施工人以转包人、违法分包人为被告起诉的，人民法院应当依法受理。实际施工人以发包人为被告主张权利的，人民法院可以追加转包人或者违法分包人为本案当事人。发包人只在欠付工程价款范围内对实际施工人承担责任"。

本条解释是对《解释一》第二十六条第二款的完善和补充，准许实际施工人适当突破合同相对性原则，向没有合同关系的发包人主张权利。补充完善主要体现为，其一，本条确定人民法院"应当"追加转包人或者违法分包人为第三人，而不再是"可以追加"；其二，明确转包人或者违法分包人的诉讼地位为"第三人"；其三，明确人民法院应当首先查明发包人欠付的工程价款数额，再行判令其在欠付建设工程价款范围内对实际施工人承担责任。

2. 实际施工人权利救济途径

《解释二》第二十五条规定："实际施工人根据合同法第七十三条规定，以转包人或者违法分包人怠于向发包人行使到期债权，对其造成损害为由，提起代位权诉讼的，人民法院应予支持。"

本条是关于实际施工人代位权诉讼的规定。结合本解释第二十四条之规定，相当于为实际施工人主张合法权益提供了两种不同的选择，分别为第二十四条"实际施工人向发包人主张权利"和第二十五条"实际施工人提起代位权诉讼"。这两种路径各有优劣，提起代位权诉讼的条件比较苛刻，但实际施工人能够主张建设工程价款优先受偿权；直接起诉发包人系基于本司法解释的特殊规定，其起诉条件相对比较简单，但同样是囿于本司法解释第十七条之规定，实际施工人不是施工合同向对方，不能主张建设工程价款优先受偿权。

本条规定不再由实际施工人突破合同的相对性对发包人主张权利，而是通过代为权诉讼，代位转包人或违法分包人向发包人主张欠付的工程款，实现实际施工人工程价款的支付。关于代位权行使的条件，需依据《合同法解释（一）》第十三条第一款规定："《合同法》第七十三条规定的'债务人怠于行使其到期债权，对债权人造成损害的'，是指债务人不履行其对债权人的到期债务，又不以诉讼方式或者仲裁方式向其债务人主张其享有的具有金钱给付内容的到期债权，致使债权人的到期债权未能实现。"由此，实际施工人在提起代位权诉讼时应注意：首先，实际施工人对转包人或者违法分包人的债权须是到期债权；其次，须有转包人或违法分包人怠于通过诉讼或者仲裁的方式向发包人主张权利之情形。

第五节 建设工程合同法律制度案例

案例 1

A 二建集团有限公司与 B 房地产开发有限公司建设工程施工合同纠纷。

裁判摘要

承包人交付的建设工程应符合合同约定的交付条件及相关工程验收标准。工程实际存在明显的质量问题，承包人以工程竣工验收合格证明等主张工程质量合格的，人民法院不予支持。

在双方当事人已失去合作信任的情况下，为解决双方矛盾，人民法院可以判决由发包人自行委托第三方参照修复设计方案对工程质量予以整改，所需费用由承包人承担。

原告、反诉被告：A二建集团有限公司（以下简称"A二建"）

被告、反诉原告：B房地产开发有限公司（以下简称"B公司"）。

A二建集团有限公司因与B房地产开发有限公司本诉支付工程余款、反诉赔偿屋面渗漏重作损失建设工程施工合同纠纷一案，向××省××市中级人民法院提起诉讼。该院于20××年×月×日作出（2006）某中民一初字第××号民事判决，A二建、B公司均不服，向××省高级人民法院提起上诉。该院于20××年×月×日作出（2010）某民终字第××号民事裁定，撤销原判并发回重审。

重审中，原告A二建诉称：2004年10月15日，原、被告签订《建设工程施工合同》一份，约定由原告承建C国际广场的土建工程。2005年7月20日涉案工程全部竣工验收合格，并同时由被告B公司接收使用。被告仅支付了26815307元，余款计16207442元拒不支付。请求判令：①被告支付工程余款及逾期付款违约金153922.39元合计16361364.39元。②被告赔偿由于设计变更造成原告钢筋成型损失6万元。

被告B公司辩称：被告已按约定要求支付工程款，请求驳回原告A二建诉讼请求；并反诉称：①反诉被告偷工减料，未按设计图纸施工，质量不合格，导致屋面广泛渗漏，该部分重作的工程报价为3335092.99元，请求判令反诉被告赔偿该损失。②双方约定工程竣工日期为2005年4月中旬，实际工程竣工日期为2005年7月26日，逾期91.5天，反诉被告应赔偿延误工期违约金915万元。

A二建针对B公司的反诉辩称：①涉案工程已竣工验收合格。对已竣工验收合格的工程，《建设工程质量管理条例》规定施工单位仅有保修义务。②屋面渗漏系原设计中楼盖板伸缩缝部位没有翻边等原因造成。且工程竣工后B公司的承租方在屋顶擅自打螺丝孔装灯，破坏了防水层。③根据双方会议纪要，B公司已承认是地下室等各种因素导致工期延误，明确不追究原合同工期，不奖也不罚。故对反诉请求不予认可。

××省××市中级人民法院一审查明：

2004年10月15日，A二建与B公司依法签订建设工程施工合同，其中约定由A二建承建B公司发包的C国际广场全部土建工程，合同价款30079113元，开工日期2004年10月31日，竣工日期2005年4月28日。同日，双方签订补充协议约定：开工日期计划2004年10月2日（以开工令为准），竣工日期2005年3月11日，工期141天（春节前后15天不计算在内）。每滞后一天，A二建支付违约金10万元。土建工程造价按标底暂定为3523万元，竣工结算经该市有资质的审计部门审计核实后，按审计决算总价下浮9.5%为本工程决算总价。补充协议还对付款方式进行了约定，并约定留总价5%款项作为保修保证金，两年后返还。

2004年10月30日，A二建致函B公司，认为因设计变更造成其钢筋成型损失约6万元，要求B公司承担该损失。2004年11月10日，B公司致函A二建，认为应对成型钢筋尽量利用，对确实无法利用的，由A二建上报明细，经双方核对后，由B公司给予补偿。嗣后，A二建未报损失明细。

2005年1月6日，A二建与B公司签订会议纪要，双方确认A二建为总包单位，由A二建收取B公司分包合同总价1%总包管理费。该会议纪要同时明确，由于工期延误引发的争议已经双方协商解决，因地下室等各种因素的制约导致工期延误，双方不追究原合同工期，双方同意既不奖也不罚，但B公司法定代表人强调必须在2005年4月中旬全部竣工通验。

2005年4月20日，A二建与B公司签订补充合同，约定B公司将C国际广场室外铺装总体工程发包给A二建施工，工程总价暂按270万元计，最终结算价按该省建安2004定额审计下浮12%确认，室外工程工期为2005年4月20日至2005年6月20日。

2005年6月27日，A二建与B公司就工程现场签证单确认问题等事项订立会议纪要，双方经协商确认工程于6月底前全部竣工，如不能如期竣工，根据原因由责任方承担责任。

施工期间，B公司陆续将水电、消防、暖通通风、二次装修、幕墙工程分别分包给第三方施工。其中幕墙分包工程固定总价205万元，另四份协议均约定由A二建按分包合同总价2.5%向分包单位收取配合管理费。经确认，A二建已收取配合管理费323750元。

涉案工程于2005年7月20日竣工验收。工程竣工后，B公司将其中建筑面积22275m² 的房屋出租。原一审中经现场勘查，承租人在屋顶场地中央打螺丝孔安装照明灯4盏。

原一审中，A二建申请对工程造价进行审计；B公司申请对屋面渗漏的重作损失进行鉴定。一审法院依当事人申请，委托该市价格认证中心（以下简称"认证中心"）、D房屋安全司法鉴定所（以下简称"D鉴定所"）及E建筑设计院有限责任公司（以下简称"E设计院"）对相关事项予以鉴定。

认证中心的鉴定意见为：A二建施工工程造价为35034260.23元，其中屋面结构层以上实际施工部分造价为1677635元。

D鉴定所经鉴定确定，屋面渗漏部位主要位于伸缩缝、落水管、出屋面排气管及屋面板；A二建实际施工部分与原设计图纸相比，屋面防水构造做法中无50厚粗砂隔离层、干铺无纺布一层、2.0厚聚合物水泥基弹性防水涂料层及20厚水泥砂浆找平层，伸缩缝部位另缺3.0厚防水卷材。鉴定意见为：屋面构造做法不符合原设计要求，屋面渗漏范围包括伸缩缝、部分落水管道、出屋面排气管及局部屋面板。

E设计院鉴定明确，因现有屋面板构造做法与原设计不符，局部修复方案不能保证屋面渗漏问题彻底有效解决（主要指局部维修施工带来其余部位的渗漏），建议将原防水层全面铲除，重做屋面防水层，并出具了全面设计方案。该全面设计方案中包括A二建在实际施工中未施工工序，并在原设计方案伸缩缝部位增加了翻边。

认证中心根据E设计院上述全面设计方案出具的鉴证价格为3975454元（以2009年4月27日为鉴定基准日）。

重一审中，一审法院委托该市建设工程质量管理条例检测中心就本案原设计方案中伸缩缝部位无翻边设计是否符合国家和地方强制标准及屋顶安装4盏路灯与屋面渗漏是否存在因果关系进行鉴定。2012年3月15日该检测中心出具书面鉴定意见为：伸缩缝设计样式及用材均为参考而并无统一的强制性规范。所调查4处路灯基座，3处未见螺栓破坏现有防水层现象，其中一处路灯基座位置现有防水层存在局部破损现象，但其对屋面防水层整体防水功能的影响程度无法作出明确判断。

重一审中，认证中心出具汇总表一份，明确在全面设计方案的总修复费用中，屋面防水构造做法中未施工的 50 厚粗砂隔离层、干铺无纺布一层、2.0 厚聚合物水泥基弹性防水涂料层及 20 厚水泥砂浆找平层的工程款为 755036.46 元；伸缩缝部位 50 厚粗砂隔离层、干铺无纺布一层、2.0 厚聚合物水泥基弹性防水涂料、3.0 厚防水卷材的工程款为 13267.56 元；伸缩缝部位翻边的工程款为 8713.30 元。

一审法院认定本案争议焦点为：1. 工程价款如何认定。2. 因屋面渗漏，A 二建作为施工单位应如何承担责任。3. A 二建是否应承担延误工期的违约责任。

一、关于工程价款如何认定的问题。

诉讼中，A 二建、B 公司均同意以鉴定造价 35034260.23 元作为工程款结算的依据，并一致认可已支付工程款 26815307 元。A 二建同时认为，工程价款还应加上总包管理费 15 万元及钢筋成型损失 6 万元。

一审认为，因诉讼中双方一致认可按司法鉴定造价为工程款结算依据，应予准许。关于总包管理费问题，施工期间双方曾确定 A 二建为总包单位、A 二建可收取 B 公司分包合同总价 1% 总包管理费，此系双方真实意思表示，应予确认。B 公司分包合同总价为 1500 万元，故 B 公司应按约支付 15 万元。关于钢筋成型损失问题，双方曾约定 B 公司给予损失补偿的前提是由 A 二建上报无法利用钢筋的明细，现因 A 二建未能提供因设计变更导致无法利用的钢筋数量明细，应视为该部分成型钢筋已合理用于本案工程中，施工方未实际发生成型钢筋损失，故对 A 二建该项诉讼请求不予支持。另，因保修期限届满，且屋面广泛性渗漏问题将在本案中作出处理，故 B 公司应退还保修保证金。综上，一审法院认定 B 公司应付工程总价款为 35184260.23 元（35034260.23 元＋150000 元），扣除 B 公司已付工程款 26815307 元，B 公司尚应支付 A 二建工程价款 8368953.23 元。B 公司欠付工程款的利息可参照双方确认的补充协议中的付款期限计算。

二、关于屋面渗漏，A 二建作为施工单位应如何承担责任的问题。

一审认为，结合鉴定意见及现场情况，应确认屋面渗漏系 A 二建未按原设计图纸施工导致隐患及承租人擅自安装路灯破坏防水层两方面因素所致，其中未按设计图纸施工为主要原因，路灯破坏防水层为局部和次要原因。A 二建提出的原设计不合理的问题，因标准或规范中对伸缩缝部位设计翻边并无强制性要求，其也无其他依据得出伸缩缝部位无翻边必然会漏水的结论，故对 A 二建该抗辩不予支持。

A 二建主张自己仅应承担保修义务，而不应承担全面修复费用的问题。一审认为，因现有屋面板构造做法与原设计不符，存在质量隐患，局部修复方案不能保证屋面渗漏问题得到彻底解决，还会因维修施工带来其余部位的渗漏；况且，A 二建因偷工减料造成质量不符合设计要求是全面性而非局部性的问题。E 设计院建议将原防水层全面铲除，重做屋面防水层，并由此出具全面设计方案，该方案较原设计方案相比，仅增加了伸缩缝翻边设计。因此，可以认定全面设计方案宜作为彻底解决本案屋面渗漏的修复方案。鉴于诉讼双方目前已失去良好的合作关系，由 A 二建进场施工重做防水层缺乏可行性，故 B 公司可委托第三方参照全面设计方案对屋面缺陷予以整改，并由 A 二建承担整改费用。

关于对全面设计方案修复费用 3975454 元应如何承担的问题。一审认为，全面设计方案中相较原设计，伸缩缝部位增加了一道翻边，由此增加的费用 8713 元应扣除。A 二建在实际施工中少做的工序并未计入工程总价款，而全面设计方案中包含了该几道工序，基于权利义务相一致的原则，该部分费用应扣除。但屋面渗漏主要系 A 二建施工原因造成，工程实际修复时建筑行业人工、材料价格均有上涨，此事实上增加了 B 公司的负担，该上涨部分的费用应由 A 二建承担。经鉴定，2004 年 10 月 15 日，A 二建工程屋面结构层以上实际施工部分工程价款为 1677635 元，而 2009 年 4 月 27 日，相同工程量的工程价款为 3198436.68 元（全面修复总费用 3975454 元－屋面防水构造做法中增做部分 755036.46 元－伸缩缝部位增做部分 13267.56 元－伸缩缝翻边 8713.30 元）。因此，屋面防水构造做法与伸缩缝部位中应做而未做的部分在 2004 年 10 月 15 日的实际工程价款为 402988.66 元，而在 2009 年 4 月 27 日相应工程价款则为 768304.02 元，两者之间的差额 365315.36 元应由 A 二建承担。另，承租人在屋顶打洞装灯破坏防水层，亦是导致屋面渗漏的原因之一，故应当相应减轻 A 二建的责任。鉴于该处路灯位于屋面停车场中央较高位置及该路灯仅对屋面板渗漏有影响，而实际渗漏部位还包括伸缩缝、落水管、出屋面排气管等多部位，酌情认定应予扣除修复工程款金额 15 万元。综上，A 二建应支付的修复费用合计为 3413752.04 元。

三、关于 A 二建是否应承担延误工期的违约责任。

一审认为，根据双方补充协议，A 二建应于 2005 年 3 月 11 日完工，否则按每天 10 万元承担违约责任；实际施工期间，因地基工程施工失败，双方约定由 A 二建接替原地基工程施工单位实施地下室围护的抢险施工及围护桩加固工作，该项工作并非总包单位合同内容，属于增加工程，必然导致工期延长，故双方就工期协商约定互不追究原合同工期、既不奖也不罚，但 B 公司并未放弃工期要求，在承诺不针对原工期奖罚的同时要求 A 二建必须于 2005 年 4 月中旬竣工。此外，B 公司将室外铺装工程另行发包给 A 二建施工，并明确室外铺装工程工期至 2005 年 6 月 20 日止，结合双方于 2005 年 6 月 27 日会议纪要中作出的工程应于 6 月底前竣工，否则根据原因由责任方承担责任的意思表示，可认为双方因地下室及工程量增加等原因，已协商将竣工时间延长至 2005 年 6 月 30 日。事实上，本案工程于 2005 年 7 月 20 日竣工，A 二建逾期完工 20 天，A 二建未能举证证明该 20 天存在可据实延长的情形，故逾期完工 20 天的责任应由 A 二建承担。因 B 公司投资建房的目的之一系对外招租开设大卖场以获取租金收益，A 二建逾期完工必然导致 B 公司迟延接收使用房屋并获得租金收益，结合 B 公司将所建房屋对外实际出租的状况及规模，一审法院酌定由 A 二建赔偿工期延误损失 25 万元。

综上，一审法院遂依照《中华人民共和国合同法》第七十七条、第一百零七条、第二百八十一条，最高人民法院《关于审理建设工程施工合同纠纷案件适用法律问题的解释》第十四条、第十七条、第十八条，《中华人民共和国民事诉讼法》（2007 年修正）第十三条，最高人民法院《关于民事诉讼证据的若干规定》第二条、第七十一条之规定，于 2012 年 8 月 31 日作出判决：

1. B 公司支付 A 二建工程价款 8368953.23 元。2. B 公司支付 A 二建工程余款利息。3. A 二建赔偿 B 公司屋面修复费用 3413752.04 元。4. A 二建赔偿 B 公司工期延误损失 250000 元。5. 驳回 A 二建及 B 公司其他诉讼请求。

A 二建不服一审判决，向××省高级人民法院提起上诉称：1. 涉案工程已竣工验收合格，施工单位仅应履行保修义务，一审法院判决 A 二建承担屋面整体重作费用没有法律依据。2. 原设计方案有缺陷，此也是造成屋面渗漏的原因，一审法院对原设计缺陷的责任未加认定错误。3. 双方合同已约定工程总价款下浮 9.5%，故修复费用也应下浮 9.5%；4.0～100mm 厚 C30 细石混凝土找平层系为配合伸缩缝翻边而增加的工序，原设计方案中没有此工序，该费用应予扣除。5. 一审法院确认屋面渗漏原因中，路灯破坏防水层为次要原因，仅减轻 A 二建 15 万元赔偿责任不公平。综上，请求依法改判。

被上诉人 B 公司答辩认为：1. A 二建认为涉案工程已验收合格，故只承担保修义务的理由不能成立，因为屋面渗漏系 A 二建擅自减少工序而导致，不全面重作已不能有效解决渗漏，A 二建理应承担全面赔偿责任。2. 实际施工部分的工程款下浮是基于双方在施工合同中的约定，而全面设计方案的工程造价，是 A 二建作为施工人向 B 公司承担的赔偿责任，不应下浮；3.0～100mm 厚 C30 细石混凝土找平层费用不应扣除，因全面设计方案是为彻底解决屋面渗漏而设计的，而屋面渗漏是 A 二建未按设计施工导致的，因此，不应扣除全面设计方案中的任何费用。请求驳回上诉，维持原判。

××省高级人民法院查明事实与一审相同。

二审法院另查明：E 设计院鉴定人员在二审庭中陈述，涉案工程原设计方案无 0～100mm 厚细石混凝土找平层工程，该工程是为配合伸缩缝部位翻边设计而增设的。该部分费用合计 536379.74 元。经双方当事人确认，二审争议焦点为：1. 屋面渗漏的质量问题是否存在设计方面的原因；屋面渗漏的质量问题应按何种方案修复。2. 若选择全面设计方案修复，全面设计方案的费用应如何分担；全面设计方案的费用是否应下浮 9.5%；全面设计方案的费用中，0～100mm 厚细石混凝土找平层费用是否应当扣除。

××省高级人民法院二审认为：

一、屋面广泛性渗漏属客观存在并已经法院确认的事实，竣工验收合格证明及其他任何书面证明均不能对该客观事实形成有效对抗，故 A 二建根据验收合格抗辩屋面广泛性渗漏，其理由不能成立。其依据《建设工程质量管理条例》，进而认为其只应承担保修责任而不应重作的问题，同样不能成立。因为该条例是管理性规范，而本案屋面渗漏主要系 A 二建施工过程中偷工减料而形成，其交付的屋面本身不符合合同约定，且已对 B 公司形成仅保修无法救济的损害，故本案裁判的基本依据为民法通则、合同法等基本法律而非该条例，根据法律位阶关系，该条例在本案中只作参考。本案中屋面渗漏质量问题的赔偿责任应按谁造成、谁承担的原则处理，这是符合法律的公平原则。

二、屋面渗漏的质量问题不在于原设计而在于 A 二建偷工减料，未按设计要求施工，故应按全面设计方案修复。A 二建上诉提出，原设计方案中伸缩缝部位无翻边设计，不符合规范图集要求；原设计方案中屋面伸缩缝未跨越坡低谷点，设计坡度不够；原设计方案中屋面伸缩缝以两种不匹配材料粘接。并认为上述设计缺陷均是造成屋面渗漏的原因。对 A 二建所提的异议，工程质量检测中心曾于 2012 年 3 月 15 日出具鉴定意见，对原设计方案是否有缺陷以及与屋面渗漏是否存在因果关系作出说明。二审庭审中，工程质量检测中心的鉴定人员也出庭接受了质询。关于原设计方案中伸缩缝部位无翻边设计的问题，二审认为，规范图集并非强制性规定，伸缩缝翻边仅是为进一步保险起见采取的更有效的防水措施，伸缩缝是否做翻边与屋面渗漏之间无必然联系，施工方如果按照原设计规范保质保量施工，结合一般工程施工实际考量，屋面不会渗漏。A 二建欲以原设计方案伸缩缝部位无翻边设计减轻其自身责任的上诉理由缺乏依据。关于原设计屋面伸缩缝未跨越坡低谷点的问题，二审认为，增大屋面坡度并跨越坡低谷点，其虽有利防水防漏，但A二建严格按原设计标准施工即能防止渗漏，故A二建该上诉理由亦不能成立。关于原设计中屋面伸缩缝以两种不匹配材料粘接的问题，二审认为，不同种材料原本难以完全匹配，且国家并没有相关规范或标准对材料粘接匹配作出禁止性规定，此点与屋面渗漏亦无必然联系，故A二建该上诉理由也不能成立。退而言之，合同双方在合同的履行中均应认真而善意地关注对方的权利实现，这既属于合同的附随义务，亦与自身的权利实现紧密关联，故而A二建的此类抗辩更应事前沟通而不应成为其推卸责任的充分理由。

关于本案屋面渗漏应按何种方案修复的问题，二审认为，根据《中华人民共和国合同法》第一百零七条、第二百八十一条之规定，因施工方原因致使工程质量不符合约定的，施工方理应承担无偿修理、返工、改建或赔偿损失等违约责任。本案中，双方当事人对涉案屋面所做的工序进行了明确约定，然A二建在施工过程中，擅自减少多道工序，尤其是缺少对防水起重要作用的2.0厚聚合物水泥基弹性防水涂料层，其交付的屋面不符合约定要求，导致屋面渗漏，其理应对此承担违约责任。鉴于B公司几经局部维修仍不能彻底解决屋面渗漏，双方当事人亦失去信任的合作基础，为彻底解决双方矛盾，原审法院按照司法鉴定意见认定按全面设计方案修复，并判决由B公司自行委托第三方参照全面设计方案对屋面渗漏予以整改，A二建承担与改建相应责任有事实和法律依据，亦属必要。

三、全面设计方案修复费用应在考虑案情实际的基础上合理分担。二审认为，在确定赔偿责任时，应以造成损害后果的各种原因及原因大小为原则。一审法院根据D鉴定所及工程质量检测中心的鉴定意见，认定屋面渗漏A二建未按设计图纸施工为主要原因，路灯破坏防水层为局部和次要原因。一审法院在鉴定机构就破坏防水层的路灯对屋面防水层整体防水功能的影响程度无法做出明确判断的情况下，鉴于屋面渗漏位置与路灯位置的关系、路灯局部破坏防水层对屋面渗漏整体情形的影响力大小等因素，且A二建擅自减少工序在先，即使没有该处路灯螺栓孔洞影响防水层，也难避免屋面渗漏的事实，酌情减轻A二建15万元赔偿责任尚属得当。至于全面设计方案的费用应否下浮9.5%的问题。二审认为，承担全面设计方案的工程造价，是A二建作为施工人向B公司承担的违约责任，与工程实际施工工程款结算分属不同的法律关系，A二建要求比照施工工程款下浮9.5%的方式计算全面设计方案修复费用，缺乏合同依据和法律依据。关于全面设计方案费用中，0~100mm厚细石混凝土找平层费用536379.74元是否应当扣除的问题。二审认为，0~100mm厚细石混凝土找平层是涉案工程原设计方案没有的，系全面设计方案中为配合伸缩缝部位翻边设计而增加的，由此增加的费用536379.74元应从总修复费用中扣除。综前所述，A二建在本案中应支付的修复费用合计为2877372.30元（3198436.68元+365315.36元-150000元-536379.74元）。

综上，××省高级人民法院遂依照《中华人民共和国民事诉讼法》第一百五十三条第一款第（三）项（2007年修正）之规定，于2012年12月15日作出判决：

维持一审判决主文第一项、第二项、第四项、第五项；变更一审判决主文第三项为：A二建赔偿B公司屋面修复费用2877372.30元。

本判决为终审判决。

案例2

A集团有限公司与B实业有限公司建设工程施工合同纠纷二审民事判决。

上诉人（一审原告、反诉被告）：A集团有限公司（以下简称"A公司"）

法定代表人：陈××，该公司董事长

委托代理人：赵××，北京市××律师事务所律师

委托代理人：张××，该公司员工

上诉人（一审被告、反诉原告）：B实业有限公司（以下简称"B公司"）

法定代表人：史××，该公司董事长。

委托代理人：胡××，××律师事务所律师

A集团有限公司与B实业有限公司建设工程施工合同纠纷一案，××高级人民法院于2013年6月9日作出（2012）某民一初字第3号民事判决。A公司与B公司均不服该判决，向本院提起上诉。本院依法组成合议庭，于2014年4月18日开庭审理了本案。A公司的委托代理人张××、赵××，B公司的委托代理人胡××到庭参加了诉讼。本案现已审理终结。

一审法院经审理查明：

一、合同约定和履行情况

2004年5月25日，A公司作为总包单位中标承建B公司的C酒店工程。2004年6月28日，B公司与A公司签订《建设工程施工合同》，约定：A公司承建B公司位于××区的C酒店土建、安装工程，建筑面积46000m²，框剪结构；开工日期2004年5月26日，竣工日期2005年9月28日，总日历天数490天；工程暂定价8000万元，合同价款采用可调价，即按照实际完成的工程量，套用《全国统一建筑基础定额》《新疆建筑工程补充预算定额》《全国统一安装工程预算定额》《新疆建筑安装费用定额》《某某区建筑安装工程单位估价表及材料预算价格》（克经计发（1998）40号文件）、克计发（2003）68号、克计发（2003）70号文件的相关规定、中标通知书、承包人的投标书（承诺）、承发包双方人员（有权）共同确认的材料单价或总价，合同价款的其他调整因素为设计变更、现场经济签证；工程款（进度款）的支付方式和时间为：由监理工程师审核后，签发付款通知书，再经发包人相关部门审核后，扣除发包人供应的材料款，余款每月5日前拨付，当付至合同价款的85%时，停止支付工程进度款，剩余款项待工程结算后一次支付（扣除保修金）；承包人采购材料设备时，主体土建工程所需商品混凝土、水泥、木材、钢材、石材由承包人自行采购，但是在采购前所采购的材料单价必须经发包人确认，除上述材料以外的主体土建工程所需材料，由承包人采购，价格不需要发包人确认，主体安装工程所需的设备及各类钢管、型材、阀门、法兰、螺栓、保温材料、垫片、电缆、灯具、照明开关由承包人采购，但是在采购前所采购的材料单价必须经发包人确认，除上述材料以外的主体安装工程所需材料，价格不需要发包人确认，门、窗、玻璃由承包人采购，但是在采购前所采购的材料单价必须经发包人确认；工程质量标准为备案制的合格，争创优良；质量保修期从工程实际竣工之日起计算，土建工程为两年，屋面防水工程为五年，电气管线、上下水安装工程为两年，供热及供冷为两个采暖期或供冷期，室外的上下水和小区道路等市政公用工程及其他未尽内容为两年；保修金为施工合同价款的2%，暂定160万

元，以结算时总造价为准，不计利息，发包人在质量保修期满后 14 天内，将剩余保修金和利息返还承包人；补充条款为：工程结算按专用条款方式结算，建筑和安装按一类工程取费，可调整费率按承包人投标书承诺的费率计取，增加项目围墙、夜间施工增加费、二次搬运增加费、配合费按承包人投标书承诺计取。双方在合同通用条款中还约定：发包人超过约定的支付时间不支付工程款（进度款），承包人可向发包人发出要求付款的通知，发包人收到承包人通知后仍不能按要求付款，可与承包人协商签订延期付款协议，经承包人同意后可延期支付，协议应当明确延期支付的时间和从计量结果确认后第 15 天起应付款的贷款利息。

合同签订后，A 公司组织人员进场施工。

2005 年 10 月 31 日，双方签订《C 酒店工程建设工程施工补充合同》约定增加工程款约 1500 万元。2006 年 7 月 5 日，双方签订《C 酒店工程建设工程施工补充合同》约定增加工程款约 1500 万元。2007 年 1 月 22 日，双方签订《追加合同》约定追加工程款 2700 万元。上述三份合同共计增加工程款 5700 万元。

2007 年 5 月，A 公司完成合同约定的施工内容，B 公司未组织竣工验收即将工程投入使用。

施工期间，B 公司陆续支付工程款 102126230.65 元。

二、工程造价鉴定情况

2007 年，B 公司委托 D 公司对涉案工程造价进行审算，总造价为 148756600 元。2008 年 2 月，B 公司又委托 E 公司进行审算，总造价为 99237790.01 元。

因双方对工程造价未能达成一致，本案第一次一审审理期间，一审法院于 2008 年 4 月委托 F 工程造价咨询有限公司（以下简称"F 公司"）进行工程造价鉴定。2009 年 11 月 30 日，F 公司作出《工程造价鉴定书》（jd0805），鉴定结论为：C 酒店土建、安装工程造价为 132401995.60 元，其中有争议造价为 33445803.80 元，无争议造价为 98956191.75 元。2010 年 10 月 10 日，F 公司作出《工程造价补充鉴定书》（jd2010-1），将有争议造价核减为 33432215.78 元。F 公司作出《补充说明》（jd2011-1），将原争议的构造柱工程造价 2374670.91 元列入无争议造价。一审庭审中，B 公司认为双方有争议造价和无争议造价为《工程造价鉴定书》（jd0805）确定的数额，并要求法院依此争议进行审理。

B 公司对于有争议的工程造价提出如下异议：

1. 不属于本案工程造价鉴定范围的项目：（1）地暖二次施工的返工费 412587.65 元。B 公司认为，该部分属于质量纠纷，不属鉴定范围。且在未查实损害发生的责任之前，将返工费用计入工程造价，等于直接认定责任在于 B 公司，A 公司对此应承担举证责任。（2）施工场地场外运输压坏道路的修复费用。B 公司认为，因 A 公司在施工现场以外的地方运输压坏了××区的市政道路，属于另一损害赔偿纠纷解决的范畴。

2. 属于 A 公司应提交证据原件而至今未提交引发的争议项目：（1）塔吊及施工电梯费用 548570.65 元。（2）冬季封闭施工费 670438.64 元。（3）高支撑冬季施工费 974966 元。B 公司认为，A 公司未提交证明上述三项费用发生的相关合同和发票原件，其应承担举证不能的后果。（4）水暖进场报验材料不全导致的材料费 200693.81 元。B 公司认为，双方对执行什么价格产生争议，应按实际发生的材料品牌和购买单价计价，而 A 公司未能提供购料发票原件，应承担举证不能的后果。（5）确认价进场报验手续不全争议费用 16626566.09 元。B 公司认为，材料价格应当按照实际发生的材料品牌和购买单价计价，而 A 公司使用的材料与认价文件不符，进场报验手续也不全，且未提供购料发票原件，应承担举证不能的后果。

3. A 公司应进一步提交证据的争议项目。（1）19 层钢结构工程第一次安装的主材费用 271589 元。B 公司认为，A 公司未提交将该工程第一次安装的主材返还给 B 公司的相关证据，其应承担举证不能的后果。（2）脚手架拆除成本费 1524.49 元。B 公司认为，A 公司未提交将拆除锯断的钢管移交给 B 公司的证据，应承担举证不能的法律后果。（3）厨房混凝土烟道的砌筑费用。B 公司认为，现场没有厨房混凝土烟道，签证单反映的拆除量只有 2.06 立方米，故应当按照实际发生量计算工程造价。（4）工程联络单土建争议费用 390211.29 元。B 公司认为，工程联络单不能独立地作为计算工程造价的依据，工程联络单内容为计划实施内容，是否实施，应由相应的现场签证来确认。且 A 公司提交的隐藏工程记录存在后补、与现场施工不符、与设计图纸不符、记录时间与进度倒置等违法违规的情形。（5）聚氨酯涂刷工程费用 5018898.08 元。B 公司认为，聚氨酯实际用量与定额用量相差巨大，A 公司只提交了供应方的出库单，没有提交发票或货运单原件，应承担举证不能的后果。

4. 应按实际发生工程量计算造价的项目：（1）施工蓝图中构造柱费用 2374670.91 元。B 公司认为，构造柱实有数量与计价数量不符。（2）施工蓝图中女儿墙卷材防水费用 184752.39 元。B 公司认为，现场复核时发现卷材防水能看到的部位只做了上下各 250 毫米的附加层，与设计要求不符。（3）安装工程现场核实的量差费用。B 公司认为，实际量少于图纸量的部分不应计价。（4）钢板网墙费用 3453094.46 元。B 公司认为，A 公司未做钢板网墙。

5. 造价计算依据无真实性、合法性引发的争议项目：隐蔽工程与施工蓝图机械接头差额 385812.35 元。B 公司认为，A 公司提交的大量隐蔽工程记录系后补，无图纸和签证作为参照，其真实性、合法性无法确定。

6. 理解认识差异引发的争议项目：踏步面砖上加工 3 根防滑槽加工费用 135553.13 元。B 公司认为，B 公司事先明确了加工要求，包含粘贴三根防滑槽，这也符合行业惯例，不应另行追加加工费。

针对上述异议，A 公司认可：1. 塔吊租赁费按照 B 公司提供的《起重设备租赁协议书》约定的台数 1 台和租赁费 4 万元/台计算；2. 施工电梯租赁费按照 B 公司提供的《施工电梯租赁合同》约定的租赁费 700 元/天计算。双方共同确认：1. 19 层钢结构工程第一次安装的主材费扣除废钢材费用 93687 元，余额 177902 元计入造价；2. 脚手架钢管拆除成本费扣除 1524.49 元。

三、双方争议问题的相关证据内容

1. 地暖二次施工费问题。2006 年 11 月 7 日，B 公司向 A 公司发出《通知》，内容为："我公司 C 酒店项目地暖分项工程 2005 年已安装部分因在前期施工过程中损坏严重，无法局部维修，经我公司领导研究决定，请贵公司予以拆除并重新安装（不包括 2—13 轴、a—b 轴部分）"。2007 年 9 月 19 日，A 公司向 B 公司和 G 建设项目管理有限公司（监理单位，以下简称"G 公司"）发出《关于 C 酒店一层地暖被破坏的施工情况说明》，主要内容为："冬季施工期间，因所有设备、材料、数百施工人员均从刚施工完毕的地暖上通过，造成超荷载使用，致使地暖被严重破坏。冬施完毕后，项目部根据该情况并实地查看一层地暖破坏严重，并于 2006 年 11 月下发通知要求我公司将原施工地暖拆除并进行二次施工"。该情况说明由监理公司工作人员蔡××和 B 公司项目部工作人员谢××签署"情况属实"的意见，并加盖监理公司和 B 公司项目部公章。2007 年 9 月 27 日，B 公司项目部出具《关于地暖损坏原因的分析报告》，认为地暖损坏主要有四方面原因：气温低上冻、原设计在消防控制室设置地暖及分水器而部分拆除、其他施工单位施工打漏和 A 公司施工质量存在问题。

2. 施工单位场外压坏道路的修复费用问题。2004 年 9 月 27 日，A 公司项目部向 B 公司写出书面《报告》，主要内容为："2004 年 6 月 30 日接到贵公司的通知，要求我项目部必须于 2004 年 7 月 7 日前将准南路被破坏的路面全部修复…，按 2004 年 6 月 29 日贵公司与独山子建设局路面协议书的单价231 元/m²，在时间紧、工程属零星修补、工程难度大、任务重的情况下，我项目部当时承诺给专业道路施工单位的单价为 103 元/m²，道路修复完工已近 3 个月，请贵公司按 103 元/m² 给予结算，以便我项目部给专业道路施工单位结清工程款"。监理单位工作人员李××在报告上签署"情况属实，同意付款，留质保金"的意见。B 公司项目部工作人员杨××在报告上签署"经甲方与施工方协商，按 93 元/m²（含税）办结算"。2004 年 8 月 28 日，B 公司项目部、A 公司项目部和监理单位签署道路修复工程签证单。

3. 塔吊和施工电梯费用问题。2004 年 7 月 16 日，A 公司与石河子 H 建设（集团）租赁公司（以下简称"H 公司"）签订《起重设备租赁协议书》，约定 A 公司租赁 H 公司mc80a 塔吊一台，租赁费 4 万元/台。施工期间，A 公司与 H 公司签订《施工电梯租赁合同》，约定 A 公司租赁 H 公司施工电梯 1 台，租赁费 700 元/天，安装、运输等费用16600 元由 A 公司承担。

4. 冬季施工费问题。2007 年 9 月 24 日，A 公司向 B 公司、G 公司发出《关于 C 酒店 2005 年装修冬季施工封闭的费用报告》，要求结算 2005 年 11 月 1 日至 2006 年 3 月 31 日期间为保证其他公司冬季施工所作的外封闭等费用。B 公司分别于 2007 年 8 月 1 日、10 月 24 日对冬季施工的有关工程量签证。B 公司工作人员杨××在 A 公司提供的材料发票复印件上签字认价。

5. 高支撑冬季租赁费问题。2005 年 3 月 30 日，B 公司项目部和监理公司向 A 公司发出《通知》，确认高支撑必须在 2005 年 4 月 10 日后拆除。2007 年 10 月 22 日，高新机动部预算室作出《C 酒店大堂高支撑系统费用》（意见稿），载明高支撑系统搭设时间为2004 年 11 月，拆除时间为 2005 年 4 月 10 日，超出正常时间131 天，超出部分根据 A 公司与 H 公司签订的租赁合同约定的价格计算，超出部分发生的钢管和扣件费用为 974966 元。2007 年 10 月 24 日，B 公司、A 公司、监理公司、D 公司签署会议纪要，讨论高支撑系统费用如何计算。2007 年 10 月 24 日，B 公司项目部向 A 公司和 D 公司发出通知，请造价公司按项目部 2007 年 10 月 20 日下发的《关于 C 酒店塔吊、施工电梯使用费的会议纪要》和 2007 年 10 月 24 日下发的关于 C 酒店大堂高支撑系统费用的会议纪要办理结算，只计税金不取费。2005 年 4 月 5 日的监理日记记载：b 区大堂高支撑脚手架拆除完毕。2005 年 11 月 4 日，A 公司向 H 公司发出书面申请，要求自 2005 年 11 月 5 日报停所租钢管，不计租赁费。

6. 水暖进场报验材料不全导致的材料费争议。施工期间，B公司对该部分工程量进行签证。

7. 材料进场报验手续不全的争议。A公司向B公司提供工程材料价格确认申报表，B公司价格小组签字认价。A公司还提供工程材料、构配件设备报审表，监理单位审查同意使用。

8. 厨房混凝土烟道的砌筑费用问题。2006年7月26日，建设单位、施工单位、监理单位签署的签证单记载原浇筑的混凝土排烟井改为镀锌管道，人工拆除钢筋混凝土2.06m³，转运垃圾用人工5个，汽车外运建渣2.06m³，该拆除井道原钢筋混凝土、植筋、模板、脚手架等按原图计算进入结算。

9. 工程联络单土建争议。施工期间，B公司出具了部分工程联络单。

10. 聚氨酯涂刷工程争议问题。2006年4月14日对聚氨酯防水涂料的取样见证记录载明：取样基数5t，取样数量2kg。2007年8月26日B公司项目部给A公司《关于A公司结算中所提出问题的答复》和2007年8月31日B公司项目部在《关于C酒店工程结算中所提出问题的答复》中确认"聚氨酯遍数按设计图的要求计算"。《隐蔽工程验收记录》记载聚氨酯涂膜防水施工符合设计及规范要求。

11. 施工蓝图中构造柱争议问题。因B公司对施工蓝图中构造柱数量持有异议，但因工程已投入使用，B公司不同意局部破坏性检测。一审法院在双方同意的情况下，委托××省建设工程质量安全检测中心（以下简称"检测中心"）采用雷达探测方法就可检测部分构造柱数量进行检测，检测中心于2011年4月29日作出工程质量检测（鉴定）报告，结论为："该工程第六层、第八层、第十层至第十六层可检房间（62间客房）的可检部分及第五层至第十六层公共部分（走廊及大厅的可检部分）的砌体填充墙构造柱设置符合设计图纸要求"。2011年5月24日，检测中心出具《补充说明》称："经检测，凡可检部位均有构造柱，实有数量为646根，符合设计图纸及施工规范要求"。《隐蔽工程验收记录》记载构造柱施工符合设计及规范要求。

12. 施工蓝图中女儿墙卷材防水问题。一审法院原一审时组织双方当事人现场核实女儿墙卷材防水工程是否做了上翻250mm以外的防水时，A公司明确表示未做，而是根据工程设计变更采用花岗岩与墙体连接件上加防水圈的先进施工工艺施工，起到同样的防水效果。

13. 安装工程现场核实的量差争议问题。2008年10月23日，B公司、A公司、F公司三方前往现场对电气部分进行核实，作出书面记录。该记录确定了实际与签证不符的工程量。

14. 钢板网墙费用问题。A公司认可施工中未完全按图施工，部分未挂钢板网的地方使用了替代品增塑剂。2004年9月12日的《图纸会审记录》载明："室内陶粒混凝土面抹灰，暂不按满挂钢板网抹灰，但在抹灰砂浆中增加增塑剂"。2007年10月9日，双方形成的《C酒店工程钢板网综合单位表》确认：3.6m以下钢板网墙抹灰334.90元/m²，3.6m以上335.93元/m²。鉴定人称："有的加了钢板网，有的没有加，但使用其他材料代替了，价格是相当的，到底用了多少量，多少价，只好按认价小组的价格计算"。

15. 隐蔽工程与施工蓝图机械接头费用差额问题。2008年12月6日独山子检察院询问监理公司工作人员高××和陈××时，两人陈述了隐蔽工程验收记录补签的事实。

16. 踏步面砖上加工3根防滑槽加工费问题。2006年5月26日，双方书面确认：踏步面砖由瓷片厂家定型加工，加工防滑槽。2006年6月15日，B公司书面认价未提及加工费计算问题。2007年9月12日B公司项目部在《关于C酒店结算问题的答复》中确认"由造价咨询公司解决踏步砖防滑条综合单价"。鉴定人称："从认价小组的认价看，没有写明防滑费用，根据现在市场行情，加工费是另计的"。

以上事实，有《建设工程施工合同》及补充协议、造价鉴定报告、施工资料、认价单、会议纪要、双方往来函件、质询笔录和双方当事人陈述等证据证实。

A公司提起诉讼，请求法院判令：

1. B公司支付工程进度款22717400元及利息1115900元（自2007年6月28日B公司最后一次签发进度款付款凭证的次月5日起至2008年3月11日法院第一次开庭之日，共计246天，按照银行同期贷款利率计算）；

2. B公司支付工程结算价款22281500元及利息582900元（自2007年10月29日B公司收到结算书之日起至2008年3月11日，共计131天，按银行同期贷款利率计算）；

3. B公司支付拖欠工程进度款违约金1173500元（自2007年6月28日B公司最后一次签发进度款付款凭证的次月5日起至2008年3月11日，共计246天，按日0.21‰计算）；

4. B公司支付拖欠工程结算价款违约金612900元（自2007年10月29日起至2008年3月11日止，共计131天，按日0.21‰计算）；

5. B公司支付2008年3月11日之后进度款及结算价款的利息及违约金；

6. B公司退还质量保修金2975132元及利息（自2009年5月15日起至付清之日止，按照银行同期贷款利率计算）；

7. B公司支付综合配合费760万元；

8. B公司承担本案诉讼费用。

B公司答辩称，A公司的诉讼请求没有依据，应依法驳回。

B公司提起反诉，请求法院判令：①A公司返还超付工程款4873196.44元；②A公司承担案件诉讼费用。

A公司答辩称，B公司要求返还超付工程款的主张不能成立，应予驳回。

一审法院认为，本案双方当事人的争议焦点是：①工程造价如何确定；②工程进度款及工程结算款是否欠付或超付；③工程进度款和结算款欠款利息及违约金如何承担；④工程配合费是否增加；⑤质量保修金及利息应否支付。

（一）关于工程造价如何确定问题。双方签订的《建设工程施工合同》及三份补充合同，系双方当事人的真实意思表示，不违反法律、行政法规的禁止性规定，合法有效，双方均应严格履行。A公司履约施工合同约定工程内容，B公司理应支付工程款。工程价款以双方签署的合同及招投标文件为依据确定。

一审法院委托F公司进行工程造价鉴定，其作出的《工程造价鉴定报告》列明无争议工程造价98956191.80元以及双方在审理中共同认可的应计19层钢结构工程第一次安装的主材费177902元和应扣脚手架钢管拆除成本费1524.49元两项费用，一审法院予以认定。

对于有争议工程价款33445803.80元，分析认定如下：

1. 关于地暖二次施工的返工费。2007 年 9 月 19 日，A 公司向 B 公司和 G 公司报送的《关于 C 酒店一层地暖被破坏的施工情况说明》中载明地暖的破坏与 2005 年冬季施工人员在地暖地面上的超荷载施工有关，B 公司和 G 公司工作人员签字认可情况属实，B 公司亦同意重做。现 B 公司单方分析地暖质量出现问题与 A 公司施工质量有关，但并未提交有力证据加以证实。况且，房屋内部的冬季施工与 A 公司无关，不存在 A 公司施工人员冬季通过地暖地面的问题。因此，地暖维修费属于因本工程施工而发生的费用，应由 B 公司支付。

2. 施工单位场外运输压坏道路的修复费用。从 2004 年 9 月 27 日 A 公司给 B 公司的书面报告内容看，修复道路协议由 B 公司与独山子建设局签订，根据合同相对性原则，结算应发生在 B 公司与道路修复施工单位之间，在 A 公司未提供证据证明其垫付修路费用的情况下，A 公司无权主张修路工程款。

3. 塔吊及施工电梯费用。A 公司与 H 公司签订的《起重机设备租赁协议书》（原件）和《施工电梯租赁合同》（原件）分别证明塔吊租赁费为 1333.3 元/天，施工电梯为 700 元/天加安装等费用 16600 元，A 公司亦认可按此价格计价。因此，根据 2007 年 10 月 19 日《会议纪要》双方确认的计算天数和承担比例得出：塔吊使用费为 241327.30 元（1333.3 元/天×181 天），施工电梯使用费为 83100 元（700 元/天×190 天÷2＋安装等费用 16600 元），两项合计为 324427.30 元。

4. 冬季封闭施工费。A 公司提供签证和材料发票复印件主张该费用，B 公司以材料发票为复印件为由不认可材料价款。一审法院经审查，双方在合同中约定部分材料的价格采用发包方认价的方式确定，并未约定认价时需以发票原件为基础。可见，发票复印件只是认价的一个载体，以什么为载体认价并不影响 B 公司作出其真实意思表示。况且，作为认价工作人员，其应当对材料的价格有所了解，根据其了解的市场行情结合施工人所报价格综合判断认价。因此，虽然 A 公司仅提供发票复印件，但是 B 公司签字认可了价格，表明双方对材料价格达成一致的意思表示，该认价行为应认定有效。至于 A 公司购买材料未以发票原件作账，是违反财务制度的行为，可由税务机关进行处罚，民事案件不作处理。

5. 高支撑冬季施工费。2007 年 10 月 24 日的会议纪要确定大堂高支撑系统超出正常拆除时间 131 天，同日，B 公司向 A 公司和 D 公司发出通知，要求鉴定机构按照该会议纪要和塔吊施工电梯的会议纪要结算高支撑冬季施工费。可见，B 公司认可高支撑冬季施工的事实，且同意结算。因此，鉴定机构依照上述约定计算该费用，应予计取。至于 A 公司是否向出租方 H 公司支付租赁费，并不影响 B 公司向 A 公司支付租赁费的义务。

6. 水暖进场报验材料不全的材料费。一审法院经审查，A 公司提供了该部分工程量的经济签证，B 公司对价格进行了确认，应予计取。

7. 确认价材料进场报验手续不全的争议费用。虽然 A 公司未提供该部分材料的发票原件，但是购料前 B 公司认价小组在工程材料价格确认申报表上签字认价并确定型号，证明双方对此达成了一致的意思表示，是否提供发票原件与价格确认无关。现 B 公司未能提供充分证据证实 A 公司未按约定品牌、型号购料，况且，如果 A 公司使用的材料品牌等与约定不符，属于外观瑕疵，B 公司应在检验时及时发现并提出异议，而监理单位审查同意使用 A 公司购买的材料。据此，B 公司在接受使用工程后近一年才提出品牌等问题，已过合理期限。因此，A 公司按照工程材料价格确认申报表认定的价格和品牌主张价款，并无不当。

8. 厨房混凝土烟道的砌筑费用。2006 年 7 月 26 日的签证单证实外运建渣仅 $2.06m^3$，与 A 公司关于已施工完成了排烟井的陈述不符。因此，该部分工程造价不予计取。

9. 工程联络单土建争议。一审法院经审查，双方在合同中约定的合同价款调整因素不含"工程联络单"，虽然工程联络单有几方签字，但是工程联络单不属于认定工程量的往来证据，与工程签证有本质的不同，因此，工程联络单所载工程量是否实际发生，应由 A 公司提供相关证据加以印证。现 A 公司未能举证证明该工程实际发生，故 B 公司据此提出的异议成立，不应计价。

10. 聚氨酯涂刷工程费用。聚氨酯取样见证记录载明取样基数为 5t，取样数量为 2kg，并不能证明使用数量为 5t。B 公司项目部在给 A 公司有关结算中所提问题的答复中确认聚氨酯遍数按设计图要求计算，且隐蔽工程验收记录也记载该项目施工符合设计及规范要求。因此，鉴定机构按照设计图纸计算聚氨酯用量正确。B 公司的该项异议不能成立。

11. 施工蓝图中构造柱争议。经检测中心检测，构造柱设置符合设计图纸要求，且说明实有数量为 646 根，鉴定机构据此作出造价并无不当，应予认定。

12. 施工蓝图中女儿墙卷材防水费用。鉴定期间，一审法院组织双方现场复核时发现显现部位的卷材防水只做了上下各 250mm 的附加层，而防水设计要求卷材防水应上翻至女儿墙顶部，薄弱部位应做上下各 500mm 的附加层。A 公司称设计变更采用花岗岩与墙体边接件上加防水圈的工艺施工，其并未提供证据加以证实。可见，A 公司在该项目施工中未按图施工，应按实际施工量据实结算。B 公司的该项异议成立。

13. 安装工程现场核实的量差费用。经 A 公司工作人员张××于 2008 年 10 月 13 日签字认可的《C 酒店电气部分现场查看核实记录》所载工程内容少于签证工程量，既然张××认可实际施工量少于签证量，应以实际量为依据计算工程款。鉴定机构以签证为依据计价不妥。B 公司的该项异议成立。

14. 钢板网墙费用。2004 年 9 月 12 日的《图纸会审记录》确定"室内陶粒混凝土面抹灰，暂不按满挂钢板网抹灰，但在抹灰砂浆中增加增塑剂"。B 公司同意这种做法，并在 2007 年 10 月 9 日双方签署的《C 酒店工程钢板网综合单位表》确认了钢板网墙的计价方法，且鉴定机构认为没有加钢板网的用其他相同价格的材料替代。因此，按照双方认价计算钢板网墙价款，并无不当。

15. 隐蔽工程与施工蓝图机械接头差额费用。虽然该部分隐蔽工程记录系事后监理公司工作人员补签，但是对事后补签证问题法律并无禁止性规定，且该项目属于图纸范围内工程内容，无须进行签证。因此，B 公司认为应以签证等资料为参照，其理由不能成立，不予支持。

16. 踏步面砖上 3 根防滑槽加工费。一审法院经审查，双方对踏步面砖项目仅约定了品牌和加工方式，并未约定防滑槽加工费。为此，双方因加工费问题有过协商，最终 B 公司在《关于 C 酒店结算问题的答复》中同意由鉴定机构解决加工费综合单价。鉴定机构则认为加工费按市场行情应当另计。合同法第六十二条第一款第（二）项规定："价款或者报酬不明确的，按照订立合同时履行地的市场价格履行；依法应当执行政府定价或者政府指导价的，按照规定履行"，据此，该费用按照市场价格应予计取。

综上，A公司施工工程造价为129711802.22元（无争议造价98956191.80元＋地暖二次返工费412587.65元＋塔吊及施工电梯费用324427.30元＋冬季封闭施工费670438.64元＋高支撑冬季施工费974966元＋水暖进场报验收材料不全的材料费200693.81元＋确认价进场报验手续不全材料费用16626566.09元＋19层钢结构主材费177902元＋聚氨酯涂刷费5018898.08元＋施工蓝图中构造柱造价2374670.91元＋钢板网墙费3453094.46元＋隐蔽工程与施工蓝图机械接头差额385812.35元＋踏步面砖防滑槽加工费135553.13元）。

（二）关于工程进度款及工程结算款是否欠付或超付问题。A公司在本案中分别主张工程进度款和工程结算款。实际上，工程进度款和工程结算款均属于工程价款的组成部分，只是支付时间有所不同。鉴于工程已交付使用，双方就工程结算问题未能达成一致，进入结算后再单独计算工程进度款已无实际意义。因此，本案将工程进度款纳入结算中一并解决工程欠款问题即能满足当事人主张，无需分别计算进度款和结算款。扣除双方认可的已付工程款102126230.65元和合同约定的保修金2594236.04元（总造价129711802.22元×2%），B公司尚欠工程款24991335.53元，应予支付。B公司关于返还超付工程款的主张不能成立，应予驳回。

（三）关于工程进度款和结算款欠款利息及违约金如何承担问题。工程进度款的支付以承包人申报、发包人审核阶段工程量为程序，只有满足这一程序要求承包人方能请求支付。而本案双方对工程量争议较大，施工过程中未能相互配合申报、核算进度工程量。因此，在工程进度款应付数额不能确定的情况下，A公司主张进度款利息，缺乏计算基础，一审法院不予支持。合同约定最后一笔工程款在工程结算后一次付清。因双方对工程结算迟迟未能协商一致，双方对工程结算的时间亦未作限定，视为付款时间约定不明。根据《最高人民法院关于审理建设工程施工合同纠纷案件适用法律问题的解释》第十八条"利息从应付工程价款之日计付。当事人对付款时间没有约定或者约定不明的，下列时间为应付款时间：（一）建设工程已实际交付的，为交付之日"之规定，A公司于2007年5月交付工程，其主张自2007年10月29日送达结算书之日起按银行同期贷款利率计算工程欠款利息，并无不妥，应予支持。A公司在主张欠付工程款利息的同时还主张违约金，缺乏合同和法律依据，不予支持。

（四）关于工程配合费是否增加问题。A公司投标承诺和施工合同约定的配合费均为45万元，虽然施工期间B公司将部分工程另行分包，但是在工程分包后双方签订涉及追加工程款的补充协议时，A公司从未提出过增加配合费事宜。据此可以推定A公司认可合同约定的配合费。因此，现A公司主张增加配合费，其理由不能成立，不予支持。

（五）关于质量保修金及利息应否支付问题。按照合同约定，保修金于质保期满后14日内返还，工程于2007年5月未经验收即交付使用，根据《最高人民法院关于审理建设工程施工合同纠纷案件适用法律问题的解释》第十四条第一款第（三）项"当事人对建设工程实际竣工日期有争议的，按照下列情形分别处理：（三）建设工程未经竣工验收，发包人擅自使用的，以转移占有建设工程之日为竣工日期"之规定，应将本工程竣工时间确定为2007年5月交付之日。合同约定工程最长保修期5年现已届满，B公司依约应当返还保修金2594236.04元。因合同约定保修金不计利息，即保修期间的保修金免息，超过保修期间的利息仍应计付。利息自 2012 年 5 月工程保修期满起计算。

综上，一审法院根据《中华人民共和国合同法》第一百零七条、第一百零九条、第二百七十九条和《最高人民法院关于审理建设工程施工合同纠纷案件适用法律问题的解释》第十八条之规定，判决如下：

1. B 公司于判决生效后十日内向 A 公司支付工程款 24991335.53 元及利息（自 2007 年 10 月 19 日起至判决给付之日止，按照中国人民银行发布的同期贷款利率计算）；

2. B 公司于判决生效后十日内向 A 公司返还质量保修金 2594236.04 元及利息（自 2012 年 5 月起至判决给付之日止，按照中国人民银行发布的同期贷款利率计算）；

3. 驳回 A 公司的其他诉讼请求；

4. 驳回 B 公司的反诉请求。一审案件本诉部分受理费 336715.01 元，由 B 公司负担 213440 元，A 公司负担 123275.01 元；反诉部分受理费 45785.57 元，由 B 公司负担。鉴定费 50 万元，双方各负担一半，即各负担 25 万元。保全费 5000 元，由 A 公司负担。

A 公司不服该判决，向本院提起上诉，请求如下：

1. 维持××高级人民法院（2012）新民一初字第 3 号民事判决第一项、第四项；

2. 撤销××高级人民法院（2012）新民一初字第 3 号民事判决第二项、第三项；

3. 判令 B 公司补充支付 A 公司工程款 2596506.38 元及逾期利息（利息应从 2007 年 6 月 1 日起计算至 B 公司付清全部款项之日止）；

4. 判令 B 公司支付保修金 2594236.04 元及逾期利息（利息应从 2007 年 10 月 29 日起计算至 B 公司付清全部款项之日止）；

5. 判令 B 公司向 A 公司支付工程总包配合费 760 万元；

6. 本案二审及一审案件的诉讼费等费用由 B 公司承担。

A 公司主张的事实与理由如下：

1. 一审法院以 F 公司较早出具的《工程造价鉴定书》为定案依据存在不当，工程造价鉴定结论应当以 F 公司 2011 年最终出具的《补充说明》为准。

2. 即使按照一审法院采纳的《工程造价鉴定书》（jd0805）计算，一审法院认定造价为 129711802.22 元也少计算工程造价 2596506.38 元（已扣除 A 公司认可扣减的 19 层钢结构废钢材费用 93687 元），从而导致少计算工程款 2596506.38 元，应予纠正。一审法院少计算工程造价 2596506.38 元由以下两部分组成：（1）第一部分：一审法院已经判决应支付给 A 公司的费用，但金额引用错误，导致漏算 384149.57 元，分别是：1）地暖二次施工费 572593.87 元，该费用是由土建和水暖两部分构成，一审法院认定地暖二次施工费应当计入工程总价，但只计算了其中土建部分 412587.65 元，而漏算了水暖部分 160006.22 元。2）塔吊及施工电梯费用 548570.65 元，一审法院错误将金额引用为 324427.30 元，从而导致少计算造价 224143.35 元。（2）第二部分：应当计入工程造价，而一审判决未支持的费用为 2212356.81 元，分别是：1）属于"设计变更、经济签证争议工程"项目 1635867.64 元。2）女儿墙防水卷材防水工程价款 184752.39 元。3）工程联系单费用 390211.29 元。4）拆除工程争议工程费用 1525.49 元。

3. B 公司应当支付工程总包配合费 760 万元。配合费重新计取是在 B 公司造成 A 公司在投标书承诺的配合费条件（承保范围及工期）发生了重大实质性变化的情况下，原合同中约定的 45 万元配合费远远不能满足工程实际情况。

4. 一审法院判决保修金逾期利息从 2012 年 5 月起计算属于适用法律不当，应当予以纠正，利息起算时间应当从 2007 年 10 月 29 日起计算。

B 公司答辩称，A 公司的上诉请求缺乏事实与法律依据，请求二审驳回 A 公司的上诉请求。

B 公司不服一审判决，提起上诉，请求如下：

1. 依法撤销一审判决第一项、第二项、第四项；

2. 依法驳回 A 公司的全部诉讼请求；

3. 依法判决 A 公司向 B 公司返还超付的款项 3170038.85 元；

4. 依法判决 A 公司承担本案一、二审案件受理费、鉴定费。

事实与理由是如下：

1. 关于涉案工程造价的认定，一审判决存在重大错误。具体分述如下：就争议的 33445803.80 元工程造价实际包括的争议项一审判决存在认定错误之处。（1）地暖二次施工的返工费争议 412587.65 元。（2）关于塔吊及施工电梯费用争议 324427.30 元。（3）关于冬季封闭施工费争议 670438.64 元。（4）关于高支撑冬季租赁费争议 974966 元。（5）关于水暖进场报验手续不全导致的材料费争议 200693.81 元。（6）关于确认价材料进场报验手续不全导致的材料争议 16626566.09 元。（7）关于聚氨酯涂刷工程争议 5018898.08 元。（8）关于施工蓝图中构造柱争议部分 2374670.91 元。（9）关于钢板网墙争议 3453094.46 元。（10）关于隐蔽工程与施工蓝图机械接头差额争议部分 385812.35 元。（11）关于踏步面砖上加工 3 根防滑槽加工费争议 135553.13 元。

2. 关于利息起始时间的认定，一审判决错误。一审判决为了给 A 公司计息，将十分明确的约定"视为"不明确，明显错误。

A 公司答辩称，B 公司的上诉请求缺乏事实与法律依据，请求二审驳回 A 公司的上诉请求。

本院二审查明的事实与一审法院查明的事实相同。

本院认为，双方当事人争议的焦点为：①涉案工程款的计算依据；②双方争议的款项如何认定，包括：地暖二次施工费、塔吊及施工电梯费、冬季封闭施工费、高支撑冬季租赁费、水暖进场报验手续不全导致的材料争议、确认价材料进场报验手续不全导致的材料争议、聚氨酯涂刷工程费用、施工蓝图中构造柱争议、钢板网墙争议、隐蔽工程与施工蓝图机械接头差额争议、设计变更经济签证争议、女儿墙防水卷材防水工程价款、工程联系单费用；③利息应从何时起算；④B 公司是否应当承担配合费 760 万元。

一、关于涉案工程款的计算依据问题。

A 公司主张应当以《补充说明》作为计算涉案工程款的依据，B 公司认为应当以《工程造价鉴定书》作为计算涉案工程款的依据。两份鉴定结论均为 F 公司所作，差别在于《补充说明》将原争议的构造柱工程造价 2374670.91 元列入无争议造价。一审庭审时，B 公司认为双方有争议造价和无争议造价为《工程造价鉴定书》确定的数额，并要求法院对此争议进行审理。说明双方当事人对于构造柱工程造价存在争议，因此，《补充说明》将构造柱工程造价调整为无争议造价是不正确的。一审以《工程造价鉴定书》作为计算涉案工程款的依据，并无不当。

二、关于双方争议的款项如何认定的问题。

对于涉案工程款，B公司与A公司针对一些项目均提出异议。B公司针对11项事项提出异议，包括：①地暖二次施工的返工费争议412587.65元。②关于塔吊及施工电梯费用争议324427.30元。③关于冬季封闭施工费争议670438.64元。④关于高支撑冬季租赁费争议974966元。⑤关于水暖进场报验手续不全导致的材料费争议200693.81元。⑥关于确认价材料进场报验手续不全导致的材料争议16626566.09元。⑦关于聚氨酯涂刷工程争议5018898.08元。⑧关于施工蓝图中构造柱争议部分2374670.91元。⑨关于钢板网墙争议3453094.46元。⑩关于隐蔽工程与施工蓝图机械接头差额争议部分385812.35元。⑪关于踏步面砖上加工3根防滑槽加工费争议135553.13元。经审查，上述事项其在一审时B公司均向鉴定机构提出过，鉴定人员均给予了解答，且一审法院均对上述争议事项进行了分析认定，现B公司认为上述事项有误，并未提出新的理由。因此，对于B公司提出的上述异议，本院不予支持。

对于涉案工程款项，A公司主张一审法院少计算工程造价2596506.38元。由以下两部分组成：

1. 第一部分：一审法院已经判决应支付给A公司的费用，但金额引用错误，导致漏算384149.57元，分别是：（1）地暖二次施工费572593.87元，该费用是由土建和水暖两部分构成，一审法院认定地暖二次施工费应当计入工程总价，但只计算了其中土建部分412587.65元，而漏算了水暖部分160006.22元。（2）塔吊及施工电梯费用548570.65元，而一审法院错误将金额引用为324427.30元，从而导致少计算造价224143.35元。

2. 第二部分：应当计入工程造价，一审判决未支持的费用为2212356.81元，分别是：（1）属于"设计变更、经济签证争议工程"项目1635867.64元。（2）女儿墙防水卷材防水工程价款184752.39元。（3）工程联系单费用390211.29元。（4）拆除争议工程费用1525.49元。

关于A公司针对工程价款所提出的异议如何看待的问题。F公司出具的鉴定结论已经经过双方当事人的质证，且一审时鉴定机构已经就当事人提出的异议给予了解答，其在二审时并未提出新理由，对于A公司针对工程款所提的异议，本院亦认定上述异议不成立。A公司还提出一审存在漏算、错算，以及存在拆除争议工程费用问题，但均未提供相应证据，在B公司对此又不予认可的情况下，本院对其主张不予支持。关于设计变更签证问题，A公司亦未提供证据证明B公司认可其设计变更的工程量。关于工程联系单问题，因双方当事人并未在合同中约定将工程联系单作为计付工程款的依据，因此，A公司的该项主张缺乏依据，本院不予支持。

综上，一审对于涉案工程款数额的认定是正确的。

三、关于涉案工程款及保修金利息应从何时起算的问题。

B公司主张涉案工程款利息起算时间有误。从本案的实际情况看，双方当事人对于涉案工程款的结算在合同中并未明确约定，双方当事人也未能协商一致。在此情况下，应以涉案工程交付之日作为起息日。涉案工程于2007年5月交付，一审法院以A公司主张的工程结算书送达之日即2007年10月29日作为起息日，并无不当。

A公司主张保修金利息起算时间有误。涉案工程于2007年5月交付，合同约定工程的保修期最长为5年。因此，一审法院以2012年5月作为计算保修期的起算时间，亦无不当。

四、关于B公司是否应当承担配合费760万元的问题。

关于配合费问题，B公司与A公司在双方签订的建设工程施工合同中有明确的约定，配合费为45万元，这是双方真实意思表示，应予以尊重。虽然B公司涉案部分工程对外分包，但在工程分包后双方签订涉及追加工程款的补充协议时，A公司并未提出要增加配合费，双方当事人亦未就配合费问题达成新的协议。因此，A公司主张B公司承担760万元配合费缺乏依据，本院不予支持。

综上，一审判决认定事实清楚，适用法律正确，应予维持。本院根据《中华人民共和国民事诉讼法》第一百七十条第一款第一项之规定，判决如下：

驳回上诉，维持原判。

二审案件受理费310432.62元，由四川A集团有限公司负担98544.45元，新疆B实业有限公司负担211888.17元。

本判决为终审判决。

案例3

A有限公司与B建设工程有限公司建设工程施工合同纠纷二审民事判决书。

上诉人（一审被告、反诉原告）：A有限公司（以下简称"A公司"）

法定代表人：周××，该公司董事长

委托代理人：张××，北京市××律师事务所律师

委托代理人：吕××，北京××律师事务所律师

被上诉人（一审原告、反诉被告）：B建设工程有限公司（以下简称"B公司"）

法定代表人：丁××，该公司董事长

委托代理人：翁××，上海××律师事务所律师

委托代理人：沈××，上海××律师事务所律师

上诉人A有限公司因与被上诉人B建设工程有限公司建设工程施工合同纠纷一案，不服江西省高级人民法院（201X）赣民一初字第××号民事判决，向本院提出上诉。本院依法组成合议庭，于2014年8月5日公开开庭对本案进行了审理。A公司的委托代理人张××、吕××，B公司的委托代理人翁××、沈××到庭参加诉讼。本案现已审理终结。

B公司原审诉称，2011年11月24日，A公司与B公司签订《江西C流通中心施工总承包合同》（以下简称《施工总承包合同》），主要约定：A公司将"江西C流通中心"项目的土建和安装工程发包给B公司总承包，合同暂估造价为3.8亿元，并对工程款付款时间、合同解除、保证金的支付及退还等内容作了明确约定。同日，B公司向A公司支付保证金1000万元。合同签订后，B公司组织施工人员进场施工。2012年8月、10月，B公司分别完成工程量4472.7081万元、2122.3880万元，并据此向A公司申报工程量，要求按合同约定支付75%的工程款，但A公司自2012年9月15日至2013年2月1日期间仅支付工程款1315万元。另根据合同约定，A公司应于桩基工程开工后一个月内退还50%保证金即500万元，但未退还。因A公司长期拖欠工程款，致使工程停工，B公司实际完成工程量为8699.6767万元。为此，请求判令：①A公司向B公司支付工程欠款8164.7597万元（含工期赶工费780.08万元）；②A公司赔偿停工损失701.9236元（暂计算至2013年6月30日）；③A公司返还保证金1000万元；④A公司赔偿利息损失

1314.6万元（暂计算至2013年6月30日）；⑤B公司对本案工程（含土地使用权）的拍卖款享有优先受偿权。

A公司辩称，B公司主张工程欠款8166.47567万元（其中赶工费780.08万元），系其单方核算，且A公司未以任何形式要求B公司赶工，不存在所谓的赶工费，而2012年9月至11月停工期间的工程量也未经监理部门核算确认，该数额不具合理性，与A公司决算报告中的数据也相差甚远，不足以确认已完工部分的工程款，故请求对B公司已完成工程量进行司法鉴定。根据合同约定，B公司有权主张的工程款为申报并核定工程量的75％，其余工程款未达支付条件，故不存在拖欠工程款的情况。A公司已支付工程款780万元、农民工工资535万元，并代垫材料款298.4266万元，应从工程总价款中扣除。B公司主动停工，并给A公司造成损失，导致本案工程无法如期完工，A公司保留此诉权利。根据合同约定，保证金在为桩基工程开工后一个月内返还50％，利息应自返还之日起算。但B公司未按合同约定在2012年2月8日进场施工，保证金应转为违约金，故A公司可不予返还保证金。B公司应明确利息损失的计算依据，且延迟付款的原因是工程质量存在严重缺陷，导致工程延误，B公司虚报工程量，在未确认该部分工程量之前，无法认定损失，故A公司延迟支付部分工程款不存在过错，不应承担相应的利息损失。即使A公司应承担利息损失，B公司首次主张结算工程款是2012年9月26日，故应自该日起计算至其停工之日即2012年11月16日。综上，请求对本案工程进行司法鉴定，确定工程款的数额，驳回B公司的其他诉讼请求。

A公司一审反诉称，B公司在合同履行期间，因自有资金问题及组织不足等原因，造成工期延误，施工期间采用劣质钢材、偷工减料、施工工序颠倒、施工现场管理混乱，造成本案工程出现大面积渗漏、墙体开裂等多处严重的质量问题，达不到法定或约定的质量标准。A公司以及监理部门多次发出《工作联系单》《监理通知书》，要求B公司予以整改，但均未得到改善。后B公司于2012年11月16日单方停工，导致本案工程长时间停滞，并拖欠民工工资和材料供应商货款，A公司代付了上述款项。据此，A公司提起反诉，请求判令：B公司支付因工程质量缺陷给A公司造成的损失（包括但不限于返工费、维修费等，具体金额以鉴定部门的意见为准）暂估损失为600万元。

B公司辩称，本案诉争工程尚未竣工，工程质量是否符合相关规定，只有在工程竣工以后通过质量验收才能确认。工程施工过程中，B公司严格按照相关规范进行施工，经由工程监理部门、施工单位、建设单位在每个环节都进行了检查和监督，经确认后才进入下一个工序的施工，所使用的钢材都具有相应的检测报告，都经过了监理部门的认可。后双方在形成《会议纪要》过程中，对工程质量亦无争议。请求驳回A公司的反诉请求。

江西省高级人民法院一审查明：2011年11月24日，A公司（甲方）与B公司（乙方）签订一份《施工总承包合同》，主要约定：工程名称为江西C流通中心；承包范围为土建和安装工程，包括场外、打桩、绿化、室外市政总平管线网；开工日期2011年12月26日（具体以开工报告为准），竣工日期2013年12月25日（具体以竣工报告为准）；合同价款暂估3.8亿元，采用可调价格；工程进度款支付为工程量达到2500万元时三天内支付完成工程量的75％，以后按每月完成工程量的75％支付工程款（每月25日提供工程量，次月5日前支付），依此类推，单体竣工验收（外墙架子拆除）三天内支付到总价的85％，乙方递交决算后三个月内甲方必须审计完毕，否则视甲方已认可乙方的送审价，审计完毕后七天内支付至决算总价的 97%，余款保修金分两年返还；如在施工中由于甲方原因，工程款不能及时到位，乙方有权停工，甲方愿意承担由此造成的一切损失；履约保证金共 1500 万元，分两次交纳，双方合同签订后七天内支付 1000 万元汇入甲方指定账户，施工许可证办妥后七天内支付 500 万元汇入甲方指定账户；保证金的返还，桩基工程开工后一个月内返还 50% 即为 750 万元，交易区主体封顶后七天内返还 375 万元，余款待竣工验收合格后七天内全额返还，如本工程在 2012 年 2 月 8 日前因甲方原因不能开工，甲方即全部退还保证金，并计取当期银行贷款利息，如乙方未能在 2012 年 2 月 8 日前进场施工，则保证金作为违约金等。

上述合同签订后，B 公司于同日向 A 公司支付 1000 万元保证金，于 2012 年 3 月 28 日进场施工，直至 2012 年 11 月 16 日停工。此后，A 公司引入案外人进场施工。

2012 年 9 月 26 日至 2013 年 2 月 1 日，A 公司向 B 公司陆续支付工程款 1315 元。2013 年 4 月 10 日，A 公司为 B 公司向案外人代垫材料款 49.2133 万元。

2013 年 4 月 12 日，B 公司、A 公司与监理单位三方对 B 公司已完成工程量进行核对，形成一份《江西 C 流通中心（1# 交易区）完成工作量及未完成工程量部位》。

一审期间，B 公司法定代表人丁×× 与 A 公司法定代表人周×× 于 2014 年 1 月 1 日签订一份《会议纪要》，主要载明：关于 A 公司江西 C 流通中心结算价问题，经开发方和施工方协商一致，双方确认实际已施工工程量的工程款总额按 7175.609033 万元为最终双方确认的金额（此金额为双方共同委托的审计单位长沙市 D 咨询有限公司就本工程已完成工程量造价的初审金额，双方均表示接受和同意该价格）；A 公司应退还 B 公司保证金 1000 万元；A 公司自愿补偿 B 公司损失 2224.390967 万元，该款已包括截止到 2013 年 12 月 31 日的保证金利息、工程款利息、停工损失等；双方就 C 流通中心项目的施工合同及相关事宜已无其他任何争议。此后，B 公司将其诉讼请求变更为：①A 公司支付工程款 5860.609033 万元（7175.609033 万元－1315 万元）及利息（自 2014 年 1 月 1 日起至本判决生效之日止，按中国人民银行同期贷款利率计算）；②A 公司返还保证金 1000 万元及利息（自 2014 年 1 月 1 日起至本判决生效之日止，按中国人民银行同期贷款利率计算）；③A 公司偿付截止至 2013 年 12 月 31 日的损失 2224.390967 万元；④B 公司对 A 公司工程（含土地使用权）的拍卖款享有优先受偿权。

另外，A 公司申请对 B 公司已完工程量部分进行造价及质量鉴定（包括工程质量情况、因工程质量问题造成返工维修费用以及因工程质量问题造成其他一切损失）。

江西省高级人民法院一审认为，B 公司与 A 公司签订的《施工总承包合同》，系双方当事人真实意思表示，未违反法律、行政法规的效力性强制性规定，合法有效，双方均应按约定履行自己的义务。

关于本案诉争工程的工程款、保证金、损失等款项的认定问题。双方法定代表人于 2014 年 1 月 1 日自行签订《会议纪要》，对本案工程进行了结算，明确了工程款、保证金、损失等具体金额，并表示双方对本案诉争工程已无其他争议。该《会议纪要》系双方法定代表人代表公司对本案工程相关事项作出的处分行为，对 B 公司及 A 公司均具有约束力，A 公司应履行支付款项的义务。根据《会议纪要》，本案工程总价款为 7175.609033 万元，A 公司已付工程款 1364.2133 万元（含代付材料款 49.2133 万元），尚欠 5811.395733 万元（7175.609033 万元－1364.2133 万元）。根据《会议纪要》，A 公司应返还 B 公司保证金 1000 万元，应赔偿 B 公司截至 2013 年 12 月 31 日保证金利息、工程款利息、损失 2224.390967 万元。由于双方当事人已对本案工程的价款进行了结算，结算中并未对工程质量提出异议，且 A 公司在没有对工程质量提出异议的情况下将本案工程转包给他人，现无法对 B 公司施工工程进行工程质量的鉴定，故对 A 公司主张对工程款及工程质量进行司法鉴定的申请以及反诉，不予支持。A 公司未按《会议纪要》履行义务，应承担违约责任，根据 B 公司的诉请，A 公司应承担工程款 5811.395733 万元及保证金 1000 万元的利息损失，自 2014 年 1 月 1 日至本判决生效之日止，按中国人民银行同期同类贷款利率计算。A 公司称其为 B 公司代付材料款 298.4266 万元，应在工程款中扣减，但 A 公司提供的证据中仅有 49.2133 万元有 B 公司项目部人员签字确认，对该确认的部分予以认定。A 公司称其法定代表人未经股东会、董事会授权签订《会议纪要》，侵害了股东权益，不具有法律效力。由于 A 公司法定代表人在《会议纪要》中签字，其行为对外具有法定代表资格，无需公司股东或董事会特别授权，故该法定代表人在《会议纪要》上的签字，是代表 A 公司的职务行为，A 公司主张《会议纪要》无效的理由不能成立。

关于优先受偿权的问题，根据《中华人民共和国合同法》第二百八十六条之规定，建设工程的价款就该工程折价或者拍卖的价款优先受偿。《最高人民法院关于建设工程价款优先受偿权问题的批复》规定，建筑工程价款包括承包人为建设工程应当支付的工作人员报酬、材料款等实际支出的费用，不包括承包人因发包人违约所造成的损失。故 B 公司主张的工程款 5811.395733 万元及利息应当享有优先受偿权，可在本案诉争工程的折价或拍卖款中享有优先受偿权，而保证金 1000 万及利息、损失 2224.390967 万元并非工程实际的支出，不应享有优先受偿权。

综上，依照《中华人民共和国合同法》第八条、第六十条第（一）项、第二百八十六条、《中华人民共和国民事诉讼法》第六十五条、第一百四十二条之规定，判决如下：一、A 公司于本判决生效后十日内向 B 公司支付工程款 5811.395733 万元及利息（自 2014 年 1 月 1 日起至本判决生效之日止，按中国人民银行公布的同期同类贷款利率计算）；二、A 公司于本判决生效后十日内返还 B 公司保证金 1000 万元及利息（自 2014 年 1 月 1 日起至本判决生效之日止，按中国人民银行公布的同期同类贷款利率计算）；三、A 公司于本判决生效后十日内向 B 公司支付停工及利息损失 2224.390967 万元；四、若 A 公司未按本判决第一项支付工程款 5811.395733 万元及相应利息，B 公司在 5811.395733 万元及相应利息范围内对本案工程折价款或拍卖款享有优先受偿权；五、驳回 B 公司的其他诉讼请求；六、驳回 A 公司的反诉请求。如未按本判决指定的期间履行金钱给付义务，应当依照《中华人民共和国民事诉讼法》第二百五十三条之规定，加倍支付迟延履行期间的债务利息。案件受理费 600864 元、保全费 5000 元，合计 605864 元，由 B 公司承担 70000 元，A 公司承担 535864 元。反诉费 26900 元，由 A 公司承担。

A 公司不服一审判决，向本院上诉称：1. 一审判决采纳《会议纪要》，未对本案工程造价进行鉴定错误。（1）B 公司于 2014 年 1 月 1 日宴请周××、丁××、叶××、翁××、陈××、魏××轮流向周××敬酒。酒后，他们将周××带到丁××办公室，丁××将打好的《会议纪要》交给并威胁周××进行了签字。对此，从《会议纪要》并无发言记录，以及对 B 公司于 2012 年 11 月 16 日在停工报告中自称完成施工产值 6400 万元，周×

×没有认可得以证实。可见，《会议纪要》是 B 公司胁迫 A 公司法定代表人周××签订，不是 A 公司的真实意思表示，应确认无效。(2)《会议纪要》规定双方应尽快配合审计单位以上述初审意见出具正式审计报告，但至今正式审计报告并未出具。可见，《会议纪要》并非对工程结算价格的最终确认。(3)《会议纪要》实质系双方当事人在诉讼中达成的和解协议，按照《最高人民法院关于民事诉讼证据的若干规定》第 67 条规定，不得在其后的诉讼中作为对 B 公司不利的证据。(4)《会议纪要》内容虚假。1)《会议纪要》称长沙市 D 咨询有限公司对工程造价初审为 7175.609033 万元，但 B 公司至今没有提供初审决算书。B 公司于 2012 年 11 月 16 日在《停工报告》中自称完成施工产值 6400 万元，与《会议纪要》相差 775.609033 万元。可见，《会议纪要》记载工程造价 7175.609033 万元虚假。2)B 公司未能在 2012 年 2 月 8 日前进场施工，B 公司交纳的 1000 万元保证金按照双方约定应作为违约金支付给 A 公司。可见，《会议纪要》记载 A 公司退回 1000 万元保证金虚假。3)按照中国人民银行同类贷款利率计算，工程款 5811.395733 万元的利息为 348.683743 万元，保证金 1000 万元的利息 60 万元，加上 B 公司在民事起诉状中自称的停工损失 7019236 元，A 公司仅应承担赔偿 1110.607323 万元损失的责任。可见，《会议纪要》记载 B 公司损失 2224.390967 万元虚假。2. 一审判决未对本案工程质量存在的问题及造成的损失进行鉴定错误。B 公司在履行合同期间，因自有资金问题及人、材严重不足等原因，造成总工期无限期延长及施工质量问题。A 公司以及监理公司多次发出工作联系单，要求 B 公司整改，均未得到改善。更为严重的是，B 公司工程队采用非标钢材、水泥、钢筋严重短缺，并存在施工工序颠倒、安全管理缺位等情况，多次被有关主管部门查处。可见，本案工程质量问题严重存在。综上，请求判令撤销原审判决，驳回 B 公司的诉讼请求，并对本案工程造价及施工质量进行司法鉴定后，判令 B 公司赔偿因施工质量造成的损失 600 万元。

B 公司答辩称，原审判决查明事实清楚，适用法律准确，A 公司的上诉请求无事实和法律依据，请求判决驳回。

本院认为：本案为建设工程施工合同纠纷。A 公司与 B 公司签订的《施工总承包合同》，双方当事人意思表示真实，内容不违反国家法律、行政法规强制性规定，应确认有效。综合双方当事人的诉辩意见，本案争议焦点主要为：应否采信《会议纪要》作为认定双方工程结算依据；B 公司施工是否存在质量问题以及是否向 A 公司赔偿因施工质量造成的损失。

(一)关于应否采纳《会议纪要》作为认定双方工程结算依据的问题

1. 根据一审查明的案件事实，《会议纪要》虽未加盖双方当事人公章，但各自法定代表人均进行签字确认。从《会议纪要》载明的情况看，会议地点在 B 公司，参加人员有丁××、周××、叶××、翁××、陈××、魏××等人，并无发言记录。对此，不足以证明《会议纪要》系丁××、叶××、翁××、陈××、魏××等人胁迫周××签订。B 公司于 2012 年 11 月 16 日提交一份《停工报告》，称其已完成施工产值 6400 万元，要求 A 公司支付工程进度款。对此，A 公司虽然未予答复 B 公司，但亦不足以证明《会议纪要》系丁××、叶××、翁××、陈××、魏××等人胁迫周××签订。因此，A 公司上诉提出应确认《会议纪要》无效的请求，本院不予支持。

2. 根据《会议纪要》，B 公司已施工工程量的工程款总额以 7175.609033 万元为双方最终确认的金额，此金额为双方共同委托的审计单位长沙市 D 咨询有限公司就本工程已完成工程量造价的初审金额，双方表示接受和同意，并尽快配合审计单位以初审意见出具正式审计报告。至此，无论长沙市 D 咨询有限公司是否出具正式审计报告，已不足以影响双方当事人按 7175.609033 万元结算工程造价。因此，A 公司上诉提出《会议纪要》并非双方对工程结算价格最终确认的理由，本院不予采信。

3. 根据《最高人民法院关于民事诉讼证据的若干规定》第六十七条规定，在诉讼中，当事人为达成调解协议或者和解的目的作出妥协所涉及的对案件事实的认可，不得在其后的诉讼中作为对其不利的证据。本案中，《会议纪要》虽然系 A 公司与 B 公司在一审期间于 2014 年 1 月 1 日签订，但并无证据显示双方系在一审法院主持下为达成调解协议或者和解的目的而作出的妥协。因此，A 公司上诉提出《会议纪要》不得作为对其不利证据的主张，本院不予采纳。

4. 根据《会议纪要》，B 公司已施工工程量的工程款总额按 7175.609033 万元结算，A 公司应退还 B 公司保证金 1000 万元，自愿补偿 B 公司截止到 2013 年 12 月 31 日的保证金利息、工程款利息、停工等损失 2224.390967 万元。

（1）对工程款。从一审查明的案件事实来看，《施工总承包合同》签订后，B 公司于 2012 年 3 月 28 日进场施工，直至 2012 年 11 月 16 日停工。停工同日，B 公司提交一份《停工报告》，称其已完成施工产值 6400 万元，要求 A 公司按约支付工程进度款 4800 万元。可见，该 6400 万元系 B 公司在施工中为请求 A 公司支付工程进度款而单方作出的估算金额，并非双方一致达成的最终结算价格，不足以证明《会议纪要》中载明的 B 公司已施工工程量的工程款按 7175.609033 万元结算虚假。因此，A 公司上诉提出该 7175.609033 万元工程款虚假的理由，证据不足，不能成立。

（2）对保证金。根据《施工总承包合同》约定，如 B 公司未能在 2012 年 2 月 8 日前进场施工，则保证金作为违约金。从一审查明的案件事实来看，B 公司未能在 2012 年 2 月 8 日前进场施工，而是于 2012 年 3 月 28 日才进场施工。对此，并不必然意味双方当事人后来在《会议纪要》中达成 A 公司应退还 B 公司保证金 1000 万元的意思表示虚假。因此，A 公司上诉提出其退还该 1000 万元保证金虚假的理由，证据不足，不能成立。

（3）对损失。双方当事人在《会议纪要》中并未区分保证金利息、工程款利息、停工等损失各是多少。从 B 公司的民事起诉状来看，其自称停工损失为 7019236 元，但对工程款、保证金等利息损失，双方当事人在《会议纪要》中亦未确认如何计算，无法看出《会议纪要》中载明的 A 公司自愿补偿 B 公司截止到 2013 年 12 月 31 日的保证金利息、工程款利息、停工等损失 2224.390967 万元虚假。因此，A 公司上诉提出该 2224.390967 万元损失虚假的理由，证据不足，不能成立。

由上可见，一审判决认定《会议纪要》对 A 公司及 B 公司具有约束力，将之采纳作为认定双方当事人结算本案工程的依据，未对 B 公司已施工工程量的造价委托司法鉴定，并无不当。

（二）关于 B 公司应否赔偿因工程质量造成 A 公司 600 万元损失的问题

从 A 公司提供的《监理工程师通知单》《监理工程师联系单》来看，B 公司在施工中存在与设计不符，以及采用钢材、水泥、钢筋短缺等问题。对此，双方当事人在《会议纪要》中对工程进行结算时并未确认 B 公司应承担赔偿责任。况且,从原审查明的案件事实来看,B 公司于 2012 年 11 月 16 日停工后,A 公司已将工程转包给他人施工,一定程度上导致无法对 B 公司上述施工是否存在工程质量进行司法鉴定。据此,一审判决驳回 A 公司关于对工程质量进行司法鉴定的申请以及 B 公司应赔偿 600 万元损失的反诉请求,并无不当。A 公司上诉提出应对工程质量进行司法鉴定以及 B 公司应赔偿 600 万元损失的请求,本院不予支持。

综上所述,本院认为,A 公司的上诉理由不能成立,应予驳回。一审判决认定事实清楚,适用法律正确,予以维持。依照《中华人民共和国民事诉讼法》第一百七十条第一款第(一)项之规定,判决如下:

驳回上诉,维持原判。

二审案件受理费 632764 元,由江西 A 有限公司负担。

本判决为终审判决。

案例 4

上诉人:重庆市××建设(集团)有限公司(以下简称"甲公司")

上诉人:黔西县人民政府

原审第三人:黔西县交通运输局

一、基本案情

2012 年 5 月 23 日,黔西县政府与甲公司签订《框架协议》,约定甲公司出资建设 G321 朱家寨至驮煤河段改造工程项目,道路总投资约 1.8 亿元;合作方式:甲公司出资总承包施工,投资采取 BT 方式建设(含征地拆迁费、工程建设直接费),工程竣工后,由甲公司编制工程决算报黔西县政府,黔西县政府委托具有法定审核资质的机构进行工程造价决算审核,经双方共同确认后作为工程总投资的依据;工程价款的偿还:工程竣工后,根据审计出具的审计决算为最终造价。

2013 年 8 月 10 日,甲公司通过招投标与黔西交通局签订黔西国道 321 黔西朱家寨至驮煤河公路工程项目《工程承包合同》,工程造价为 133917208 元,最终造价以审计部门的审计决算为准。工程价款结算方式按与政府签订的协议执行。

2015 年 12 月 7 日黔西审计局作出《审计报告》,2016 年 7 月 14 日毕节市审计局认为黔西审计局出具的《审计报告》结果存在重大失实,撤销该局出具的《审计报告》,并与 2016 年 11 月 11 日作出《专项审计调查报告》。

针对应以哪份审计结论作为双方结算价款的依据,双方发生争议。甲公司认为,本案的结算依据应是黔西审计局出具的《审计报告》或者是由双方签字盖章的结算书。以审计结果作为竣工结算依据限制了平等民事主体的民事权利,审计局以保卫国家利益为名强行介入平等民事主体之间的交易,违反了民事主体平等自愿原则。黔西县政府认为,案涉《框架协议》《工程承包合同》均约定以审计决算作为双方结算依据,案涉项目的工程款属于财政收支范畴,黔西审计局出具《审计报告》、毕节市审计局撤销其《审计报告》并出具《专项审计调查报告》于法有据,《专项审计调查报告》的准确性和有效性只能通过行政诉讼程序来否定。在《专项审计调查报告》被否定之前,既然双方明确约定最终造价以审计结算为准,其即应被作为本案判决的依据。

二、审理过程

一审法院贵州省高级人民法院认为，案涉工程明确约定了以审计决算为结算依据，案涉工程系政府投资的项目，应当受到国家的审计监督，工程业主的财务收支须受此审计监督的约束。黔西审计局的审计，是基于《中华人民共和国审计法》等法律法规的规定而进行的审计监督活动，是依法行使职权的行为。之后毕节市审计局根据《中华人民共和国审计法实施条例》第四十三条"上级审计机关应当对下级审计机关的审计业务依法进行监督。下级审计机关作出的审计决定违反国家有关规定的，上级审计机关可以责成下级审计机关予以变更或者撤销，也可以直接作出变更或者撤销的决定；审计决定被撤销后需要重新作出审计决定的，上级审计机关可以责成下级审计机关在规定的期限内重新作出审计决定，也可以直接作出审计决定"之规定，认为黔西审计局出具的《审计报告》存在重大失实被其依法撤销。嗣后，毕节市审计局对案涉工程竣工结算进行复查。毕节市审计局对案涉工程竣工决算审计是依法行使国家审计监督权的行为，不存在重复审计，其作出的审计决定具有一定的强制性。虽然审计是国家对建设单位的一种行政监督，其本身并不影响民事主体之间的合同效力，但是本案双方当事人"以审计决算为最终造价"的约定，实际上是将有审计权限的审计机关对业主单位的审计结果作为双方结算的最终依据。因黔西审计局出具的《审计报告》已被撤销，故应当以毕节市审计局出具的《专项审计调查报告》作为涉案工程的结算依据。

最高院二审认为，案涉《框架协议》《工程承包合同》均约定以审计决算作为双方结算依据。虽然国家审计机关的审计结论并非确定当事人之间工程价款结算的当然依据，但上述约定系当事人之间平等协商一致的结果，对当事人就确定案涉工程款结算依据的约定，双方应予恪守。甲公司实际上是对一审法院采信毕节市审计局出具的《专项审计调查报告》不服，认为毕节市审计局的强行介入有违平等民事主体之间平等自愿的原则，以毕节市审计局的《专项审计调查报告》作为结算依据明显违反了合同约定。本院认为，《框架协议》《工程承包合同》及《工程承包补充协议》仅约定了以审计方式作为确定案涉工程价款的依据，并未明确限定应仅以某一具体审计部门的审计结论为最终依据。而且《中华人民共和国审计法实施条例》第四十三条第一款赋予了上级审计机关对下级审计机关的审计业务依法进行监督的权力，第二款进一步规定下级审计机关作出的审计决定违反国家有关规定的，上级审计机关可以责成下级审计机关予以变更或者撤销，也可以直接作出变更或者撤销的决定；审计决定被撤销后需要重新作出审计决定的，上级审计机关可以责成下级审计机关在规定的期限内重新作出审计决定，也可以直接作出审计决定。本案中黔西审计局出具《审计报告》后，其上级审计机关即毕节市审计局以《审计报告》结果存在重大失实为由，撤销了《审计报告》，后又作出《专项审计调查报告》。因黔西审计局的《审计报告》已被撤销，以该《审计报告》作为确定案涉工程价款的依据已无事实基础。在此情况下，一审法院以毕节市审计局的审计结论作为确定案涉工程价款的依据，并无不当。

三、案例评析

我国对于使用财政性资金的政府投资和以政府投资为主的建设项目，需依法进行审计监督和财政评审。《审计法》第二十二条规定："审计机关对政府投资和以政府投资为主的建设项目的预算执行情况和决算，进行审计监督"。另据财政部《财政投资评审管理规定》

（财建〔2009〕648号）第二条规定："财政投资评审是财政职能的重要组成部分，财政部门通过对财政性资金投资项目预（概）算和竣工决（结）算进行评价与审查，对财政性资金投资项目和资金使用情况，以及其他财政专项资金使用情况进行专项核查及追踪，是财政资金规范、安全、有效运行的基本保证"。

《全国人民代表大会常务委员会法制工作委员会关于对地方性法规中以审计结果作为政府投资建设项目竣工结算依据有关规定提出的审查建议的复函》认为："地方性法规中直接以审计结果作为竣工结算依据和应当在招标文件中载明或者在合同中约定以审计结果作为竣工结算依据的规定，限制了民事权利，超越了地方立法权限，应当予以纠正。"

2008年总第34辑《民事审判指导与参考》指导性案例裁判观点认为，财政部门对财政投资的评定审核是国家对建设单位基本建设资金的监督管理，不影响建设单位与承建单位的合同效力及履行。但是，建设合同中明确约定以财政部门对财政投资的审核结论作为结算依据的，审核结论应当作为结算的依据。

因此，地方性法规中不应直接规定以审计结果作为竣工结算依据。若当事人在合同中明确约定以审计结论作为工程款结算依据的，已经转化为民事合同中双方当事人约定的一部分，审计结论应当作为计算工程款的依据。除此以外，审计结论不能作为计算工程款的依据。

第六章 工程建设勘察设计法律制度

第一节 工程建设勘察设计概述

一、工程建设勘察设计的概念

1. 工程建设勘察的概念

工程建设勘察是指为满足工程建设的规划、设计、施工、运营及综合治理等的需要，对地形、地质及水文等状况进行测绘、勘探、测试，并提供相应成果和资料的活动。

岩土工程中的勘测、设计、处理、监测活动也属工程勘察范畴。

2. 工程建设设计的概念

工程建设设计是指根据工程建设的要求，对工程建设所需的技术、经济资源、环境等条件进行综合分析、论证，编制工程建设设计文件的活动。

在工程建设的各个环节中，由于勘察设计的特殊地位，使其成为对工程的质量和效益都起着至关重要作用的关键环节。

二、工程建设勘察设计的要求

1. 市场准入

为保证工程建设勘察设计的质量，国家对从事工程建设勘察设计活动的单位实行资质管理制度，并对从事工程建设勘察、设计活动的专业技术人员实行执业资格注册管理制度。任何单位和个人都必须在法律允许的范围内从事工程建设勘察设计活动。

2. 科学设计的要求

工程建设勘察设计应当与社会、经济发展水平相适应，做到经济效益、社会效益和环境效益相统一。为此，必须坚持先勘察、后设计、再施工的原则，并鼓励在工程建设勘察设计活动中采用先进技术、先进工艺、先进设备、新型材料和现代管理方法。

3. 依法设计的要求

从事工程建设勘察设计活动的单位和个人必须依法勘察、设计，严格执行工程建设强制性标准，并对工程建设勘察设计的质量负责。

三、工程建设勘察设计的发包与承包

除有特定要求的一些项目在经有关主管部门批准后可以直接发包外，工程建设勘察设计任务都必须依照《中华人民共和国招标投标法》的规定，采用招标发包方式进行。

国务院颁发的《建设工程勘察设计管理条例》规定，可以直接发包的工程建设勘察设计项目有：

1. 采用特定的专利或专有技术的；

2. 建筑艺术造型有特定要求的；

3. 国务院规定的其他工程建设的勘察设计。

发包方可以将整个工程建设勘察设计发包给一个勘察设计单位；也可以将工程建设的

勘察设计分别发包给几个勘察设计单位。

工程建设勘察设计单位不得将所承揽的工程建设勘察设计进行转包。但经发包方书面同意后，可将除工程建设主体部分外的其他部分的勘察设计分包给具有相应资质等级的其他工程建设勘察设计单位。

第二节 设计文件的编制

一、工程设计的原则和依据

（一）工程设计原则

1. 贯彻经济、社会发展规划、城乡规划和产业政策

经济、社会发展规划及产业政策，是国家某一时期的建设目标和指导方针，工程设计必须贯彻其精神。城市规划、村庄和集镇规划一经批准公布，即成为工程建设必须遵守的规定，工程设计活动也必须符合其要求。

2. 综合利用资源

工程设计中，要充分考虑矿产、能源、水、农、林、牧、渔等资源的综合利用。要因地制宜，提高土地利用率。要尽量利用荒地、劣地，不占或少占耕地。工业项目中要选用耗能少的生产工艺和设备；民用项目中，要采取节约能源的措施，提倡区域集中供热，重视余热利用。城市的新建、扩建和改建项目，应配套建设节约用水设施。

3. 满足环保要求

在工程设计时，还应积极改进工艺，采取行之有效的技术措施，防止粉尘、毒物、废水、废气、废渣、噪声、放射性物质及其他有害因素对环境的污染，要进行综合治理和利用，使设计符合国家环保标准。

4. 遵守工程建设技术标准

工程建设中有关安全、卫生和环境保护等方面的标准都是强制性标准，工程设计时必须严格遵守。

5. 采用新技术、新工艺、新材料、新设备

工程设计应当广泛吸收国内外先进的科研和技术成果，结合我国的国情和工程实际情况，积极采用新技术、新工艺、新材料、新设备，以保证工程建设的先进性和可靠性。

6. 重视技术和经济效益的结合

采用先进的技术，可提高生产效率，增加产量，降低成本，但往往会增加建设成本和建设工期。因此，要注重技术和经济效益的结合，从总体上全面考虑工程的经济效益、社会效益和环境效益。

7. 公共建筑和住宅要注意美观、适用和协调

建筑既要有实用功能，又要能美化城市，给人们提供精神享受。公共建筑和住宅设计应巧于构思，使其造型新颖、独具特色，但又与周围环境相协调，保护自然景观。同时还要满足功能适用、结构合理的要求。

（二）工程设计的依据

《建设工程勘察设计管理条例》规定，编制工程建设勘察设计文件，应当以下列规定为依据：

1. 项目批准文件；

2. 城乡规划；

3. 工程建设强制性标准；

4. 国家规定的工程建设勘察设计深度要求。

铁路、交通、水利等专业工程建设，还应当以专业规划的要求为依据。

二、各设计阶段的内容和深度

（一）设计阶段

根据《基本建设设计工作管理暂行办法》的规定，设计阶段可根据建设项目的复杂程度而决定。

1. 一般建设项目

一般建设项目的设计可按初步设计和施工图设计两阶段进行。如有需要，可先进行方案设计，再进行初步设计和施工图设计。

2. 技术复杂的建设项目

技术上复杂的建设项目，可增加技术设计阶段，即按初步设计、技术设计、施工图设计三个阶段进行。

3. 存在总体部署问题的建设项目

一些牵涉面广的项目，如大型矿区、油田、林区、垦区、联合企业等，存在总体开发部署等重大问题，这时，在进行一般设计前还可进行总体规划设计或总体设计。

（二）勘察设计文件的要求

《建设工程勘察设计管理条例》规定，勘察设计文件必须满足下述要求：

1. 勘察文件

工程建设勘察文件，应当真实、准确，满足工程建设规划、选址、岩土治理和施工的需要。

2. 设计文件

方案设计文件应满足编制初步设计文件和控制概算的需要；初步设计文件应满足编制施工招标文件、主要设备材料订货和编制施工图设计文件的需要；施工图设计文件应满足设备材料采购、非标准设备制作和施工的需要，并注明工程建设合理使用年限。

3. 材料、设备的选用

设计文件中选用的材料、构配件、设备，应当注明其规格、型号、性能等技术指标，其质量要求必须符合国家规定的标准。

勘察设计文件中规定采用的新技术、新材料，可能影响工程建设质量和安全又没有国家技术标准的，应当由国家认可的检测机构进行试验、论证，出具检测报告，并经国务院有关部门或省、自治区、直辖市人民政府有关部门组织的工程建设技术专家委员会审定后，方可使用。

（三）各设计阶段的内容与深度

1. 总体设计

总体设计一般由文字说明和图纸两部分组成。其内容包括：建设规模、产品方案、原料来源、工艺流程概况、主要设备配备、主要建筑物及构筑物、公用和辅助工程、"三废"治理及环境保护方案、占地面积估计、总图布置及运输方案、生活区规划、生产组织和劳动定员估计、工程进度和配合要求、投资估算等。

总体设计的深度应满足开展下述工作的要求：初步设计，主要大型设备、材料的预安排，土地征用谈判。

2. 初步设计

初步设计一般应包括以下有关文字说明和图纸：设计依据、设计指导思想、产品方案、各类资源的用量和来源、工艺流程、主要设备选型及配置、总图运输、主要建筑物和构筑物、公用及辅助设施、新技术采用情况、主要材料用量、占地面积和土地利用情况、综合利用和"三废"治理、生活区建设、抗震和人防措施、生产组织和劳动定员、各项技术经济指标、建设顺序和期限、总概算等。

初步设计的深度应满足以下要求：设计方案的比选和确定、主要设备材料订货、土地征用、基建投资的控制、施工图设计的编制、施工组织设计的编制、施工准备和生产准备等。

3. 技术设计

技术设计的内容，由有关部门根据工程的特点和需要，自行制定。其深度应能满足确定设计方案中重大技术问题和有关实验、设备制造等方面的要求。

4. 施工图设计

施工图设计，应根据已获批准的初步设计进行。其深度应能满足以下要求：设备材料的安排和非标准设备的制作、施工图预算的编制、施工要求等。

三、设计文件的审批与修改

（一）设计文件的审批

我国建设项目设计文件的审批实行"分级管理、分级审批"的原则。根据《基本建设设计工作管理暂行办法》，设计文件具体审批权限规定如下：

1. 大中型建设项目的初步设计和总概算及技术设计，按隶属关系，由国务院主管部门或省、直辖市、自治区审批。

2. 小型建设项目初步设计的审批权限，由主管部门或省、市、自治区自行规定。

3. 总体规划设计（或总体设计）的审批权限与初步设计的审批权限相同。

4. 各部直接代管的下放项目的初步设计，由国务院主管部门为主，会同有关省、市、自治区审查或批准。

5. 施工图设计要按有关规定进行审查。

（二）设计文件的修改

设计文件是工程建设的主要依据，经批准后，不得任意修改和变更，建设单位、施工单位、监理单位都不得修改工程建设勘察设计文件；确需修改的，应由原勘察设计单位修改。经原勘察设计单位书面同意，建设单位也可以委托其他具有相应资质的工程建设勘察设计单位修改。修改单位对修改的勘察设计文件承担相应责任。

施工单位、监理单位发现工程建设勘察设计文件不符合工程建设强制性标准、合同约定的质量要求的，应当报告建设单位，建设单位有权要求工程建设勘察设计单位对工程建设勘察设计文件进行补充、修改。

工程建设勘察设计文件内容需要作重大修改的，建设单位应当报经原审批机关批准后，方可修改。根据《基本建设设计工作管理暂行办法》，修改设计文件应遵守以下规定：

1. 凡涉及计划任务书的主要内容,如建设规模、产品方案、建设地点、主要协作关系等方面的修改,须经原计划任务书审批机关批准。

2. 凡涉及初步设计的主要内容,如总平面布置、主要工艺流程、主要设备、建筑面积、建筑标准、总定员、总概算等方面的修改,须经原设计审批机关批准。修改工作须由原设计单位负责进行。

第三节 施工图设计文件审查

一、施工图设计文件审查的概念

施工图设计文件(以下简称"施工图")审查是指国务院建设行政主管部门和省、自治区、直辖市人民政府建设行政主管部门依法认定的设计审查机构,根据国家的法律、法规、技术标准与规范,对施工图进行结构安全和强制性标准、规范执行情况等的独立审查。它是政府主管部门对建筑工程勘察设计质量监督管理的重要环节,是基本建设必不可少的程序,工程建设各方必须认真贯彻执行。

二、施工图审查的范围及内容

施工图审查与设计咨询的关系

施工图审查的目的是维护社会公共利益,保护社会公众的生命财产安全,因此,施工图审查主要涉及社会公众利益与公众安全方面的问题。至于设计方案在经济上是否合理、技术上是否保守、设计方案是否可以改进等这些主要只涉及业主利益的问题,是属于设计咨询范畴的内容,不属于施工图审查的范围。当然,在施工图审查中如发现这方面的问题,也可提出建议,由业主自行决定是否进行修改。如业主另行委托,也可进行这方面的审查。

三、施工图审查机构

(一)施工图审查机构应具备的条件

《基本建设设计工作管理暂行办法》规定,符合下列条件的机构方可承担施工图审查工作:

1. 具有独立的法人资格;

2. 具有符合设计审查条件的工程技术人员。地级以上(含地级)城市的审查机构具有符合条件的结构审查人员不得少于6人;勘察、建筑和其他配套专业的审查人员不少于7人;县级城市审查机构应具备的条件由省级人民政府建设行政主管部门规定;

3. 有固定的工作场所,注册资金不少于20万元;

4. 有健全的技术管理和质量保证体系;

5. 审查人员应熟练掌握国家和地方现行的强制性标准、规范;

6. 设计审查人员必须具备的条件为:

(1) 具有10年以上结构设计工作经历,独立完成过5项2级以上(含2级)项目工程设计;

(2) 获准注册的一级注册结构工程师,并具有高级工程师职称;

(3) 年满35周岁并不超过65周岁;

(4) 有独立工作能力,并有一定语言文字表达能力;

（5）有良好的职业道德。

（二）施工图审查机构的审批

凡符合上述条件的直辖市、计划单列市、省会城市的设计审查机构，由省、自治区、直辖市建设行政主管部门初审后，报国务院建设行政主管部门审批，并颁发施工图设计审查许可证。其他城市的设计审查机构由省级建设行政主管部门审批，并颁发施工图设计审查许可证。

取得施工图设计审查许可证的机构，方可承担审查工作。

四、施工图审查的程序

（一）施工图审查的要求

1. 审查机构审查结束后，应向建设行政主管部门提交书面的项目施工图审查报告，报告应由审查人员签字、审查机构盖章。

2. 对于审查合格的项目，建设行政主管部门收到审查报告后，应及时向建设单位通报审查结果，并颁发施工图审查批准书；对于审查不合格的项目，由审查机构提出书面意见，并将施工图退回建设单位，交由原设计单位修改后，重新报送。

3. 审查机构在收到审查材料后，应在一个期限范围内完成审查工作，并提出工作报告。目前规定的具体审查期限为：一般项目 20 个工作日；特级、一级项目 30 个工作日；重大及技术复杂项目可适当延长。

4. 施工图一经审查批准，不得擅自进行修改。如遇特殊情况需要进行涉及审查主要内容的修改时，必须重新报请原审批部门委托审查机构审查，并经批准后方能实施。

5. 施工图审查所需经费，由施工图审查机构向建设单位收取。

（二）对审查结果有争议的解决途径

建设单位或设计单位对审查机构作出的审查报告有重大分歧意见时，可由建设单位或设计单位向所在省、自治区、直辖市人民政府建设行政主管部门提出复查申请，由省、自治区、直辖市人民政府建设行政主管部门组织专家论证并做出复查结果。

五、施工图审查各方的责任

（一）设计单位与设计人员的责任

勘察设计单位及其设计人员必须对自己的勘察设计文件的质量负责，这是《建设工程质量管理条例》《建设工程勘察设计管理条例》等法规所明确规定的，也是国际上通行的规则。它并不因通过了审查机构的审查就可免责。审查机构的审查只是一种监督行为，它只对工程设计质量承担间接的审查责任，其直接责任仍由完成设计的单位及个人负责。如若出现质量问题，设计单位及设计人员还必须依据实际情况和相关法律的规定，承担相应的经济责任、行政责任和刑事责任。

（二）审查机构及审查人员的责任

审查机构和审查人员在设计质量问题上的免责并不意味着审查机构和审查人员就不要承担任何责任。对自己的失职行为，审查机构和审查人员必须承担直接责任，这些责任可分为经济责任、行政责任和刑事责任，它将依据具体事实和相关情节依法认定。

（三）政府主管部门的责任

依据相关法律规定，政府各级建设行政主管部门在施工图审查中享有行政审批权，主要负责行政监督管理和程序性审批工作。它对设计文件的质量不承担直接责任，但对其审批工作的质量，负有不可推卸的责任，这个责任具体表现为行政责任和刑事责任，对此，《建设工程勘察设计管理条例》明确规定：国家机关工作人员在工程建设勘察设计活动的监督管理工作中玩忽职守、滥用职权、徇私舞弊，构成犯罪的，依法追究刑事责任；尚不构成犯罪的，依法给予行政处分。

第四节　工程勘察设计法律制度案例

案例 1

上诉人（原审原告、反诉被告）：上海××建筑规划设计有限公司（以下简称"甲公司"）

被上诉人（原审被告、反诉原告）：滕州市人民政府北辛街道办事处

一、基本案情

2012 年 11 月 17 日，甲公司（乙方）与北辛街道（甲方）签订了接官巷历史文化街区建筑规划及改造设计合同。合同约定：项目名称"接官巷区域建筑规划及改造设计"，项目地点山东滕州，项目设计内容，区域范围包括五条街道（北关街、接官巷、前进街、前进二巷、善国路及学院路局部）沿街两侧规划，建筑改造设计及城市街景建筑造型设计。根据设计深度不同分为二大部分。（1）施工图设计深度：包括接官厅及其东西两侧各一个院落为新建建筑，一共三个院落。设计深度做到施工图，总设计面积大概为10022平方米。（2）沿街立面表现图深度：包括北关街、接官巷、前进街、前进二巷、善国路。因项目现场情况复杂，而且甲方难以提供准确的测绘图纸，乙方设计深度做到沿街立面表现图即完成全部设计任务，后续改造施工另行安排。合同第二条"设计收费"约定：本项目采用白图方式出图，相关图纸不能加盖设计单位任何图章，设计人员也无需签字盖章。根据以上情况，实际设计费用予以大幅优惠，共计人民币 140 万元。第三条：付款方式，A、甲方委托乙方开始设计前，预付设计定金人民币 20 万元；B、乙方交付整套设计文本后，正式汇报且方案通过后三日内，支付人民币 50 万元；C、乙方交付接官厅及其东西两个院落施工图纸后三个工作日内支付人民币 50 万元；D、东西院落及接官厅主体施工封顶后三个工作日内支付剩余设计费人民币 20 万元。合同上有双方加盖的公章。在合同签订之前，2012 年 3～4 月始至 2012 年 10 月甲公司与北辛街道不断通过电子邮件沟通，向北辛街道提交了相关的设计文本，北辛街道于 2012 年 7 月 25 日及同年 11 月 20 日支付甲公司设计费 50 万元。2012 年年底"接官巷、东院子、西院子"三组建筑已全部封顶。2012 年 12 月 24 日甲公司向北辛街道发出了"接官巷项目设计款项支付说明"，要求北辛街道尽快支付余下的 90 万元设计费，2013 年 12 月 2 日又向北辛街道发出律师函，要求付款。但北辛街道仍未支付。甲公司以此为由诉至一审法院，请求判令北辛街道偿还设计费 90 万元及利息损失。

二、案件审理

一审法院认为：建设工程设计是指根据建设工程的要求，对建设工程所需的技术、经济、资源、环境等条件进行综合分析、论证，编制建设工程设计文件的活动。国家对从事建设工程设计活动的单位实行资质管理制度，由国务院建设行政主管部门统一制作建设工

程设计单位资质证书。发包方不得将建设工程设计业务发包给不具有相应设计资质等级的设计单位，建设工程设计单位应当在其资质等级许可的范围内承揽建设工程设计业务。甲公司与北辛街道签订的"接官巷历史文化街区建筑规划及改造设计合同"，约定由被告对滕州市接官巷区域范围内五条街道沿街两侧规划、建筑改造设计及城市街景建筑造型设计，双方对设计图的出图方式、设计费用、付款时间均做了具体约定，故双方签订的合同性质应认定为建设工程设计合同，甲公司辩称双方系咨询服务合同，与事实不符，对其辩解，不予采信。国务院《建设工程质量管理条例》第十八条第一款规定，从事建设工程设计的单位应当依法取得相应等级的资质证书，并在其资质等级许可的范围内承揽工程。因甲公司未取得建设工程设计的资质证书，不具有建设工程设计资质，双方签订的规划设计合同违反法律、行政法规强制性规定，应属无效。经原审法院向甲公司释明，甲公司不变更诉讼请求，故甲公司要求北辛街道支付设计费及利息损失，实质是要求北辛街道继续履行合同义务，原审法院不予支持。北辛街道要求确认合同无效，于法有据，应予支持。无效的合同对双方自始没有法律约束力，对此双方均有过错。甲公司根据北辛街道的要求，已付出了劳动形成了设计图，并向北辛街道交付了该劳动成果。北辛街道认可 2012 年年底"接官巷、东院子、西院子"三组建筑已全部封顶，而其于 2013 年 4 月 18 日与上海同济城市规划设计研究院签订"规划设计合同"，根据甲公司通过电子邮件向北辛街道发出的接官巷效果图及接官巷实际施工的现状照片，对甲公司的部分设计成果已被北辛街道用于实际项目中的事实，原审法院予以认定。故北辛街道要求甲公司返还因合同取得的设计费 50 万元，不予支持。

上诉人甲公司对一审判决结果不服，提起上诉，二审法院认为原审判决认定事实清楚，适用法律正确，维持一审判决。

三、案例评析

《建设工程质量管理条例》第十八条规定："从事建设工程勘察、设计的单位应当依法取得相应等级的资质证书，并在其资质等级许可的范围内承揽工程。禁止勘察、设计单位超越其资质等级许可的范围或者以其他勘察、设计单位的名义承揽工程。禁止勘察、设计单位允许其他单位或者个人以本单位的名义承揽工程。勘察、设计单位不得转包或者违法分包所承揽的工程。"本案中，甲公司未取得建设工程设计资质证书，不具有建设工程设计资质，其与北辛街道签订《接官巷历史文化街区建筑规划及改造设计合同》，违反了法律、行政法规的强制性规定，所签订的合同是无效的。《中华人民共和国合同法》第五十八条规定："合同无效或者被撤销后，因该合同取得的财产，应当予以返还，不能返还或者没有必要返还的，应当折价补偿。有过错的一方应当赔偿对方因此所受到的损失，双方都有过错的，应当各自承担相应的责任"。案涉合同被认定无效后，甲公司要求依合同约定支付余款，缺乏法律和事实依据。

案例 2

上诉人（原审被告、反诉原告）：重庆××房地产开发有限公司（以下简称"甲公司"）

被上诉人（原审原告、反诉被告）：重庆××建筑景观设计有限公司（以下简称"乙公司"）

一、基本案情

2014 年 11 月 24 日，以被告为发包人（甲方），以原告为设计人（乙方），双方签订《景观设计咨询合同》，约定工程名称为香山锦苑改造景观工程设计，工程地点为沙坪坝区歌乐山回车场老牛房，项目规模 16433 平方米，设计阶段为方案－施工图设计，单价 42 元/平方米，总设计费约 690186 元。原告乙公司起诉至法院，要求被告支付原告欠付的设计费 560343.10 元，并且按照合同约定支付违约金 419237.75 元。

二、案件审理

一审法院经审理，判决如下：①被告（反诉原告）甲公司于本判决生效后十日内支付原告（反诉被告）乙公司设计费 490711.30 元；②被告（反诉原告）甲公司于本判决生效后十日内支付原告（反诉被告）乙公司违约金（滞纳金），该金以 490711.30 元为基数，自 2017 年 4 月 26 日起算至款项付清之日止，按中国人民银行同期贷款利率四倍计算。

一审宣判后，甲公司不服该判决，提起上诉。二审法院认为，《中华人民共和国合同法》第五十二条第五项规定，有违反法律、行政法规的强制性规定的情形，合同无效。该法第二百六十九条规定，建设工程合同是承包人进行工程施工，发包人支付价款的合同；建设工程合同包括工程勘察、设计、施工合同。《中华人民共和国建筑法》第十三条规定，从事建筑活动的建筑施工企业、勘察单位、设计单位和工程监理单位，按照其拥有的注册资本、专业技术人员、技术装备和已完成的建筑工程业绩等资质条件，划分为不同的资质等级，经资质审查合同，取得相应等级的资质证书后，方可在其资质等级许可的范围内从事建筑活动。《建设工程勘察设计管理条例》第八条规定，建设工程勘察、设计单位应当在其资质等级许可的范围内承揽建设工程勘察、设计业务；禁止建设工程勘察、设计单位超越其资质等级许可的范围或者以其他建设工程勘察、设计单位的名义承揽建设工程勘察、设计业务；禁止建设工程勘察、设计单位允许其他单位或者个人以本单位的名义承揽建设工程勘察、设计业务。本案中，虽然乙公司提供了重庆市风景园林学会为其颁发的园林景观规划设计甲级资质证书，但根据《建设工程勘察设计资质管理规定》（建设部第160 号令）第八条规定的资质申请和审批流程，以及《关于印发〈工程设计资质标准〉的通知》（建市〔2007〕86 号）附件 6-5 规定的"风景园林工程设计专项资质标准"，风景园林工程设计资质属于工程设计专项资质，甲级资质应当向企业工商注册所在地的省、自治区、直辖市人民政府建设主管部门提出申请，并由国务院建设主管部门审查；乙级资质许可由省、自治区、直辖市人民政府建设主管部门实施。因此，乙公司提供的重庆市风景园林学会颁发的资质证书不符合法律规定，其与甲公司签订的《景观设计咨询合同》违反了前述《中华人民共和国建筑法》和《建设工程勘察设计管理条例》的强制性规定，依据《中华人民共和国合同法》第五十二条第五项的规定，系无效合同。乙公司基于有效合同提起本案诉讼，法院应当向当事人释明，允许其变更诉讼请求，现一审法院因合同效力认定有误致其在未向当事人释明的情况下作出本案判决，属严重违反法定程序。二审法院最终判决撤销一审判决，发回重审。

三、案例评析

《建筑法》第十三条规定："从事建筑活动的建筑施工企业、勘察单位、设计单位和工程监理单位，按照其拥有的注册资本、专业技术人员、技术装备和已完成的建筑工程业绩等资质条件，划分为不同的资质等级，经资质审查合格，取得相应等级的资质证书后，方可在其资质等级许可的范围内从事建筑活动。"《建设工程勘察设计管理条例》第八条规定："建设工程勘察、设计单位应当在其资质等级许可的范围内承揽建设工程勘察、设计业务。禁止建设工程勘察、设计单位超越其资质等级许可的范围或者以其他建设工程勘察、设计单位的名义承揽建设工程勘察、设计业务。禁止建设工程勘察、设计单位允许其他单位或者个人以本单位的名义承揽建设工程勘察、设计业务。"上述法律规定对于建筑市场的准入有着严格的要求，相关主体应在其资质等级许可范围内从事建筑活动。本案中，乙公司并不具备承揽该工程的相应资质，最终导致其与甲公司签订的合同无效。

第七章 建筑法律制度

第一节 建筑法概述

一、建筑法概念及立法目的

(一)建筑法的概念

建筑法是指调整建筑活动的法律规范的总称。建筑活动是指各类房屋及其附属设施的建造和与其配套的线路、管道、设备的安装活动。

建筑法有狭义和广义之分。狭义的建筑法系指 2011 年 4 月 22 日第十一届全国人大常委会第 20 次会议通过的,于 2011 年 7 月 1 日起施行的《中华人民共和国建筑法》(以下简称《建筑法》)。该法是调整我国建筑活动的基本法律,共 8 章,85 条。它以规范建筑市场行为为出发点,以建筑工程质量和安全为主线,规范了总则、建筑许可、建筑工程发包与承包、建筑工程监理、建筑安全生产管理、建筑工程质量管理、法律责任、附则等内容,并确定了建筑活动中的一些基本法律制度。广义的建筑法,除《建筑法》之外,还包括所有调整建筑活动的法律规范性文件。这些法律规范分布在我国的宪法、法律、行政法规、部门规章、地方性法规、地方规章以及国际惯例之中。由这些不同层次的法律调整建筑活动所组成的法律规范即是广义的建筑法。更为广义的建筑法是指调整建设工程活动的法律规范的总称。

(二)建筑法的立法目的

《建筑法》第 1 条规定:“为了加强对建筑活动的监督管理,维护建筑市场秩序,保证建筑工程的质量和安全,促进建筑业健康发展,制定本法。”此条即规定了我国《建筑法》的立法目的。

1. 加强对建筑活动的监督管理

建筑活动是一个由多方主体参加的活动。没有统一的建筑活动行为规范和基本的活动程序,没有对建筑活动各方主体的管理和监督,建筑活动就是无序的。为保障建筑活动的正常、有序进行,就必须加强对建筑活动的监督管理。

2. 维护建筑市场秩序

建筑市场作为社会主义市场经济的组成部分,需要确定与社会主义市场经济相适应的新的市场秩序。但是,在新的管理体制转轨过程中,建筑市场中旧的经济秩序打破后,新的经济秩序尚未完全建立起来,以致造成某些混乱现象。制定《建筑法》就要从根本上解决建筑市场混乱状况,确立与社会主义市场经济相适应的建筑市场管理,以维护建筑市场的秩序。

3. 保证建筑工程的质量与安全

建筑工程质量与安全,是建筑活动永恒的主题,无论是过去、现在还是将来,只要有建筑活动的存在,就有建筑工程的质量和安全问题。

《建筑法》以建筑工程质量与安全为主线，作出了一些重要规定：

（1）要求建筑活动应当确保建筑工程质量和安全，符合国家的建筑工程安全标准；

（2）建筑工程的质量与安全应当贯彻建筑活动的全过程，进行全过程的监督管理；

（3）建筑活动的各个阶段、各个环节，都要保证质量和安全；

（4）明确建筑活动各有关方面在保证建筑工程质量与安全中的责任。

4.促进建筑业健康发展

建筑业是国民经济的重要物质生产部门，是国家重要支柱产业之一。建筑活动的管理水平、效果、效益，直接影响到我国固定资产投资的效果和效益，从而影响到国民经济的健康发展。为了保证建筑业在经济和社会发展中的地位和作用，同时也是为了解决建筑业发展中存在的问题，迫切需要制定《建筑法》，以促进建筑业健康发展。

二、建设工程法

（一）建设工程法的概念

建设工程法即规范建设工程的法律规范，它是调整工程勘察设计、土木工程施工、线路管道设备安装等建设活动中发生的建设管理及建设协作的法律规范的总称。建设工程法以《建筑法》为基础，同时还应包括《建设工程质量管理条例》《建设工程勘察设计管理条例》等法规及相应的规章。

（二）建设工程法的调整范围

1.建设工程行政管理关系

建设工程行政管理关系是指建设工程的计划、组织、调控、监督等关系。具体规范工程项目建设程序、建设工程招投标、建设工程投资、建设质量监督、建筑市场、建设工程监理、建设工程合同管理等内容。此外，国家还要通过财政、金融、审计、会计、统计、物价、税收等监督、管理、规范建设工程活动。

2.建设工程平等主体的协作关系

建设工程平等主体的协作关系主要体现在建设工程合同的签订与履行中。如勘察设计单位与业主的工程合同关系，建筑安装企业与业主的工程合同关系，以及业主、勘察设计单位、建筑安装企业、监理单位在建设活动中相互间协作关系，还有围绕建筑材料供应、建筑设备租赁发生的往来关系等。建设工程主体内部的协作关系、内部承包合同关系也是建设工程平等主体的协作关系，但具有内部行政性的特征。

（三）建设工程行政执法

1.建设工程行政执法的概念

建设工程行政执法是指国家建设行政主管部门在本部门的职能权限内，运用或执行关于建设工程行政管理方面的法律、法规、规章和规范性文件的具体行政行为。

2.建设工程行政执法的特征

（1）建设工程行政执法内容广泛。建设工程行政执法内容包括：施工、安装管理执法；建设工程勘察、设计管理执法；建设工程监理执法；建设工程招投标管理执法；建设工程质量管理执法；建设工程标准、定额管理执法；建筑市场管理执法等。

（2）建设工程行政执法专业性强。建设行政主管部门除了直接依据建设工程法律、法规和规章及规范性文件执法外，还要依据一些专业技术标准、技术规范、技术规程和专门的建设工程专业机构（如勘察院、设计院、规划院、质量监督站、质量检测站、技术鉴定机构等），运用科学手段得出科学结论及准确数据进行执法。

（3）建设工程行政执法包括建设工程行政检查、建设工程行政处理、建设工程行政处罚和建设工程行政强制执行等方式。

第二节 建筑工程许可

一、建筑工程许可制度

（一）建筑工程许可的规范

建设单位必须在建设工程立项批准后，工程发包前，向建设行政主管部门或其授权的部门办理报建登记手续。未办理报建登记手续的工程，不得发包，不得签订工程合同。新建、扩建、改建的建设工程，建设单位必须在开工前向建设行政主管部门或其授权的部门申请领取建设工程施工许可证。未领取施工许可证的，不得开工。已经开工的，必须立即停止，办理施工许可证手续。否则由此引起的经济损失由建设单位承担责任，并视违法情节，对建设单位作出相应处罚。《建筑法》第 7 条规定："建筑工程开工前，建设单位应当按照国家有关规定向工程所在地县级以上人民政府建设行政主管部门申请领取施工许可证；但是，国务院建设行政主管部门确定的限额以下的小型工程除外。"

（二）申请建筑工程许可的条件及法律后果

1. 申请建筑工程许可证的条件

《建筑法》第 8 条规定申请领取施工许可证应具备下列条件：

（1）已经办理该建筑工程用地批准手续；

（2）在城市规划区的建筑工程，已经取得规划许可证；

（3）需要拆迁的，其拆迁进度符合施工要求；

（4）已经确定建筑施工企业；

（5）有满足施工需要的施工图纸及技术资料；

（6）有保证工程质量和安全的具体措施；

（7）建设资金已经落实；

（8）法律、行政法规规定的其他条件。

根据《建筑法》，住房和城乡建设部于 2014 年 6 月 25 日通过了《建筑工程施工许可管理办法》（中华人民共和国住房和城乡建设部令第 18 号），建设单位申请领取施工许可证，应当具备下列条件，并提交相应的证明文件：

（1）依法应当办理用地批准手续的，已经办理该建筑工程用地批准手续。

（2）在城市、镇规划区的建筑工程，已经取得建设工程规划许可证。

（3）施工场地已经基本具备施工条件，需要征收房屋的，其进度符合施工要求。

（4）已经确定施工企业。按照规定应当招标的工程没有招标，应当公开招标的工程没有公开招标，或者肢解发包工程，以及将工程发包给不具备相应资质条件的企业的，所确定的施工企业无效。

（5）有满足施工需要的技术资料，施工图设计文件已按规定审查合格。

（6）有保证工程质量和安全的具体措施。施工企业编制的施工组织设计中有根据建筑工程特点制定的相应质量、安全技术措施。建立工程质量安全责任制并落实到人。专业性较强的工程项目编制了专项质量、安全施工组织设计，并按照规定办理了工程质量、安全监督手续。

（7）按照规定应当委托监理的工程已委托监理。

（8）建设资金已经落实。建设工期不足一年的，到位资金原则上不得少于工程合同价的50%，建设工期超过一年的，到位资金原则上不得少于工程合同价的30%。建设单位应当提供本单位截至申请之日无拖欠工程款情形的承诺书或者能够表明其无拖欠工程款情形的其他材料，以及银行出具的到位资金证明，有条件的可以实行银行付款保函或者其他第三方担保。

（9）法律、行政法规规定的其他条件。

县级以上地方人民政府住房城乡建设主管部门不得违反法律法规规定，增设办理施工许可证的其他条件。

2. 领取建筑工程许可证的法律后果

（1）建设单位应当自领取施工许可证之日起三个月内开工。因故不能按期开工的，应当向发证机关申请延期；延期以两次为限，每次不超过三个月。既不开工又不申请延期或者超过延期时限的，施工许可证自行废止。

（2）在建的建筑工程因故中止施工的，建设单位应当自中止施工之日起一个月内，向发证机关报告，并按照规定做好建筑工程的维护管理工作。建筑工程恢复施工时，应当向发证机关报告；中止施工满一年的工程恢复施工前，建设单位应当报发证机关核验施工许可证。

二、建筑工程从业者资格

（一）国家对建筑工程从业者实行资格管理

从事建筑工程活动的企业或单位，应当向工商行政管理部门申请设立登记，并由建设行政主管部门审查，颁发资格证书。从事建筑工程活动的人员，要通过国家任职资格考试、考核，由建设行政主管部门注册并颁发资格证书。

（二）国家规定的建筑工程从业者

1. 建筑工程从业的经济组织

建筑工程从业的经济组织包括：建筑施工企业、勘察单位、设计单位和工程监理单位，以及法律、法规规定的其他企业或单位（如工程招标代理机构、工程造价咨询机构等）。以上组织应具备下列条件：

（1）有符合国家规定的注册资本；

（2）有与其从事的建筑活动相适应的具有法定执业资格的专业技术人员；

（3）有从事相关建筑活动所应有的技术装备；

（4）法律、行政法规规定的其他条件。

2. 建筑工程的从业人员

建筑工程的从业人员主要包括：注册建筑师、注册结构工程师、注册监理工程师、注册造价工程师、注册建造师、注册咨询工程师、注册估价师以及法律、法规规定的其他人员。

3. 建筑工程从业者资格证件的管理

建筑工程从业者资格证件，严禁出卖、转让、出借、涂改、伪造。违反上述规定的，将视具体情节，追究法律责任。建筑工程从业者资格的具体管理办法，由国务院建设行政主管部门另行规定。

第三节　建设工程监理

一、建设工程监理制度概述

建设工程监理，是指具有相应资质的监理单位受工程项目业主的委托，依据国家有关法律、法规，经建设主管部门批准的工程项目建设文件，建设工程委托监理合同及其他建设工程合同，对工程建设实施的专业化监督管理。

实行建设工程监理制度是我国工程建设与国际惯例接轨的一项重要工作，也是我国建设领域中管理体制改革的重大举措。我国于 1988 年开始推行建设工程监理制度。经过十几年的摸索总结，我国《建筑法》第 30～35 条以法律的形式正式确立了该项制度，《建设工程质量管理条例》还规定了工程业主的质量责任和义务。其他有关建设工程监理制度的规定包括原建设部和国家计委发布的《建设工程监理范围和规模标准规定》《工程监理企业资质管理规定》以及《建设工程监理规范》等。

二、建设工程监理的作用

（一）有利于提高建设工程投资决策科学化水平

在建设单位委托工程监理实施全方位全过程监理的条件下，监理单位可以派出具备资质的监理工程师为建设单位提供全过程的咨询、监理工作，有利于提高投资项目决策的科学化水平，避免项目投资决策失误，也为实现建设工程投资综合效益最大化打下了良好的基础。

（二）有利于规范工程建设参与各方的建设活动

在建设工程实施过程中，工程监理企业可依据委托监理合同和有关的建设工程合同对承建单位的建设行为进行监督管理。由于这种约束机制贯穿于工程建设的全过程，所以可以最有效地规范各承建单位的建设行为，最大限度地避免不当建设行为的发生。

要发挥相应的约束作用，需要工程监理企业规范自身的行为并接受政府的监督管理。

三、建设工程监理的性质

（一）服务性

工程监理企业既不直接进行设计，也不直接进行施工，更不参与承包商的利润分成，而是利用自己的知识、技能、经验、信息以及必要的试验、检测手段为建设单位提供管理活动。

建设工程监理的服务对象是建设单位。监理服务是按照委托监理合同的规定进行的，是受法律约束和保护的。

（二）科学性

工程监理企业应当由组织管理能力强、工程建设经验丰富的人员担任领导；应当有足够数量的、有丰富管理经验和应变能力的监理工程师组成的骨干队伍；要有一套健全的管理制度和现代化的管理手段；要掌握先进的管理理论、方法和手段；要积累足够的技术、经济资料和数据；要有科学的工作态度和严谨的工作作风，要实事求是、创造性地开展工作。这一切决定了监理工作的科学性。

（三）独立性

工程监理单位应当严格地按照有关法律、法规、规章、工程建设文件、工程建设技术标准、建设工程委托监理合同、有关的建设工程合同等规定实施监理。在监理过程中，监理单位与承建单位不得有隶属关系和其他利害关系。在开展监理的过程中，必须建立自己的组织，按照自己的工作计划、程序、流程、方法、手段独立开展工作。

（四）公正性

公正性是社会公认的职业道德准则，是监理工程师能够长期生存和发展的基本职业道德准则。在开展建设工程监理的过程中，工程监理应该客观公正地对待建设单位和承建单位。特别是当这两方发生利益冲突或者矛盾时，工程监理企业应该以事实为依据，以法律和有关合同为准绳，在维护建设单位合法权益时，不损害承建单位的合法权益。

四、我国实行强制监理的范围

《建设工程质量管理条例》第12条对必须实行监理的建设工程作出了原则规定。建设部根据该条例，于2001年1月7日颁布了《建设工程监理范围和规模标准规定》，明确必须实行监理的建设工程项目具体范围和规模标准。这些必须实行监理的建设工程项目是：

（一）国家重点建设工程

国家重点建设工程，是指依据《国家重点建设项目管理办法》所确定的对国民经济和社会发展有重大影响的骨干项目。

（二）大中型公用事业工程

大中型公用事业工程，是指项目总投资额在3000万元以上的下列工程项目：

1. 供水、供电、供气、供热等市政工程项目；

2. 科技、教育、文化等项目；

3. 体育、旅游、商业等项目；

4. 卫生、社会福利等项目；

5. 其他公用事业项目。

（三）成片开发建设的住宅小区工程

成片开发建设的住宅小区工程，其建筑面积在5万平方米以上的，必须实行监理；5万平方米以下的住宅建设工程，可以实行监理；具体范围和规模标准，由省、自治区、直辖市人民政府建设行政主管部门规定。为了保证住宅质量，对高层住宅及地基、结构复杂的多层住宅应当实行监理。

（四）利用外国政府或者国际组织贷款、援助资金的工程

1. 使用世界银行、亚洲开发银行等国际组织贷款资金的项目；

2. 使用国外政府及其机构贷款资金的项目；

3. 使用国际组织或者国外政府援助资金的项目。

（五）国家规定必须实行监理的其他工程

1. 项目总投资额在3000万元以上关系社会公共利益、公众安全的下列基础设施项目：

（1）煤炭、石油、化工、天然气、电力、新能源等项目；

（2）铁路、公路、管道、水运、民航以及其他交通运输业等项目；

（3）邮政、电信枢纽、通信、信息网络等项目；

（4）防洪、灌溉、排涝、发电、引（供）水、滩涂治理、水资源保护、水土保持等水利建设项目；

（5）道路、桥梁、地铁和轻轨交通、污水排放及处理、垃圾处理、地下管道、公共停车场等城市基础设施项目；

（6）生态环境保护项目；

（7）其他基础设施项目。

2. 学校、影剧院、体育场馆项目。

五、工程建设监理的内容和依据

（一）工程建设监理的内容

工程监理的主要内容可以概括为："三控制、两管理、一协调"。三控制是指建设工程监理对建设工程的投资、工期和质量进行控制。两管理是指建设工程监理对建设工程进行的合同管理、信息管理。一协调是指建设工程监理要协调好与有关单位的工作关系。

（二）工程建设监理的依据

1. 有关法律、行政法规、规章以及标准、规范。

2. 有关工程建设文件。

3. 建设单位委托监理合同以及有关的建设工程合同。

六、工程监理单位的资质许可制度

国家对工程监理单位实行资质许可制度。《建设工程质量管理条例》第 34 条第 1 款规定："工程监理单位应当依法取得相应等级的资质证书，并在其资质等级许可的范围内承担工程监理业务。"同时，该条还规定："禁止工程监理单位超越本单位资质等级许可的范围或者以其他工程监理单位的名义承担工程监理业务。禁止工程监理单位允许其他单位或者个人以本单位的名义承担工程监理业务。工程监理单位不得转让工程监理业务。"这与对勘察、设计、施工单位的规定是一样的。

根据《中华人民共和国建筑法》《建设工程质量管理条例》，住房和城乡建设部于 2016 年 9 月颁布了建设部令第 158 号，规定工程监理企业应当按照其拥有的注册资本、专业技术人员和工程监理业绩等资质条件申请资质，经审查合格，取得相应等级的资质证书后，方可在其资质等级许可的范围内从事工程监理活动。工程监理企业的资质等级分为甲级、乙级和丙级，并按照工程性质和技术特点划分为若干工程类别。

七、工程监理单位的选择与合同的签订

（一）工程监理单位的选择

项目法人一般通过招标投标方式择优选定监理单位。

（二）工程建设监理合同的签订

监理单位承担监理业务，应当与项目法人签订书面建设工程监理合同。工程建设监理合同的主要条款包括监理的范围和内容、双方的权利和义务、监理费的计取与支付、违约责任、双方约定的其他事项。

监理费从工程概算中列支，并核减建设单位的管理费。

八、建设工程监理合同

（一）建设工程监理合同的类型

如果将工程建设划分为建设前期（投资决策咨询）、设计阶段、施工招标阶段、施工阶段等几个阶段，监理合同也可分为这样几类。当然，业主既可委托一个监理单位承担所有阶段的监理业务，也可分别委托几个监理单位承担。

1. 建设前期监理合同

在这类监理合同中，监理单位主要从事建设项目的可行性研究并参与设计任务书的编制。

2. 设计监理合同

在这类监理合同中，监理单位的监理内容是：审查或评选设计方案，审查设计实施文件；选择勘察、设计单位，代签或参与签订勘察、设计合同或监督合同的实施；代编或代审概、预算等。

3. 招标监理合同

在这类监理合同中，监理单位的监理内容是：准备招标文件，代理招标、评标、决标，与中标单位商签工程承包合同。

4. 施工监理合同

在这类监理合同中，监理单位的监理内容是：审查工程计划和施工方案；监督施工单位严格按规范、标准施工，审查技术变更；控制工程进度和质量；检查安全防护设施；检测原材料和构配件质量；认定工程质量和数量；验收工程和签发付款凭证；审查工程价款；整理合同文件和技术档案；提出竣工报告；处理质量事故等。

（二）《建设工程委托监理合同（示范文本）》（GF-2000-0202）

2012年住房和城乡建设部、国家工商行政管理总局联合发布了《建设工程监理合同（示范文本）》（GF-2012-0202），原《建设工程委托监理合同（示范文本）》（GF-2000-0202）同时废止。新示范文本由以下三部分组成：

第一部分是协议书，包括工程概况、词语限定、组成本合同的文件、总监理工程师、签约酬金、期限、双方承诺、合同订立等基本条款。

第二部分是通用条件，包括：（1）定义与解释；（2）监理人的义务；（3）委托人的义务；（4）违约责任；（5）支付；（6）合同生效、变更、暂停、解除与终止；（7）争议解决；（8）其他。

第三部分是专用条件。专用条件是各个工程项目根据自己的个性和所处的自然和社会环境，由业主和监理单位协商一致后进行填写。双方如果认为需要，还可在其中增加约定的补充条款和修正条款，它是《建设工程监理合同》的重要组成部分。

九、监理单位的职责和工作程序

（一）监理单位的职责

监理单位是建筑市场的主体之一，建设监理是一种高智能的有偿技术服务。监理单位与项目法人之间是委托与被委托的合同关系；与被监理单位是监理与被监理的关系。监理单位应当按照核准的经营范围承接工程建设监理业务。

监理单位应当按照"公正、独立、自主"的原则开展建设监理工作，公平维护项目法人和被监理单位的合法权益。监理单位不得转让监理业务。监理单位不得承包工程，不得经营建筑材料、构配件和建筑机械、设备。监理单位在监理过程中因过错造成重大经济损失的，应承担一定的经济和法律责任。

监理工程师实行注册制度。监理工程师不得在政府机构、设备制造、材料供应等单位兼职，不得是施工、设备制造和材料、构配件供应等单位的合伙经营者。

（二）建设工程监理程序

建设工程监理工作按照下列程序进行：

1. 总监理工程师组织有关专业工程监理工程师编写监理规划；

2. 根据需要和规定，在监理规划的基础上由相关的专业监理工程师编写监理细则；

3. 根据监理规划和监理细则，规范化开展监理工作；

4. 监理工作结束后，项目监理机构应向建设单位提交监理档案并做出监理工作总结。

第四节　建筑法律制度案例

案例 1

上诉人（原审原告）：浙江××钢结构有限公司管理人（以下简称"甲公司"）

被上诉人（原审被告）：青海××电子科技有限责任公司（以下简称"乙公司"）

一、基本案情

2013 年 8 月，乙公司作为甲方与原甲公司作为乙方签订《建筑工程施工承包合同》，约定：工程名称为青海安飞 LED 项目 1 号、2 号、3 号、4 号钢结构厂房工程；承包方式为施工总承包；合同工期为开工日期暂定 2013 年 9 月 13 日，以甲方书面通知为准；竣工日期为 2013 年 12 月 18 日前，并交付使用；合同价款为 3950 万元。合同签订后，乙方进行施工，并于 2015 年 10 月完工。2015 年 12 月 4 日，双方签订一份《青海安飞 LED 项目 1 号、2 号、3 号、4 号钢结构厂房工程决算协议》，约定：1. 总合同价为 3950 万元，因土建基础部分质量问题扣除 90 万元，总决算价为 3860 万元，截至 2015 年 12 月 2 日已付工程款 2730 万元，代扣 88 万元、增补款 8 万元，实际尾款为 1050 万元。2. 余款在 2016 年 1 月 5 日前，乙方提供全额工程款发票后支付 1000 万元；尾款 50 万元于乙方协助甲方提供办理房产证所需的全部施工资料后支付。3. 本协议签订后，地面下沉、结构安全等质量问题由乙方负责，屋面、墙面、地坪的日常修缮、保养由甲方负责；其他未尽事宜参照原合同执行。另查明，2016 年 1 月 20 日乙公司法定代表人郑某被刑事羁押。2017 年 2 月 22 日，杭州市富阳区人民法院以（2017）浙 0111 破 2 号民事裁定书，受理申请人甲公司的破产清算申请，并于同日以（2017）浙 0111 破 2 号决定书，指定浙江浙经律师事务所担任甲公司管理人。

甲公司管理人向一审法院起诉请求：①判令被告立即支付原告工程款 1050 万元及支付自 2016 年 2 月 5 日起按同期人民银行贷款利率的 4 倍支付至实际付款日止的利息；②判令原告对上述工程款享有优先受偿权；③本案诉讼费由被告承担。

二、案件审理

一审法院认为，乙公司作为建设单位，与原甲公司自签订案涉《建筑工程施工承包合同》至本案审理时，始终未取得"建设用地规划许可证"和"建设工程规划许可证"，亦未进行招投标，违反了《中华人民共和国建筑法》第七条第一款，第八条第一款第一、二项及《中华人民共和国招标投标法》第三条第一款第一项的规定，应为无效合同。但合同签订后，双方进行了实际履行。2015 年 10 月该工程完工并交付，但未进行竣工验收。同年 12 月 4 日双方进行了决算，尚欠工程款为 1050 万元，同时约定了付款的时间及付款方式，对此，庭审中，乙公司对甲公司管理人提交的证据及欠款数额均不持异议，并表示认可，为此，金茂公司管理人之主张，应予以支持，但甲公司管理人应向乙公司提供全额工程款发票及全部施工资料。关于甲公司管理人对利息的主张，双方签订的《青海安飞 LED 项目 1 号、2 号、3 号、4 号钢结构厂房工程决算协议》中明确约定，由原甲公司提供全额工程款发票及全部施工资料后，乙公司便分别支付尚欠款 1000 万元和 50 万元，但庭审中，甲公司管理人并未向本院提供其是否已经按约履行了该项义务的证据，据此，因原甲公司违约在先，此项主张，不予支持。关于甲公司管理人对案涉工程是否享有优先受偿权的问题，鉴于本案《建筑工程施工承包合同》为无效合同，且原甲公司存在上述违约行为，未按约定向乙公司提供全额工程款发票及全部施工资料，同时，案涉工程未经竣工验收，亦未取得土地使用权等相关手续，不宜折价、拍卖。故甲公司管理人之主张，理由不能成立。

甲公司管理人不服一审判决，提起上诉。二审法院认为：原甲公司与乙公司自 2013 年 8 月签订案涉建设工程施工合同至本案一审法庭辩论终结前，不仅未办理建设用地土地使用权证及建筑工程施工许可证，亦未办理建设用地规划许可证和建设工程规划许可证。对于没有依法获取建设用地规划许可证、建设工程规划许可证的情况下就签订的施工合同的行为，属于干扰到国家对建设工程的调控和监督，存在较大的法律风险及安全隐患，应该被归纳到会直接影响国家利益和社会公共利益的范畴内。因此，原甲公司与乙公司签订案涉建设工程施工合同之时所适用的《中华人民共和国城乡规划法》第三十八条第二款所规定的"以出让方式取得国有土地使用权的建设项目，在签订国有土地使用权出让合同后，建设单位应当持建设项目的批准、核准、备案文件和国有土地使用权出让合同，向城市、县人民政府城乡规划主管部门领取建设用地规划许可证"及该法律第四十条第一款所规定的"在城市、镇规划区内进行建筑物、构筑物、道路、管线和其他工程建设的，建设单位或者个人应当向城市、县人民政府城乡规划主管部门或者省、自治区、直辖市人民政府确定的镇人民政府申请办理建设工程规划许可证"应属效力性强制性法律规定，违反上述法律规定的建设工程施工合同应属无效。一审法院据此根据《中华人民共和国建筑法》第八条第一款第一、二项规定认定案涉建设工程施工承包合同无效，并无不当。最终，二审法院判决"驳回上诉，维持原判。"

三、案例评析

根据《建筑法》第八条的规定，取得施工许可证的前提是取得土地使用权证、建设用地规划许可证、建设工程规划许可证，因此工程建设项目施工必须具备上述证件。2019 年 2 月 1 日实施的《最高人民法院关于审理建设工程施工合同纠纷案件适用法律问题的解释（二）》第二条规定："当事人以发包人未取得建设工程规划许可证等规划审批手续为由，请求确认建设工程施工合同无效的，人民法院应予支持，但发包人在起诉前取得建设工程规划许可证等规划审批手续的除外。发包人能够办理审批手续而未办理，并以未办理审批手续为由请求确认建设工程施工合同无效的，人民法院不予支持。"取得建设工程规划许可证是进行合法建设的前提，未取得建设工程规划许可证即进行建设或者未按照建设工程规划许可证的规定进行建设是法律明确禁止的行为，故根据《合同法》第五十二条规定，以该建设行为为主要合同内容的《建设工程施工合同》应当认定无效。

案例 2

上诉人（原审原告）：熊某

上诉人（原审被告）：福建××设备安装有限公司（以下简称"甲公司"）

上诉人（原审被告）：福建××环保股份有限公司（以下简称"乙公司"）

被上诉人（原审被告）：××发电有限公司（以下简称"丙公司"）

被上诉人（原审第三人）：山东××建设有限公司（以下简称"丁公司"）

一、基本案情

2007 年 9 月 4 日，丙公司与乙公司签订了《中电国华丙有限公司（2×100MW 机组）烟气脱硫项目总承包工程合同书》一份，约定由乙公司承包丙公司的中电国华丙有限公司 2×100MW 机组烟气脱硫项目工程。合同总价为 4960 万元，合同价款的调整约定为总价承包不调整。

2008 年 2 月 15 日，甲公司为甲方与丁公司为乙方签订《神木 CDS023 项目安装施工合同》，约定由甲公司委托丁公司负责神木 CDS023 项目脱硫除尘工程安装施工工作。合同价款约定为脱硫除尘安装施工合同总价为人民币 275 万元；为含税价，税款由乙方支付。合同总价在合同有效期内固定不变。

乙公司与甲公司均属独立登记的公司法人。对于工程转包合同，乙公司以甲公司为独立法人但属其子公司而认可甲公司的行为。丁公司在与甲公司签订合同后，曾派人进场施工。但不久，合同约定的工程由熊某所带领工队实际进行施工，现熊某诉请三被告支付其下余工程款 4610930 元。

二、案件审理

一审法院认为：熊某在丙公司与乙公司所签订合同约定的安装工程中实际进行施工，并完成了部分工程。但是熊某与本案哪方主体形成的工程转包合同关系，直接影响熊某诉讼请求的实现。熊某和三被告及第三人之间并无任何的书面合同，熊某陈述自己与甲公司的项目经理胡某口头协商承包该项工程的施工，否认与第三人之间有转包合同关系，而甲公司只认可其与第三人丁公司之间存在合同关系，否认与熊某有工程转包合同关系。第三人丁公司除认可自己完成 3 万元工程量的工程外，否认自己完成本案所涉工程，也不主张该工程中的工程款。从双方认可的熊某已经得到的 176.5 万元工程款，均是在施工期间通过第三人公司分批转付所得，同时在熊某提供的"工作联络单"上均有熊某的签名，以及工作联络单上加盖的第三人丁公司项目部公章的事实，可以认定熊某是以第三人丁公司的名义在本案所涉工程中施工，虽未与甲公司、乙公司形成书面的工程转包合同，但熊某实际完成工程是乙公司承包丙公司项目工程中安装部分的工程，且该部分工程又是由乙公司向丙公司交付并经丙公司验收合格的工程。据此，可以认定熊某实际上是以第三人丁公司的名义与甲公司形成了工程转包合同关系，在施工中熊某是按甲公司与第三人所签订的合同实际履行了施工义务，可以认定熊某为本案所涉工程的实际施工人。

《最高人民法院关于审理建设工程施工合同纠纷案件适用法律问题的解释》第一条规定："建设工程施工合同具有下列情形之一的，应当根据合同法第五十二条第（五）项的规定，认定无效：（一）承包人未取得建筑施工企业资质或者超越资质等级的；（二）没有资质的实际施工人借用有资质的建筑施工企业名义的；（三）建设工程必须进行招标而未招标或者中标无效的。"熊某属自然人主体，以第三人名义施工属上述规定的情形，而且，甲公司与乙公司均属独立的公司法人，乙公司在承包丙公司的工程后，由甲公司再向他人转包，甲公司、乙公司并未提交该项工程承包权转移的协议及合同依据，丙公司虽验收并接收该项工程，但当时并无证据证明其知晓该工程的转包行为，故甲公司的转包行为应属非法转包行为。《最高人民法院关于审理建设工程施工合同纠纷案件适用法律问题的解释》第四条规定："承包人非法转包、违法分包建设工程或者没有资质的实际施工人借用有资质的建筑施工企业名义与他人签订建设工程施工合同的行为无效。人民法院可以根据民法通则第一百三十四条规定，收缴当事人已经取得的非法所得。"由此可见，甲公司与熊某以丁公司的名义所形成的建设工程施工合同转包合同关系应当认定无效。

对于熊某完成的工程量，从甲公司、乙公司提交的从 2008 年 11 月 13 日、2008 年 12 月 12 日分别由甲公司、乙公司发给丁公司的函件，可以反映出至 2008 年 11 月 13 日该争议工程已进入扫尾阶段，至 2008 年 12 月 9 日在大型施工机械塔吊拆除阶段。由此可以认定，熊某实际按照甲公司与丁公司所签订合同履行了承包人的施工义务。《最高人民法院关于审理建设工程施工合同纠纷案件适用法律问题的解释》第二条规定："建设工程施工合同无效，但建设工程经竣工验收合格，承包人请求参照合同约定支付工程价款的，应予支持。"熊某实际履行了丁公司与甲公司签订的合同，应参照甲公司与丁公司签订的合同约定的价款，即结算总价 2813149 元认定为应得总工程款。根据双方当事人认可的事实，熊某已经得到的工程款 176 万元，下余工程款双方产生争议。按甲公司向丁公司发出的"神木项目结算价款表"中记载的，结算总价为 2813149 元，扣税款 122372 元，代付款 370019 元，已付款 1765000 元等内容，可以得出下余工程款为 2813149 元－122372 元－370019 元－1765000 元＝555758 元。因该项工程实际由乙公司承包，工程款也实际由乙公司收取，乙公司也认可由甲公司实际转包，故下欠的工程款 555758 元应由甲公司给熊某支付，乙公司承担连带偿付责任。对于熊某所持应按照丙公司给乙公司结算的工程款中安装工程价款为 450 万元、技术服务费 150 万元及调试费为 70 万元等的总和给其支付的理由，因原告施工并未签订任何书面承包合同，不能证明自己与丙公司给乙公司结算的工程价款相关联，也未能提交证明其主张成立的有效证据，故原告的上述请求不能成立。甲公司认为已超额支付的理由，并无证据证明，不能成立，依法不予采信。

一审法院判决如下：①由甲公司在判决生效之日起十日内偿付给熊某下欠工程款 555758 元，由乙公司承担连带偿付责任；②驳回熊某的其他诉讼请求。

上诉人对一审判决结果不服，提起上诉，二审法院认为一审判决认定基本事实清楚，适用法律正确，判决"驳回上诉，维持原判。"

三、案例评析

《建筑法》第二十六条规定："承包建筑工程的单位应当持有依法取得的资质证书，并在其资质等级许可的业务范围内承揽工程。禁止建筑施工企业超越本企业资质等级许可的业务范围或者以任何形式用其他建筑施工企业的名义承揽工程。禁止建筑施工企业以任何形式允许其他单位或者个人使用本企业的资质证书、营业执照，以本企业的名义承揽工程。"《最高人民法院关于审理建设工程施工合同纠纷案件适用法律问题的解释》第一条规定："建设工程施工合同具有下列情形之一的，应当根据合同法第五十二条第（五）项的规定，认定无效：（一）承包人未取得建筑施工企业资质或者超越资质等级的；（二）没有资质的实际施工人借用有资质的建筑施工企业名义的；（三）建设工程必须进行招标而未招标或者中标无效的。"该解释第四条规定："承包人非法转包、违法分包建设工程或者没有资质的实际施工人借用有资质的建筑施工企业名义与他人签订建设工程施工合同的行为无效。"本案中，实际施工人不具备相应资质，工程涉及非法转包、违法分包等行为，甲公司与熊某以丁公司的名义所形成的建设工程施工分包合同关系应为无效。

案例 3

上诉人（原审被告）：河南省××纸业有限公司（以下简称"甲公司"）

被上诉人（原审原告）：驻马店市××工程建设监理公司

一、基本案情

2000 年 5 月 30 日，监理公司与甲公司签订建设工程监理合同 1 份，约定：甲公司委托监理公司监理其 3.7 万吨漂白麦草浆纸生产线及与之配套的碱回收和中段污水治理工程，监理工期从 2000 年 5 月 30 日开始，暂定两年，监理费 26 万元；节约按 10％分给监理公司等内容，2001 年 10 月，双方对监理合同进行了修改，约定：建设工程按核减数值的 20％，安装工程按核减数值的 30％付给监理公司，2002 年 10 月工程施工完毕，进行试生产。2004 年 8 月 23 日，该公司进行了竣工验收，2004 年 12 月 10 日，甲公司与监理公司签订竣工决算审核表 1 份，约定：建设工程核减 839779.7 元，应奖励 167955.94 元，安装工程核减 272933.52 元，应奖励 81880.05 元。2002 年监理公司的监理资质没有年审，甲公司与他人签订的设备安装合同是 2002 年 2 月，监理公司对甲公司提出的其不能对机械设备安装工程进行监理的异议，没有举出相应的法律根据。其间，甲公司共向监理公司付款 298200 元。

二、案件审理

一审法院认为，监理公司与甲公司签订的建设工程监理合同和补充合同，意思表示真实，为有效合同，2002 年监理公司没有参加资质年审，丧失了从事建设工程监理的资格，此时，监理公司再从事监理工程，其监理行为应当无效。鉴于监理公司在 2002 年前完成了大部分建设工程，对建设工程部分的监理费用和奖励费用应当支持，对机械设备安装部分的奖励费用，因监理公司的从业资质中，没有机械设备安装内容，不应支持，对滞纳金的请求，因监理公司有过错，不应支持，甲公司辩称的理由，部分成立，应予支持。原审法院判决：①限甲公司在判决生效后十日内，支付给监理公司监理费 206155.94 元；②驳回监理公司的其他诉讼请求。

甲公司不服，提起上诉，二审法院认为：甲与监理公司于 2000 年 5 月 30 日所签的监理合同以及 2001 年 10 月所签监理合同修改条款，是双方真实意思表示，内容不违反法律禁止性规定，应为有效合同。尽管监理公司的资质证书中不含机械设备安装工程的监理内容，但本案合同主要是指建设合同的监理业务，设备安装工程的监理部分是少量的附属内容，且双方在签合同和履行过程中，对此并无提出异议，实践中已经履行完毕，诉讼中甲公司以监理公司超越经营范围为由，不支付机械设备安装的监理费用，其理由不能成立。鉴于原审判决对机械设备安装的监理费用并未支持，监理公司亦未上诉，所以本院对此不予评判。另关于监理公司 2002 年以后执行的部分监理业务，其费用应否支持的问题，因原审时监理公司的资质证书被扣发，二审期间已经向有关单位索要到资质证书，证明

2002 年以后监理公司仍有资格进行监理业务。因此，甲公司认为，监理公司的资质证书年检到 2001 年，2002 年以后没有年检，自 2002 年 1 月 1 日以后监理公司的监理业务其费用不能支持的上诉理由不能成立，本院不予支持。监理公司按照合同约定履行了监理义务，所监理的建设工程已竣工验收并投入使用。双方于 2004 年 12 月 10 日签署了《竣工决算审核汇总表》，该表中载明核减奖励费用是 249836 元，双方单位盖章确认，该汇总表应作为甲公司向监理公司支付监理费用的有效证据使用。甲公司以监理公司 2002 年以后未取得资质证书不具有监理资格为由，认为 2004 年 12 月 10 日签署的《竣工决算审核汇总表》应为无效的理由不能成立，本院不予支持。按照双方合同约定监理费为 26 万元，核减工程应奖励的费用为 24.9836 万元，合计 50.9836 万元。原审庭审中甲公司认可已支付的费用为 29.82 万元，甲公司尚欠监理费用应为 21.1636 万元。原审判决扣除机械设备安装的监理费用，判令甲公司支付 20.615594 元并无不当，本院应予支持。

综上，二审法院判决"驳回上诉，维持原判。"

三、案例评析

依据《合同法》第二百七十六条及《建筑法》的有关规定，依法应当实行监理的建设工程，发包人应与监理人订立书面委托监理合同，由监理人按照合同内容对建设工程进行监理。

根据《建筑法》第四章的规定及《建设工程监理范围和规模标准规定》等有关规定，依法应当实行监理的建设工程有五类：（一）国家重点建设工程；（二）大中型公用事业工程；（三）成片开发建设的住宅小区工程；（四）利用外国政府或者国际组织贷款、援助资金的工程；（五）国家规定必须实行监理的其他工程。本案中，双方已签订监理合同，属于双方真实的意思表示，该协议未违反国家法律、行政法规的强制性规定，应属合法有效。监理公司已按照合同约定履行监理义务，发包人应支付相应报酬，但因监理公司存在一定过错，其主张的滞纳金并未得到支持。

第八章 工程质量法律制度

第一节 工程质量法概述

一、工程质量的概念

（一）工程质量的狭义和广义两种含义

为了正确把握工程质量的内涵，我们必须理解工程质量狭义和广义这两种含义。

狭义的工程质量是指工程符合业主需要而具备的使用功能。这一概念强调的是工程的实体质量，如基础是否坚固，主体结构是否安全以及通风、采光是否合理等。

广义的工程质量不仅包括工程的实体质量，还包括形成实体质量的工作质量。工作质量是指参与工程的建设者，为了保证工程实体质量所从事工作的水平和完善程度，包括社会工作质量，如社会调查、市场预测、质量回访和保修服务等；生产过程工作质量，如管理工作质量、技术工作质量和后勤工作质量等。工作质量直接决定了实体质量，工程实体质量的好坏是决策、计划、勘察、设计、施工等单位各方面、各环节工作质量的综合反映。

因此，我们须从广义上理解工程质量的概念，而不能仅仅把认识停留在工程的实体质量上。过去对工程质量的管理通常是一种事后的行为，楼倒人伤才想起应该追究有关方面的工程质量责任，这时即使对责任主体依法惩处，也无法挽回已经造成的经济损失。但如果在工程质量形成过程中就对参建单位的建设活动进行规范化管理，就可以将工程质量隐患消灭在萌芽状态。这样虽然看上去加大了工作量，但却可以有效地解决工程质量问题，这是我们广大建设行政管理人员值得注意的地方。

我们把广义上的工程质量按其形成的各个阶段作进一步分解，具体内容如表 8-1 所示。

工程建设各阶段的质量内涵　　　　　　　　　　　　　　　表 8-1

工程项目质量形成的各个阶段	工程项目质量在各阶段的内涵	合同环境下满足需要的主要规定
决策阶段	可行性研究	国家的发展规划或业主的需求
设计阶段	1. 功能、使用价值的满足程度 2. 工程设计的安全、可靠性 3. 自然及社会环境的适应性 4. 工程概、预算的经济性 5. 设计进度的时间性	工程建设勘察、设计合同及有关法律、法规、强制性标准
施工阶段	1. 功能、使用价值的实现程度 2. 工程的安全、可靠性 3. 自然及社会环境的适应性 4. 工程造价的控制状况 5. 施工进度的时间性	工程建设施工合同及有关法律、法规、强制性标准
保修阶段	保持或恢复原使用功能的能力	工程建设施工合同及有关法律、法规、强制性标准

（二）工程质量的特点

与一般的产品质量相比较，工程质量具有如下一些特点：

1. 影响因素多，质量变动大

决策、设计、材料、机械、环境、施工工艺、管理制度以及参建人员素质等均直接或间接地影响工程质量。工程项目建设不像一般工业产品的生产那样有固定的生产流水线，有规范化的生产工艺和完善的检测技术，有成套的生产设备和稳定的生产环境。工程质量波动较大，这是与受影响因素多的特点相一致的。

2. 隐蔽性强，终检局限大

工程项目在施工过程中，由于工序交接多，若不及时检查发现其存在的质量问题，事后表面上质量尽管很好，但这时可能混凝土已经失去了强度，钢筋已经被锈蚀得完全失去了作用……诸如此类的工程质量问题在终检时是很难通过肉眼判断出来的，有时即使用上检测工具，也不一定能发现问题。

3. 对社会环境影响大

与工程规划、设计、施工质量的好坏有密切联系的不仅仅是使用者，而是整个社会。工程质量不仅直接影响人民群众的生产生活，而且还影响着社会可持续发展的环境，特别是有关绿化、"三废"和噪声等方面的问题。

（三）工程建设各阶段对工程质量形成的影响

工程项目具有周期长的特点，工程质量不是在旦夕之间形成的。人们常常对设计和施工阶段比较重视，殊不知，工程建设各阶段紧密衔接，互相制约影响，所以工程建设的每一阶段均对工程质量的形成产生十分重要的影响。

1. 可行性研究对工程质量的影响

可行性研究是决定工程建设成败与否的首要条件。当前，各类公共工程和国有单位投资的工程，是由政府批准立项的，不少项目筹划过程的规范性和科学性较差。有的工程立项建议滞后，工程启动再立项；有的工程可行性研究不从客观实际出发，马虎粗糙，工程是否可行完全取决于首长意志；有的项目资金、原材料、设备不落实，借资上项目，垫资先开工，迫使设计单位降低设计标准，施工单位偷工减料……，工程质量难以得到保证。

2. 勘察、设计阶段对工程质量的影响

工程勘察、设计阶段是影响工程质量的关键环节。地质勘察工作的内容、深度和可靠程度，将决定工程设计方案能否正确考虑场地的地层构造、岩土的性质、不良地质现象及地下水位等工程地质条件。地质勘察失控会直接产生工程质量隐患，如果依据不合格的地质勘察报告进行设计，那么设计质量到底怎样就可想而知了。

工程设计采用什么样的平面布置和空间形式，选用什么样的结构类型，使用什么样的材料、构配件及设备等，都直接关系到工程主体结构的安全可靠。从我国目前的实际情况来看，设计不规范的现象还很严重，如不执行强制性设计标准和安全标准，设计不符合抗震强度要求等。至于有些工程无证设计，盲目套用设计图纸，或违反设计规范等引发的工程质量问题后果更为严重。国务院于2000年1月30日发布实施的《建设工程质量管理条例》（以下简称《质量条例》），已于2017年10月7日根据中华人民共和国国务院令第687号《国务院关于修改部分行政法规的决定》修订，确立了施工图设计文件审查批准制度，就是为了强化设计质量的监督管理。

3. 施工阶段对工程质量的影响

工程的施工阶段是影响工程质量的决定性环节。工程项目只有通过施工阶段才能成为实实在在存在的东西，施工阶段直接影响工程的最终质量。我国工程实践中，违反施工顺序、不按图施工、施工技术不当以及偷工减料等影响工程质量的事例不胜枚举。《质量条例》以行政法规的形式正式确立了建设工程质量监督制度，施工阶段的质量是工程质量监督机构的工作重点。

4. 竣工验收和交付使用阶段对工程质量的影响

竣工验收和交付使用阶段是影响工程质量的重要环节。在工程竣工验收阶段，建设单位组织设计、施工、监理等有关单位对施工阶段的质量进行最终检验，以考核质量目标是否符合设计阶段的质量要求。这一阶段是工程建设向交付使用转移的必要环节，体现了工程质量水平的最终结果。《质量条例》确立了竣工验收备案制度，这是政府加强工程质量管理，防止不合格工程流向社会的一个重要手段。

在交付使用阶段，首先要做好工程的保护工作。如果保护不当，使工程受到破损、污染等损害，那么设计和施工阶段的工作再出色，也只能是前功尽弃。现实生活中，极易出现管理真空的是用户的装修行为。很多用户不懂工程质量方面的知识，为达到装修效果盲目破坏工程主体结构，往往导致十分危险的质量隐患，直接影响了工程的使用寿命。

二、工程质量监督管理制度

（一）政府监督工程质量是一种国际惯例

工程质量责任重大，关系到社会公众的利益和公共安全。因此，无论是在发达国家，还是在发展中国家，均强调政府对工程质量进行监督管理。

大多数发达国家和地区政府的建设行政主管部门都把制定并执行住宅、城市、交通、环境建设等建设工程质量管理的法规作为主要任务，同时把大型项目和政府投资项目作为监督管理的重点。与其完善的市场经济体制相适应，这些国家和地区的政府都非常重视各种学会和行业协会的作用，对专业人士实行注册制度，依据法律、法规实行项目许可制度、市场准入制度、设计文件审核制度、质量体系认证制度、竣工验收许可证制度等。对建设工程质量进行全方位、全过程的管理是这些国家和地区的政府的通常做法。

政府有关部门对工程质量进行必要的监督检查，也是国际惯例。美国各个城市市政当局都设有工程质量监督管理部门，对辖区内各类公共投资工程和私人投资工程进行强制性监督检查；新加坡政府主管部门——建屋发展局在每个工地派驻工程监督员，负责对建设工程质量进行监督管理；德国各州政府建设主管部门委托或授权国家认可的质量监督审查公司（由质量监督工程师组成），代表政府对所有新建工程和涉及结构安全的改建工程的质量进行强制性监督审查。这些发达国家和地区的政府质量监督检查，包括施工图设计审查和施工过程的检查，一般委托给有关机构进行。

（二）我国的建设工程质量监督管理制度

为了确保工程质量，确保公共安全，保护人民群众的生命和财产安全，我国政府大力加强工程质量的监督管理。《建设工程质量管理条例》用专门一章来规定政府对建设工程质量的监督管理，主要内容包括建设工程质量管理职责、范围的划分，质量监督管理的实施机构和有权采取的强制性措施，建设工程竣工验收备案制度，建设工程质量事故报告制度等规定。近几年来，工程质量事故时有发生，特别是重庆綦江大桥、河南焦作天堂歌舞厅等恶性事故，在社会上引起了强烈的反响。对此，党中央、国务院领导十分重视，主要领导同志都曾对此做过专门的批示和讲话。血的教训警示人们，一定要加强工程建设全过程的管理，一定要把工程建设和使用过程中的质量、安全隐患消灭在萌芽状态。

政府质量监督作为一项制度，以法规的形式在《质量条例》中加以明确，强调了工程质量必须实行政府监督管理。《质量条例》对加强工程质量监督管理的一系列重大问题作出了明确的规定：一是对业主的行为进行了严格规范。二是对建设单位、勘察设计单位、施工单位和监理单位的质量责任及其在实际工作中容易出问题的重要环节作出了明确的规定，依法追究责任。今后，政府对工程质量的监督管理主要以保证工程使用安全和环境质量为主要目的，以法律、法规和强制性标准为依据，以地基基础、主体结构、环境质量和与此有关的工程建设各方主体的质量行为为主要内容，以施工许可制度和竣工验收备案制度为主要手段。

以上是对政府质量监督行为的界定。政府的任务就是以法律、法规和强制性标准为依据，以政府认可的第三方强制监督为主要方式，这和过去相比，是一个重大的变化。广大建设行政管理人员必须深入理解《质量条例》的规定，牢牢把握建设工程质量监督管理制度的实质，及时转变观念，迅速地调整实施工程质量监督管理的方式方法，使这项重要的管理制度得到真正的贯彻执行。

进一步讲，建设工程质量监督管理制度具有以下几个特点：第一，具有权威性，建设工程质量监督体现的是国家意志，任何单位和个人从事工程建设活动都应当服从这种监督管理。第二，具有强制性，这种监督是由国家的强制力来保证的，任何单位和个人不服从这种监督管理都将受到法律的制裁。第三，具有综合性，这种监督管理并不局限于某一个阶段或某一个方面，而是贯穿于建设活动的全过程，并适用于建设单位、勘察单位、设计单位、施工单位、工程建设监理单位。

第二节　工程质量管理法律规范

一、我国工程质量管理法律规范体系

如前所述，今后政府实施的工程质量监督管理以法律、法规和强制性标准为依据，以政府认可的第三方强制监督为主要方式。建设行政管理部门今后应把工作重点放在对有关工程质量的法律、法规和强制性标准执行情况的监督检查上，这无疑对广大建设行政管理人员提出了更高的要求。

（一）我国工程质量管理法律规范的基本形式

1. 法律——《中华人民共和国建筑法》（以下简称《建筑法》）

广义上的法律泛指一切规范性文件，这里的法律是狭义上的，是指由全国人大及其常委会制定和变动的规范性文件，如《中华人民共和国刑法》《中华人民共和国合同法》等。《建筑法》是法律当中的一种。

《中华人民共和国建筑法》经 1997 年 11 月 1 日第八届全国人大常委会第 28 次会议通过；根据 2011 年 4 月 22 日第十一届全国人大常委会第 20 次会议《关于修改〈中华人民共和国建筑法〉的决定》修正，自 2011 年 7 月 1 日起施行。《建筑法》第六章规范了建筑

工程质量管理，包括建筑工程的质量要求、质量义务和质量管理制度。第七章规范了建筑工程质量责任。《建筑法》是我国社会主义市场经济法律体系中的重要法律，对于加强建筑活动的监督管理，维护建筑市场秩序，保证建筑工程的质量和安全，促进建筑业的健康发展，具有重要意义。

2. 行政法规——《建设工程质量管理条例》（以下简称《质量条例》）

行政法规是由最高国家行政机关国务院依法制定和变动的，有关行政管理和行政事项的规范性文件。我国行政法规的名称规定为"条例""规定""办法"，《建设工程质量管理条例》（简称《质量条例》）就是一种行政法规。

《质量条例》于 2000 年 1 月 10 日经国务院第 25 次常务会议通过，自 1 月 30 日发布实施。已于 2017 年 10 月 7 日根据中华人民共和国国务院令第 687 号《国务院关于修改部分行政法规的决定》修订。《质量条例》以参与建筑活动各方主体为主线，分别规定了建设单位、勘察单位、设计单位、施工单位、工程监理单位的质量责任和义务，确立了建设工程质量保修制度、工程质量监督管理制度等内容。《质量条例》对违法行为的种类和相应处罚作出了原则规定，同时，完善了责任追究制度，加大了处罚力度。《质量条例》的发布施行，对于强化政府质量监督，规范建设工程各方主体的质量责任和义务，维护建筑市场秩序，全面提高建设工程质量，具有重要意义。

3. 技术法规

严格讲，我国目前还没有真正意义上的工程建设技术法规，《工程建设标准强制性条文》虽然是技术法规的过渡成果，但《质量条例》确立了其法律地位，已经成为工程质量管理法律规范体系中重要的一部分。

4. 地方性法规、自治法规

这两类都是由地方国家权力机关制定的规范性文件。

地方性法规是由省、自治区、直辖市、省级政府所在地的市、经国务院批准的较大市的人大及其常委会制定和修改的，效力不超过本行政区域范围，作为地方司法依据之一的规范性文件。我国的地方性法规，一般采用"条例""规则""规定""办法"等名称，《北京市建设工程质量条例》《深圳经济特区建设工程质量条例》等，都是有关工程质量管理的地方性法规。

自治法规是民族自治地方的权力机关所制定的特殊的地方规范性文件，即自治条例和单行条例的总称。自治条例是民族自治地方根据自治权制定的综合性法律规范，单行条例是根据自治权制定的调整某一方面事项的规范性文件。

5. 行政规章

行政规章是有关行政机关依法制定的事关行政管理的规范性文件的总称，分为部门规章和政府规章两种。

部门规章是国务院所属部委根据行政法规、决定、命令，在本部门的权限内，所发布的各种行政性的规范性文件。有关工程质量管理的部门规章很多，如《建设工程质量管理办法》《建筑工程施工许可管理办法》《房屋建筑工程质量保修办法》等。

地方政府规章是有权制定地方性法规的地方的人民政府，根据法律、行政法规及相应的地方性法规，制定的规范性文件。

（二）我国工程质量管理法律规范性文件的适用

在具体工作中，我们经常遇到这样的难题，对于同一个问题，这个条例可能这样规定，那个规章可能那样规定，常常使人无所适从，不知该依据哪一个规范性文件。这涉及一个法律适用的问题，根据《中华人民共和国立法法》（以下简称《立法法》）的有关规定，我们对这个问题加以解释：

1. 法律的效力高于行政法规、地方性法规、规章。这就是说，在规范工程质量管理方面，《建筑法》具有最高的法律效力，任何行政法规、地方性法规、规章都不得与《建筑法》相抵触。

2. 行政法规的效力高于地方性法规、规章。《建设工程质量管理条例》的法律效力仅次于《建筑法》，其效力要高于地方性法规（如《北京市建设工程质量条例》《深圳经济特区建设工程质量条例》等），也高于住建部及有关部委发布的部门规章（如《建设工程质量管理办法》《房屋建筑工程质量保修办法》等）。

3. 地方性法规的效力高于本级和下级地方政府规章。省、自治区人民政府制定的规章的效力高于本行政区域内较大的市的人民政府制定的规章。

4. 部门规章之间、部门规章与地方政府规章之间具有同等的效力，在各自的权限范围内施行。

5. 同一机关制定的规范性文件，特别规定与一般规定不一致的，适用特别规定；新的规定与旧的规定不一致的，适用新的规定。

6. 法律、行政法规、地方性法规、自治条例和单行条例、规章不溯及既往，但为了更好地保护公民、法人和其他组织的权益而作的特别规定除外。

7. 法律之间对同一事项的新的一般规定与旧的特别规定不一致，不能确定如何使用时，由全国人民代表大会常务委员会裁决。行政法规之间对同一事项新的一般规定与旧的特别规定不一致，不能确定如何适用时，由国务院裁决。

8. 地方性法规、规章之间不一致时，由有关机关依照下列规定的权限裁决：

（1）同一机关制定的新的一般规定与旧的特别规定不一致时，由制定机关裁决；

（2）地方性法规与部门规章之间对同一事项的规定不一致，不能确定如何适用时，由国务院提出意见，国务院认为应当适用地方性法规的，应当决定在该地方适用地方性法规的规定；认为应当适用政府规章的，应当提请全国人民代表大会常务委员会裁决；

（3）部门规章之间、部门规章与地方政府规章之间对同一事项的规定不一致时，由国务院裁决。

关于法律适用的问题，是建设行政管理人员在具体工作中经常遇到的问题。我国的《立法法》对此有详细的规定，限于篇幅我们在这里不做更深入的介绍，但希望读者能仔细学习《立法法》第五章适用与备案的有关内容，这可以帮助我们有效地解决实践中碰到的各种规范性文件相互之间矛盾冲突的问题。

二、工程质量管理法律规范的调整对象和适用范围

在对我国工程质量法律规范已经有一个整体认识的基础上，我们结合《建筑法》和《建设工程质量管理条例》，对工程质量管理法律规范的调整对象和适用范围作进一步的理解。

（一）工程质量管理法律规范的调整对象

任何法律都是调整一定社会关系的，《建筑法》《建设工程质量管理条例》等调整两种社会关系：

1. 调整国家主管机关与建设单位、勘察单位、设计单位、施工单位、监理单位之间的工程质量监督管理关系。这是纵向的工程质量管理。

2. 调整建设工程活动中有关主体之间的民事关系，包括建设单位与勘察、设计单位之间的勘察设计合同关系，建设单位与施工单位之间的施工合同关系，建设单位与监理单位之间的建设监理委托合同等。这是横向的工程质量管理。

（二）建设工程的范围

1. 建筑活动

《建筑法》规定建筑活动是指各类房屋建筑及其附属设施的建造和与其配套的线路、管道、设备的安装活动。根据以上规定，建筑活动的范围包括三部分：

（1）各类房屋的建筑；

（2）房屋附属设施的建造，如围墙、烟囱等；

（3）与房屋配套的线路（如电器线路、通信线路）的安装、管道（给水排水管道、暖气通风管道）的安装和设备（电梯、空调等）的安装。

《建筑法》规定的建筑活动范围虽然较窄，但在第81条规定："本法关于施工许可、建筑施工企业资质审查和建筑工程发包、承包、禁止转包，以及建筑工程监理、建筑工程安全和质量管理的规定，适用于其他专业建筑工程的建筑活动，具体办法由国务院规定。"

2. 建设工程

在《建设工程质量管理条例》中，建设工程是指土木工程、建筑工程、线路管道、设备安装工程及装修工程。

（1）土木工程包括矿山、铁路、公路、隧道、桥梁、堤坝、电站、码头、飞机场、运动场、营造林、海洋平台等工程；

（2）建筑工程是指房屋建筑工程，即有顶盖、梁柱墙壁、基础以及能够形成内部空间，满足人们生产、生活、公共活动的工程实体，包括厂房、剧院、旅馆、商店、学校、医院和住宅等工程；

（3）线路、管道和设备安装工程包括电力、通信线路、石油、燃气、给水、排水、供热等管道系统和各类机械设备、装置的安装活动；

（4）装修工程包括对建筑物内外进行美化和增加使用功能的工程建设活动。

（三）工程质量责任主体的范围

1. 建设行政主管部门及铁路、交通、水利等有关部门

行政管理人员渎职、腐败，是造成重大恶性工程质量事故的首要原因。为此，国务院办公厅在《关于加强基础设施工程质量管理的通知》中强调，建立和落实工程质量领导责任制，并进一步明确了各级、各类领导以及行政管理人员的质量责任。

2. 建设单位

建设单位，是建设工程的投资人，也称"业主"。建设单位是工程建设过程的总负责方，拥有确定建设项目的规模、功能、外观、选用材料设备、按照国家法律法规选择承包单位的权力。建设单位可以是法人或自然人，包括房地产开发商。

3. 勘察、设计单位

勘察单位是指对地形、地质及水文等要素进行测绘、勘探、测试及综合评定，并提供

可行性评价与建设工程所需勘察成果资料的单位。设计单位是指按照现行技术标准对建设工程项目进行综合性设计及技术经济分析，并提供建设工程施工依据的设计文件和图纸的单位。

4. 施工单位

施工单位指经过建设行政主管部门的资质审查，从事建设工程施工承包的单位。按照承包方式不同，可分为总承包单位和专业承包单位。

5. 工程监理单位

工程监理单位是指经过建设行政主管部门的资质审查，受建设单位委托，依据法律法规以及有关技术标准、设计文件和承包合同，在建设单位的委托范围内对建设工程进行监督管理的单位。工程监理单位可以是具有法人资格的监理公司、监理事务所，也可以是兼营监理业务的工程技术、科学研究及建设工程咨询的单位。

6. 设备材料供应商

设备材料供应商是指提供构成建筑工程实体的设备和材料的企业。不仅仅指设备材料生产商，还包括设备材料经销商。

建设工程项目，具有投资大、规模大、建设周期长、生产环节多、参与方多、影响质量形成的因素多等特点，不论是哪个主体出了问题，都会导致质量缺陷，甚至重大质量事故的产生。例如，如果建设单位将工程发包给不具备相应资质等级的单位，或指使施工单位使用不合格的建筑材料、构配件和设备；勘察单位提供的水文地质资料不准确，设计单位计算错误，设备选型不准；施工单位不按图施工；工程监理单位不严格进行隐蔽工程检查等等，都会造成工程质量缺陷，甚至重大质量事故。因此，工程质量管理最基本的原则和方法就是建立健全质量责任制度。

（四）地域适用范围和时间效力

1. 地域适用范围

地域适用范围是指法律在什么地域内适用。根据《建筑法》和《建设工程质量管理条例》的有关规定，我国工程质量管理法律规范适用于在中华人民共和国境内从事的工程建设活动。对于工程建设活动来讲，无论投资主体是谁，也无论建设工程项目的种类怎样，只要在中华人民共和国境内实施，都要遵守我国的工程质量管理法律规范。另一方面，工程质量管理法律规范不适用境外从事的工程建设活动，如中国的建筑施工企业在国外承包的建设工程项目，不适用《建筑法》和《建设工程质量管理条例》，只能适用当地的有效法律。

2. 时间效力

时间效力是指法律在什么时间发生效力。在我国工程质量管理法律规范体系范围内，法律生效时间主要有两种：

（1）自公布之日起生效。例如，建设工程质量管理条例（2017 年 10 月 7 日修正版），按 2017 年 10 月 7 日《国务院关于修改部分行政法规的决定》（中华人民共和国国务院令第 687 号）修改，自发布之日起施行。

（2）公布后经过一段时间开始生效。例如，2011 年 4 月 22 日第十一届全国人大常委会第 20 次会议《关于修改〈中华人民共和国建筑法〉的决定》修正，自 2011 年 7 月 1 日起施行。《建筑法》没有规定自公布之日起施行，主要是考虑留有一段准备时间，用来学习和宣传法律，以保证该法的顺利实施。

我国的法律规范不具有溯及力，换句话说，新发布的规范性文件对其生效之日以前的事没有法律效力。比如，在 1998 年 3 月 1 日前发生的有关建筑活动方面的事件，不适用《建筑法》的规定；同样，2000 年 1 月 30 日前发生的有关建设工程的质量事件，也不适用《建设工程质量管理条例》的规定。法律的时间效力问题关系到我们在具体工作中能否准确适用法律，所以对这方面的法律知识应有所了解。

第三节 工程质量管理责任和义务

一、建设单位质量责任和义务

建设单位作为建设工程的投资人，在整个建设活动中居于主导地位。因此，要确保建设工程质量，首先就要对建设单位的行为进行规范，对其质量责任予以明确。

长期以来，对建设单位的管理一直是监督管理的薄弱环节，因建设单位行为不规范，直接或间接导致工程出现问题的情况屡屡发生。我国工程质量法律规范在规定建设单位质量责任和义务上，主要有以下几方面：

（一）建设单位应当将工程发包给具有相应资质等级的单位，不得将工程肢解发包

1. 承包单位应具备的条件

建设活动不同于一般的经济活动，从业单位素质的高低直接影响着工程质量。因此，从事建设活动的单位必须符合严格的资质条件。资质等级反映了企业从事某项工作的资格和能力，是国家对建设市场准入管理的重要手段。

2. 禁止肢解发包

肢解发包是指建设单位将应当由一个承包单位完成的建设工程分解成若干部分发包给不同的承包单位的行为。在我国建设市场中有一些建设单位利用肢解发包工程为手段进行不正当交易行为，不仅导致了某些个人的贪污犯罪，同时也危害了公共安全，因此，《建筑法》和《建设工程质量管理条例》禁止建设单位将建设工程肢解发包。

（二）建设单位应当依法对工程建设项目的勘察、设计、施工、监理以及与工程建设有关的重要设备、材料等的采购进行招标

根据《招标投标法》有关强制招标的规定，在我国境内进行下列工程建设项目的勘察、设计、施工、监理以及与工程建设有关的重要设备、材料等的采购，必须进行招标（详见本书第三章第二节）。

（三）建设单位不得对承包单位的建设活动进行不合理干预

1. 建设单位不得迫使承包方以低于成本的价格竞标，不得任意压缩合理工期

这一规定对保证工程质量至关重要。实际工作中，不少建设单位一味强调降低成本，压级压价，如要求甲级设计单位按乙级资质取费，一级施工企业按二级资质取费，或迫使投标方互相压价，最终承包单位以低于其成本的价格中标。而中标的单位在承包工程后，为了减少开支，降低成本，不得不偷工减料、以次充好、粗制滥造，致使工程出现质量问题。

合理工期是指在正常建设条件下，采取科学合理的施工工艺和管理方法，以现行的建设行政主管部门颁布的工期定额为基础，结合项目建设的具体情况，而确定的工期。建设

单位不能为了早日发挥项目的效益，迫使承包单位赶工期。实际工作中，盲目赶工期，简化程序，不按规程操作，导致建设项目出问题的情况很多，这是应该制止的。

2. 建设单位不得明示或暗示设计单位或施工单位违反工程建设强制性标准

强制性标准是保证工程结构安全可靠的基础性要求，违反了这类标准，必然会给工程带来重大质量隐患。在实践中，一些建设单位为了自身的经济利益，明示或暗示承包单位违反强制性标准的要求，降低了工程质量的标准，这种行为必须坚决制止。

3. 建设单位不得明示或暗示施工单位使用不合格的建筑材料、建筑构配件和设备

不合格的建筑材料、建筑构配件和设备是导致工程质量事故的直接因素，建设单位明示或暗示施工单位使用不合格的建筑材料、建筑构配件和设备，是一种严重的违法行为，必须予以制止。

（四）施工图设计文件未经审查批准的，建设单位不得交付施工

《质量条例》规定了施工图设计文件审查制度，这是政府对工程设计质量进行质量监督的新的举措。

在市场经济条件下，由于市场竞争的原因，设计单位常常受制于建设单位，违心地服从建设单位提出的种种不合理要求，违反国家和地方的有关规定和强制性标准，产生各种各样的设计质量问题。而一旦发现设计的质量问题，往往已经开始施工甚至开始使用，这将带来巨大的损失。因此，对施工图设计文件开展审查，既是对建设单位的成果进行质量控制，也能纠正参与建设活动各方的不规范行为。而且审查是在施工图设计文件完成之后，开始施工之前进行，这样就可以有效地避免损失，保证建设工程的质量。

（五）对必须实行监理的工程，建设单位应当委托具有相应资质等级的工程监理单位进行监理

从我国目前的实际情况来看，我国尚不具备全面实行监理制度的条件。建设部根据《质量条例》，于2001年1月17日颁布了86号令《建设工程监理范围和规模标准规定》，明确了必须实行监理的具体范围和规模标准。这些必须实行监理的工程项目主要集中在国家重点建设工程、大中型公用事业工程、成片开发建设的住宅小区工程、利用外国政府或者国际组织贷款、援助资金的工程项目。此外，还有国家规定必须实行监理的其他工程，主要指总投资额在3000万元以上关系社会公共利益、公众安全的基础设施项目。

（六）建设单位在领取施工许可证或者开工报告之前，应当按照国家有关规定办理工程质量监督手续

施工许可制度是《建筑法》确立的一项制度，必须申请领取施工许可证的建筑工程未取得施工许可证的，一律不得开工。《建筑工程施工许可管理办法》由2014年中华人民共和国住房和城乡建设部令第18号确定，自2014年10月25日起施行，对该项制度的实施进行了详细的规定。

建设单位在领取施工许可证开工报告之前，应按照国家有关规定，到工程质量监督机构办理工程质量监督手续，并应提供以下文件和资料：

1. 工程规划许可证；
2. 设计单位资质等级证书；
3. 监理单位资质等级证书、监理合同及《工程项目监理登记表》；
4. 施工单位资质等级证书及营业执照副本；

5. 工程勘察设计文件；

6. 中标通知书及施工承包合同等。

工程质量监督管理机构收到上述文件和资料后，进行审查，符合规定的，办理工程质量监督注册手续，签发监督通知书。

建设单位办理工程质量监督手续是法定程序，不办理监督手续的，县级以上建设行政主管部门和其他专业部门不发施工许可证，工程不得开工。

（七）涉及建筑主体和承重结构变动的装修工程，建设单位要有设计方案

现实生活中，有一些装修工程，为了满足特定的使用目的，要对结构主体和承重结构进行改动。建设单位在没有设计方案的前提下擅自施工，必然给工程带来质量隐患，后果是十分严重的。为此，《建筑法》《建设工程质量管理条例》均规定，建设单位应当在施工前委托设计单位或者具有相应资质等级的其他设计单位提出设计方案；没有设计方案的，不得施工。

建设行政主管部门应结合《建筑法》《建设工程质量管理条例》的有关规定，加强对装修工程的监督管理。

（八）建设单位应按照国家有关规定组织竣工验收，建设工程验收合格的，方可交付使用

工程项目的竣工验收是施工全过程的最后一道程序，是全面考核投资效益、检验设计和施工质量的重要环节。建设工程完成后，承包单位应当按照国家竣工验收有关规定，向建设单位提供完整的竣工资料和竣工验收报告。建设单位收到竣工验收报告后，应及时组织设计、施工、工程监理等单位进行竣工验收。竣工验收应当具备下列条件：

1. 完成建设工程设计和合同约定的各项内容；

2. 有完整的技术档案和施工管理资料；

3. 有工程使用的主要建筑材料、建筑构配件和设备的进场试验报告；

4. 有勘察、设计、施工、工程监理等单位分别签署的质量合格文件；

5. 有施工单位签署的工程保修书。

建设工程经验收合格的，才可交付使用。如果建设单位为提前获得经济效益，在工程未经验收或验收不合格的情况下即将工程交付使用，由此所发生的质量问题，建设单位要承担责任。《质量条例》确立了竣工验收备案制度，这是加强政府监督管理，防止不合格工程流向社会的重要手段。

二、勘察、设计单位的质量责任和义务

（一）勘察、设计单位应当依法取得相应资质等级的证书，并在其资质等级许可的范围内承揽工程，不得转包或违法分包所承揽的工程

勘察、设计单位的资质等级反映其从事某项勘察、设计工作的资格和能力，是国家对勘察、设计市场准入管理的重要手段。勘察、设计单位只有具备了相应的资质条件，才有能力保证勘察、设计的质量。超越资质等级许可的范围承揽工程，也就超越了其勘察、设计的能力，因而无法保证其勘察、设计的质量。为此，《质量条例》规定："禁止勘察、设计单位超越其资质等级许可的范围或者以其他勘察、设计单位的名义承揽工程。禁止勘察、设计单位允许其他单位或者个人以本单位的名义承揽工程。"

转包是指承包人将其承包的全部建设工程又发包给第三人。转包容易造成承包人压价转

包，建设资金流失，使最终用于勘察、设计的费用大为降低以至于影响勘察、设计的质量；同时，承包人转包违背了发包人的意志，损害了发包人的利益，所以法律对转包行为予以禁止。

分包是指承包人将其承包工程的一部分或某几部分再发包给其他承包人，与其签订承包合同下的分包合同。勘察、设计单位的违法分包主要是指将勘察、设计业务分包给不具备相应资质条件的单位，或勘察、设计单位作为分包单位又将其承包的工程再分包。上述违法分包的行为易造成责任不清以及因中间环节过多而使实际用于勘察、设计的费用减少，最终影响勘察、设计的质量。因此，法律对违法分包的行为也予以禁止。

（二）勘察、设计单位必须按照工程建设强制性标准进行勘察、设计，注册执业人员应当在设计文件上签字，对设计文件负责

工程建设强制性标准是保证工程质量，满足对工程安全、卫生、环保等方面要求的最低标准。因此，在勘察、设计中必须严格执行。

我国目前对勘察、设计行业已实现了建筑师和结构工程师的个人执业注册制度，并规定注册建筑师、注册结构工程师必须在规定的执业范围内对本人负责的工程设计文件，实施签字盖章制度。注册建筑师、注册结构工程师作为设计单位完成设计的主要技术人员，其工作质量直接影响设计的质量，因此应对设计文件负责。

此外，建设行政主管部门正会同有关部门准备对岩土工程师实行执业注册制度，勘察、设计行业其他有关专业的个人执业注册制度也将逐步建立。

（三）设计单位应当根据勘察成果文件进行建设工程设计

勘察成果文件是设计的基础资料，是设计的依据。因此，先勘察后设计是工程建设程序的要求。但是，由于工期紧迫和建设单位的利益驱动，目前违背基建程序的做法时有发生。在勘察、设计质量检查中发现，不少工程存在先设计、后勘察的现象，甚至仅参考附近场地的勘察资料而不进行勘察，这些都会造成严重的质量隐患和质量事故。因此，设计单位应当根据相应的勘察成果文件进行建设工程设计。

（四）除有特殊要求的建筑材料、专用设备、工艺生产线等外，设计单位不得指定生产厂、供应商

设计单位有在设计文件中注明所选用的建筑材料、建筑构配件和设备的规格、型号、性能等技术指标的权利和义务。但设计单位如果滥用这项权利，会限制建设单位和施工单位在材料采购上的自主权，同时也限制了其他建筑材料、建筑构配件和设备厂商的平等竞争权，妨碍了公平竞争。此外，指定产品往往会和腐败行为相联系，收受回扣后设计单位常常难以对产品的质量和性能有正确的评价，这无疑会对工程质量产生负面影响。

鉴于以上原因，《建筑法》和《建设工程质量管理条例》均规定，除有特殊要求的建筑材料、专用设备、工艺生产线等外，设计单位不得指定生产厂、供应商。这里的"特殊要求"通常是指根据设计要求，所选产品的性能或规格只有某个厂家能够生产或加工，必须在设计文件中注明方可进行下一步的设计和采购工作。在通用产品能满足工程质量要求的前提下，设计单位不可故意选用特殊要求的产品。

三、施工单位的质量责任和义务

施工阶段是建设工程实体质量的形成阶段，勘察、设计工作质量均要在这一阶段得以实现。施工单位是建设市场的重要责任主体之一，它的能力和行为对建设工程的施工质量起关键性作用。由于施工阶段涉及的责任主体多，生产环节多，时间长，影响质量稳定的

因素多，协调管理难度较大，因此，施工阶段的质量责任制度显得尤为重要。

（一）施工单位应当依法取得相应资质等级的证书，并在其资质等级许可的范围内承揽工程

施工单位的资质等级，是施工单位建设业绩、人员素质、管理水平、资金数量、技术装备等综合能力的体现，反映了该施工单位从事某项施工工作的资格和能力，是国家对建筑市场准入管理的重要手段。《建筑业企业资质管理规定》对此作出了明确的规定。

施工单位必须在其资质等级许可的范围内承揽工程，禁止以其他施工单位名义承揽工程和允许其他单位或个人以本单位的名义承揽工程。在实践中，一些施工单位因自身资质条件不符合招标项目所要求的资质条件，会采取种种欺骗手段取得发包方的信任，其中包括借用其他施工单位的资质证书，以其他施工单位的名义承揽工程等手段进行违法承包活动。这些施工单位一旦拿到工程，一般要向出借方交纳一大笔管理费，就只有靠偷工减料、以次充好等非法手段赚取利润。这样一来，必然会给工程带来质量隐患。因此，必须明令禁止这种行为，无论是"出借方"还是"借用方"都将受到法律的处罚。

（二）施工单位不得转包或违法分包工程

1. 转包

转包的最主要特点是转包人只从受转包方收取管理费，而不对工程进行施工和管理。建设单位对受转包人的管理缺乏法律依据，受转包人的行为不受承包合同的约束。后者为了非法赢利，不择手段。《建筑法》和《合同法》都明令禁止承包单位将其承包的全部工程转包给他人，同时也禁止承包单位将其承包的工程肢解以后，以分包的名义分别转包给他人。

2. 违法分包

正常的总分包施工经营方式是建设活动自身的客观需要，但工程实践中，有许多违法分包的行为，表现在：

（1）总承包单位将建设工程分包给不具备相应资质条件的单位；

（2）建设工程总承包合同中未有约定，又未经建设单位认可，承包单位将其承包的部分工程交由其他单位完成；

（3）施工总承包单位将建设工程主体结构的施工分包给其他单位；

（4）分包单位将其承包的建设工程再分包。

上述行为均是《建筑法》《建设工程质量管理条例》明令禁止的。

（三）总承包单位与分包单位对分包工程的质量承担连带责任

对于实行工程施工总承包的，无论质量问题是由总承包单位造成的，还是由分包单位造成的，均由总承包单位负全面的质量责任。另一方面，总承包单位与分包单位对分包工程的质量承担连带责任。依据这种责任，对于分包工程发生的质量责任，建设单位或其他受害人既可以向分包单位请求赔偿全部损失，也可以向总承包单位请求赔偿损失。在总承包单位承担责任后，可以依法按分包合同的约定，向分包单位追偿。

（四）施工单位必须按照工程设计图纸和施工技术标准施工，不得擅自修改工程设计，不得偷工减料

按工程设计图纸施工，是保证工程实现设计意图的前提，也是明确划分设计、施工单位质量责任的前提。施工过程中，如果施工单位不按图施工或不经原设计单位同意，就擅

自修改工程设计，其直接的后果往往违反了原设计的意图，影响工程的质量。间接后果是在原设计有缺陷或出现工程质量事故的情况下，混淆了设计、施工单位各自应负的质量责任。所以按图施工，不擅自修改工程设计，是施工单位保证工程质量的最基本要求。

（五）施工单位必须按照工程设计要求、施工技术标准和合同约定，对建筑材料、建筑构配件、设备和商品混凝土进行检验，未经检验或检验不合格的，不得使用

材料、构配件、设备及商品混凝土检验制度，是施工单位质量保证体系的重要组成部分，是保障建设工程质量的重要内容。施工中要按工程设计要求、施工技术标准和合同约定，对建筑材料、建筑构配件、设备和商品混凝土进行检验。检验工作要按规定的范围和要求进行，按现行的标准、规定的数量、频率、取样方法进行检验。检验的结果要按规定的格式形成书面记录，并由有关专业人员签字。未经检验或检验不合格的，不得使用；使用在工程上的，要追究批准使用人的责任。

（六）施工人员对涉及结构安全的试块、试件以及有关材料，应在建设单位或工程监理单位监督下现场取样，并送具有相应资质等级的质量检测单位进行检测

在工程施工过程中，为了控制工程总体或相应部位的施工质量，一般要依据有关技术标准，用特定的方法对用于工程的材料或构件抽取一定数量的样品，进行检测或试验，并根据其结果来判断其所代表部位的质量。这是控制和判断工程质量所采取的重要技术措施。试块和试件的真实性和代表性，是保证这一措施有效的前提条件。为此，建设工程施工检测，应实行有见证取样和送检制度，即施工单位在建设单位或监理单位见证下取样，送至具有相应资质的质量检测单位进行检测。有见证取样可以保证取样的方法、数量、频率、规格等符合标准的要求，防止假试块、假试件和假试验报告的出现。

检测单位的资质，是保证试块、试件检测、试验质量的前提条件。具有相应资质等级的质量检测单位是指必须经省级以上建设行政主管部门进行资质审查和有关部门质量认证的工程质量检测单位。从事建筑材料和制品等试验工作的施工企业、混凝土预制构件和商品混凝土生产企业、科研单位、大专院校对外服务的工程试验室以及工程质量检测机构，均应按有关规定，取得资质证书。

（七）建设工程实行质量保修制度，承包单位应履行保修义务

建设工程质量保修制度是指建设工程在办理竣工验收手续后，在规定的保修期限内，因勘察、设计、施工、材料等原因造成的质量缺陷，应当由施工承包单位负责维修、返工或更换，由责任单位负责赔偿损失。建设工程实行质量保修制度是落实建设工程质量责任的重要措施。《建筑法》《建设工程质量管理条例》《房屋建筑工程质量保修办法》（2000年6月30日建设部令第80号发布）对该项制度的规定主要有以下几方面内容：

1. 建设工程承包单位在向建设单位提交竣工验收报告时，应当向建设单位出具质量保修书。质量保修书中应当明确建设工程的保修范围、保修期限和保修责任等。保修范围和正常使用条件下的最低保修期限为：

（1）基础设施工程、房屋建筑的地基基础工程和主体结构工程，为设计文件规定的该工程的合理使用年限；

（2）屋面防水工程、有防水要求的卫生间、房间和外墙面的防渗漏，为五年；

（3）供热与供冷系统，为两个采暖期、供冷期；

（4）电气管线、给水排水管道、设备安装和装修工程，为两年。

其他项目的保修期限由发包方与承包方约定。建设工程的保修期，自竣工验收合格之日起计算。因使用不当或者第三方造成的质量缺陷，以及不可抗力造成的质量缺陷，不属于法律规定的保修范围。

2. 建设工程在保修范围和保修期限内发生质量问题的，施工单位应当履行保修义务，并对造成的损失承担赔偿责任。

对在保修期限内和保修范围内发生的质量问题，一般应先由建设单位组织勘察、设计、施工等单位分析质量问题的原因，确定维修方案，由施工单位负责维修。但当问题较严重复杂时，不管是什么原因造成的，只要是在保修范围内，均先由施工单位履行保修义务，不得推诿扯皮。对于保修费用，则由质量缺陷的责任方承担。

四、工程监理单位的质量责任和义务

（一）工程监理单位应当依法取得相应资质等级的证书，并在其资质等级许可的范围内承担工程监理业务，不得转让工程监理业务

这方面的规定与对勘察、设计、施工单位的规定是相同的，这里不再赘述。

（二）工程监理单位不得与被监理工程的施工承包单位以及建筑材料、建筑构配件和设备供应单位有隶属关系或者其他利害关系

由于工程监理单位与被监理工程的施工承包单位以及建筑材料、建筑构配件和设备供应单位之间是一种监督与被监督的关系，为了保证工程监理单位能客观、公正地执行监理任务，工程监理单位不得与被监理工程的施工承包单位以及建筑材料、建筑构配件和设备供应单位有隶属关系或者其他利害关系。这里的隶属关系是指工程监理单位与被监理工程的施工承包单位以及建筑材料、建筑构配件和设备供应单位有行政上下级关系等。其他利害关系，是指工程监理单位与被监理工程的施工承包单位以及建筑材料、建筑构配件和设备供应单位之间存在的可能直接影响监理单位工作公正性的经济或其他利益关系，如参股、联营等关系。工程监理单位与被监理工程的施工承包单位以及建筑材料、建筑构配件和设备供应单位有隶属关系或者其他利害关系的，不得承担该项建设工程的监理业务。

（三）工程监理单位应当依照法律、法规以及有关技术标准、设计文件和建设工程承包合同，代表建设单位对施工质量实施监理，并对施工质量承担监理责任

监理单位对施工质量承担监理责任，主要有违法责任和违约责任两个方面。根据《建筑法》和《建设工程质量管理条例》对监理单位违法责任的规定，工程监理单位与建设单位或者施工单位串通、弄虚作假，降低工程质量的，或者将不合格的建设工程、建筑材料、建筑构配件和设备按照合格签字的，承担连带赔偿责任。如果监理单位在责任期内，不按照监理合同约定履行监理职责，给建设单位或者其他单位造成损失的，属违约责任，应当向建设单位赔偿。

五、建筑材料、构配件生产及设备供应单位的质量责任和义务

《质量条例》并没有专门设置"建筑材料、构配件生产及设备供应单位的质量责任和义务"一章，但根据《中华人民共和国产品质量法》（2000年7月8日重新发布）的有关规定，建筑材料、构配件生产及设备供应单位主要有以下几方面的质量责任和义务：

（一）建筑材料、构配件生产及设备供应单位的基本要求

建筑材料、构配件生产及设备供应单位必须具备相应的生产条件、技术装备和质量保证体系，具备必要的检测人员和设备，把好产品看样、订货、储存、运输和核验的质

量关。

（二）建筑材料、构配件及设备质量应当符合的要求

（1）符合国家或行业现行有关技术标准规定的合格标准和设计要求；

（2）符合在建筑材料、构配件及设备或其包装上注明采用的标准，符合以建筑材料、构配件及设备说明、实物样品等方式表明的质量状况。

（三）建筑材料、构配件及设备或者其包装上的标识应当符合的要求

（1）有产品质量检验合格证明；

（2）有中文标明的产品名称、生产厂名和厂址；

（3）产品包装和商标样式符合国家有关规定和标准要求；

（4）设备应有产品详细的使用说明书，电气设备还应附有线路图；

（5）实施生产许可证或使用产品质量认证标志的产品，应有许可证或质量认证的编号、批准日期和有效期限。

（四）建筑材料、构配件生产及设备供应单位其他的质量责任和义务

建筑材料、构配件生产及设备供应单位不得生产国家明令淘汰的产品，不得伪造产地，不得伪造或冒用他人的厂名、厂址，不得伪造或冒用认证标志等质量标志，不得掺杂、掺假，不得以假充真、以次充好，不得以不合格产品冒充合格产品等。

第四节　工程质量监督管理

一、工程质量监督管理部门

（一）建设行政主管部门及有关专业部门

我国实行国务院建设行政主管部门统一监督管理，各专业部门按照国务院确定的职责分别对其管理范围内的专业工程进行监督管理。根据国务院批准的"三定"方案的规定，建设部是负责全国建设行政管理的职能部门，铁路、交通、水利等有关部门分别对专业建设工程进行监督管理。县级以上人民政府建设行政主管部门在本行政区域内实行建设工程质量监督管理，专业部门按其职责对本专业建设工程质量实行监督管理。

这种管理体制明确了政府各部门的职责，职权划分清晰，权力与职责一致，谁管理谁负责，有利于对建设工程质量实施监督管理。

（二）工程质量监督机构

对建设工程质量进行监督管理的主要是各级政府建设行政主管部门和其他有关部门。但是，建设工程周期长，环节多，工程质量监督工作是一项专业性强且十分复杂的工作，政府部门不可能有庞大的编制亲自进行日常检查工作，这就需要委托由政府认可的第三方，即具有独立法人资格的单位来代行工程质量监督职能。也就是说，建设工程质量的监督管理职责可以由建设行政主管部门或者其他有关部门委托的工程质量监督机构承担。

工程质量监督机构是指经建设行政主管部门或其他有关部门考核，具有法人独立资格的单位。它受政府建设行政主管部门或有关专业部门的委托，对建设工程质量具体实施监督管理，并对委托的政府有关部门负责。《质量条例》规定从事房屋建筑工程和市政基础设施工程质量监督的机构，必须按照国家有关规定经国务院建设行政主管部门或者省、自治区、直辖市人民政府建设行政主管部门考核；从事专业建设工程质量监督的机构，必须

按照国家有关规定经国务院有关部门或者省、自治区、直辖市人民政府有关部门考核。经考核合格后，方可实施质量监督。工程质量监督机构必须拥有一定数量的质量监督工程师，有满足工程质量监督检查工作需要的工具和设备。有关工程质量监督机构的资格、工程质量监督工程师管理办法，目前正由建设部制定。

二、工程质量监督管理职责

（一）各级建设行政主管部门的基本职责

1. 国务院建设行政主管部门的基本职责

《质量条例》规定，国务院建设行政主管部门和国务院铁路、交通、水利等有关部门应当加强对有关建设工程质量的法律、法规和强制性标准执行情况的监督检查。

国务院建设行政主管部门在建设工程质量监督方面履行下列职责：

（1）贯彻国家有关建设工程质量的法律、法规、政策，制定建设工程质量监督的有关规定和实施细则；

（2）指导全国建设工程质量监督工作；

（3）制定工程质量监督机构和质量监督工程师的资格标准、考核审批和管理办法；

（4）组织全国建设工程质量检查等。

2. 县级以上地方人民政府建设行政主管部门的基本职责

《质量条例》规定，县级以上地方人民政府建设行政主管部门和其他有关部门应当加强对有关建设工程质量的法律、法规和强制性标准执行情况的监督检查。

（1）根据有关规定，省、自治区、直辖市建设行政主管部门履行下列建设工程质量方面的职责：

1）贯彻国家有关建设工程质量的法律、法规、政策，制定本地区建设工程质量监督工作的有关规定和实施细则；

2）对本地区市、区、县质量监督机构考核、认定；

3）组织对工程质量监督工程师和监督员的考核；

4）组织对本地区建设工程质量的检查工作等。

（2）各级城市、地、区、县建设行政主管部门的职责：

1）贯彻国家和地方有关建设工程质量的法律、法规、政策；

2）委托质量监督机构具体实施工程质量监督；

3）在工程竣工验收后，接受质量监督机构报送的工程质量监督报告和建设单位竣工验收的有关资料，办理备案手续；

4）对上报的需实施行政处罚的报告进行审核，并依法对工程建设有关主体实施行政处罚。

3. 建设行政主管部门履行监督检查职责时有权采取的措施

《质量条例》规定，县级以上人民政府建设行政主管部门和其他有关部门履行监督检查职责时，有权采取下列措施：

（1）要求被检查的单位提供有关工程质量的文件和资料；

（2）进入被检查单位的施工现场进行检查；

（3）发现有影响工程质量的问题时，责令改正。

（二）工程质量监督机构的基本职责

1. 办理建设单位工程建设项目报监手续，收取监督费；

2. 依照国家有关法律、法规和工程建设强制性标准，对建设工程的地基基础、主体结构及相关的建筑材料、构配件、商品混凝土的质量进行检查；

3. 对于被检查实体质量有关的工程建设参与各方主体的质量行为及工程质量文件进行检查，发现工程质量问题时，有权采取局部暂停施工等强制性措施，直到问题得到改正；

4. 对建设单位组织的竣工验收程序实施监督，查看其验收程序是否合法，资料是否齐全，实体质量是否存有严重缺陷；

5. 工程竣工后，应向委托的政府有关部门报送工程质量监督报告；

6. 对需要实施行政处罚的，报告委托的政府部门进行行政处罚。

三、工程竣工验收备案制度

《质量条例》确立了建设工程竣工验收备案制度。该项制度是加强政府监督管理，防止不合格工程流向社会的一个重要手段。结合《质量条例》和《房屋建筑工程和市政基础设施工程竣工验收备案管理暂行办法》（2000 年 4 月 4 日建设部令第 78 号发布）（根据 2009 年 10 月 19 日《住房城乡建设部关于修改〈房屋建筑工程和市政基础设施工程竣工验收备案管理暂行办法〉的决定》修正。）的有关规定，建设单位应当在工程竣工验收合格后的 15 日到县级以上人民政府建设行政主管部门或其他有关部门备案。建设单位办理工程竣工验收备案应提交以下材料：

1. 工程竣工验收备案表；

2. 工程竣工验收报告。竣工验收报告应当包括工程报建日期，施工许可证号，施工图设计文件审查意见，勘察、设计、施工、工程监理等单位分别签署的质量合格文件及验收人员签署的竣工验收原始文件，市政基础设施的有关质量检测和功能性试验资料以及备案机关认为需要提供的有关资料；

3. 法律、行政法规规定应当由规划、公安消防、环保等部门出具的认可文件或者准许使用文件；

4. 施工单位签署的工程质量保修书；

5. 法规、规章规定必须提供的其他文件；

6. 商品住宅还应当提交《住宅质量保证书》和《住宅使用说明书》。

建设行政主管部门或其他有关部门收到建设单位的竣工验收备案文件后，依据质量监督机构的监督报告，发现建设单位在竣工验收过程中有违反国家有关建设工程质量管理规定行为的，责令停止使用，重新组织竣工验收后，再办理竣工验收备案。建设单位有下列违法行为的，要按照有关规定予以行政处罚：

1. 在工程竣工验收合格之日起 15 日内未办理工程竣工验收备案；

2. 在重新组织竣工验收前擅自使用工程；

3. 采用虚假证明文件办理竣工验收备案。

四、工程质量事故报告制度

工程质量事故报告制度是《质量条例》确立的一项重要制度。建设工程发生质量事故后，有关单位应当在 24 小时内向当地建设行政主管部门和其他有关部门报告。对重大质量事故，事故发生地的建设行政主管部门和其他有关部门应当按照事故类别和等级向当地人民政府和上级建设行政主管部门和其他有关部门报告。事故发生后隐瞒不报、谎报、故意拖延报告期限的、故意破坏现场的、阻碍调查工作正常进行的、无正当理由拒绝调查组查询或者拒绝提供与事故有关情况、资料的，以及提供伪证的，由其所在单位或上级主管部门按有关规定给予行政处分；构成犯罪的，由司法机关依法追究刑事责任。

五、工程质量检举、控告、投诉制度

《建筑法》与《建设工程质量管理条例》均明确，任何单位和个人对建设工程的质量事故、质量缺陷都有权检举、控告、投诉。工程质量检举、控告、投诉制度是为了更好地发挥群众监督和社会舆论监督的作用，是保证建设工程质量的一项有效措施。

《建设工程质量投诉处理暂行规定》（1997 年 4 月 2 日建设部发布）对该项制度的实施作出了规定。

（一）工程质量投诉的范围

工程质量投诉，是指公民、法人和其他组织通过信函、电话、来访等形式反映工程质量问题的活动。凡是新建、改建、扩建的各类建筑安装、市政、公用、装饰装修等建设工程，在保修期内和建设过程中发生的工程质量问题，均属投诉范围。对超过保修期，在使用过程中发生的工程质量问题，由产权单位或有关部门处理。

（二）负责工程质量投诉管理工作的部门及其职责

1. 建设部负责全国建设工程质量投诉管理工作。国务院各有关主管部门的工程质量投诉受理工作，由各部门根据具体情况指定专门机构负责。省、自治区、直辖市建设行政主管部门指定专门机构，负责受理工程质量的投诉。

建设部对工程质量投诉管理工作的主要职责是：

（1）制订工程质量投诉处理的有关规定和办法；

（2）对各省、自治区、直辖市和国务院有关部门的投诉处理工作进行指导、督促；

（3）受理全国范围内有重大影响的工程质量投诉。

2. 各省、自治区、直辖市建设行政主管部门和国务院各有关主管部门对工程质量投诉管理工作的主要职责是：

（1）贯彻国家有关建设工程质量方面的方针、政策和法律、法规、规章，制订本地区、本部门的工程质量投诉处理的有关规定和办法；

（2）组织、协调和督促本地区、本部门的工程质量投诉处理工作；

（3）受理本地区、本部门范围内的工程质量投诉。

市（地）、县建委（建设局）的工程质量投诉管理机构和职责，由省、自治区、直辖市建设行政主管部门或地方人民政府确定。

（三）投诉处理机构的职责和义务

（1）投诉处理机构要督促工程质量责任方，按照有关规定，认真处理好用户的工程质量投诉。要做好投诉登记工作。

（2）对需要几个部门共同处理的投诉，投诉处理机构要主动与有关部门协商，在政府的统一领导和协调下，有关部门各司其职，协同处理。

（3）建设部批转各地区、各部门处理的工程质量投诉材料，各地区、各部门的投诉处理机构应在三个月内将调查和处理情况报建设部。

省级投诉处理机构受理的工程质量投诉，按照属地解决的原则，交由工程所在地的投诉处理机构处理，并要求报告处理结果。对于严重的工程质量问题可派人协助有关方面调查处理。

市、县级投诉处理机构受理的工程质量投诉，原则上应直接派人或与有关部门共同调查处理，不得层层转批。

（4）对于投诉的工程质量问题，投诉处理机构要本着实事求是的原则，对合理的要求，要及时妥善处理；暂时解决不了的，要向投诉人作出解释，并责成工程质量责任方限期解决；对不合理的要求，要作出说明，经说明后仍坚持无理要求的，应给予批评教育。对注明联系地址和联系人姓名的投诉，要将处理的情况通知投诉人。

（5）在处理工程质量投诉过程中，不得将工程质量投诉中涉及的检举、揭发、控告材料及有关情况，透露或者转送给被检举、揭发、控告的人员和单位。任何组织和个人不得压制、打击报复、迫害投诉人。

（6）各级建设行政主管部门要把处理工程质量投诉作为工程质量监督管理工作的重要内容抓好。对在工程质量投诉处理工作中做出成绩的单位和个人，要给予表彰。对在处理投诉工作中不履行职责、敷衍、推诿、拖延的单位及人员，要给予批评教育。

第五节　工程质量法律制度案例

案例 1

上诉人（一审被告）：云南××房地产有限公司（以下简称"甲公司"）

被上诉人（一审原告）：中建四局第五建筑工程有限公司（以下简称"中建四局五公司"）

一、基本案情

2011 年 9 月 19 日，甲公司和中建四局五公司经过招投标，签订《建设工程施工合同》，确定由中建四局五公司承建玉水金岸 C 区土建及水电安装工程，工程内容包括：11、12 栋住宅，13、14 栋（Soho-A 座、Soho-B 座），15 栋（五星级酒店），商业街，幼儿园和地下室，总建筑面积 28.75949 万平方米。

因甲公司拖欠中建四局五公司工程款，导致 C 区工程于 2013 年 12 月停工至今。截至停工时中建四局五公司完成了 11 栋和 12 栋住宅的施工任务，并已经交付甲公司使用，其他部分工程分别完成了一次主体结构施工和部分二次结构施工。

2015 年 2 月 12 日，中建四局五公司与甲公司签订《玉水金岸·水云间 C 区工程建设补充协议》，协议载明由中建四局五公司总承包的玉水金岸 C 区工程建设项目，因甲公司资金短缺，现已处于停工状态，双方就中建四局五公司所完成的工程量进行了结算，并于 2014 年 12 月 13 日签署了已完工工程结算协议，合同约定的剩余工程量，中建四局五公司不再继续施工，由甲公司另行委托施工。

中建四局五公司起诉请求支付工程款及违约金等。

二审中最高人民法院认为：由于涉案工程已交付使用，依照《最高人民法院关于审理建设工程施工合同纠纷案件适用法律问题的解释》第十三条关于"建设工程未经竣工验收，发包人擅自使用后，又以使用部分质量不符合约定为由主张权利的，不予支持"的规定，对甲公司以存在质量问题为由拒付 11、12 号楼工程款的主张不予支持。

二、案例评析

关于工程质量的责任划分是本案审理当中的一个争议焦点。根据《最高人民法院关于审理建设工程施工合同纠纷案件适用法律问题的解释》第十三条"建设工程未经竣工验收，发包人擅自使用后，又以使用部分质量不符合约定为由主张权利的，不予支持；但承包人应当在建设工程的合理使用寿命内对地基基础工程和主体结构质量承担民事责任"，本工程未经验收前已由发包人交给业主使用，且发包人所主张的"11、12 号楼存在质量缺陷"非地基基础工程和主体结构工程，因此发包人不得以此为理由拒付工程款。

案例 2

上诉人（原审原告）：黑龙江××建筑工程有限公司（以下简称"甲公司"）

上诉人（原审被告）：齐齐哈尔医学院附属第三医院（以下简称"齐三院"）

一、基本案情

2012 年 6 月，甲公司对案涉工程的基础工程投标并中标。同年 7 月，甲公司开始对基础工程进行施工。2013 年 3 月，甲公司对案涉工程的主体工程投标并中标，其后与齐三院签订《施工合同》并备案。该施工合同约定的工程承包范围为工程量清单全部内容，甲公司已经施工的基础工程包括在该合同内。2014 年 10 月 15 日，齐三院与甲公司就新建病房综合楼工程装饰调整事项签订《补充合同》约定装饰工程按照调整后的施工图纸施工。

工程已于 2015 年 6 月 30 日竣工后经验收合格，并已形成工程竣工验收报告。齐三院已付工程款为 362891861.86 元，其中 500 万元为该院代甲公司缴纳的农民工保证金，1891861.86 元为该院代甲公司支付的执行款。

甲公司向一审法院起诉请求齐三院立即给付欠付工程款及利息。一审期间依据甲公司关于对案涉工程进行造价鉴定的申请，经公开摇号，确定嘉信公司为案涉工程造价的鉴定单位。嘉信公司接受委托后，收取了鉴定资料并对案涉工程进行了现场勘查，于 2017 年 8 月 9 日出具了龙嘉信工程司法鉴定［2017］鉴字第 058 号工程造价司法鉴定意见书。

二审期间齐三院向最高人民法院申请重新鉴定。但在二审审理过程中，齐三院未能充分证据推翻一审认定，齐三院关于一审认定的材料价格过高、总承包服务费计取错误的上诉理由，缺乏事实依据，不能成立。

二、案例评析

本案涉及工程质量诉讼的另外一个问题就是重复鉴定，当鉴定意见与当事人意见不一致时，当事人都倾向于选择重新鉴定。但根据《最高人民法院关于民事诉讼证据的若干规定》第二十七条关于"当事人对人民法院委托鉴定部门做出的鉴定结论有异议申请重新鉴定，提出证据证明存在下列情形之一的，人民法院应予准许：（一）鉴定机构或者鉴定人员不具备相关的鉴定资格的；（二）鉴定程序严重违法的；（三）鉴定结论明显依据不足的；（四）经过质证认定不能作为证据使用的其他情形。对有缺陷的鉴定结论，可以通过补充鉴定、重新质证或者补充质证等方法解决的，不予重新鉴定"，这一规定明确了申请重新鉴定的法定条件，减少了重复鉴定导致诉讼效力降低的现象。

案例 3

再审申请人（一审被告、二审上诉人）：熊某

再审申请人（一审原告、二审上诉人）：东莞市××机电设备有限公司（以下简称"甲公司"）

被申请人（一审被告、二审被上诉人）：广东省东莞市××建筑工程公司（以下简称"乙公司"）

一、基本案情

甲公司作为建设单位与施工人乙公司签订《东莞市建设工程施工合同》，后甲公司、乙公司、熊某签订《工程款支付补充协议》明确约定熊某是案涉工程项目负责人，负责组织人力、财力、物力进行施工，承担所有措施费及施工方所应负担的规费、建筑施工报建费用和各种税费，由此可知系由熊某实际承受了《东莞市建设工程施工合同》中施工方的全部权利与义务，该协议真实地反映了熊某挂靠乙公司承建案涉工程及甲公司明示同意该挂靠行为的事实。《东莞市建设工程施工合同》第 20.7 条中明确约定"甲方有权指定乙方取用甲方认可的生产厂家生产的建材产品"。2006 年 1 月 9 日，甲公司发出通知，明确要求涉案工程使用的钢材限于广钢集团（广钢）、韶关钢铁集团（韶钢）、抚钢的品牌产品；2006 年 2 月 20 日甲公司再次发出通知，就实际施工过程中所使用的钢材的品牌、质量提出异议，并声明保留追究违约责任的权利，上述通知均由熊某签收。

最高人民法院再审认为，熊某使用了甲公司指示品牌以外的钢材，违反了双方就建材使用作出约定，熊某再审申请称代用钢材均系正规厂家的合格产品，不足以构成对其违反约定行为的抗辩。一、二审法院根据权利义务相一致原则，参照适用《东莞建设工程施工合同》的第 20.5 条之约定，支持甲公司提出的因案涉工程使用其指定品牌以外的钢材损失 72 万元的诉讼请求，并无不当。

二、案例评析

建设工程施工合同中约定发包人有权指定承包人使用发包人认可的生产厂家生产的材料。合同履行过程中，发包人发出通知，明确要求涉案工程使用的钢材限于广钢集团（广钢）、韶关钢铁集团（韶钢）、抚钢的品牌产品，但承包人实际使用了其他品牌代替，发包人再次发出通知，就实际施工过程中所使用的钢材的品牌、质量提出异议，并声明保留追究违约责任的权利，承包人均已签收。据此可以认定，承包人使用了发包人指示品牌以外的品牌，违反了双方就材料使用作出约定，承包人以代用材料均系正规厂家的合格产品为由，不足以构成对其违反约定行为的抗辩。

第九章　工程安全法律制度

第一节　工程安全管理概述

一、工程安全管理方针

（一）安全管理的概念

安全管理是指管理者运用行政、经济、法律、法规、技术等各种手段，发挥决策、教育、组织、监察、指挥等各种职能，对人、物、环境等各种被管理对象施加影响和控制，排除不安全因素，以达到安全目的的活动。

安全管理的中心问题是保护生产活动中劳动者的安全与健康，保证生产顺利进行。

（二）工程安全管理的概念

工程安全管理是指对建设活动过程中所涉及的安全进行的管理，包括建设行政主管部门对建设活动中的安全问题所进行的行业管理和从事建设活动的主体对自己建设活动的安全生产所进行的企业管理。

从事建设活动的主体所进行的安全生产管理包括建设单位对安全生产的管理，设计单位对安全生产的管理，施工单位对建设工程安全生产的管理等。

（三）工程安全管理与《中华人民共和国安全生产法（2014修正）》的关系

《中华人民共和国安全生产法（2014修正）》规定："在中华人民共和国领域内从事生产经营活动的单位的安全生产，适用本法；有关法律、行政法规对消防安全和道路交通安全、铁路交通安全、水上交通安全、民用航空安全另有规定的除外。"

所以，工程安全管理属于《中华人民共和国安全生产法（2014修正）》调整范围。

（四）工程安全管理方针

《中华人民共和国安全生产法（2014修正）》规定安全生产管理，坚持安全第一、预防为主的方针。同时，《中华人民共和国建筑法》（以下简称为《建筑法》）第36条规定："建筑工程安全生产管理必须坚持安全第一、预防为主的方针，建立健全安全生产的责任制度和群防群治制度。"确立了建筑工程安全管理必须坚持的方针。

所谓坚持安全第一、预防为主的方针，是指将建设工程安全管理放到第一位，采取有效措施控制不安全因素的发展与扩大，把可能发生的事故，消灭在萌芽状态。安全第一是从保护和发展生产力的角度，表明在生产范围内安全与生产的关系，肯定安全在建筑生产活动中的首要位置和重要性。预防为主是指在建筑生产活动中，针对建筑生产的特点，对生产要素采取管理措施，有效地控制不安全因素的发展与扩大，把可能发生的事故消灭在萌芽状态，以保证生产活动中人的安全与健康。安全第一，预防为主的方针，体现了国家对在建筑工程安全生产过程中"以人为本"，保护劳动者权利、保护社会生产力、保护建筑生产的高度重视。

二、安全生产管理体制

完善安全管理体制，建立健全安全管理制度、安全管理机构和安全生产责任制是安全管理的重要内容，也是实现安全生产目标管理的组织保证。我国的安全生产管理体制是"企业负责、行业管理、国家监察、群众监督、劳动者遵章守纪"。

企业负责。即工程建设企业应认真贯彻执行劳动保护和安全生产的政策、法令和规章制度，要对本企业的劳动保护和安全生产负责。

行业管理。即行业主管部门应根据"管生产必须管安全的原则"，管理本行业的安全生产工作，建立安全管理机构，配备安全技术干部，组织贯彻执行国家安全生产方针、政策、法规；制定行业的安全规章制度和安全规范标准；对本行业安全生产工作进行计划、组织、监督、检查和考核。住房和城乡建设部工程质量安全监督司负责全国建筑行业的安全生产工作。

国家监察。即由劳动部门按照国务院要求实施国家劳动安全监察。国家监察是一种执法监察，主要是监察国家法规政策的执行情况，预防和纠正违反法规政策的偏差。它不干预企事业内部执行法规政策的方法、措施和步骤等具体事务，不能代替行业管理部门日常管理和安全检查。

群众（工会组织）监督。保护职工的安全健康是工会的职责。工会对危害职工安全健康的现象有抵制、纠正以至控告的权利。这是一种自下而上的群众监督。这种监督与国家安全监察和行政管理是相辅相成的。

劳动者遵章守纪。从发生原因来看，事故大都与职工的违章行为有直接关系。因此，劳动者在生产过程中应该自觉遵守安全生产规章制度和劳动纪律，严格执行安全技术操作规程，不违章操作。劳动者遵章守纪也是减少事故，实现安全生产的重要保证。

三、工程安全管理基本制度

（一）《中华人民共和国安全生产法》中明确的安全生产基本制度

《安全生产法》确定了我国安全生产的基本法律制度：

1. 安全生产监督管理制度

《安全生产法》中提供了四种监督途径，即工会民主监督、社会舆论监督、公众举报监督和社区服务监督。通过这些监督途径，将使许多安全隐患及时得以发现，也将使许多安全管理工作中的不足得以改善。同时，《安全生产法》也明确了监督管理人员的权利和义务，这也将有利于监督工作的顺利进行。

2. 生产经营单位安全保障制度

在《安全生产法》中明确了生产经营单位必须做好安全生产的保证工作，既要在安全生产条件上、技术上符合生产经营的要求，也要在组织管理上建立健全安全生产责任并将其有效落实。

3. 从业人员安全生产权利义务制度

在《安全生产法》中，不仅明确了从业人员为保证安全生产所应尽的义务，也明确了从业人员进行安全生产所享有的权利。这样，在正面强调从业人员应该为安全生产尽职尽责的同时，赋予从业人员的权利也从另一方面有效保障了安全生产管理工作的有效开展。

4. 生产经营单位负责人安全责任制度

在《建筑法》中已经强调了安全生产责任制，这是从组织管理的角度采取的重要措施。在《安全生产法》中，更强调了单位负责人的安全责任。因为，一切安全管理，归根到底是对人的管理，只有生产经营单位的负责人真正认识到安全管理的重要性并认真落实安全管理的各项工作，安全管理工作才有可能真正有效进行。

5. 安全生产责任追究制度

违法必究是我国法律的基本原则，任何单位或个人违反了我国的法律，都将受到法律的制裁。所以，《安全生产法》中明确了对违反该法的单位和个人的法律责任。这一点，与《建筑法》中规定的基本原则是一致的。

6. 事故应急救援和处理制度

在安全事故中，经常伴随着生命财产的抢救，如果没有应急的救援措施和科学合理的处理制度，人民的生命财产安全和公民的正当权利将无法得到保障。同时，正确处理安全事故也可以起到警醒世人、教育员工的作用，所以，健全事故应急救援和处理制度是十分重要的。

（二）《中华人民共和国建筑法》中明确的安全生产基本制度

1. 安全生产责任制度

安全生产责任制度是建筑生产中最基本的安全管理制度，是所有安全规章制度的核心。安全生产责任制度是指将各种不同的安全责任落实到负责有安全管理责任的人员和具体岗位人员身上的一种制度。这一制度是安全第一，预防为主方针的具体体现，是建筑安全生产的基本制度。在建筑活动中，只有明确安全责任，分工负责，才能形成完整有效的安全管理体系，激发每个人的安全责任感，严格执行建筑工程安全的法律、法规和安全规程、技术规范，防患于未然，减少和杜绝建筑工程事故，为建筑工程的生产创造一个良好的环境。安全责任制的主要内容包括：一是从事建筑活动主体的负责人的责任制。比如，建筑施工企业的法定代表人要对本企业的安全负主要的安全责任。二是从事建筑活动主体的职能机构或职能处室负责人及其工作人员的安全生产责任制。比如，建筑企业根据需要设置的安全处室或者专职安全人员要对安全负责。三是岗位人员的安全生产责任制。岗位人员必须对安全负责。从事特种作业的安全人员必须进行培训，经过考试合格后方能上岗作业。

2. 群防群治制度

群防群治制度是职工群众进行预防和治理安全的一种制度。这一制度也是"安全第一、预防为主"的具体体现，同时也是群众路线在安全工作中的具体体现，是企业进行民主管理的重要内容。这一制度要求建筑企业职工在施工中应当遵守有关生产的法律、法规和建筑行业安全规章、规程，不得违章作业；对于危及生命安全和身体健康的行为有权提出批评、检举和控告。

3. 安全生产教育培训制度

安全生产教育培训制度是对广大建筑企业职工进行安全教育培训，提高安全意识，增加安全知识和技能的制度。安全生产，人人有责。只有通过对广大职工进行安全教育、培训，才能使广大职工真正认识到安全生产的重要性、必要性，才能使广大职工掌握更多更有效的安全生产的科学技术知识，牢固树立安全第一的思想，自觉遵守各项安全生产和规章制度。分析许多建筑安全事故，一个重要的原因就是有关人员安全意识不强，安全技能不够，这些都是没有搞好安全教育培训工作的后果。

4. 安全生产检查制度

安全生产检查制度是上级管理部门或企业自身对安全生产状况进行定期或不定期检查的制度。通过检查可以发现问题，查出隐患，从而采取有效措施，堵塞漏洞，把事故消灭在发生之前，做到防患于未然，是"预防为主"的具体体现。通过检查，还可总结出好的经验加以推广，为进一步搞好安全工作打下基础。安全检查制度是安全生产的保障。

5. 伤亡事故处理报告制度

施工中发生事故时，建筑企业应当采取紧急措施减少人员伤亡和事故损失，并按照国家有关规定及时向有关部门报告的制度。事故处理必须遵循一定的程序，做到三不放过（事故原因不清不放过、事故责任者和群众没有受到教育不放过、没有防范措施不放过）。通过对事故的严格处理，可以总结出教训，为制定规程、规章提供第一手素材，做到亡羊补牢。

6. 安全责任追究制度

《建筑法》第七章法律责任中，规定建设单位、设计单位、施工单位、监理单位，由于没有履行职责造成人员伤亡和事故损失的，视情节给予相应处理；情节严重的，责令停业整顿，降低资质等级或吊销资质证书；构成犯罪的，依法追究刑事责任。

第二节 工程安全责任

一、建设单位的安全责任

（一）建设单位应当向施工单位提供有关资料

《建设工程安全生产管理条例》第 6 条规定，建设单位应当向施工单位提供施工现场及毗邻区域内供水、排水、供电、供气、供热、通信、广播电视等地下管线资料，气象和水文观测资料，相邻建筑物和构筑物、地下工程的有关资料，并保证资料的真实、准确、完整。

建设单位因建设工程需要，向有关部门或者单位查询前款规定的资料时，有关部门或者单位应当及时提供。

（二）不得向有关单位提出影响安全生产的违法要求

《建设工程安全生产管理条例》第 7 条规定，建设单位不得对勘察、设计、施工、工程监理等单位提出不符合建设工程安全生产法律、法规和强制性标准规定的要求，不得压缩合同约定的工期。

（三）建设单位应当保证安全生产投入

《建设工程安全生产管理条例》第 8 条规定，建设单位在编制工程概算时，应当确定建设工程安全作业环境及安全施工措施所需费用。

（四）不得明示或暗示施工单位使用不符合安全施工要求的物资

《建设工程安全生产管理条例》第 9 条规定，建设单位不得明示或者暗示施工单位购买、租赁、使用不符合安全施工要求的安全防护用具、机械设备、施工机具及配件、消防设施和器材。

（五）办理施工许可证或开工报告时应当报送安全施工措施

　　《建设工程安全生产管理条例》第10条规定，建设单位在申请领取施工许可证时，应当提供建设工程有关安全施工措施的资料。

　　依法批准开工报告的建设工程，建设单位应当自开工报告批准之日起15日内，将保证安全施工的措施报送建设工程所在地的县级以上人民政府建设行政主管部门或者其他有关部门备案。

　　（六）应当将拆除工程发包给具有相应资质的施工单位

　　《建设工程安全生产管理条例》第11条规定，建设单位应当将拆除工程发包给具有相应资质等级的施工单位。

　　建设单位应当在拆除工程施工15日前，将下列资料报送建设工程所在地的县级以上地方人民政府主管部门或者其他有关部门备案。

　　1. 施工单位资质等级证明；

　　2. 拟拆除建筑物、构筑物及可能危及毗邻建筑的说明；

　　3. 拆除施工组织方案；

　　4. 堆放、清除废弃物的措施。

　　实施爆破作业的，还应当遵守国家有关民用爆炸物品管理的规定。根据《民用爆炸物品管理条例》第27条的规定，使用爆破器材的建设单位，必须经上级主管部门审查同意，并持说明使用爆破器材的地点、品名、数量、用途、四邻距离的文件和安全操作规程，向所在地县、市公安局申请领取《爆炸物品使用许可证》，方准使用。根据《民用爆炸物品管理条例》第30条的规定，进行大型爆破作业，或在城镇与其他居民聚居的地方、风景名胜区和重要工程设施附近进行控制爆破作业，施工单位必须事先将爆破作业方案，报县、市以上主管部门批准，并征得所在地县、市公安局同意，方准爆破作业。

　　二、勘察、设计单位的安全责任

　　（一）勘察单位的安全责任

　　根据《建设工程安全生产管理条例》第12条的规定，勘察单位的安全责任包括：

　　1. 勘察单位应当按照法律、法规和工程建设强制性标准进行勘察，提供的勘察文件应当真实、准确，满足建设工程安全生产的需要。

　　2. 勘察单位在勘察作业时，应当严格按照操作规程，采取措施保证各类管线、设施和周边建筑物、构筑物的安全。

　　（二）设计单位的安全责任

　　《建筑法》第37条对设计单位的安全责任有明确规定："建筑工程设计应符合按照国家规定制定的建筑安全规程和技术规范，保证工程的安全性能。"

　　根据《建设工程安全生产管理条例》第13条的规定，设计单位的安全责任包括：

　　1. 设计单位应当按照法律、法规和工程建设强制性标准进行设计，防止因设计不合理导致安全生产事故的发生。

　　2. 设计单位应当考虑施工安全操作和防护的需要，对涉及施工安全的重点部位和环节在设计文件中注明，并对防范安全生产事故提出指导意见。

　　3. 采用新结构、新材料、新工艺的建设工程和特殊结构的建设工程，设计单位应当在设计中提出保障施工作业人员安全和预防生产安全事故的措施建议。

　　4. 设计单位和注册建筑师等注册执业人员应当对其设计负责。

建筑工程设计是建设工程的重要环节，工程设计质量的优劣直接影响建设活动和建筑产品的安全。为此，勘察单位应提供建设工程所需的全面、准确的地质、测量和水文等资料。这里所说的建筑工程设计，是指各类房屋建筑、构筑物及其附属设施、线路管道、设备等的设计活动。一般应根据建设工程项目的功能性要求，考虑投资、材料、环境、气候、水文地质结构等提供图纸等设计文件。

所谓保证工程的安全性能，是指设计单位应当按照建设工程安全标准进行设计，保证其符合按照国家规定制定的建筑安全规程和技术规范。建筑工程的安全性能，包括两层含义：在建造过程中的安全，主要指建造者的安全；建成后的使用安全，主要指建筑物的安全。所谓建筑安全规程，是指在建筑活动中为了消除导致人身伤亡或者造成设备、财产破坏以及危害环境而由有关部门制定的具体技术要求和实施程序的统一规定。所谓建筑技术规范，是指由有关部门制定的对设计、施工等技术事项所作的统一规定，技术规范是标准的一种形式。需要说明的是，这里对于建筑安全规程和技术规范的制定提出了要求，即建筑安全规程和技术规范必须"按照国家规定"制定。所谓按照国家规定制定，是指制定建筑安全规程和技术规范时必须符合国家规定的原则，不得同国家规定相抵触；抵触的无效。这里国家规定包括全国人大及其常委会通过的法律、国务院制定的行政法规、行业部门制定的行政规章等。

三、工程监理单位的安全责任

（一）安全技术措施及专项施工方案审查义务

《建设工程安全生产管理条例》第 14 条第 1 款规定，工程监理单位应当审查施工组织设计中的安全技术措施或者专项施工方案是否符合工程建设强制性标准。

（二）安全生产事故隐患报告义务

《建设工程安全生产管理条例》第 14 条第 2 款规定，工程监理单位在实施监理过程中，发现存在安全事故隐患的，应当要求施工单位整改；情况严重的，应当要求施工单位暂时停止施工，并及时报告建设单位。施工单位拒不整改或者不停止施工的，工程监理单位应当及时向有关主管部门报告。

（三）应当承担监理责任

工程监理单位和监理工程师应当按照法律、法规和工程建设强制性标准实施监理，并对建设工程安全生产承担监理责任。

四、建设工程物资供应单位的安全责任

（一）机械设备和配件供应单位的安全责任

《建设工程安全生产管理条例》第 15 条规定，为建设工程提供机械设备和配件的单位，应当按照安全施工的要求配备齐全有效的保险、限位等安全设施和装置。

（二）机械设备、施工机具和配件出租单位的安全责任

《建设工程安全生产管理条例》第 16 条规定，出租的机械设备和施工工具及配件，应当具有生产（制造）许可证、产品合格证。

出租单位应当对出租的机械设备和施工工具及配件的安全性能进行检测，在签订租赁协议时，应当出具检测合格证明。

禁止出租检测不合格的机械设备和施工工具及配件。

（三）起重机械和自升式架设设施的安全管理

1. 在施工现场安装、拆卸施工起重机械和整体提升脚手架、模板等自升式架设设施，必须由具有相应资质的单位承担。

2. 安装、拆卸施工起重机械和整体提升脚手架、模板等自升式架设设施，应当编制拆装方案、制定安全施工措施，并由专业技术人员现场监督。

3. 施工起重机械和整体提升脚手架、模板等自升式架设设施安装完毕后，安装单位应当自检，出具自检合格证明，并向施工单位进行安全使用说明，办理验收手续并签字。

4. 施工起重机械和整体提升脚手架、模板等自升式架设设施的使用达到国家规定的检验检测期限的，必须经具有专业资质的检验检测机构检测。经检测不合格的，不得继续使用。

5. 检验检测机构对检测合格的施工起重机械和整体提升脚手架、模板等自升式架设设施，应当出具安全合格证明文件，并对检测结果负责。

五、施工单位的安全责任

（一）施工单位应当具备的安全生产资质条件

《建设工程安全生产管理条例》第20条规定，施工单位从事建设工程的新建、扩建和拆除等活动，应当具备国家规定的注册资本、专业技术人员、技术装备和安全生产等条件，依法取得相应等级的资质证书，并在其资质等级许可的范围内承揽工程。

（二）施工总承包单位与分包单位安全责任的划分

《建设工程安全生产管理条例》第24条规定，建设工程实行施工总承包的，由总承包单位对施工现场的安全生产负总责。

总承包单位应当自行完成建设工程主体结构的施工。

总承包单位依法将建设工程分包给其他单位的，分包合同中应当明确各自的安全生产方面的权利、义务。总承包单位和分包单位对分包工程的安全生产承担连带责任。

分包单位应当接受总承包单位的安全生产管理，分包单位不服从管理导致生产安全事故的，由分包单位承担主要责任。

（三）施工单位安全生产责任制度

《建设工程安全生产管理条例》第21条规定，施工单位主要负责人依法对本单位的安全生产工作全面负责。施工单位应当建立健全安全生产责任制度和安全生产教育培训制度，制定安全生产规章制度和操作规程，保证本单位安全生产条件所需资金的投入，对所承担建设工程进行定期和专项安全检查，并做好安全检查记录。

施工单位的项目负责人应当由取得相应执业资格的人员担任，对建设工程项目的安全施工负责，落实安全生产责任制度、安全生产规章制度和操作规程，确保安全生产费用的有效使用，并根据工程的特点组织制定安全施工措施，消除安全事故隐患，及时、如实报告生产安全事故。

（四）施工单位安全生产基本保障措施

1. 安全生产费用应当专款专用

《建设工程安全生产管理条例》第22条规定，施工单位对列入建设工程概算的安全作业环境及安全施工措施所需费用，应当用于施工安全防护用具及设施的采购和更新、安全施工措施的落实、安全生产条件的改善，不得挪作他用。

2. 安全生产管理机构及人员的设置

《建设工程安全生产管理条例》第 23 条规定，施工单位应当设立安全生产管理机构，配备专职安全生产管理人员。

专职安全生产管理人员负责对安全生产进行现场监督检查。发现安全事故隐患，应当及时向项目负责人和安全生产管理机构报告；对违章指挥、违章操作的，应当立即制止。

3. 编制安全技术措施及专项施工方案的规定

《建设工程安全生产管理条例》第 26 条规定，施工单位应当在施工组织设计中编制安全技术措施和施工现场临时用电方案，对下列达到一定规模的危险性较大的分部分项工程编制专项施工方案，并附具安全验算结果，经施工单位技术负责人、总监理工程师签字后实施，由专职安全生产管理人员进行现场监督：

(1) 基坑支护与降水工程；

(2) 土方开挖工程；

(3) 模板工程；

(4) 起重吊装工程；

(5) 脚手架工程；

(6) 拆除、爆破工程；

(7) 国务院建设行政主管部门或者其他有关部门规定的其他危险性较大的工程。

对上述工程中涉及深基坑、地下暗挖工程、高大模板工程的专项施工方案，施工单位还应当组织专家进行论证、审查。

施工单位还应当根据施工阶段和周围环境及季节、气候的变化，在施工现场采取相应的安全施工措施。施工现场暂时停止施工的，施工单位应当做好现场防护，所需费用由责任方承担，或按照合同约定执行。

4. 对安全施工技术要求的交底

《建设工程安全生产管理条例》第 27 条规定，建设工程施工前，施工单位负责项目管理的技术人员应当对有关安全施工的技术要求向施工作业班组、作业人员做出详细说明，并由双方签字确认。

5. 危险部位安全警示标志的设置

《建设工程安全生产管理条例》第 28 条第 1 款规定，施工单位应当在施工现场入口处、施工起重机械、临时用电设施、脚手架、出入通道口、楼梯口、电梯井口、孔洞口、桥梁口、隧道口、基坑边沿、爆破物及有害危险气体和液体存放处等危险部位，设置明显的安全警示标志。安全警示标志必须符合国家标准。

6. 对施工现场生活区、作业环境的要求

《建设工程安全生产管理条例》第 29 条规定，施工单位应当将施工现场的办公、生活区与作业区分开设置，并保持安全距离；办公、生活区的选址应当符合安全性要求。职工的膳食、饮水、休息场所等应当符合卫生标准。施工单位不得在尚未竣工的建筑物内设置员工集体宿舍。

7. 环境污染防护措施

《建设工程安全生产管理条例》第 30 条规定，施工单位对因建设工程施工可能造成损害的毗邻建筑物、构筑物和地下管线等，应当采取专项保护措施。

施工单位应当遵守有关环境保护法律、法规的规定，在施工现场采取措施，防止或减少粉尘、废气、废水、固体废物、噪声、振动和施工照明对人和环境的危害和污染。

8. 消防安全保障措施

消防安全是建设工程安全生产管理的重要组成部分，是施工单位现场安全生产管理的工作重点之一。《建设工程安全生产管理条例》第31条规定，施工单位应当在施工现场建立消防安全责任制度，确定消防安全责任人，制定用火、用电、使用易燃易爆材料等各项消防安全管理制度和操作规程，设置消防通道、消防水源，配备消防设施和灭火器材，并在施工现场入口处设置明显标志。

除了施工单位的消防安全责任外，《中华人民共和国消防法》还对建设单位、设计单位的消防安全责任作了具体规定，包括：

（1）按照国家工程建筑消防技术标准需要进行消防设计的建筑工程，设计单位应当按照国家工程建筑消防技术标准进行设计，建设单位应当将建筑工程的消防设计图纸及有关资料报送公安消防机构审核；未经审核或者经审核不合格的，建设行政主管部门不得发给施工许可证，建设单位不得施工。

（2）经公安消防机构审核的建筑工程消防设计需要变更的，应当报经原审核的公安消防机构核准；未经核准的，任何单位、个人不得变更。

（3）按照国家工程建筑消防技术标准进行消防设计的建筑工程竣工时，必须经公安消防机构进行消防验收；未经验收或者经验收不合格的，不得投入使用。

（4）建筑构件和建筑材料的防火性能必须符合国家标准或者行业标准。公共场所室内装修、装饰根据国家工程建筑消防技术标准的规定，应当使用不燃、难燃材料的，必须选用依照产品质量法的规定确定的检验机构检验合格的材料。

9. 劳动安全管理规定

《建设工程安全生产管理条例》第32条规定，施工单位应当向作业人员提供安全防护用具和安全防护服装，并书面告知危险岗位的操作规程和违章操作的危害。

作业人员有权对施工现场的作业条件、作业程序和作业方式中存在的安全问题提出批评、检举和控告，有权拒绝违章指挥和强令冒险作业。

在施工中发生危及人身安全的紧急情况时，作业人员有权立即停止作业或者在采取必要的应急措施后撤离危险区域。

第33规定，作业人员应当遵守安全施工的强制性标准、规章制度和操作规程，正确使用安全防护用具、机械设备等。

第38条规定，施工单位应当为施工现场从事危险作业的人员办理意外伤害保险。

意外伤害保险费由施工单位支付。实行施工总承包的，由总承包单位支付意外伤害保险费。意外伤害保险期限自建设工程开工之日起至竣工验收合格止。

10. 安全防护用具及机械设备、施工机具的安全管理

《建设工程安全生产管理条例》第34条规定，施工单位采购、租赁的安全防护用具、机械设备、施工机具及配件，应当具有生产（制造）许可证、产品合格证，并在进入施工现场前进行查验。

施工现场的安全防护用具、机械设备、施工机具及配件必须由专人管理，定期进行检查、维修和保养，建立相应的资料档案，并按照国家有关规定及时报废。

《建设工程安全生产管理条例》第35条规定，施工单位在使用施工起重机械和整体提

升脚手架、模板等自升式架设设施前，应当组织有关单位进行验收，也可以委托具有相应资质的检验检测机构进行验收；使用承租的机械设备和施工机具及配件的，由施工总承包单位、分包单位、出租单位和安装单位共同进行验收。验收合格的方可使用。

（五）安全教育培训制度

1. 特种作业人员培训和持证上岗

《建设工程安全生产管理条例》第25条规定，垂直运输机械作业人员、安装拆卸工、爆破作业人员、起重信号工、登高架设作业人员等特种作业人员，必须按照国家有关规定经过专门的安全作业培训，并取得特种作业操作资格证书后，方可上岗作业。

2. 安全管理人员和作业人员的安全教育培训和考核

《建设工程安全生产管理条例》第36条规定，施工单位的主要负责人、项目负责人、专职安全生产管理人员应当经建设行政主管部门或者其他有关部门考核合格后方可任职。

施工单位应当对管理人员和作业人员每年至少进行一次安全生产教育培训，其教育培训情况记入个人工作档案。安全生产教育培训考核不合格的人员，不得上岗。

3. 作业人员进入新岗位、新工地或采用新技术时的上岗教育培训

《建设工程安全生产管理条例》第37条规定，作业人员进入新的岗位或者新的施工现场前，应当接受安全生产教育培训。未经教育培训或者教育培训考核不合格的人员，不得上岗作业。

施工单位在采用新技术、新工艺、新设备、新材料时，应当对作业人员进行相应的安全生产教育培训。

第三节　工程安全生产的行政监督管理

一、建设工程安全生产的行政监督管理的分级管理

（一）建设工程安全生产的行政监督管理的概念

建设工程安全生产的行政监督管理，是指各级人民政府建设行政主管部门及其授权的建设工程安全生产监督机构，对建设工程安全生产所实施的行政监督管理。

（二）建设工程安全生产的行政监督的分级管理

我国现行对建设工程（含土木工程、建筑工程、线路管道和设备安装工程）安全生产的行政监督管理是分级进行的，建设行政主管部门因级别不同具有的管理职责也不完全相同。

国务院建设行政主管部门负责建设工程安全生产的统一监督管理，并依法接受国家安全生产综合管理部门的指导和监督。国务院铁道、交通、水利等有关部门按照国务院规定职责分工，负责有关专业建设工程安全生产的监督管理。

县级以上地方人民政府建设行政主管部门负责本行政区域内的建设工程安全生产管理。县级以上地方人民政府交通、水利等有关部门在各自的职责范围内，负责本行政区域内的专业建设工程安全生产的监督管理。县级以上地方人民政府建设行政主管部门和地方人民政府交通、水利等有关部门应当设立建设工程安全监督机构负责建设工程安全生产的日常监督管理工作。

二、国务院建设行政主管部门的职责

国务院建设行政主管部门主管全国建设工程安全生产的行业监督管理工作。其主要职责是：

1. 贯彻执行国家有关安全生产的法规和方针、政策，起草或者制定建筑安全生产管理的法规和标准；

2. 统一监督管理全国工程建设方面的安全生产工作，完善建筑安全生产的组织保证体系；

3. 制定建筑安全生产管理的中、长期规划和近期目标，组织建筑安全生产技术的开发与推广应用；

4. 指导和监督检查省、自治区、直辖市人民政府建设行政主管部门开展建筑安全生产的行业监督管理工作；

5. 统计全国建筑职工因工伤亡人数，掌握并发布全国建筑安全生产动态；

6. 负责对申报资质等级一级企业和国家一、二级企业以及国家和部级先进建筑企业进行安全资格审查或者审批，行使安全生产否决权；

7. 组织全国建筑安全生产检查，总结交流建筑安全生产管理经验，并表彰先进；

8. 检查和监督工程建设重大事故的调查处理，组织或者参与工程建设特别重大事故的调查。

三、县级以上地方人民政府建设行政主管部门的职责

县级以上地方人民政府建设行政主管部门负责本行政区域建筑安全生产的行业监督管理工作。其主要职责是：

1. 贯彻执行国家和地方有关安全生产的法规、标准和方针、政策，起草或者制定本行政区域建筑安全生产管理的实施细则或者实施办法；

2. 制定本行政区域建筑安全生产管理的中、长期规划和近期目标，组织建筑安全生产技术的开发与推广应用；

3. 建立健全安全生产的监督管理体系，制定本行政区域建筑安全生产监督管理工作制度，组织落实各级领导分工负责的建筑安全生产责任制；

4. 负责本行政区域建筑职工因工伤亡的统计和上报工作，掌握和发布本行政区域建筑安全生产动态；

5. 负责对申报晋升企业资质等级、企业升级和报评先进企业的安全资格进行审查或者审批，行使安全生产否决权；

6. 组织或者参与本行政区域工程建设中人身伤亡事故的调查处理工作，并依照有关规定上报重大伤亡事故；

7. 组织开展本行政区域建筑安全生产检查，总结交流建筑安全生产管理经验，并表彰先进；

8. 监督检查施工现场、构配件生产车间等安全管理和防护措施，纠正违章指挥和违章作业；

9. 组织开展本行政区域建筑企业安全生产管理人员、作业人员的安全生产教育、培训、考核及发证工作，监督检查建筑企业对安全技术措施费的提取和使用；

10. 领导和管理建筑安全生产监督机构的工作。

四、安全生产的四种监督方式

《安全生产法》中明确了四种监督方式：

1. 工会民主监督。

即工会有权对建设项目的安全设施与主体工程同时设计、同时施工、同时投入生产和使用的情况进行监督，提出意见。

2. 社会舆论监督。

即新闻、出版、广播、电影、电视等单位有对违反安全生产法律、法规的行为进行舆论监督的权利。

3. 公众举报监督。

即任何单位或者个人对事故隐患或者安全生产违法行为，均有权向负有安全生产监督管理职责的部门报告或者举报。

4. 社区报告监督。

即居民委员会、村民委员会发现其所在区域内的生产经营单位存在事故隐患或者安全生产违法行为时，有权向当地人民政府或者有关部门报告。

五、安全监督检查人员职权

1. 现场调查取证权。

即安全生产监督检查人员可以进入生产经营单位进行现场调查，单位不得拒绝，有权向被检查单位调阅资料，向有关人员（负责人、管理人员、技术人员）了解情况。

2. 现场处理权。

即对安全生产违法作业当场纠正权；对现场检查出的隐患，责令限期改正、停产停业或停止使用的职权；责令紧急避险权和依法行政处罚权。

3. 查封、扣押行政强制措施权。

其对象是安全设施、设备、器材、仪表等；依据是不符合国家或行业安全标准；条件是必须按程序办事、有足够证据、经部门负责人批准、通知被查单位负责人到场、登记记录等，并必须在 15 日内作出决定。

六、安全监督检查人员义务

1. 审查、验收禁止收取费用。

2. 禁止要求被审查、验收的单位购买指定产品。

3. 必须遵循忠于职守、坚持原则、秉公执法的执法原则。

4. 监督检查时须出示有效的监督执法证件。

5. 对检查单位的技术秘密、业务秘密尽到保密之义务。

七、建筑安全生产监督机构的职责

建筑安全生产监督机构根据同级人民政府建设行政主管部门的授权，依据有关的法规、标准，对本行政区域内建筑安全生产实施监督管理。其职责如下：

1. 贯彻执行党和国家的安全生产方针、政策和决议。

2. 监察各工地对国家、建设部、省、市政府公布的安全法规、标准、规章制度、办法和安全技术措施的执行情况。

3. 总结、推广建筑施工安全科学管理、先进安全装置、措施等经验，并及时给以奖励。

4. 制止违章指挥和违章作业行为，对情节严重者按处罚条例给以经济处罚，对隐患严重的现场或机械、电气设备等，及时签发停工指令，并提出改进措施。

5. 参加建筑行业重大伤亡事故的调查处理，对造成死亡 1 人，重伤 3 人，直接经济损失 5 万元以上的重大事故主要负责者，有权向检察院、法院提出控诉，追究刑事责任。

6. 对建筑施工队伍负责人、安全检查员、特种作业人员，进行安全教育培训、考核发证工作。

7. 参加建筑施工企业新建、扩建、改建和挖潜、革新、改造工程项目设计和竣工验收工作，负责安全卫生设施"三同时"（安全卫生设施同时设计、同时验收、同时使用）的审查工作。

8. 及时召开安全施工或重大伤亡事故现场会议。

第四节　建设工程重大安全事故的处理

重大安全事故，是指因违反有关建设工程安全的法律、法规和强制性标准，造成人身伤亡或者重大经济损失的事故。

一、生产安全事故登记的分类

1. 特别重大事故，是指造成 30 人以上死亡，或者 100 人以上重伤（包括急性工业中毒，下同），或者 1 亿元以上直接经济损失的事故；

2. 重大事故，是指造成 10 人以上 30 人以下死亡，或者 50 人以上 100 人以下重伤，或者 5000 万元以上 1 亿元以下直接经济损失的事故；

3. 较大事故，是指造成 3 人以上 10 人以下死亡，或者 10 人以上 50 人以下重伤，或者 1000 万元以上 5000 万元以下直接经济损失的事故；

4. 一般事故，是指造成 3 人以下死亡，或者 10 人以下重伤，或者 1000 万元以下直接经济损失的事故。

二、生产安全事故处理程序

（一）事故报告

1. 事故发生后，事故现场有关人员应当立即向本单位负责人报告；单位负责人接到报告后，应当于 1 小时内向事故发生地县级以上人民政府安全生产监督管理部门和负有安全生产监督管理职责的有关部门报告。情况紧急时，事故现场有关人员可以直接向事故发生地县级以上人民政府安全生产监督管理部门和负有安全生产监督管理职责的有关部门报告。

2. 安全生产监督管理部门和负有安全生产监督管理职责的有关部门接到事故报告后，应当依照下列规定上报事故情况，并通知公安机关、劳动保障行政部门、工会和人民检察院：

（1）特别重大事故、重大事故逐级上报至国务院安全生产监督管理部门和负有安全生产监督管理职责的有关部门；

（2）较大事故逐级上报至省、自治区、直辖市人民政府安全生产监督管理部门和负有安全生产监督管理职责的有关部门；

（3）一般事故上报至设区的市级人民政府安全生产监督管理部门和负有安全生产监督管理职责的有关部门。

安全生产监督管理部门和负有安全生产监督管理职责的有关部门依照前款规定上报事故情况，应当同时报告本级人民政府。国务院安全生产监督管理部门和负有安全生产监督管理职责的有关部门以及省级人民政府接到发生特别重大事故、重大事故的报告后，应当立即报告国务院。必要时，安全生产监督管理部门和负有安全生产监督管理职责的有关部门可以越级上报事故情况。

（二）事故调查

1. 特别重大事故由国务院或者国务院授权有关部门组织事故调查组进行调查。重大事故、较大事故、一般事故分别由事故发生地省级人民政府、设区的市级人民政府、县级人民政府负责调查。省级人民政府、设区的市级人民政府、县级人民政府可以直接组织事故调查组进行调查，也可以授权或者委托有关部门组织事故调查组进行调查。未造成人员伤亡的一般事故，县级人民政府也可以委托事故发生单位组织事故调查组进行调查。

上级人民政府认为必要时，可以调查由下级人民政府负责调查的事故。自事故发生之日起30日内（道路交通事故、火灾事故自发生之日起7日内），因事故伤亡人数变化导致事故等级发生变化，依照本条例规定应当由上级人民政府负责调查的，上级人民政府可以另行组织事故调查组进行调查。

特别重大事故以下等级事故，事故发生地与事故发生单位不在同一个县级以上行政区域的，由事故发生地人民政府负责调查，事故发生单位所在地人民政府应当派人参加。

2. 事故调查组成员应当具有事故调查所需要的知识和专长，并与所调查的事故没有直接利害关系。

事故调查组组长由负责事故调查的人民政府指定。事故调查组组长主持事故调查组的工作。

3. 事故调查组的职责

事故调查组履行下列职责：

（1）查明事故发生的经过、原因、人员伤亡情况及直接经济损失；

（2）认定事故的性质和事故责任；

（3）提出对事故责任者的处理建议；

（4）总结事故教训，提出防范和整改措施；

（5）提交事故调查报告。

4. 事故调查组的权利

事故调查组有权向有关单位和个人了解与事故有关的情况，并要求其提供相关文件、资料，有关单位和个人不得拒绝。

5. 事故调查的时间要求

事故调查组应当自事故发生之日起60日内提交事故调查报告；特殊情况下，经负责事故调查的人民政府批准，提交事故调查报告的期限可以适当延长，但延长的期限最长不超过60日。

6. 事故调查报告

事故调查报告应当包括下列内容：

（1）事故发生单位概况；

（2）事故发生经过和事故救援情况；

（3）事故造成的人员伤亡和直接经济损失；

（4）事故发生的原因和事故性质；

（5）事故责任的认定以及对事故责任者的处理建议；

（6）事故防范和整改措施。

事故调查报告应当附具有关证据材料。事故调查组成员应当在事故调查报告上签名。

三、生产安全事故处理

1. 重大事故、较大事故、一般事故，负责事故调查的人民政府应当自收到事故调查报告之日起 15 日内做出批复；特别重大事故，30 日内做出批复，特殊情况下，批复时间可以适当延长，但延长的时间最长不超过 30 日。

有关机关应当按照人民政府的批复，依照法律、行政法规规定的权限和程序，对事故发生单位和有关人员进行行政处罚，对负有事故责任的国家工作人员进行处分。

事故发生单位应当按照负责事故调查的人民政府的批复，对本单位负有事故责任的人员进行处理。

负有事故责任的人员涉嫌犯罪的，依法追究刑事责任。

2. 事故发生单位应当认真吸取事故教训，落实防范和整改措施，防止事故再次发生。防范和整改措施的落实情况应当接受工会和职工的监督。

安全生产监督管理部门和负有安全生产监督管理职责的有关部门应当对事故发生单位落实防范和整改措施的情况进行监督检查。

3. 事故处理的情况由负责事故调查的人民政府或者其授权的有关部门、机构向社会公布，依法应当保密的除外。

第五节 工程安全法律制度案例

案例 1

再审申请人（一审被告）：管某甲，江苏省某建筑园林建设有限公司副总工程师

一审被告：周某甲，上海某园林装饰工程有限公司法定代表人

一、基本案情

南京市鼓楼区人民检察院以鼓检诉刑诉（2014）57 号起诉书指控被告人周某甲、管某甲犯工程重大安全事故罪，于 2014 年 1 月 22 日向南京市鼓楼区人民法院提起公诉。

2011 年 1 月，古建公司与南京市市政工程建设处签订《施工合同》，由古建公司负责承建城北护城河段景观及绿化工程。2011 年 5 月 23 日，南京市住建委书面批复，同意在原初步设计基础上进行部分设计调整，新建景观廊桥一座。同年 5 月 28 日，被告人周某甲在宏辉公司未取得相应施工资质的情况下，以该公司名义与古建公司签订工程分包合同，承揽了位于本市鼓楼区金川河上的景观廊桥施工工程。在施工过程中，宏辉公司未严格按照设计图纸和施工规范加工安装廊桥木结构建筑，质量管控缺失，将柱脚直径 12 毫米对拉螺杆改用 3 英寸圆钉，施工组织设计缺乏针对木结构的内容及措施，节点榫卯做法不规范，降低了工程质量标准。古建公司未核实分包方的施工资质，被告人管某甲作为施工方古建公司派驻现场的项目负责人，未履行工程质量监管的职责，导致该廊桥项目工

质量存在重大安全隐患。

2012年7月3日晚，该廊桥在暴雨大风中倒塌，造成2死6伤和人民币80余万元直接经济损失的事故。事故发生后，事故调查技术组出具专家意见，认为恶劣天气是导致本次事故的重要因素，是倒塌的诱因；设计单位未针对仿古木结构体系抗侧能力偏弱的特点采取必要的加强措施，施工单位未严格按照设计图纸和规范要求施工是本次事故的主要原因。

一审法院认为：2011年5月28日，古建公司将承建的位于江苏省南京市鼓楼区金川河上的景观廊桥施工工程分包给没有取得相应施工资质的宏辉公司。在施工过程中，管某甲系古建公司派驻现场的项目负责人，对宏辉公司违反施工规范，降低工程标准未履行工程质量监管职责，导致该廊桥项目工程质量存在重大安全隐患。判决被告人周某甲犯工程重大安全事故罪，判处有期徒刑二年，缓刑二年，罚金人民币一万元。被告人管某甲犯工程重大安全事故罪，判处有期徒刑二年，缓刑二年，罚金人民币一万元。

再审中最高人民法院认为根据《中华人民共和国建筑法》有关规定和古建公司与宏辉公司的合同约定，古建公司作为景观廊桥施工工程的承建单位，即使与宏辉公司签订了指定分包合同，具体施工由宏辉公司承担，也不能免除古建公司作为承包人对工程质量的监督管理责任。原判对管某甲追究工程重大安全责任事故罪的刑事责任并无不当

二、案例评析

施工单位应对施工现场的质量安全责任负责，即使承包人将工程分包，承包人对分包工程的质量安全也应当对发包人负责。分包不能免除承包人对工程质量监管职责。

案例2

再审申请人（一审被告、反诉原告，二审上诉人）：××发展建设工程有限责任公司（以下简称"甲公司"）

被申请人（一审原告、反诉被告，二审被上诉人）：吉林市××地产置业有限公司（以下简称"乙公司"）

一、基本案情

甲公司与乙公司签订的《吉林财富广场基坑支护工程承包合同》约定由甲公司承担吉林财富广场基坑支护工程施工。在合同履行过程中发生坍塌事故，甲公司进行抢修，未完成即退出施工现场，乙公司另行组织人员进行抢险施工。

最高人民法院在再审程序中认为：在本案一审中，甲公司申请对坍塌事故原因、损失范围、修复工程成本进行鉴定。一审法院依据双方自行提供的鉴定机构确定首选机构和备选机构，但首选机构没有岩土工程鉴定资质，备选机构已经对该工程进行鉴定，均将委托退回。一审法院重新抽取鉴定机构后，应双方当事人的申请，对鉴定资料进行质证，乙公司对甲公司提供的大部分鉴定资料的真实性、合法性均予以不认可，且其观点具有合理性，另事故已时隔多年，事故现场早已灭失，不具备现场勘验的条件。鉴于此，一审法院终止委托鉴定并无不当。

乙公司在一审中提供了吉林市建设工程质量监督站对吉林财富广场上钉墙现场检测情况证明等证据，证实甲公司在该工程施工组织设计无审批的情形下即开始施工并在施工过程中存在多项问题，导致发生案涉坍塌事故。而甲公司主张事故系因乙公司降水不利所

致，其提供的证据均不能直接证明事故原因与责任人。故一审、二审法院认定由甲公司承担事故责任并无不当。

二、案例评析

承包人应对承包工程的质量安全负责，不利的气候条件在不能直接证明事故原因时不能阻断承包人应当承担的安全责任。同时，根据《最高人民法院关于审理建设工程施工合同纠纷案件适用法律问题的解释》第十条规定：建设工程施工合同解除后，已经完成的建设工程质量不合格的，参照本解释第三条规定处理。第三条规定……（二）修复后的建设工程经竣工验收不合格，承包人请求支付工程款的，不予支持。承包人所建工程不合格，导致质量安全事故发生，在事故发生后亦未妥善处理，发包人有权不支付剩余价款。

案例 3

申请再审人（一审被告、二审上诉人）：江苏南通××集团有限公司（以下简称"甲公司"）

被申请人（一审原告、二审被上诉人）：××实业公司工业品批发市场（以下简称"乙公司"）

被申请人（一审被告、二审被上诉人）：××建设集团有限责任公司（以下简称"丙公司"）

一、基本案情

乙公司委托丙公司，丙公司将全部工程转包给甲。甲公司承担市场工程施工工作，市场工程发生质量缺陷事故造成商品及设备损失、停业期间的租金损失。乙公司起诉主张赔偿损失。

最高人民法院在再审程序中认为：关于甲公司应否承担责任问题。依据鉴定机构作出质量鉴定报告，涉案工程既有施工材料不合格的原因，又有施工单位施工不符合设计要求的原因。涉案工程的施工单位为丙公司，其将涉案工程转包给甲公司，因涉案工程发生质量事故，依据《中华人民共和国建筑法》第八十条"在建筑物的合理使用寿命内，因建筑工程质量不合格受到损害的，有权向责任者要求赔偿"的规定，及国务院《建设工程质量管理条例》第三条"建设单位、勘察单位、设计单位、施工单位、工程监理单位依法对建设工程质量负责"的规定，丙公司及甲公司均为涉案工程质量责任的主体。因签订转包合同的主体为丙公司及甲公司，依据《中华人民共和国建筑法》第六十七条"承包单位将承包的工程转包的，或者违反本法规定进行分包的，责令改正，没收违法所得，并处罚款，可以责令停业整顿，降低资质等级；情节严重的，吊销资质证书。承包单位有前款规定的违法行为的，对因转包工程或者违法分包的工程不符合规定的质量标准造成的损失，与接受转包或者分包的单位承担连带赔偿责任"的规定，甲公司作为涉案工程的接受转包单位，无论其是否实际施工，均应依法承担质量责任。故一、二审判决甲公司承担20%的次要责任并无不妥。如甲公司认为存在实际施工人，可另行主张权利。

二、案例评析

承包人应对工程的质量负责，承包单位将工程转包的，承包人与接受转包单位对工程缺陷责任承担连带责任。因此甲公司作为接受转包的单位对工程的缺陷责任承担次要责任并无不当。

第十章　工程建设标准化法律制度

第一节　概　　述

　　工程建设标准化是在建设领域有效地实行科学管理、强化政府宏观调控的基础和手段，积极推行工程建设标准化，对规范建设市场行为，促进建设工程技术进步，保证工程质量，加快建设速度，节约原料、能源，合理使用建设资金，保护人身健康和人民生命财产安全，提高投资效益，都具有重要的作用。1988 年、1989 年相继批准发布的《中华人民共和国标准化法（2017 修订）》和《标准化法实施条例》，不仅使我国标准化工作进入了依法管理的轨道，同时也极大地促进了标准化工作的发展。截止到 2007 年底，全国共批准发布工程建设标准 1645 项，其中新增标准 1276 项，工程建设标准总数达到 4950 项，中国特色标准定额体系基本形成，工程项目建设标准工作取得重要进展，为建设事业持续健康发展作出了重要贡献。《标准化法》规定：标准化工作的任务是制定标准、实施标准和对标准的实施进行监督。标准是标准化工作的前提和基础，标准化工作是围绕标准而开展的。工程建设标准就是在建设领域内对各类建设工程的勘察、规划、设计、施工、安装、验收以及管理、维护加固等活动所制定的标准。它以科学、技术和实践经验的综合成果为基础，经有关各方协商一致，由主管机构批准，以特定形式发布，作为建设领域共同遵守的准则和技术依据。

一、标准的构成及其主要内容

　　标准一般由前引部分、正文部分和补充部分，每一部分又都由若干内容构成。同时，每一项标准均同时有其相对应的条文说明。前引部分由封面、扉页、发布通知、前言、目次组成。正文部分由总则、术语和符号、技术内容组成。补充部分由附录、用词和用语说明组成。条文说明一般独立成册或与标准正文合订出版。

　　1. 前引部分

　　（1）封面。国家标准、行业标准、地方标准的封面格式应当符合《工程建设标准出版印刷规定》。封面上应写明标准的编号（行业标准、地方标准还应写明标准的备案号）、标准的分类号、标准名称（包括英文标准名称），标准的发布日期、实施日期，标准的发布机关等。

　　标准的名称，一般要由标准对象的名称、表明标准用途的术语和标准的类别属名三部分构成，例如：建筑制图标准、构筑物抗震设计规范等。对于反映标准用途术语较多时，往往采用"技术"一词概括，如：适用于设计、施工、验收等的屋面工程技术规范、土工合成材料应用技术规范等。

　　（2）扉页。一般包括标准名称、编号、主编部门（或单位）、批准部门、施行日期、出版单位以及出版年份和地点。

　　（3）发布通知或公告。每一项国家标准、行业标准、地方标准在批准发布时，主管部门均印发专门通知或公告，主要确定的事项包括：确定标准的属性（强制或推荐）或应当强制执行的内容，确定标准的实施日期，指定标准的出版单位（以往也包括标准的委托解释单位），通知或公告的印发日期即标准的发布日期。

（4）前言。前言是标准编制和管理需要交代的事项。其内容包括：制订（修订）标准的依据、简述标准的主要技术内容、对修订标准尚需简述主要内容的变更情况、批准部门委托负责标准具体解释单位的名称及地址、标准的主编单位、参加单位以及主要起草人名单等。

（5）目次。每一项国家标准、行业标准、地方标准均设立目次，其主要内容包括：标准的章、节、附录、附加说明的名称，以及起始页码。

（6）标准名称。标准名称一般由标准化对象的名称和所规定的技术特征两部分组成，既能够简短明确反映标准化主题，又能区别于其他标准。

2. 正文部分

（1）总则。标准的总则是编制或执行标准的总原则，一般包括四个方面的内容，即：制订标准的目的、标准的适用范围、标准的共性要求以及与相关标准的关系。

制定标准的目的是指制定本标准的宗旨或出发点，一般概括地阐述制定该标准的理由、依据和要达到的目的或结果。

标准的适用范围是本标准规定的技术内容，在何种情况或条件下才能适用，当适用范围中仍然包括有不适用的情况或条件时，还进一步规定有不适用的范围。标准的适用范围和不适用范围直接涉及标准的实施，标准的具体技术规定都是围绕着这一范围作出规定的。

标准的共性要求是涉及整个标准的原则要求，或是与大部分章、节有关的基本要求，当内容较多时，往往独立成章。

与相关标准的关系，一般采用"除应符合本标准（规范或规程）外，尚应符合国家现行的有关标准（强制性标准）的规定"典型用语来表述。

（2）术语、符号、代号。标准中采用的术语，当现行标准中尚无统一规定，且需要给出定义或含义时，一般独立成章，集中列出。当只需要列出术语或者符号、代号时，一般不分节，章名也只表示术语或者符号、代号。

（3）技术内容。根据各个标准的结构特点和需要，列出该项目中应遵循的最低要求或取值范围以及应达到的功能特性，如技术要求、测试方法、检验规则等。

其编写要求包括：标准条文中应规定需要遵循的准则和达到的技术要求以及采取的技术措施，不得叙述其目的或理由；标准条文中，定性和定量应准确，并应有充分的依据；纳入标准的技术内容，应成熟且行之有效。凡能用文字阐述的，一般不用图作规定；标准之间不得相互抵触，相关的标准应协调一致。不得将其他标准的正文作为本标准的正文和附录。标准的构成应合理，层次划分应清楚，编排格式应符合统一要求；标准的技术内容应准确无误，文字表达应简练明确、通俗易懂、逻辑严谨、不得模棱两可；表示严格程度的用词应准确；同一术语、符号或代号应表达同一概念，同一概念应始终采用统一术语、符号或代号；公式应只给出最后的表达式，不应列出推导过程。在公式符号的解释中，可包括简单的参数取值规定，但不得做出其他技术性要求。

3. 补充部分

（1）附录。根据需要，一项标准可由若干个附录组成。标准的附录是标准技术内容的一个组成部分，与标准的正文具有同等的法律效力，只是该部分内容过多，以附录形式编写便于阅读和查阅。

（2）用词和用语说明。由于工程建设标准的综合性、政策性很强，其技术内容相对比较复杂，要求执行的严格程度也不尽相同。为了区别对待，使标准执行者准确把握规定的严格程度，工程建设标准都采用了区分不同严格程度的专门用词、用语，而且每一项标准中都要专门列入该附录。目前，标准的用词和用语一般分为四种情况：

1）表示很严格，非这样不可的用词：

正面词采用"必须"，反面词采用"严禁"。

2）表示严格，在正常情况下均应这样做的用词：

正面词采用"应"，反面词采用"不应"或"不得"。

3）表示允许稍有选择，在条件许可时首先应这样做的用词：

正面词采用"宜"，反面词采用"不宜"。

4）表示有选择，在一定条件下可以这样做的用词：

采用"可"。

4. 条文说明

编写工程建设标准的同时，要求同时编写标准的条文说明。其目的是为了工程建设勘察、设计、施工和监督部门和单位的工程技术人员，正确理解和准确把握标准条文规定的意图。编写条文说明一般在标准征求意见阶段进行，其要求一般包括：

（1）按条文顺序逐条加以说明，对不言自明的条文可以不说明，几个条文也可放在一起加以说明。

（2）说明的内容主要包括三个方面，即标准条文规定的目的、主要的依据以及在执行中注意的事项。

（3）条文说明不具备与正文同等的法律效力，因此，不得写入对标准条文做补充性规定的内容，或对条文规定加以引申，或对条文的规定在某种程度上加以否定等。随着我国社会主义市场经济体制的发展，人们的标准化意识不断增强，依照标准的规定保护自身的合法权益越来越受到人们的重视，在已经遇到的许多纠纷处理中，因为条文说明与条文规定不一致，而要求给予法院明确解释的案例已有多起，直接的原因就在于这条要求在标准编制中没有得到很好的贯彻。

（4）不得写入涉及技术保密的内容和保密工程项目的名称、厂名等。

（5）修订的标准、原条文说明应做相应的修改。修改的条文说明中应对新旧条文进行对比，指出原标准条文进行修改的必要性和依据，未修改的条文根据需要可以重新进行说明。

二、工程建设标准的分类

工程建设标准涉及工程建设领域的各个方面，标准的数量多、内容综合性强、相互间都有很强的协调和相关关系。科学、合理地对工程建设标准进行分类，对了解和掌握工程建设标准的内在联系，研究工程建设标准的内在规律，确定工程建设标准间相互的依存和制约关系具有重要的意义。

对工程建设标准的分类，从不同的角度出发，有许多种不同的分类方式。习惯用的方法主要有：阶段分类法、层次分类法、属性分类法、性质分类法、对象分类法五种。

1. 阶段分类法

阶段分类法是根据基本建设的程序，按照每一项工程建设标准的服务阶段，将其划分为不同阶段的标准。习惯上，通常把基本建设程序划分为两个大的阶段：

（1）决策阶段。即可行性研究和计划任务书阶段。这个阶段，工程项目建设的可行性和可能性，正处在经济的、技术的和效益等的比较和分析论证之中，为这个阶段服务的标准，称为决策阶段的标准。例如：《中小学校工程项目建设标准》等，这类标准，主要规定特定工程项目的建设规模、项目构成、投资估算指标等内容，是确定特定工程项目是否具备建设条件或建设该特定工程项目需要具体条件等。

（2）实施阶段。即：从工程项目的勘察、规划、设计、施工到竣工验收、交付使用阶段。这个阶段，主要是如何实施工程项目的建设，保证工程项目建设做到技术先进、经济合理、安全适用，为这个阶段服务的标准，称为实施阶段的标准。例如：《中小学校设计规范》（GB 50099—2011）等，这类标准，主要针对拟建项目的勘察、规划、设计、施工、验收以及使用维护等阶段的技术要求，作出相应的规定，是工程建设各阶段的具体技术依据和准则。

目前，工程建设标准的范围界定为实施阶段所需要的各种标准，而对于决策阶段的标准，并没有纳入标准化管理的范畴。

2. 层次分类法

层次分类法是按照每一项工程建设标准的使用范围，即标准的覆盖面，将其划分为不同层次的分类方法。这种层次关系，过去人们又把它称为标准的级别。根据这种分类方法，工程建设标准可以划分为企业标准、地方标准、行业标准、国家标准、国际区域性标准和国际标准等。在某一企业使用的标准为企业标准；在某一地方行政区域使用的标准为地方标准；在全国某一行业使用的标准为行业标准；在全国范围使用的标准为国家标准；可以在国际某一区域使用的标准为国际区域性标准，如欧共体标准等；由国际标准化组织、国际电工委员会制定或认可的，可以在各成员国使用的标准为国际标准。

由于世界各国的条件不同，对工程建设标准层次的划分也不完全相同。根据我国发布的标准化的法律和行政法规，工程建设标准划分为国家标准、行业标准、地方标准和企业标准四个层次。

3. 属性分类法

属性分类法是按照每一项工程建设标准的法律属性，将其划分为不同法律属性标准的分类方法。这种分类方法，一般不适用于企业标准。所谓法律属性，是指标准本身是否具有法律上的强制作用。按照这种分类方法，工程建设标准划分为强制性标准和推荐性标准，强制性标准必须执行、推荐性标准自愿采用。属性分类法，在国外几乎不存在，因为在他们的概念里，标准就是标准，除法规引用的标准或标准的某些条款外，都是自愿采用的标准，没有强制之说。实际上，这只是标准的作用不同而已，国外的标准绝大部分不具有强制的约束性，但是对技术上的强制性要求，他们都有另外的强制执行的法规，一般称为技术法规。这些技术法规被排除在标准的范畴以外。而我国过去长期实行的是单一的计划经济体制，标准一统技术领域，技术法规也被融合到了标准之中。可以说，按属性对工程建设标准进行分类，是现阶段我国标准化工作的特殊需要。

4. 性质分类法

性质分类法是按照每一项标准的内容，将其划分为不同性质标准的分类方法。根据这种分类方法，工程建设标准一般划分为技术标准、经济标准和管理标准。

技术标准是指工程建设中需要协调统一的技术要求所制订的标准，技术要求一般包括工程的质量特性、采用的技术措施和方法等；经济标准是指工程建设中针对经济方面需要协调统一的事项所制定的标准，用以规定或衡量工程的经济性能和造价等，例如工程概算、预算定额、工程造价指标、投资估算定额等；管理标准是指管理机构行使其管理职能而制订的具有特定管理功能的标准，例如《建设工程合同示范文本》等。管理标准根据其功能的不同，又可以细分为一般管理标准和岗位工作标准。

在我国，目前经济标准是一个独立的领域，正逐步纳入工程建设标准化的范畴。对于管理标准，其重要性已逐步被人们所认识，一些管理方面的要求已经或正在作为国家的、行业的或地方的标准。

5. 对象分类法

对象分类法是指按照每一项工程建设标准的标准化对象，将其进行分类的方法。就工程建设标准化的对象来看，种类相当多，而且标准化的方法也不尽相同，无法用一个固定的尺度进行划分。在工程建设标准化领域，人们通常采用的有两种方法，一是按标准对象的专业属性进行分类，这种分类方法，目前一般应用在确立标准体系方面。二是按标准对象本身的特性进行分类，一般分为基础标准、方法标准、安全、卫生和环境保护标准、综合性标准、质量标准等。

（1）基础标准。它是指在一定范围内作为其他标准制订、执行的基础，而普遍使用，并具有广泛指导意义的标准。基础标准一般包括：A技术语言标准，例如术语、符号、代号标准、制图方法标准等；B互换配合标准，例如：建筑模数标准；C技术通用标准，即对技术工作和标准化工作规定的需要共同遵守的标准，例如工程结构可靠度设计统一标准等。

（2）方法标准。它是指以工程建设中的试验、检验、分析、抽样、评定、计算、统计、测定、作业等方法为对象制定的标准。例如《土工试验方法标准》（GB/T 50123—2019）、《混凝土物理力学性能试验方法标准》（GB/T 50081—2019）、《钢结构工程施工质量验收标准》（GB 50205—2001）等。方法标准是实施工程建设标准的重要手段，对于推广先进方法，保证工程建设标准执行结果的准确一致，具有重要的作用。

（3）安全、卫生和环境保护的标准。它是指工程建设中为保护人体健康、人身和财产的安全，保护环境等而制定的标准。一般包括"三废"排放、防止噪声、抗震、防火、防爆、防振等方面，例如《建筑抗震设计规范》（GB 50011—2010）、《生活饮用水卫生标准》（GB 5749—2006）、《建筑设计防火规范》（GB 50016—2014）、《民用建筑工程室内环境污染控制标准》（GB 50325—2020）等。

（4）质量标准。它是指为保证工程建设各环节最终成果的质量，以技术上需要确定的方法、参数、指标等为对象而制定的标准。例如设计方案优化条件、工程施工中允许的偏差、勘察报告的内容和深度等。在工程建设标准中，单独的质量标准所占的比重比较小，但它作为标准的一个类别，将会随着工程建设标准化工作的深入发展和标准体系的改革而变得更加显著，例如建筑工程质量验收系列标准等。

（5）综合性标准。它是指以上几类标准的两种或若干种的内容为对象而制订的标准。综合性标准在工程建设标准中所占的比重比较大，一般来说，勘察、规划、设计、施工及验收等方面的标准规范，都属于综合性标准的范畴。例如《钢结构工程施工质量验收标准》（GB 50205—2001），其内容包括术语、材料、施工方法、施工质量要求、检验方法和要求等。其中，既有基础标准、方法标准的内容，又包括了质量保证方面的内容等。

三、工程建设标准的特点

工程建设标准的特点，取决于工程建设所具有的特殊性。主要包括工程建设活动的复杂性、工程本身的复杂性和重要性以及工程受自然环境、社会环境影响大的特性，因此，人们比较认同的工程建设标准的特点有三个，即综合性强、政策性强、受自然环境影响大。

1. 综合性强

工程建设综合性强的特点主要反映在两个方面：

（1）工程建设标准的内容多数是综合性的。例如《建筑设计防火规范》（GB 50016—2014），其内容不仅包括了民用建筑设计的各个方面应当采取的防火安全措施，而且也包括了各类工业建筑中应当采取的一系列安全防火措施。在制定标准时，需要就各个不同领域的科学技术成果和经验教训，进行综合分析，具体分解，并需要保证标准的综合成果达到安全可靠的目的。又如《民用建筑工程室内环境污染控制标准》（GB 50325—2020），其适用范围是新建、改建、扩建的民用建筑工程和装修工程，在制定该规范时，不仅要同时反映出民用建筑工程和装修工程在新建、改建、扩建方面的特点和技术要求，而且要同时反映出民用建筑工程和装修工程在新建、改建、扩建过程中的勘察、设计、施工、验收以及检验等不同环节的特点和技术要求。民用建筑工程包括的类型很多，如住宅、办公楼、医院病房楼、商场、车站等，由于其使用功能、使用对象、通风条件、人员停留时间等诸多方面不尽相同，因此，在确定控制指标时，需要做到区别对待。同时，要实现控制的最终目标，除了对建设工程过程进行控制以外，还需要对建筑材料、装修材料的污染物含量进行控制等。只有在这诸多的方面都得以综合反映，才能实现标准的制定目标。可以说，工程建设标准绝大部分需要应用各领域的科技成果，经过综合分析，才能制定出来。

（2）制定工程建设标准需要考虑的因素是综合性的。这些因素不仅包括了技术条件，而且也包括经济条件和管理水平。有的人抱怨某些工程建设标准技术水平低，许多先进的科学技术成果或国外的成功经验没有纳入到标准中来，根源就在于忘了我国的国情，没有认真分析我国的经济承受能力和管理水平是否适应。仍以《民用建筑工程室内环境污染控制标准》（GB 50325—2020）为例，技术水平定高了，应当说对减少室内环境污染有利，但市场上能否有足够的高标准的建筑材料和装修材料满足实际工程的需要；即使部分工程能够在市场上采购到相应的高标准的建筑材料和装修材料，投资者、使用者的经济条件能否承受得了；目前的施工条件、检验手段等能否满足要求等。这就需要进行综合分析，全面衡量，统筹兼顾，以求在可能的条件下获取最佳的效果。可以说，经济、技术、安全、管理等诸多现实因素相互制约的结果，也是造成工程建设标准综合性强的一个重要原因，而不综合考虑这些因素，工程建设标准也就很难在实际中得到有效贯彻执行。

2. 政策性强

主要原因有以下五个方面：

（1）工程建设的投资量大，我国每年用于基本建设的投资约占国家财政总支出的百分之三十，其中大部分用于工程建设，因此各项技术标准的制订应十分慎重，需要适应相应阶段国家的经济条件。例如对民用住宅建筑的标准稍加提高，即使每平方米造价增加几元钱，年投资就会增加几千亿元。控制投资是政策性很强的事项，工程建设技术标准首先要控制恰当。

（2）工程建设要消耗大量的资源（包括各种原材料和能源、土地等），直接影响到环境保护、生态平衡和国民经济的可持续发展，标准的水平需要适度控制，不允许任意不恰当地提高标准。

（3）工程建设直接关系到人民生命财产的安全、关系到人体健康和公共利益，但安全、健康和公共利益也并非越高越好，还需要考虑经济上的合理性和可能性。安全、健康和公共利益以合理为度，工程建设标准对安全、健康、公共利益与经济之间的关系进行了统筹兼顾。

（4）工程建设标准化的效益，尤其是强制性标准的效益，不能单纯着眼于经济效益，还必须考虑社会效益。例如有关抗震、防火、防爆、环境保护、改善人民生活和劳动条件等方面的各种技术标准，首先是为了获得社会效益。

（5）工程建设要考虑百年大计。任何一项工程使用年限绝不只是三、五年，而是少则几十年，多则百年以上。因此，工程建设技术标准在工程的质量、设计的基准等方面，需要考虑这一因素，并提出相应的措施或技术要求。

3. 受自然环境影响大

标准是科学技术和实践经验的综合成果，必须结合国情来制定，符合具体的自然环境条件和现阶段的经济实力、科学技术水平。在一般情况下，对工程建设方面的国际标准或国外先进标准的直接引进采用是应该争取的，这样有利于与国际接轨，但实际上国际通用的工程建设技术标准为数有限。从我国现行的工程建设技术标准状况来看，都是考虑了幅员辽阔的因素。首先在技术标准的分级上设置了地方标准一级，充分体现了对自然环境条件影响的重视；同时，针对一些特殊的自然条件，专门制定了相应的技术标准，如黄土地区、冻土地区以及膨胀土地区的建筑技术规范等。

四、工程建设标准的作用

现代建筑业是建立在以技术为主体的基础上的社会化大生产，它不仅有复杂的机械设备和配套系统，而且建筑材料及其性能也十分复杂，工程作为产品的制造过程从勘察设计到竣工验收都具有高度的科学性和技术性。标准作为贯穿科研、设计、生产、材料流通和使用各个环节的纽带和桥梁，具有以下作用：

1. 确保工程的安全性、经济性和适用性

安全与经济，是基本建设中政策性、技术性很强的两个重要因素。从某种意义上讲，它们又是一对关系到建设速度和投资效益的矛盾，处理不当，就会给国家和人民的生命财产造成严重的损失。为此，必须以合理地保证工程质量来处理好这一对矛盾。如何做到既能保证安全和质量，又不浪费投资，制定一系列的标准规范就是很重要的一个条件。因为，按现行的规定，经一定程序批准发布的标准规范，具有技术性质，设计、施工必须遵守。而且，标准规范是在国家方针、政策指导下制定的，它根据工程实践经验和科学试验数据，结合国情进行综合分析，提出科学、合理的安全度要求。在此基础上按工程的使用功能和重要性，划分安全等级，据此作出相应的规定。这样，就基本可以做到各项工程建设在一定的投资条件下，既保证安全，达到预期的建设目的，又不会有过高的安全要求，增加过多的投资。此外，制定标准规范还要考虑国家的国力和资源条件，通过平衡需要和可能，制定合适的标准。为了保证工程质量，还要通过优选的办法，在兼顾安全、通用、经济的前提下，合理统一各种功能参数和技术指标，使工程建设的经济性、合理性得到进一步保证。

2. 保证和提高工程建设的质量

在工程建设领域内，拥有各种专业的各级工程技术人员，他们分布在某一部门、某一单位内，人员级配是不平衡的，也就是说从事工程建设的具体勘察、规划、设计、施工单位，他们的技术力量是有差别的；即使以某一个专业单位而言，技术力量也是不平衡的。由此，一个工程、一项设计或施工的水平，将取决于承担任务的科技人员的水平，这是客观的普遍情况。但工程建设不允许在质量上出现过大的差别，造成投资浪费、影响功能要求或甚至影响到工程的安全。工程建设标准化的作用，可以避免这种不允许的差别。工程建设标准化系列中，有关专业的标准规范为相应专业的工程技术人员，提供了必要的规定。例如结构方面的设计规范，内容包括荷载、结构构造要求和相应的结构计算模型的确定、内力计算方法、截面设计方法和具体公式等规定，只要设计人员认真执行，就可以保证工程质量。标准规范的功能对于任何人都是相同的，从这层意思来讲，标准化可以普遍提高工程质量。同时，根据标准化的工作方法，每一项工程建设标准规范的判定，都是在掌握大量实践经验的基础上开展的，并且都进行了若干试验验证，是具备高度科学性的产物。同时在批准颁发之前，都经过广泛的征求意见和全国性或专业性审查会，鉴定把关。因此，它具备了保证工程质量的牢靠基础，这是一个普遍性的问题。

3. 合理利用资源，节约原材料

如何利用资源、挖掘材料潜力、开发新的品种、搞好工业废料的利用，以及控制原料和能源的消耗等，已成为保证基本建设、持续发展亟待解决的重要课题。在这方面，工程建设标准化可以起到极为重要的作用。首先，国家可以运用标准规范的法制地位，按照现行经济和技术政策制度约束性的条款，限制短缺物资、资源的开发使用，鼓励和指导采用代替材料；二是根据科学技术发展情况，以每一时期的最佳工艺和设计、施工方法，指导采用新材料和充分挖掘材料功能潜力；三是以先进可靠的设计理论和择优方法，统一材料设计指标和结构功能参数，在保证使用和安全的条件下，降低材料和能源消耗。

4. 促进科研成果转化和新技术的推广应用

标准规范应用于工程实践，必须具有指导作用，保证工程获得最佳经济效益和社会效益。因此，标准规范必须建立在生产和科学技术发展的基础上，保持其先进性和科学性。科研成果和新技术一旦为标准规范肯定和采纳，必然在相应范围内产生巨大的影响，促进科研成果和新技术得到普遍的推广和广泛应用，尤其是在我国社会主义市场经济体制的条件下，科学技术新成果一旦纳入标准，就具有了相应的法定地位，除强制要求执行的以外，只要没有更好的技术措施，都应当自动地得到应用。此外，标准规范纳入科研成果和新技术，一般都进行了以择优为核心的统一、协调和简化工作，使科研成果和新技术更臻于完善。并且在标准规范实施过程中，通过信息反馈，提供给相应的科研部门进一步研究参考，这又反过来促进科学技术的发展。

5. 保证建设工程发挥社会效益

在基本建设中，有为数不少的工程，在发挥其功能的同时，也带来了污染环境的公害；还有一些工程需要考虑防灾（防火、防爆、防震等），以保障国家、人民财富和生命安全。我国政府为了保护人民健康、保障国家、人民生命财产安全和保持生态平衡，除了在相应工程建设中增加投资或拨专款进行有关的治理外，主要还在于通过工程建设标准化工作的途径，做好治本工作。多年来，有关部门通过调查研究和科学试验，制定发布了这方面的专门标准，例如防震、防火、防爆等标准规范。另外，在其他的专业标准规范中，凡涉及这方面的问题，也规定了专门的要求。由于这方面的标准规范都属于强制性，在工程建设中要严格执行，因此，这些标准规范的发布和实施，对防止公害、保障社会效益起到了重要作用。近年来，为了方便残疾人、老年人、节约能源、保护环境，组织制定了一系列有益于公众利益的标准规范，使标准规范在保障社会效益方面作用更加明显。

五、现行工程建设标准的体制及存在问题

1. 我国现行工程建设标准的体制

工程建设标准体制是与国家的经济体制相适应的，我国在 1988 年《标准化法》发布实施以前，工程建设标准体制一直沿用的是单一的强制性标准体制，即标准一经批准发布就是技术法规，就必须严格贯彻执行。为了适应我国的经济体制改革，1988 年推行的《标准化法》规定了我国的标准体制为强制性标准与推荐性标准相结合的标准体制。现行工程建设标准的体制就是依照《标准化法》的规定实行工程建设强制性与推荐性相结合的标准体制。

（1）工程建设强制性标准与推荐性标准的划分原则。

《标准化法》规定：保障人体健康、人身与财产安全的标准和法律、行政法规规定强制执行的标准是强制性标准，其他标准是推荐性标准。由于工程建设标准的综合性很强，强制性内容和非强制性内容混编在一起的状况，很难按照《标准化法》的划分原则来确定某项标准的强制性或推荐性，实践中采用了结合工程建设标准的实际情况，确定工程建设强制性标准与推荐性标准的划分，主要包括以下几点：

1）对工程建设勘察、规划、设计、施工（包括安装）及验收等的一般质量要求而制定的标准，划分为推荐性标准。

2）对工程建设的术语、符号、代号和工程制图而制定的标准，划分为推荐性标准。

3）对工程建设的试验、测试及评定等方法而制定的标准，划分为推荐性标准。

4）对工程建设的信息技术要求而制定的标准，划分为推荐性标准。

5）对工程建设强制性标准制定范围以外的其他技术要求而制定的标准，划分为推荐性标准。

6）其余标准仍保留作为强制性标准。

（2）工程建设强制性标准与推荐性标准的现状。

1）国家标准：现行和在编的国家标准总数近 400 项，其中 256 项为强制性标准、86 项改为推荐性国家标准。由于在标准的制定、修订计划中，严格按照这一体制实施，初步形成了强制性国家标准与推荐性国家标准相结合的标准体制。

2）行业标准：现行和在编的行业标准总数约为 2800 余项，由于认识上的原因，不同行业之间差别很大，存在着两个极端，即个别行业的标准全部为强制性标准，而有的行业，其标准全部划分为推荐性标准。

3）地方标准：现行和在编的地方标准总数近 1000 项，个别地方已经形成了强制性与推荐性相结合的标准体制。

2. 工程建设标准化工作中的主要问题

工程建设标准化工作通过几十年的不断发展，虽然取得了很大的成绩，但是，随着我国经济体制改革的不断深入，市场经济运行机制的逐步建立，工程建设标准化工作中一些

长期存在的问题，日益显露出来；一些在新形势下产生的矛盾也对工程建设标准化工作提出了挑战。在由计划经济体制向社会主义市场经济体制转变过程中，工程建设标准化工作的改革模式，有的已经不能适应社会主义市场经济体制的需要，到了必须进一步改革的时候了。综合起来，这些问题和矛盾主要表现在以下几个方面：

（1）关于工程建设标准体制问题。工程建设标准由单一的强制性标准体制向强制性与推荐性标准体制过渡，一直是近十几年来工程建设标准化工作改革的热点和难点。围绕着工程建设标准体制的改革，我国的工程建设标准化工作者进行了大量的调查研究，采取了一系列的改革措施。然而，由于受长期的计划经济体制下形成的固有模式的影响，这项改革困难重重、步履维艰。应当说，工程建设标准由单一的强制性标准体制向强制性与推荐性标准体制过渡，到目前为止仍然没有完结。标准在强制性与推荐性的划分上，在一定意义上讲是形式上的，与真正把强制性标准中的那些不属于安全、卫生、环境保护和重要质量要求的内容分离出来的总体要求，还存在很大的差距，还有大量的工作要做。

（2）关于工程建设标准的内容、结构问题。工程建设标准划分为国家标准、行业标准、地方标准和企业标准四级，其中，国家标准、行业标准、地方标准由政府组织制定，在规定的领域或行政区域内实施。按照标准化的有关法律、法规规定，这三类标准互为补充，协调配套，从而形成国家的、行业的、地方的对工程建设技术实现宏观有效的调控运行机制。但从目前的实际情况来看，工程建设行业标准、地方标准却在项目上、内容上与国家标准重复交叉，行业标准之间以及地方标准与行业标准之间，同样存在重复制定、内容交叉、矛盾的问题。同时，从现行的工程建设国家标准、行业标准、地方标准的内容来看，大量的属于导则、指南、手册、参考资料的内容混杂在的强制性标准之中，不仅增加了标准规范编制工作的难度，而且也造成在实际工作中执行标准的难度。

（3）关于工程建设标准的制定、修订问题。工程建设标准制定周期长的问题比较普遍，对尽快把先进的生产建设经验和科学技术成果转化为生产力，充分发挥标准化的效益等，造成了不利影响。实际上，这个问题的存在，反映了工程建设标准编制工作中的一些深层次问题，具体包括：

1）编制单位对标准化工作的态度。随着经济体制改革的深入，科研事业单位企业化后同国有企业一样走向了市场，并追求经济效益。标准化工作作为一项有益于国家、有益于全社会的基础性工作，即便是国家指令性的一项工作，对没有摆脱经济困扰、需要付出、努力参与市场竞争的企业而言，要花费一定的人力、物力和财力来承担和完成标准编制任务，是需要有很大的决心、精神和远见卓识的。

2）标准编制工作的经费。长期以来，编制标准的经费不足，一直是困扰工程建设标准化工作发展的难题，虽然国家每年都为这项工作投入一定的经费支持，但由于缺乏固定的渠道和数额有限，导致了标准编制计划的不确定性。难以保证制定和修订标准的工作及时和到位。

3）标准编制人员的积极性。标准的编制工作历来是一项软任务，标准质量的优劣、技术水平的高低，在很大程度上取决于标准编制人员的水平和责任心。由于全社会对标准的地位和作用没有放在应有的高度去认识和重视，标准主编单位或参编单位对参与标准编制人员的待遇不高，标准化工作的激励机制弱，标准编制过程协调难度大等原因，导致了标准编制人员的积极性下降。

（4）工程建设标准的实施监督不力，强制性标准得不到强制执行。

六、我国工程建设标准体制改革的目标

为了更好地发挥科学技术和建设实践经验的综合成果在工程建设中的重要作用，以促进建设业的技术进步和保证建设工程的质量，同时满足WTO运行规则的要求。建立工程建设技术法规与技术标准相结合的体制是工程建设标准体制改革的目标，也是工程建设标准化工作深入开展重要举措。

目前，工程建设标准化工作所存在的多种矛盾和问题，最主要是反映在工程建设标准化工作与我国当前建立和完善社会主义经济体制不相适应方面。实际上，无论是工程建设标准的内容结构问题、制定与修订问题、信息服务问题，还是工程建设标准的实施监督问题等，都与工程建设标准的体制有关。例如工程建设标准的实施监督问题。近些年建设工程中出现的许多重大质量和安全事故，基本上都是因为没有执行强制性标准造成的。2003年初，国务院正式发布了《建设工程质量管理条例》（以下简称《条例》），明确规定未执行强制性技术标准就是违法，就要受到相应的处罚，而且对不执行强制性技术标准也作出了严厉的处罚规定。建设部相继制定并颁布了《实施工程建设强制性标准监督规定》（以下简称《监督规定》），这些法规、规章的实施，将有力地推动工程建设标准实施监督工作的开展，保证工程建设强制性标准规范的实施和监督。但是，随之而来的是这些法规所规定的内容的落实问题。我国现行的各类工程建设强制性标准约2700项，与房屋建筑有关的有750项之多，需要执行的强制性条文超过了15万条，强制性的技术要求覆盖房屋建筑的各个环节，如此众多的强制性内容，要严格按照《条例》和《监督规定》的有关要求执行，不仅难度大、问题多，而且缺乏监督的可操作性。现行工程建设强制性与推荐性相结合的标准体制，是有计划的商品经济体制的产物，是标准体制改革的中间环节。因此，必须对现行工程建设标准的体制进行彻底的改革，借鉴国外发达国家的经验和WTO的有关规定，逐步建立适应我国社会主义市场经济体制的工程建设技术法规与技术标准体制，已经成为工程建设标准化发展的必然趋势。

住房和城乡建设部已经把初步建立我国工程建设技术法规与技术标准相结合的体制，作为将来的重要工作之一。2000年组织编制的《工程建设标准强制性条文》已推动这项改革向前迈出了关键的一步。根据目前的研究成果，未来我国工程建设技术法规与技术标准，可以大致描述如下：

工程建设技术法规：由政府建设主管部门批准发布，在其管辖的区域之内强制执行，执行情况受政府建设主管部门监督。其内容是对工程建设有直接关系的工程质量、安全、卫生以及环境保护、公众利益，政府需要控制的技术要求所作的规定。

技术标准：由政府认可的标准化机构组织制定和发布，由参与建设的各方主体自愿采用。其内容是被工程实践证明的、正确有效的技术要求或方法。

第二节 工程建设标准的实施与监督

一、实施工程建设标准的一般程序

实施标准的程序通常分为五个阶段，即计划、准备、实施、检查和总结。

1. 计划阶段

工程建设企业的标准化主管部门在收到新颁布的国家标准、行业标准、地方标准和本企业制定颁布的有关标准后，就要组织标准化专（兼）职人员进行学习，理解其内容和实质，弄清新旧标准之间的关系，结合本企业的实际情况，分析实施中可能遇到的问题和困难，确定实施方案和计划。在制订计划时应考虑标准的实施方式、标准实施工作的组织安排及对标准实施后的经济效果进行预测分析。

2. 准备阶段

准备工作是实施标准的最重要的环节，这一环节常常被忽视，以致在实施中发生问题时难以应付，甚至产生半途停止实施的现象。准备工作主要有四个方面，即思想准备、组织准备、技术准备和物质条件准备。实践证明，准备阶段的工作做得扎实细致，实施阶段就能比较顺利地进行，即使出现问题，也能有准备地去组织解决。

3. 实施阶段

实施，就是把标准规定的内容在生产、流通、使用等领域中加以执行。执行就是采取行动，把标准中所规定的内容在技术活动中加以实现。对于建筑企业来说，执行就是要在工程施工中认真按照国家标准、行业标准、地方标准的规定，严格组织施工，把各项技术标准具体落实到单位工程上，落实到分部分项工程上，对工程质量进行预控，推行"三工序"管理（即检查上工序、保证本工序、服务下工序），严格执行工序或分项工程质量检查验收——用标准来控制工序质量；用工序质量来保证分项工程质量；用分项工程质量来保证分部工程质量，用分部工程质量来保证单位工程质量。标准实施中出现的各种情况，应及时反映到企业标准化主管部门，不得私自改变标准，降低标准水平。

4. 检查阶段

在实施过程中应加强检查。企业标准化管理部门及各级专、兼职标准化人员、有关部门、生产单位应随时深入与实施标准有关的各环节，看其是否严格执行标准的各项规定，是否按标准规划、勘察、设计、施工及验收，工程质量是否达到了标准规定的技术要求，对产品标准实施情况的检查还看计量、检验、包装、标志等是否符合标准。检查，包括图样、技术文件审查和实物检查两个方面。前者应按国家有关标准化审查管理办法执行。后者由企业检验、计量部门或委托有关质量检测中心进行全面检测，发现问题，查明原因，限期改进。处理不了的问题要及时向上级标准化机构报告。

5. 总结阶段

总结包括实施标准中技术上的总结，方法上的总结，以及各种文件、资料的归纳、整理、立卷归档，包括对下一步工作提出意见和建议等。在标准实施过程中，对成功的经验和存在的问题都要做好详细的记录，为总结提供第一手资料，也为标准的修订提供可靠的素材。

二、工程建设标准实施监督的方式

1. 国家、行业、地方有计划地安排对工程建设标准的实施情况进行监督。

2. 根据检举揭发和需要对工程建设标准的实施进行监督。

3. 结合以下工作对工程建设标准的实施进行监督：

（1）对企业采用国际标准和国外先进标准的验证确认；

（2）对企业研制的工程建设新技术、新工艺、新设备、新材料、新产品、改进产品、技术改造、技术引进和设备进口等按规定进行的标准化审查；

（3）企业标准化水平考核、质量体系和检验体系、计量测量试验设备体系的审核、认证；

（4）企业产品标准备案情况的检查；

（5）创优工程认证。

4. 按有关法律、法规的规定对工程建设标准的实施进行监督，如对工程质量检查和工程建设的安全检查等。

5. 工程建设企业自我监督。

三、工程建设标准化技术执法

（一）技术执法的概念

工程建设标准化技术执法是以《标准化法》《建筑法》《标准化法实施条例》和国家有关工程建设的法律法规和监督检查办法为依据，以国家工程建设各级行政主管部门及其工程质量监督机构为主体，对工程项目建设实施监督检查的一种管理制度。

对工程建设标准实施监督检查，是指对工程建设强制性国家标准、行业标准、地方标准的贯彻实施所进行的监督检查。涉及安全的重要的推荐性标准的实施也应进行监督检查。

因此，对标准实施监督检查属于技术执法检查，也即是在建设工程系统内具有国家质量技术监督性质的行政执法。一是由质量技术监督部门授权的建筑材料质量监督技术机构对建筑用产品的质量监督，二是由建设部门设置的工程建设质量监督机构对建筑工程的质量监督。

工程建设标准技术执法检查的对象应包括工程项目建设实施的全过程。从事工程建设活动的部门、单位和个人，必须执行强制性标准。对不符合强制性标准的建筑工业产品、工程勘察成果报告和规划、设计文件不得批准和使用；不按标准施工、质量达不到合格标准的工程，不得验收。

（二）监督机构与职责

由于对标准实施监督检查属技术执法检查，就必然要实行统一领导、统一组织、分类分级的管理制度。

1. 国务院工程建设行政主管部门负责全国工程建设标准实施监督检查工作。

（1）负责建立监督检查管理制度；

（2）制定强制性国家标准实施监督检查的项目计划；

（3）组织协调强制性国家标准的重点监督检查工作；

（4）通报实施监督检查结果；

（5）对标准实施监督检查人员进行管理。

2. 各省、自治区、直辖市工程建设主管部门负责本行政区域管辖的工程建设项目的标准实施监督检查综合组织与协调工作。

（1）制定本行政区内工程建设标准，实施监督检查工作的年度计划；

（2）负责本行政区内工程建设标准，实施监督检查工作的组织落实；

（3）负责提出分管范围内工程建设标准，实施监督检查工作的总结报告和建议，并定期向国务院工程建设行政主管部门报告。

3. 各市、地、县工程建设行政主管部门和有关行政主管部门，按同级人民政府规定的职能分工负责本行政区域内的工程建设标准实施监督检查工作。

4. 各级工程建设行政主管部门负责本行政区域的标准实施监督，并作好工作协调及归口管理。

5. 国务院各行政管理部门在省、市、自治区区域内的工程建设项目的标准实施监督检查原则由各部承办，当地工程建设标准化职能部门可以参与。

（三）监督检查

1. 工程建设标准实施监督检查的内容

（1）工程项目的建设、勘察、规划、设计、施工安装及验收等有关的文件和要求是否符合强制性标准的规定；

（2）已建工程的质量和安全是否符合强制性标准的规定；

（3）工程中采用的标准设计、计算机软件、手册和指南等是否符合强制性标准的规定。

2. 工程建设标准实施监督检查的方式

工程建设标准实施监督检查应当根据具体情况采用自查、抽查和重点检查的检查方式，并应当符合下列规定：

（1）各有关单位结合工程建设项目的实际情况进行自查；

（2）各部门或地方工程建设行政主管部门每年定期选择项目进行抽查；

（3）国务院工程建设行政主管部门可选择强制性国家标准进行重点检查；

（4）抽查的总结报告，应当在每年年底前上报国务院工程建设行政主管部门；

（5）国务院工程建设行政主管部门应当向有关部门通报监督检查的结果。

3. 各级主管部门成立标准实施监督检查工作组

工作组应当符合下列规定：

（1）工作组要本着精干、高效的原则，由有经验的行政管理人员和专家组成；

（2）工作组成员应当熟悉国家有关法律、法规和工程建设标准化工作；

（3）工作组成立后，应当拟定检查工作大纲及具体操作程序，并应当根据检查内容编写检查手册，同时指定工作组负责人，负责组织汇总、归纳并完成检查报告。

4. 工程建设标准实施监督检查报告

实施监督检查报告应包括下列内容：

（1）工程建设标准实施的全面情况；

（2）各个单位对标准实施进行自检的情况；

（3）对重要技术内容贯彻实施的说明；

（4）对工程建设标准化工作的意见和建议；

（5）对标准实施监督的处理意见及建议。

第三节　工程建设强制性标准

一、《工程建设标准强制性条文》（以下简称《强制性条文》）概述

（一）《强制性条文》制订背景

我国《建设工程质量管理条例》第44条规定：国务院建设行政主管部门和国务院铁路、交通、水利等有关部门应当加强对有关建设工程质量的法律、法规和强制性标准执行情况的监督检查。同时该条例对违反强制性标准的建设活动各方责任主体给予较为严厉的处罚。《建设工程质量管理条例》将强制性标准与法律、法规并列起来，使得强制性标准在效力上与法律、法规等同，从而确立了强制性标准具有法规文件的属性，也就是说强制性标准本身虽然不是法规，但条例赋予了其法律效力。

各级建设行政主管对实施强制性标准具有监督检查的职责，国务院铁路、交通、水利等有关行政主管部门对实施工程建设强制性标准有监督检查的职责。《标准化法》规定了标准化工作的三大任务，即制定标准、实施标准、对标准实施的监督，但长期以来对标准的实施监督一直是薄弱环节。

从事建设活动各方应当严格执行强制性标准，将执行标准作为保证工程质量的重要措施。工程建设中发生的质量事故或安全事故大都是违反标准的规定，特别是强制性标准的规定。如果严格按照标准、规范、规程去执行，在正常设计、正常施工、正常使用的条件下，工程的安全和质量是能够得到保证的，就绝对不会出现建筑质量不符合标准的现象。

工程建设各项活动中，对标准规范的执行情况，都是在工程出现事故和隐患以后，才按照是否执行标准规范来进行判定，违反了强制性标准才给予处罚。执行强制性标准必须要有事前的监控手段，这就是标准上升到法律文件，通过质量管理条例这一确定的基本点和出发点，保证工程质量必须要依靠强制性标准。

自我国《标准化法》颁布以来，已经批准的工程建设国家标准、行业标准、地方标准中强制性标准为 2700 多项，占整个标准数量的 75%，相应标准中条文就有 15 万多条。标准条文过多过繁，若其中没有强制性条文就会使各种工程项目随时都面临被处罚的危险。强制性条文的制定避免了上述现象的发生。

（二）《强制性条文》编制原则

《强制性条文》的编制按以下原则进行：

1. 依据我国有关标准化的法律、行政法规的规定，《强制性条文》中所有条款必须是直接涉及工程建设安全、卫生、环保和其他公众利益的，必须严格执行的强制性条款。同时，要考虑到保护资源、节约投资、提高经济效益和社会效益。

2. 具体编制采取在现行工程建设强制性标准中直接摘录章、节、条的内容或编号的方式，按照工程分类、内容联系和逻辑关系，排列汇总。

3. 强制性条款的摘录采取从严的原则，必须体现强制性的最高程度，对强制性标准的实施监督具有较强的可操作性。

4. 现行标准、规范、规程中，明确为"必须"执行的条款，大部分应是摘录的内容；明确为"应"执行的条款，应从严摘录；明确为"宜""可"执行的条款，一般不摘录。其反面用词同等对待。

5. 摘录条文中一般不引用标准，避免标准套标准，以有利于实施。

（三）《强制性条文》编制细节说明

1.《强制性条文》共分 15 个部分，各部分统一定名为《工程建设标准强制性条文》×××部分（如房屋建筑部分）。

2. 各部分由批准发布通知、前言、目录、正文 4 个内容构成。

3. 正文按照篇、章、节、条、款、项层次划分；被摘录的条文首先列出被摘录标准的编号，经过局部修订的条文同时列出公告号，然后列出被摘录条文原编号和条款内容。

4. 条文摘录遵照下列规定：

(1) 各篇之间内容不得重复和矛盾；同一篇中，条文内容不得重复和矛盾；

(2) 摘录条文内容一致或相近时，择优选一摘录；

(3) 摘录条文内容中有文字错误时可以改正。

(四)《强制性条文》使用与管理

1.《强制性条文》的使用

《强制性条文》的内容是摘录现行工程建设标准中直接涉及人民生命财产安全、人身健康、环境保护和其他公众利益的规定，同时也包括保护资源、节约投资、提高经济效益和社会效益等政策要求。因此，《强制性条文》必须得到坚决、有效的贯彻执行。《强制性条文》作为国务院《建设工程质量管理条例》的配套文件，它将是工程建设强制性标准实施监督的依据。《强制性条文》发布后，被摘录的现行工程建设标准继续有效。对设计、施工人员来说，《强制性条文》是设计或施工时必须绝对遵守的技术法规，是技术条文的重中之重；对监理人员来说，《强制性条文》是实施工程监理时首先要进行监理的内容；对政府监督人员来说，是重要的、可操作的处罚依据。

2.《强制性条文》的管理

《强制性条文》发布后，每年将修订和补充一至二次，并经一定的组织和按一定的程序进行。每一部分《强制性条文》发布后，均成立相应的管理委员会，其成员由有关技术专家、学者、研究人员、管理人员以及相关的标准编制组主要成员组成。委员会设立秘书处，挂靠在《强制性条文》相应部分的主编单位，负责日常管理工作。管理委员会的机构设置和人员组成，经有关部门协商后，报建设部标准定额司批准和聘任。委员会负责《强制性条文》相应部分的解释、意见收集、技术咨询、汇总申报需要修订的强制性条款并组织委员会委员进行集中审查，提出修订条款的报批稿，报建设行政主管部门批准。新制定和修订的工程建设国家标准在报送报批稿时，工程建设行业标准在备案时，均应同时报送相应《强制性条文》中需要修改和补充的条文。

(五)《工程建设标准强制性条文》实施的意义

1.《工程建设标准强制性条文》是贯彻《建设工程质量管理条例》(以下简称《质量条例》)的一项重大举措

国务院发布的《建设工程质量管理条例》，对于加强工程质量管理的一系列重大问题做出了明确规定，其中一个重要的内容就是对执行工程建设强制性标准作出了严格的规定。过去，我们发布了很多标准，有强制性的也有推荐性的，很多建设环节往往没有执行，这方面的例子很多。比如：残疾人通道，许多建筑物就没有执行标准。标准规定超过六层的住宅要设电梯，多数城市也不执行，有的搞到九层还不设电梯。《质量条例》第56条规定，建设单位明示或者暗示设计单位或者施工单位违反工程建设强制性标准，降低工程质量的，责令改正，处10万元以上30万元以下的罚款；第63条规定，勘察单位、设计单位未按照工程建设强制性标准进行勘察、设计的，责令改正，处10万元以上30万元以下的罚款；第64条规定，施工单位不按照技术标准施工的，责令改正，处合同价款2%以上4%以下的罚款。

《工程建设标准强制性条文》以现行的强制性国家标准和行业标准为基础，编制了包括城乡规划、城市建设、房屋建筑、工业建筑、水利工程、电力工程、信息工程、水运工程、公路工程、铁道工程、石油和化工建设工程、矿山工程、人防工程、广播电影电视工程和民航机场工程在内的 15 部分内容。《强制性条文》的贯彻实施，必将推动《建设工程质量管理条例》的全面落实。

2.《工程建设标准强制性条文》是推进工程建设标准体制改革的关键

我国现行的工程建设标准体制是强制性与推荐性相结合的标准体制。这一体制的确立，是《标准化法》所规定的。工程建设标准化是国家、行业和地方政府从技术控制的角度，为建筑市场提供运行规则的一项基础性工作，对引导和规范建筑市场行为具有重要的作用。因此，尽快建立起适应社会主义市场经济要求的工程建设标准管理体制，势在必行。

《工程建设标准强制性条文》启动了工程建设标准体制的改革，是工程建设标准体制改革从研究、探索到具体实施所迈出的关键性一步。随着《强制性条文》内容的不断完善，将逐步形成与国际惯例接轨的我国工程建设技术法规基本体系。

3. 贯彻《工程建设标准强制性条文》是保证和提高工程质量的重要环节

建设部在发布《强制性条文》的通知中，明确规定了《强制性条文》的地位和作用。关键内容有两点：一是明确了《强制性条文》是参与建设活动各方执行工程建设强制性标准和政府对执行情况实施监督的依据；二是明确了列入《强制性条文》的所有条款都必须严格执行，就是说，有一个条文不执行就要处罚，造成工程质量事故，必然要追究相应的责任。

4.《工程建设标准强制性条文》是按《建设工程质量管理条例》实行处罚的依据

建设工程质量管理条例（2017 年 10 月 7 日修正版），按 2017 年 10 月 7 日《国务院关于修改部分行政法规的决定》（中华人民共和国国务院令第 687 号）修改，自发布之日起施行，这是国务院在市场经济条件下建立新的建设工程质量监督管理制度所做出的重大决定，为强化建设工程质量管理、保证工程质量提供了法律武器。《质量条例》中规定，不执行工程建设强制性技术标准就是违法，就要给予相应的处罚。这是迄今为止，国家对不执行强制性技术标准做出的最为严格的规定。如上所述，我国现行的强制性标准由于数量过多，内容混杂，违反一个不重要的条款就是违反强制性标准，以这样的标准作为处罚依据，必然造成处罚过多，政府不该管的也管了，受罚者心不服，处罚者理不直，处罚的尺度难以把握。因此，为了更好地贯彻《质量条例》中有关强制性标准实施监督的规定，真正体现处罚的目的，罚得准、惩得狠，把真正的强制性条款摘出来是客观的需要，是必须要走的一步。《强制性条文》就是按《建设工程质量管理条例》进行处罚的操作依据。

二、强制性标准的范围和强制性条文的主体

（一）强制性标准的范围

《标准化法》第七条规定：国家标准、行业标准分为强制性标准和推荐性标准。保障人体健康，人身、财产安全的标准和法律、行政法规规定强制执行的标准是强制性标准，其他标准是推荐性标准。根据这一规定，1992 年 12 月 30 日颁布的建设部部长令 24 号《工程建设国家标准管理办法》，对强制性标准的范围界定为下述几个方面：（1）工程建设勘察、规划、设计、施工（包括安装）及验收等通用的综合标准和重要的通用的质量标准；（2）工程建设通用的有关安全、卫生和环境保护的标准；（3）工程建设重要的通用的术语、符号、代号、量与单位、建筑模数和制图方法标准；（4）工程建设重要的通用的试验、检验和评定方法等标准；（5）工程建设重要的通用的信息技术标准；（6）国家需要控制的其他工程建设通用的标准。但按照上述规定所确定的强制性标准进行范围较宽，主要表现如下：

1. 在实践上，1988 年的《标准化法》颁布以前，我国的标准体制实行的是单一标准体制，即标准一经颁布就是技术法规，应当严格执行。《标准化法》对标准的体制确立了强制性标准与推荐性标准相结合的体制，为此，1997 年建设部对 341 项国家标准进行了划分，其中划分出强制性标准有 239 项，推荐性标准有 70 项，改为行业标准有 14 项，取消标准 18 项。按照这种原则划分得出强制性标准占整个标准的 70%，推荐性标准仅占 20%。

2. 在理论上，按照《工程建设国家标准管理办法》规定的六个方面，一些基础标准，如术语、符号、量和单位、模数和制图方面的标准属于基础标准，这类标准应该得到执行，但是这类标准并不直接与安全有关，即使违反也不会直接造成安全隐患；其中"重要的"标准规范应当划分为强制性标准，如何来掌握重要与否，受人的主观因素影响大，难以达到统一的尺度。

3. 在执行标准上，多年来工程建设标准规范建立了一套严格程度用词，严格程度用词是建立在对标准规范执行程度上确立的，即使是强制性标准在具体内容上，标准规范中也采用"宜、不宜、可"的用词，表明是允许选择的。这样就出现了在强制性标准中有许多推荐使用的条文，执行起来较困难。

4. 在标准体制发展上，我国在计划经济体制时期，标准采用的是单一标准体制；20 世纪 80 年代有计划的商品经济时期，采用的强制性标准与推荐性标准相结合的体制；在社会主义市场经济体制时期，标准的体制应当进行改革，才能适应发展。

强制性标准的范围过宽，不该强制执行要求强制执行，造成的结果是标准得不到有效的贯彻，这是因为：一方面，强制性标准的范围过宽，对执行者来讲，要求严格，可能是大家都难以做到，"法不责众"起不到法律的威严作用。另一方面，要求强制的标准范围过宽，同时又严格要求执行，而标准规范的发展是需要人们不断积累经验和不断发展科学技术，不断发展会对标准规范原来的规定进行突破，标准规范才能得到发展。

（二）强制性条文的范围

对于强制性标准的范围，《标准化法》是有规定的。在《标准化法》没有进行修改以前，我们要维护法律的权威性，不能轻易更改法律的规定。强制性标准的范围涉及标准体制问题，国际上多数国家按照世界贸易组织（WTO）的技术法规和技术标准构成技术文件，我国标准体制改革正在逐步向国际惯例靠拢。

世界贸易组织制定的"技术贸易壁垒协定"，对技术法规给出的范围为：国家安全、防止欺骗、保护人体健康和安全、保护动植物的生命和健康、保护环境。

国际通行的技术法规与本规定的强制性条文在法律属性上是相近的，因此，它所确立的范围为"质量、安全、卫生及环境保护"和"公共利益"。

三、工程建设强制性标准的监督管理

建设部于 2000 年 8 月 25 日批准发布《实施工程建设强制性标准监督规定》，这标志着实施工程建设强制性标准的监督有法可依、有章可循了。《实施工程建设强制性标准监督规定》的出台对整个工程建设标准化工作具有重要的意义：第一，落实了标准化工作的三大任务，即制定标准、实施标准和对标准实施的监督；第二，规划了标准体制改革的方向；第三，对违反强制性标准的处罚有了明确、具体的规定。

（一）制定标准的必要性

工程建设标准化是我国基本建设中一项重要的基础性工作。近 20 年来，我国的经济体制经历了一个不断深化改革的过程，尤其是在建立和完善我国社会主义市场经济体制的过程中，建设市场的形成对工程建设标准化工作，提出了新的和更高的要求。工程建设标准化工作在党的改革开放政策的指引下，经过了专家们多年来的努力，各类工程建设标准的数量已达到 3400 项，基本上解决了工程建设领域标准规范的有无问题，满足了各行业、各环节工程建设的实际需要。在新的形势下，围绕以规范建设市场行为，促进技术进步，提升传统产业，强化标准规范的实施力度，确保建设工程的质量和安全，为逐步形成有效的政府对工程建设技术的宏观调控机制，已经成为工程建设标准化工作的中心任务。

标准规范批准发布后，如果不能在实际工作中得以贯彻执行，就只能是一纸空文，标准规范的作用将难以发挥。对于标准规范的实施，《标准化法》《建筑法》《消防法》《人民防空法》《能源法》等法律和法规有着专门的规定和要求。作为政府部门，加强标准规范实施的监督管理，有着非常重要的意义。建设部是全国工程建设标准化的综合管理部门，组织制定《工程建设标准实施监督规定》，推动标准规范实施监督工作的开展，规范这项工作的执行，是十分必要的，其主要原因有：

1. 按照《标准化法》的规定，标准化工作的任务包括制定标准、实施标准和对标准实施的监督。过去，各级工程建设标准化管理部门的主要力量在于制定标准，标准的实施主要靠从事工程建设活动单位和个人的自觉性；而对于实施标准的监督，则一直是一个薄弱环节。

2. 1998 年国务院制定的建设部"三定"方案，明确了对标准实施进行监督是建设部的一项重要行政职能。早在 1997 年召开的"全国工程建设标准定额工作会议"上，就已经提出了要加强标准定额的实施监督工作，并要求各级建设行政主管部门将这项工作纳入工程建设标准化的日常工作之中。2008 年国务院批准的《住房和城乡建设部主要职责内设机构和人员编制规定》再次保留了此项职能。

3. 按照工程建设标准的立法体系，第一层次是《中华人民共和国标准化法》（1988 年颁布）；第二层次是《中华人民共和国标准化法实施条例》（1990 年颁布）、《建设工程质量管理条例》（2000 年颁布）和《工程建设标准化管理规定》（待国务院批准）；第三层次是《工程建设国家标准管理办法》（1992 年颁布）、《工程程建设行业标准管理办法》（1992 年颁布）和《工程建设标准实施监督规定》等。《工程建设标准实施监督规定》是工程建设标准化法规建设中的一个组成部分。

4. 当前，工程建设的质量和安全受到了党中央、国务院领导以及建设部领导的高度重视，受到了从事工程建设活动各有关方面以及人民群众的广泛关注。一些工程建设中发生的质量事故或安全事故，虽然呈现的结果是多种多样的，但其原因都是违反标准的规定，特别是强制性标准的规定。反过来，如果严格按照标准、规范、规程去执行，工程的安全和质量是能够得到保证的，就绝对不会出现桥垮屋塌的现象，这一点已成为广大工程技术人员的共识，并且被大量的工程实例所证明。

（二）制定标准的目的

1. 完善标准化的任务。《中华人民共和国标准化法》规定，制定标准、组织实施标准和对标准的实施进行监督是标准化工作的总任务。这一规定充分体现了标准化的全过程，完整地反映了标准化的基本定义。应注意的是这三项任务是对整个标准化工作而言，并非对某一机构而言。制定标准是标准化工作的重要组成部分，《标准化法》对各级各类标准的制订作了明确的规定；组织实施标准是标准制定部门、使用标准的部门和企业将标准贯彻到建设活动中去的过程，它是标准制定部门、使用标准的部门和企业的共同任务；对实施标准的监督应当是对贯彻标准的全过程进行的，并在标准化管理部门的指导下进行。

2. 贯彻落实《建设工程质量管理条例》的需要。2000 年 3 月国务院颁布了《建设工程质量管理条例》，该条例对工程建设领域意义重大，不仅对违法行为进行重罚外，还在制度建设方面有新的突破。第一是明确了参与建设活动各方的责任主体，并对工程竣工后实行备案制度；第二是对设计阶段实行审查制度；第三是对执行强制性标准实行监督检查制度。这三个制度的建立，其内容都直接涉及标准化工作制度的创新。要建立实施强制性标准监督制度，就应当有一个规范这种行为的法规，而在实施工程建设标准监督方面却一直没有专门的规定。

3. 按照《建设工程质量管理条例》的要求，规范实施工程建设强制性标准是监督活动的需要。当前，违反标准规范，只有造成后果以后，才能依据标准的规定按照有关法规进行处罚。而一旦造成后果以后，其影响较大，不仅涉及投资，还涉及安全等一系列的问题，一般单位或者个人是难以挽回损失的，因此应当从以事后处罚为主改为事前控制和过程控制为主，事后处罚为辅。这就需要参与建设活动各方主体，在基本建设活动程序过程中受到应有的监督。《实施工程建设强制性标准监督规定》从强制性标准的要求出发，规定了实施工程建设强制性标准监督应该遵循的原则和程序。

（三）监督检查的内容

根据《实施工程建设强制性标准监督规定》的内容的规定：有关审查机关、审查单位和监督机构，应当对下列几个方面进行强制性标准的监督检查：

1. 应对建设单位、设计单位、施工单位和监理单位是否组织有关工程技术人员对工程建设强制性标准的学习和考核进行监督检查。对未能按期组织学习和考核的单位应予以批评，并应责令其采取措施，达到熟悉掌握标准的目的；对未经学习和考核的技术人员，不得参与勘察、设计、施工、监理、审查和监督等工作。

2 应对本行政区域内的建设工程项目，根据各建设工程项目实施的不同阶段，分别对其规划、勘察、设计、施工、验收等阶段监督检查，对一般工程的重点环节或重点工程项目，应加大监督检查的力度。对发现违反强制性标准的工程，应按《建设工程质量管理条例》和本规定的罚则进行处理。

3. 对建设工程项目采用的建筑材料、设备，必须按强制性标准的规定进行进场验收，以符合合同约定和设计要求。建设单位不得明示或暗示施工单位使用不合格的建筑材料、建筑构配件和设备；设计单位对设计文件选用的建筑材料、建筑构配件和设备，不得指定生产厂、供应商；施工单位不得滥用或错误使用建筑材料、建筑构配件和设备。

4. 在建设工程项目的整个建设过程中，严格执行工程建设强制性标准，确保工程项目的工期和质量，建设单位作为责任主体，负责对工程建设各个环节的综合管理工作。因此，必须规范建设单位的行为。建设单位不得明示或暗示设计、施工单位违反工程建设强制性标准，任意压缩工期、降低工程质量；勘察、设计单位应遵照工程建设强制性标准和有关技术标准进行工程的勘察和设计，施工图设计文件未经审查批准的，不得使用；施工单位应按工程设计图纸和工程建设强制性标准及有关技术标准进行施工，不得擅自修改工程设计，不得偷工减料。工程监理单位对施工质量实施监督，并对施工质量承担监督责任。

5. 为了便于工程设计和施工的实施，社会上编制了各专业工程的导则、指南、手册、计算机软件等，它们为工程设计和施工提供了具体、辅助的操作方法和手段，但是，它们应遵照而不得擅自修改工程建设强制性标准和有关技术标准中的有关规定。凡有擅自修改工程建设强制性标准有关规定的，设计与施工单位应禁止使用，并应通报有关管理部门。负责组织出版导则、指南、手册、计算机软件等的部门和单位，应提请工程建设标准的批准部门或有关部门进行技术论证和审查。

（四）监督检查职责和监督检查方式

工程建设标准批准部门对工程项目执行强制性标准情况进行监督检查是法律赋予的职责。根据《建设工程质量管理条例》和住房和城乡建设部职能，工程建设标准批准部门除了具有组织编写、审查、批准、发布工程建设强制性标准的职能外，还应当对标准的执行情况进行监督检查。

监督检查方式有三种，即重点检查、抽查和专项检查。

1. 重点检查。一般是指对于某项重点工程，或工程中某些重点内容进行的检查。这种检查通常有较强的针对性，检查的重点与目的比较明确。比如，为了掌握世界银行贷款项目的工程质量状况，就可以对所有利用世界银行贷款建设的工程项目进行检查；为了了解近期以来工程结构的安全状况，可以对去年某月某日后开工的工程结构施工质量进行重点检查；为了确保小学校舍建设质量，可以开展对全国小学教学楼施工质量的重点检查，等等。

2. 抽查。一般指采用随机方法，在全体工程或某类工程中抽取一定数量进行检查，即统计理论中从母体中抽取样本进行检查。这些被抽查的工程项目应该具有一定的代表性。这样检查的目的，不仅是了解被查工程执行强制性标准的情况，还要借此了解未检查到的其他工程在这方面的情况。实际上，建设部不定期组织的全国工程质量大检查就是一种比较典型的全国性的工程建设强制性标准贯彻执行情况的大抽查。

3. 专项检查。是指对建设项目在某个方面或某个专项执行强制性标准情况进行的检查。目的是查明某个专项内容执行强制性标准情况以及存在的问题等。

以上三种检查方式，实际上是最常用也是最有效的检查方式。需注意的是，无论哪种方式的检查，均应以检查强制性标准的执行情况为主线。

四、工程建设强制性标准执法检查

工程建设标准批准部门应当对工程项目执行强制性标准情况进行监督检查。监督检查可以采取重点检查、抽查和专项检查的方式。

强制性标准监督检查的内容包括：

有关工程技术人员是否熟悉、掌握强制性标准；工程项目的规划、勘察、设计、施工、验收等是否符合强制性标准的规定；工程项目采用的材料、设备是否符合强制性标准的规定；工程项目的安全、质量是否符合强制性标准的规定；工程中采用的导则、指南、手册、计算机软件的内容是否符合强制性标准的规定。工程技术人员应当参加有关工程建设强制性标准的培训，并可以计入继续教育学时。任何单位和个人对违反工程建设强制性标准的行为有权向建设行政主管部门或者有关部门检举、控告、投诉。

五、不符合强制性标准规定的处理

按照建设部《实施工程建设强制性标准监督规定》，工程建设中拟采用的新技术、新工艺、新材料，不符合现行强制性标准规定的，应当由拟采用单位提请建设单位组织专题技术论证，报批准标准的建设行政主管部门或者国务院有关主管部门审定；工程建设中采用国际标准或者国外标准，现行强制性标准未作规定的，建设单位应当向国务院建设行政主管部门或者国务院有关行政主管部门备案。

不符合现行强制性标准规定的与现行强制性标准未作规定的是不一样的。对于新技术、新工艺、新材料不符合现行强制性标准规定的，是指现行强制性标准（实质是强制性条文）中已经有明确的规定或者限制，而新技术、新工艺、新材料达不到这些要求或者超过其限制条件，这时如果现行强制性标准中未作规定，则不受建设部《实施工程建设强制性标准监督规定》的约束；对于国际标准或者国外标准的规定，现行强制性标准未作规定，采纳时应当办理备案程序，此时应当由采纳单位自负其责，但是，如果国际标准或者国外标准的规定不符合现行强制性标准规定，则不允许采用，这时国际标准或者国外标准的规定属于新技术、新工艺、新材料的范畴，则应该按照新技术、新工艺、新材料的约束进行办理审批程序。

1. 科学技术是推动标准化发展的动力。人们的生产实践活动都需要运用科学技术，依照对客观规律的认识，掌握了科学技术和实践经验，去制定一套生产建设活动的技术守则，以指导、制约人们的活动，从而避免因违反客观事物规律受到惩罚或经济损失，同时也是准确评价劳动成果，公正解决贸易纠纷的尺度，通过标准来指导生产建设，促进工程质量、效益的提高，科学技术成为标准的重要组成部分，也是推动标准化发展的动力。

标准是以实践经验的总结和科学技术的发展为基础的，它不是某项科学技术研究成果，也不是单纯的实践经验总结，而必须是体现两者有机结合的综合成果。实践经验需要科学的归纳、分析、提炼，才能具有普遍的指导意义；科学技术研究成果必须通过实践检验才能确认其客观实际的可靠程度。因此，任何一项新技术、新工艺，新材料要纳入到标准中，必须具备：①技术鉴定；②通过一定范围内的试行；③按照标准的制定提炼加工。

标准与科学技术发展密切相联，标准应当与科学技术发展同步，适时将科学技术纳入到标准中去。科技进步是提高标准制订质量的关键环节。反过来，如果新技术、新工艺、新材料得不到推行，就难以获取实践的检验，也不能验证其正确性，纳入到标准中也会不可靠，为此，给出适当的条件允许其发展，是建立标准与科学技术桥梁的重要机制。

2. 层次的界限。在本条的规定中，分出了两个层次的界限：①不符合现行强制性标准规定的；②现行强制性标准未作规定的。这两者的情况是不一样的，对于新技术、新工艺、新材料不符合现行强制性标准规定的，是指现行强制性标准（实质是强制性条文）中已经有明确的规定或者限制，而新技术、新工艺、新材料达不到这些要求或者超过其限制条件，这时如果现行强制性标准中未作规定，则不受本规定的约束；对于国际标准或者国外标准的规定，现行强制性标准未作规定，采纳时应当办理备案程序，此时应当由采纳单位自负其责，但是，如果国际标准或者国外标准的规定不符合现行强制性标准规定，则不允许采用，这时国际标准或者国外标准的规定属于新技术、新工艺、新材料的范畴，则应该按照新技术、新工艺、新材料的约束进行办理审批程序。

需要说明的是，2002 年 7 月 11 日建设部第 61 次常务会议审议通过，自 2002 年 9 月 1 日起施行的《超限高层建筑工程抗震设防管理规定》（中华人民共和国建设部令第 111 号）规定，超限高层建筑工程是指超出现行有关技术标准所规定的适用高度、高宽比限值或体型规则性要求的高层建筑工程，也就是指有关抗震方面强制性标准没有作出规定的，应当按照第 111 号文执行。对于强制性标准明确作出规定的，而不符合时，应当按照本规定执行。

3. 国际标准和国外标准。积极采用国际标准和国外先进标准是我国标准化工作的原则。国际标准是指国际标准化组织 ISO 和国际电工委员会 IEC 所制定的标准，以及 ISO 确认并公布的其他国际组织制定的标准。

国外标准是指未经 ISO 确认并公布的其他国际组织的标准、发达国家的国家标准、区域性组织的标准、国际上有权威的团体和企业（公司）标准中的标准。

由于国际标准和国外标准制订的条件不尽相同，在我国对此类标准实施时，如果工程中所采用的国际标准和国外标准，规定的内容不涉及强制性标准的内容，一般在双方约定或者合同中采用即可，如果涉及强制性标准的内容，即与安全、卫生、环境保护和公共利益有关，此时在执行标准上涉及国家主权的完整问题，因此，应纳入标准实施的监督范畴。

4. 程序。无论是采用新技术、新工艺、新材料还是采用国际标准或者国外标准，首先是建设项目的建设单位组织论证决定是否采用，然后按照项目的管理权限通过负责实施强制性标准监督的建设行政主管部门或者其他有关行政部门，根据标准的具体规定向标准的批准部门提出。国务院建设行政主管部门、国务院有关部门和各省级建设行政主管分别作为国家标准和行业标准的批准部门，根据技术论证的结果确定是否同意。

第四节　工程建设标准化法律制度案例

案例 1

抗诉机关：中华人民共和国最高人民检察院

申诉人（一审被告、反诉原告，二审上诉人）：福建××建设工程有限公司（以下简称"甲公司"）

被申诉人（一审原告、反诉被告，二审被上诉人）：厦门经济特区房地产开发集团有限公司

一、基本案情

经过公开招、投标，甲公司中标施工特房集团开发的"特房·锦绣祥安"一期花园洋房Ⅱ标段（即 6-9 号楼、12-17 号楼）（以下简称"诉争工程"）。2007 年 1 月 8 日，特房集团与甲公司签订了《建设工程施工合同》，约定结算总价的 3% 作为保修金。2008 年 2 月 28 日，特房集团、甲公司、监理单位等对诉争工程进行竣工验收，质量为合格。

2008 年 7 月 17 日，特房集团向甲公司发出《关于再次要求对锦绣翔安花园洋房一期工程质量问题进行整改的函》，要求甲公司在收到函件之日起 10 日内对函件附件上所提到的诉争工程存在渗水、空鼓、裂缝、阴阳角不正等质量问题进行彻底整改并整改完毕，整改完毕后应书面通知特房集团进行验收，如甲公司未能在 10 日内整改完毕或未能通过特房集团的验收合格，特房集团将自行组织整改或另行委托第三方进行整改，所发生的费用由甲公司承担。特房集团还分别于 2008 年 9 月 28 日和 10 月 17 日向甲公司发出《关于锦绣祥安花园洋房一期工程工期延误、质量问题整改等相关事宜的函》，告知甲公司诉争工程存在诸多质量问题，并要求甲公司承担工期延误以及因工程质量问题引起的损失赔偿责任。特房集团在自行组织第三方进行整改之前，委托厦门市鹭江公证处对诉争工程的质量瑕疵进行了证据保全。特房集团对甲公司施工中存在的工程质量问题分别与厦门市集美建筑工程公司（以下简称"集美公司"）、厦门市广兴建业工程公司（以下简称"广兴公司"）签订施工合同，约定由上述两家公司对诉争工程的质量问题进行维修整改。建行造价咨询中心分四次对诉争工程的整改费用进行审核。

2009 年 12 月 24 日，特房集团向厦门市中级人民法院起诉请求甲公司支付工程整改等费用。甲公司反诉请求判令特房集团返还质保金。

最高人民法院再审认为：保修所针对的对象是质量缺陷，而质量缺陷是指房屋建筑工程的质量不符合工程建设强制性标准以及合同的约定，因此特房集团主张其发出保修通知后，甲公司即对通知所述内容负有完全的修理义务，对特房集团要求修理的内容，应当通过现场核查，确认需要保修的范围，即使对于保修范围或其责任存在争议，亦应在共同核查时固定相关事实以便日后解决。本案中，在特房集团发出上述函件后，双方虽进行过洽商，但未按照合同约定共同开展现场核查并保留相应记载。与此同时，即使特房集团按照约定有权委托第三方维修，其维修仍应以解决现有质量问题为限，对于不必要、不合理的维修费用，不应由甲公司承担，并应由特房集团对上述维修工作的必要性和合理性承担举证责任。综合以上两点，加之本案工程已经整改完毕，再进行现场核查及维修必要性等方面的鉴定亦无可能，本案现已无法判定真实合理的保修内容和特房集团支出的合理维修费用数额并进而作为确认双方责任的基础。鉴于双方合同约定以结算款的 3％作为质量保证金，这一比例也符合建筑行业惯例，说明上述款项基本能够满足正常工程保修所需，故在诉争工程已经双方验收为合格、特房集团无法举证证明其合理维修数额的情况下，本院酌定以此为准作为甲公司未能及时回复特房集团保修要求并进行相应核查而应承担的责任数额，且甲公司于本案中请求返还的 50％质量保修金亦可用于抵扣。

二、案例评析

《建设工程质量管理条例》第四十一条规定："建设工程在保修范围和保修期限内发生质量问题的，施工单位应当履行保修义务，并对造成的损失承担赔偿责任"，《房屋建筑工程质量保修办法》第三条规定："本办法所称房屋建筑工程质量保修，是指对房屋建筑工程竣工验收后在保修期限内出现的质量缺陷，予以修复。本办法所称质量缺陷，是指房屋建筑工程的质量不符合工程建设强制性标准以及合同的约定"。

不符合工程建设强制性标准属于工程缺陷责任，应由施工单位在保修期限内承担保修责任，建设单位与施工单位对保修期内的缺陷责任应当通过现场核查，确认需要保修的范围。

案例 2

1. 江苏省泰兴市鼓楼北路 1 号商住楼

该工程建筑面积 5461m²，六层砖混结构，一层为商业用房，二至六层为住宅。由泰兴市城镇建设开发总公司开发建设，丹徒区建筑设计研究院勘察队进行岩土工程勘察，泰兴市建筑设计院设计，泰兴市新市建筑安装工程有限公司施工，泰兴市工程建设监理有限公司监理。在检查中专家发现，在这项工程中勘察地质结构的方法、判定建筑物场地类别的方法都是错误的。其一层结构设计方案不合理，抗震构造柱有漏设，构造柱箍筋相当一部分弯钩不符合规范要求（135°），砌筑砂浆饱满度不够。必须对结构方案、抗震构造、受力计算进行全面审核后，提出相应的处理方案，消除结构隐患。

2. 湖北武汉佳园 19 号楼

该工程为七层砖混结构。由武汉房地产开发集团股份有限公司开发建设，湖北省地质勘察基础工程公司勘察，武汉华太建筑设计工程有限公司设计，福建惠安建筑工程发展公司武汉分公司施工。该工程勘察报告无钻孔柱状图，违反《岩土工程勘察规范》（DGJ 08—37—2002）的规定。勘察报告中夯扩桩参数违反《建筑桩基技术规范》（JGJ 94—2008）的规定。施工中混凝土的养护、内外墙留槎处理、砌体洞口的处理、三层柱 C-4 轴强度、部分砌体拉结筋等多方面违反工程建设标准强制性条文。

3. 浙江省杭州市拱西小区浙麻小学

该工程建筑面积 7162m²，五层框架结构。由拱宸桥旧城改造国道指挥部建设，煤炭工业部杭州建筑设计研究院设计，浙江省化工地质勘察院勘察，杭州明康建设监理有限公司监理，杭州广天建筑安装有限公司施工。该工程桩基持力层是第 5 层黏土夹粉质黏土，层面起伏较大，勘察单位没有按规范要求加密勘探孔；第 2 层土 11 个土样大部分为粉质黏土，仅 1 个土样为黏质粉土，勘察报告却竟将该层确定为黏质粉土，严重违反了《岩土工程勘察规范》的规定。施工质量问题也很严重，混凝土柱多处烂根，部分混凝土柱钢筋表面锈蚀严重；个别混凝土梁移位 3cm，使上部墙体部分悬空。经混凝土回弹仪测试，二层框架混凝土强度只达到原设计强度等级 C25 的 71.2% 和 84.8%。抽测二层楼面板，设计板厚 110mm，实测两点板厚分别为 104mm、100mm，违反了《混凝土结构工程施工质量验收规范》（GB 50204—2002），完全是粗制滥造。

4. 湖南省岳阳市华泰小区 2 号住宅楼

该工程建筑面积 3484m²，六层砖混结构。由岳阳纸业集团华泰木材公司建设，湖南水文地质基础工程勘察院勘察，岳阳造纸厂造纸设计研究所设计，岳阳工程公司施工。经查，勘察单位对场地类别判定依据不足；对第 2 层土的认识、评价不合理，导致结论错误。检查中还发现，预应力多孔楼板存在大量蜂窝、多处露筋严重。还发现设计单位无房屋设计资质，属无证设计。

5. 山东省章丘市阜村煤矿机关 18 号宿舍

该工程建筑面积 5680m²，六层砖混结构。由淄博矿务局建设，章丘建筑设计院设计，章丘明水二建施工，章丘市监理公司监理。该工程设计前未做场地勘察，利用距拟建建筑物分别为 40m 和 50m 的两份勘察报告提供的地基承载力进行设计。

6. 甘肃省兰州市解放门立交桥

该工程造价 7940 万元，结构类型为单跨 20m 混凝土桥。由兰州市城建投资公司建设，兰州市城市建设设计院勘察设计，兰州沿河工程监理有限公司监理，兰州市市政工程总公司施工。检查中发现，该工程初勘报告提示可能存在地质断裂带，需要进行详勘，但建设单位未委托有关勘察单位进行详细勘察，设计单位仅依据初勘报告进行结构设计，违反了《建设工程质量管理条例》的规定。

7. 新疆克拉玛依家佳乐超市

该工程建筑面积 19645m²，为框架结构。由克拉玛依市供销社建设，新疆时代石油工程有限公司勘察，克拉玛依市建筑规划设计院设计，克拉玛依市监理公司监理，克拉玛依市三联工程建设有限责任公司施工。该工程二层一框架柱主筋严重偏位，且竖向 500mm 长度内无箍筋（设计箍筋间距为 200mm）；底层框架柱设计强度为 C30，现场回弹强度普遍偏低；一层柱（400mm×400mm）根部（300mm 处）预留 110mm×110mm 方洞，没有结构设计确认；该工程有局部地下独立工程，设计单位未进行抗浮计算。

8. 河南省郑州市西三环郑上路立交桥

该工程长 43.7km，另有 5 座桥，工程总造价 14 亿元。由郑州市环城路工程指挥项目部建设，铁道部隧道工程局勘测设计院勘察设计，郑州新开源工程监理咨询公司监理，河南第五建筑工程公司施工。该工程勘察钻孔孔数、孔深都达不到规范要求，未采用现场静载荷载试验确定单桩承载力，违反《建筑桩基技术规范》（JGJ 94—2008）。33m 后张法 T 形梁端部锚头下端碎裂，违反《市政桥梁工程质量检验评定标准》（CJJ 2—1990）。

第十一章　工程建设风险防范制度

第一节　工程建设保险制度

一、工程建设保险概述

（一）工程建设保险的概念

工程建设保险，是指业主或承包商为了工程建设项目顺利完成而对工程建设中可能产生的人身伤害或财产损失，而向保险公司投保以化解风险的行为。业主或承包商与保险公司订立的保险合同，即为工程建设保险合同。

（二）工程建设的各种风险

工程建设一般都具有投资规模大、建设周期长、技术要求复杂、涉及面广等特点。正是由于这些特点，使得建筑业成为一种高风险的行业。工程建设领域的风险主要有以下几方面：

（1）建筑风险：指工程建设中由于人为的或自然的原因，而影响工程建设顺利完成的风险，包括设计失误、工艺不善、原材料缺陷、施工人员伤亡、第三者财产的损毁或人身伤亡、自然灾害等。

（2）市场风险：与发达国家和地区的建筑市场相比，我国的建筑市场发展得还很不成熟。不成熟的市场带来的一个突出的问题是信用，业主是否能够保证按期支付工程款，承包商是否能够保证质量、按期完工，对于承包合同双方当事人都是未知的，这是市场所带来的风险。

（3）政治风险：稳定的政治环境，会对工程建设产生有利的影响，反之，将会给市场主体带来顾虑和阻力，加大工程建设的风险。

（4）法律风险：一般涉外工程承发包合同中，都会有"法律变更"或"新法适用"的条款。两个国家关于建筑、外汇管理、税收管理、公司制度等方面的法律、法规和规章的办法和修订都将直接影响到建筑市场各方的权利义务，从而进一步影响其根本利益。现在，我国的建筑市场主体也愈发关注法律规定对其自身的影响。

（三）工程建设保险的作用

对上述种种风险，如不采取有效措施加以防范，不仅会大大影响工程建设项目的顺利进行，而且可能使有关当事人遭到巨大的损失，甚至破产。因此，在工程建设领域开展工程保险，是防范工程建设风险的必然要求。工程建设保险的作用体现在预防风险和补偿风险损失两方面：

1. 预防风险

引进工程建设保险意味着将保险公司引进工程建设领域。保险公司从商业利益角度出发，为了减轻或避免风险的产生，必将对工程的施工、设备的安装进行必要的监督，并针对投保的项目、投保人的资质、信誉进行全面的审查和监督，从而有效地减少和避免风险的发生，这是在风险产生之前对风险进行预防的一种措施。

2. 补偿风险损失

在保险事故发生后，保险公司积极理赔，使投保人由此而产生的损失和费用降至最低，这又是一种在风险发生后对风险损失进行补偿的机制。

这种预防风险和补偿风险损失相结合的保险机制，能够有效地保证工程建设项目的顺利进行。

（四）国内外实施工程建设保险的情况

工程保险按是否具有强制性分为两大类：强制保险和自愿保险。强制保险系工程所在国政府以法规明文规定承包商必须办理的保险。自愿保险是承包商根据自身利益的需要，自愿购买的保险。这种保险虽非强行规定，但对承包商转移风险很有必要。

1. 国内方面

我国对于工程建设保险的有关规定很薄弱，尤其是在强制性保险方面。除鼓励企业为从事危险作业的职工办理意外伤害保险、支付保险费。规定建筑施工企业必须为从事危险作业的职工办理意外伤害保险属强制保险外，《工程建设施工合同范文本》第17条也规定了保险内容。但是这1条7款不够详细，缺乏操作性，再加上示范文本强制性不够，工程保险在实际操作中会大打折扣。

2. 国际方面

强制性工程保险是一种国际惯例。在英国，未投保工程险的建设项目将无法获得银行的贷款，因为对于贷款银行来说，未投保工程险的建设项目，一旦发生损失或意外风险，银行的贷款安全将无法保证。另外，法国还规定了十年责任险，作为承包商的强制性义务，要求承包商在工程验收前必须向政府指定的保险公司投保，否则工程不予验收。

2017年修订的FIDIC条款中的通用条件中，有关工程保修的条款主要有19.1总体要求、19.2.1工程、19.2.2货物、19.2.3职业责任、19.2.4人身伤害和财产损害、19.2.5雇员的伤害、19.2.6按照当地的法律和习惯需要的保险、NEC合同……

除了通过标准合同文本来规定工程中的保险要求外，市场机制的作用客观上使业主和承包商必须投保工程保险。支付对于工程投资来说少量的工程保险费，在风险频繁的工程建设中，一旦遇到事故或意外损失，就能够获得明确的保障，这种国际上通过长期实践积累的保障风险的方法，我们完全应当在市场条件下借鉴和引用。

（五）工程建设保险的种类

除强制保险与自愿保险的分类方式外，《中华人民共和国保险法》（以下简称《保险法》）把保险种类分为人身保险和财产保险。自该法施行以来，在工程建设方面，我国已尝试过人身保险中的意外伤害保险、财产保险中的建筑工程一切险和安装工程一切。《保险法》第九十五条第（二）款规定："财产保险业务，包括财产损失保险、责任保险、信用保险、保证保险等保险业务。"

1. 意外伤害险

意外伤害险，是指被保险人在保险有效期间，因遭遇非本意的、外来的、突然的意外事故，致使其身体蒙受伤害而残疾或死亡时，保险人依照合同规定给付保险金的保险。《建筑法》第48条规定：建筑施工企业应当依法为职工参加工伤保险缴纳工伤保险费。鼓励企业为从事危险作业的职工办理意外伤害保险，支付保险费。

2. 建筑工程一切险及安装工程一切险

建筑工程一切险及安装工程一切险是以建筑或安装工程中的各种财产和第三者的经济赔偿责任为保险标的的保险。这两类保险的特殊性在于保险公司可以在一份保单内对所有参加该项工程的有关各方都给予所需要的保障，换言之，即在工程进行期间，对这项工程承担一定风险的有关各方，均可作为被保险人之一。

建筑工程一切险一般都同时承保建筑工程第三者责任险，即指在该工程的保险期内，因发生意外事故所造成的依法应由被保险人负责的工地上及邻近地区的第三者的人身伤亡、疾病、财产损失，以及被保险人因此所支出的费用。本节将在后面重点对建筑工程一切险及安装工程一切险进行介绍。

3. 职业责任险

职业责任险是指承保专业技术人员因工作疏忽、过失所造成的合同一方或他人的人身伤害或财产损失的经济赔偿责任的保险。工程建设标的额巨大、风险因素多，建筑事故造成的损害往往数额巨大，而责任主体的偿付能力相对有限，这就有必要借助保险来转移职业责任风险。在工程建设领域，这类保险对勘察、设计、监理单位尤为重要。

4. 信用保险

信用保险是以在商品赊销和信用放款中的债务人的信用作为保险标的，在债务人未能履行债务而使债权人遭受损失时，由保险人向被保险人即债权人提供风险保障的保险。信用保险是随着商业信用、银行信用的普遍化以及道德风险的频繁而产生的，在工程建设领域得到越来越广泛的应用。

二、建筑工程一切险

建筑工程一切险承保各类民用、工业和公用事业建筑工程项目，包括道路、水坝、桥梁、港埠等，在建造过程中因自然灾害或意外事故而引起的一切损失。

建筑工程一切险往往还加保第三者责任险，即保险人在承保某建筑工程的同时，还对该工程在保险期限内因发生意外事故造成的依法应由被保险人负责的工地及邻近地区的第三者的人身伤亡、疾病或财产损失，以及被保险人因此而支付的诉讼费用和事先经保险人书面同意支付的其他费用，负赔偿责任。

（一）建筑工程一切险的投保人与被保险人

1. 建筑工程一切险的投保人

根据《保险法》，投保人是指与保险人订立保险合同，并按照保险合同负有支付保险费义务的人。

建筑工程一切险多数由承包商负责投保，如果承包商因故未办理或拒不办理投保或拒不投保，业主可代为投保，费用由承包商负担。如果总承包商未曾对分包工程购买保险的话，负责该分包工程的分包商也应办理其承担的分包任务的保险。

2. 建筑工程一切险的被保险人

被保险人是指其财产或者人身受保险合同保障，享有保险金请求权的人，投保人可以为被保险人。

在工程保险中，除投保人外，保险公司可以在一张保险单上对所有参加该项工程的有关各方都给予所需的保险。即凡在工程进行期间，对这项工程承担一定风险的有关各方，均可作为被保险人。

建筑工程一切险的被保险人可以包括：

(1) 业主；

(2) 总承包商；

(3) 分包商；

(4) 业主聘用的监理工程师；

(5) 与工程有密切关系的单位或个人，如贷款银行或投资人等。

凡有一方以上被保险人存在时，均须由投保人负责交纳保险费，并应及时通知保险公司有关保险标的在保险期内的任何变动。

由于工程建设的被保险人不止一家，而且各家被保险人各为其本身的权益以及义务而向保险公司投保。为了避免相互之间追偿责任，大部分保险单都加贴共保交叉责任条款。根据这一条款，每一被保险人如同各自有一张单独的保单，其责任部分的损失就可以获得相应赔偿。如果各个被保险人发生相互之间的责任事故，每一责任的被保险人都可以在保单项下获得赔偿。这样，这些事故造成的损失，都可以由出保单的公司负责赔偿。无须根据责任在相互之间进行追偿。

(二) 建筑工程一切险的承保范围

1. 建筑工程一切险适用范围

建筑工程一切险适用于所有房屋工程和公共工程，尤其是：

(1) 住宅、商业用房、医院、学校、剧院；

(2) 工业厂房、电站；

(3) 公路、铁路、飞机场；

(4) 桥梁、船闸、大坝、隧道、排灌工程、水渠及港埠等。

2. 建筑工程一切险承保的内容

(1) 工程本身：指由总承包商和分包商为履行合同而实施的全部工程。包括：预备工程，如土方、水准测量；临时工程，如引水、保护堤；全部存放于工地，为施工所必需的材料。包括安装工程的建设项目，如果建筑部分占主导地位的话，也就是说，如果机器、设施或钢结构的价格及安装费用低于整个工程造价的50%，亦应投保建筑工程一切险。如果安装费用高于工程造价的50%，则应投保安装工程一切险。

(2) 施工用设施和设备：包括活动房、存料库、配料棚、搅拌站、脚手架、水电供应及其他类似设施。

(3) 施工机具：包括大型陆上运输和施工机械、吊车及不能在公路上行驶的工地用车辆，不管这些机具属承包商所有还是其租赁物资。

(4) 场地清理费：这是指在发生灾害事故后场地上产生了大量的残砾，为清理工地现场而必须支付的一笔费用。

(5) 第三者责任：系指在保险期内，对因工程意外事故造成的、依法应由被保险人负责的工地上及邻近地区的第三者人身伤亡、疾病或财产损失，以及被保险人因此而支付的诉讼费用和事先经保险公司书面同意支付的其他费用等赔偿责任。但是，被保险人的职工的人身伤亡和财产损失应予除外（属于意外伤害保险）。

(6) 工地内现有的建筑物：指不在承保的工程范围内的、所有人或承包人所有的工地内已有的建筑物或财产。

（7）由被保险人看管或监护的停放于工地的财产。

3. 建筑工程一切险承保危险与损害

建筑工程一切险承保的危险与损害涉及面很广，凡保险单中列举的除外情况之外的一切事故损失全在保险范围内，尤其是下述原因造成的损失：

（1）火灾、爆炸、雷击、飞机坠毁及灭火或其他救助所造成的损失；

（2）海啸、洪水、潮水、水灾、地震、暴雨、风暴、雪崩、地崩、山崩、冻灾、冰雹及其他自然灾害；

（3）一般性盗窃和抢劫；

（4）由于工人、技术人员缺乏经验、疏忽、过失、恶意行为或无能力等导致的施工拙劣而造成的损失；

（5）其他意外事件。

建筑材料在工地范围内的运输过程中遭受的损失和破坏，以及施工设备和机具在装卸时发生的损失等亦可纳入工程险的承保范围。

（三）建筑工程一切险的除外责任

按照国际惯例，属于除外的情况通常有以下诸种：

1. 由于军事行动、战争或其他类似事件，以及罢工、骚动、民众运动或当局命令停工等情况造成的损失（有些国家规定投保罢工骚乱险）；

2. 因被保险人的严重失职或蓄意破坏而造成的损失；

3. 因原子核裂变而造成的损失；

4. 由于合同罚款及其他非实质性损失；

5. 因施工机具本身原因即无外界原因情况下造成的损失（但因这些损失而导致的建筑事故则不属除外情况）；

6. 因设计错误（结构缺陷）而造成的损失；

7. 因纠正或修复工程差错（例如因使用有缺陷或非标准材料而导致的差错）而增加的支出。

（四）建筑工程一切险的保险期和保险金额

1. 建筑工程一切险的保险期

建筑工程一切险自工程开工之日或在开工之前工程用料卸放于工地之日开始生效，两者以先发生者为准。开工日包括打地基在内（如果地基亦在保险范围内）。施工机具保险自其卸放于工地之日起生效。

保险终止日应为工程竣工验收之日或者保险单上列出的终止日。同样，两者也以先发生者为准。实践中，建筑工程一切险的保险终止常有三种情况：

（1）保险标的工程中有一部分先验收或投入使用，则自该验收或投入使用日起，自动终止该部分的保险责任，但保险单中应注明这种部分保险责任自动终止条款。

（2）含安装工程项目的建筑工程一切险的保险单，通常要规定试车期，一般为一个月。

（3）工程验收后一般还有一个质量保修期，《工程建设质量管理条例》对最低保修期限作出了规定。大多数情况下，建筑工程一切险的承保期可以包括为期一年的质量保证期（不超过质量保修期），但需加缴一定的保险费。质量保证期的保险合同自工程临时验收或投入使用之日起生效，直到规定的保证期满终止。

2. 建筑工程一切险的保险金额

保险金额是指保险人承担赔偿或者给付保险金责任的最高限额。保险金额不得超过保险标的的保险价值，超过保险价值的，超过的部分无效。

建筑工程一切险的保险金额按照不同的保险标的确定：

（1）工程造价：即建成该项工程的总价值，包括设计费、建筑所需材料设备费、施工费（人工费和施工设备费）、运杂费、保险费、税款以及其他有关费用在内。如有临时工程，还应注明临时工程部分的保险金额。

（2）施工机具和设备及临时工程：这些物资一般是承包商的财产，其价值不包括在承包工程合同的价格中，应另列专项投保。这类物资的投保金额一般按重置价值，即按重新换置同一牌号、型号、规格、性能或类似型号、规格、性能的机器、设备及装置的价格，包括出厂价、运费、关税、安装费及其他必要的费用计算重置价值。

（3）安装工程项目：建筑工程一切险范围内承保的安装工程，一般是附带部分。其保险金额一般不超过整个工程项目保险金额的20%。如果保险金额超过20%，则应按安装工程费率计算保险费。如超过50%，则应按安装工程险另行投保。

（4）场地清理费：按工程的具体情况由保险公司与投保人协商确定。场地残物的清理不仅限于合同标的工程，而且包括工程的邻近地区和业主的原有财产存放区。场地清理的保险金额一般不超过工程总保额的5%（大型工程）或10%（中小工程）。

（5）第三者责任险的投保金额：根据在工程期间万一发生意外事故时，对工地现场和邻近地区的第三者可能造成的最大损害情况确定。

（五）建筑工程一切险的免赔额

工程保险还有一个特点，就是保险公司要求投保人根据其不同的损失，自负一定的责任。这笔由被保险人承担的损失额称为免赔额。工程本身的免赔额为保险金额的0.5%～2%；施工机具设备等的免赔额为保险金额的5%；第三者责任险中财产损失的免赔额为每次事故赔偿限额的1%～2%，但人身伤害没有免赔额。

保险人向被保险人支付为修复保险标的遭受损失所需的费用时，必须扣除免赔额。支付的赔偿额极限相当于保险总额，但不超过保险合同中规定的每次事故的保险极限之和或整个保险期内发生的全部事故的总保险极限。

（六）建筑工程一切险的保险费率

1. 建筑工程一切险的保险费率的组成

建筑工程一切险的保险费率通常要根据风险的大小确定。它由五个分项费率组成：

（1）业主提供的物料及项目、安装工程项目、场地清理费、工地内现存的建筑物、业主或承包人在工地的其他财产等为一个总的费率，规定整个工期一次性费率计取。

（2）施工用机器、装置及设备为单独的年度费率，因为它们流动性大，一般为短期使用，旧机器多，损耗大，小事故多。因此，此项费率高于第（1）项费率。如保期不足一年，按短期费率计收保费。

（3）第三者责任险费率，按整个工期一次性费率计取。

（4）保证性费率，按整个工期一次性费率计取。

（5）各种附加保障增收费率或保费，也按整个工期一次性费率计取。

对于大型复杂的工程项目，可根据上述分类分别开具费率；对于一般性的工程项目，为方便起见，也可将上述（1）、（3）、（4）、（5）项合并成整个工程的平均一次性费率。对于上述第（2）项，在任何情况下都必须单独以年费率为基础开价承保，不得与总的平均一次性费率混在一起。

2. 建筑工程一切险的保险费率的制定依据

建筑工程一切险没有固定的费率表，其具体费率系根据以下因素结合参考费率表制定：

（1）风险性质（气候影响和地质构造数据，如地震、洪水或水灾等）；

（2）工程本身的危险程度、工程的性质及建筑高度、工程的技术特征及所用的材料、工程的建造方法等；

（3）工地及邻近地区的自然地理条件，有无特别危险源存在；

（4）巨灾的可能性，最大可能损失程度及工地现场管理和安全条件；

（5）工期（包括试车期）的长短及施工季节，保证期长短及其责任的大小；

（6）承包人及其他与工程有直接关系的各方的资信、技术水平及经验；

（7）同类工程及以往的损失记录；

（8）免赔额的高低及特种危险的赔偿限额。

工程保险往往有免赔额和赔偿限额的规定。这是对被保险人自己应负责任的规定。如果免赔额高、赔偿限额低，则意味着被保险人承担的责任大，则保险费率就应相应降低；如果免赔额低、赔偿限额高，则保险费率应相应提高。

3. 保险费的交纳

建筑工程一切险因保险期较长，保费数额大，可分期交纳保费，但出单后必须立即交纳第一期保费，而最后一笔保费必须在工程完工前半年交清。

如果在保险期内工程不能完工，保险可以延期，不过投保人须交纳补充保险费。延展期的补充保险费只能在原始保险单规定的逾期日前几天确定，以便保险人能及时准确地了解各种情况。

（七）签订建筑工程一切险合同要点

1. 注意事项

（1）一般不宜使用委托人，应当由承包商亲自办理。

（2）建筑工程的名称一定要填写合同中指定的全称，不得缩写；地点一定要填写工程的详细地址及范围，因为保险公司对工地以外的损失如无特别加批是不予负责的。

（3）要写明保险期、试车期或质量保证期。

（4）保险金额、免赔额、费率、保费均应根据保险价值具体确定。工程结束以后根据工程最终建造价调整保额。若最终价额超过原始价额的5%，应出具批单调整，原费率按日比例增加或退还。

2. 提交材料

（1）投保单；

（2）工程承包合同；

（3）承包金额明细表；

（4）工程设计文件；

（5）工程进度表；

（6）工地地质报告；

（7）施工平面图。

3. 保险人的现场查看记录

保险人在了解并掌握上述资料的基础上，应向投保人或其设计人了解核实，并对以下重点环节作出现场查勘记录：

（1）工地的位置，包括地势及周围环境，例如邻近建筑物及人口分布状况，是否江、河、湖及道路和运输条件等；

（2）安装项目及设备情况；

（3）工地内有无现成建筑物或其他财产及其位置、状况等；

（4）储存物资的库场状况、位置、运输距离及方式等；

（5）工地的管理状况及安全保卫措施，例如防水、防火、防盗措施等。

4. 协商确定承保内容

承保人应与投保人进一步协商以明确以下承保内容：

（1）建筑工程项目及其总金额；

（2）物资损失部分的免赔额及特种危险赔偿限额；

（3）是否投保安装项目及其名称、价值和试车期等；

（4）是否投保施工机具设备及其种类、使用时间、重置价值等；

（5）是否投保场地清理费及现成建筑物及其保额；

（6）是否加保维修期保险及期限长短和责任范围；

（7）是否投保第三者责任险及其赔偿限额和免赔额；

（8）是否需要一些特别保障及条件、费率等。

三、安装工程一切险

（一）安装工程一切险的概念和特点

1. 安装工程一切险的概念

安装工程一切险属于技术险种，其目的在于为各种机器的安装及钢结构工程的实施提供尽可能全面的专门保险。

由于工业化在世界范围内取得的进展，安装工程一切险在经济生活中占据着越来越重要的位置。目前，在国际工程承包领域，工程发包人都要求承包人投保安装工程一切险，在很多国家和地区，这种险是强制性的。

安装工程一切险主要适用于安装各种工厂用的机器、设备、储油罐、钢结构、起重机、吊车以及包含机械工程因素的各种工程建设。

2. 安装工程一切险的特点

安装工程一切险与建筑工程一切险有着重要的区别：

（1）建筑工程保险的标的从开工以后逐步增加，保险额也逐步提高，而安装工程一切险的保险标的一开始就存放于工地，保险公司一开始就承担着全部货价的风险，风险比较集中。在机器安装好之后，试车、考核所带来的危险以及在试车过程中发生机器损坏的危险是相当大的，这些危险在建筑工程险部分是没有的。

（2）在一般情况下，自然灾害造成建筑工程一切险的保险标的损失的可能性较大，而安装工程一切险的保险标的多数是建筑物内安装的设备（石化、桥梁、钢结构建筑物等除外），受自然灾害（洪水、台风、暴雨等）损失的可能性较小，受人为事故损失的可能性较大，这就要督促被保险人加强现场安全操作管理，严格执行安全操作规程。

（3）安装工程在交接前必须经过试车考核，而在试车期内，任何潜在的因素都可能造成损失，损失率要占安装工期内的总损失的一半以上。由于风险集中，试车期的安装工程一切险的保险费率通常占整个工期的保费的三分之一左右，而且对旧机器设备不承担赔付责任。总的来讲，安装工程一切险的风险较大，保险费率也要高于建筑工程一切险。

（二）安装工程一切险的投保人与被保险人

和建筑工程一切险一样，安装工程一切险应由承包商投保，业主只是在承包商未投保的情况下代其投保，费用由承包商承担。承包商办理了投保手续并交纳了保费后即成为被保险人。安装工程一切险的被保险人除承包商外还包括：

（1）业主；

（2）制造商或供应商；

（3）技术咨询顾问；

（4）安装工程的信贷机构；

（5）待安装构件的买受人等。

（三）安装工程一切险的责任范围及除外责任

1. 安装工程一切险的保险标的

（1）安装的机器及安装费，包括安装工程合同内要安装的机器、设备、装置、物料、基础工程（如地基、座基等）以及为安装工程所需的各种临时设施（如水电、照明、通信设备等）等。

（2）安装工程使用的承包人的机器、设备。

（3）附带投保的土木建筑工程项目，指厂房、仓库、办公楼、宿舍、码头、桥梁等。这些项目一般不在安装合同以内，但可在安装险内附带投保：如果土木建筑工程项目不超过总价的20%，整个项目按安装工程一切险投保；介于20%和50%之间，该部分项目按建筑工程一切险投保；若超过50%，整个项目按建筑工程一切险投保。

安装工程一切险也可以根据投保人的要求附加第三者责任险，这与建筑工程一切险是相同的。

2. 安装工程一切险承保的危险和损失

安装工程一切险承保的危险和损害除包括建筑工程一切险中规定的内容外，还包括：

（1）短路、过电压、电弧所造成的损失；

（2）超压、压力不足和离心力引起的断裂所造成的损失；

（3）其他意外事故，如因进入异物或因安装地点的运输而引起的意外事件等。

3. 安装工程一切险的除外责任

安装工程一切险的除外情况主要有以下几种。

（1）由结构、材料或在车间制作方面的错误导致的损失；

（2）因被保险人或其派遣人员蓄意破坏或欺诈行为而造成的损失；

（3）因功力或效益不足而遭到合同罚款或其他非实质性损失；

（4）由战争或其他类似事件，民众运动或因当局命令而造成的损失；

（5）因罢工和骚乱而造成的损失（但有些国家却不视为除外情况）；

（6）由原子核裂化或核辐射造成的损失等。

（四）安装工程一切险的保险期限

1. 安装工程一切险的保险责任的开始和终止

安装工程一切险的保险责任，自投保工程的动工日（如果包括土建任务的话）或第一批被保险项目卸至施工地点时（以先发生为准），即行开始。其保险责任的终止日可以是安装完毕验收通过之日或保险物所列明的终止日，这两个日期同样以先发生者为准。安装工程一切险的保险责任也可以展延至为期一年的维修期满日。

在征得保险人同意后，安装工程一切险的保险期限可以延长，但应在保险单上加批并增收保费。

2. 试车考核期

安装工程一切险的保险期内，一般应包括一个试车考核期。考核期的长短应根据工程合同上的规定来决定。对考核期的保险责任一般不超过 3 个月，若超过 3 个月，应另行加收费用。安装工程一切险对于旧机器设备不负考核期的保险责任，也不承担其维修期的保险责任。如果同一张保险单同时还承保其他新的项目，则保险单仅对新设备的保险责任有效。

3. 关于安装工程一切险的保险期限应注意的问题

（1）部分工程验收移交或实际投入使用。这种情况下，保险责任自验收移交或投入适用之日即行终止，但保单上须有相应的附加条款或批文。

（2）试车考核期的保险责任期（一般定为三个月），系指连续时间，而不是断续累计时间。

（3）维修期应从实际完工验收或投入使用之日起算，不能机械地按合同规定的竣工日起算。

（五）安装工程一切险的保险金额的组成

安装工程一切险的保险金额包括物质损失和第三者责任两大部分。

如果投保的安装工程包括土建部分，其保额应为安装完成时的总价值（包括运费、安装费、关税等）；若不包括土建部分，则设备购货合同价和安装合同价加各种费用之和为保额；安装建筑用机器、设备、装置应按安装价值确定保额。通常对物质标的部分的保额先按安装工程完工时的估定总价值暂定，到工程完工时再根据最后建成价格调整。第三者责任的赔偿限额按危险程度由保险双方商定。

（六）安装工程一切险的保险额的具体确定办法

1. 安装工程项目

安装工程项目，是安装工程一切险的主要保险项目，包括被安装的机器设备、装置、物料、基础工程（地基、机座）以及工程所需的各种临时设施如水、电、照明、通信等。安装工程一切险的承保标的大致有三种类型：

（1）新建工厂、矿山或某一车间生产线安装的成套设备；

（2）单独的大型机械装置，如发电机组、锅炉、巨型吊车、传送装置的组装工程；

（3）各种钢结构建筑物，例如储油罐、桥梁、电视发射塔之类的安装和管道、电缆敷设等。

安装工程项目的保险金额视承包方式而定：

（1）采用总承包方式，保险金额为该项目的合同总价；

（2）由业主引进设备，承包人负责安装并培训，保险金额为 CIF 价加国内运费和保险费及关税、安装费（人工、材料）、可能的专利、人员培训及备品，备件等费用的总和。

2. 土木建筑工程项目

土木建筑工程项目指新建、扩建厂矿必须有的工程项目，如厂房、仓库、道路、水塔、办公楼、宿舍等。其保险金额应为该工程项目建成的价格，包括勘察设计费、人工费、机械费、材料费、运杂费、税款及其他相关费用。如果这些项目已包括在一揽子承包合同价内，不必另行投保，但应加以说明。

3. 场地清理费

指发生承保危险所致的损失后为清理工地现场所支付的费用。此项费用的保额由被保险人自定并单独投保，不包括在合同价内。大型工程的场地清理费一般不超过总价的 5%，小型工程一般不超过 10%。

4. 工程业主或承包人在工地上的其他财产

指上述三项以外的可保标的，大致包括安装施工用机具设备、工地内现存财产、其他可保财产。

（1）施工机具设备一般不包括在承包工程合同价内，因此列入本项投保。这项保险金额应按重置价值，即重新换置同一型号、同种性能规格或类似性能规格和型号的机器、设备的价格，包括出厂价、运费、关税、机具本身的安装费及其他必要的费用在内。

（2）工地内现成财产指不包括在承包工程范围内，工程业主或承包人所有的或其保管的工地内已有的建筑物或财产。这笔保险金额可由保险双方商订，但最高不得超过该项现存财产的实际价值。

（3）其他可保财产指不能包括在上述四项范围之内的可保财产，其保险金额由双方商定。

以上四项保额之和构成物质损失总保险金额。

5. 第三者责任险的保险金额

第三者责任部分的赔偿限额应根据责任风险大小的具体情况来考虑，没有统一的规定，通常有两种情况：

（1）只规定每次事故赔偿限额，不分项，也无累计限额；

（2）先规定每次事故中各分项限额，各项相加构成每次事故的总限额，最后算出并规定一个保险期内的累计赔偿限额。

当风险不大时，可采用第一种办法；当风险较大时，则应当采用第二种。

四、工程建设保险的理赔

保险作用的充分发挥具体落实在理赔上。理赔是指保险的赔偿处理，它是被保险人享受保险权益和保险人履行承保责任的具体体现。理赔是发挥保险作用的重要体现，因为通过理赔可以使灾害损失得到经济补偿，有利于恢复生产和安定生活。理赔又是加强防灾措施的依据，因为在理赔过程中，还能够从中发现问题，总结经验教训，作为今后防灾防损的参考。

（一）建筑工程一切险

1. 责任期间和责任范围

承保建筑工程一切险的保险公司的责任期间在保险单中都有明确规定，通常为自投保工程动工或被保险物品被卸至建筑工地时起，直至建筑工程经验收时终止。保险的最晚终止期应不超过保单中所列明的终止日期。保险期间如需扩展，必须事先获得保险公司同意。建筑工程一切险的责任范围如前所述。

2. 赔偿条件及争议仲裁

（1）索赔时必须提供必要的有效证明，作为索赔的依据。证明文件应能证明索赔对象及索赔人的索赔资格；证明索赔理由能够成立且属于理赔人的责任范围和责任期间。通常情况下，这些证明文件为保单、工程承包合同、事故照片及事故检验人的鉴定报告及各具体险别的保单中所规定的证明文件。

（2）保险公司的赔款以恢复投保项目受损前的状态为限，受损项目的残值应予扣除。

（3）赔款可以现金支付，也可以重置受损项目或予以修理代替之。总赔款金额不得超过保单规定的保险金额。

（4）一个项目同时由多家保险公司承保，则理赔的保险公司仅负责按比例分担赔偿的责任。

如果被保险人因索赔事宜同保险公司发生争议，通常情况下先进行协商解决，如果协商达不成协议，可申请仲裁或向法院提出诉讼。通常情况下，仲裁与诉讼应在被告方所在地。如果事先另有协议，则按协议处理。

3. 第三者责任险的赔偿

建筑工程一切险中还包括一项附加条款，第三者责任险。

第三者责任险的责任期间与一切险一样。不过，其责任范围仅限于赔偿保险标的工程的工地及邻近地区的第三者因工程实施而蒙受人身伤亡、疾病或财产损失等项责任，这些损失必须是依法应由被保险人负责。这一责任范围还包括赔偿被保险人因此而支付的诉讼费用和事先经保险人书面同意支付的其他费用，但不能超过保单列明的赔偿限额。

（二）安装工程一切险

安装工程一切险的责任范围与建筑工程一切险基本一样，只是增加了对安装工程常碰到的电气事故（如超负荷、超电压、碰线、电弧、走电、短路、大气放电等）造成的损失负赔偿责任。另外，由于承包商的安装人员因技术不善引起的事故也可成为向保险公司索赔的理由。

在免赔责任方面，除建筑工程一切险中所提及事项外，安装工程一切险的免赔责任还包括免赔由电气事故所造成的电气设备或电气用具本身的损失。

关于责任期间，原则上也是规定自投保工程动工之日起直至工程验收之日终止。但是，如果合同中有试车、考核规定，则试车、考核阶段应以保单中规定的期限为准。如果被保险项目本身是旧产品，则试车开始时，责任即告终止。安装工程一切险的最晚终止期应不超过保单中所列明的终止日期。若需扩展期间，必须事先获得保险公司的书面同意。

安装工程一切险的索赔条件及出现争议时的仲裁地点同建筑工程一切险一样。

安装工程一切险也有一项附加条款，安装工程第三者责任险，其具体内容及索赔事项与工程建设第三者责任险一样，故不赘述。

第二节　工程建设担保制度

一、工程建设担保概述

（一）工程建设担保的概念

工程建设领域是一项风险很大的行业，工程建设合同当事人一方为避免因对方违约或其他违背诚实信用原则的行为而遭受损失，往往要求另一方当事人提供可靠的担保，以维护工程建设合同双方当事人的利益。这种担保即为工程建设担保（以下简称为工程担保），因此而签订的担保合同，即为工程担保合同。

（二）工程担保的种类

工程担保的种类有很多种，承包商在投标和履行合同过程中一般要提交三种工程担保：投标保证担保、履约担保、预付款担保。

（1）投标保证担保：它主要用于筛选投标人。投标保证担保要确保合格者投标以及中标者将签约和提供业主所要求的履约、预付款担保。

（2）履约担保：该项担保的目的在于保护业主的合法权益，促使承包商履行合同的约定，完成工程项目建设。一旦承包商违约，履约担保人要代为履约或赔偿。

（3）预付款担保：该种担保的目的在于保证承包商能够按合同规定进行施工，偿还业主已支付的全部预付金额。

除上述三种担保外，还有一种质量责任担保，该项担保是为了保证承包商在工程竣工后的一定时期内（缺陷责任期），负责工程质量的保修和维护。这种担保一般可包括在履约担保当中。

除上述几种由承包商提供的担保以外，我国还规定了业主工程款支付担保。《房屋建筑和市政基础设施工程施工招标投标管理办法》（建设部令第 43 号）第 47 条规定："招标文件要求中标人提交履约担保的，中标人应当提交。招标人应当同时向中标人提供工程款支付担保。"工程款支付担保的作用在于，通过对业主资信状况进行严格审查并落实各项反担保措施，确保工程费用及时支付到位；一旦业主违约，付款担保人将代为履约。上述对工程款支付担保的规定，对解决我国建筑市场上工程款拖欠现象具有特殊重要的意义。

此外，在国际工程承包中，还有诸如临时进口设备税收担保、免税工程进口物资税收担保等工程担保形式，这里不再一一介绍。

（三）工程担保与工程保险的区别和联系

工程担保人，可以为银行、保险公司或专业的工程担保公司。这与《保险法》规定的工程保险人只能为保险公司有着根本的不同。除此之外，两者的区别还表现在以下几方面：

1. 风险对象不同

工程担保面对的是"人祸"，即人为的违约责任；工程保险面对多是"天灾"，即意外事件、自然灾害等。

2. 风险方式不同

工程保险合同是在投保人和保险人之间签订的，风险转移给了保险人。工程担保当事人有三方：委托人、权利人和担保人。权利人是享受合同保障的人，是受益方。当委托人违约使权利人遭受经济损失时，权利人有权从工程担保人处获得补偿。这就与工程保险区别开来，保险是谁投保谁受益，而保证担保的投保人并不受益，受益的是第三方。最重要的在于，委托人并未将风险最终转移给工程担保人，而是以代理加反担保的方式将风险抵押给工程担保人。这也就是说，最终风险承担者仍是委托人自己。

3. 风险责任不同

依据担保法的规定，委托人对保证人为其向权利人支付的任何赔偿，有返还给保证人的义务；而依据保险法的规定，保险人赔付后是不能向投保人追偿的。

4. 风险选择不同

同样作为投保人，工程保险的风险选择相对较小，只要投保人愿意，一般都可以被保险。工程担保则不同，它必须通过资信审查评估等手段选择有资格的委托人。因此，在发达国家，能够轻松地拿到保函，是有信誉、有实力的象征。也正因为这样，通过保证担保可以建立一种严格的建设市场准入制度。

必须指出的是，尽管工程担保和工程保险有着根本区别，但在工程实践中，却是常常在一起为工程建设发挥着保驾护航的重要作用。工程担保和保险是国际市场惯用的制度，我国工程担保和工程保险制度还处于探索时期。1998 年建设部将建立这个制度作为体制改革的重要内容，同年 7 月，我国首家专业化工程保证担保公司——长安保证担保公司挂牌成立。目前，该公司已与中国人民保险公司、国家开发银行、中国民生银行、华夏银行等多家单位展开合作，并已为国家大剧院、广州白云国际机场、中关村科技园区开发建设以及港口、国家粮库等一批重点工程提供了投标、履约、预付款和业主支付等保证担保产品。

（四）工程担保的作用

工程担保的作用，集中体现在规范建设市场行为、提高从业者素质上。目前，在我国建设市场中，市场主体履约意识薄弱，信誉观念淡薄，行为不规范，工程转包、挂靠、垫资施工、拖欠工程款、偷工减料、掺杂使假、以次充好的现象屡见不鲜，工程质量、安全事故时有发生，严重制约了建筑业的健康发展，单纯依靠行政手段已不能解决问题。而工程担保这种全新的经济手段，能让实力强、信誉好、担保人愿意为其担保或承保的建筑企业扩大市场份额，而令那些实力弱、信誉差、工程担保人不愿意替其担保的建筑企业缩减市场份额，进而将其逐出建设市场。显然，工程担保较之一般的行政手段优势明显，这种经济调整手段的作用在于通过一定的途径建立一种"守信者得到酬偿，失信者受到惩罚"的机制。

工程建设管理的最终目标是保证工程质量和施工安全，保证工程建设的顺利完成。由于工程担保引入了第三方保证，因此可为上述目标的实现提供更加有力的保障，进而提高整个建设行业的水平。

二、《担保法》的基本内容

《中华人民共和国担保法》（以下简称《担保法》）为推行工程担保制度提供了法律依据。该法规定的担保方式有五种，即保证、抵押、质押、留置和定金，这其中用于工程担保的主要是保证和定金。

（一）保证

1. 保证的概念

保证是指保证人和债权人约定，当债务人不履行债务时，保证人按照约定履行债务或承担责任的行为。保证具有以下法律特征：

（1）保证属于人的担保范畴，它不是用特定的财产提供担保，而是以保证人的信用和不特定的财产为他人债务提供担保；

（2）保证人必须是主合同以外的第三人，保证必须是债权人和债务人以外的第三人为他人债务所作的担保，债务人不得为自己的债务作保证；

（3）保证人应当具有代为清偿债务的能力，保证是保证人以其信用和不特定的财产来担保债务履行的，因此，设定保证关系时，保证人必须具有足以承担保证责任的财产；

（4）保证人和债权人可以在保证合同中约定保证方式，享有法律规定的权利，承担法律规定的义务。

2. 保证人

保证人须是具有代为清偿债务能力的人，既可以是法人，也可以是其他组织或公民。下列人不可以作保证人：

（1）国家机关不得作保证人，但经国务院批准为使用外国政府或国际经济组织贷款而进行的转贷除外；

（2）学校、幼儿园、医院等以公益为目的的事业单位、社会团体不得作保证人；

（3）企业法人的分支机构、职能部门不得作保证人，但有法人书面授权的，可在授权范围内提供保证。

3. 保证合同

保证人与债权人应当以书面形式订立保证合同。保证合同应包括以下内容：

（1）被保证的主债权种类、数量；

（2）债务人履行债务的期限；

（3）保证的方式；

（4）保证担保的范围；

（5）保证的期间；

（6）双方认为需要约定的其他事项。

4. 保证方式

保证的方式有两种，一是一般保证，一是连带保证。保证方式没有约定或约定不明确的，按连带保证承担保证责任。

（1）一般保证：一般保证是指当事人在保证合同中约定，当债务人不履行债务时，由保证人承担保证责任的保证方式。一般保证的保证人在主合同纠纷未经审判或仲裁，并就债务人财产依法强制执行仍不能履行债务前，对债务人可以拒绝承担保证责任。

（2）连带保证：连带保证是指当事人在保证合同中约定保证人与债务人对债务承担连带责任的保证方式。连带责任保证的债务人在主合同规定的债务履行期届满没有履行债务的，债权人可以要求债务人履行债务，也可以要求保证人在其保证范围内承担保证责任。

5. 保证范围及保证期间

（1）保证范围：保证范围包括主债权及利息、违约金、损害赔偿金和实现债权的费用。保证合同另有约定的，按照约定。当事人对保证范围无约定或约定不明确的，保证人应对全部债务承担责任。

（2）保证期间：一般保证的担保人与债权人未约定保证期间的，保证期间为主债务履行期间届满之日起六个月。债权人未在合同约定的和法律规定的保证期间内主张权利（仲裁或诉讼），保证人免除保证责任；如债权人已主张权利的，保证期间适用于诉讼时效中断的规定。连带责任保证人与债权人未约定保证期间的，债权人有权自主债务履行期满之日起六个月内要求保证人承担保证责任。在合同约定或法律规定的保证期间内，债权人未要求保证人承担保证责任的，保证人免除保证责任。

（二）抵押

1. 抵押的概念

抵押是指债务人或第三人不转移对抵押财产的占有，将该财产作为债权的担保。当债务人不履行债务时，债权人有权依法以该财产折价或以拍卖、变卖该财产的价款优先受偿。

抵押具有以下法律特征：

（1）抵押权是一种他物权，抵押权是对他人所有物具有取得利益的权利，当债务人不履行债务时，债权人（抵押权人）有权依照法律以抵押物折价或者从变卖抵押物的价款中得到清偿；

（2）抵押权是一种从物权，抵押权将随着债权的发生而发生，随着债权的消灭而消灭；

（3）抵押权是一种对抵押物的优先受偿权，在以抵押物的折价受偿债务时，抵押权人的受偿权优先于其他债权人；

（4）抵押权具有追及力，当抵押人将抵押物擅自转让他人时，抵押权人可追及抵押物而行使权利。

2. 可以抵押的财产

根据《担保法》第 34 条的规定，下列财产可以抵押：

（1）抵押人所有的房屋和其他地上定着物；

（2）抵押人所有的机器、交通运输工具和其他财产；

（3）抵押人依法有权处分的国有土地使用权、房屋和其他地上定着物；

（4）抵押人依法有权处分的机器、交通运输工具和其他财产；

（5）抵押人依法承包并经发包方同意抵押的荒山、荒沟、荒丘、荒滩等荒地土地所有权；

（6）依法可以抵押的其他财产。

3. 禁止抵押的财产

《担保法》第 37 条规定，下列财产不得抵押：

（1）土地所有权；

（2）耕地、宅基地、自留地、自留山等集体所有的土地使用权；但第 34 条第五款的乡村企业厂房等建筑物抵押的除外；

（3）学校、幼儿园、医院等以公益为目的的事业单位、社会团体的教育设施、医疗设施和其他社会公益设施；

（4）所有权、使用权不明确或有争议的财产；

（5）依法被查封、扣押、监管的财产；

（6）依法不得抵押的其他财产。

以抵押作为履行合同的担保，还应依据有关法律、法规签订抵押合同并办理抵押登记。

4. 抵押合同

采用抵押方式担保时，抵押人和抵押权人应以书面形式订立抵押合同，法律规定应当办理抵押物登记的，抵押合同自登记之日起生效。抵押合同应包括如下内容：

（1）被担保的主债权种类、数额；

（2）债务人履行债务的期限；

（3）抵押物的名称、数量、质量、状况、所在地、所有权权属或者使用权权属；

（4）抵押担保的范围；

（5）当事人认为需要约定的其他事项。

（三）质押

1. 质押的概念

质押是指债务人或第三人将其动产或权利移交债权人手中占有，用以担保债权的履行，当债务人不能履行债务时，债权人依法有权就该动产或权利优先得到清偿的担保。质押包括动产质押和权利质押两种。

2. 动产质押

动产质押是指债务人或第三人将其动产移交债权人占有，将该动产作为债权的担保。债务人不履行债务时，债权人有权依照法律规定以该动产折价或以拍卖、变卖该动产的价款优先受偿。出质人和债权人应以书面形式订立质押合同。质押合同自质押物移交于质权人占有时生效。质押合同应当包括以下内容：

（1）被担保的主债权种类数额；

（2）债务人履行债务的期限；

（3）质押的名称、数量、质量、状况；

（4）质押担保的范围；

（5）质物移交的时间；

（6）当事人认为需要约定的其他事项。

3. 权利质押

权利质押是指出质人将其法定的可以质押的权利凭证交付质权人，以担保质权人的债权得以实现的法律行为。

（1）以汇票、支票、本票、债券、存款单、仓单、提单出质的，应当在合同的约定期限内将权利凭证交付质权人。质押合同自权利凭证交付之日起生效。

（2）以依法可以转让的股票出质的，出质人与质权人应订立书面合同，并向证券登记机构办理出质登记。质押合同自登记之日起生效。

（3）以依法可以转让的商标专用权、专利权、著作权中的财产权出质的，出质人与质权人应当订立书面合同，并向其管理部门办理出质登记。质押合同自登记之日起生效。

（四）留置

1. 留置的概念

留置是指债权人按照合同约定占有债务人的动产，债务人不按照合同约定的期限履行债务的，债权人有权依法留置该财产，以该财产折价或以拍卖、变卖该财产的价格优先受偿。留置具有如下法律特征：

（1）留置权是一种从权利；

（2）留置权属于他物权；

（3）留置权是一种法定担保方式，它依据法律规定而发生，而非以当事人之间的协议而成立。《担保法》第84条规定："因保管合同、运输合同、加工承揽合同发生的债权，债务人不履行债务的，债权人有留置权。"

2. 留置担保范围

留置担保范围包括主债权及利息、违约金、损害赔偿金、留置物保管费用和实现留置权的费用。

3. 留置的期限

留置的期限是指债权人与债务人应在合同中约定债权人留置财产后，债务人应在不少于两个月的期限内履行债务。债权人与债务人在合同中未约定的，债权人留置债务人财产后，应确定两个月以上的期限，通知债务人在该期限内履行债务。债务人逾期仍不履行的，债权人可与债务人协议以留置物折价，也可以依法拍卖、变卖留置物。留置物折价或拍卖、变卖后，其价款超过债权数额的部分归债务人所有，不足部分由债务人清偿。

（五）定金

1. 定金的概念

定金是指合同当事人一方为了证明合同成立及担保合同的履行，在合同中约定应给付对方一定数额的货币。合同履行后，定金或收回或抵作价款。给付定金的一方不履行合同，无权要求返还定金；收受定金的一方不履行合同的，应双倍返还定金。

2. 定金合同

定金应以书面形式约定。当事人在定金合同中应该约定交付定金的期限及数额。定金合同从实际交付定金之日起生效；定金数额最高不得超过主合同标的的20％。

三、投标保证担保

投标保证担保，或投标保证金，属于招标文件中可以规定的内容的重要组成部分。所谓投标保证金，是指投标人向招标人出具的，以一定金额表示的投标责任担保。也就是说，投标人保证其投标被接受后对其投标书中规定的责任不得撤销或者反悔。否则，招标人将对投标保证金予以没收。从国外通行的做法看，投标保证金的数额一般为投标价的2％左右。

（一）投标保证金的形式

投标保证金的形式有很多种，通常的做法有如下几种：

（1）交付现金。

（2）支票：这是由银行签章保证付款的支票。其过程一般是投标人开出支票，向付款银行申请保证付款，由银行在票面盖"保付"字样后，将支付票面所载金额，即保付金额从出票人，即投标人的存款账上划出，另行设立专户存储，以备随时支付。经银行保付的支票可以保证持票人一定能够收到款项。

（3）银行汇票：银行汇票是一种汇款凭证，由银行开出，交汇款人寄给异地收款人，异地收款人再凭银行汇票在当地银行兑汇款。

（4）不可撤销信用证：不可撤销信用证是付款人申请由银行出具的保证付款的凭证。由付款人银行向收款人银行发出函件，也由该行本身或者授权另一家银行，在符合规定的条件下，把一定款项付给函中指定的人。需要说明的是，该信用证开出后，在有效期限内不得随意撤销。

（5）银行保函：银行保函是由投标人申请银行开立的保证函，保证投标人在中标之前不撤销投标，中标后应当履行招标文件和中标人的投标文件规定的义务。如果投标人违反规定，开立保证函银行将担保赔偿招标人的损失。

（6）由保险公司或者担保公司出具投标保证书：投标保证书由担保人单独签署或者由投标人和担保人共同签署的承担支付一定金额的书面保证。

在这六种形式的投标保证金中，银行保函和投标保证书是最常用的。

（二）《世行采购指南》关于投标保证金的规定

《世行采购指南》2.14规定，为针对不负责的投标给借款人（招标人）提供合理的保护，可要求按照招标文件中的规定金额提交投标保证金，但是保证金的金额不宜太高，以免影响投标商的投标积极性。投标保证金应当根据投标商的意愿采用保付支票、信用证或者由信用好的银行出具保函等形式。应允许投标商提交由其选择的任何合格国家的银行直接出具的银行保函。投标保证金应当在投标有效期满后28天内一直有效，其目的是给借款人在需要索取保证金时，有足够的时间采取行动。一旦确定不能对其授予合同，应及时将投标保证金退还给落选的投标人。

世行贷款项目招标文件范本《土建工程国内竞争性文件》中，对投标保证金作出如下规定：

（1）投标人应提供一份不少于本须知前附表第7项所述金额的投标保证金，此保证金是投标书的一个组成部分。

（2）根据投标人的选择，投标保证金可以是由在中国注册并在中国经营的银行所开出的银行保函、保兑支票、银行汇票或现金支票。银行保函的格式应符合本招标文件第5章的格式要求或应采用业主可以接受的其他格式。银行保函的有效期应超出投标有效期28天。

（3）业主将拒绝未能按要求提交投标保证金的投标书。联营体提交的投标保证金应将联营体全部成员定义为投标人，并列出全部成员名单。

（4）未中标投标人的投标保证金将尽快退还，最迟不超过第15条第1款规定的投标有效期期满后的28天（不计利息）。

（5）中标人的投标保证金，在中标人按要求提交了履约保证金并签署了合同协议书后，予以退还（不计利息）。

（6）如有下列情况，将没收投标保证金：

1）投标人在投标有效期内撤回其投标书；

2）投标人不接受按第27条规定对其投标价格的修正；

3）中标人未能在规定期限内签署合同协议书或提交所要求的履约保证金。

四、履约担保

所谓履约担保，是指招标人在招标文件中规定的要求中标的投标人提交的保证履行合同义务的担保。

（一）履约担保的形式

履行担保一般有三种形式：银行保函、履约担保书和保留金。

1. 银行履约保函

银行履约保函是由商业银行开具的担保证明，通常为合同金额的 10% 左右。银行保函分为有条件的银行保函和无条件的银行保函。

（1）有条件的保函

有条件的保函是指在投标人没有实施合同或者未履行合同义务时，由招标人或工程师机构出具证明说明情况，并由担保人对已执行合同部分和未执行部分加以鉴定，确认后才能收兑银行保函，由招标人得到保函中的款项。建筑行业通常偏向于这种形式的保函。

（2）无条件的银行保函

无条件的保函是指招标人不需要出具任何证明和理由，只要看到承包人违约，就可对银行保函进行收兑。

2. 履约担保书

履约担保书的担保方式是：当中标人在履行合同中违约时，开出担保书的担保公司或者保险公司用该项担保金去完成施工任务或者向招标人支付该项保证金。工程采购项目以保证金提供担保形式的，其金额一般为合同价的 30%～50%。

承包商违约时，由工程担保人代为完成工程建设的担保方式，有利于工程建设的顺利进行，因此是我国工程担保制度探索和实践的重点内容。

3. 保留金

保留金是指在业主（工程师）根据合同的约定，每次支付工程进度款时扣除一定数目的款项，作为承包商完成其修补缺陷义务的保证。保留金一般为每次工程进度款的 10%，但总额一般应限制在合同总价款的 5%（通常最高不得超过 10%）。一般在工程移交时，业主（工程师）将保留金的一半支付给承包商；质量保修期满（或"缺陷责任期满"）时，将剩下的一半支付给承包商。

需要说明的是，履约保证金额的大小取决于招标项目的类型与规模，但必须保证中标人违约时，招标人不受损失。在投标须知中，招标人要规定使用哪一种形式的履约担保。中标人应当按照招标文件中的规定提交履约担保。没有按照上述要求提交履约担保的招标人将把合同授予次低标者，并没收投标保证金。

（二）国际工程承包市场对履约担保的规定

国外也对履约担保多有规定，这主要体现在一些标准示范文本中。

1. 《世行采购指南》

《世行采购指南》2.38 规定，工程的招标文件要求一定金额的保证金，其金额足以抵偿借款人（招标人）在承包商违约时所遭受的损失。该保证金应当按照借款人在招标文件中的规定以适当的格式和金额采用履约担保书或者银行保函形式提供。担保书或者银行保函的金额将根据提供保证金的类型和工程的性质和规模有所不同。该保证金的一部分应延期至工程竣工日之后，以覆盖截至借款人最终验收的缺陷责任期或维修期；另一种做法是，在合同规定从每次定期付款中扣留一定百分比作为保留金，直到最终验收为止。可允许承包人在临时验收后用等额保证金来代替保留金。

2. 世行贷款项目招标文件范本《土建工程国内竞争性文件》

1997 年经修订后的《土建工程国内竞争性文件》没有采用 FIDIC《土木工程施工合同条件》的通用条款，而是根据我国的实际情况制订了新的通用条款。该通用条款第 51 条是关于保证金（履约保证金）的规定：

（1）中标人应在接到中标通知书 14 天内按合同专用条款中规定的数额向业主提交履约保证金。缺陷责任期结束后 28 天履约保证金应保持有效，并应按本文件第 9 章规定的格式或业主可接受的其他格式由在中华人民共和国注册经营的银行开具。

（2）如果没有理由再需要履约保证金，在缺陷责任期结束后的 28 天内业主应将履约保证金退还给承包人。

（3）业主应将从保证金的开出机构所获得的索赔通知承包人。

（4）如果下述情况发生 42 天或以上则业主可从履约保证金中获得索赔：

①项目监理指出承包人有违反合同的行为后，承包人仍继续该违反合同的行为；或

②承包人未将应支付给业主的款项支付给业主。

五、预付款担保

（一）预付款担保的概念和形式

工程建设合同签订以后，业主给承包人一定比例的预付款，一般为合同金额的 10%，但需由承包商的开户银行向业主出具预付款担保。其目的在于保证承包商能够按合同规定进行施工，偿还业主已支付的全部预付金额。如果承包商中途毁约，中止工程，使业主不能在规定期限内从应付工程款中扣除全部预付款，则业主作为保函的受益人有权凭预付款担保向银行索赔该保函的担保金额作为补偿。

预付款担保的担保金额通常与业主的预付款是等值的。预付款一般逐月从工程支付款中扣除，预付款担保的担保金额也相应逐月减少。承包商在施工期间，应当定期从业主处取得同意此保函减值的文件，并送交银行确认。承包商还清全部预付款后，业主应退还预付款担保，承包商将其退回银行注销，解除担保责任。

除银行保函以外，预付款担保也可以采用其他形式，但银行保函是最常见的形式。

（二）国际工程承包市场关于预付款担保的规定

1.《世行采购指南》

《世行采购指南》2.35 规定，货物或土建工程合同签字后支付的任何筹备预付款及类似的支出应参照这些支出的估算金额，并应在招标文件中予以规定。对其他预付款的支付金额和时间，比如为交运到现场用于土建工程的材料所作的材料预付款，也应有明确规定。招标文件应规定为预付款所需的任何保证金所应作的安排。

2.《亚洲开发银行贷款采购准则》

《亚洲开发银行贷款采购准则》2.26 规定，建设项目合同应当预先支付一定数额，用于支付迁移费及为工程需要而将材料运到工地的费用。招标文件应规定每项预付金额基数、支付的时间和方法、所要求的资金种类以及承包商还款方式。对于预付的迁移费、所

迁移的物品应在数量单中加以说明，预付款的支付仅限于这些物品。一般情况下，预付金额仅限于合同总额的 10%，至于配合工程需要所运的材料，预付款数量取决于工程的类型，在通常情况下可预付部分材料费。

第三节　工程建设风险防范法律制度案例

案例 1

再审申请人（一审被告、反诉原告，二审上诉人）：桂林市××房地产开发有限责任公司（以下简称"甲公司"）

再审申请人（一审被告、反诉原告，二审上诉人）：桂林市××房地产开发有限责任公司汝南分公司（以下简称"汝南分公司"）

被申请人（一审原告、反诉被告，二审上诉人）：河南××建设工程公司（以下简称"乙公司"）

被申请人（一审原告、反诉被告，二审上诉人）：河南××建设工程公司豫南分公司（以下简称"预南分公司"）

一、基本案情

2008 年 7 月 24 日，乙公司豫南分公司与签订建设工程施工合同书及合同附件一份。约定由乙公司豫南分公司承包甲公司汝南分公司开发的"龙腾嘉苑"小区土建及安装工程，并约定了乙公司豫南分公司垫资施工。合同签订后乙公司豫南分公司向甲公司汝南分公司交付 1365400 元履约保证金。之后，双方因工程价款的支付问题以及履约金保证金的交纳等问题发生纠纷。

最高人民法院在再审程序中关于履约保证金应否退还的问题认为：合同附件第四条约定，乙公司豫南分公司应交付工程总价款 20%的履约保证金，其中签订合同时交付 10%，另 10%在合同生效后七天内交齐，否则视为乙公司豫南分公司违约，原交履约保证金不退，并终止合同。上述约定在垫资条款中，目的是保证乙公司豫南分公司具备开始履行施工合同的资金能力，如不交付则不允许履行施工合同，并终止合同。在乙公司豫南分公司未全额交付 20%履约保证金的情况下，甲公司汝南分公司并未依据该条款主张终止合同，而是由乙公司豫南分公司进行施工，应视为甲公司汝南分公司认可乙公司豫南分公司在交付部分履约保证金的情况下进行施工。在合同履行过程中，双方终止合同，不存在继续保证履约的问题，也不需补交履约保证金。甲公司汝南分公司主张将履约保证金作为违约金不予退还，依据不足。

二、案例分析

《中华人民共和国招标投标法实施条例》第五十八条："招标文件要求中标人提交履约保证金的，中标人应当按照招标文件的要求提交。履约保证金不得超过中标合同金额的 10%。"建设工程施工合同中履约保证金是为了证明施工单位具备开始履行施工合同的能力。建设工程施工合同终止后，建设单位应当返还承包人履约保证金。

案例 2

再审申请人（一审原告、二审上诉人）：江苏省××建工集团有限公司（以下简称

"甲公司")

被申请人（一审被告、二审被上诉人）：沛县××商贸有限公司（以下简称"乙公司"）

被申请人（一审被告、二审被上诉人）：沛县国有资产经营有限公司

被申请人（一审被告、二审被上诉人）：沛县人民政府

一审第三人：孙某

一、基本案情

2007年7月12日，沛县国资公司（甲方）与甲建工集团（乙方）签订《合作协议书》，约定由甲建工集团承包江苏省沛县汉源宾馆建设项目，内容包括宾馆项目全部建设内容。

同日，甲建工集团（甲方）与乙公司（乙方）、沛县国资公司（丙方）签订三方《协议书》，约定：乙方建设的沛县汉源宾馆项目，由甲方依法总承包施工，鉴于该项目的特殊性，原建设主体为丙方。甲、丙方签订的合作协议中丙方的权利、义务、责任，全部由乙方承继，原合作协议继续有效。建设方因需调整建设主体等原因，目前处于报批，设计阶段。为赶工期建设方要求甲方提前进场施工。

同日，甲建工集团与乙公司签订了《建设工程施工合同》，约定由甲建工集团承包沛县汉源宾馆工程。工程内容：按发包人提供的施工图纸的全部工程内容。

同日，沛县政府向甲建工集团出具《特别承诺函》，载明："乙公司与你单位签订的沛县汉源宾馆建设工程施工合同，该工程竣工后所欠60%款项，若乙公司不能按期及时偿还，将由沛县政府用财政资金予以支付。特此承诺。"

甲建工提起诉讼请求乙公司支付工程款并请求沛县政府履行担保责义务。

最高人民法院再审认为：关于沛县国资公司、沛县政府的民事责任问题。根据《中华人民共和国招标投标法》和《工程建设项目招标范围和标准规定》的规定，案涉工程作为使用国有资金且预算过亿的建设项目，属于必须招标的工程，应当严格遵守招投标程序确定工程承包人。沛县汉源宾馆于2007年6月11日第一次发布招标公告，于2007年6月26日第二次发布招标公告，案涉工程两次招标公告的间隔时间仅为十余日，违反了《中华人民共和国招标投标法》法定最低不得少于二十日的规定。乙公司成立于2007年6月27日，案涉工程招投标时乙公司尚未成立。甲建工集团在2007年6月25日已经进场施工。当事人在招投标过程中的上述行为违背工程招投标程序，违反了法律的强制性规定。当事人之间存在明标暗定的串标行为，案涉建设工程施工合同无效。根据《担保法》第五条规定，沛县国资公司为该无效合同提供担保的条款作为从合同亦应无效。沛县不具备为案涉工程合同提供担保的主体资格，其所作担保承诺自始无效。原审法院根据沛县国资公司、沛县政府的过错，判令沛县国资公司、沛县政府对乙公司的欠付工程款承担相应赔偿责任适用法律并无不当。

二、案例分析

根据《中华人民共和国担保法》第八条规定："国家机关不得为保证人，但经国务院批准为使用外国政府或者国际经济组织贷款进行转贷的除外。"《最高人民法院关于适用〈中华人民共和国担保法〉若干问题的解释》第三条规定："国家机关和以公益为目的的事业单位、社会团体违反法律规定提供担保的，担保合同无效。因此给债权人造成损失的，

应当根据担保法第五条第二款的规定处理。"因此本案中政府作为担保人，从担保人身份角度担保无效。

《中华人民共和国担保法》第五条规定："担保合同是主合同的从合同，主合同无效，担保合同无效。担保合同另有约定的，按照约定。担保合同被确认无效后，债务人、担保人、债权人有过错的，应当根据其过错各自承担相应的民事责任。"本案从主合同无效的角度，县政府的担保也无效。

因此，沛县政府明知其不能作为保证人，却仍出具《特别承诺函》，存在过错。故法院依据当事人的过错程度，认定沛县政府应对乙公司的欠付工程款不能清偿部分承担二分之一的赔偿责任。

第十二章　工程建设环境保护法律制度

第一节　工程建设环境保护法概述

环境保护法是调整环境保护中各社会关系的法律规范的总称，是指国家、政府部门根据发展经济，保护人民身体健康与财产安全，保护和改善环境需要而制定的一系列法律、法规、规章等。环保法规迅速成为一门新兴的独立法律分支，是和近几十年来世界很多国家和地区环境严重恶化，以致需要国家政府干预这种情况相联系的。

一、环境保护法的任务、目的与作用

（一）环境保护法的任务

根据我国《宪法》和《环境保护法》的规定，我国环境保护法有两项任务：

1. 保证合理地利用自然环境。自然资源也是自然环境的重要组成部分。

2. 保证防治环境污染与生态破坏。防治环境污染是指防治废水、废气、废渣、粉尘、垃圾、滥伐森林、破坏草原、破坏植物、乱采乱挖矿产资源、滥捕滥猎鱼类和动物等。

（二）环境保护法的目的

是为人民创造一个清洁、适宜的生活环境和劳动环境以及符合生态系统健全发展的生态环境，保护人民健康，促进经济发展提供法律上的保障。

（三）环境保护法的作用

环境保护法是保护人民健康，促进经济发展的法律武器；是推动我国环境法制建设的动力；是提高广大干部，群众环境意识和环保法制观念的好教材；是维护我国环境权益的有效工具；是促进环境保护的国际交流与合作，开展国际环境保护活动的有效手段。

二、环境保护法的基本原则

环境保护法的基本原则，是环境保护方针、政策在法律上的体现，是调整环境保护方面社会关系的指导规范，也是环境保护立法、司法、执法、守法必须遵循的准则，它反映了环保法的本质，并贯穿环境保护法制建设的全过程，具有十分重要的意义。

（一）经济建设与环境保护协调发展的原则

根据经济规律和生态规律的要求，环境保护法必须认真贯彻"经济建设、城市建设、环境建设同步规划、同步实施、同步发展的三同步方针"和"经济效益、环境效益、社会效益的三统一方针"。

（二）预防为主，防治结合的原则

预防为主的原则，就是"防患于未然"的原则。环境保护中预防污染不仅可以尽可能地提高原材料、能源的利用率，而且可以大大地减少污染物的产生量和排放量，减少二次污染的风险，减少末端治理负荷，节省环保投资和运行费用。"预防"是环境保护第一位的工作。然而，根据目前的技术、经济条件，工业企业做到"零排放"也是很困难的，所以还必须与治理结合。

（三）污染者付费的原则

污染者付费的原则，通常也称为"谁污染，谁治理"、"谁开发，谁保护"原则，其基本思想是明确治理污染、保护环境的经济责任。

（四）政府对环境质量负责的原则

环境保护是一项涉及政治、经济、技术、社会各个方面的复杂而又艰巨的任务，是我国的基本国策，关系到国家和人民的长远利益，解决这种关乎全局、综合性很强的问题，是政府的重要职责之一。

（五）依靠群众保护环境的原则

环境质量的好坏关系到广大群众的切身利益，因此保护环境，不仅是公民的义务，也是公民的权利。

三、环境保护法的特点

环境保护法除了具有法律的一般特征外，还有以下特点：

（1）科学性：环保是以科学的生态规律与经济规律为依据的，它的体系原则、法律规律、管理制度都是从环境科学的研究成果和技术规范总结出来。

（2）综合性：环保法所调整的社会关系相当复杂，涉及面广、综合性强。既有基本法，又有单行法；既有实体法，又有程序法；而且涉及行政法、经济法、劳动法、民法、刑法等有关内容。

（3）区域性：我国是一个大国，区域差别很大，因此我国的环保法具有区域性特点。各省市可根据本地区制定相应的地方法规和地方标准，体现地区间的差异。

（4）奖励与惩罚相结合：我国的环保法不仅要对违法者给予惩罚，而且还要对保护资源、环境有功者给予奖励，做到赏罚分明。这是我国环保法区别于其他国家法律的一大特点。

四、环境保护法律、法规及标准

环境保护法是国家整个法律体系的重要组成部分，具有自身一套比较完整的体系。《中华人民共和国宪法》是我国的根本大法，它为制定环境保护基本法和专项法奠定了基础；新的《中华人民共和国刑法》增加了"破坏环境资源保护罪"的条款，使得违反国家环境保护规定的个人或集体都不只负有行政责任，而且还要负刑事责任。6 个环境保护专项法为防治大气、水体、海洋、固体废物及噪声污染等制定了法规依据。环境保护工作涉及方方面面，特别是资源、能源的利用，因此资源法和其他有关的法也是环境保护法规体系的重要组成部分。

此外，还有地方环境保护法、环境保护行政法规、规章以及环境保护标准等。分述如下：

（一）宪法

《宪法》第 26 条规定："国家保护和改善生活环境和生态环境，防治污染和其他公害。国家鼓励植树造林，保护林木。"第 9 条第 2 款规定："国家保障自然资源的合理利用，保护珍贵的动物和植物，任何组织和个人必须合理地利用土地。"第 22 条规定："国家保护名胜古迹、珍贵文物和其他重要历史文化遗产。"第 5 条规定："一切国家机关和武装力量、各政党和各社会团体、各企业事业组织都必须遵守宪法和法律。一切违反宪法和法律的行为，必须予以追究。"宪法中所有这些规定，是我国环境保护法的法律依据和指导原则。

（二）刑法

《刑法》第六章第六节"破坏环境资源保护罪"中有 9 条规定，凡违反国家有关环境保护的规定，应负有相应的刑事责任。

（三）环境保护基本法

环境保护基本法指《中华人民共和国环境保护法》，它是环境保护领域的基本法律，是环境保护专项法的基本依据，它是由全国人大常务委员会批准颁布的。

（四）环境保护专项法

是针对特定的污染防治领域和特定的资源保护对象而制订的单项法律。目前已颁布了《大气污染防治法》《水污染防治法》《固体废弃物污染环境防治法》《海洋环境保护法》《环境噪声污染防治法》《环境影响评价法》6 项，是由全国人大常委会批准颁布的。

（五）环境保护资源法和相关法

自然资源是人类赖以生存发展的条件，为了合理地开发、利用和保护自然资源，特制定了《森林法》《草原法》《煤炭法》《矿产资源法》《渔业法》《土地管理法》《水法》《水土保持法》和《野生动物保护法》等多部环境保护资源法；相关法指《城乡规划法》《文物保护法》及《卫生防疫法》等与环境保护工作密切相关的法律。

（六）环境保护行政法规

由国务院组织制定并批准公布的，为实施环境保护法律或规范环境监督管理制度及程度而颁布的"条例""实施细则"，如《水污染防治法实施细则》《建设项目环境保护管理条例》等等，目前已有 19 项。

（七）环境保护部门规章

是由国务院有关部门为加强环境保护工作而颁布的环境保护规范性文件，如国家环境保护部颁布的《建设项目环境影响评价文件分级审批规定》《建设项目竣工环境保护验收管理办法》《环境行政处罚办法》（2010 修订）等。

（八）环境保护地方性法规和地方政府规章

是指有立法权的地方权力机关——人民代表大会及其常委会和地方政府制定的环境保护规范性文件，是对国家环境保护法律、法规的补充和完善，它以解决本地区某一特定的环境问题为目标，具有较强的针对性和可操作性。

（九）环境标准

我国环境法规体系中的一个重要组成部分，也是环境法制管理的基础和重要依据。环境标准包括主要环境质量标准、污染物排放标准、基础标准、方法标准等，其中环境质量标准和污染物排放标准为强制性标准。

（十）国际环境保护公约

是中国政府为保护全球环境而签订的国际条约和议定书，是中国承担全球环保义务的承诺，根据《环境保护法》规定，国内环保法律与国际条约有不同规定时，应优先采用国际条约的规定（除我国保留条件的条款外）。

（十一）其他要求

其他要求指的是产业实施规范、与政府机构的协定、非法规性指南、污染物控制、国家关于重点治理三河（淮河、海河、辽河）、三湖（太湖、巢湖、滇池）和酸雨控制区、二氧化硫控制区、城市综合整治定量考核要求，以及旅游度假区、风景区、名胜古迹、文物保护区要求等。

第二节　我国的环境保护基本法及专项法

一、《中华人民共和国环境保护法》

1979年，我国正式颁布了《中华人民共和国环境保护法（试行）》，（以下简称《试行法》）《试行法》使用了十年，对我国的环境保护工作起到了很大推动作用。1989年，随着我国经济体制的改革步伐，为了适应新形势的需要，对《试行法》进行了修订，并于1989年12月颁布了《中华人民共和国环境保护法》（以下简称《环境保护法》）。该法共分7章70条，内容涉及我国环保工作的各个方面，内容广泛。这里，将主要内容概括如下：

（1）规定了我国环境保护的管理体制。在环保法中明确规定了国务院环境保护行政主管部门，国家海洋行政主管部门、港务监督、渔政、渔港监督、军队环境保护部门，土地、矿产、林业、农业、水利行政主管部门，各级公安、交通、铁道、民航管理部门，县以上人民政府以及环境保护行政主管部门，对保护和改善环境应负的责任和权力。

（2）环境的监督管理工作。在环保法中，把我国多年来行之有效的几项环境保护工作制度，以及近几年正在逐步推广实施的部分制度放到了环境保护监督管理工作的重要位置，这些制度主要有：

建设项目和资源开发项目实行的环境影响报告审批制度；在新建、扩建和改建工程中，防治污染的工程设施与主体工程同时设计、同时施工、同时投入使用的"三同时"制度；对排放污染超标的单位，征收排污费制度；污染物排放申报登记制度；对在重点保护区排放污染物超标的单位和对环境造成严重污染的单位限期治理的制度。此外，在环保法中还对环境保护的宣传教育、科研、规划、监测、污染事故报告等各项监督管理工作做了原则规定。

（3）对违反环保法，造成环境污染和生态破坏者所应负的民事、刑事、行政责任做了规定。

（4）对制定环境标准做了规定。在环保法中明确由国务院行政主管部门制定国家环境质量标准，对国家环境质量标准中未做规定的项目，可以制定地方环境质量标准。国家应根据环境质量标准和国家经济、技术条件制定国家污染物排放标准。对于国家污染物排放标准中未作规定的项目，可以制定地方污染物排放标准，已作规定的项目，可以制定严于国家污染物排放标准的地方污染物排放标准。地方污染物排放标准须报国务院行政主管部门备案。

（5）对保护自然环境与资源的法律规定。《环境保护法》第29条规定："各级人民政府对具有代表性的各种类型的自然生态系统区域，珍稀、濒危的野生动植物自然分布区域，重要的水源涵养区域，具有重大科学文化价值的地质构造、著名溶洞和化石分布区、冰川、火山、温泉等自然遗迹，以及人文遗迹、古树名木，应当采取措施予以保护，严禁破坏。"

（6）保护农业环境的法律规定。第33条规定："各级人民政府应当加强对农业环境的保护，促进农业环境保护新技术的使用，加强对农业污染源的监测预警，统筹有关部门采取措施，防治土壤污染和土地沙化、盐渍化、贫瘠化、石漠化、地面沉降以及防治植被破坏、水土流失、水体富营养化、水源枯竭、种源灭绝等生态失调现象，推广植物病虫害的综合防治。"

二、《中华人民共和国水污染防治法》

2017 年第十二届全国人民代表大会常务委员会第二十八次会议修正了《中华人民共和国水污染防治法》（以下简称《水污染防治法》），修改后的《水污染防治法》共 8 章 103 条。

水污染防治的监督管理

《水污染防治法》第三章 19 条至 31 条对水污染的监督管理规定如下：

1. 新建、改建、扩建直接或者间接向水体排放污染物的建设项目和其他水上设施，应当依法进行环境影响评价。

建设单位在江河、湖泊新建、改建、扩建排污口的，应当取得水行政主管部门或者流域管理机构同意；涉及通航、渔业水域的，环境保护主管部门在审批环境影响评价文件时，应当征求交通、渔业主管部门的意见。

建设项目的水污染防治设施，应当与主体工程同时设计、同时施工、同时投入使用。水污染防治设施应当符合经批准或者备案的环境影响评价文件的要求。

2. 国家对重点水污染物排放实施总量控制制度。

重点水污染物排放总量控制指标，由国务院环境保护主管部门在征求国务院有关部门和各省、自治区、直辖市人民政府意见后，会同国务院经济综合宏观调控部门报国务院批准并下达实施。

省、自治区、直辖市人民政府应当按照国务院的规定削减和控制本行政区域的重点水污染物排放总量。具体办法由国务院环境保护主管部门会同国务院有关部门规定。

省、自治区、直辖市人民政府可以根据本行政区域水环境质量状况和水污染防治工作的需要，对国家重点水污染物之外的其他水污染物排放实行总量控制。

对超过重点水污染物排放总量控制指标或者未完成水环境质量改善目标的地区，省级以上人民政府环境保护主管部门应当会同有关部门约谈该地区人民政府的主要负责人，并暂停审批新增重点水污染物排放总量的建设项目的环境影响评价文件。约谈情况应当向社会公开。

3. 直接或者间接向水体排放工业废水和医疗污水以及其他按照规定应当取得排污许可证方可排放的废水、污水的企业事业单位和其他生产经营者，应当取得排污许可证；城镇污水集中处理设施的运营单位，也应当取得排污许可证。排污许可证应当明确排放水污染物的种类、浓度、总量和排放去向等要求。排污许可的具体办法由国务院规定。

禁止企业事业单位和其他生产经营者无排污许可证或者违反排污许可证的规定向水体排放前款规定的废水、污水。

4. 向水体排放污染物的企业事业单位和其他生产经营者，应当按照法律、行政法规和国务院环境保护主管部门的规定设置排污口；在江河、湖泊设置排污口的，还应当遵守国务院水行政主管部门的规定。

5. 实行排污许可管理的企业事业单位和其他生产经营者应当按照国家有关规定和监测规范，对所排放的水污染物自行监测，并保存原始监测记录。重点排污单位还应当安装水污染物排放自动监测设备，与环境保护主管部门的监控设备联网，并保证监测设备正常运行。具体办法由国务院环境保护主管部门规定。

应当安装水污染物排放自动监测设备的重点排污单位名录，由设区的市级以上地方人民政府环境保护主管部门根据本行政区域的环境容量、重点水污染物排放总量控制指标的要求以及排污单位排放水污染物的种类、数量和浓度等因素，商同级有关部门确定。

6. 实行排污许可管理的企业事业单位和其他生产经营者应当对监测数据的真实性和准确性负责。

环境保护主管部门发现重点排污单位的水污染物排放自动监测设备传输数据异常，应当及时进行调查。

7. 国家建立水环境质量监测和水污染物排放监测制度。国务院环境保护主管部门负责制定水环境监测规范，统一发布国家水环境状况信息，会同国务院水行政等部门组织监测网络，统一规划国家水环境质量监测站（点）的设置，建立监测数据共享机制，加强对水环境监测的管理。

8. 国家确定的重要江河、湖泊流域的水资源保护工作机构负责监测其所在流域的省界水体的水环境质量状况，并将监测结果及时报国务院环境保护主管部门和国务院水行政主管部门；有经国务院批准成立的流域水资源保护领导机构的，应当将监测结果及时报告流域水资源保护领导机构。

9. 国务院有关部门和县级以上地方人民政府开发、利用和调节、调度水资源时，应当统筹兼顾，维持江河的合理流量和湖泊、水库以及地下水体的合理水位，保障基本生态用水，维护水体的生态功能。

10. 国务院环境保护主管部门应当会同国务院水行政等部门和有关省、自治区、直辖市人民政府，建立重要江河、湖泊的流域水环境保护联合协调机制，实行统一规划、统一标准、统一监测、统一的防治措施。

11. 国务院环境保护主管部门和省、自治区、直辖市人民政府环境保护主管部门应当会同同级有关部门根据流域生态环境功能需要，明确流域生态环境保护要求，组织开展流域环境资源承载能力监测、评价，实施流域环境资源承载能力预警。

县级以上地方人民政府应当根据流域生态环境功能需要，组织开展江河、湖泊、湿地保护与修复，因地制宜建设人工湿地、水源涵养林、沿河沿湖植被缓冲带和隔离带等生态环境治理与保护工程，整治黑臭水体，提高流域环境资源承载能力。

从事开发建设活动，应当采取有效措施，维护流域生态环境功能，严守生态保护红线。

12. 环境保护主管部门和其他依照本法规定行使监督管理权的部门，有权对管辖范围内的排污单位进行现场检查，被检查的单位应当如实反映情况，提供必要的资料。检查机关有义务为被检查的单位保守在检查中获取的商业秘密。

13. 跨行政区域的水污染纠纷，由有关地方人民政府协商解决，或者由其共同的上级人民政府协调解决。"

三、《中华人民共和国固体废物污染环境防治法》

《中华人民共和国固体废物污染环境防治法》（以下简称《固体废物污染环境防治法》）由第十届全国人民代表大会常务委员会第十三次会议于 2004 年 12 月 29 日修订通过，修订后的《固体废物污染环境防治法》共包括 6 章 91 条。新的《固体废物污染环境防治法》确立了国家对固体废物污染环境防治实行污染者依法负责的原则。产品的生产者、销售者、进口者、使用者对其产生的固体废物依法承担污染防治责任。

（一）固体废物污染环境的防治

1. 产生固体废物的单位和个人，应当采取措施，防止或者减少固体废物对环境的污染。

2. 收集、贮存、运输、利用、处置固体废物的单位和个人，必须采取防扬散、防流失、防渗漏或者其他防止污染环境的措施；不得擅自倾倒、堆放、丢弃、遗撒固体废物。

禁止任何单位或者个人向江河、湖泊、运河、渠道、水库及其最高水位线以下的滩地和岸坡等法律、法规规定禁止倾倒、堆放废弃物的地点倾倒、堆放固体废物。

3. 产品和包装物的设计、制造，应当遵守国家有关清洁生产的规定。国务院标准化行政主管部门应当根据国家经济和技术条件、固体废物污染环境防治状况以及产品的技术要求，组织制定有关标准，防止过度包装造成环境污染。

生产、销售、进口依法被列入强制回收目录的产品和包装物的企业，必须按照国家有关规定对该产品和包装物进行回收。

4. 使用农用薄膜的单位和个人，应当采取回收利用等措施，防止或者减少农用薄膜对环境的污染。

5. 从事畜禽规模养殖应当按照国家有关规定收集、贮存、利用或者处置养殖过程中产生的畜禽粪便，防止污染环境。

禁止在人口集中地区、机场周围、交通干线附近以及当地人民政府划定的区域露天焚烧秸秆。

6. 对收集、贮存、运输、处置固体废物的设施、设备和场所，应当加强管理和维护，保证其正常运行和使用。

7. 在国务院和国务院有关主管部门及省、自治区、直辖市人民政府划定的自然保护区、风景名胜区、饮用水水源保护区、基本农田保护区和其他需要特别保护的区域内，禁止建设工业固体废物集中贮存、处置的设施、场所和生活垃圾填埋场。

8. 转移固体废物出省、自治区、直辖市行政区域贮存、处置的，应当向固体废物移出地的省、自治区、直辖市人民政府环境保护行政主管部门提出申请。移出地的省、自治区、直辖市人民政府环境保护行政主管部门应当商经接受地的省、自治区、直辖市人民政府环境保护行政主管部门同意后，方可批准转移该固体废物出省、自治区、直辖市行政区域。未经批准的，不得转移。

9. 禁止中华人民共和国境外的固体废物进境倾倒、堆放、处置。

10. 禁止进口不能用作原料或者不能以无害化方式利用的固体废物；对可以用作原料的固体废物实行限制进口和自动许可进口分类管理。

11. 产生工业固体废物的单位应当建立、健全污染环境防治责任制度，采取防治工业固体废物污染环境的措施。

12. 企业事业单位应当合理选择和利用原材料、能源和其他资源，采用先进的生产工艺和设备，减少工业固体废物产生量，降低工业固体废物的危害性。

13. 国家实行工业固体废物申报登记制度。

产生工业固体废物的单位必须按照国务院环境保护行政主管部门的规定，向所在地县级以上地方人民政府环境保护行政主管部门提供工业固体废物的种类、产生量、流向、贮存、处置等有关资料。

14. 企业事业单位应当根据经济、技术条件对其产生的工业固体废物加以利用；对暂时不利用或者不能利用的，必须按照国务院环境保护行政主管部门的规定建设贮存设施、场所，安全分类存放，或者采取无害化处置措施。

建设工业固体废物贮存、处置的设施、场所，必须符合国家环境保护标准。

15. 禁止擅自关闭、闲置或者拆除工业固体废物污染环境防治设施、场所；确有必要关闭、闲置或者拆除的，必须经所在地县级以上地方人民政府环境保护行政主管部门核准，并采取措施，防止污染环境。

16. 产生工业固体废物的单位需要终止的，应当事先对工业固体废物的贮存、处置的设施、场所采取污染防治措施，并对未处置的工业固体废物作出妥善处置，防止

17. 矿山企业应当采取科学的开采方法和选矿工艺，减少尾矿、矸石、废石等矿业固体废物的产生量和贮存量。

尾矿、矸石、废石等矿业固体废物贮存设施停止使用后，矿山企业应当按照国家有关环境保护规定进行封场，防止造成环境污染和生态破坏。

18. 拆解、利用、处置废弃电器产品和废弃机动车船，应当遵守有关法律、法规的规定，采取措施，防止污染环境。

19. 对城市生活垃圾应当按照环境卫生行政主管部门的规定，在指定的地点放置，不得随意倾倒、抛撒或者堆放。

20. 清扫、收集、运输、处置城市生活垃圾，应当遵守国家有关环境保护和环境卫生管理的规定，防止污染环境。

21. 工程施工单位应当及时清运工程施工过程中产生的固体废物，并按照环境卫生行政主管部门的规定进行利用或者处置。

22. 从事城市新区开发、旧区改建和住宅小区开发建设的单位，以及机场、码头、车站、公园、商店等公共设施、场所的经营管理单位，应当按照国家有关环境卫生的规定，配套建设生活垃圾收集设施。

（二）危险废物污染防治

1. 对危险废物的容器和包装物以及收集、贮存、运输、处置危险废物的设施、场所，必须设置危险废物识别标志。

2. 以填埋方式处置危险废物不符合国务院环境保护行政主管部门规定的，应当缴纳危险废物排污费。危险废物排污费征收的具体办法由国务院规定。

危险废物排污费用于污染环境的防治，不得挪作他用。

3. 收集、贮存危险废物，必须按照危险废物特性分类进行。禁止混合收集、贮存、运输、处置性质不相容而未经安全性处置的危险废物。

贮存危险废物必须采取符合国家环境保护标准的防护措施，并不得超过一年；确需延长期限的，必须报经原批准经营许可证的环境保护行政主管部门批准；法律、行政法规另有规定的除外。

4. 运输危险废物，必须采取防止污染环境的措施，并遵守国家有关危险货物运输管理的规定。

禁止将危险废物与旅客在同一运输工具上载运。

5. 收集、贮存、运输、处置危险废物的场所、设施、设备和容器、包装物及其他物品转作他用时，必须经过消除污染的处理，方可使用。

6. 禁止经中华人民共和国过境转移危险废物。

四、《中华人民共和国环境噪声污染防治法》

《中华人民共和国环境噪声污染防治法》（以下简称《环境噪声污染防治法》）于 2018 年 12 月 29 日第十三届全国人民代表大会常务委员会第七次第一次修订，共 8 章 64 条，主要内容包括：

（一）工业与建筑施工噪声污染防治

《环境噪声污染防治法》第 22 条到 30 条对防治工业建筑施工噪声污染做了规定，概述如下：

1. 在城市范围内向周围生活环境排入工业与建筑施工噪声的，应当符合国家规定的工业企业厂界和建筑施工场界环境噪声排放标准。

2. 产生环境噪声污染的工业企业，应当采取有效措施，减轻噪声对周围生活的影响。

3. 国务院有关部门要对产生噪声污染的工业设备，根据噪声环境保护要求和技术经济条件，逐步在产品的国家标准和行业标准中规定噪声限值。

4. 在城市市区范围内，建筑施工过程可能产生噪声污染，施工单位须在开工 15 日以前向所在地县以上环境行政主管部门申报该工程采取的环境噪声污染防治情况。

5. 在城市市区噪声敏感区域内，禁止夜间进行产生噪声污染的施工作业，但个别情况除外者，必须公告附近居民。

（二）交通运输噪声污染防治

《环境噪声污染防治法》第 31 条到第 40 条对防治交通运输噪声污染做了规定。

1. 禁止制造、销售或者进口超过规定的噪声限值的汽车。

2. 在市区范围内行驶的机动车的消声器和喇叭必须符合国家规定的要求，必须使用喇叭的，应控制音量。

3. 机动车和机动船在市内航道行驶，铁路机动车驶经或者进入市区、疗养区，必须按规定使用声响装置。

4. 城市公安机关可根据声环需要，划定禁止机动车行驶和禁鸣喇叭路段。

5. 民用航空器除起飞降落一般不得飞越城市上空。

（三）社会生活噪声污染防治

《环境噪声污染防治法》第 41 条到第 47 条对防治社会生活噪声污染做了规定。

1. 商业活动造成噪声污染，必须向县以上环保行政主管部门申报防治噪声污染设施情况，禁用高音喇叭招揽顾客。

2. 文化娱乐场所的边界噪声必须符合国家规定的标准，不符合规定的不发许可和营业执照。

3. 禁止单位和个人在噪声敏感区使用高音量广播。

4. 使用家用电器、乐器，应控制音量，避免对周围造成噪声污染。

第三节　建设项目环境保护制度

一、建设项目环境影响评价制度

环境影响评价，是指对规划和建设项目实施后可能造成的环境影响进行分析、预测和评估，提出预防或者减轻不良环境影响的对策和措施，进行跟踪监测的方法与制度。2002年10月28日，全国人民代表大会常务委员会发布了《中华人民共和国环境影响评价法》，以法律的形式确立了规划和建设项目的环境影响评价制度。关于建设项目的环境影响评价制度，该法主要规定了如下内容：

（一）对建设项目的环境影响评价实行分类管理

建设单位应当按照下列规定组织编制环境影响报告书、环境影响报告表或者填报环境影响登记表（以下统称"环境影响评价文件"）：

1. 可能造成重大环境影响的，应当编制环境影响报告书，对产生的环境影响进行全面评价；

2. 可能造成轻度环境影响的，应当编制环境影响报告表，对产生的环境影响进行分析或者专项评价；

3. 对环境影响很小、不需要进行环境影响评价的，应当填报环境影响登记表。

（二）环境影响报告书的基本内容

建设项目的环境影响报告书应当包括下列内容：

1. 建设项目概况；

2. 建设项目周围环境现状；

3. 建设项目对环境可能造成影响的分析、预测和评估；

4. 建设项目环境保护措施及其技术、经济论证；

5. 建设项目对环境影响的经济损益分析；

6. 对建设项目实施环境监测的建议；

7. 环境影响评价的结论。

涉及水土保持的建设项目，还必须有经水行政主管部门审查同意的水土保持方案。

（三）建设项目环境影响评价机构

接受委托为建设项目环境影响评价提供技术服务的机构，应当经国务院环境保护行政主管部门考核审查合格后，颁发资质证书，按照资质证书规定的等级和评价范围，从事环境影响评价服务，并对评价结论负责。为建设项目环境影响评价提供技术服务的机构的资质条件和管理办法，由国务院环境保护行政主管部门制定。

国务院环境保护行政主管部门对已取得资质证书的为建设项目环境影响评价提供技术服务的机构的名单，应当予以公布。

为建设项目环境影响评价提供技术服务的机构，不得与负责审批建设项目环境影响评价文件的环境保护行政主管部门或者其他有关审批部门存在任何利益关系。

环境影响评价文件中的环境影响报告书或者环境影响报告表，应当由具有相应环境影响评价资质的机构编制。任何单位和个人不得为建设单位指定对其建设项目进行环境影响评价的机构。

（四）建设环境影响评价文件的审批管理

建设项目的环境影响评价文件，由建设单位按照国务院的规定报有审批权的环境保护行政主管部门审批；建设项目有行业主管部门的，其环境影响报告书或者环境影响报告表应当经行业主管部门预审后，报有审批权的环境保护行政主管部门审批。

审批部门应当自收到环境影响报告书之日起六十日内，收到环境影响报告表之日起三十日内，收到环境影响登记表之日起十五日内，分别作出审批决定并书面通知建设单位。

建设项目的环境影响评价文件经批准后，建设项目的性质、规模、地点、采用的生产工艺或者防治污染、防止生态破坏的措施发生重大变动的，建设单位应当重新报批建设项目的环境影响评价文件。

建设项目的环境影响评价文件自批准之日起超过五年，方决定该项目开工建设的，其环境影响评价文件应当报原审批部门重新审核；原审批部门应当自收到建设项目环境影响评价文件之日起十日内，将审核意见书面通知建设单位。

建设项目的环境影响评价文件未经法律规定的审批部门审查或者审查后未予批准的，该项目审批部门不得批准其建设，建设单位不得开工建设。建设项目建设过程中，建设单位应当同时实施环境影响报告书、环境影响报告表以及环境影响评价文件审批部门审批意见中提出的环境保护对策措施。

（五）环境影响的后评价和跟踪管理

在项目建设、运行过程中产生不符合经审批的环境影响评价文件的情形的，建设单位应当组织环境影响的后评价，采取改进措施，并报原环境影响评价文件审批部门和建设项目审批部门备案；原环境影响评价文件审批部门也可以责成建设单位进行环境影响的后评价，采取改进措施。

环境保护行政主管部门应当对建设项目投入生产或者使用后所产生的环境影响进行跟踪检查，对造成严重环境污染或者生态破坏的，应当查清原因、查明责任。对属于为建设项目环境影响评价提供技术服务的机构编制不实的环境影响评价文件的，或者属于审批部门工作人员失职、渎职，对依法不应批准的建设项目环境影响评价文件予以批准的，依法追究其法律责任。

二、"三同时"制度

所谓"三同时"制度，是指建设项目需要配套建设的环境保护设施，必须与主体工程同时设计、同时施工、同时投产使用。《建设项目环境保护管理条例》在"第三章环境保护设施建设"中，对"三同时"制度进行了规定。主要内容有：

1. 建设项目的初步设计，应当按照环境保护设计规范的要求，编制环境保护篇章，并依据经批准的建设项目环境影响报告书或者环境影响报告表，在环境保护篇章中落实防治环境污染和生态破坏的措施以及环境保护设施投资概算。

2. 建设项目的主体工程完工后，需要进行试生产的，其配套建设的环境保护设施必须与主体工程同时投入试运行。

3. 建设项目试生产期间，建设单位应当对环境保护设施运行情况和建设项目对环境的影响进行监测。

4. 建设项目竣工后，建设单位应当向审批该建设项目环境影响报告书、环境影响报告表或者环境影响登记表的环境保护行政主管部门，申请该建设项目需要配套建设的环境保护设施竣工验收。

5. 环境保护设施竣工验收，应当与主体工程竣工验收同时进行。需要进行试生产的建设项目，建设单位应当自建设项目投入试生产之日起 3 个月内，向审批该建设项目环境影响报告书、环境影响报告表或者环境影响登记表的环境保护行政主管部门，申请该建设项目需要配套建设的环境保护设施竣工验收。

6. 分期建设、分期投入生产或者使用的建设项目，其相应的环境保护设施应当分期验收。

7. 环境保护行政主管部门应当自收到环境保护设施竣工验收申请之日起 30 日内，完成验收。

8. 建设项目需要配套建设的环境保护设施经验收合格，该建设项目方可正式投入生产或者使用。

三、在建筑施工企业大力推行实施 ISO 14000 环境管理体系认证制度

ISO 14000 是 ISO 推出的第二个管理性系列标准。目前成员国 80 个，中国也是成员国之一。ISO/TC 207 是国际标准化组织于 1993 年 6 月成立的一个技术委员会，专门负责制定管理的国际标准及 ISO 14000 系列标准。ISO 14000 环境管理体系是一体化国际标准，旨在减少人类活动对环境造成的污染和破坏，实现可持续发展。ISO 14000 系列标准已有六个标准分别于 1996 年 9 月、10 月和 1997 年 6 月由国际标准化组织正式颁布。

环境管理体系是一个组织内全面管理体系的组成部分，它包括制定、实施、实现、评审和保持环境方针、目标等管理方面的内容。

环境管理体系是一项内部管理工具，旨在帮助组织实现自身设定的环境表现水平，并不断地改进环境行为，不断达到更新更高的高度。

ISO 14000 包括五大部分、17 个要素，五大部分是指：

1. 环境方针；

2. 规划；

3. 实施与运行；

4. 检查与纠正措施；

5. 管理评审。

这一环境管理体系模式遵循了传统的 PDCA 管理模式：规划（PLAN）、实施（DO）、检查（CHECK）、改进（ACTION），即规划出管理活动要达到的目的和遵循的原则；检查和发现问题，及时采取纠正措施，保证实施与实现过程不会偏离原有目标和原则，实现过程与结果的改进提高。环境管理体系特别强调持续改进，因此这一循环过程不是封闭的，是一个开环系统，不能在原有的水平上循环往复，停滞不前，应通过管理评审等手段提出新一轮要求与目标，实现环境绩效的改进与提高。

实施 ISO 14001 要求企业必须首先自觉遵守法律法规和其他要求、主动守法。因此，通过推广实施 ISO 14001，可使企业体提高自主守法意识，变被动守法为主动守法。如，防止污染、达标排放、环境影响评价、三同时、排污登记、排污收费、总量控制、目标责任制等。

第四节　工程建设环境保护法律制度案例

案例1

再审申请人（一审被告、二审上诉人）：永嘉集团有限公司（以下简称"甲公司"）

再审申请人（一审被告、二审上诉人）：大连永兴公路工程有限公司（以下简称"乙公司"）

被申请人（一审原告、二审被上诉人）：蔡某

一审被告：××水产养殖场（以下简称"养殖场"）

一审被告：××省级旅游度假区管理委员会

一、基本案情

甲公司和乙公司在涉案海域进行过劈山填海作业，涉案海域内的蔡某海参养殖受到甲公司和乙公司劈山填海和建桥施工的影响且遭受损失。养殖场具有涉案海域的使用权，养殖场将涉案海域的滩涂发包给韩某，且双方签订了《滩涂承包合同书》，韩某又与蔡某签订《滩涂转包协议书》，将其所承包的滩涂转包给蔡某。养殖场作为涉案海域的使用权人，有权将该海域发包给韩某使用，养殖场与韩某在《滩涂承包合同书》中并无禁止转包的约定，韩某作为承包方也有权在其承包期间内将该海域滩涂转包给蔡某使用，因此在养殖场和韩某及蔡某之间的《滩涂承包合同书》和《滩涂转包协议书》不违反法律法规强制性规定的情况下，蔡某从韩某处承包涉案海域滩涂并成为最终承包人，其对涉案海域滩涂的使用权也应当受到法律保护。蔡某申请损害赔偿。

最高人民法院再审中认为：由于蔡某是作为污染损害的受害人提起本案诉讼，故其依法应当举证证明污染行为的发生以及其受到的损害。根据原审查明事实，蔡某在原一审中提供甲公司的《施工组织设计》和乙公司的《开工报告》以及谷歌地图、搜狐财经报道、大连市建委网站报道、甲公司与管委会签订的合同书和涉案海域的照片等证据，用以证明甲公司和乙公司在涉案海域进行过劈山填海作业。另，数量估算报告、回函及补充说明也认为涉案海域内的蔡某海参养殖受到甲公司和乙公司劈山填海和建桥施工的影响且遭受损失。因此原审判决认为蔡某提交的上述证据能够形成完整证据链，能够证明甲公司和乙公司的施工行为对涉案海域的养殖物生长存在影响以及蔡某海参损失的价值，从而认定蔡某完成了法律规定的举证责任，并无明显不当。甲公司和乙公司并无相反证据推翻原审法院的上述认定，故甲公司和乙公司关于蔡某没有完成举证责任的主张，不能予以支持。原审判决认定甲公司和乙公司对蔡某海参养殖的损害承担相应的赔偿责任，并无不当。

二、案例评析

根据《中华人民共和国侵权责任法》第六十六条规定："因污染环境发生纠纷，污染者应当就法律规定的不承担责任或者减轻责任的情形及其行为与损害之间不存在因果关系承担举证责任。"环境污染致人损害民事责任是一种特殊侵权行为的民事责任，适用无过错责任原则，即无论行为人有没有过错，只要法律规定应当承担民事责任，行为人即应对其行为造成的损害承担责任。本案中甲公司和乙公司并无证据证明其劈山填海和建桥施工与蔡某的损害没有关系，因此应当依法赔偿。

案例 2

再审申请人（一审原告、二审上诉人）：何某

再审申请人（一审原告、二审上诉人）：江某

再审申请人（一审原告、二审上诉人）：赵某

被申请人（一审被告、二审上诉人）：福州开发区××有限公司（以下简称"甲公司"）

被申请人（一审被告、二审被上诉人）：福州港××公司（以下简称"乙公司"）

一、基本案情

乙公司从 2005 年起将魁岐码头散装水泥装卸场地租赁给甲公司使用，甲公司在该场地内从事散装水泥装卸作业，产生噪声、粉尘污染。何某、江某、赵某居住的魁岐航标站，系工作场所，位于福州市江滨主干道高架桥下，又紧邻码头作业区、闽江航道及魁岐货运铁路站。水泥装卸过程中噪声、粉尘导致何某遭受污染引起的各种疾病和不能安居的痛苦；赵某身患疾病和双耳耳聋，严重妨碍学习和生活；江某因立案时其太年幼，尚不能配合医生做检查，检查产生少量医药费。

最高人民法院在再审程序中认为：何某、江某、赵某居住的魁岐航标站，系工作场所，位于福州市江滨主干道高架桥下，又紧邻码头作业区、闽江航道及魁岐货运铁路站。根据福州市政府《福州市〈城市区域环境噪声标准〉适用区域划分》的规定，魁岐航标站属于 4 类城市环境噪声标准适用区域，不属于环境噪声标准值较低的 1 类区域（以居住、文教机关为主的区域）或者 2 类区域（居住、商业、工业混杂区）。何某对魁岐航标站周围环境状况应当是明知的，而仍选择在该区域长期居住，意味其要忍受比一般居民区较高的噪声，何某对其自身及其子女江某、赵某所受损害也具有一定过失。《中华人民共和国侵权责任法》第二十六条规定："被侵权人对损害的发生也有过错的，可以减轻侵权人的责任。"该法并没有特别规定该法第二十六条关于过失相抵原则的规定不适用于环境污染责任，过失相抵原则作为侵权责任法的一般规定可以适用于环境污染责任。何某、江某、赵某认为环境污染责任不应适用过失相抵原则，与法不符。综合本案案情，二审法院酌定甲公司对何某、江某、赵某所受污染损害承担 80% 的责任，并无不当。

二、案例评析

根据《中华人民共和国环境噪声污染防治法》第二条规定："本法所称环境噪声，是指在工业生产、建筑施工、交通运输和社会生活中所产生的干扰周围生活环境的声音。本法所称环境噪声污染，是指所产生的环境噪声超过国家规定的环境噪声排放标准，并干扰他人正常生活、工作和学习的现象。"及《中华人民共和国民法通则》第一百二十四条规定："违反国家保护环境防止污染的规定，污染环境造成他人损害的，应当依法承担民事责任。"本案中噪声污染侵权责任人依法应当承担对被侵权人的侵权责任，但由于被侵权人存在过错，因此降低了侵权人的损害赔偿责任。

第十三章 企业法律制度

第一节 全民所有制工业企业法

一、全民所有制工业企业法概述

（一）全民所有制工业企业法的概念

全民所有制工业企业法，是调整全民所有制工业企业的经济关系的法律规范的总称。

（二）全民所有制工业企业法的基本原则

根据企业法和条例等有关法律、法规的规定，我国全民所有制工业企业法的基本原则有以下几项：

1. 两权分离的原则

企业的财产属于全民所有，国家依照所有权和经营权分离的原则授予企业经营管理权。国家财产所有权与经营权的分离，是指国家在保持其财产所有权的同时，把特定的国家财产的经营权授予全民所有制企业。

2. 政企职责分开的原则

政企职责分开，是指在政府同企业的关系上要按照自主经营、自主管理的原则，将经营管理权下放到企业，由各企业自己管理自己的事情，政府的责任是按照法律、法规的规定为企业提供服务并进行监督。这对于调动企业积极性，提高政府部门的办事效率是十分重要的。

3. 党政明确分工的原则

改善党的领导制度，划清党组织和国家政权的职能，理顺党组织与人民代表大会、政府、司法机关、群众团体、企事业单位和其他各种社会组织之间的关系，做到各司其职，并且逐步走向制度化，这是加强党的建设和领导的一个重要方面。企业法明确规定了党政分工的原则，确定了企业实行厂长负责制，党组织对企业的生产经营管理工作实行保证监督。这不仅解决了企业在生产指挥和管理上无人负责的问题，也加强和改善了党的领导，理顺了企业中的党政关系。

4. 民主管理原则

保证职工能够充分行使民主权利，发挥他们的积极性和创造性，是办好社会主义企业必须坚持的重要原则。

二、企业的设立、变更和终止

（一）企业的设立

根据《企业法》第17条的规定，申请设立全民所有制工业企业必须具备以下各项条件：第一，产品为社会所需要；第二，有能源、原材料、交通运输的必要条件；第三，有自己的名称和生产经营场所；第四，有符合国家规定的资金；第五，有自己的组织机构；第六，有明确的经营范围；第七，法律、法规规定的其他条件。

（二）企业的变更

根据企业法和条例的有关规定，企业变更的形式有转产、停产整顿、合并、分立和企业其他重要事项的变更。

1. 转产

企业主导产品不符合国家产业政策，或者没有市场销路，积压严重，应当实行转产。企业为获取更大的经济效益，可以根据市场预测和自身条件，主动实行转产。

2. 停产整顿

企业经营性亏损严重的，可以自行申请整顿，政府主管部门也可以责令企业停产整顿。停产整顿期间企业应当停发奖金，要采取有效措施，保护企业财产。停产整顿期间一般不超过1年。

3. 合并（含兼并）

政府可以决定或者批准企业的合并。在全民所有制企业间的合并，可以采取资产无偿划拨的方式进行。合并各方经充分协商，签订合并协议。

企业可以自主决定兼并其他企业。企业兼并是一种有偿的合并形式。经兼并企业与债权人协商，可以订立分期偿还或者减免债务协议，财政部门和银行应给予适当的优惠政策。

4. 分立

经政府批准，企业可以分立，由一个企业分成两个或者两个以上的企业。

5. 企业其他重要事项的变更

是指企业法人改变名称、住所、经营场所、法定代表人、经济性质、经营范围、经营方式、注册资金、经营期限以及增设或者撤销分支机构。

企业的权利、义务不能因企业的变更而消失。在企业变更的情况下，原企业的权利、义务由变更后的企业享有或者承担。企业合并、分立时，必须依法清理债权、债务，合并、分立前企业的债权、债务由合并、分立后的企业享有和承担。

企业变更应依法到登记主管部门办理变更登记。

（三）企业的终止

根据企业法和条例的规定，企业因下列原因终止：

（1）违反法律、法规被责令撤销；

（2）政府主管部门依照法律、法规的规定决定解散；

（3）依法被宣告破产；

（4）其他原因。

企业解散，由政府主管部门指定的清算组进行清算。企业被宣告破产的，应当由人民法院组织有关机关和有关人员成立清算组进行清算。清算的内容包括两个方面：一是查清企业财产，核实债权、债务，并登记造册；二是受偿债权，清偿债务，依法处理剩余财产。

企业终止，应当向登记主管机关办理注销登记。

三、全民所有制工业企业的权利和义务

（一）全民所有制工业企业的权利

全民所有制工业企业的权利，从经营权的角度，根据企业法和条例的规定，主要包括下列 14 项权利：生产经营决策权；产品劳务定价权；产品销售权；物资采购权；进出口权；投资决策权；留用资金支配权；资产处置权；联营、兼并权；劳动用工权；人事管理权；工资、奖金分配权；内部机构设置权；拒绝摊派权。

（二）全民所有制工业企业的义务

1. 企业对国家的义务

企业对国家的义务主要有：第一，遵守法律、法规，坚持社会主义方向；第二，完成指令性计划；第三，降低产品成本，提高劳动生产率；第四，遵守财经纪律，依法缴纳税金、费用、利润；第五，维护生产秩序，保护国家财产。

2. 企业对社会的义务

企业对社会的义务主要有：第一，保证产品质量和服务质量；第二，履行依法订立的合同和协议；第三，防止污染和保护环境。

3. 企业对职工的义务

企业对职工的义务包括：第一，搞好职工教育、提高职工队伍素质；第二，支持职工开展科学技术活动和劳动竞赛；第三，实行安全生产和文明生产。

四、企业的内部领导制度

（一）厂长（经理）负责制

1. 厂长（经理）负责制的概念

厂长（经理）负责制是全民所有制工业企业的生产经营管理工作由厂长（经理）统一领导和全面负责的一种企业内部领导制度。它是一种同企业民主化管理相结合的企业首长负责制。

2. 厂长（经理）的产生

《企业法》第 44 条规定，除国务院另有规定外，厂长采取两种方式产生：一是政府主管部门委任或者招聘；二是企业职工代表大会选举。政府主管部门委任或者招聘的厂长人选，须征求职工代表的意见；职工代表大会选举的厂长，须报经政府主管部门批准。

3. 厂长的职权和职责

厂长是企业的法定代表人，在企业的生产经营管理工作中，厂长行使下列职权：第一，依照法律和国务院的规定，决定或者报请审查批准企业的各项计划；第二，决定企业行政机构的设置；第三，报请政府主管部门任免或者聘任、解聘副厂级行政领导干部，法律和国务院另有规定的除外；第四，任免或者聘任、解聘企业中层行政领导干部，法律另有规定的除外；第五，提出工资调整方案、奖金分配方案和重要的规章制度，提请职工代表大会审查同意；提出福利基金使用方案和其他有关职工生活福利的重大事项建议，提请职工代表大会审议决定；第六，依法奖惩职工。提请政府主管部门奖惩副厂级行政领导干部。

厂长必须依靠职工群众履行企业法规定的企业的各项义务，支持职工代表大会、工会和其他群众组织的工作，执行职工代表大会依法做出的决定。

（二）企业的民主管理

1. 职工代表大会

职工代表大会是企业实行民主管理的基本形式，是职工行使民主权力的机构。职工代表大会的工作机构是企业的工会委员会，它负责职工代表大会的日常工作。

职工代表大会行使下列职权：第一，企业重大经营决策审议权；第二，企业重要制度的审查同意或者否决权；第三，重大生活福利事项审议决定权；第四，评议、监督企业的各级行政领导干部，提出奖励和任免的建议；第五，选举厂长权，选出的厂长要报政府主管部门批准。

职工代表大会至少每半年召开一次，每次会议必须有 2/3 以上的职工代表出席。职工代表大会进行选举和做出决议，必须经全体职工代表过半数通过。

2. 职工

职工是企业的主人，职工的合法权益受法律保护。根据企业法的规定，职工有下列权利：(1) 有参加企业民主管理，对企业的生产和工作提出意见和建议的权利。(2) 有依法享受劳动保护、劳动保险、休息、休假的权利。(3) 有向国家机关反映真实情况，对企业领导干部提出批评和控告的权利。(4) 女职工有按照国家规定，享受特殊劳动保护和劳动保险的权利。

职工在享受上述权利的同时，也应当以国家主人翁的态度从事劳动，遵守纪律和规章制度，完成生产和工作任务。

第二节　集体所有制企业法

一、城镇集体所有制企业法

（一）城镇集体所有制企业的概念

城镇集体所有制企业是在城镇区域内设立的、生产资料归劳动群众集体所有的企业（以下简称"城镇集体企业"）。城镇集体企业必须在具备法定条件，通过法定程序后，取得法人资格，以其全部财产独立地承担民事责任。

（二）城镇集体企业的设立、变更和终止

1. 企业的设立

申请设立城镇集体企业必须具备以下条件：第一，有企业名称、组织机构和企业章程；第二，有固定的生产经营场所、必要的设施并符合规定的安全卫生条件；第三，有符合国家规定并与其生产经营和服务规模相适应的资金数额和从业人员；第四，有明确的经营范围；第五，能够独立承担财产责任；第六，法律、法规规定的其他条件。

设立城镇集体企业应当经省、自治区、直辖市人民政府规定的审批部门批准，并依法经工商行政管理机关核准登记，领取《企业法人营业执照》，方可开始生产经营活动。

2. 企业的变更

企业的合并、分立、停业、迁移或者主要登记事项的变更，必须符合国家的有关规定，由企业提出申请，报经原审批部门批准，依法向原登记机关办理变更登记。

3. 企业的终止

根据《城镇集体企业条例》第 17 条规定，企业有下列原因之一的，应当予以终止：一是企业无法继续经营而申请解散，经原审批部门批准；二是依法被撤销；三是依法被宣告破产；四是其他原因。

企业终止，应当依法清算企业财产，还必须依法办理注销登记并公告。

（三）城镇集体企业的权利和义务

1. 企业的权利

企业在产供销方面的权利有：生产经营活动自主安排权、物资采购权、产品销售权、制定价格权、联合经营权。企业在人、财、物方面的权利包括：人事劳动管理权、财产所有权、拒绝摊派权、享受法定优惠权。

2. 企业的义务

企业的义务包括：依法缴纳税金的费用、加强财务管理、接受审计监督、保证产品质量和服务质量、依法履行合同、保护环境、维护职工合法权益、尊重职工民主管理权利。

（四）城镇集体企业的内部领导制度

1. 企业职工（代表）大会

职工（代表）大会是城镇集体企业实行民主管理的一种方式。职工（代表）大会行使以下六项权利：第一，制定、修改企业章程；第二，选举、罢免或者聘用、解聘厂长（经理）、副厂长；第三，审议厂长（经理）提交的各项议案，决定企业经营管理的重大问题；第四，审议并决定企业职工工资形式、工资调整方案、奖金和分红方案、职工住宅分配方案和其他有关职工生活福利的重大事项；第五，审议并决定企业职工奖惩办法和其他重要规章制度；第六，法律、法规和企业章程规定的其他职权。

职工（代表）大会代表由职工选举产生。职工（代表）大会依照章程规定定期召开，每年不得少于两次。职工（代表）大会可以设立常设机构，负责职工（代表）大会闭会期间的工作。

2. 企业的厂长（经理）

城镇集体企业实行"厂长（经理）负责制"。厂长（经理）是企业的法定代表人。厂长（经理）由企业职工（代表）大会选举或者招聘产生。由集体企业联合经济组织投资开办的集体企业，其厂长（经理）可以由该联合经济组织任免。投资主体多元化的集体企业，其中国家投资达到一定比例的，其厂长（经理）可以由上级管理部门按照国家有关规定任免。

厂长（经理）在法律规定的范围内行使领导和组织企业日常生产经营和行政工作的职权；履行执行本企业职工（代表）大会的决议；组织职工完成企业生产经营任务等职责。

二、乡镇企业法

（一）乡镇企业的概念

乡镇企业是指以农村集体经济组织或者农民投资为主，在乡镇（包括所辖村）举办的承担支援农业义务的各类企业。所谓农村集体经济组织或者农民投资为主，是指农村集体经济组织或者农民投资超过 50%，或者虽不足 50%，但能起到控股或者实际支配作用。

乡镇企业在城市设立的分支机构，或者农村集体经济组织在城市开办的并承担支援农业义务的企业，按照乡镇企业对待。

（二）乡镇企业的设立、变更和终止

1. 企业的设立

乡镇企业具备法人资格的，依法人设立条件登记设立，同时，应当向当地乡镇企业行政管理部门办理登记备案手续。

2. 企业的变更和终止

乡镇企业改变名称、住所或者分立、合并、停业、终止等，依法办理变更登记、注销登记，并应当报乡镇企业行政管理部门备案。

（三）乡镇企业的权利和义务

1. 企业的权利

乡镇企业依法实行独立核算、自主经营、自负盈亏。根据乡镇企业法的有关规定，乡镇企业有以下几项权利：

（1）企业财产权。

农村集体经济组织投资设立的乡镇企业，其企业财产权属于设立该企业的全体农民所有；农村集体经济组织与其他企业、组织或者个人共同投资设立的乡镇企业，其企业财产权按照出资份额属于投资者共有；农民合伙或者单独投资设立的乡镇企业，其企业财产权属于投资者所有。乡镇企业的合法财产不受侵犯。

（2）生产经营决策权。

任何组织或者个人不得违反法律、行政法规干预乡镇企业的生产经营。

（3）企业内部管理权。

企业可以决定自己的管理形式。但是在确定企业经营管理制度、企业负责人作出重大经营决策和决定职工工资、生活福利、劳动保护、劳动安全等重大问题时，应当听取职工或者工会的意见，实施情况要定期向职工公布，接受职工监督。

2. 企业的义务

乡镇企业的义务主要有：第一，按照市场经济需要和国家产业政策，合理调整产业结构和产品结构，加强技术改造，不断采用先进的技术、生产工艺和设备，提高企业经营管理水平；第二，严格控制，合理利用和节约使用土地；第三，应当依法合理开发和使用自然资源；第四，依法建立财务会计制度，加强财务管理，并依法建立健全统计制度、税务登记制度等；第五，应当保证产品质量；第六，必须遵守环境保护的法律、法规；第七，必须建立劳动保护和劳动安全的制度，并遵守相应的法规。

第三节　合伙企业法

一、合伙企业法概述

（一）合伙企业法的概念

合伙企业法是调整合伙企业组织及合伙企业行为的法律规范的总称。《中华人民共和国合伙企业法》（以下简称《合伙企业法》）1997年2月23日第八届全国人民代表大会常务委员会第二十四次会议通过，经2006年8月27日第十届全国人民代表大会常务委员会第二十三次会议修订，自2007年6月1日起施行。

（二）合伙企业的概念及分类

根据修订后的《合伙企业法》，合伙企业是指自然人、法人和其他组织依照本法在中国境内设立的普通合伙企业和有限合伙企业。

1. 普通合伙企业由普通合伙人组成，合伙人对合伙企业债务承担无限连带责任。本法对普通合伙人承担责任的形式有特别规定的，从其规定。

2. 有限合伙企业由普通合伙人和有限合伙人组成，普通合伙人对合伙企业债务承担无限连带责任，有限合伙人以其认缴的出资额为限对合伙企业债务承担责任。

二、合伙企业的设立

合伙企业的设立条件：

1. 有两个以上的合伙人

普通合伙人人数以二人为最低限度，没有最高限制；有限合伙企业由二个以上五十个以下合伙人设立，但是法律另有规定的除外。自然人作为合伙人应当为具有完全民事行为能力的人。法律、行政法规禁止从事营利性活动的人，如国家公务员不能做合伙人。

需要注意的是，修改后的合伙企业法，删除了现行合伙企业法对合伙人范围的限制，允许所有的市场主体参与设立合伙企业。但是，对一些特定市场主体成为普通合伙人作出了限制性规定，在第三条明确规定："国有独资公司、国有企业、上市公司以及公益性的事业单位、社会团体不得成为普通合伙人。"按照这一规定，上述组织只能参与设立有限合伙企业成为有限合伙人，而不得成为普通合伙人。

2. 有书面合伙协议。

合伙协议应当载明下列事项：合伙协议应当载明下列事项：第一，合伙企业的名称和主要经营场所的地点；第二，合伙目的和合伙经营范围；第三，合伙人的姓名或者名称、住所；第四，合伙人的出资方式、数额和缴付期限；第五，利润分配、亏损分担方式；第六，合伙事务的执行；第七，入伙与退伙；第八，争议解决办法；第九，合伙企业的解散与清算；第十，违约责任。

此外，有限合伙企业合伙协议中，除符合上述规定外，还应当载明下列事项：第一，普通合伙人和有限合伙人的姓名或者名称、住所；第二，执行事务合伙人应具备的条件和选择程序；第三，执行事务合伙人权限与违约处理办法；第四，执行事务合伙人的除名条件和更换程序；第五，有限合伙人入伙、退伙的条件、程序以及相关责任；第六，有限合伙人和普通合伙人相互转变程序。

合伙协议经全体合伙人签名、盖章后生效。合伙人按照合伙协议享有权利，履行义务。

3. 有合伙人认缴或者实际缴付的出资

合伙人可以用货币、实物、土地使用权、知识产权或者其他财产权利出资；经全体合伙人一致同意，合伙人也可以用劳务出资。对于非货币的出资，是否需要评估，由全体合伙人协商确定。合伙人出资数额的确定只能以实际缴付额为准，认缴而未实际缴付的，不得计入。

4. 有合伙企业的名称和生产经营场所

普通合伙企业名称中应当标明"普通合伙"字样；特殊的普通合伙企业名称中应当标明"特殊普通合伙"字样；有限合伙企业名称中应当标明"有限合伙"字样。

合伙企业进行经常性、持续性的生产经营活动，应当有经营场所。所谓必要条件，就是根据自己从事业务特点和经营范围所需要的设施等物质条件。

5. 法律、行政法规规定的其他条件

三、合伙企业的内部关系

（一）合伙企业的财产

1. 合伙企业财产的构成

合伙人的出资、以合伙企业名义取得的收益和依法取得的其他财产，均为合伙企业的财产。

2. 合伙企业财产的管理

合伙企业的财产，归全体合伙人共同共有，因此，只能由全体合伙人共同管理和使用。在合伙企业存续期间，除非有法定事由，合伙人不得要求分割财产。但是合伙人在合伙企业清算前私自转移或者处分合伙企业财产的，合伙企业不得以此对抗善意第三人。

3. 合伙企业财产的转让

合伙企业存续期间，合伙人向合伙人以外的人转让其在合伙企业中的全部或者部分财产份额时，须经其他合伙人一致同意。合伙人之间转让在合伙企业中的全部或者部分财产份额时，应当通知其他合伙人。合伙人依法转让其财产份额的，在同等条件下，其他合伙人有优先受让的权利。

（二）合伙企业的事务执行

1. 管理参与权与事务授权

按照合伙协议的约定或者经全体合伙人决定，可以委托一个或者数个合伙人对外代表合伙企业，执行合伙事务。

作为合伙人的法人、其他组织执行合伙事务的，由其委派的代表执行。

但是，并非所有的合伙事务都可以由个别合伙人决定，根据《合伙企业法》第31条的规定，除合伙协议另有约定外，合伙企业的下列事项应当经全体合伙人一致同意：第一，改变合伙企业的名称；第二，改变合伙企业的经营范围、主要经营场所的地点；第三，处分合伙企业的不动产；第四，转让或者处分合伙企业的知识产权和其他财产权利；第五，以合伙企业名义为他人提供担保；第六，聘任合伙人以外的人担任合伙企业的经营管理人员。

在委托事务执行人的情况下，其他合伙人不再执行合伙事务。

2. 知情权和监督权

由一个或者数个合伙人执行合伙事务的，执行事务合伙人应当定期向其他合伙人报告事务执行情况以及合伙企业的经营和财务状况，其执行合伙事务所产生的收益归合伙企业，所产生的费用和亏损由合伙企业承担。

合伙人为了解合伙企业的经营状况和财务状况，有权查阅合伙企业会计账簿等财务资料。

3. 异议权和撤销权

合伙人分别执行合伙事务的，执行事务合伙人可以对其他合伙人执行的事务提出异议。提出异议时，应当暂停该项事务的执行。如果发生争议，按照合伙协议约定的表决办法办理。合伙协议未约定或者约定不明确的，实行合伙人一人一票并经全体合伙人过半数通过的表决办法。

受委托执行合伙事务的合伙人不按照合伙协议或者全体合伙人的决定执行事务的，其他合伙人可以决定撤销该委托。

4. 忠实义务

由于合伙企业具有"人合"的性质，信任关系对于合伙企业的存续意义很大，由此派生出一系列被称作"忠实义务"的行为准则。根据我国《合伙企业法》第32条的规定，具体包括以下三项：第一，合伙人不得自营或者同他人合作经营与本合伙企业相竞争的业务；第二，除合伙协议另有约定或者经全体合伙人一致同意外，合伙人不得同本合伙企业进行交易；第三，合伙人不得从事损害本合伙企业利益的活动。但是，除合伙协议另有约定外，有限合伙人可以同本有限合伙企业进行交易；也可以自营或者同他人合作经营与本有限合伙企业相竞争的义务。

（三）合伙企业的分配

合伙企业的利润分配、亏损分担，按照合伙协议的约定办理；合伙协议未约定或者约定不明确的，由合伙人协商决定；协商不成的，由合伙人按照实缴出资比例分配、分担；无法确定出资比例的，由合伙人平均分配、分担。

四、合伙企业的外部关系

（一）合伙企业对外代表权

合伙人对外代表权的内容包括：

1. 合伙企业事务由合伙企业全体合伙人共同执行时，每个合伙人均可对外代表合伙企业。

2. 由合伙协议约定或者全体合伙人决定，委托一名或者数名合伙人执行合伙企业事务时，被委托的合伙人对外代表合伙企业。

3. 合伙企业对合伙人执行合伙企业事务以及对外代表合伙企业权利的限制，不得对抗善意第三人。

（二）合伙企业债务的承担

合伙企业债务，是指合伙企业以自己的名义对他人所负的，能以货币计量，需以资产或劳务偿付的债务。合伙企业对其债务，应先以其全部财产进行清偿。合伙企业不能清偿到期债务的，合伙人承担无限连带责任。

五、入伙和退伙

（一）入伙

入伙是指在合伙企业存续期间，合伙人以外的第三人加入合伙企业并取得合伙人的地位，取得合伙人资格的法律行为。

根据《合伙企业法》的规定。入伙应符合下列条件及程序：

（1）新合伙人入伙，以全体合伙人一致同意为条件；未获一致同意的，不能入伙。

（2）新合伙人入伙，应当订立书面入伙协议；入伙协议应当以原合伙协议为基础，对权利、义务、责任及其他相关事项作出规定；新合伙人入伙时，原合伙人应将合伙企业状况如实告知。

入伙的新合伙人与原合伙人，享有同等权利，承担同等责任。但是，入伙协议另有规定的从其规定。入伙的新合伙人对入伙前合伙企业的债务承担连带责任。

（二）退伙

1. 退伙的概念

退伙是指在合伙企业存续期间，合伙人退出合伙企业，从而丧失合伙人资格的法律行为。

合伙人可因下列情形而退伙：第一，自愿退伙。又称声明退伙，是指合伙人按照自己的意愿退出合伙企业的退伙形式。第二，当然退伙。又称法定退伙，是指基于法律直接规定的事由，而使原合伙人丧失合伙人资格的退伙形式。第三，除名退伙。又称开除退伙，是指被除名人因其他合伙人的一致要求，而被强制退出合伙企业的退伙形式。

2. 退伙的效力

退伙的效力即退伙所引起的法律后果。

合伙人退伙，势必要引起合伙企业财产的清理、计算与退还，这是关系到退伙人与其他合伙人重大财产关系的事项，所以法律做出了严密的规范：

（1）合伙人退伙的，其他合伙人应当与该退伙人对合伙财产进行结算；

（2）其他合伙人与该退伙人应当以退伙时的合伙企业财产状况为准，进行结算；

（3）在结算的基础上，按照合伙协议约定或退伙时由全体合伙人决定，可以退还货币，也可退还实物；

（4）退伙时有未了结的合伙企业事务的，待了结后进行结算。

退伙人对其退伙前已发生的合伙企业债务，与其他合伙人共同承担连带责任。合伙人退伙时，合伙企业财产少于合伙企业债务的，退伙人应当按照合伙协议约定的比例分担合伙企业的亏损；合伙协议未约定或者约定不明确的，由合伙人协商决定；协商不成的，由合伙人按照实缴出资比例分配、分担；无法确定出资比例的，由合伙人平均分配、分担。

第四节　个人独资企业法

一、个人独资企业法概述

（一）个人独资企业的概念

个人独资企业是指依照个人独资企业法在中国境内设立的，由一个自然人投资，财产为投资人个人所有，投资人以其个人财产对企业债务承担无限责任的经营实体。

（二）个人独资企业法的概念

个人独资企业法是调整个人独资企业经济关系的法律规范的总称。1999 年 8 月 30 日，第九届全国人民代表大会常务委员会第十一次会议通过了《中华人民共和国个人独资企业法》（以下简称《个人独资企业法》），自 2000 年 1 月 1 日起施行。

二、个人独资企业的设立

（一）个人独资企业的设立条件

设立个人独资企业，应当具备下列条件：

（1）投资人为一个自然人，且只能是中国公民。投资人应当具有完全民事行为能力。

（2）有合法的企业名称。

（3）有投资人申报的出资。

（4）有固定的生产经营场所和必要的生产经营条件。

（5）有必要的从业人员。

（二）个人独资企业的设立程序

申请设立个人独资企业，应当由投资人或者其委托的代理人向个人独资企业所在地的登记机关提出设立申请。登记机关应当在收到设立申请文件之日起 15 日内，对符合个人独资企业法规定条件的予以登记，发给营业执照；不符合个人独资企业法规定条件的，不予登记，并发给企业登记驳回通知书。个人独资企业的营业执照签发日期，为个人独资企业成立日期。

三、个人独资企业的事务管理

个人独资企业投资人可以自行管理企业事务，也可以委托或者聘用其他具有民事行为能力的人负责企业的事务管理。投资人委托或者聘用他人管理个人独资企业的事务，应当与受托人或者被聘用的人签订书面合同，合同应注明委托的具体内容、授予的权利范围等。受托人或者被聘用的人员应当履行诚信、勤勉的义务，按照与投资人签订的合同负责个人独资企业的事务管理。投资人对受托人或者被聘用的人员职权的限制，不得对抗善意第三人。受托人或者被聘用的人员超出投资人的限制与善意第三人的有关业务交往应为有效。

四、个人独资企业的权利和义务

个人独资企业可以依法申请贷款，取得土地使用权，并享有法律、行政法规规定的其他权利。任何单位和个人不得违反法律、行政法规的规定，以任何方式强制个人独资企业提供财力、物力、人力；对于违法强制提供财力、物力、人力的行为，个人独资企业有权拒绝。

个人独资企业应当依法设置会计账簿，进行会计核算。个人独资企业招用职工的，应当依法与职工签订劳动合同，保障职工的劳动安全，按时、足额发放职工工资。个人独资企业应当按照国家规定参加社会保险，为职工缴纳社会保险费。

第五节　公　司　法

一、公司法概述

（一）公司的概念

公司是依照公司法在中国境内设立的、以营利为目的的企业法人。它是适应市场经济社会化大生产的需要而形成的一种企业组织形式。

（二）公司的种类

公司可以从不同角度划分其类型。我国《公司法》仅规定了有限责任公司和股份有限公司两种形式。

此外，我国《公司法》根据一公司对另一公司的控制与依附关系不同，将公司分为母公司和子公司；根据公司的管辖系统不同，将公司分为总公司和分公司。

（三）公司法的概念

公司法是指规定各种公司的设立、组织、活动和解散以及其对内对外关系的法律规范的总称。

公司法有广义和狭义之分。狭义的公司法，是指经国家立法机关制定、并以公司法名称命名的单项法律，如1993年12月29日第八届全国人民代表大会常务委员会第五次会议通过，经2018年10月26日第十三届全国人民代表大会常务委员会第六次会议修订，自2018年10月26日起施行的《中华人民共和国公司法》（以下简称《公司法》）。广义的公司法是指除《公司法》之外，还包括其他法律、法规中有关公司的法律规定。

二、有限责任公司

（一）有限责任公司的概念

有限责任公司又称有限公司，是指股东以其认缴的出资额为限对公司承担责任，公司以其全部资产对其债务承担责任的公司。

（二）有限责任公司的设立

有限责任公司的设立，应当具备下列条件：

1. 股东符合法定人数

有限责任公司由五十个以下股东出资设立。此外，《公司法》还确立了关于一人有限责任公司和国有独资公司的特别规定。

2. 股东共同制订公司章程

有限责任公司设立时，由全体股东共同制订公司章程，并在章程上签名、盖章。公司章程应当载明：

（1）公司名称和住所；

（2）公司经营范围；

（3）公司注册资本；

（4）股东的姓名或者名称；

（5）股东的出资方式、出资额和出资时间；

（6）公司的机构及其产生办法、职权、议事规则；

（7）公司法定代表人；

（8）股东会会议认为需要规定的其他事项。

3. 有公司名称，建立符合有限责任公司要求的组织机构

依法设立的有限责任公司，必须在公司名称中标明有限责任公司或者有限公司字样。公司须建立与法律规定相一致的组织机构。

4. 有公司住所

公司要有符合法律、法规规定的生产经营场所和与生产经营规模相适应的生产经营设备、设施及从业人员。

（三）有限责任公司的组织机构

1. 股东会

（1）股东会的性质和职权

有限责任公司的股东会由全体股东组成。股东会是公司的权力机构。它行使下列职权：第一，决定公司的经营方针和投资计划；第二，选举和更换非由职工代表担任的董事、监事，决定有关董事、监事的报酬事项；第三，审议批准董事会的报告；第四，审议批准监事会或者监事的报告；第五，审议批准公司的年度财务预算方案、决算方案；第六，审议批准公司的利润分配方案和弥补亏损方案；第七，对公司增加或者减少注册资本作出决议；第八，对发行公司债券作出决议；第九，对公司合并、分立、解散、清算或者变更公司形式作出决议；第十，修改公司章程；第十一，公司章程规定的其他职权。

（2）股东会会议和议事规则

股东会会议分为定期会议和临时会议。

定期会议应当依照公司章程的规定按时召开。代表十分之一以上表决权的股东、三分之一以上的董事、监事会或者不设监事会的公司的监事提议召开临时会议的，应当召开临时会议。股东会的首次会议由出资最多的股东召集和主持。除首次会议外，有限责任公司设立董事会的，股东会会议由董事会召集，董事长主持；董事长不能履行职务或者不履行职务的，由副董事长主持；副董事长不能履行职务或者不履行职务的，由半数以上董事共同推举一名董事主持。

有限责任公司不设董事会的，股东会会议由执行董事召集和主持。

董事会或者执行董事不能履行或者不履行召集股东会会议职责的，由监事会或者不设监事会的公司的监事召集和主持；监事会或者监事不召集和主持的，代表十分之一以上表决权的股东可以自行召集和主持。股东会会议由股东按照出资比例行使表决权；但是，公司章程另有规定的除外。股东会会议作出修改公司章程、增加或者减少注册资本的决议，以及公司合并、分立、解散或者变更公司形式的决议，必须经代表三分之二以上表决权的股东通过。

2. 董事会、执行董事和经理

（1）董事会的性质和组成

董事会是由股东会选举产生的董事组成的业务执行机关，其成员为三人至十三人。两个以上的国有企业或者其他两个以上的国有投资主体投资设立的有限责任公司，其董事会成员中应当有公司职工代表；其他有限责任公司董事会成员中也可以有公司职工代表。董事会中的职工代表由公司职工通过职工代表大会、职工大会或者其他形式民主选举产生。

董事会设董事长一人，可以设副董事长。董事长、副董事长的产生办法由公司章程规定。

（2）董事会的职权和董事的任期

法律规定，董事会对股东会负责，行使下列职权：第一，召集股东会会议，并向股东会报告工作；第二，执行股东会的决议；第三，决定公司的经营计划和投资方案；第四，制订公司的年度财务预算方案、决算方案；第五，制订公司的利润分配方案和弥补亏损方案；第六，制订公司增加或者减少注册资本以及发行公司债券的方案；第七，制订公司合并、分立、解散或者变更公司形式的方案；第八，决定公司内部管理机构的设置；第九，决定聘任或者解聘公司经理及其报酬事项，并根据经理的提名决定聘任或者解聘公司副经理、财务负责人及其报酬事项；第十，制定公司的基本管理制度；第十一，公司章程规定的其他职权。

董事任期由公司章程规定，但每届任期不得超过 3 年。董事任期届满，连选可以连任。

（3）董事会会议

董事会会议由董事长召集和主持；董事长不能履行职务或者不履行职务的，由副董事长召集和主持；副董事长不能履行职务或者不履行职务的，由半数以上董事共同推举一名董事召集和主持。

（4）执行董事和经理

股东人数较少或者规模较小的有限责任公司，可以设一名执行董事，不设董事会。执行董事可以兼任公司经理。执行董事的职权由公司章程规定。

经理由董事会聘任或者解聘，对董事会负责，并列席董事会会议。经理依法行使下列职权：第一，主持公司的生产经营管理工作，组织实施董事会决议；第二，组织实施公司年度经营计划和投资方案；第三，拟订公司内部管理机构设置方案；第四，拟订公司的基本管理制度；第五，制定公司的具体规章；第六，提请聘任或者解聘公司副经理、财务负责人；第七，决定聘任或者解聘除应由董事会决定聘任或者解聘以外的负责管理人员；第八，董事会授予的其他职权。

3. 有限责任公司的监事会或监事

（1）监事会或监事的设立和监事会的组成

有限责任公司设监事会，其成员不得少于三人。股东人数较少或者规模小的有限责任公司，可以设一至二名监事，不设监事会。

监事会应当包括股东代表和适当比例的公司职工代表，其中职工代表的比例不得低于三分之一，具体比例由公司章程规定。监事会中的职工代表由公司职工通过职工代表大会、职工大会或者其他形式民主选举产生。

监事会设主席一人，由全体监事过半数选举产生。监事会主席召集和主持监事会会议；监事会主席不能履行职务或者不履行职务的，由半数以上监事共同推举一名监事召集和主持监事会会议。

董事、高级管理人员不得兼任监事。

（2）监事会或监事的职权和监事的任期

监事会、不设监事会的公司的监事行使下列职权：第一，检查公司财务；第二，对董事、高级管理人员执行公司职务的行为进行监督，对违反法律、行政法规、公司章程或者股东会决议的董事、高级管理人员提出罢免的建议；第三，当董事、高级管理人员的行为损害公司的利益时，要求董事、高级管理人员予以纠正；第四，提议召开临时股东会会议，在董事会不履行本法规定的召集和主持股东会会议职责时召集和主持股东会会议；第五，向股东会会议提出提案；第六，依照本法第一百五十一条的规定，对董事、高级管理人员提起诉讼；第七，公司章程规定的其他职权。监事可以列席董事会会议。监事的任期每届为三年。监事任期届满，连选可以连任。监事任期届满未及时改选，或者监事在任期内辞职导致监事会成员低于法定人数的，在改选出的监事就任前，原监事仍应当依照法律、行政法规和公司章程的规定，履行监事职务。

4. 董事、监事、经理的任职资格和义务

（1）董事、监事、经理任职资格的限制

公司的董事、监事、经理均是公司机构的主要人员，有必要对这些人员的任职资格加以限制。为此，公司法规定，下列人员不得担任公司的董事、监事和经理：

有下列情形之一的，不得担任公司的董事、监事、高级管理人员：①无民事行为能力或者限制民事行为能力；②因贪污、贿赂、侵占财产、挪用财产或者破坏社会主义市场经济秩序，被判处刑罚，执行期满未逾五年，或者因犯罪被剥夺政治权利，执行期满未逾五年；③担任破产清算的公司、企业的董事或者厂长、经理，对该公司、企业的破产负有个人责任的，自该公司、企业破产清算完结之日起未逾三年；④担任因违法被吊销营业执照、责令关闭的公司、企业的法定代表人，并负有个人责任的，自该公司、企业被吊销营业执照之日起未逾三年；⑤个人所负数额较大的债务到期未清偿。

公司违反前款规定选举、委派董事、监事或者聘任高级管理人员的，该选举、委派或者聘任无效。

董事、监事、高级管理人员在任职期间出现本条第一款所列情形的，公司应当解除其职务。除此之外，法律还规定国家公务员不得兼任公司的董事、监事、经理。

（2）董事、监事、经理的义务

董事、监事、高级管理人员应当遵守法律、行政法规和公司章程，对公司负有忠实义务和勤勉义务。

董事、监事、高级管理人员不得利用职权收受贿赂或者其他非法收入，不得侵占公司的财产。董事、高级管理人员不得有下列行为：①挪用公司资金；②将公司资金以其个人名义或者以其他个人名义开立账户存储；③违反公司章程的规定，未经股东会、股东大会或者董事会同意，将公司资金借贷给他人或者以公司财产为他人提供担保；④违反公司章程的规定或者未经股东会、股东大会同意，与本公司订立合同或者进行交易；⑤未经股东会或者股东大会同意，利用职务便利为自己或者他人谋取属于公司的商业机会，自营或者为他人经营与所任职公司同类的业务；⑥接受他人与公司交易的佣金归为己有；⑦擅自披露公司秘密；⑧违反对公司忠实义务的其他行为。

董事、高级管理人员违反前款规定所得的收入应当归公司所有。

（四）一人有限责任公司的特别规定

1. 一人有限责任公司的概念

一人有限责任公司，是指只有一个自然人股东或者一个法人股东的有限责任公司。

2. 关于一人有限责任公司的特别规定

①一个自然人只能投资设立一个一人有限责任公司。该一人有限责任公司不能投资设立新的一人有限责任公司。

②一人有限责任公司应当在公司登记中注明自然人独资或者法人独资，并在公司营业执照中载明。

③一人有限责任公司章程由股东制定。

④一人有限责任公司不设股东会。股东作出本法第三十八条第一款所列决定时，应当采用书面形式，并由股东签名后置备于公司。

⑤一人有限责任公司应当在每一会计年度终了时编制财务会计报告，并经会计师事务所审计。

⑥一人有限责任公司的股东不能证明公司财产独立于股东自己的财产的，应当对公司债务承担连带责任。

（五）国有独资公司的特别规定

1. 国有独资公司的概念

国有独资公司，是指国家单独出资、由国务院或者地方人民政府授权本级人民政府国有资产监督管理机构履行出资人职责的有限责任公司。

2. 国有独资公司的组织机构

国有独资公司不设股东会，由国有资产监督管理机构行使股东会职权。国有资产监督管理机构可以授权公司董事会行使股东会的部分职权，决定公司的重大事项，但公司的合并、分立、解散、增加或者减少注册资本和发行公司债券，必须由国有资产监督管理机构决定；其中，重要的国有独资公司合并、分立、解散、申请破产的，应当由国有资产监督管理机构审核后，报本级人民政府批准。

国有独资公司设董事会，董事每届任期不得超过三年。董事会成员中应当有公司职工代表。

董事会成员由国有资产监督管理机构委派；但是，董事会成员中的职工代表由公司职工代表大会选举产生。

董事会设董事长一人，可以设副董事长。董事长、副董事长由国有资产监督管理机构从董事会成员中指定。

国有独资公司设经理，由董事会聘任或者解聘。经国有资产监督管理机构同意，董事会成员可以兼任经理。

国有独资公司的董事长、副董事长、董事、高级管理人员，未经国有资产监督管理机构同意，不得在其他有限责任公司、股份有限公司或者其他经济组织兼职。

国有独资公司监事会成员不得少于五人，其中职工代表的比例不得低于三分之一，具体比例由公司章程规定。

监事会成员由国有资产监督管理机构委派；但是，监事会成员中的职工代表由公司职工代表大会选举产生。监事会主席由国有资产监督管理机构从监事会成员中指定。监事会行使《公司法》第五十三条第（一）项至第（三）项规定的职权和国务院规定的其他职权。

三、股份有限公司

（一）股份有限公司的概念

股份有限公司，是指由一定人数的股东组成，公司全部资本分为等额股份，股东以其所认购股份为限对公司承担责任，公司以其全部资产对公司债务承担责任的公司。

（二）股份有限公司的设立

1. 设立的概念

股份有限公司的设立，可以采取发起设立或者募集设立的方式。

发起设立，是指由发起人认购公司应发行的全部股份而设立公司。

募集设立，是指由发起人认购公司应发行股份的一部分，其余股份向社会公开募集或者向特定对象募集而设立公司。

2. 设立的条件

股份有限公司的设立应当具备下列条件：

（1）发起人符合法定人数

设立股份有限公司，应当有两人以上两百人以下为发起人，其中须有半数以上的发起人在中国境内有住所。

（2）发起人认购和募集的股本达到法定资本最低限额

股份有限公司采取发起设立方式设立的，注册资本为在公司登记机关登记的全体发起人认购的股本总额。在发起人认购的股份缴足前，不得向他人募集股份。

股份有限公司采取募集方式设立的，注册资本为在公司登记机关登记的实收股本总额。法律、行政法规以及国务院决定对股份有限公司注册资本实缴、注册资本最低限额另有规定的，从其规定。

（3）股份发行、筹办事项符合法律规定

发起人向社会公开募集股份，必须公告招股说明书，并制作认股书，并应当由依法设立的证券公司承销，签订承销协议。

（4）发起人制订公司章程，采用募集方式设立的经创立大会通过

发行股份的股款缴足后，必须经依法设立的验资机构验资并出具证明。发起人应当自股款缴足之日起三十日内主持召开公司创立大会。创立大会由发起人、认股人组成。

（5）有公司名称，建立符合股份有限公司要求的组织机构

依法设立的股份有限公司，必须在公司名称中标明股份有限公司或者股份公司字样。

（6）有公司住所

公司以其主要办事机构所在地为住所

（三）股份有限公司的组织机构

1．股东大会

（1）股东大会的性质和职权

股份有限公司股东大会由全体股东组成。股东大会是公司的权力机构，依法行使职权。

（2）股东大会会议和议事规则

股东大会应当每年召开一次年会。有下列情形之一的，应当在两个月内召开临时股东大会：①董事人数不足本法规定人数或者公司章程所定人数的三分之二时；②公司未弥补的亏损达实收股本总额三分之一时；③单独或者合计持有公司百分之十以上股份的股东请求时；④董事会认为必要时；⑤监事会提议召开时；⑥公司章程规定的其他情形。

股东大会会议由董事会召集，董事长主持；董事长不能履行职务或者不履行职务的，由副董事长主持；副董事长不能履行职务或者不履行职务的，由半数以上董事共同推举一名董事主持。股东出席股东大会会议，所持每一股份有一表决权。但是，公司持有的本公司股份没有表决权。

股东大会作出决议，必须经出席会议的股东所持表决权过半数通过。但是，股东大会作出修改公司章程、增加或者减少注册资本的决议，以及公司合并、分立、解散或者变更公司形式的决议，必须经出席会议的股东所持表决权的三分之二以上通过。

2．董事会和经理

（1）董事会的性质和组成

股份有限公司设董事会，董事会为公司经营决策和业务执行机构，其成员为五人至十九人。

董事会成员中可以有公司职工代表。董事会中的职工代表由公司职工通过职工代表大会、职工大会或者其他形式民主选举产生。

董事会设董事长一人，可以设副董事长。董事长和副董事长由董事会以全体董事的过半数选举产生。

（2）董事会、董事长的职权和董事的任期

董事会对股东大会负责，依《公司法》第46条的规定行使职权。

董事长召集和主持董事会会议，检查董事会决议的实施情况。副董事长协助董事长工

作，董事长不能履行职务或者不履行职务的，由副董事长履行职务；副董事长不能履行职务或者不履行职务的，由半数以上董事共同推举一名董事履行职务。

董事任期由公司章程规定，但每届任期不得超过 3 年。董事任期届满，连选可以连任。

（3）董事会会议

董事会每年度至少召开两次会议，每次会议应当于会议召开十日前通知全体董事和监事。

代表十分之一以上表决权的股东、三分之一以上董事或者监事会，可以提议召开董事会临时会议。董事长应当自接到提议后十日内，召集和主持董事会会议。

董事会召开临时会议，可以另定召集董事会的通知方式和通知时限。董事会会议应有过半数的董事出席方可举行。董事会作出决议，必须经全体董事的过半数通过。

董事会决议的表决，实行一人一票。董事会应当对会议所议事项的决定作成会议记录，出席会议的董事应当在会议记录上签名。

（4）经理

股份有限公司设经理，由董事会决定聘任或者解聘。《公司法》中关于有限责任公司经理职权的规定，适用于股份有限公司经理。

公司董事会可以决定由董事会成员兼任经理。

3. 监事会

（1）监事会的性质和组成

股份有限公司设监事会，其成员不得少于三人。

监事会应当包括股东代表和适当比例的公司职工代表，其中职工代表的比例不得低于三分之一，具体比例由公司章程规定。监事会中的职工代表由公司职工通过职工代表大会、职工大会或者其他形式民主选举产生。

监事会设主席一人，可以设副主席。监事会主席和副主席由全体监事过半数选举产生。董事、高级管理人员不得兼任监事。

（2）监事会的职权及监事的任期

《公司法》52 条关于有限责任公司监事任期的规定，适用于股份有限公司监事；《公司法》第 53 条、第 54 条关于有限责任公司监事会职权的规定，适用于股份有限公司监事会。

（四）上市公司组织机构的特别规定

上市公司是指其股票在证券交易所上市交易的股份有限公司，关于上市公司组织机构的特别规定，包括：

1. 上市公司在一年内购买、出售重大资产或者担保金额超过公司资产总额百分之三十的，应当由股东大会作出决议，并经出席会议的股东所持表决权的三分之二以上通过。

2. 上市公司设立独立董事，具体办法由国务院规定。

3. 上市公司设董事会秘书，负责公司股东大会和董事会会议的筹备、文件保管以及公司股东资料的管理，办理信息披露事务等事宜。

4. 上市公司董事与董事会会议决议事项所涉及的企业有关联关系的，不得对该项决议行使表决权，也不得代理其他董事行使表决权。该董事会会议由过半数的无关联关系董事出席即可举行，董事会会议所作决议须经无关联关系董事过半数通过。出席董事会的无关联关系董事人数不足三人的，应将该事项提交上市公司股东大会审议。

（五）股份有限公司的股份发行和转让

1. 股份发行

股份有限公司的股份是以股票形式表现的、体现股东权利和义务的、公司资本的组成部分。股票是股份有限公司签发的，证明股东所持股份的凭证。

股份的发行是指股份有限公司或者设立中的股份有限公司为了筹集公司资本，出售和分配股份的法律行为。它分为设立发行和新股发行。股份的发行，实行公平、公正的原则，同种类的每一股份应当具有同等权利。

同次发行的同种类股票，每股的发行条件和价格应当相同。

股票的发行价格可以按票面金额，也可以超过票面金额，但不得低于票面金额。股票的发行形式，采用纸面形式或者国务院证券管理部门规定的其他形式。公司发行的股票，可以为记名股票，也可以为无记名股票。公司向发起人、法人发行的股票，应当为记名股票，并应当记载该发起人、法人的名称或者姓名，不得另立户名或者以代表人姓名记名。

2. 股份的转让

股份转让是指股份有限公司的股份持有人依法自愿将自己的股份转让给他人，使他人取得股份成为股东的法律行为。股东转让其股份，应当在依法设立的证券交易场所进行或者按照国务院规定的其他方式进行。记名股票由股东以背书方式或者法律、行政法规规定的方式进行转让，转让后由公司将受让人的姓名或名称及住所记载于股东名册。无记名股票的转让由股东在依法设立的证券交易场所将股票交付给受让人后即发生转让的效力。

发起人持有的本公司股份，自公司成立之日起一年内不得转让。公司公开发行股份前已发行的股份，自公司股票在证券交易所上市交易之日起一年内不得转让。

公司董事、监事、高级管理人员应当向公司申报所持有的本公司的股份及其变动情况，在任职期间每年转让的股份不得超过其所持有本公司股份总数的百分之二十五；所持本公司股份自公司股票上市交易之日起一年内不得转让。上述人员离职后半年内，不得转让其所持有的本公司股份。公司章程可以对公司董事、监事、高级管理人员转让其所持有的本公司股份作出其他限制性规定。

（六）上市公司

1. 上市公司含义

上市公司是指所发行的股票经国务院或者国务院授权的证券管理部门批准在证券交易所上市交易的股份有限公司。

2. 申请公司股票上市的条件

股份有限公司申请股票上市，应当符合下列条件：

（1）股票经国务院证券监督管理机构核准已公开发行；

（2）公司股本总额不少于人民币三千万元；

（3）公开发行的股份达到公司股份总数的百分之二十五以上；公司股本总额超过人民币四亿元的，公开发行股份的比例为百分之十以上；

（4）公司最近三年无重大违法行为，财务会计报告无虚假记载。

四、公司债券与公司财务、会计

（一）公司债券

1. 公司债券的概念和特征

公司债券，是指公司依照法定程序发行、约定在一定期限还本付息的有价证券。它具有如下法律特征：

（1）公司债券是公司依法向不特定主体发行的。

（2）公司债券是一种有价证券。

（3）公司债券在约定期限内还本付息。

2. 公司债券的种类

以公司债券上是否载明公司债券持有人的姓名或名称为标准，可将其分为记名公司债券和无记名公司债券。以公司债券是否可转换成股票为批准，将其分为可转换公司债券和不可转换公司债券。

3. 发行公司债券的条件与限制

公开发行公司债券，应当符合下列条件：

（1）股份有限公司的净资产不低于人民币三千万元，有限责任公司的净资产不低于人民币六千万元；

（2）累计债券余额不超过公司净资产的百分之四十；

（3）最近三年平均可分配利润足以支付公司债券一年的利息；

（4）筹集的资金投向符合国家产业政策；

（5）债券的利率不超过国务院限定的利率水平；

（6）国务院规定的其他条件。

公开发行公司债券筹集的资金，必须用于核准的用途，不得用于弥补亏损和非生产性支出。《证券法》同时规定，公司有下列情形之一的，不得再次发行公司债券：

（1）前一次公开发行的公司债券尚未募足；

（2）对已公开发行的公司债券或者其他债务有违约或者延迟支付本息的事实，仍处于继续状态；

（3）违反证券法规定，改变公开发行公司债券所募资金的用途。

（二）公司财务、会计

1. 公司财务会计报告

公司的财务会计报告，是指由公司的业务执行部门按照国家规定，在每一法定期间内制作的、反映公司财务会计状况和经营成果的书面文件。它主要有资产负债表、损益表、财务状况变动表和附属明细表等组成，并由公司的业务执行部门在每一个会计年度终了时进行制作。

2. 公司的公积金、公益金及股利分配

（1）公积金

公积金是指公司为了增强自身的财产能力，扩大公司的经营规模和经营范围，弥补公司将来的亏损，依照法律、公司章程和股东大会或股东会的决议，从公司的营业利润或者其他收入中提取的一种储备金。公积金分为法定公积金与任意公积金。

《公司法》第166条规定："公司分配当年税后利润时，应当提取利润的10％列入公司法定公积金。公司法定公积金累计额为公司注册资本的 50％ 以上的，可以不再提取。"

（2）股利分配

股利是指依照法律或公司章程的规定，以一定的数额和方式分配给股东的盈余。法律规定，公司弥补亏损和提取公积金后，才能向股东分配股利。

五、公司的合并、分立、终止

（一）公司的合并与分立

1. 公司的合并与分立的概念和种类

公司的合并，是指依法定程序将两个以上的公司变为一个公司的法律行为。它分为吸收合并和新设合并两种。吸收合并指公司接纳一个以上的公司加入本公司，加入方解散，接纳方存续的合并形式。新设合并指两个以上的公司合并生成一个新公司，原合并各方解散的合并形式。

公司的分立，是指一个公司将其全部财产和经营业务分别归两个以上公司的法律行为。它分为新设分立和派生分立。新设分立是指原公司不存在，其全部财产和经营业务分别归属于两个以上新设公司的分立形式。派生分立是指原公司存在，在原公司的基础上，以其公司的部分财产和经营业务归属于另一新设公司的分立形式。

2. 公司的合并与分立的程序

公司的合并与分立主要有以下步骤：

（1）股东会或者股东大会做出决议，并经国务院授权的部门或省级人民政府批准；

（2）签订合并协议，编制资产负债表及财产清单；

（3）通知并公告债权人，清偿债务或提供相应担保；

（4）进行合并与分立登记。

3. 公司的合并与分立的效力

公司合并时，合并各方的债权、债务，应当由合并后存续的公司或者新设的公司承继；公司分立前的债务由分立后的公司承担连带责任。但是，公司在分立前与债权人就债务清偿达成的书面协议另有约定的除外。

（二）公司组织形式变更

公司组织形式变更是指不中断公司的经营，将某种类型的公司变为他种类型公司的行为。法律规定，有限责任公司可以变为股份有限公司。有限责任公司依法变为股份有限公司的，原有限责任公司的债权、债务由变更后的股份有限公司承继。

（三）公司的终止

公司的终止是指公司法人的消灭。它表现为公司的破产或解散。除了公司合并与分立的解散外，其他原因引起的公司终止都需要经过清算程序。

1. 公司的破产

公司的破产是指公司不能清偿到期债务的一种事实上和法律上的状态。

2. 公司的解散

公司的解散是指对成立的公司，因公司章程或法律规定的事由出现，依法使公司法人资格消灭的法律行为。

公司具有下列情形之一，可以解散：

（1）公司章程规定的营业期限届满或者公司章程规定的其他解散事由出现；

（2）股东会或者股东大会决议解散；

（3）因公司合并或者分立需要解散；

（4）依法被吊销营业执照、责令关闭或者被撤销；

（5）人民法院依照《公司法》182 条的规定予以解散，即公司经营管理发生严重困难，继续存续会使股东利益受到重大损失，通过其他途径不能解决的，持有公司全部股东表决权百分之十以上的股东，可以请求人民法院解散公司。

3. 公司的清算

公司的清算是指终结解散公司法律关系、消灭解散公司法人资格的程序。我国《公司法》只对一般性清算做了规定，其主要内容是：

（1）成立清算组。公司因解散事由（1）（2）（4）（5）项规定而解散的，应当在解散事由出现之日起十五日内成立清算组，开始清算。

（2）公告、通知债权人。清算组应当自成立之日起十日内通知债权人，并于六十日内在报纸上公告。债权人应当自接到通知书之日起三十日内，未接到通知书的自公告之日起四十五日内，向清算组申报其债权。

（3）清理债权债务，分配公司财产；

（4）制作清算文件，注销登记并公告。清算结束后，清算组应当制作清算报告等文件，经公司股东大会或股东会或主管机关确认后，报送登记机关，申请注销公司登记，并公告公司终止。

第六节　企业法律制度案例

案例 1

上诉人：江西省锅炉压力容器检验检测研究院

被上诉人：江西××有限公司（以下简称"甲公司"）

原审第三人：江西省设备工程监理有限公司

一、基本案情

设备监理公司由锅检院 100% 出资设立于 2006 年 2 月 16 日，注册资金为 500 万元。2010 年 1 月 21 日，锅检院与甲公司签订《产权交易合同》，合同约定：锅检院将所持有的设备监理公司 80% 的股权转让给甲公司。《产权交易合同》签订后，甲公司于 2010 年 2 月 5 日付清股权转让款 4224600 元。2010 年 6 月 13 日，锅检院将设备监理公司账簿、审计报告等材料移交给甲公司。根据锅检院移交的两份审计报告显示，截至 2009 年 9 月 30 日设备监理公司对锅检院有应收账款 4700000 元，截止 2010 年 2 月 28 日设备监理公司对锅检院有应收账款 475400 元，其中差额 4224600 元与甲公司支付的股权转让款数额和支付时间吻合，锅检院陈述其用收到的股权转让款支付了欠付设备监理公司应收账款。对于剩余的 475400 元，锅检院主张为其向设备监理公司的借款，但锅检院并未提供借条或借款协议等债权凭证用以佐证借款事实，因此存在锅检院将出资款项转出设备监理公司且未返还的行为，人民法院认定锅检院抽逃出资，需对公司承担补足出资的责任。

二、案例评析

关于抽逃出资，《公司法》第三十五条规定："公司成立后，股东不得抽逃出资。"《最高人民法院关于适用〈中华人民共和国公司法〉若干问题的规定（三）》第十二条规定："公司成立后，公司、股东或者公司债权人以相关股东的行为符合下列情形之一且损害公司权益为由，请求认定该股东抽逃出资的，人民法院应予支持：（一）制作虚假财务会计报表虚增利润进行分配；（二）通过虚构债权债务关系将其出资转出；（三）利用关联交易将出资转出；（四）其他未经法定程序将出资抽回的行为。"本案中，一审、二审法院认定锅检院的行为属于其他未经法定程序将出资抽回的行为，判决锅检院返还出资款并支付利息。

案例 2

上诉人：江某

被上诉人：南通市××房地产开发有限公司（以下简称"甲公司"）

一、基本案情

2005 年 5 月，甲公司对受让取得的坐落于如皋市如城镇文化中心南侧、面积分别为 2973 平方米（出让价格 4973234 元）、4830 平方米（出让价格 2024784.3 元）的国有土地使用权办理了土地登记，土地使用证号为皋国用（2005）第 623 号、第 624 号。

2010 年 1 月 6 日，万锦置业公司设立，股东为江某及其妻高某（江某同时为甲公司的股东，担任董事，负责开发等事务），注册资本 2000 万元，其中高某出资 1200 万元，江某出资 800 万元。在未征得甲公司另一股东何某书面同意情况下，江某在下列文件中加盖了甲公司印章：

1. 2010 年 1 月 18 日的投资协议，主要内容为"万锦置业公司是甲公司投资设立的全资子公司，甲公司将以皋国用（2005）第 623 号、第 624 号土地使用权作为投资，评估价值为 1500 万元"。

2. 2010 年 1 月 26 日的股权转让协议，主要内容为甲公司受让江某夫妇持有的万锦置业公司全部股权；万锦置业公司股东决定，内容为继续委托高某担任执行董事、法定代表人，江某为监事。

3. 2010 年 2 月 8 日向国土资源局出具的申请报告，内容为"如城镇文化中心南侧地块，由甲公司于 2006 年 5 月获取，为开发需要，以甲公司为主体，投资其子公司万锦置业公司，现将上述地块划转给子公司万锦置业公司"，上述两宗地使用权人遂变更为万锦置业公司，土地使用权证号变更为皋国用（2010）第 189 号、第 190 号。

4. 2010 年 2 月 9 日的股权转让协议，内容为甲公司将持有的万锦置业公司 2000 万元股权中 1200 万元转让给高某，800 万元转让给江某。

前述投资协议、股权转让协议、股东决定中有关何某的签名均非其本人所签。

2010 年 6 月 8 日，高某将持有的万锦置业公司 60％股权转让给案外人赵某，江某持有的 40％股权转让给案外人张某，新股东选举高某为执行董事、法定代表人。2010 年 8 月 2 日，张某、赵某将股权以 2000 万元价格转让给案外人王某、李某，张某、赵某要求将转让款汇至高某账户，后案外人汇入高某账户 1350 万元，汇入赵某账户 650 万元。此后甲公司向法院提起诉讼请求法院确认江某侵占公司财产，并赔偿公司损失。

二、案件审理

一审法院认为，公司享有法人财产权，合法权益受法律保护，公司的控股股东、实际控制人、董事、监事、高级管理人员不得利用其关联关系损害利益。本案中，江某作为甲公司的股东，为实现其控制的万锦建安公司对甲公司享有的债权，设立万锦置业公司，在未征得其余股东同意情况下擅自加盖甲公司印章，经一系列股权变更行为，将甲公司名下的案涉土地变更至万锦置业公司，以 1500.6 万元的对价抵销甲公司欠万锦建安公司的部分债务。从 2009 年案涉土地曾进行过评估以及江某实际收受的股权转让款情况，可以认定江某明知抵销的债务金额与土地实际价值存在较大差异，甲公司为此遭受损失。作为实施该行为的江某，应当就甲公司的损失承担相应赔偿责任。现甲公司要求其对抵销债权的金额与评估价值之间的差额及由此产生的利息承担赔偿责任，于法有据，应当予以支持。

二审法院认为，第一，《公司法》第二十条规定："公司股东应当遵守法律、行政法规和公司章程，依法行使股东权利，不得滥用股东权利损害公司或者其他股东的利益；……公司股东滥用股东权利给公司或者其他股东造成损失的，应当依法承担赔偿责任。"第一百四十九条规定："董事、监事、高级管理人员，执行公司职务时违反法律、行政法规或者公司章程的规定，给公司造成损失的，应当承担赔偿责任"。江某主张案涉地产始终在公司名下，其并非适格主体，亦未从中获得利益。但江某在作为甲公司股东及公司高管期间，私自在投资协议、股权转让协议等材料上加盖甲公司印章，最终将甲公司名下国有土地使用权变更至万锦置业公司，并以低于土地实际价值的对价抵销甲公司欠万锦建安公司的部分债务。虽然案涉国有土地使用权未直接变更至江某名下，但江某的上述行为显然给甲公司造成了损失，故江某理应承担相应赔偿责任。

三、案例评析

《公司法》规定，董事、监事、高级管理人员执行公司职务时违反法律、行政法规或者公司章程的规定，给公司造成损失的，应当承担赔偿责任。本案中，江某在作为甲公司股东及公司高管期间，私自使用公司印章，将甲公司名下国有土地使用权变更至万锦置业公司并从中获利，严重损害了甲公司的利益，依法应当赔偿甲公司损失。

第十四章　劳动法律制度

第一节　劳动法概述

一、劳动法概念及调整对象

劳动法的概念是调整一定范围的劳动关系和与其有密切联系的其他关系的法律规范总和。除了包括第八届全国人民代表大会第八次会议于 1994 年 7 月 5 日通过的《劳动法》中的法律规范之外，还包括其他各种规范性文件中有关调整一定范围的劳动关系和与其有密切联系的其他关系的法律规范。主要有第十届全国人民代表大会常务委员会第二十八次会议于 2007 年 6 月 29 日通过的《劳动合同法》，自 2008 年 1 月 1 日起施行；第十届全国人民代表大会常务委员会第二十九次会议于 2007 年 8 月 30 日通过的《就业促进法》，自 2008 年 1 月 1 日起施行；第十届全国人民代表大会常务委员会第三十一次会议于 2007 年 12 月 29 日通过的《劳动争议调解仲裁法》，自 2008 年 5 月 1 日起施行。上述三部法律被称为保护劳动者利益、推动劳动保障改革和发展的三驾马车，与劳动法共同构建起了适应我国国情的劳动法律体系。

劳动法的调整对象是一定范围的劳动关系和与其有密切联系的其他关系。劳动法调整的劳动关系是指劳动者与用人单位之间在实现劳动过程中发生的社会关系。劳动关系是基于劳动合同，在实现劳动过程中发生的既具有人身关系、经济关系，又具有平等性和从属性的社会关系。与劳动关系密切联系的其他社会关系表现为因管理劳动力、执行社会保险、组织工会和工作活动、处理劳动争议以及监督劳动法律法规的执行等而发生的社会关系。

二、劳动法的适用范围

《劳动法》第 2 条规定："在中华人民共和国境内的企业、个体经济组织（以下统称用人单位）和与之形成劳动关系的劳动者，适用本法。国家机关、事业组织、社会团体和与之建立劳动合同关系的劳动者，依照本法执行。"但国家机关、事业单位、社会团体和劳动者之间不是建立劳动合同，而是通过其他形式形成劳动关系的，不适用劳动法调整。

三、劳动法的作用

建立劳动法的目的总的来说是："保护劳动者的合法权益，调整劳动关系，建立和维护适应社会主义市场经济的劳动制度，促进经济发展和社会进步。"我国《劳动法》第 1 条明确指出了这一点。

劳动法的作用主要体现在如下几个方面：

（一）劳动法保障劳动者的合法权益

在社会主义制度下，劳动者是国家的主人，劳动者享有广泛的权利。如劳动者有劳动的权利、休息的权利、获得物质帮助的权利，有按照劳动的数量和质量取得劳动报酬的权利，享有劳动保护的权利，以及参加民主管理和组织工会的权利等等。这些都是劳动者的切身利益，直接关系到劳动者的物质和文化生活水平的提高。我国宪法对于保护劳动者的劳动权益作了大量规定，劳动法建立起保护劳动者合法权益的完善的法律机制，使党和国家的劳动政策具体化。通过劳动法的贯彻，能够切实保证劳动者这些合法权益不受侵犯。

（二）调整劳动关系

劳动关系包括全民所有制劳动关系、集体所有制劳动关系、私营企业的劳动关系、外商投资企业劳动关系、个体经营组织劳动关系和联营单位的劳动关系等等，而其中非社会主义性质的劳动关系又具有雇佣劳动的性质。劳动法调整用人单位和劳动者之间的权利义务关系，使用人单位和劳动者自行协调或利用一系列法律协调机制协调劳动关系，形成稳定、和谐的劳动关系。

（三）加强现代企业制度的建立，促进生产力的发展

社会主义市场经济要求现代企业有合格的劳动者并节约使用劳动力，增强市场竞争能力。企业劳动组织要最佳结合劳动力与生产资料。劳动法的规定保护了用人单位的劳动权利。例如，劳动法规定："劳动者应当完成劳动任务，提高职业技能，执行劳动安全卫生规程，遵守劳动纪律和职业道德。"此外，用人单位还有自主用人权、工资分配自主权和非过失性裁减职工等项权利。这些制度对于完善企业劳动组织，不断提高劳动生产率和经济效益有着重要作用，并积极地促进生产力的发展。

（四）促进社会安定团结

在各项生产和经济活动中，领导和群众之间、企业行政和职工之间，难免发生这样或那样的矛盾和隔阂。劳动者和用人单位之间一旦发生劳动权利和劳动义务争执，劳动法中有关处理劳动争议程序的规定，能够保障劳动争议获得正确、及时地解决，增强企业内部以及整个社会的安定团结，为社会主义现代化建设创造良好的环境。

四、劳动法的基本原则

劳动法的基本原则是指贯穿、体现在劳动法制度和法律规范之中的指导思想和基本准则。我国劳动法的基本原则如下：

（一）促进就业的原则

根据我国宪法的规定，国家促进就业被确立为劳动法的一项基本原则，劳动法必须认真贯彻实施这一原则。《劳动法》进一步对宪法作了明确、具体的规定："国家通过促进经济发展，创造就业条件，扩大就业机会""国家鼓励企业、事业组织、社会团体在法律、行政法规规定的范围内兴办产业或者拓展经营，增加就业。国家支持劳动者自愿组织起来就业和从事个体经营实现就业""地方各级人民政府应当采取措施，发展多种类型的职业介绍机构，提供就业服务"等。《就业促进法》更是提出了"国家把扩大就业放在经济社会发展的突出位置，实施积极的就业政策，坚持劳动者自主择业、市场调节就业、政府促进就业"的方针。

（二）公民享有平等的就业机会权和选择职业的自主权的原则

劳动权是公民的一项最基本的权利，我国宪法明确规定"公民有劳动的权利"。劳动权分为就业权和择业权。劳动法基本原则之一就是体现公民享有平等的就业机会权和选择职业的自主权的原则。劳动者就业，不因民族、种族、性别、宗教信仰等不同而受歧视。

在社会主义市场经济条件下，公民与用人单位是劳动市场中平等的两个主体，双方在相互选择，协商一致的基础上，订立劳动合同产生劳动关系。就公民来说具有平等的就业

机会权，选择职业的自主权；劳动者有续订或不续订劳动合同权和再次选择职业的自主权。

（三）保护劳动者合法权益的原则

《劳动法》中明确规定："劳动者享有平等就业和选择职业的权利、取得劳动报酬的权利、休息休假的权利、获得劳动安全卫生保护的权利、接受职业技能培训的权利、享受社会保险和福利的权利、提请劳动争议处理的权利以及法律规定的其他劳动权利。"《劳动法》从政治、经济、文化和人身的各方面内容保护劳动者权益，涉及劳动者从求职、就业、失业、转业，直到退休的全过程；涉及对劳动者的职业训练、劳动报酬、社会保险、劳动安全卫生保护等诸多环节。

第二节　劳　动　合　同

一、劳动合同的概念

劳动合同又称劳动契约，是指劳动者与用人单位之间为确立劳动关系，依法协商达成的双方权利和义务的书面协议。劳动法规定：建立劳动关系应当订立劳动合同，并应当遵循平等自愿、协商一致的原则，不得违反法律、行政法规的规定。第十届全国人民代表大会常务委员会第二十八次会议于 2007 年 6 月 29 日通过的《劳动合同法》，自 2008 年 1 月 1 日起施行，这是我国劳动立法上的一件大事，对于维护劳动者和用人单位的合法权益，建立和谐稳定的劳动关系都具有重要意义。

关于《劳动合同法》的适用范围，根据该法第 2 条规定："中华人民共和国境内的企业、个体经济组织、民办非企业单位等组织（以下简称"用人单位"）与劳动者建立劳动关系，订立、履行、变更、解除或者终止劳动合同，适用本法。国家机关、事业单位、社会团体和与其建立劳动关系的劳动者，订立、履行、变更、解除或者终止劳动合同，依照本法执行。"

二、劳动合同的订立

（一）劳动合同订立的含义

劳动合同的订立，是指劳动者与用人单位之间为建立劳动关系，依法就双方的权利义务协商一致，设立劳动合同关系的法律行为。

（二）劳动合同订立的原则

订立劳动合同，应当遵循合法、公平、平等自愿、协商一致、诚实信用的原则。

1. 合法的原则

依法订立劳动合同，必须符合三项要求：

（1）当事人必须具备合法的资格；

（2）劳动合同内容合法；

（3）订立劳动合同的程序和形式，必须符合法律、法规的规定。

2. 公平原则

公平原则源于合同法的基本原则。我国《合同法》第 5 条规定："当事人应当遵循公平原则确定各方的权利和义务"。公平原则是对契约自由原则的完善和补充，遵循公平原则，兼顾各方的利益。劳动合同是劳动关系双方当事人就明确各自的劳动权利和劳动义务关系达成的协议，直接涉及劳动者与用人单位之间利益的协调与平衡问题，因此应当把公平作为劳动合同法的基本原则。

3. 平等自愿原则

平等，是指当事人双方的法律地位平等，双方当事人都以平等的身份订立劳动合同；自愿，是指订立劳动合同完全出于当事人自己的意志，任何一方不得将自己的意志强加给对方，也不允许第三者进行非法干预。

4. 协商一致原则

协商一致，是指当事人双方在充分表达自己意思的基础上，经过平等协商，取得一致意见，签订劳动合同。劳动合同是双方合同，只有双方当事人对合同的内容有着一致见解并且有共同建立劳动合同关系的意愿后才能成立生效。

5. 诚实信用的原则

诚实信用原则是道德规范在法律上的表现。在劳动合同的订立与履行中，要求双方诚实守信地订立和履行劳动合同，例如用人单位招用劳动者时，应当如实告知劳动者工作内容、工作条件、工作地点、职业危害、安全生产状况、劳动报酬，以及劳动者要求了解的其他情况；用人单位有权了解劳动者与劳动合同直接相关的基本情况，劳动者应当如实说明。

（三）订立劳动合同的要求

订立劳动合同一般应符合下列要求：

1. 当事人具有合法的资格。首先，用人单位必须是中国境内的企业、个体经济组织、民办非企业单位、国家机关、事业单位、社会团体等符合《劳动合同法》要求的主体。其次，劳动者也必须是具备劳动合同法当事人资格的自然人。

2. 劳动合同内容合法。劳动合同的内容，是指劳动合同双方当事人协商达成的劳动权利义务的具体规定。它表现为合同条款，各项条款必须符合法律、行政法规的规定。《劳动合同法》第 17 条规定，劳动合同应当具备以下条款：（1）用人单位的名称、住所和法定代表人或者主要负责人；（2）劳动者的姓名、住址和居民身份证或者其他有效身份证件号码；（3）劳动合同期限；（4）工作内容和工作地点；（5）工作时间和休息休假；（6）劳动报酬；（7）社会保险；（8）劳动保护、劳动条件和职业危害防护；（9）法律、法规规定应当纳入劳动合同的其他事项。劳动合同除前款规定的必备条款外，用人单位与劳动者可以约定试用期、培训、保守秘密、补充保险和福利待遇等其他事项。

3. 劳动合同形式和程序应该合法。劳动合同形式，是指订立劳动合同的方式。劳动合同的形式分为书面和口头两种。根据《劳动合同法》的相关规定，除非全日制用工可以订立口头劳动协议外，劳动合同的形式依法应当采用书面形式订立。劳动合同的签订程序必须符合法律规定。

（四）劳动合同的效力

1. 劳动合同的成立和生效

建立劳动关系，应当订立书面劳动合同。劳动关系是用人单位与劳动者之间关于劳动权利和义务的法律关系，这种劳动关系的建立，是双方意思表示一致的结果。通常来说，用人单位与劳动者之间建立劳动关系应当签订书面的劳动合同，以证明双方建立劳动关系的事实以及双方的权利、义务的具体内容。然而，现实中很多用人单位并不愿意与劳动者签订书面的劳动合同。在《劳动合同法》中，为保障劳动者的权益，特别规定了用人单位与劳动者之间在实际用工之日就建立受劳动法保护的劳动关系。已建立劳动关系，未同时订立书面劳动合同的，应当自用工之日起一个月内订立书面劳动合同。用人单位与劳动者在用工前订立劳动合同的，劳动关系自用工之日起建立。

劳动合同由用人单位与劳动者协商一致，并经用人单位与劳动者在劳动合同文本上签字或者盖章生效。

2. 劳动合同的分类

以劳动合同期限为依据，劳动合同分为固定期限劳动合同、无固定期限劳动合同和以完成一定工作任务为期限的劳动合同。

（1）固定期限劳动合同，是指用人单位与劳动者约定合同终止时间的劳动合同。

（2）无固定期限劳动合同，是指用人单位与劳动者约定无确定终止时间的劳动合同。用人单位与劳动者协商一致，可以订立无固定期限劳动合同。有下列情形之一，劳动者提出或者同意续订、订立劳动合同的，除劳动者提出订立固定期限劳动合同外，应当订立无固定期限劳动合同：①劳动者在该用人单位连续工作满十年的；②用人单位初次实行劳动合同制度或者国有企业改制重新订立劳动合同时，劳动者在该用人单位连续工作满十年且距法定退休年龄不足十年的；③连续订立二次固定期限劳动合同，且劳动者没有《劳动合同法》关于用人单位依法解除劳动合同情形，续订劳动合同的。用人单位自用工之日起满一年不与劳动者订立书面劳动合同的，视为用人单位与劳动者已订立无固定期限劳动合同。

（3）以完成一定工作任务为期限的劳动合同，是指用人单位与劳动者约定以某项工作的完成为合同期限的劳动合同。

3. 劳动合同的无效

无效的劳动合同，是指当事人违反法律、行政法规的规定，订立的不具有法律效力的劳动合同。《劳动合同法》规定下列劳动合同无效或者部分无效：（1）以欺诈、胁迫的手段或者乘人之危，使对方在违背真实意思的情况下订立或者变更劳动合同的；（2）用人单位免除自己的法定责任、排除劳动者权利的；（3）违反法律、行政法规强制性规定的。

对劳动合同的无效或者部分无效有争议的，由劳动争议仲裁机构或者人民法院确认。劳动合同部分无效，不影响其他部分效力的，其他部分仍然有效。劳动合同被确认无效，劳动者已付出劳动的，用人单位应当向劳动者支付劳动报酬。劳动报酬的数额，参照本单位相同或者相近岗位劳动者的劳动报酬确定。

（五）劳动合同鉴证

劳动合同鉴证，是指劳动行政部门依法审查、证明劳动合同真实性、合法性的一项行政监督、服务措施。实行劳动合同鉴证制度，对于纠正无效和违法合同，加强劳动合同管理，保证合同严格履行，维护劳动合同当事人双方的合法权益，都有重要作用。劳动行政部门是劳动合同的鉴证机关。劳动合同鉴证的具体工作由合同签订地或履行地的劳动行政部门承办。

三、劳动合同的履行

（一）劳动合同履行的涵义

劳动合同履行，是指双方当事人按照劳动合同规定的条件，履行自己所应承担义务的行为。《劳动法》第 17 条第 2 款规定："劳动合同依法订立即具有法律约束力，当事人必须履行劳动合同规定的义务。"《劳动合同法》第 29 条同样规定："用人单位与劳动者应当按照劳动合同的约定，全面履行各自的义务"。劳动合同的履行，并不是当事人一方所能完成的，必须由当事人双方共同完成。只有当事人双方各自履行自己所应承担的义务，才能保证劳动合同履行。

（二）履行劳动合同的原则

根据劳动法律关系的特点，履行劳动合同应当遵循以下几项原则：

1. 亲自履行的原则

亲自履行，是指劳动合同当事人自己履行劳动合同规定的义务的行为。劳动法律关系是劳动者与用人单位依法形成的权利义务关系。劳动者提供劳动力，用人单位使用劳动者提供的劳动力，劳动者与用人单位提供的生产资料相结合，这就决定了劳动合同双方当事人享有的权利必须亲自行使而不得转让，义务必须亲自履行而不得代行或转移。因此，劳动合同双方当事人必须亲自履行劳动合同规定的义务。

2. 权利义务相统一的原则

劳动合同双方当事人互为权利、义务主体，其权利义务是在劳动过程中实现。这就决定当事人权利、义务具有不可分割的统一性。不能只享受权利而不履行义务，也不能只尽义务而不享受权利。劳动合同当事人双方互有请求权，以保证劳动合同规定的双方权利义务得以实现。因此，当事人双方必须按照权利义务相统一的原则履行劳动合同。

3. 全面履行的原则

劳动合同规定的各项条款，是有其内在联系的、不能割裂的统一整体。当事人任何一方不得分割履行某些条款规定的义务或者不按合同约定履行。当事人双方必须按合同约定的时间、地点和方式，全面履行劳动合同规定的各项义务。只有当事人双方全面履行自己的义务，才能保证劳动合同得以全部履行。

4. 协作履行的原则

协作履行，是指当事人双方相互协作，共同完成劳动合同规定的任务。协作履行原则是根据劳动合同客体特征提出的。劳动法律关系客体是劳动行为，而劳动行为是在运用劳动能力、实现劳动过程中发生的行为，只有当事人双方协作才能完成劳动合同规定的任务。因此，协作履行是履行劳动合同的必然要求。

（三）劳动合同的履行的相关规定

1. 用人单位应当按照劳动合同约定和国家规定，向劳动者及时足额支付劳动报酬。用人单位拖欠或者未足额支付劳动报酬的，劳动者可以依法向当地人民法院申请支付令，人民法院应当依法发出支付令。

2. 用人单位应当严格执行劳动定额标准，不得强迫或者变相强迫劳动者加班。用人单位安排加班的，应当按照国家有关规定向劳动者支付加班费。

3. 劳动者拒绝用人单位管理人员违章指挥、强令冒险作业的，不视为违反劳动合同。劳动者对危害生命安全和身体健康的劳动条件，有权对用人单位提出批评、检举和控告。

四、劳动合同的变更

劳动合同的变更，是指劳动关系双方当事人就已订立的劳动合同的部分条款达成修改、补充或者废止协定的法律行为。

劳动合同的变更，是因发生一定的法律事实而对依法成立的劳动合同，在劳动法律、法规允许的范围内变更。根据《劳动合同法》的规定："用人单位与劳动者协商一致，可以变更劳动合同约定的内容。变更劳动合同，应当采用书面形式"。

1. 用人单位变更名称、法定代表人、主要负责人或者投资人等事项，不影响劳动合同的履行。

2. 用人单位发生合并或者分立等情况，原劳动合同继续有效，劳动合同由承继其权利和义务的用人单位继续履行。

变更后的劳动合同文本由用人单位和劳动者各执一份。

五、劳动合同的解除

（一）劳动合同解除的涵义

劳动合同的解除，是指当事人双方提前终止劳动合同的法律效力，解除双方的权利义务关系。它是在劳动合同订立后，尚未全部履行以前，由于某种原因导致劳动合同一方或双方当事人提前消灭劳动关系的法律行为。

（二）劳动合同解除的分类

劳动合同解除分为法定解除和协商解除两种。法定解除，是指因发生法律、法规或劳动合同规定的情况，提前终止劳动合同后的法律效力。协商解除，是指当事人双方因某种原因，协商同意提前终止劳动合同的法律效力。《劳动合同法》中关于合同解除的规定主要有：

1. 用人单位与劳动者协商一致，可以解除劳动合同。

2. 劳动者提前三十日以书面形式通知用人单位，可以解除劳动合同。劳动者在试用期内提前三日通知用人单位，可以解除劳动合同。

3. 用人单位有下列情形之一的，劳动者可以解除劳动合同：①未按照劳动合同约定提供劳动保护或者劳动条件的；②未及时足额支付劳动报酬的；③未依法为劳动者缴纳社会保险费的；④用人单位的规章制度违反法律、法规的规定，损害劳动者权益的；⑤以欺诈、胁迫的手段或者乘人之危，使对方在违背真实意思的情况下订立或者变更劳动合同致使劳动合同无效的；⑥法律、行政法规规定劳动者可以解除劳动合同的其他情形。

用人单位以暴力、威胁或者非法限制人身自由的手段强迫劳动者劳动的，或者用人单位违章指挥、强令冒险作业危及劳动者人身安全的，劳动者可以立即解除劳动合同，不需事先告知用人单位。

4. 劳动者有下列情形之一的，用人单位可以解除劳动合同：①在试用期间被证明不符合录用条件的；②严重违反用人单位的规章制度的；③严重失职，营私舞弊，给用人单位造成重大损害的；④劳动者同时与其他用人单位建立劳动关系，对完成本单位的工作任务造成严重影响，或者经用人单位提出，拒不改正的；⑤以欺诈、胁迫的手段或者乘人之危，使对方在违背真实意思的情况下订立或者变更劳动合同致使劳动合同无效的；⑥被依法追究刑事责任的。

5. 有下列情形之一的，用人单位提前三十日以书面形式通知劳动者本人或者额外支付劳动者一个月工资后，可以解除劳动合同：①劳动者患病或者非因工负伤，在规定的医疗期满后不能从事原工作，也不能从事由用人单位另行安排的工作的；②劳动者不能胜任工作，经过培训或者调整工作岗位，仍不能胜任工作的；③劳动合同订立时所依据的客观情况发生重大变化，致使劳动合同无法履行，经用人单位与劳动者协商，未能就变更劳动合同内容达成协议的。

6. 劳动者有下列情形之一的，用人单位不得解除劳动合同：①从事接触职业病危害作业的劳动者未进行离岗前职业健康检查，或者疑似职业病病人在诊断或者医学观察期间的；②在本单位患职业病或者因工负伤并被确认丧失或者部分丧失劳动能力的；③患病或者非因工负伤，在规定的医疗期内的；④女职工在孕期、产期、哺乳期的；⑤在本单位连续工作满十五年，且距法定退休年龄不足五年的；⑥法律、行政法规规定的其他情形。

用人单位单方解除劳动合同，应当事先将理由通知工会。用人单位违反法律、行政法规规定或者劳动合同约定的，工会有权要求用人单位纠正。用人单位应当研究工会的意见，并将处理结果书面通知工会。

（三）劳动合同解除与劳动合同订立和变更的关系

劳动合同解除与劳动合同的订立或变更不同。订立或变更劳动合同是当事人双方的法律行为，必须经双方协商一致才能成立；劳动合同解除可以是双方的法律行为，也可以是单方的法律行为，即可以由当事人双方协商一致而解除劳动合同，也可以由当事人一方依法提出解除劳动合同。

六、劳动合同的终止

劳动合同终止，是指终止劳动合同的法律效力。劳动合同订立后，双方当事人不得随意终止劳动合同。只有法律规定或当事人约定的情况出现，当事人才能终止劳动合同。凡有下列情形之一的，劳动合同终止。

1. 劳动合同期满的；

2. 劳动者开始依法享受基本养老保险待遇的；

3. 劳动者死亡，或者被人民法院宣告死亡或者宣告失踪的；

4. 用人单位被依法宣告破产的；

5. 用人单位被吊销营业执照、责令关闭、撤销或者用人单位决定提前解散的；

6. 法律、行政法规规定的其他情形。

七、《劳动合同法》关于劳动合同的特别规定

《劳动合同法》第五章对一些特殊劳动合同作出了规定，其中与建设工程关系较为密切的条文包括：

（一）集体合同

企业职工一方与用人单位通过平等协商，可以就劳动报酬、工作时间、休息休假、劳动安全卫生、保险福利等事项订立集体合同。集体合同草案应当提交职工代表大会或者全体职工讨论通过。

在县级以下区域内，建筑业、采矿业、餐饮服务业等行业可以由工会与企业方面代表订立行业性集体合同，或者订立区域性集体合同。

依法订立的集体合同对用人单位和劳动者具有约束力。行业性、区域性集体合同对当地本行业、本区域的用人单位和劳动者具有约束力。集体合同中劳动报酬和劳动条件等标准不得低于当地人民政府规定的最低标准；用人单位与劳动者订立的劳动合同中劳动报酬和劳动条件等标准不得低于集体合同规定的标准。

（二）劳务派遣

劳务派遣单位应当依照公司法的有关规定设立，注册资本不得少于二百万元。劳务派遣单位应当履行用人单位对劳动者的义务。劳务派遣单位与被派遣劳动者订立的劳动合同，应当载明被派遣劳动者的用工单位以及派遣期限、工作岗位等情况。

劳务派遣单位应当与被派遣劳动者订立二年以上的固定期限劳动合同，按月支付劳动报酬；被派遣劳动者在无工作期间，劳务派遣单位应当按照所在地人民政府规定的最低工资标准，向其按月支付报酬。

劳务派遣单位派遣劳动者应当与接受以劳务派遣形式用工的单位（以下称用工单位）订立劳务派遣协议。劳务派遣协议应当约定派遣岗位和人员数量、派遣期限、劳动报酬和社会保险费的数额与支付方式以及违反协议的责任。用工单位应当根据工作岗位的实际需要与劳务派遣单位确定派遣期限，不得将连续用工期限分割订立数个短期劳务派遣协议。

劳务派遣单位应当将劳务派遣协议的内容告知被派遣劳动者。劳务派遣单位不得克扣用工单位按照劳务派遣协议支付给被派遣劳动者的劳动报酬。劳务派遣单位和用工单位不得向被派遣劳动者收取费用。劳务派遣单位跨地区派遣劳动者的，被派遣劳动者享有的劳动报酬和劳动条件，按照用工单位所在地的标准执行。

用工单位应当履行下列义务：①执行国家劳动标准，提供相应的劳动条件和劳动保护；②告知被派遣劳动者的工作要求和劳动报酬；③支付加班费、绩效奖金，提供与工作岗位相关的福利待遇；④对在岗被派遣劳动者进行工作岗位所必需的培训；⑤连续用工的，实行正常的工资调整机制。

用工单位不得将被派遣劳动者再派遣到其他用人单位。

八、违反劳动合同的责任

违反劳动合同的责任，是指当事人由于自己的过错造成劳动合同的不履行或不适当履行所应承担相应的经济的、行政的或刑事的责任。追究当事人违反劳动合同的责任，必须同时具备因果关系的两项必要条件：一是当事人有不履行或不适当履行劳动合同的行为；二是当事人本身有过错。当事人不履行或不适当履行劳动合同，是由于自己的过错造成的。如果当事人有不履行或不适当履行劳动合同的行为，但不是由于自己的过错造成的，则不应追究当事人违反劳动合同的责任。追究当事人违反劳动合同的责任，应当根据其过错情节轻重、后果严重程度和责任大小以及态度好坏，确定当事人所应承担的相应责任。

（一）用人单位承担的责任

1. 有下列情形之一的，用人单位应当向劳动者支付经济补偿：①劳动者依照《劳动合同法》第38条规定解除劳动合同的；②用人单位依照《劳动合同法》第36条规定向劳动者提出解除劳动合同并与劳动者协商一致解除劳动合同的；③用人单位依照《劳动合同法》第40条规定解除劳动合同的；④用人单位依照《劳动合同法》第41条第1款规定解除劳动合同的；⑤除用人单位维持或者提高劳动合同约定条件续订劳动合同，劳动者不同意续订的情形外，依照《劳动合同法》第44条第1项规定终止固定期限劳动合同的；⑥依照《劳动合同法》第44条第4项、第5项规定终止劳动合同的；⑦法律、行政法规规定的其他情形。

2. 经济补偿按劳动者在本单位工作的年限，每满一年支付一个月工资的标准向劳动者支付。六个月以上不满一年的，按一年计算；不满六个月的，向劳动者支付半个月工资的经济补偿。

3. 用人单位违反《劳动合同法》规定解除或者终止劳动合同，劳动者要求继续履行劳动合同的，用人单位应当继续履行；劳动者不要求继续履行劳动合同或者劳动合同已经不能继续履行的，用人单位应当依照《劳动合同法》第87条规定支付赔偿金。

（二）劳动者承担的责任

1. 劳动者违反《劳动法》规定的条件解除劳动合同或者违反劳动合同中约定的保密事项，给用人单位造成经济损失的，当依法承担赔偿责任。

2. 对于违反劳动纪律达到一定程度的，应当分别情况给予行政处分或经济处罚。

3. 违法行为情节严重，触犯刑律的，由司法机关依法追究刑事责任。

第三节　劳　动　保　护

一、劳动保护的概念

劳动保护是国家为了劳动者在生产过程中的安全与健康而采取的各项保护措施，是保证职工肌体不受伤害，保持和提高劳动者持久的劳动能力的组织和技术措施的总称。我国劳动立法的劳动保护内容主要包括有关劳动保护的防护措施（生产安全和卫生方面的技术性措施）和有关劳动保护的行政性管理措施。

二、劳动保护的主要内容

（一）安全及劳动卫生规程

安全技术规程是国家为了防止和消除在生产过程中的伤亡事故，保障劳动者安全和减轻繁重的体力劳动而规定的各种法律规范。它不仅指技术措施，还包括组织措施。不同行业的生产单位，由于生产特点、劳动条件不同，需要解决的安全技术问题也不相同。国家制定的安全技术规程，只能对一些比较突出，带有普遍性的问题，作出基本要求。

劳动卫生规程指国家为了改善劳动条件，保护职工在生产过程中的健康，防止、消除职业病和职业中毒而规定的各种法律规范。它包括技术、组织和医疗预防措施的规定，我国《工厂安全卫生规程》（已废止）就有关安全卫生方面的问题提出了一般要求，但由于工厂安全卫生方面的问题很多，以后又针对某些特殊的工业卫生问题，陆续制定了一些专门的法规。如《关于防止厂矿企业中矽尘危害的决定》《工业企业设计卫生标准》《关于加强防尘防毒工作的决定》等。

安全及劳动卫生规程主要内容如下：

1. 用人单位必须建立、健全劳动安全卫生制度，严格执行国家劳动安全卫生规程和标准，对劳动者进行劳动安全卫生教育，防止劳动过程中的事故，减少职业危害。

2. 劳动安全卫生设施必须符合国家规定的标准。新建、改建、扩建工程的劳动安全卫生设施必须与主体工程同时设计、同时施工、同时投入生产和使用。

3. 用人单位必须为劳动者提供符合国家规定的劳动安全卫生条件和必要的劳动防护用品，对从事有职业危害作业的劳动者应当定期进行健康检查。

4. 从事特种作业的劳动者必须经过专门培训并取得特种作业资格。

5. 劳动者在劳动过程中必须严格遵守安全操作规程。劳动者对用人单位管理人员违章指挥、强令冒险作业，有权拒绝执行；对危害生命安全和身体健康的行为，有权提出批评、检举和控告。

6. 国家建立伤亡事故和职业病统计报告和处理制度。县级以上各级人民政府劳动行政部门、有关部门和用人单位应当依法对劳动者在劳动过程中发生的伤亡事故和劳动者的职业病状况，进行统计、报告和处理。

（二）女工和未成年工特殊保护

女工与未成年工的特殊保护在各国劳动法及劳动保护工作中是一个重要的组成部分。

对女工与未成年工的劳动给予特殊保护的主要原因，是由女工和未成年工本身特点所决定的。妇女在生理上与男子有不同的特点和差别，妇女有月经、怀孕、生育、哺乳等生理特点。如果在劳动中对妇女的这些特点不研究、不保护，使其从事劳动强度过大或有毒害劳动，就会损伤女工的生理机能，不仅会影响女职工本身的安全和健康，而且还会影响到下一代的正常发育。未成年工是我国劳动法律制度规定的年满16周岁、但未满18周岁的工人。由于他们正在长身体，发育尚未完全定型，因此，在劳动过程中也必须给予特殊保护。在我国对女工和未成年工实行特殊保护，是我国劳动立法的一项重要内容，充分体现了社会主义制度的优越性。

女工和未成年工特殊保护主要内容如下：

1. 根据妇女生理特点组织劳动就业，实行男女同工同酬。

2. 禁止安排女职工从事矿山井下、国家规定的第四级体力劳动强度的劳动和其他禁忌从事的劳动。

3. 不得安排女职工在经期从事高处、低温、冷水作业和国家规定的第三级体力劳动强度的劳动。

4. 不得安排女职工在怀孕期间从事国家规定的第三级体力劳动强度的劳动和孕期禁忌从事的劳动。对怀孕七个月以上的女职工，不得安排其延长工作时间和夜班劳动。

5. 女职工生育享受不少于90天的产假。

6. 不得安排女职工在哺乳未满一周岁的婴儿期间从事国家规定的第三级体力劳动强度的劳动和哺乳期禁忌从事的其他劳动，不得安排其延长工作时间和夜班劳动。

7. 不得安排未成年工从事矿山井下、有毒有害、国家规定的第四级体力劳动强度的劳动和其他禁忌从事的劳动。

8. 用人单位应当对未成年工定期进行健康检查。

第四节　劳　动　纪　律

一、劳动纪律的概念

劳动纪律是劳动者在共同劳动中所必须遵守的劳动规则，是企业组织集体劳动保证生产秩序和工作秩序正常进行的必要条件，是组织和发扬职工群众劳动积极性和生产主动性的最有力武器。

二、劳动纪律的作用

社会主义劳动纪律反映了社会主义文明生产和科学管理的要求，体现了国家、集体和劳动者个人的根本利益的一致性，对于建设社会主义物质文明和精神文明都有重要作用。

（一）稳定社会秩序，巩固国家政权

　　劳动纪律是维护正常的生产经营秩序和工作秩序的重要保证。同时也是关系到国家的长治久安，关系到社会主义现代化建设的进程以及最终实现的大问题。

　　（二）提高劳动生产率的必要条件

　　劳动纪律要求每个劳动者在生产和工作中能够自觉地服从组织的分配和调动，遵守劳动时间，充分利用工时，节约单位产品的劳动消耗，保证产品质量，提高产品的合格率，严格遵守和执行各项劳动法规，保证安全生产和文明生产，同时爱护保护机器设备，降低原材料和能源消耗和产品的成本。劳动者都能够自觉地遵守劳动纪律，就能保证上述要求的实现，就能够提高工作和生产效率。

　　（三）劳动纪律是加强企业科学管理、实现文明生产的重要保证

　　现代化大生产分工细密、专业化强、技术性高、连续生产、协作环节多、劳动风险大，需要加强科学管理，要求每个劳动者严格遵守劳动纪律。劳动纪律是现代化大生产客观规律的要求和反映。实行现代企业制度，加强企业科学管理，就是要按照客观规律办事，严格劳动纪律，使现代化大生产有组织、有计划地进行。同时，严格劳动纪律也是实现文明生产的重要保证。我国社会主义企业文明生产的重要标志是，具有现代文化、技术、修养的劳动者在良好的劳动环境中有组织、有秩序、安全地进行生产。社会主义劳动纪律体现了文明生产的精神和要求。严明的劳动纪律，有助于提高职工队伍素质，实现文明生产。

　　（四）正确指导职工进行生产，调动劳动积极性的有力武器

　　执行劳动纪律，能激发起职工群众劳动热情，促进生产的发展。工业企业要通过不断地整顿劳动纪律，教育广大职工加强遵纪守法观念，人人争做遵守劳动纪律的模范，把职工的积极性主动性充分调动起来。

　　三、劳动纪律的奖惩制度

　　（一）奖励制度

　　奖励制度是对劳动者在劳动过程中的优秀职业行为给予精神褒奖和物质鼓励的一种劳动法律制度。劳动者有如下表现的，应当给予奖励：

　　1. 在完成生产任务或工作任务、提高产品质量节约国家资财和能源等方面，做出显著成绩的；

　　2. 在生产、科研、工艺设计、产品设计、改善劳动条件等方面，在发明、技术改进或者提出合理化建议，取得重大成果或者显著成绩的；

　　3. 在改进企业经营管理，提高经济效益方面做出显著成绩；对国家贡献较大的；

　　4. 保护公共财产，防止或者挽救事故有功，使国家和人民利益免受重大损失的；

　　5. 同坏人坏事做斗争，对维护正常的生产秩序和工作秩序，维护社会治安，有显著功绩的；

　　6. 维护财经纪律，抵制歪风邪气，事迹突出的；

　　7. 一贯忠于职守，积极负责，廉洁奉公，舍己为人，事迹突出的；

　　8. 其他应当给予奖励的。

　　（二）惩罚制度

　　惩罚制度是对劳动者在劳动过程中的违纪、违法行为实行惩戒的一种劳动法律制度。有如下违反劳动纪律情节的人，根据其所犯错误的情节轻重给予批评、教育或者

处罚。

（三）惩罚方式

对违法、违纪行为的惩罚方式有三种：

1. 行政处分，又称纪律处分或纪律制裁。它是指用人单位或有关国家机关按照行政隶属关系，对所属劳动者的违纪、违法行为所给予的纪律制裁。行政处分包括：警告、记过、记大过、降级、撤职、留用察看、开除。

2. 经济处罚，是对违反劳动纪律的劳动者给予的经济制裁。采用经济处罚手段，强制受处分者付出一定的现金或减少其经济收入，可以促使其从关心个人经济利益方面接受教训，改正错误，有利于加强劳动纪律。

3. 刑事制裁，是劳动者违纪、违法行为情节严重，使人民生命和国家、用人单位财产遭受重大损失，构成犯罪，应负刑事责任，由司法机关依据我国刑法规定对其进行惩处。

第五节　劳动法律制度案例

案例 1

上诉人（原审被告）：长春××房地产开发有限公司（以下简称"甲公司"）

被上诉人（原审原告）：曹某

一、基本案情

2017 年 8 月 1 日至 2018 年 5 月 8 日，曹某在甲公司工作，担任人事经理职务，2017 年 8 月 8 日双方签订书面劳动合同，合同期限至 2020 年 7 月 31 日，试用期间实际发放工资为 6210.19 元/月，转正期间实际发放平均工资为 7050.43 元/月，合同约定实行标准工时工作制，曹某在工作期间，每周上班六天，没有安排串休，而且在法定节假日期间加班没有支付任何加班费，同时单位未足额为曹某缴纳社会保险，曹某于 2018 年 5 月 8 日提出辞职，并向劳动人事争议仲裁委员会申请仲裁，仲裁委不予受理，曹某对仲裁不服起诉至人民法院，要求与甲公司解除劳动合同关系并支付加班费、经济补偿金。

二、案件审理

一审法院认为，曹某与甲公司双方建立的劳动关系合法有效，应当受到法律保护。因甲公司按照试用期 3700 元、转正后 4800 元为缴费基数给曹某缴纳社会保险，而曹某试用期间实际发放工资远远高于缴费基数，甲公司未足额为曹某缴纳社会保险费用违反法律的强制性规定，根据《劳动合同法》第三十八条："用人单位有下列情形之一的，劳动者可以解除劳动合同：……（三）未依法为劳动者缴纳社会保险费的"和第四十六条："有下列情形之一的，用人单位应当向劳动者支付经济补偿：（一）劳动者依照本法第三十八条规定解除劳动合同的……"规定，曹某要求与甲公司解除劳动合同关系并支付经济补偿金的请求符合法律规定，应予支持。因曹某在转正期间法定节假日加班 5 天，调休了 2 天，故应保护曹某转正期间法定节假日 3 天的加班费，根据《劳动法》第四十四条规定："有下列情形之一的，用人单位应当按照下列标准支付高于劳动者正常工作时间工资的工资报酬：……（二）休息日安排劳动者工作又不能安排补休的，支付不低于工资的百分之二百的工资报酬；（三）法定休假日安排劳动者工作的，支付不低于工资的百分之三百的工资报酬"，甲公司应支付曹某法定节假日加班费 324.16 元×3 天×300％＝2917.44 元。曹某在试用期间休息日加班 14 天，调休了 2 天，转正期间休息日加班 29 天，调休了 9 天，故应保护曹某试用期间休息日 12 天及转正期间休息日 20 天的加班费，即 6210.19 元÷21.75 天×12 天×200％＋324.16 元×20 天×200％＝19819.02 元。甲公司不服一审判决向上级法院上诉，二审法院经审查判决驳回上诉，维持原判。

三、案例评析

根据《劳动合同法》的规定，用人单位如果存在未按照劳动合同约定提供劳动保护或者劳动条件、未及时足额支付劳动报酬、未依法为劳动者缴纳社会保险费、规章制度违反法律法规的规定而损害劳动者权益等情形的，劳动者可以解除劳动合同。如果用人单位以暴力、威胁或者非法限制人身自由的手段强迫劳动者劳动的，或者用人单位违章指挥、强令冒险作业危及劳动者人身安全的，劳动者可以立即解除劳动合同，不需事先告知用人单位。

关于加班费的问题，《劳动法》第四十四条的规定，安排劳动者延长工作时间的，支付不低于工资的百分之一百五十的工资报酬；休息日安排劳动者工作又不能安排补休的，支付不低于工资的百分之二百的工资报酬；法定休假日安排劳动者工作的，支付不低于工资的百分之三百的工资报酬。

案例 2

上诉人：××建设工程有限公司（以下简称"甲公司"）

被上诉人：房某

一、基本案情

房某于 2017 年 7 月 24 日入职甲公司，该公司的法定代表人郭某分别于 2017 年 8 月 24 日、9 月 25 日、10 月 25 日向其转账支付 2133 元、8120 元、8120 元。房某称其于 2017 年 11 月 14 日，以甲公司未与其签订劳动合同、未缴纳社会保险为由提出与甲公司解除劳动关系，甲公司不予认可，主张房某系 2017 年 9 月底离开后再未提供劳动。房某离职后作为申请人，以甲公司作为被申请人，向槐荫仲裁委提出申请，要求裁决甲公司向其支付 2017 年 7 月至 2017 年 11 月因未签订劳动合同的二倍工资 31720 元。2018 年 4 月 28 日，槐荫仲裁委作出济槐劳人仲案〔2018〕163 号仲裁裁决，裁决甲公司向房某支付二倍工资 25180.1 元，甲公司对上述裁决不服，诉至一审法院。

二、案件审理

一审法院认为，甲公司的经营范围为建筑工程施工、空调的安装服务等内容。房某从事工程项目相关工作，属于甲公司经营范围的内容。房某提供银行明细显示甲公司的法定代表人郭某按月给其转款，基于郭某的身份，房某有理由相信郭某向其转款系支付在职期间的工资。再结合房某提交的员工转正申请表等证据，一审法院认定房某与甲公司之间存在劳动关系。关于二倍工资，依照《劳动合同法》第八十二条第一款规定："用人单位自用工之日起超过一个月不满一年未与劳动者订立书面劳动合同的，应当向劳动者每月支付二倍的工资"，房某于 2017 年 7 月 24 日起与甲公司建立劳动关系，甲公司应自用工之日起一个月内与其签订劳动合同，但一直未签订，房某有权利要求甲公司支付 2017 年 8 月

24 日至 2017 年 11 月 14 日的二倍工资。二审法院对上述判决予以维持。

三、案例评析

《劳动合同法》第八十二条规定："用人单位自用工之日起超过一个月不满一年未与劳动者订立书面劳动合同的，应当向劳动者每月支付二倍的工资。用人单位违反本法规定不与劳动者订立无固定期限劳动合同的，自应当订立无固定期限劳动合同之日起向劳动者每月支付二倍的工资。"本案中，人民法院依据《劳动合同法》第八十二条第一款判决甲公司向支付房某未订立劳动合同期间的二倍工资，完全符合法律规定，保障了劳动者的合法权益。

第十五章 工程建设其他法律制度

第一节 税收法律制度

一、税收法律制度概述

1. 税收的概念与特征。税收是国家为了实现其职能的需要，凭借政治权力，依照法律规定的程序对满足法定课税要件的人所征收的货币或实物。税收具有三个基本特征：法定性；强制性；无偿性。

2. 税法的概念与体系。税法是调整税收关系的法律规范的总称。税法由税收体制法、税收征纳实体法、税收征纳程序法等子部门法所组成。其中，税收征纳实体法主要包括商品税法、所得税法、财产税法和行为税法。商品税法主要包括增值税法、消费税法、营业税法和关税法等。所得税法主要包括企业所得税法、个人所得税法等。财产税主要包括资源税法、房产税法、土地税法、契税法和车船税法等。

行为税法主要包括印花税法、筵席税法和屠宰税法等。另外，根据全国人民代表大会常务委员会关于废止《中华人民共和国农业税条例》的决定，自 2006 年 1 月 1 日起，停止征收农业税。

二、税收法律制度的基本内容

（一）《中华人民共和国增值税暂行条例（2017）》

增值税是以商品和劳务在流通各环节的增加值为征税对象的一种税。其特点是税源广、税收中性和避免重复征税。增值税法的基本内容包括以下几点：

1. 增值税的纳税人。增值税的纳税人为在中华人民共和国境内销售货物或者提供加工、修理修配劳务以及进口货物的单位和个人。增值税的纳税人分为一般纳税人和小规模纳税人。

2. 增值税的征税对象。增值税征税对象为纳税人在中国境内销售的货物或者提供的加工、修理修配劳务以及进口的货物。

3. 增值税的税基。增值税税基为销售货物或者提供加工、修理修配劳务以及进口货物的增值额。

4. 增值税的税率。增值税一般纳税人税率分为基本税率（17％）、低税率（11％、6％）和零税率（0）。

纳税人销售货物、劳务、有形动产租赁服务或者进口货物，除另有规定外，税率为 17％。

纳税人销售交通运输、邮政、基础电信、建筑、不动产租赁服务，销售不动产，转让土地使用权，销售或者进口下列货物，税率为 11％：①粮食等农产品、食用植物油、食用盐；②自来水、暖气、冷气、热水、煤气、石油液化气、天然气、二甲醚、沼气、居民用煤炭制品；③图书、报纸、杂志、音像制品、电子出版物；④饲料、化肥、农药、农机、农膜；⑤国务院规定的其他货物。

纳税人销售服务、无形资产，除另有规定外，税率为 6%。

纳税人出口货物，税率为零；但是，国务院另有规定的除外。

境内单位和个人跨境销售国务院规定范围内的服务、无形资产，税率为零。

税率的调整，由国务院决定。

纳税人销售服务、无形资产，除《中华人民共和国增值税暂行条例》第二条第一项、第二项、第五项另有规定外，税率为 6%。

小规模纳税人增值税征收率为 3%，国务院另有规定的除外。

5. 增值税的税收减免。下列项目免征增值税：农业生产者销售的自产农产品；避孕药品和用具；古旧图书；直接用于科学研究、科学试验和教学的进口仪器、设备；外国政府、国际组织无偿援助的进口物资和设备；由残疾人的组织直接进口供残疾人专用的物品；销售的自己使用过的物品。

纳税人销售额未达到财政部规定的增值税起征点的，免征增值税。

（二）企业所得税法

企业所得税是以企业在一定期间内的纯所得为征税对象的一种税。《中华人民共和国企业所得税法》是为了使中国境内企业和其他取得收入的组织缴纳企业所得税制定的法律。由中华人民共和国第十届全国人民代表大会第五次会议于 2007 年 3 月 16 日通过。2017 年 2 月 24 日第十二届全国人民代表大会常务委员会第二十六次会议《关于修改〈中华人民共和国企业所得税法〉的决定》修正。结束了我国企业所得税按内资、外资企业分别立法的局面，体现了"四个统一"：内资、外资企业适用统一的企业所得税法；统一并适当降低企业所得税税率；统一和规范税前扣除办法和标准；统一税收优惠政策，实行"产业优惠为主、区域优惠为辅"的新税收优惠体系。企业所得税的基本内容包括以下几点：

1. 企业所得税的纳税人。在中华人民共和国境内，企业和其他取得收入的组织为企业所得税的纳税人，依法缴纳企业所得税。

企业分为居民企业和非居民企业。

居民企业，是指依法在中国境内成立，或者依照外国（地区）法律成立但实际管理机构在中国境内的企业。

非居民企业，是指依照外国（地区）法律成立且实际管理机构不在中国境内，但在中国境内设立机构、场所的，或者在中国境内未设立机构、场所，但有来源于中国境内所得的企业。

2. 企业所得税的征税对象。企业以货币形式和非货币形式从各种来源取得的收入，为收入总额。包括：销售货物收入；提供劳务收入；转让财产收入；股息、红利等权益性投资收益；利息收入；租金收入；特许权使用费收入；接受捐赠收入；其他收入。

3. 企业所得税的税基。企业每一纳税年度的收入总额，减除不征税收入、免税收入、各项扣除以及允许弥补的以前年度亏损后的余额，为应纳税所得额。

4. 企业所得税的税率。企业所得税的税率为 25%。

非居民企业在中国境内未设立机构、场所的，或者虽设立机构、场所但取得的所得与其所设机构、场所没有实际联系的，应当就其来源于中国境内的所得缴纳企业所得税，适用税率为 20%。

5. 企业所得税的税收减免。

（1）国家对重点扶持和鼓励发展的产业和项目，给予企业所得税优惠。

（2）企业的下列收入为免税收入：国债利息收入；符合条件的居民企业之间的股息、红利等权益性投资收益；在中国境内设立机构、场所的非居民企业从居民企业取得与该机构、场所有实际联系的股息、红利等权益性投资收益；符合条件的非营利组织的收入。

（3）企业的下列所得，可以免征、减征企业所得税：从事农、林、牧、渔业项目的所得；从事国家重点扶持的公共基础设施项目投资经营的所得；从事符合条件的环境保护、节能节水项目的所得；符合条件的技术转让所得；非居民企业在中国境内未设立机构、场所的，或者虽设立机构、场所但取得的所得与其所设机构、场所没有实际联系的，就其来源于中国境内的所得。

（三）个人所得税法

个人所得税是以个人的所得为征税对象的一种税。

个人所得税法的基本内容包括以下几点：

1. 个人所得税的纳税人。个人所得税的纳税人为在中国境内有住所，或者无住所而一个纳税年度内在中国境内居住累计满一百八十三天的个人（居民纳税人），以及在中国境内无住所又不居住，或者无住所而一个纳税年度内在中国境内居住累计不满一百八十三天的个人（非居民纳税人）。

2. 个人所得税的征税对象。个人所得税的征税对象为应税所得，具体包括：工资、薪金所得；劳务报酬所得；稿酬所得；特许权使用费所得；经营所得；利息、股息、红利所得；财产租赁所得；财产转让所得；偶然所得。

3. 个人所得税的税基。（1）居民个人的综合所得，以每一纳税年度的收入额减除费用六万元以及专项扣除、专项附加扣除和依法确定的其他扣除后的余额，为应纳税所得额。（2）非居民个人的工资、薪金所得，以每月收入额减除费用五千元后的余额为应纳税所得额；劳务报酬所得、稿酬所得、特许权使用费所得，以每次收入额为应纳税所得额。（3）经营所得，以每一纳税年度的收入总额减除成本、费用以及损失后的余额，为应纳税所得额。（4）财产租赁所得，每次收入不超过四千元的，减除费用八百元；四千元以上的，减除 20% 的费用，其余额为应纳税所得额。（5）财产转让所得，以转让财产的收入额减除财产原值和合理费用后的余额，为应纳税所得额。（6）利息、股息、红利所得和偶然所得，以每次收入额为应纳税所得额。

劳务报酬所得、稿酬所得、特许权使用费所得以收入减除 20% 的费用后的余额为收入额。稿酬所得的收入额减按 70% 计算。

个人将其所得对教育、扶贫、济困等公益慈善事业进行捐赠，捐赠额未超过纳税人申报的应纳税所得额 30% 的部分，可以从其应纳税所得额中扣除；国务院规定对公益慈善事业捐赠实行全额税前扣除的，从其规定。

其中（1）规定的专项扣除，包括居民个人按照国家规定的范围和标准缴纳的基本养老保险、基本医疗保险、失业保险等社会保险费和住房公积金等；专项附加扣除，包括子女教育、继续教育、大病医疗、住房贷款利息或者住房租金、赡养老人等支出，具体范围、标准和实施步骤由国务院确定，并报全国人民代表大会常务委员会备案。

4. 个人所得税的税率。（1）综合所得，适用 3%～45% 的超额累进税率（税率表附后）；（2）经营所得，适用 5%～35% 的超额累进税率（税率表附后）；（3）利息、股息、红利所得，财产租赁所得，财产转让所得和偶然所得，适用比例税率，税率为 20%。

5. 个人所得税的税收减免。下列各项个人所得，免纳个人所得税：省级人民政府、国务院部委和中国人民解放军以上单位，以及外国组织、国际组织颁发的科学、教育、技术、文化、卫生、体育、环境保护等方面的奖金；国债和国家发行的金融债券利息；按照国家统一规定发给的补贴、津贴；福利费、抚恤金、救济金；保险赔款；军人的转业费、退役金；按照国家统一规定发给干部、职工的安家费、退职费、退休工资、离休工资、离休生活补助费；依照我国有关法律规定应予免税的各国驻华使馆、领事馆的外交代表、领事官员和其他人员的所得；中国政府参加的国际公约、签订的协议中规定免税的所得；经国务院批准免税的所得。

6. 有下列情形之一的，经批准可以减征个人所得税：残疾、孤老人员和烈属的所得；因自然灾害遭受重大损失的；国务院可以规定其他减税情形，报全国人民代表大会常务委员会备案。

7. 居民个人从中国境外取得的所得，可以从其应纳税额中抵免已在境外缴纳的个人所得税税额，但抵免额不得超过该纳税人境外所得依照本法规定计算的应纳税额。

三、税收法律责任

法律责任是税收法律关系的主体因违反税收法律规范所应承担的不利法律后果。税收法律责任制度包括法律责任的主体、违法行为类型和法律责任的形式等制度。

（一）税收法律责任的主体

税收法律责任的主体包括税收法律关系中的所有主体，主要包括纳税人、扣缴义务人、征税机关及其工作人员、其他具有法定义务的主体。

（二）税收法律责任的违法行为类型

1. 纳税人的违法行为类型。纳税人的税收违法行为主要包括违反税收征收管理制度的行为、偷税行为、欠税行为、抗税行为、骗取出口退税行为和其他违法行为。

2. 纳税人伪造、编造、隐匿、擅自销毁账簿、记账凭证，或者在账簿上多列支出或者不列、少列收入，或者经税务机关通知申报而拒不申报或者进行虚假的纳税申报，不缴或者少缴应纳税款的，是偷税。以暴力、威胁方法拒不缴纳税款的，是抗税。纳税人、扣缴义务人在规定期限内不缴或者少缴应纳或者应解缴的税款的，是欠税。

3. 扣缴义务人的违法行为类型。扣缴义务人的违法行为类型主要包括违反税收征收管理制度的行为、偷税行为、欠税行为和其他违法行为。

4. 征税机关及其工作人员的税收违法行为。征税机关及其工作人员的税收违法行为主要包括违反税收征收管理制度的行为、徇私舞弊行为、渎职行为、滥用职权行为等。

5. 其他主体的违法行为。其他主体的违法行为如纳税人、扣缴义务人的开户银行或者其他金融机构拒绝接受税务机关依法检查纳税人、扣缴义务人存款账户，或者拒绝执行税务机关作出的冻结存款或者扣缴税款的决定，或者在接到税务机关的书面通知后帮助纳税人、扣缴义务人转移存款。

6. 法律责任的形式。法律责任的形式一般包括经济责任、行政责任和刑事责任。经济责任主要包括加收滞纳金和赔偿损失。行政责任主要包括行政处罚和行政处分。前者主要是针对纳税人和扣缴义务人的，主要包括责令限期改正，责令缴纳税款；采取税收保全措施和税收强制执行措施；罚款；吊销税务登记证，收回税务机关发给的票证，吊销营业执照等。行政处分是针对税务机关的工作人员的，主要包括警告、记过、记大过、降级、撤职和开除。

刑事责任形式主要包括罚金、拘役、有期徒刑、无期徒刑和死刑。

（三）主要违法行为的法律责任

纳税人未按照规定期限缴纳税款的，扣缴义务人未按照规定期限解缴税款的，税务机关除责令限期缴纳外，从滞纳税款之日起，按日加收滞纳税款万分之五的滞纳金。

纳税人有下列行为之一的，由税务机关责令限期改正，可以处 2000 元以下的罚款，情节严重的，处 2000 元以上 1 万元以下的罚款：未按照规定的期限申报办理税务登记、变更或者注销登记的；未按照规定设置、保管账簿或者保管记账凭证和有关资料的；未按照规定将财务、会计制度或者财务、会计处理办法和会计核算软件报送税务机关备查的；未按照规定将其全部银行账号向税务机关报告的；未按照规定安装、使用税控装置，或者损毁或者擅自改动税控装置的。

对纳税人偷税的，由税务机关追缴其不缴或者少缴的税款、滞纳金，并处不缴或者少缴的税款 50% 以上 5 倍以下的罚款；偷税数额占应纳税额的 10% 以上不满 30%，并且偷税数额在 1 万元以上不满 10 万元的，或者因偷税被税务机关给予二次行政处罚又偷税的，处 3 年以下有期徒刑或者拘役，并处偷税数额 1 倍以上 5 倍以下罚金；偷税数额占应纳税额的 30% 以上并且偷税数额在 10 万元以上的，处 3 年以上 7 年以下有期徒刑，并处偷税数额 1 倍以上 5 倍以下罚金。

纳税人欠缴应纳税款，采取转移或者隐匿财产的手段，妨碍税务机关追缴欠缴的税款的，由税务机关追缴欠缴的税款、滞纳金，并处欠缴税款 50% 以上 5 倍以下的罚款；欠缴税款数额在 1 万元以上不满 10 万元的，处 3 年以下有期徒刑或者拘役，并处或者单处欠缴税款 1 倍以上 5 倍以下罚金；数额在 10 万元以上的，处 3 年以上 7 年以下有期徒刑，并处欠缴税款 1 倍以上 5 倍以下罚金。

以暴力、威胁方法拒不缴纳税款的，除由税务机关追缴其拒缴的税款、滞纳金外，处 3 年以下有期徒刑或者拘役，并处拒缴税款 1 倍以上 5 倍以下罚金；情节严重的，处 3 年以上 7 年以下有期徒刑，并处拒缴税款 1 倍以上 5 倍以下罚金。情节轻微，未构成犯罪的，由税务机关追缴其拒缴的税款、滞纳金，并处拒缴税款 1 倍以上 5 倍以下罚款。

纳税人、扣缴义务人的开户银行或者其他金融机构拒绝接受税务机关依法检查纳税人、扣缴义务人存款账户，或者拒绝执行税务机关作出的冻结存款或者扣缴税款的决定，或者在接到税务机关的书面通知后帮助纳税人、扣缴义务人转移存款，造成税款流失的，由税务机关处 10 万元以上 50 万元以下的罚款，对直接负责的主管人员和其他直接责任人员处 1000 元以上 1 万元以下的罚款。

税务机关违反规定擅自改变税收征收管理范围和税款入库预算级次的，责令限期改正，对直接负责的主管人员和其他直接责任人员依法给予降级或者撤职的行政处分。

未经税务机关依法委托征收税款的，责令退还收取的财物，依法给予行政处分或行政处罚；致使他人合法权益受到损失的，依法承担赔偿责任；构成犯罪的，依法追究刑事责任。

税务人员利用职务上的便利，收受或索取纳税人、扣缴义务人财物或者谋取其他不正当利益，构成犯罪的，依法追究刑事责任。不构成犯罪的，依法给予行政处分。

税务人员徇私舞弊或者玩忽职守，不征或者少征应征税款，致使国家税收遭受重大损失，构成犯罪的，依法追究刑事责任；尚不构成犯罪的，依法给予行政处分。

违反法律、行政法规的规定，擅自做主开征、停征或者减税、免税、退税、补税以及其他同税收法律、行政法规相抵触的决定的，除依照本法规定撤销其擅自作出的决定外，补征应征未征税款，退还不应征收而征收的税款，并由上级机关追究直接负责的主管人员和其他直接责任人员的行政责任。构成犯罪的，依法追究刑事责任。

（四）追究法律责任的主体和期限

追究法律责任的主体主要包括征税机关和人民法院。行政处罚，罚款额在 2000 元以下的，可以由税务所决定。违反税收法律、行政法规应当给予行政处罚行为，在 5 年内未被发现的，不再给予行政处罚。

第二节　反不正当竞争法律制度

一、反不正当竞争法概述

（一）反不正当竞争法概念

反不正当竞争法是调整在制止不正当竞争行为过程中发生的社会关系的法律规范的总称，包括规定不正当竞争行为的种类、对不正当竞争行为的监督检查以及对不正当竞争行为的法律制裁等等。

（二）反不正当竞争法调整对象

经营者在市场交易中，应当遵循自愿、平等、公平、诚实信用的原则，遵守公认的商业道德。经营者是指从事商品经营或者营利性服务（以下公司称"商品包括服务"）的法人、其他经济组织和个人。

各级人民政府应当采取措施，制止不正当竞争行为，为公平竞争创造良好的环境和条件。县级以上人民政府工商行政管理部门对不正当竞争行为进行监督检查；法律、行政法规规定由其他部门监督检查的依照其规定。

国家鼓励、支持和保护一切组织和个人对不正当竞争行为进行社会监督。国家机关工作人员不得支持、包庇不正当竞争行为。

二、不正当竞争行为的种类

1. 经营者不得实施下列混淆行为，引人误认为是他人商品或者与他人存在特定联系：

（1）擅自使用与他人有一定影响的商品名称、包装、装潢等相同或者近似的标识；

（2）擅自使用他人有一定影响的企业名称（包括简称、字号等）、社会组织名称（包括简称等）、姓名（包括笔名、艺名、译名等）；

（3）擅自使用他人有一定影响的域名主体部分、网站名称、网页等；

（4）其他足以引人误认为是他人商品或者与他人存在特定联系的混淆行为。

2. 经营者不得采用财物或者其他手段贿赂下列单位或者个人，以谋取交易机会或者竞争优势：

（1）交易相对方的工作人员；

（2）受交易相对方委托办理相关事务的单位或者个人；

（3）利用职权或者影响力影响交易的单位或者个人。

经营者在交易活动中，可以以明示方式向交易相对方支付折扣，或者向中间人支付佣金。经营者向交易相对方支付折扣、向中间人支付佣金的，应当如实入账。接受折扣、佣金的经营者也应当如实入账。

经营者的工作人员进行贿赂的，应当认定为经营者的行为；但是，经营者有证据证明该工作人员的行为与为经营者谋取交易机会或者竞争优势无关的除外。

3. 经营者不得对其商品的性能、功能、质量、销售状况、用户评价、曾获荣誉等作虚假或者引人误解的商业宣传，欺骗、误导消费者。

经营者不得通过组织虚假交易等方式，帮助其他经营者进行虚假或者引人误解的商业宣传。

4. 经营者不得实施下列侵犯商业秘密的行为：

（1）以盗窃、贿赂、欺诈、胁迫或者其他不正当手段获取权利人的商业秘密；

（2）披露、使用或者允许他人使用以前项手段获取的权利人的商业秘密；

（3）违反约定或者违反权利人有关保守商业秘密的要求，披露、使用或者允许他人使用其所掌握的商业秘密。

第三人明知或者应知商业秘密权利人的员工、前员工或者其他单位、个人实施前款所列违法行为，仍获取、披露、使用或者允许他人使用该商业秘密的，视为侵犯商业秘密。

本法所称的商业秘密，是指不为公众所知悉、具有商业价值并经权利人采取相应保密措施的技术信息和经营信息。

5. 经营者进行有奖销售不得存在下列情形：

（1）所设奖的种类、兑奖条件、奖金金额或者奖品等有奖销售信息不明确，影响兑奖；

（2）采用谎称有奖或者故意让内定人员中奖的欺骗方式进行有奖销售；

（3）抽奖式的有奖销售，最高奖的金额超过五万元。

6. 经营者不得编造、传播虚假信息或者误导性信息，损害竞争对手的商业信誉、商品声誉。

7. 经营者利用网络从事生产经营活动，应当遵守本法的各项规定。

经营者不得利用技术手段，通过影响用户选择或者其他方式，实施下列妨碍、破坏其他经营者合法提供的网络产品或者服务正常运行的行为：

（1）未经其他经营者同意，在其合法提供的网络产品或者服务中，插入链接、强制进行目标跳转；

（2）误导、欺骗、强迫用户修改、关闭、卸载其他经营者合法提供的网络产品或者服务；

（3）恶意对其他经营者合法提供的网络产品或者服务实施不兼容；

（4）其他妨碍、破坏其他经营者合法提供的网络产品或者服务正常运行的行为。

三、对不正当竞争行为的监督检查

1. 监督检查部门调查涉嫌不正当竞争行为，可以采取下列措施：

（1）进入涉嫌不正当竞争行为的经营场所进行检查；

（2）询问被调查的经营者、利害关系人及其他有关单位、个人，要求其说明有关情况或者提供与被调查行为有关的其他资料；

（3）查询、复制与涉嫌不正当竞争行为有关的协议、账簿、单据、文件、记录、业务函电和其他资料；

（4）查封、扣押与涉嫌不正当竞争行为有关的财物；

（5）查询涉嫌不正当竞争行为的经营者的银行账户。

采取前款规定的措施，应当向监督检查部门主要负责人书面报告，并经批准。采取前款第四项、第五项规定的措施，应当向设区的市级以上人民政府监督检查部门主要负责人书面报告，并经批准。

监督检查部门调查涉嫌不正当竞争行为，应当遵守《中华人民共和国行政强制法》和其他有关法律、行政法规的规定，并应当将查处结果及时向社会公开。

2. 监督检查部门调查涉嫌不正当竞争行为，被调查的经营者、利害关系人及其他有关单位、个人应当如实提供有关资料或者情况。

3. 监督检查部门及其工作人员对调查过程中知悉的商业秘密负有保密义务。

4. 对涉嫌不正当竞争行为，任何单位和个人有权向监督检查部门举报，监督检查部门接到举报后应当依法及时处理。

监督检查部门应当向社会公开受理举报的电话、信箱或者电子邮件地址，并为举报人保密。对实名举报并提供相关事实和证据的，监督检查部门应当将处理结果告知举报人。

四、法律责任

1. 经营者违反本法规定，给他人造成损害的，应当依法承担民事责任。

经营者的合法权益受到不正当竞争行为损害的，可以向人民法院提起诉讼。

因不正当竞争行为受到损害的经营者的赔偿数额，按照其因被侵权所受到的实际损失确定；实际损失难以计算的，按照侵权人因侵权所获得的利益确定。赔偿数额还应当包括经营者为制止侵权行为所支付的合理开支。

经营者违反本法第六条、第九条规定，权利人因被侵权所受到的实际损失、侵权人因侵权所获得的利益难以确定的，由人民法院根据侵权行为的情节判决给予权利人300万元以下的赔偿。

2. 经营者违反本法第六条规定实施混淆行为的，由监督检查部门责令停止违法行为，没收违法商品。违法经营额5万元以上的，可以并处违法经营额五倍以下的罚款；没有违法经营额或者违法经营额不足5万元的，可以并处25万元以下的罚款。情节严重的，吊销营业执照。

经营者登记的企业名称违反本法第六条规定的，应当及时办理名称变更登记；名称变更前，由原企业登记机关以统一社会信用代码代替其名称。

3. 经营者违反本法第七条规定贿赂他人的，由监督检查部门没收违法所得，处10万元以上300万元以下的罚款。情节严重的，吊销营业执照。

4. 经营者违反本法第八条规定对其商品作虚假或者引人误解的商业宣传，或者通过组织虚假交易等方式帮助其他经营者进行虚假或者引人误解的商业宣传的，由监督检查部门责令停止违法行为，处20万元以上100万元以下的罚款；情节严重的，处100万元以上200万元以下的罚款，可以吊销营业执照。

经营者违反本法第八条规定，属于发布虚假广告的，依照《中华人民共和国广告法》的规定处罚。

5. 经营者违反本法第九条规定侵犯商业秘密的，由监督检查部门责令停止违法行为，处 10 万元以上 50 万元以下的罚款；情节严重的，处 50 万元以上 300 万元以下的罚款。

6. 经营者违反本法第十条规定进行有奖销售的，由监督检查部门责令停止违法行为，处 5 万元以上 50 万元以下的罚款。

7. 经营者违反本法第十一条规定损害竞争对手商业信誉、商品声誉的，由监督检查部门责令停止违法行为、消除影响，处 10 万元以上 50 万元以下的罚款；情节严重的，处 50 万元以上 300 万元以下的罚款。

8. 经营者违反本法第十二条规定妨碍、破坏其他经营者合法提供的网络产品或者服务正常运行的，由监督检查部门责令停止违法行为，处 10 万元以上 50 万元以下的罚款；情节严重的，处 50 万元以上 300 万元以下的罚款。

9. 经营者违反本法规定从事不正当竞争，有主动消除或者减轻违法行为危害后果等法定情形的，依法从轻或者减轻行政处罚；违法行为轻微并及时纠正，没有造成危害后果的，不予行政处罚。

10. 经营者违反本法规定从事不正当竞争，受到行政处罚的，由监督检查部门记入信用记录，并依照有关法律、行政法规的规定予以公示。

11. 经营者违反本法规定，应当承担民事责任、行政责任和刑事责任，其财产不足以支付的，优先用于承担民事责任。

12. 妨害监督检查部门依照本法履行职责，拒绝、阻碍调查的，由监督检查部门责令改正，对个人可以处五千元以下的罚款，对单位可以处五万元以下的罚款，并可以由公安机关依法给予治安管理处罚。

13. 当事人对监督检查部门作出的决定不服的，可以依法申请行政复议或者提起行政诉讼。

14. 监督检查部门的工作人员滥用职权、玩忽职守、徇私舞弊或者泄露调查过程中知悉的商业秘密的，依法给予处分。

15. 违反本法规定，构成犯罪的，依法追究刑事责任。

第三节　消费者权益保护法律制度

一、消费者权益保护法调整对象

消费者为生活消费需要购买、使用商品或者接受服务，其权益受《消费者权益保护法》（以下简称"本法"）保护；本法未作规定的，受其他有关法律、法规保护。

经营者为消费者提供其生产、销售的商品或者提供服务，应当遵守本法；本法未作规定的，应当遵守其他有关法律、法规。

经营者与消费者进行交易，应当遵循自愿、平等、公平、诚实信用的原则。

国家保护消费者的合法权益不受侵害。国家采取措施，保障消费者依法行使权利，维护消费者的合法权益。

保护消费者的合法权益是全社会的共同责任。国家鼓励、支持一切组织和个人对损害消费者合法权益的行为进行社会监督。大众传播媒介应当做好维护消费者合法权益的宣传，对损害消费者合法权益的行为进行舆论监督。

二、消费者的权利

1. 消费者在购买、使用商品和接受服务时享有人身、财产安全不受损害的权利。消费者有权要求经营者提供的商品和服务，符合保障人身、财产安全的要求。

2. 消费者享有知悉其购买、使用的商品或者接受的服务的真实情况的权利。消费者有权根据商品或者服务的不同情况，要求经营者提供商品的价格、产地、生产者、用途、性能、规格、等级、主要成分、生产日期、有效期限、检验合格证明、使用方法说明书、售后服务，或者服务的内容、规格、费用等有关情况。

3. 消费者享有自主选择商品或者服务的权利。消费者有权自主选择提供商品或者服务的经营者，自主选择商品品种或者服务方式，自主决定购买或者不购买任何一种商品、接受或者不接受任何一项服务。消费者在自主选择商品或者服务时，有权进行比较、鉴别和挑选。

4. 消费者享有公平交易的权利。消费者在购买商品或者接受服务时，有权获得质量保障、价格合理、计量正确等公平交易条件，有权拒绝经营者的强制交易行为。

5. 消费者因购买、使用商品或者接受服务受到人身、财产损害的，享有依法获得赔偿的权利。

6. 消费者享有依法成立维护自身合法权益的社会团体的权利。

7. 消费者享有获得有关消费和消费者权益保护方面的知识的权利。消费者应当努力掌握所需商品或者服务的知识和使用技能，正确使用商品，提高自我保护意识。

8. 消费者在购买、使用商品和接受服务时，享有其人格尊严、民族风俗习惯得到尊重的权利。

9. 消费者享有对商品和服务以及保护消费者权益工作进行监督的权利。

消费者有权检举、控告侵害消费者权益的行为和国家机关及其工作人员在保护消费者权益工作中的违法失职行为，有权对保护消费者权益工作提出批评、建议。

三、经营者的义务

1. 经营者向消费者提供商品或者服务，应当依照本法和其他有关法律、法规的规定履行义务。

经营者和消费者有约定的，应当按照约定履行义务，但双方的约定不得违背法律、法规的规定。

经营者向消费者提供商品或者服务，应当恪守社会公德，诚信经营，保障消费者的合法权益；不得设定不公平、不合理的交易条件，不得强制交易。

2. 经营者应当听取消费者对其提供的商品或者服务的意见，接受消费者的监督。

经营者应当保证其提供的商品或者服务符合保障人身、财产安全的要求。对可能危及人身、财产安全的商品和服务，应当向消费者作出真实的说明和明确的警示，并说明和标明正确使用商品或者接受服务的方法以及防止危害发生的方法。

宾馆、商场、餐馆、银行、机场、车站、港口、影剧院等经营场所的经营者，应当对消费者尽到安全保障义务。

3. 经营者发现其提供的商品或者服务存在缺陷，有危及人身、财产安全危险的，应当立即向有关行政部门报告和告知消费者，并采取停止销售、警示、召回、无害化处理、销毁、停止生产或者服务等措施。采取召回措施的，经营者应当承担消费者因商品被召回支出的必要费用。

4. 经营者向消费者提供有关商品或者服务的质量、性能、用途、有效期限等信息，应当真实、全面，不得作虚假或者引人误解的宣传。

经营者对消费者就其提供的商品或者服务的质量和使用方法等问题提出的询问，应当作出真实、明确的答复。

经营者提供商品或者服务应当明码标价。

5. 经营者应当标明其真实名称和标记。

租赁他人柜台或者场地的经营者，应当标明其真实名称和标记。

6. 经营者提供商品或者服务，应当按照国家有关规定或者商业惯例向消费者出具发票等购货凭证或者服务单据；消费者索要发票等购货凭证或者服务单据的，经营者必须出具。

7. 经营者应当保证在正常使用商品或者接受服务的情况下其提供的商品或者服务应当具有的质量、性能、用途和有效期限；但消费者在购买该商品或者接受该服务前已经知道其存在瑕疵，且存在该瑕疵不违反法律强制性规定的除外。

经营者以广告、产品说明、实物样品或者其他方式表明商品或者服务的质量状况的，应当保证其提供的商品或者服务的实际质量与表明的质量状况相符。

经营者提供的机动车、计算机、电视机、电冰箱、空调器、洗衣机等耐用商品或者装饰装修等服务，消费者自接受商品或者服务之日起六个月内发现瑕疵，发生争议的，由经营者承担有关瑕疵的举证责任。

8. 经营者提供的商品或者服务不符合质量要求的，消费者可以依照国家规定、当事人约定退货，或者要求经营者履行更换、修理等义务。没有国家规定和当事人约定的，消费者可以自收到商品之日起七日内退货；七日后符合法定解除合同条件的，消费者可以及时退货，不符合法定解除合同条件的，可以要求经营者履行更换、修理等义务。

依照前款规定进行退货、更换、修理的，经营者应当承担运输等必要费用。

9. 经营者采用网络、电视、电话、邮购等方式销售商品，消费者有权自收到商品之日起七日内退货，且无需说明理由，但下列商品除外：

（1）消费者定做的；

（2）鲜活易腐的；

（3）在线下载或者消费者拆封的音像制品、计算机软件等数字化商品；

（4）交付的报纸、期刊。

除前款所列商品外，其他根据商品性质并经消费者在购买时确认不宜退货的商品，不适用无理由退货。

消费者退货的商品应当完好。经营者应当自收到退回商品之日起七日内返还消费者支付的商品价款。退回商品的运费由消费者承担；经营者和消费者另有约定的，按照约定。

10. 经营者在经营活动中使用格式条款的，应当以显著方式提请消费者注意商品或者服务的数量和质量、价款或者费用、履行期限和方式、安全注意事项和风险警示、售后服务、民事责任等与消费者有重大利害关系的内容，并按照消费者的要求予以说明。

经营者不得以格式条款、通知、声明、店堂告示等方式，作出排除或者限制消费者权利、减轻或者免除经营者责任、加重消费者责任等对消费者不公平、不合理的规定，不得利用格式条款并借助技术手段强制交易。

格式条款、通知、声明、店堂告示等含有前款所列内容的，其内容无效。

11. 经营者不得对消费者进行侮辱、诽谤，不得搜查消费者的身体及其携带的物品，不得侵犯消费者的人身自由。

12. 采用网络、电视、电话、邮购等方式提供商品或者服务的经营者，以及提供证券、保险、银行等金融服务的经营者，应当向消费者提供经营地址、联系方式、商品或者服务的数量和质量、价款或者费用、履行期限和方式、安全注意事项和风险警示、售后服务、民事责任等信息。

13. 经营者收集、使用消费者个人信息，应当遵循合法、正当、必要的原则，明示收集、使用信息的目的、方式和范围，并经消费者同意。经营者收集、使用消费者个人信息，应当公开其收集、使用规则，不得违反法律、法规的规定和双方的约定收集、使用信息。

经营者及其工作人员对收集的消费者个人信息必须严格保密，不得泄露、出售或者非法向他人提供。经营者应当采取技术措施和其他必要措施，确保信息安全，防止消费者个人信息泄露、丢失。在发生或者可能发生信息泄露、丢失的情况时，应当立即采取补救措施。

经营者未经消费者同意或者请求，或者消费者明确表示拒绝的，不得向其发送商业性信息。

四、国家对消费者合法权益的保护

1. 国家制定有关消费者权益的法律、法规和政策时，应当听取消费者的意见和要求。

2. 各级人民政府应当加强领导，组织、协调、督促有关行政部门做好保护消费者合法权益的工作。各级人民政府应当加强监督，预防危害消费者人身、财产安全行为的发生，及时制止危害消费者人身、财产安全的行为。

3. 各级人民政府工商行政管理部门和其他有关行政部门应当依照法律、法规的规定，在各自的职责范围内，采取措施，保护消费者的合法权益。有关行政部门应当听取消费者及其社会团体对经营者交易行为、商品和服务质量问题的意见，及时调查处理。

4. 有关行政部门在各自的职责范围内，应当定期或者不定期对经营者提供的商品和服务进行抽查检验，并及时向社会公布抽查检验结果。

有关行政部门发现并认定经营者提供的商品或者服务存在缺陷，有危及人身、财产安全危险的，应当立即责令经营者采取停止销售、警示、召回、无害化处理、销毁、停止生产或者服务等措施。

5. 有关国家机关应当依照法律、法规的规定，惩处经营者在提供商品和服务中侵害消费者合法权益的违法犯罪行为。

6. 人民法院应当采取措施，方便消费者提起诉讼。对符合《中华人民共和国民事诉讼法》起诉条件的消费者权益争议，必须受理，及时审理。

五、消费者组织

1. 消费者协会和其他消费者组织是依法成立的对商品和服务进行社会监督的保护消费者合法权益的社会组织。

2. 消费者协会履行下列公益性职责：

（1）向消费者提供消费信息和咨询服务，提高消费者维护自身合法权益的能力，引导文明、健康、节约资源和保护环境的消费方式；

（2）参与制定有关消费者权益的法律、法规、规章和强制性标准；

（3）参与有关行政部门对商品和服务的监督、检查；

（4）就有关消费者合法权益的问题，向有关部门反映、查询，提出建议；

（5）受理消费者的投诉，并对投诉事项进行调查、调解；

（6）投诉事项涉及商品和服务质量问题的，可以委托具备资格的鉴定人鉴定，鉴定人应当告知鉴定意见；

（7）就损害消费者合法权益的行为，支持受损害的消费者提起诉讼或者依照本法提起诉讼；

（8）对损害消费者合法权益的行为，通过大众传播媒介予以揭露、批评。

各级人民政府对消费者协会履行职责应当予以必要的经费等支持。

消费者协会应当认真履行保护消费者合法权益的职责，听取消费者的意见和建议，接受社会监督。

依法成立的其他消费者组织依照法律、法规及其章程的规定，开展保护消费者合法权益的活动。

3. 消费者组织不得从事商品经营和营利性服务，不得以收取费用或者其他牟取利益的方式向消费者推荐商品和服务。

六、争议的解决

1. 消费者和经营者发生消费者权益争议的，可以通过下列途径解决：

（1）与经营者协商和解；

（2）请求消费者协会或者依法成立的其他调解组织调解；

（3）向有关行政部门投诉；

（4）根据与经营者达成的仲裁协议提请仲裁机构仲裁；

（5）向人民法院提起诉讼。

2. 消费者在购买、使用商品时，其合法权益受到损害的，可以向销售者要求赔偿。销售者赔偿后，属于生产者的责任或者属于向销售者提供商品的其他销售者的责任的，销售者有权向生产者或者其他销售者追偿。

消费者或者其他受害人因商品缺陷造成人身、财产损害的，可以向销售者要求赔偿，也可以向生产者要求赔偿。属于生产者责任的，销售者赔偿后，有权向生产者追偿。属于销售者责任的，生产者赔偿后，有权向销售者追偿。

消费者在接受服务时，其合法权益受到损害的，可以向服务者要求赔偿。

3. 消费者在购买、使用商品或者接受服务时，其合法权益受到损害，因原企业分立、合并的，可以向变更后承受其权利义务的企业要求赔偿。

4. 使用他人营业执照的违法经营者提供商品或者服务，损害消费者合法权益的，消费者可以向其要求赔偿，也可以向营业执照的持有人要求赔偿。

5. 消费者在展销会、租赁柜台购买商品或者接受服务，其合法权益受到损害的，可以向销售者或者服务者要求赔偿。展销会结束或者柜台租赁期满后，也可以向展销会的举办者、柜台的出租者要求赔偿。展销会的举办者、柜台的出租者赔偿后，有权向销售者或者服务者追偿。

6. 消费者通过网络交易平台购买商品或者接受服务，其合法权益受到损害的，可以向销售者或者服务者要求赔偿。网络交易平台提供者不能提供销售者或者服务者的真实名称、地址和有效联系方式的，消费者也可以向网络交易平台提供者要求赔偿；网络交易平台提供者作出更有利于消费者的承诺的，应当履行承诺。网络交易平台提供者赔偿后，有权向销售者或者服务者追偿。

网络交易平台提供者明知或者应知销售者或者服务者利用其平台侵害消费者合法权益，未采取必要措施的，依法与该销售者或者服务者承担连带责任。

7. 消费者因经营者利用虚假广告或者其他虚假宣传方式提供商品或者服务，其合法权益受到损害的，可以向经营者要求赔偿。广告经营者、发布者发布虚假广告的，消费者可以请求行政主管部门予以惩处。广告经营者、发布者不能提供经营者的真实名称、地址和有效联系方式的，应当承担赔偿责任。

广告经营者、发布者设计、制作、发布关系消费者生命健康商品或者服务的虚假广告，造成消费者损害的，应当与提供该商品或者服务的经营者承担连带责任。

社会团体或者其他组织、个人在关系消费者生命健康商品或者服务的虚假广告或者其他虚假宣传中向消费者推荐商品或者服务，造成消费者损害的，应当与提供该商品或者服务的经营者承担连带责任。

8. 消费者向有关行政部门投诉的，该部门应当自收到投诉之日起七个工作日内，予以处理并告知消费者。

9. 对侵害众多消费者合法权益的行为，中国消费者协会以及在省、自治区、直辖市设立的消费者协会，可以向人民法院提起诉讼。

七、法律责任

1. 经营者提供商品或者服务有下列情形之一的，除本法另有规定外，应当依照其他有关法律、法规的规定，承担民事责任：

（1）商品或者服务存在缺陷的；

（2）不具备商品应当具备的使用性能而出售时未作说明的；

（3）不符合在商品或者其包装上注明采用的商品标准的；

（4）不符合商品说明、实物样品等方式表明的质量状况的；

（5）生产国家明令淘汰的商品或者销售失效、变质的商品的；

（6）销售的商品数量不足的；

（7）服务的内容和费用违反约定的；

（8）对消费者提出的修理、重作、更换、退货、补足商品数量、退还货款和服务费用或者赔偿损失的要求，故意拖延或者无理拒绝的；

（9）法律、法规规定的其他损害消费者权益的情形。

经营者对消费者未尽到安全保障义务，造成消费者损害的，应当承担侵权责任。

2. 经营者提供商品或者服务，造成消费者或者其他受害人人身伤害的，应当赔偿医疗费、护理费、交通费等为治疗和康复支出的合理费用，以及因误工减少的收入。造成残疾的，还应当赔偿残疾生活辅助具费和残疾赔偿金。造成死亡的，还应当赔偿丧葬费和死亡赔偿金。

3. 经营者侵害消费者的人格尊严、侵犯消费者人身自由或者侵害消费者个人信息依法得到保护的权利的，应当停止侵害、恢复名誉、消除影响、赔礼道歉，并赔偿损失。

4. 经营者有侮辱诽谤、搜查身体、侵犯人身自由等侵害消费者或者其他受害人人身权益的行为，造成严重精神损害的，受害人可以要求精神损害赔偿。

5. 经营者提供商品或者服务，造成消费者财产损害的，应当依照法律规定或者当事人约定承担修理、重作、更换、退货、补足商品数量、退还货款和服务费用或者赔偿损失等民事责任。

6. 经营者以预收款方式提供商品或者服务的，应当按照约定提供。未按照约定提供的，应当按照消费者的要求履行约定或者退回预付款；并应当承担预付款的利息、消费者必须支付的合理费用。

7. 依法经有关行政部门认定为不合格的商品，消费者要求退货的，经营者应当负责退货。

8. 经营者提供商品或者服务有欺诈行为的，应当按照消费者的要求增加赔偿其受到的损失，增加赔偿的金额为消费者购买商品的价款或者接受服务的费用的三倍；增加赔偿的金额不足五百元的，为五百元。法律另有规定的，依照其规定。

经营者明知商品或者服务存在缺陷，仍然向消费者提供，造成消费者或者其他受害人死亡或者健康严重损害的，受害人有权要求经营者依照本法第四十九条、第五十一条等法律规定赔偿损失，并有权要求所受损失二倍以下的惩罚性赔偿。

9. 经营者有下列情形之一，除承担相应的民事责任外，其他有关法律、法规对处罚机关和处罚方式有规定的，依照法律、法规的规定执行；法律、法规未作规定的，由工商行政管理部门或者其他有关行政部门责令改正，可以根据情节单处或者并处警告、没收违法所得、处以违法所得一倍以上十倍以下的罚款，没有违法所得的，处以五十万元以下的罚款；情节严重的，责令停业整顿、吊销营业执照：

（1）提供的商品或者服务不符合保障人身、财产安全要求的；

（2）在商品中掺杂、掺假，以假充真，以次充好，或者以不合格商品冒充合格商品的；

（3）生产国家明令淘汰的商品或者销售失效、变质的商品的；

（4）伪造商品的产地，伪造或者冒用他人的厂名、厂址，篡改生产日期，伪造或者冒用认证标志等质量标志的；

（5）销售的商品应当检验、检疫而未检验、检疫或者伪造检验、检疫结果的；

（6）对商品或者服务作虚假或者引人误解的宣传的；

（7）拒绝或者拖延有关行政部门责令对缺陷商品或者服务采取停止销售、警示、召回、无害化处理、销毁、停止生产或者服务等措施的；

（8）对消费者提出的修理、重作、更换、退货、补足商品数量、退还货款和服务费用或者赔偿损失的要求，故意拖延或者无理拒绝的；

（9）侵害消费者人格尊严、侵犯消费者人身自由或者侵害消费者个人信息依法得到保护的权利的；

（10）法律、法规规定的对损害消费者权益应当予以处罚的其他情形。

经营者有前款规定情形的，除依照法律、法规规定予以处罚外，处罚机关应当记入信用档案，向社会公布。

10. 经营者违反本法规定提供商品或者服务，侵害消费者合法权益，构成犯罪的，依法追究刑事责任。

11. 经营者违反本法规定，应当承担民事赔偿责任和缴纳罚款、罚金，其财产不足以同时支付的，先承担民事赔偿责任。

12. 经营者对行政处罚决定不服的，可以依法申请行政复议或者提起行政诉讼。

13. 以暴力、威胁等方法阻碍有关行政部门工作人员依法执行职务的，依法追究刑事责任；拒绝、阻碍有关行政部门工作人员依法执行职务，未使用暴力、威胁方法的，由公安机关依照《中华人民共和国治安管理处罚条例》的规定处罚。

14. 国家机关工作人员玩忽职守或者包庇经营者侵害消费者合法权益的行为的，由其所在单位或者上级机关给予行政处分；情节严重，构成犯罪的，依法追究刑事责任。

八、其他规定

农民购买、使用直接用于农业生产的生产资料，参照本法执行。

第四节 城市房地产管理法

一、房地产开发的概念

房地产开发，一般是对土地和地上建筑物进行的投资开发建设活动。在我国，依照《中华人民共和国城市房地产管理法》的规定，房地产开发是指在依法取得土地使用权的国有土地上进行基础设施、房屋建设的行为。

二、房地产开发项目管理

城市房地产管理法对此作出以下几方面规定：

1. 执行城市规划

房地产开发必须严格执行城市规划。按照经济效益、社会效益、环境效益相统一的原则，实行全面规划、合理布局、综合开发、配套建设。我国的城市规划分为总体规划和详细规划，其中详细规划又分为控制性详细规划和修建性详细规划。对房地产开发项目产生直接法律约束力的是详细规划。

2. 房地产开发的用途与期限

以出让方式取得土地使用权进行房地产开发的，必须按照土地使用权出让合同约定的土地用途、动工开发期限开发土地。超过出让合同约定的动工开发日期满1年未动工开发的，可以征收相当于土地使用权出让金20%以下的土地闲置费；满2年未动工开发的，可以无偿收回土地使用权。但是，因不可抗力或者政府、政府有关部门的行为或者动工开发必需的前期工作造成动工开发迟延的除外。

上述立法的目的有两个：一为禁止出让土地使用权人在房地产开发中擅自改变土地用途，侵犯国家利益，扰乱房地产市场秩序；二为禁止或限制出让土地使用权人闲置土地，造成土地资源的浪费。

此外，《物权法》规定：为了公共利益的需要，依照法律规定的权限和程序可以征收集体所有的土地和单位、个人的房屋及其他不动产。为配合这一条文的实施，2007年8月30日第十届全国人民代表大会常务委员会对《城市房地产管理法》进行了相应的修订，规定："为了公共利益的需要，国家可以征收国有土地上单位和个人的房屋，并依法给予拆迁补偿，维护被征收人的合法权益；征收个人住宅的，还应当保障被征收人的居住条件。具体办法由国务院规定。"

3. 房地产开发的安全性要求

房地产开发项目的设计、施工，必须符合国家的有关标准和规范；房地产开发项目竣工，经验收合格后，方可交付使用。上述立法的目的系为保障房地产开发过程及产品的安全性，使房地产开发企业在追求经济效益的同时，兼顾社会效益和环境效益。取得竣工验收合格证亦是申请取得房屋所有权的一个重要条件。

4. 房地产开发中的联建

依法取得的土地使用权，可以将其作价入股，与他人合资合作开发房地产。这在实践中往往被称为"联建"。在我国，联建涉及的法律问题较为复杂，特别是合作开发房地产，常易引发纠纷。

三、房地产开发企业管理

房地产开发企业也即房地产开发商或发展商，按照城市房地产管理法的规定，是以营利为目的，从事房地产开发和经营的企业。

1. 房地产开发企业的分类

按房地产开发业务在企业经营范围中地位的不同，可将房地产开发企业分为房地产开发专营企业、兼营企业和项目公司。

2. 房地产开发企业的设立条件

设立房地产开发企业，应当具备下列条件：

（1）有自己的名称和组织机构。

（2）有固定的经营场所。

（3）有符合国务院规定的注册资本。

（4）有足够的专业技术人员。

（5）法律、行政法规规定的其他条件。

3. 房地产开发企业的设立程序

设立房地产开发企业应经过以下程序：

（1）应当向工商行政管理部门申请设立登记，工商行政管理部门对不符合上述条件的，不予登记。

（2）房地产开发企业在领取营业执照后的1个月内，应当到登记所在地的县级以上地方人民政府规定的部门备案。

上述规定主要为协调企业设立中一般行政管理（工商行政管理）与特殊行政管理（房地产开发行业管理）的关系。

4. 房地产开发企业的注册资本与投资总额

房地产开发是一项需要巨额资金投入的经营活动，如果房地产开发企业的注册资本过低而投资总额过大，势必造成其投资风险巨大，给投资者、其他经营者及消费者带来巨大风险隐患。因此，城市房地产管理法规定：房地产开发企业的注册资本与投资总额的比例应当符合国家有关规定。

5. 房地产开发的分期投资额与项目规模

有些房地产开发项目由房地产开发企业分期开发，这时若分期投资额过小而分期项目规模过大，也将给其自身和他人带来巨大风险隐患，往往不能保证开发项目顺利完成。因此，城市房地产管理法规定：房地产开发企业分期开发房地产的，分期投资额应当与项目规模相适应，并按照土地使用权出让合同的约定，按期投入资金，用于项目建设。

第五节　工程建设其他法律制度案例

案例 1

上诉人：熊某

被上诉人：秦皇岛市××房地产开发有限公司（以下简称"甲公司"）

一、基本案情

2010 年 3 月 26 日，熊某与甲公司签订《商品房买卖合同》，合同约定：熊某购买的商品房坐落于秦皇岛市海港区文景家园下房一间，甲公司于 2011 年 5 月 1 日交付房屋钥匙。该合同签订后，熊某向甲公司交纳了房款。2011 年 5 月，甲公司将所售房屋及下房交付熊某使用。根据 A 公司提供竣工图载明：熊某所购下房有两根规格为 DN150 的排水管道和一根规格为 DN200 的排水管道通过。2012 年 6 月 18 日，诉争房屋通过验收。2013 年 4 月 24 日，甲公司取得文景家园 21 栋房屋的所有权证。对熊某所购房屋的地下室勘验情况如下：内有三根南北走向地下排水管横穿于该室。经测量，管长 3.64 米、三根管间距 2.8 米、北侧排水管距地面 1.9 米、南侧距地面 1.56 米（南侧管有弯度，长度为 0.76 米）。左一排水管宽 0.14 米、中间管宽 0.2 米、右一管宽 0.14 米。地下室门高 1.76 米，进出正常。熊某所购下房实际使用面积为 10.08 平方米（包含管道占用面积），三根管道大约占用了 5 平方米。管道把屋内的灯亮全部挡住，影响了正常使用。熊某与甲公司多次协商未果，遂诉至人民法院要求被告赔偿经济损失 47080 元。

二、案件审理

一审法院认为：原告熊某与被告甲房地产公司签订的《商品房买卖合同》合法有效，双方应按合同履行。熊某所购虽为预售房，在签订合同时无法对房屋现状进行查看，但被告按照政府有关部门批准的设计图纸对整体工程进行施工，且该工程已经过相关部门的综合验收，并取得诉争房屋的所有权证。现被告交付下房确有三根南北走向的排水管，但该排水管的存在符合规划设计要求，被告对此并无过错，故熊某要求被告赔偿损失无事实及法律依据，不予支持。

熊某不服一审判决，向上级人民法院上诉。

二审法院认为：本案中，熊某与甲公司签订《商品房买卖合同》时，诉争下房为预售状态，熊某无法对诉争下房当时的现状进行查看。对于诉争下房有三根公共管道通过的事实，甲公司未提供证据证明告知熊某。虽然熊某有权查看图纸，且设计图纸也明确表明诉争下房有三根公共管道通过，但是熊某是普通的购房人，其不是专业的设计人员，不能对其提供查看图纸即能知晓下房有公共管道的要求。甲公司应当对于诉争下房通过三根公共管道的事实进行明示，以满足普通买房人的知情权。现诉争下房通过三根公共管道，与通常买房人期待值不一致，事实上也影响了熊某对于诉争下房的使用和利用功能，对此甲公司应负未履行告知义务的责任。全面衡量诉争下房与没有三根公共管道下房的使用价值的差别，本院酌定甲公司赔偿熊某购买诉争下房款人民币15000元为宜。

三、案例评析

《消费者权益保护法》第八条规定："消费者享有知悉其购买、使用的商品或者接受的服务的真实情况的权利。"本案中，甲公司因未告知熊某所购买的房屋存在三根公共管道通过的情况，侵犯了消费者的知悉权，被判令赔偿消费者的损失。本案提示相关企业应当依照法律法规的规定，充分尊重并保障消费者的合法权益。

案例 2

一、基本案情

北京某房地产开发有限公司成立于 2000 年 5 月 22 日，注册资金 2000 万元，核算类型：房地产开发企业会计制度；经济类型：有限责任公司；职工人数 36 人。

该企业企业所得税在地税缴纳，实行全额征收，无减免，申报税种：营业税、城市维护建设税、教育费附加、个人所得税、企业所得税、印花税、土地使用税。

该公司 2000 年收入为 0 元，销售成本 14868859.34 元，经营费用 2473691.06 元，管理费用 1288418.8 元，财务费用－44745.38 元，营业利润－18586223.82 元，已纳个人所得税 20083.4 元，印花税 10000 元。

2001 年销售收入 139938783 元，销售费用 4632654.72 元，经营税金及附加 7696633.06 元，销售利润－12329287.78 元，管理费用 4319727.16 元，财务费用 287907.8 元，利润－19702979.74 元。已纳营业税 6996939.15 元，城市维护建设税 489785.74 元，教育费附加 209908.17 元，土地使用税 11700 元（根据土地使用证交纳），个人所得税 86289.66 元，印花税 188908 元。

在实施检查过程中，税务局采用顺查法对该公司的财务报表、会计账簿及相关会计核算资料进行了审核，根据调查取证的结果，查实问题如下：

（一）营业税：该单位 2001 年度预收售房款 169936031 元，结转收入 139938783 元，未结转收入 29997248 元，补缴营业税 1499862.4 元，城市维护建设税 104990.37 元，教育费附加 44995.87 元，合计 1649878.64 元。在其他应付款中有预收房屋认购金 1169259.6 元未结转收入，应补缴营业税 58462.98 元，城市维护建设税 4092.41 元，教育费附加 1753.89 元，合计 64309.28 元。

（二）企业所得税：在管理费用中，工资支出中在职人员每月 36 人，按照计税标准应列支 414720 元，实际发放 1196235.11 元，调增应纳税所得额 781515.11 元；业务招待费应列支 543315.87 元，实际列支 557652.19 元，应调增应纳税所得额 14336.32 元；在其他业务支出中，规划局罚款 1547600 元应调增应纳税所得额，付给销售人员的佣金 918457.09 元应列入工资薪金所得，调增应纳税所得额。

2001 年底未进行企业所得税汇算清缴，由于房屋未售完，根据收入、销售面积、开发成本配比的原则，预征企业所得税：收入总额 171105290.6 元，对已交税金及附加

7696633.06 元，补缴的税金及附加 1714157.89 元，应调减应纳税所得额；会计核算各项费用合计 23209834.95 元（含已缴的税费其他明细见附页），调减应纳税所得额；开发成本总额 21311.98 万元，已售面积（34800m²）占总面积（56549.74m²）的比例为 61.54%，当期应列支的开发成本为213119800×61.54%＝131153924.92元。应纳税所得额为：

171105290.6－131153924.92－23209834.95－1714157.89＋1547600＋14336.32＋781515.11＋918457.09＝18289281.36 元，补缴企业所得税 18289281.36×33%＝6035462.85 元。

（三）个人所得税：销售房屋的业务员补贴和佣金提成未缴个人所得税，金额为 918457 元，税率10%的 103 人次，应纳税额 2575 元；税率15%的 15 人次，应纳税额 3015 元；税率20%的 62 人次，应纳税额 115790.82 元；税率25%的 9 人次，应纳税额 35643.5 元；税率30%的 3 人次，应纳税额 29956.2 元。其中 2001 年 1～4 月应补缴 46931.02 元，并按日加收税款滞纳金；对 2001 年 5～12 月应补缴的 140049.5 元给予 50%的罚款。

（四）滞纳金：截至 2002 年 5 月 17 日

营业税：自 2001 年 12 月 11 日起 127 天，滞纳金 123107.7 元；城市维护建设税：自 2001 年 12 月 11 日起 127 天，滞纳金 8617.54 元；企业所得税：自 2002 年 5 月 1 日起 17 天，滞纳金 46304.26 元；个人所得税自 2001 年 1 月 8 日起 495 天，税款 5391.72 元，滞纳金 1334.45 元；自 2001 年 2 月 8 日起 464 天，税款 13031.25 元，滞纳金 3023.25 元；自 2001 年 3 月 8 日起 436 天，税款 28508.05 元，滞纳金 6214.75 元。

二、案件审理

经审理认定，该房地产开发有限公司 2001 年预收售房款未结转收入 29997248 元，预收房屋认购金 1169259.6 元未结转收入，均未缴纳营业税，应按销售不动产税目税率补缴营业税金及附加。2001 年超标列支工资 781515.11 元，超标列支业务招待费 14336.32 元，罚款 1547600 元，未列入工资薪金所得的佣金 918457.09 元，均应调增应纳税所得额补缴企业所得税。2001 年支付给个人的补贴和佣金提成 918.457 元，未扣缴个人所得税，应按工资薪金税目税率代扣代缴 2001 年 1～4 月个人所得税。

根据《中华人民共和国营业税暂行条例》第 2 条、第 3 条、第 4 条的规定，应补缴营业税 1558325.38 元。

根据《中华人民共和国城市维护建设税暂行条例》第 2 条的规定，应补缴城市维护建设税 109082.78 元。

根据《征收教育费附加的暂行规定》第 2 条的规定，应补缴教育费附加 46749.76 元。

根据《中华人民共和国企业所得税暂行条例》第 5 条、第 6 条的规定，应补缴企业所得税 6035462.85 元。

根据《中华人民共和国个人所得税法》第 2 条、第 3 条的规定，应补缴个人所得税 46931.02 元。

根据《中华人民共和国税收征收管理法》第 69 条的规定，对应扣未扣个人所得税 140049.5 元处以一倍的罚款 140049.50 元。

根据《中华人民共和国税收征收管理法》第 32 条的规定，补缴税款按日加收滞纳金共计 193599.12 元。

第十六章　工程建设争议解决制度

第一节　主张权利的基本制度

一、工程建设保护权利的基本方式

（一）工程建设权利的存在形式

在工程建设活动中，其权利可以归结为以下三大类：

1. 基于工程建设活动本身而形成的权利

这些权利包括：工程建设主体的独立经营权，即依法独立享有的物资采购权、产品销售权、产品定价权、劳动用工权等；经营中的承包发包权，即依法将其所属部门或项目采取承包经营的权利；工程建设主体资产处分权，即依法在保证资产保值、增值的基础上处分其资产的权利；工程建设从业人员的基本权利，即劳动权、休息权、获取报酬权、履行职责不受干涉的权利等。

2. 基于市场而形成的权利

这些权利包括：在采购和销售过程中形成的合同权利；在生产经营过程中形成的工业产权；在市场竞争中形成的反不正当竞争权；在联营过程中形成的其他权利。

3. 国家管理过程中形成的权利

这些权利包括：拒绝摊派的权利；要求国家机关保护合法权利不受非法侵犯的权利；对国家公职人员违法犯罪行为控告的权利；对国家行政机关、司法机关的处分、处罚申诉、上诉的权利。

（二）工程建设保护权利的基本方法

针对以上权利的存在形式，工程建设保护自身权利的方式也是多种多样的。一般地，当依法经营时，其权利也能顺利地实现，但在许多时候，权利受到了侵犯，这就带来了如何保护自身合法权益的问题了。

当一个工程建设主体的自身权利受到侵犯时，保护权利的基本方式有：调解、协商、仲裁、诉讼等。

二、工程建设权利保护的非诉讼方式

（一）和解

和解是指建设工程争议当事人在自愿友好的基础上，互相沟通、互相谅解，从而解决争议的一种方式。

建设工程发生争议时，当事人为了维护自身的利益，应首先考虑通过和解方式解决争议。事实上，在工程建设过程中，绝大多数争议都可以通过和解解决。建设工程争议和解方式有以下特点：

1. 简便易行，能经济、及时地解决争议。

2. 争议的解决依靠当事人的妥协与让步，没有第三方的介入，有利于维护合同双方

的友好合作关系，使合同能更好地得到履行。

3. 和解协议不具有强制执行的效力，和解协议的执行依靠当事人的自觉履行。

（二）调解

调解，是指建设工程当事人对法律规定或者合同约定的权利、义务发生争议，第三人依据一定的道德和法律规范，通过摆事实、讲道理，促使双方互相作出适当的让步，平息争端，自愿达成协议，以求解决建设工程争议的方法。这里讲的调解是狭义的调解，不包括诉讼和仲裁程序中在审判庭和仲裁庭主持下的调解。

建设工程争议调解方式有以下特点：

1. 有第三者介入作为调解人，调解人的身份没有限制，但以双方都信任者为佳。

2. 它能够较经济、较及时地解决争议。

3. 有利于消除合同当事人的对立情绪，维护双方的长期合作关系。

4. 调解协议不具有强制执行的效力，和解协议的执行依靠当事人的自觉履行。

（三）仲裁

仲裁，亦称"公断"，是当事人双方在争议发生前或争议发生后达成协议，自愿将争议交给第三者，由第三者在事实上作出判断，在权利义务上作出裁决的一种解决争议的方式。这种争议解决方式必须是自愿的，因此必须有仲裁协议。如果当事人之间有仲裁协议，争议发生后又无法通过和解和调解解决，则应及时将争议提交仲裁机构仲裁。

建设工程争议仲裁解决方式有以下特点：

1. 体现当事人的意思自治。这种意思自治不仅体现在仲裁的受理应当以仲裁协议为前提，还体现在仲裁的整个过程，许多内容都可以由当事人自主确定。

2. 专业性。由于各仲裁机构的仲裁员都是由各方面的专业人士组成，当事人完全可以选择熟悉争议领域的专业人士担任仲裁员。

3. 保密性。保密和不公开审理是仲裁制度的重要特点，除当事人、代理人，以及需要时的证人和鉴定人外，其他人员不得出席和旁听仲裁开庭审理，仲裁庭和当事人不得向外界透露案件的任何实体及程序问题。

4. 裁决的终局性。仲裁裁决作出后是终局的，对当事人具有约束力。

5. 执行的强制性。仲裁裁决具有强制执行的法律效力，当事人可以向人民法院申请强制执行。由于中国是《承认及执行外国仲裁裁决公约》的缔约国，中国的涉外仲裁裁决可以在世界上100多个公约成员国得到承认和执行。

三、工程建设权利保护的诉讼方式

（一）诉讼的概念

诉讼，是指建设工程当事人依法请求人民法院行使审判权，审理双方之间发生的争议，作出有国家强制保证实现其合法权益、从而解决争议的审判活动。合同双方当事人如果未约定仲裁协议，则只能以诉讼作为解决争议的最终方式。

（二）诉讼的特点

建设工程争议诉讼解决方式有以下特点：

1. 程序和实体判决严格依法。与其他解决争议的方式相比，诉讼的程序和实体判决都应当严格依法进行。

2. 当事人在诉讼中对抗的平等性。诉讼当事人在实体和程序上的地位平等。原告起诉，被告可以反诉；原告提出诉讼请求，被告可以反驳诉讼请求。

3. 二审终审制。建设工程争议当事人如果不服第一审人民法院判决，可以上诉至第二审人民法院。建设工程争议经过两级人民法院审理，即告终结。

4. 执行的强制性。诉讼判决具有强制执行的法律效力，当事人可以向人民法院申请强制执行。

四、与诉讼相关联的制度

（一）诉讼参加人制度

在民事诉讼、经济诉讼和行政诉讼中，诉讼参加人是指因形成权利义务关系争议，诉讼结果与其产生利害关系的参加人。它包括：

1. 原告和被告，也称当事人，是指民事或行政上的权利义务关系发生争议，以自己的名义进行诉讼，并受人民法院裁判拘束的利害关系人。其中，原告是指认为自己权利受到侵犯而向人民法院提出诉讼请求的当事人；被告是指受到原告指控侵犯其合法权益，而被人民法院通知应诉的当事人。当事人可以是公民、法人、组织和国家机关。在行政诉讼中，被告只能是国家行政机关或组织。

2. 共同诉讼人，是指当事人一方或双方为二人以上的诉讼。如原告方为二人以上的，称为共同原告；如被告方为二人以上的，称为共同被告。共同诉讼分为必要的共同诉讼和普通的共同诉讼两种。必要的共同诉讼是指当事人一方或双方为二人以上，有共同的诉讼标的或者因作出同一具体行政行为而产生的共同诉讼。普通的共同诉讼是指当事人一方或双方为二人以上，因诉讼标的属于同一种类或因同样具体行政行为而形成的诉讼。

3. 第三人，是指对他人之间的诉讼标的享有请求权或者案件处理结果与其有直接利害关系，因而参加到他人已开始的诉讼中，以维护自己的合法权益的人。

除此之外，共同诉讼的代表人、诉讼代理人也属于诉讼参加人。

（二）诉讼代理制度

在我国的诉讼制度中，诉讼代理制度是一个重要的制度，刑事诉讼中的自诉人、被害人、附带民事诉讼的原告人、被告人，以及民事诉讼和行政诉讼中的当事人、第三人都可以委托代理人参加诉讼，维护自身的合法权益。我们重点介绍两种特殊的代理。

1. 诉讼代表人

（1）诉讼代表人的概念

诉讼代表人是指在群体诉讼中，代表众多的当事人进行诉讼的人。群体诉讼的主要特点：一是一方或双方当事人人数众多，一般都在 10 人以上，因此不可能使每个成员都参加诉讼，而只能由其中的一人或数人作为代表参加诉讼；二是诉讼群体成员之间有着共同的诉讼利益，代表人能够代表其他人进行诉讼；三是法院判决不仅对代表人发生法律效力，而且对未参加诉讼的群体成员也发生效力。所以说，诉讼代表人是一种特殊的代理人，他一方面代表着整个诉讼群体实施诉讼行为，另一方面诉讼结果不仅影响被代表的其他人的利益。从实践看，群体诉讼多发生于职工与企业之间、企业与国家行政机关之间、房地产开发企业与动迁户之间的争议中。

（2）诉讼代表人的种类

根据《中华人民共和国民事诉讼法》的规定，群体诉讼代表人可分为人数确定的代表人和人数不确定的代表人。

1）人数确定的代表人。是指在诉讼时，诉讼群体的人数已经明确，由该群体推选出的诉讼代表人。这类代表人的人数一般应为 2～5 人，每位代表人还可以委托代理人 1～2 人。人数确定的代表人可以由全部当事人共同推选，也可以由部分当事人自己推选自己的代表人。当代表人产生后，由其代表当事人全体，行使诉讼权利，履行诉讼义务，其所实施的诉讼行为视为全体当事人的诉讼行为，对所代表的全体当事人发生法律效力。但是，代表人变更、放弃诉讼请求，或者承认对方当事人的诉讼请求，进行和解等，必须经被代表的当事人同意。

2）人数不确定的代表人。是指在起诉时，当事人群体的人数尚未确定时而选出的代表人。这类代表人的产生可以由已在人民法院登记的群体当事人中推选产生，也可以由人民法院与参加登记的群体当事人一起商定代表人。协商不成的，由人民法院在登记的当事人中指定代表人。人数不确定的代表人的其他权利义务与人数确定的代表人相同。

2. 律师代理诉讼制度

律师代理诉讼制度是指在民事、经济、刑事诉讼中，律师接受委托担任代理人或辩护人，在代理权限内代理诉讼，以维护委托人的合法权益，保证国家法律正确实施的诉讼制度。律师代理制度主要由《中华人民共和国律师法》等有关法律、法规组成。律师代理诉讼的范围主要是民事、经济和行政诉讼的一审、二审和再审程序，他们可以是法人（包括中国法人和外国法人）、自然人（包括中国公民、外国人和无国籍人）以及具有诉讼主体资格的其他组织。委托可以是当事人（诉讼中的原告和被告）、第三人、共同诉讼人、诉讼代表人、法定代理人、法定代表人或其他组织的负责人。

律师代理之所以是一种特殊的代理，就在于律师在诉讼活动中享有普通代理人没有的权利，即查阅案件、调查案情和搜集证据。但是，律师在作为行政诉讼被告人的代理人时，因行政诉讼的特殊性，律师的权利受到了法律的限制：一是没有起诉权和反诉权，因为行政诉讼的被告只能是行政机关，而且行政行为在起诉前已经执行。所以，作为行政机关的代理人，律师无权起诉和反诉原告；二是搜集证据的权利受到限制，因为行政机关作出决定本身就必须依据事实和法律。如果行政决定缺乏证据或证据不足，进入行政诉讼后，行政机关和律师不得自行向原告和证人搜集证据；三是没有和解权，在行政诉讼中，当事人对行政法律关系的权利和义务是基于法律、法规形成的，因而当事人无权自由处分，双方都不得随意放弃权利或相互免除义务。

在律师代理诉讼中，需要注意的是委托人的授权范围。根据授权内容的不同，律师代理权可以分为一般授权和特别授权。一般授权主要包括代理起诉、应诉，提供有关证据，发表综合性代理词，参加法院与当事人的谈话、调解的诉讼活动，进行一般性辩论等。特别授权是指必须由委托人明确表态，授权代理人可以对委托的实体权利作出决定的授权。特别授权包括承认、放弃或变更诉讼请求，进行和解，提起反诉或者上诉等。

此外，律师在代理过程中，经委托人同意，律师还可以将委托事项转委托给其他律师代理，或者根据案情需要经与委托人协商变更代理事项。

（三）合议制度

我国诉讼中审判组织主要采取独任制和合议制。

1. 独任制

独任制是指由审判员一人审理案件的制度。这只适用于第一审的刑事诉讼和民事诉讼的简易程序。对于行政诉讼、二审和发回重审程序以及依照审判监督程序提起的再审均不能适用独任制，而必须适用合议制度。

2. 合议制

合议制是指由数名审判员和陪审员集体审判的制度。基层人民法院和中级人民法院在审判第一审案件时由审判员 3 人或者由审判员和人民陪审员共 3 人组成合议庭进行。高级人民法院和最高人民法院审理第一审案件时由审判员 3～7 人或者由审判员和人民陪审员 3～7 人组成合议庭进行。人民法院在审理二审案件时只能由审判员 3～5 人组成合议庭。合议庭人数必须是单数。

合议庭的组成人员只能是经过合法程序任命的本法院审判员、助理审判员和人民陪审员。合议庭由人民法院院长或者庭长指定审判员一人担任审判长。院长或者庭长参加审判案件时，自己担任审判长。

合议庭在庭审结束后，应当对案件进行评议，并制作评议笔录。评议时合议庭每个成员都有平等的发言权，最终按多数人的意见作出决定。遇有疑难、复杂、重大的案件，合议庭认为难以作出决定的，可提交院长决定提交审判委员会讨论决定。

（四）回避制度

回避制度是指在诉讼过程中，同案件有某种利害关系的审判人员及其他人员不得参与本案审理等活动的诉讼制度。回避制度的核心目的就是为了保证案件的公正审理。

回避主要适用的对象是法庭的组成人员、鉴定人、翻译人、勘验人以及刑事诉讼中的检察人员和侦察人员。

回避的理由：一是本案的当事人或当事人、诉讼代理人的近亲属；二是与本案的处理结果有利害关系；三是与本案的当事人有其他关系，可能影响案件的公正审理。如与案件的当事人有特殊的亲密或仇隙；担任过本案的证人、鉴定人、辩护人或代理人；曾违反规定会见当事人及其代理人或者接受过当事人及其委托的人请客送礼的等等。

回避的提出应当在法庭开始审理时。应当回避的人员自己主动提出回避要求的是自行回避；由当事人或其代理人对有关人员提出回避要求的为申请回避。回避申请提出后，应当由人民法院院长、人民检察院检察长或公安机关负责人决定应否回避。对该决定，申请回避的可以在接到决定时申请复议一次。

被申请回避的人员在人民法院作出是否回避的决定前，应暂停参与本案的工作，但遇有紧急需要的除外。对于法院驳回回避申请，当事人要求复议的，复议期间，被申请回避的人员不得停止参与本案的工作。

（五）期间制度

1. 期间的概念

期间是指司法机关、诉讼当事人及其他参与人进行或完成某种诉讼行为的期限。法律规定期间的意义就在于有利于诉讼活动的顺利进行，保证当事人和其他诉讼参与人行使诉讼权利，维护法律的严肃性和权威性。

2. 期间的种类

（1）法定期间，是指由法律明确规定的期间，法定期间内实施的诉讼行为具有法律效力。司法机关不得依当事人的申请或依职权予以变更。如民事判决必须在送达后 15 日内可以提出上诉，15 日内不提出上诉的，判决方可生效。

（2）指定期间，是指司法机关根据审理案件的具体情况和需要，依职权决定当事人及其他诉讼参与人实施某种诉讼行为的期间。指定期间可以根据具体情况撤销原决定的期间而重新指定，也可以作适当的延长或缩短。

3. 期间的计算

期间以时、日、月、年计算。在计算期间时应注意：一是期间开始的时和日不计算在期间内，以日计算的各种期间均从次日起计算；二是期间届满的最后一日是节假日的，以节假日后的第一日为期间届满日期；三是期间不包括邮件在路途上的时间，诉讼文书在期满前交邮的，不算过期；四是当事人在法定期间内因正当事由未能完成诉讼行为时，可以在障碍消除后 10 日内向人民法院申请期间顺延，把当事人因障碍而耽误的期间补足。

（六）送达制度

1. 送达的概念

送达是指司法机关依照法定的方式和程序将诉讼文书送交给当事人和其他诉讼参与人的行为。

2. 送达的方式

《中华人民共和国民事诉讼法》规定了六种送达方式：

（1）直接送达，是指人民法院直接将法律文书送交当事人的送达方式。这是最常见的送达方式。直接送达时，受送达人是公民的，由本人签收；本人不在的，交与其同住的成年家属签收。受送达人是法人或其他组织的，由法定代表人或组织负责人或负责收件的人签收。受送达人有诉讼代理人的，也可以由诉讼代理人签收；受送达人已向司法机关指定代收人的，应送交代收人签收。在送达回证上签收的日期为送达日期。

（2）留置送达，是指受送达人拒绝签收送达文书时，送达人依法将送达文书留在受送达人住所的送达方式。需要注意的两点：一是留置送达时需要有关见证人签字盖章，并记载拒收事由和日期。如果见证人不愿签名盖章的，应当记明情况；二是留置送达不适用于民事、经济调解书。

（3）委托送达，是指司法机关送达法律文书有困难时而委托其他有关司法机关代为送达的方式。办理委托送达应当有委托单位出具的委托函。送达日期为受送达人在送达回证上的签字日期。

（4）邮寄送达，是指司法机关直接送达有困难的情况下，通过邮局将诉讼文书用挂号信邮寄给送达人的送达方式。邮寄送达以挂号信回执上的日期为送达日期。

（5）转交送达，是指司法机关将诉讼文书交受送达人所在机关、单位代收后转交受送达人的送达方式。这种方式只适用于三种情况：一是受送达人是军人的，通过其所在部队团以上单位的政治机关转交；二是受送达人是被监禁的，通过其所在的监所或劳改单位转交；三是受送达人是被劳动教养的，通过其劳动教养单位转交。

（6）公告送达，是指司法机关在受送达人下落不明或采取其他方式无法送达时，采取的一种以公告形式送达的方式。公告送达可以在法院的公告栏、受送达人原所在地张贴公告，也可以在报纸上刊登公告。公告在发出 60 日后即视为送达。

3. 送达产生的法律后果

送达后产生的法律后果，在程序上视为诉讼行为已经实施。如，经传票传唤，当事人无正当理由拒不到庭的，是原告，按撤诉处理；是被告，则法院可以缺席判决。在实体上，则可以实现权利。如判决书送达后，当事人不上诉的，则应当执行判决。

（七）管辖制度

管辖是指司法机关在直接受理案件方面和在审判第一审案件方面的职权分工。在民事诉讼和行政诉讼中即指审判管辖。审判管辖中又包括级别管辖和地域管辖。

1. 级别管辖

级别管辖是指各级人民法院在审判第一审案件上的职责分工。详细规定见表 16-1。

各级人民法院审判第一审案件级别管辖表　　　　　　　　　　表 16-1

	民 事 案 件	行 政 案 件
基层法院	普通的民事案件	普通的行政案件
中级法院	1. 重大涉外案件； 2. 在本辖区有重大影响的案件； 3. 最高人民法院确定由中级人民法院管辖的案件	1. 对国务院部门或者县级以上地方人民政府所作的行政行为提起诉讼的条件； 2. 海关处理的案件； 3. 本辖区内重大、复杂的案件； 4. 其他法律规定由本级人民法院管辖的案件
高级法院	本辖区有重大影响的案件	本辖区内重大、复杂的案件
最高法院	1. 在全国有重大影响的案件； 2. 认为应由本院审理的案件	全国范围内重大、复杂的案件

2. 地域管辖

地域管辖是指同级人民法院在审判第一审案件时的职责分工。

（1）民事、经济案件的地域管辖民事案件的地域管辖分为普通地域管辖和特殊地域管辖两类。

1）普通地域管辖。普通的民事案件采取原告就被告的原则确定管辖，即由被告所在地法院管辖。所谓被告所在地是指公民的户籍所在地，经常居住地，法人的住所地、主要营业地或主要办事机构所在地、注册登记地等。

2）特殊管辖。我国民事诉讼法及其相关法规规定了民事、经济诉讼的特殊管辖。

①关于合同争议案件的管辖。a. 因合同争议提起的诉讼由被告住所地或者合同履行地法院管辖。b. 因保险合同争议提起的诉讼，由被告住所地或者保险标的物所在地法院管辖。c. 因票据争议提起的诉讼，由票据支付地或者被告住所地法院管辖。d. 因运输合同争议提起的诉讼，由运输的始发地、目的地和被告人所在地法院管辖。

②关于侵权案件的管辖。a. 因侵权行为提起的诉讼，由侵权行为地或被告住所地法院管辖。b. 因产品质量造成的损害赔偿诉讼，由产品制造地、销售地、侵权行为地和被告住所地法院管辖。c. 侵犯名誉权的案件，由侵权行为地和被告住所地法院管辖。d. 因运输事故发生的损害赔偿诉讼，由事故发生地、运输工具最先到达地或被告住所地法院管辖。

③关于专利侵权案件的管辖。a. 因侵犯专利权行为提起的诉讼，由侵权行为地或者被告住所地人民法院管辖。侵权行为地包括：被诉侵犯发明、实用新型专利权的产品的制造、使用、许诺销售、销售、进口等行为的实施地；专利方法使用行为的实施地，依照该

专利方法直接获得的产品的使用、许诺销售、销售、进口等行为的实施地；外观设计专利产品的制造、许诺销售、销售、进口等行为的实施地；假冒他人专利的行为实施地。上述侵权行为的侵权结果发生地。b. 原告仅对侵权产品制造者提起诉讼，未起诉销售者，侵权产品制造地与销售地不一致的，制造地人民法院有管辖权；以制造者与销售者为共同被告起诉的，销售地人民法院有管辖权。

销售者是制造者分支机构，原告在销售地起诉侵权产品制造者制造、销售行为的，销售地人民法院有管辖权。

④协议管辖。是指合同双方当事人在争议发生前或发生后，采用书面的形式选择解决争议的管辖法院。在适用协议管辖时应注意：一是协议管辖只能确定一审法院，而且只能确定一个法院；二是协议管辖只能涉及合同争议和涉外财产争议，而且不能变更专属管辖；三是协议管辖仅限于选择原告或被告所在地、合同签订地、履行地、标的物所在地的法院，对于选择与合同没有关系法院的协议是无效的；四是管辖协议虽然可以在事前签订也可以在事后达成，但均必须采取书面形式达成协议。

（2）行政案件的地域管辖

我国行政诉讼法规定，行政诉讼案件，由最初作出具体行政行为的行政机关所在地法院管辖；经复议的案件，复议机关改变原具体行政行为的，也可以由复议机关所在地法院管辖。对限制人身自由的行政强制措施不服提起的诉讼，由被告所在地或者原告所在地法院管辖。

（3）专属管辖

1）专属管辖的概念

专属管辖是指法律规定的某些案件必须由特定的法院管辖，其他法院无权管辖，当事人也不得协议变更专属管辖。

2）专属管辖的情形

①与铁路运输有关的合同争议和侵权争议，由铁路运输法院管辖。因水上运输合同争议和海事损害争议提起的诉讼，我国有管辖权的，由海事法院管辖。

②法律规定的其他专属管辖还有：a. 因不动产争议提起的诉讼，由不动产争议所在地法院管辖；b. 因港口作业中发生争议提起的诉讼，由港口所在地法院管辖。

（4）管辖中特殊情况的处理

1）共同管辖

共同管辖是指两个以上法院都有管辖权的管辖。此时，由最先立案的法院管辖。

2）指定管辖

指定管辖是指上级法院依照法律规定，指定其辖区内的下级法院对某一具体案件行使管辖权。这主要包括三种情况：

①有管辖权的法院因特殊原因不能行使管辖权的；

②两个均有管辖权的法院发生争议而协商不成的；

③接受移送的法院认为移送的案件依法不属于本院管辖的。

3）移送管辖

①案件的移送，是指人民法院受理案件后，发现本院对该案没有管辖权，而将案件移送给有管辖权的法院受理。

②管辖区的转移，是指由上级人民法院决定或者同意，把案件的管辖权由下级法院转移给上级法院，或者由上级法院转移给下级法院审理。

（八）两审终审制度

两审终审制度是指人民法院的一审判决送达后，不能立即生效，而必须给被告人、当事人上诉的期限，在上诉期内，被告人、当事人不上诉，检察机关也未抗诉的，一审判决方可生效。一旦被告人、当事人上诉，或者检察机关抗诉，则一审判决不能生效，而必须由作出一审判决的上级人民法院进行二审。二审判决一经作出后立即生效。

需要注意的是：一是被告人、当事人对一审判决上诉理由不论是否正确，只要是在上诉期间内提出的，都必须进入二审程序。二是上诉期间有严格的规定，在刑事诉讼中，对法院判决不服的上诉期为送达后十日，对裁定不服上诉期为送达后五日，检察机关对刑事判决或裁定提出抗诉的为送达后的五日。在民事、经济和行政诉讼中，对法院判决不服的为送达后十五日，对法院裁定不服的为送达后十日。三是被告人、当事人的上诉状即可以交给一审法院，也可以交给有管辖权的二审法院。但在民事、经济诉讼中，上诉时必须缴纳上诉费。四是上诉时，应当提交上诉状。

二审法院对上诉或抗诉案件必须组成合议庭进行审理，对一审判决正确的，应裁定驳回上诉或抗诉，维持原判；对一审判决错误的，应当依法改判；对一审判决认定事实不清、证据不足的，应当裁定撤销原判决，发回重审，或者查清事实后直接改判。

此外，对已生效的判决，被告人或当事人仍可向作出判决的人民法院或其上级人民法院提出申诉，依法请求对案件重新审理，即进行再审。只是再审时必须提出足够的理由，而且不影响已生效判决的执行。

（九）公开审判制度

公开审判制度是指人民法院在审理各类案件时应当向当事人和社会公开。它包括，向当事人公开定案的证据，允许公民旁听审理情况，判决向社会公开。但是，涉及个人隐私的案件、涉及国家及有关组织秘密的案件和未成年人犯罪的刑事案件不能公开审理。对于不公开审理的案件也应当公开宣判。

（十）或裁或审制度

或裁或审制度是指在处理与合同相当的争议过程中所使用的一种特殊的制度。"审"即指人民法院的审判活动；"裁"即指仲裁机构的仲裁活动。所以，"或裁或审"的完整含义是指，在处理合同争议时，当事人有权按照自己的意志选择审判方式或选择仲裁方式来解决问题。但是，不论选择哪一种方式，只能选择其一，不可全选。

仲裁方式具有快速、简捷，一裁终局，便于采用的特点。国际上对于合同争议一般都通过仲裁方式解决。我国《民事诉讼法》和《仲裁法》也将这一在实践中行之有效的制度规范下来。

在运用或裁或审制度中需要注意：

1. 使用仲裁方式必须具有一定的前提条件，即合同双方当事人具有仲裁协议，如果双方当事人没有仲裁协议，则不能使用仲裁方式；

2. 仲裁要求一裁终局，即裁决后发生法律效力，当事人之间没有上诉、申诉、复议的权利；

3. 裁决可以通过人民法院予以撤销。当仲裁协议无效或仲裁活动违反《仲裁法》

的有关规定时，一方面当事人可以向人民法院申请撤销裁决，并可直接向人民法院
起诉。

第二节　工程建设主张权利适用的基本程序法

一、民事诉讼法

（一）民事诉讼法概念

1. 民事诉讼的概念

民事诉讼是指人民法院和一切诉讼参与人，在审理民事案件过程中所进行的各种诉讼
活动，以及由此产生的各种诉讼关系的总和。诉讼参与人，包括原告，被告，第三人，证
人，鉴定人，勘验人等。

2. 民事诉讼法的概念

民事诉讼法就是规定人民法院和一切诉讼参与人，在审理民事案件过程中所进行的各
种诉讼活动，以及由此产生的各种诉讼关系的法律规范的总和。它的适用范围包括：

（1）地域效力。即在中国领域内，包括我国的领土、领水和领空，以及领土的延伸范
围内进行民事诉讼活动，均应遵从本法。

（2）对人的效力。包括中国公民、法人和其他组织；居住在中国领域内的外国人、无
国籍人，以及外国企业和组织；申请在我国进行民事诉讼的外国人、无国籍人以及外国企
业和组织。

（3）时间效力。《中华人民共和国民事诉讼法》（以下简称《民事诉讼法》）于 2017 年
7 月 1 日生效，《中华人民共和国民事诉讼法（试行)》同时废止。《中华人民共和国民事
诉讼法》没有溯及力。

（二）民事诉讼法特有的原则

1. 当事人诉讼权利平等原则

我国《民事诉讼法》第 8 条规定："民事诉讼当事人有平等的诉讼权利。人民法院审
理民事案件，应当保障和便利当事人行使诉讼权利，对当事人在适用法律上一律平等"。
该法第 5 条款又规定："外国人、无国籍人、外国企业和组织在人民法院起诉、应诉，同
中华人民共和国公民、法人和其他组织有同等的诉讼权利、义务"。这就表明，该项原则，
既适用于中国人，也适用外国人。当然，如果外国法院对中国公民的民事诉讼权利加以限
制的，人民法院对该国公民实行对等原则，同样加以限制。

2. 调解原则

人民法院审理民事案件，对于能够调解的案件，应采用调解方式结案；调解应当自
愿、合法；调解贯穿于审判过程的始终；对于调解不成的，不能只调不决，应当及时
判决。

3. 辩论原则

辩论原则是指双方当事人可以采取书面或口头的形式，提出有利于自己的事实和理
由，相互辩驳，以维护自己的民事实体权利的原则。该原则是民诉活动的一项重要民主原
则，认真贯彻该原则，对保护当事人的诉讼权利，准确认定案情，都是十分重要的。

4. 处分原则

《民事诉讼法》第 13 条规定："民事诉讼应当遵循诚实信用原则。当事人有权在法律规定的范围内处分自己的民事权利和诉讼权利。"根据这一原则，当事人对自己享有的民事权利和诉讼权利，可以行使，也可放弃；诉讼当事人可以委托代理人，也可以不委托代理人；可以对法院的判决提出上诉，也可以不上诉。但当事人在处分这些权利时，不能违背法律的规定。这种有限制的处分权，对保护当事人处分的自由和防止某些人滥用处分权，损害国家、集体和他人的合法权益都很有必要。

5. 人民检察院对民事审判活动实行法律监督

《民事诉讼法》第 14 条规定："人民检察院有权对民事诉讼实行法律监督"。根据这一规定，人民检察院有权对民事审判活动进行监督。其监督的方式，为对法院已经生效的判决、裁定，如有认定事实的主要证据不足的，适用法律有错误的等情况，按审判监督程序提出抗诉。

6. 支持起诉的原则

《民事诉讼法》第 15 条规定："机关、社会团体、企业事业单位对损害国家、集体或个人民事权益的行为，可以支持受损害的单位或个人向人民法院起诉"。根据这一规定，只要当事人的行为侵犯了国家、社会、团体、企事业单位都可以支持起诉，但个人无权支持起诉。这种支持起诉的规定可以调动社会力量，同违法行为作斗争，促进社会的精神文明建设。

（三）民事诉讼的受案范围

《民事诉讼法》第 3 条规定："人民法院受理公民之间、法人之间、其他组织之间以及他们相互之间因财产关系和人身关系提起的民事诉讼，适用本法的规定"。根据这一规定，人民法院对民事案件的主管范围只能是财产关系发生争议的案件和人身关系发生争议的案件，具体来说主要有三种：

1. 民法、婚姻法、继承法等民事实体法调整的财产关系和人身关系发生争议的案件。

2. 经济法调整的财产关系与发生争议的案件，广义上也属于民事案件，也适用《民事诉讼法》的程序。

3. 劳动法调整的劳动关系所产生的，并且依照劳动法的规定，由人民法院依照民事诉讼法规定的程序审理的案件。

（四）起诉与答辩

1. 起诉

（1）起诉的概念

起诉是指原告向人民法院提起诉讼，请求司法保护的诉讼行为。

（2）起诉的条件

1）原告是与本案有直接利害关系的公民、法人和其他组织；

2）有明确的被告；

3）有具体的诉讼请求、事实和理由；

4）属于人民法院受理民事诉讼的范围和受诉人民法院管辖。

（3）起诉的方式

1）书面形式：《民事诉讼法》第 120 条规定，起诉应当向人民法院递交起诉状，并按照被告人数提出副本。由此可见，我国《民事诉讼法》规定的起诉形式是以书面为原则的。

2）口头形式：虽然起诉以书面为原则，但当事人书写起诉状有困难的，也可口头起诉，由人民法院记入笔录，并告知对方当事人。可见，我国起诉的形式是以书面起诉为主，口头形式为例外。

（4）起诉书的内容

根据《民事诉讼法》第 121 条规定，起诉状应当记明下列事项：

1）原告的姓名、性别、年龄、民族、职业、工作单位、住所、联系方式，法人或者其他组织的名称、住所和法定代表人或者主要负责人的姓名、职务、联系方式；

2）被告的姓名、性别、工作单位、住所等信息，法人或者其他组织的名称、住所等信息；

3）诉讼请求和所根据的事实与理由；

4）证据和证据来源，证人姓名和住所。

2. 答辩

人民法院对原告的起诉情况进行审查后，认为符合条件的，即立案，并于立案之日起 5 日内将起诉状副本发送到被告，被告在收到之日起 15 日内提出答辩状。被告不提出答辩状的，不影响人民法院的审理。

（1）答辩的概念

答辩是针对原告的起诉状而对其予以承认、辩驳、拒绝的诉讼行为。

（2）答辩的形式

1）书面形式。即以书面形式向法院提交的答辩状。

2）口头形式。答辩人在开庭前未以书面形式提交答辩状，开庭时以口头方式进行的答辩。

（3）答辩状的内容

针对原告、上诉人诉状中的主张和理由进行辩解，并阐明自己对案件的主张和理由。即揭示对方当事人法律行为的错误之处，对方诉状中陈述的事实和依据中的不实之处；提出相反的事实和证据说明自己法律行为的合法性；列举有关法律规定，论证自己主张的正确性，以便请求人民法院予以司法保护。

（五）财产保全与先予执行

1. 财产保全

财产保全，是指人民法院在案件受理前或诉讼过程中对当事人的财产或争议的标的物所采取的一种强制措施。财产保全有如下几种：

（1）诉前财产保全

是指在起诉前人民法院根据利害关系人的申请，对被申请人的有关财产采取的强制措施。采取诉前保全，须符合下列条件：

1）必须是紧急情况，不立即采取财产保全将会使申请人的合法权益受到难以弥补的损害。

2）必须由利害关系人向财产所在地、被申请人住所地或者对案件有管辖权的人民法院提出申请，法院可依职权主动采取财产保全措施。

3）申请人必须提供担保，否则，法院驳回申请。

（2）诉讼财产保全

是指人民法院在诉讼过程中，为保证将来生效判决的顺利执行，对当事人的财产或争议的标的物采取的强制措施。采取诉讼财产保全应符合下列条件：

1）案件须具有给付内容的。

2）必须是由当事人一方的行为（如出卖、转移、隐匿标的物的行为）或其他行为，使判决不能执行或难以执行。

在诉讼过程中提出申请。必要时，法院也可依权作出。

申请人提供担保。

财产保全的对象及范围，仅限于请求的范围或与本案有关的财物，而不能对当事人的人身采取措施。限于请求的范围，是指保全财产的价值与诉讼请求的数额基本相同。与本案有关的财物，是指本案的标的物或与本案标的物有关联的其他财物。

财产保全的措施有查封、扣押、冻结或法律规定的其他方法。法院规定的其他方法，按最高人民法院的有关司法解释，应当包括：对债务人到期应得的收益，可以采取财产保全措施，限制其支取，通知有关单位协助执行。债务人的财产不能满足保全请求，但对第三人有到期债权的，人民法院可以依债权人的申请裁定该第三人不得对本债务人清偿；该第三人要求偿付的，由法院提存财物或价款。

财产保全无论是诉讼前的还是诉讼财产保全，都应作出书面裁定。财产保全裁定，具有如下效力：

（1）时间效力。裁定送达当事人立即发生效力，当事人必须按照裁定的内容执行。当事人对裁定内容不服的，可以申请复议一次，但复议期间，不停止财产保全裁定的执行。作出生效判决前，执行完毕就失去效力。诉前财产保全裁定，利害关系人在法定时间（30日内）不起诉或仲裁的，人民法院决定撤销保全时，财产保全裁定即失去效力。

（2）对当事人和利害关系人的拘束力。当事人和利害关系人在接到人民法院的财产保全裁定后，就必须依照裁定的内容执行，并根据民事诉讼法决定，提供担保。利害关系人申请人在法定期间内提起诉讼。

（3）对有关单位和个人的拘束力。财产保全裁定虽不是终审裁定，但法律效力与终审裁定一样，对有关单位和个人都有同等的效力。有关单位或个人在接到财产保全裁定的协助执行通知书后，必须及时按裁定中指定的保全措施协助执行。

（4）对人民法院的效力。人民法院作出财产保全裁定后即开始执行。诉前财产保全裁定执行后，申请人在法定期间不起诉的。人民法院应当撤销保全，将财产恢复到保全前的状态，保存变卖价款的，交还被申请人；被申请人或被执行人提供担保的，撤销对物品的查封、扣押等措施，解冻银行存款。

2. 先予执行

先予执行是指人民法院对某些民事案件作出判决前，为了解决权利人的生活或生产经营急需，裁定义务人履行一定义务的诉讼措施。

（1）先予执行的条件

1）当事人之间权利义务关系明确，不先予执行将严重影响申请人的生活或生产经营。

2）申请人有履行能力。

3）人民法院应当在受理案件后终审判决作出前采取。

（2）适用先予执行的范围

根据《民事诉讼法》的规定，对下列三类案件可以书面裁定先予执行：

1）追索赡养费、抚养费、抚育费、抚恤金、医疗费用的案件；

2）追索劳动报酬的案件；

3）因情况紧急需要先予执行的案件。

（3）先予执行的程序

1）申请。先予执行根据当事人的申请而开始，人民法院不能主动采取先予执行措施。

2）责令提供担保。人民法院应据案件具体情况来决定是否要求申请人提供担保。如果认为有必要让申请人提供担保，可以责令其提供；不提供的，驳回申请。

3）裁定。人民法院对当事人先予执行的申请，经审查认为符合法定条件的，应当及时作出先予执行的裁定。裁定一经送达当事人，即发生法律效力，当事人不服的，可申请复议。

4）错误的补救。人民法院裁定先予执行后，经过审理，判决申请人败诉的，申请人应返还因先予执行所取得的利益。拒不返还的，由法院强制执行，被申请人因先予执行遭受损失的，还应赔偿被申请人的损失。

（六）强制措施

1. 强制措施的概念

强制措施是对妨碍民事诉讼的强制措施的简称，它是指人民法院在民事诉讼中，对有妨害民事诉讼行为的人采用的一种强制措施。

2. 妨害民事诉讼的行为

（1）必须到庭的被告，经过两次传票传唤，无正当理由拒不到庭的。

（2）诉讼参与人或其他人在诉讼中有下列行为：

1）伪造、隐藏、毁灭证据。

2）以暴力，威胁，贿买方法阻止证人作证或指使、贿买、胁迫他人作伪证。

3）隐藏、转移、变卖、毁损已被查封、扣押的财产或已被清点并责令其保管的财产，转移已被冻结的财产的。

4）拒不履行人民法院已经发生法律效力的判决裁定的。

5）对司法人员、诉讼参与人、证人、翻译人员、鉴定人、勘验人、协助执行的人进行侮辱、诽谤诬陷、殴打或打击报复的。

6）以暴力威胁或其他方法阻碍司法工作人员执行职务的。

（3）有义务协助执行的单位和个人有下列行为之一的，人民法院可以予以处罚、拘留：

1）有关单位拒绝或者妨碍人民法院调查取证的；

2）有关单位接到人民法院协助执行通知书后，拒不协助查询、扣押、冻结、划拨、变价财产的；

3）有关单位接到人民法院协助执行通知书后，拒不协助扣留被执行人的收入、办理有关财产权证照转移手续、转交有关票证、证照或者其他财产的；

4）其他拒绝协助执行的。

3. 强制措施的种类

（1）拘留

拘留是对法律规定必须到庭听审的被告人，所采取的一种特别的传讯方法，其目的在于强制被告人到庭参加诉讼。

（2）训诫

训诫是指人民法院对妨碍民事诉讼行为较为轻微的人，以国家名义对其进行公开的谴责。这种强制方式主要以批评、警告为形式，指出当事人违法的事实和错误，教育其不得再作出妨碍民事诉讼的行为。

（3）责令退出法庭

责令退出法庭是指人民法院对违反法庭规则，妨碍民事诉讼但情节较轻的人，责令他们退出法庭，反思自己的错误。

（4）罚款

罚款是指人民法院对于妨害民事诉讼的人，在一定条件下，强令其按照法律规定，限期缴纳一定数额的罚款。罚款的数额因个人和法人、非法人单位不同而不同。对个人的罚款金额为人民币十万元以下。对单位的罚款金额，为人民币五万元以上一百万元以下。

（5）拘留

拘留是人民法院为了制止严重妨碍和扰乱民事诉讼程序的人继续进行违法活动，在紧急情况下，限制其人身自由的一种强制性手段。期限为 15 天以下。拘留和罚款可并用。

（七）民事诉讼的主要程序

1. 普通程序

（1）普通程序的概念

普通程序是指人民法院审理第一审民事案件通常适用的程序。

普通程序是第一审程序中最基本的程序，是整个民事审判程序的基础。

（2）起诉与受理

见本章有关内容。

（3）审理前的准备

1）向当事人发送起诉状、答辩状副本。人民法院应于立案后 5 日内将起诉状副本发送被告，被告在收到起诉状副本之日起 15 日内提出答辩，人民法院应于收到答辩状之日起 5 日内将答辩状副本发送原告。

2）告知当事人的诉讼权利和义务。当事人享有的诉讼权利有：委托诉讼代理人，申请回避，收集提出证据，进行辩论，请求调解，提起上诉，申请执行。当事人可以查阅本案的有关资料，并可以复制本案的有关资料和法律文书。双方当事人可以自行和解。原告可以放弃或变更诉讼请求，被告人可以承认或反驳诉讼请求，有权提起反诉等。当事人应承担的诉讼义务有：当事人必须依法行使诉讼权利，遵守诉讼程序，履行发生法律效力的判决裁定和调解协议。

3）审阅诉讼材料，调查搜集证据。人民法院受案后，应由承办人员认真审阅诉讼材料，进一步了解案情。同时受诉人民法院既可以派人直接调查搜集证据，也可以委托外地人民法院调查，两者具有同等的效力。当然，进行调查研究，搜集证据工作，应以直接调查为原则，委托调查为补充。

4）更换和追加当事人。人民法院受案后，如发现起诉人或应诉人不合格，应将不合格的当事人更换成合格的当事人。在审理前的准备阶段，人民法院如发现必须共同进行诉讼的当事人没有参加诉讼，应通知其参加诉讼。当事人也可以向人民法院申请追加。

（4）开庭审理

开庭审理是指人民法院在当事人和其他诉讼参与人参加下，对案件进行实体审理的诉讼活动过程。主要有以下几个步骤：

1）准备开庭。即由书记员查明当事人和其他诉讼参与人是否到庭，宣布法庭纪律，由审判长核对当事人，宣布开庭并公布法庭组成人员。

2）法庭调查阶段。其顺序为：①当事人陈述。②证人出庭作证。③出示书证、物证和视听资料。④宣读鉴定结论。⑤宣读勘验笔录，在法庭调查阶段，当事人可以在法庭上提出新的证据，也可以要求法庭重新调查证据。如审判员认为案情已经查清，即可终结法庭调查，转入法庭辩论阶段。

3）法庭辩论。其顺序为：①原告及其诉讼代理人发言。②被告及其诉讼代理人答辩。③第三人及其诉讼代理人发言或答辩。④相互辩论。法庭辩论终结后，由审判长按原告、被告、第三人的先后顺序征得各方面最后意见。

4）法庭调解。法庭辩论终结后，应依法作出判决。但判决前能够调解的，还可进行调解。

5）合议庭评论。法庭辩论结束后，调解又没达成协议的，合议庭成员退庭进行评议。评议是秘密进行的。

6）宣判。合议庭评议完毕后应制作判决书，宣告判决公开进行。宣告判决时，须告知当事人上诉的权利、上诉期限和上诉法庭。

人民法院适用普通程序审理的案件，应在立案之日起6个月内审结，有特殊情况需延长的，由本院院长批准，可延长6个月；还需要延长的，报请上级人民法院批准。

2. 第二审程序

（1）第二审程序的概念

第二审程序又叫终审程序，是指民事诉讼当事人不服地方各级人民法院未生效的第一审裁判，在法定期限内向上级人民法院提起上诉，上一级人民法院对案件进行审理所适用的程序。

（2）上诉的提起和受理

1）上诉的条件。①主体。即是第一审程序中的原告、被告、共同诉讼人、诉讼代表人、有无独立请求的第三人。②客体。即上诉的对象，即为依法上诉的判决和裁定。③上诉期限。即须在法定的上诉期限内提起。对判决不服，提起上诉的时间为15天；对裁定不服，提起上诉的期限为10天。④要递交上诉状。上诉应提交上诉状，当事人口头表示上诉的，也应在上诉期补交上诉状。上诉状的内容包括：当事人的姓名；法人的名称及其法定代表人的姓名，或其他组织的名称及其他主要负责人的姓名；原审人民法院名称、案件的编号和案由；上诉的请求和理由。

2）上诉的受理。上级人民法院接到上诉状后，认为符合法定条件的，应当立案审理。人民法院受理上诉案件的程序是：①当事人向原审人民法院提起上诉的，上诉状由原审人民法院审查。原审人民法院收到上诉状，在5日内将上诉状副本送达对方当事人，对方当事人应在收到之日起15日内提出答辩状。人民法院应在收到答辩状之日起5日内，将副本送达上诉人。对方当事人不提出答辩状的，不影响人民法院审理。原审人民法院收到上诉状、答辩状，应在 5 日内连同全部卷宗和证据，报送第二审人民法院。②当事人直接向第二审人民法院上诉的，第二审人民法院应在 5 日内将上诉状移交原审人民法院。原审人民法院接到上级人民法院移交当事人的上诉状，应认真审查上诉，积极作好准备工作，尽快按上诉程序报送上级人民法院审理。③上诉的撤回。上诉人在第二审人民法院受理上诉后，到第二审作出终审判决以前，认为上诉理由不充分，或接受了第一审人民法院的裁判，而向第二审人民法院申请，要求撤回上诉，这种行为，称为上诉的撤回。可见，上诉撤回的时间，须在第二审人民法院宣判以前。如在宣判以后，终审裁判发生法律效力，上诉人的撤回权利消失，不再允许撤回上诉。

（3）对上诉案件的裁判

1）维持原判。即原判认定事实清楚，适用法律正确的，判决驳回上诉，维持原判。

2）改判。如原判决适用法律错误的，依法改判；或原判决认定事实错误或原判决认定事实不清，证据不足，裁定撤销原判，发回原审人民法院重审，或查清事实后改判。

3）发回重审。即原判决违反法定程序，可能影响案件正确判决的，裁定撤销原判决，发回原审人民法院重审。

3. 审判监督程序

（1）审判监督程序的概念

审判监督程序即再审程序，是指由有审判监督权的法定机关和人员提起，或由当事人申请，由人民法院对发生法律效力的判决、裁定、调解书再次审理的程序。

（2）审判监督程序的提起

1）人民法院提起再审的程序。人民法院提起再审，须为判决、裁定已经发生法律效力，必须是判决裁定确有错误。其程序为：①各级人民法院院长对本院作出的已生效的判决、裁定确有错误，认为需要再审的，应当提交审判委员会讨论决定。②最高人民法院对地方各级人民法院已生效的判决、裁定，上级人民法院对下级人民法院已生效的判决、裁定，发现确有错误的，有权提审或指令下级人民法院再审。再审的裁定中同时写明中止原判决、裁定的执行。

2）当事人申请再审。当事人申请不一定导致审判监督程序，只有在同时符合下列条件的前提下，才由人民法院依法决定再审：①只有当事人才有提出申请的权利。如果当事人为无诉讼行为能力的人，可由其法定代理人代为申请。②当事人对已经发生法律效力的判决、裁定，认为有错误的，可以向上一级人民法院申请再审；当事人一方人数众多或者当事人双方为公民的案件，也可以向原审人民法院申请再审。③当事人申请再审，应当在判决、裁定发生法律效力后六个月内提出。④有新的证据，足以推翻原判决、裁定的；或原判决、裁定认定事实的主要证据不足的；或原判决、裁定适用法律确有错误的；或人民法院违反法定程序，可能影响案件正确判决、裁定的；或审判人员在审理该案件时有贪污受贿、徇私舞弊，枉法裁判行为的。当事人的申请应以书面形式提出，指明判决、裁定、调解书中的错误，并提供申请理由和证据事实。人民法院经对当事人的申请审查后，认为不符合申请条件的，驳回申请；确认符合申请条件的，由院长提交审判委员会决定是否再审；确认需要补正或补充判决的，由原审人民法院依法进行补正判决或补充判决。

3）人民检察院抗诉。是指人民检察院对人民法院发生法律效力的判决、裁定，发现有提起抗诉的法定情形，提请人民法院对案件重新审理。最高人民检察院对各级人民法院已经发生法律效力的判决、裁定，发现有下列情形之一的，应当按照审判监督程序提出抗诉：①原判决裁定认定事实的主要证据不足的；②原判决、裁定适用法律确有错误的；③人民法院违反法定程序，可能影响案件正确判决、裁定的；④审判人员在审理该案件时有贪污受贿、徇私舞弊、枉法裁判行为的。

4. 执行程序

（1）执行程序的概念

执行程序，是指保证具有执行效力的法律文书得以实施的程序。

（2）执行根据

执行根据是当事人申请执行，人民法院移交执行以及人民法院采取强制措施的依据。执行根据是执行程序发生的基础，没有执行根据，当事人不能向人民法院申请执行，人民法院也不得采取强制措施，执行根据主要有：

1）人民法院作出的民事判决书和调解书。

2）人民法院作出的先予执行的裁定、执行回转的裁定以及承认并协助执行外国判决、裁定或裁决的裁定。

3）人民法院作出的要求债务人履行债务的支付命令。

4）人民法院作出的具有给付内容的刑事判决、裁定书。

5）仲裁机关作出的裁决和调解书。

6）公证机关作出的依法赋予强制执行效力的公证债权文书。

7）我国行政机关作出的法律明确规定由人民法院执行的行政决定。

（3）执行案件的管辖

1）人民法院制作的具有财产内容的民事判决、裁定、调解书和刑事判决、裁定中的财产部分，由第一审人民法院执行。

2）法律规定由人民法院执行的其他法律文书，由被执行人住所地或被执行的财产所在地人民法院执行。

3）法律规定两个以上人民法院都有执行管辖权的，由最先接受申请的人民法院执行。

（4）执行程序的发生

1）申请执行。人民法院作出的判决、裁定等法律文书，当事人必须履行。如果不履行，另一方可向有管辖权的人民法院申请执行。申请执行应提交申请执行书，并附作为执行根据的法律文书。申请执行，还须遵守民诉法规的申请执行期限。申请执行的期间为二年，申请执行时效的中止、中断，适用法律有关诉讼时效中止、中断的规定。从法律文书规定履行期限的最后一日起计算，如是分期履行的，从规定的每次履行期限的最后一日起计算本次应履行的义务的申请执行期限。

2）移交执行。即人民法院的裁判生效后，由审判该案的审判人员将案件直接交付执行人员，随即开始执行程序。提交执行的案件有三类：①判决、裁定具有交付赡养费、抚养费、医药费等内容的案件；②具有财产执行内容的刑事判决书；③审判人员认为涉及国家、集体或公民重大利益的案件。

3）委托执行。指有管辖权的人民法院遇到特殊情况，依法将应由本院执行的案件送交有关的人民法院代为执行。我国《民事诉讼法（2017）》第 229 条规定，被执行人或者被执行的财产在外地的，可以委托当地人民法院代为执行。受委托人民法院收到委托函件后，必须在十五日内开始执行，不得拒绝。执行完毕后，应当将执行结果及时函复委托人民法院；在三十日内如果还未执行完毕，也应当将执行情况函告委托人民法院。受委托人民法院自收到委托函件之日起十五日内不执行的，委托人民法院可以请求受委托人民法院的上级人民法院指令受委托人民法院执行。

（5）执行措施

1）查封、冻结、划拨被执行人的存款；

2）扣留、提取被执行人的收入；

3）查封、扣押、拍卖、变卖被执行人的财产；

4）对被执行人及其住所或财产隐匿地进行搜查；

5）强制被执行人交付法律文书指定的财物或票证；

6）强制被执行人迁出房屋或退出土地；

7）强制被执行人履行法律文书指定的行为；

8）办理财产权证照转移手续；

9）强制被执行人支付迟延履行期间的债务利息或迟延履行金；

10）债权人可以随时请求人民法院执行。

除此之外，还有三种执行措施：

1）申请参与分配。被执行人为公民或其他组织，在执行程序开始后，被执行人的其他已经取得执行根据或已经起诉的债权人发现被执行人的财产不能清偿所有债权的，可以向法院申请参与分配。

2）执行第三人到期债权。被执行人不能清偿债务，但第三人享有到期债权的，人民法院可以依申请执行人的申请，通知该第三人向申请执行人履行债务，该第三人对债务没有异议但又在通知指定的期限内不履行的，人民法院可以强制执行。

3）通过公告、登报等方式为对方恢复名誉、消除影响。

（6）执行中止和终结

1）执行中止。即在执行过程中，因发生特殊情况，需要暂时停止执行程序。有下列情况之一的，人民法院应裁定中止执行：①申请人表示可以延期执行的。②案外人对执行标的提出确有理由的异议的。③作为一方当事人的公民死亡，需要等待继承人继承权利或承担义务的。④作为一方当事人的法人或其他组织终止，尚未确定权利义务承受人的。⑤人民法院认为应当中止执行的其他情形。中止的情形消失后，恢复执行。

2）执行终结。即在执行过程中，由于出现某些特殊情况，执行工作无法继续进行或没有必要继续进行时，结束执行程序。有下列情况之一的，人民法院应当裁定终结执行：①申请人撤销申请的。②据以执行的法律文书被撤销的。③作为被执行人的公民死亡，无遗产可供执行，又无义务承担人的。④追索赡养费、抚养费、抚育费案件的权利人死亡的。⑤作为被执行人的公民因生活困难无力偿还借款，无收入来源，又丧失劳动能力的。⑥人民法院认为应当终结执行的其他情形。

（八）几个特殊的民事程序

1. 督促程序

（1）督促程序的概念

督促程序是指人民法院根据债权人要求债务人给付金钱或有价证券的申请，向债务人发出有条件的支付命令，若债务人逾期不履行，人民法院则可强制执行所适用的程序。

（2）适用督促程序的要件

1）债权人必须提出请求，且申请内容只能是关于给付金钱或有价证券；

2）债权人与债务人没有其他债务争议；

3）支付令能够送达债务人的。

在具备上述条件后，债权人可以向有管辖权的人民法院提出申请。否则人民法院不予受理。

（3）支付令申请的受理

1）债权人提出申请后，人民法院应在 5 日内通知债权人是否受理；

2）对申请的审查和发布支付令。人民法院受理申请后，经审查债权人提供的事实、证据，对债权、债务关系明确、合法的，应在受理之日起 15 日内向债务人发出支付令；申请不成立的，裁定予以驳回。该裁定不得上诉。

（4）支付令的异议和效力

支付令异议，是指债务人对人民法院发出的支付声明不服。支付令异议应由债务人自收到支付令之日起 15 日内提出，人民法院收到债务人提出的书面异议后，经审查，异议成立的，应当裁定终结督促程序，支付令自行失效。支付令失效的，转入诉讼程序，但申请支付令的一方当事人不同意提起诉讼的除外。

如果债务人自收到支付令之日起 15 日内不提出异议又不履行支付令的，债权人可以申请人民法院予以执行。支付令与生效的判决具有同等法律效力。

2. 公示催告程序

（1）公示催告程序的概念

公示催告程序，是指人民法院根据当事人的申请，以公示的方式催告不明的利害关系人，在法定期间内申报债权，逾期无人申报，就作出除权判决所适用的诉讼程序。

（2）适用公示催告程序的要件

1）申请公告催告的，必须是可以背书转让的票据或法律规定的其他事项；

2）申请人必须依法拥有申请权；

3）必须是因票据遗失、被盗或灭失，相对人无法确定的；

4）申请人必须向人民法院提交申请书。

（3）对公示催告申请的受理和处理

1）申请的受理。当事人申请公示催告时，须向人民法院提交申请书。申请书应写明票面金额、发票人、持票人、背书人等票据主要内容及申请的理由和根据的事实。人民法院在接到申请后，经审查，认为符合条件的，应作出受理的裁定，如决定不予受理，就以裁定的形式驳回，并说明理由。

2）公示催告。人民法院决定受理申请，应同时通知支付人停止支付，并在三日内发出公告，催促利害关系人申报权利。公示催告期间，由人民法院根据情况决定，但不得少于两个月。支付人收到人民法院停止支付的通知，应当停止支付，至公示催告程序终结。在公示催告期间，转让票据权利的行为无效。

3）公示催告程序的终结。①利害关系人应在公示催告期间向人民法院申报。人民法院收到利害关系人的申报后，应裁定终结公告催告程序，并通知申请人和支付人。②如果在法定期间内没有人申报的，申请人应享有票据上的权利。人民法院应判决票据无效，并予以公告，公示催告程序终结。

（4）提起诉讼

1）利害关系人在公示催告期间向人民法院申报权利，申请人或申报人可以向人民法院起诉。

2）利害关系人因正当理由不能在判决前向人民法院申报的，自知道或应当知道判决公告之日起一年内，可向作出判决的人民法院提起诉讼。

二、行政诉讼法

（一）行政诉讼

1. 行政诉讼的概念

行政诉讼是指公民、法人或其他组织认为行政机关的具体行政行为侵犯其合法权益，在法定期限内，依法向人民法院起诉，并由人民法院依法审理裁决的活动。行政诉讼包含五个要件：

1）原告是行政管理相对人，即公民、法人和其他组织；

2）被告是行使国家管理职权的行政机关即做出具体行政行为的行政机关；

3）原告起诉的原因是其认为行政机关的具体行政行为侵犯了自己的合法权益；

4）必须是法律、法规明文规定当事人可以向人民法院起诉的行政案件；

5）必须在法定的期限内向有管辖权的人民法院起诉。

2. 行政诉讼法的概念

行政诉讼法是指调整人民法院、当事人和其他诉讼参与人在审理案件过程中所发生的行政诉讼关系的法律规范的总称。《中华人民共和国行政诉讼法》（以下简称《行政诉讼法》），根据 2017 年 6 月 27 日第十二届全国人民代表大会常务委员会第二十八次会议《关于修改〈中华人民共和国民事诉讼法〉和〈中华人民共和国行政诉讼法〉的决定》第二次修正），于 2017 年 7 月 1 日开始执行。

（二）行政诉讼的受案范围

1. 人民法院受理的案件

《行政诉讼法》第 12 条规定，人民法院受理公民、法人或者其他组织提起的下列诉讼：

（1）对行政拘留、暂扣或者吊销许可证和执照、责令停产停业、没收违法所得、没收非法财物、罚款、警告等行政处罚不服的；

（2）对限制人身自由或者对财产的查封、扣押、冻结等行政强制措施和行政强制执行不服的；

（3）申请行政许可，行政机关拒绝或者在法定期限内不予答复，或者对行政机关作出的有关行政许可的其他决定不服的；

（4）对行政机关作出的关于确认土地、矿藏、水流、森林、山岭、草原、荒地、滩涂、海域等自然资源的所有权或者使用权的决定不服的；

（5）对征收、征用决定及其补偿决定不服的；

（6）申请行政机关履行保护人身权、财产权等合法权益的法定职责，行政机关拒绝履行或者不予答复的；

（7）认为行政机关侵犯其经营自主权或者农村土地承包经营权、农村土地经营权的；

（8）认为行政机关滥用行政权力排除或者限制竞争的；

（9）认为行政机关违法集资、摊派费用或者违法要求履行其他义务的；

（10）认为行政机关没有依法支付抚恤金、最低生活保障待遇或者社会保险待遇的；

（11）认为行政机关不依法履行、未按照约定履行或者违法变更、解除政府特许经营协议、土地房屋征收补偿协议等协议的；

（12）认为行政机关侵犯其他人身权、财产权等合法权益的。

除前款规定外，人民法院受理法律、法规规定可以提起诉讼的其他行政案件。

2. 人民法院不受理的案件

《行政诉讼法》第 13 条规定，人民法院不受理公民、法人或其他组织对下列事项提起的诉讼：

（1）国防、外交等国家行为；

（2）行政法规、规章或行政机关制定、发布的具有普遍约束力的决定、命令；

（3）行政机关对行政机关工作人员的奖惩、任免等决定；

（4）法律规定由行政机关最终裁决的具体行政行为。

（三）行政诉讼的起诉与受理

1. 起诉

（1）起诉的条件

《行政诉讼法》第 49 条规定，提起诉讼应当符合下列条件：

1）原告是行政行为的相对人以及其他与行政行为有利害关系的公民、法人或者其他组织；

2）有明确的被告；

3）有明确的诉讼请求和事实根据；

4）属于人民法院受案范围和受诉人民法院管辖。

（2）起诉的期限

行政诉讼必须在法定期限内提起，这也是提起行政诉讼的条件之一。我国《行政诉讼法》在第 45 条、第 46 条、第 47 条、第 48 条及《行政复议法》第 31 条对此做出了明确规定。

1）公民、法人或者其他组织不服复议决定的，可以在收到复议决定书之日起十五日内向人民法院提起诉讼。复议机关逾期不作决定的，申请人可以在复议期满之日起十五日内向人民法院提起诉讼。法律另有规定的除外。

2）公民、法人或者其他组织直接向人民法院提起诉讼的，应当自知道或者应当知道作出行政行为之日起六个月内提出。法律另有规定的除外。

因不动产提起诉讼的案件自行政行为作出之日起超过二十年，其他案件自行政行为作出之日起超过五年提起诉讼的，人民法院不予受理。

3）公民、法人或者其他组织申请行政机关履行保护其人身权、财产权等合法权益的法定职责，行政机关在接到申请之日起两个月内不履行的，公民、法人或者其他组织可以向人民法院提起诉讼。法律、法规对行政机关履行职责的期限另有规定的，从其规定。

公民、法人或者其他组织在紧急情况下请求行政机关履行保护其人身权、财产权等合法权益的法定职责，行政机关不履行的，提起诉讼不受前款规定期限的限制。

4）公民、法人或者其他组织因不可抗力或者其他不属于自身的原因耽误起诉期限的，被耽误的时间不计算在起诉期限内。

公民、法人或者其他组织因前款规定以外的其他特殊情况耽误起诉期限的，在障碍消除后十日内，可以申请延长期限，是否准许由人民法院决定。

2. 受理

受理是人民法院对原告的起诉进行审查，认为符合规定条件的，决定立案审理的诉讼行为。我国《行政诉讼法》第51条规定，人民法院在接到起诉状时对符合本法规定的起诉条件的，应当登记立案。

对当场不能判定是否符合本法规定的起诉条件的，应当接收起诉状，出具注明收到日期的书面凭证，并在七日内决定是否立案。不符合起诉条件的，作出不予立案的裁定。裁定书应当载明不予立案的理由。原告对裁定不服的，可以提起上诉。

起诉状内容欠缺或者有其他错误的，应当给予指导和释明，并一次性告知当事人需要补正的内容。不得未经指导和释明即以起诉不符合条件为由不接收起诉状。

对于不接收起诉状、接收起诉状后不出具书面凭证，以及不一次性告知当事人需要补正的起诉状内容的，当事人可以向上级人民法院投诉，上级人民法院应当责令改正，并对直接负责的主管人员和其他直接责任人员依法给予处分。

（四）行政诉讼的主要程序

1. 第一审程序

（1）人民法院应当在立案之日起5日内，将起诉状副本发送被告。被告应当在收到起诉状副本之日起15日内向人民法院提交做出具体行政行为的有关材料，并提出答辩状。人民法院应当在收到答辩状之日起5日内，将答辩状副本发送原告。被告不提出答辩状的，不影响人民法院审理。

（2）诉讼期间不停止具体行政行为的执行。但有下列情形之一的，停止具体行政行为的执行。①被告认为需要停止执行的；②原告申请停止执行，人民法院认为该具体行政行为的执行会造成难以弥补的损失，并且停止执行不损害社会公共利益，裁定停止执行；③人民法院认为该行政行为的执行会给国家利益、社会公共利益造成重大损害的；④法律、法规规定停止执行的。

当事人对停止执行或者不停止执行的裁定不服的，可以申请复议一次。

（3）人民法院对行政案件宣告判决或者裁定前，原告申请撤诉的，或者被告改变其所作的行政行为，原告同意并申请撤诉的，是否准许，由人民法院裁定。

2. 第二审程序

（1）当事人不服人民法院第一审判决的，有权在判决书送达之日起十五日内向上一级人民法院提起上诉。当事人不服人民法院第一审裁定的，有权在裁定书送达之日起十日内向上一级人民法院提起上诉。逾期不提起上诉的，人民法院的第一审判决或者裁定发生法律效力。

（2）人民法院对上诉案件，应当组成合议庭，开庭审理。经过阅卷、调查和询问当事人，对没有提出新的事实、证据或者理由，合议庭认为不需要开庭审理的，也可以不开庭审理。

（3）人民法院审理上诉案件，应当对原审人民法院的判决、裁定和被诉行政行为进行全面审查。

（4）人民法院审理上诉案件，应当在收到上诉状之日起三个月内作出终审判决。有特殊情况需要延长的，由高级人民法院批准，高级人民法院审理上诉案件需要延长的，由最高人民法院批准。

（5）人民法院审上诉案件，按照下列情形，分别处理：

1）原判决、裁定认定事实清楚，适用法律、法规正确的，判决或者裁定驳回上诉，维持原判决、裁定；

2）原判决、裁定认定事实错误或者适用法律、法规错误的，依法改判、撤销或者变更；

3）原判决认定基本事实不清、证据不足的，发回原审人民法院重审，或者查清事实后改判；

4）原判决遗漏当事人或者违法缺席判决等严重违反法定程序的，裁定撤销原判决，发回原审人民法院重审。

原审人民法院对发回重审的案件作出判决后，当事人提起上诉的，第二审人民法院不得再次发回重审。

人民法院审理上诉案件，需要改变原审判决的，应当同时对被诉行政行为作出判决。

3. 审判监督程序

（1）当事人对已经发生法律效力的判决、裁定，认为确有错误的，可以向上一级人民法院申请再审，但判决、裁定不停止执行。

（2）当事人的申请符合下列情形之一的，人民法院应当再审：

1）不予立案或者驳回起诉确有错误的；

2）有新的证据，足以推翻原判决、裁定的；

3）原判决、裁定认定事实的主要证据不足、未经质证或者系伪造的；

4）原判决、裁定适用法律、法规确有错误的；

5）违反法律规定的诉讼程序，可能影响公正审判的；

6）原判决、裁定遗漏诉讼请求的；

7）据以作出原判决、裁定的法律文书被撤销或者变更的；

8）审判人员在审理该案件时有贪污受贿、徇私舞弊、枉法裁判行为的。

（3）各级人民法院院长对本院已经发生法律效力的判决、裁定，发现有本法第九十一条规定情形之一，或者发现调解违反自愿原则或者调解书内容违法，认为需要再审的，应当提交审判委员会讨论决定。

最高人民法院对地方各级人民法院已经发生法律效力的判决、裁定，上级人民法院对下级人民法院已经发生法律效力的判决、裁定，发现有本法第九十一条规定情形之一，或者发现调解违反自愿原则或者调解书内容违法的，有权提审或者指令下级人民法院再审。

（4）最高人民检察院对各级人民法院已经发生法律效力的判决、裁定，上级人民检察院对人民法院已经发生法律效力的判决、裁定，发现有本法第九十一条规定情形之一，或者发现调解书损害国家利益、社会公共利益的，应当提出抗诉。

地方各级人民检察院对同级人民法院已经发生法律效力的判决、裁定，发现有本法第九十一条规定情形之一，或者发现调解书损害国家利益、社会公共利益的，可以向同级人民法院提出检察建议，并报上级人民检察院备案；也可以提请上级人民检察院向同级人民法院提出抗诉。

各级人民检察院对审判监督程序以外的其他审判程序中审判人员的违法行为，有权向同级人民法院提出检察建议。

三、仲裁法

（一）仲裁

1. 仲裁的概念

仲裁是争议双方在争议发生前或争议发生后达成协议，自愿将争议交给第三者作出裁决，双方有义务执行的一种解决争议的办法。

首先，仲裁的发生是以双方当事人自愿为前提。这种自愿，体现在仲裁协议中。仲裁协议，可以在争议发生前达成，也可以在争议发生后达成。

其次，仲裁的客体是当事人之间发生的一定范围的争议。这些争议大体包括：经济争议、劳动争议、对外经贸争议、海事争议等。

再次，仲裁须有三方活动主体。即双方当事人和第三方（仲裁组织）。仲裁组织以当事人双方自愿为基础进行裁决。

第四，裁决具有强制性。当事人一旦选择了仲裁解决争议，仲裁者所作的裁决对双方都有约束力，双方都要认真履行，否则，权利人可以向法院申请强制执行。

2. 仲裁的种类

（1）国内仲裁和涉外仲裁

这是根据当事人是否具有涉外因素划分的。国内仲裁一般只涉及国内经贸方面的争议。涉外仲裁是指具有涉外因素的仲裁。

（2）普通仲裁和特殊仲裁

这是根据仲裁机构和争议的性质不同划分的。普通仲裁是指由非官方仲裁机构对民事、商事争议所进行的仲裁。包括大多数国家的国内民商事仲裁和国际贸易与海事仲裁。特殊仲裁则是指由官方机构依据行政权力而不是依据仲裁协议所进行的仲裁，它是由国家行政机关所实施的仲裁，如我国过去的经济合同仲裁法。

3. 仲裁法

（1）仲裁法的概念

仲裁法是国家制定和确认的关于仲裁制度的法律规范的总和。其基本内容包括仲裁协议、仲裁组织、仲裁程序、仲裁裁决及执行等。

（2）仲裁法的适用范围

1）对人的效力。仲裁法对平等主体的公民、法人和其他组织之间适用。

2）空间效力。仲裁法适用于中国领域内的平等主体之间发生的合同争议和其他财产权益争议。

3）时间效力。《中华人民共和国仲裁法》（以下简称《仲裁法》），于1995年9月1日起施行。

（二）仲裁的范围

仲裁的范围是指哪些争议可以申请仲裁，解决可仲裁性的问题。

1. 确定仲裁范围的原则

我国《仲裁法》中对仲裁范围的确定，是基于下列原则制定的：

（1）发生争议的双方应当属于平等主体的当事人；

（2）仲裁的事项，应是当事人有权处分的；

（3）从我国法律规定和国际做法看，仲裁范围主要是合同争议，也包括一些非合同的经济争议。

因此，我国《仲裁法》在第2条规定："平等主体的公民、法人和其他组织之间发生的合同争议和其他财产权益争议，可以仲裁。"

2. 不能仲裁的情形

根据我国《仲裁法》第3条的规定，下列争议不能仲裁：

（1）婚姻、收养、监护、抚养、继承争议；

（2）依法应当由行政机关处理的行政争议。

3. 关于仲裁范围的几点说明

（1）劳动争议仲裁和农业承包合同争议仲裁的问题

由于劳动争议不同于一般经济争议，劳动争议的仲裁有自己的特点，因此，劳动争议仲裁由法律另行规定。农业承包合同争议面广量大，涉及广大农民的切身利益，在仲裁机构设立、仲裁程序上有其特点，因此，依照《仲裁法》第22条规定，农业承包合同争议的仲裁另行规定。

（2）企业承包合同仲裁问题

1988年国务院颁布了《全民所有制工业企业承包经营责任制暂行条例》，其中对企业承包合同争议规定了由工商行政管理局的经济合同仲裁委员会仲裁。《仲裁法》中没有明确规定企业承包合同争议的仲裁问题。

（三）仲裁协议

1. 仲裁协议的概念

根据《仲裁法》第16条规定："仲裁协议包括合同订立的仲裁条款和以其他书面方式在争议发生前或者争议发生后达成的请求仲裁的协议。"从这一规定可以看出，仲裁协议具有以下的特点。

（1）仲裁协议是合同双方商定的通过仲裁方式解决争议的协议。其内容规定的是关于仲裁的事项。

（2）仲裁协议必须以书面形式存在，口头形式不能成为仲裁协议。仲裁协议的形式可以有两种：一种是在订立的合同中规定的仲裁条款；另一种是双方另行达成的独立于合同之外的仲裁协议。不论哪一种形式，都具有同样的法律效力。

（3）仲裁协议订立的时间可以在合同争议发生之前，也可以在合同争议发生之后。协议确立的时间与经济合同没有必然的联系，订立时间的先后也不影响仲裁协议的效力。

（4）仲裁协议是双方当事人申请仲裁的前提。没有有效的仲裁协议，仲裁机构不予受理仲裁申请。

2. 仲裁协议的内容

根据《仲裁法》第16条第2款的规定："仲裁协议应包括下列内容：①请求仲裁的意

思表示；②仲裁事项；③选定的仲裁委员会。"

　　3. 仲裁协议的效力

　　仲裁协议一经作出即发生法律效力。除非双方当事人同意解除仲裁协议，否则必须通过仲裁的方式解决争议，任何一方都不得向人民法院起诉。

　　但是，仲裁协议同其他合同一样，当其内容违反有关法律规定时，也可以被仲裁机构或人民法院裁定为无效。根据《仲裁法》第 17 条规定："有下列情形之一的，仲裁协议无效：约定仲裁事项超出法律规定的仲裁范围的；无民事行为能力人或者限制民事行为能力人订立的仲裁协议；一方采取胁迫手段，迫使对方订立仲裁协议的。"

　　在掌握仲裁协议的效力时，还应当注意以下几个问题：

　　仲裁协议对仲裁事项或仲裁委员会没有约定或者约定不明确的，当事人可以补充协议；达不成补充协议的，仲裁协议无效。

　　仲裁协议独立存在，合同的变更、解除终止或者无效，不影响仲裁协议的效力。

　　当事人对仲裁协议效力提出异议的，可以请求仲裁委员会作出决定或者请求人民法院作出裁定。如对仲裁协议的效力，一方请求仲裁委员会决定，另一方请求人民法院裁定的，则由人民法院裁定。

　　当事人对仲裁协议的效力提出异议，应当在仲裁庭首次出庭前提出。

　　（四）仲裁的主要程序

　　仲裁程序，是指当事人提出仲裁申请直至仲裁庭作出裁决的程序。根据我国《仲裁法》第四章的规定，仲裁程序主要有申请和受理、仲裁庭的组成、开庭和裁决。

　　1. 申请和受理

　　（1）申请仲裁的条件

　　当事人申请仲裁应符合下列条件：

　　1）有仲裁协议；

　　2）有具体的仲裁请求和事实、理由；

　　3）属于仲裁委员会的受理范围。

　　（2）受理

　　仲裁委员会收到仲裁申请书之日起 5 日内，认为符合受理条件的，应当受理，并通知当事人；认为不符合受理条件的，应书面通知当事人不予受理，并说明理由。

　　（3）送达法律文书

　　仲裁委员会受理仲裁申请后，应在仲裁规则规定的期限内将仲裁规则和仲裁员名册送达申请人，并将仲裁申请书副本和仲裁规则、仲裁员名册送达被申请人。

　　被申请人收到仲裁申请书后，应在仲裁规则规定的期限内向仲裁委员会提交答辩书。仲裁委员会收到答辩书后，应在仲裁规则规定的期限内将答辩书副本送达申请人。被申请人未提交答辩书的，不影响仲裁程序的进行。

　　（4）有仲裁协议但一方起诉时的处理

　　《仲裁法》第 26 条规定，双方当事人有仲裁协议但一方却向法院起诉的情形作了明确规定。即"当事人达成仲裁协议，一方向人民法院起诉未声明有仲裁协议，人民法院受理后，另一方在首次开庭前递交仲裁协议的，人民法院应当驳回起诉，但仲裁协议无效的除外；另一方在首次开庭前未对人民法院受理该案提出异议的，视为放弃仲裁协议，人民法院应当继续审理。"

（5）财产保全

仲裁中的财产保全，是指法院根据仲裁委员会提交的当事人的申请，就被申请人的财产作出临时性的强制措施，包括查封、扣押、冻结、责令提供担保或法律规定的其他方法，以保障当事人的合法权益不受损失，保证将来作出的裁决能够得到实现。

财产保全因国内仲裁和涉外仲裁不同，因而在选择法院上也有所不同。国内仲裁的财产保全申请，一般提交基层人民法院裁定。涉外仲裁财产保全申请，则应提交被申请人住所地或财产所在地的中级人民法院裁定。

根据《仲裁法》第28条规定，当事人申请财产保全的，仲裁委员会应当将当事人的申请依民事诉讼法的有关规定提交人民法院。申请有错误的，申请人应当赔偿被申请人因财产保全所遭受的损失。

2. 仲裁庭的组成

（1）仲裁庭的种类

1）合议仲裁庭。即由3名仲裁员组成的仲裁庭。

2）独任仲裁庭。即由1名仲裁员组成的仲裁庭。

（2）仲裁庭的组成

1）合议仲裁庭的组成。当事人约定组成合议仲裁庭的，应当各自选定或各自委托仲裁委员会主任指定一名仲裁员，第三名仲裁员由当事人共同选定或共同委托仲裁委员会主任指定。第三名仲裁是首席仲裁员。

2）独任仲裁庭的组成。当事人约定由一名仲裁员成立的独任仲裁庭的，应当由当事人共同选定或共同委托仲裁委员会主任指定仲裁员。

仲裁庭组成后，仲裁委员会应将仲裁庭的组成情况书面通知当事人。

（3）仲裁员的回避

1）仲裁员回避的种类。仲裁员的回避可以有主动回避和申请回避两种情形，如果当事人提出回避申请的，应当说明理由，并在首次开庭前提出。如果回避事由是在首次开庭后知道的，可以在最后一次开庭终结前提出。

2）仲裁员回避的原因。我国《仲裁法》第34条作出明确规定，即仲裁员有下列情形之一的，必须回避，当事人有权提出回避申请：①是本案当事人或当事人、代理人的近亲属；②与本案有利害关系；③与本案当事人、代理人有其他关系，可能影响公正仲裁的；④私自会见当事人、代理人，或接受当事人、代理人的请客送礼的。

3）仲裁员回避的决定权。仲裁员是否回避，由仲裁委员会主任决定；仲裁委员会主任担任仲裁员时，由仲裁委员会集体决定。

4）仲裁员的重新确定。仲裁员因回避或其他原因不能履行职责的，应依照《仲裁法》的规定重新选定或指定仲裁员；因回避而重新选定或指定仲裁员后，当事人可以请求已进行的仲裁程序重新进行，是否准许，由仲裁庭决定；仲裁庭也可以自行决定已进行的仲裁程序是否重新进行。

3. 开庭和裁决

在开庭和裁决中，仅介绍不公开仲裁、举证责任、和解协议、调解和裁决等四个问题。

（1）不公开仲裁

我国《仲裁法》规定，仲裁应当开庭进行，但不公开进行。当事人协议公开的，可以公开进行，但涉及国家秘密的除外。

所谓仲裁不公开进行，包括申请与受理仲裁的情况不公开报道、仲裁开庭不允许旁听、裁决不向社会公布等等。该项规定，是仲裁制度的一项特点，也是国际商事仲裁的惯例。正是由于其不公开，使得当事人能放心地将争议提交仲裁，一方面尽快将争议了结，另一方面也不影响自己的商业信誉，并尽可能地不损害双方的合作关系，因而人们往往在实践中多选择仲裁而不是诉讼。

（2）举证责任

《仲裁法》第43条第1款规定："当事人应当对自己的主张提供证据。"这是因为提供证据是确认当事人权利的前提，也是在仲裁过程中当事人应尽的义务。申请人提出仲裁或请求，那么他就有责任举证加以证明，被申请人提出答辩，反驳申请人的请求，也需要提供证据来证明其反驳是有根据的。因此，仲裁法规定的当事人应当对自己的主张提供证据，贯彻的正是"谁主张，谁举证"的原则。

在强调当事人举证责任的同时，《仲裁法》第43条第2款规定："仲裁庭认为有必要收集的证据，可以自行收集。"如某些事实尚不清楚，当事人自己举出的证据又不清楚，仲裁庭则可自行收集证据。这对争议的解决很有必要。

另外，在仲裁时，在证据可能灭失或以后难以取得的情况下，当事人可申请证据保全。

（3）和解协议

和解是指争议的双方当事人以口头或书面的方式直接交涉以解决争议的一种方式，它是在没有仲裁庭介入，由当事人自己协商解决争议的一种方法。

和解达成协议的，当事人既可以请求仲裁庭根据和解协议作出判决书，也可撤回仲裁申请。如果一方或双方达成和解协议撤回了仲裁申请后，又反悔或没有履行和解协议的，可以根据仲裁协议重新申请仲裁。

（4）调解和裁决

《仲裁法》第51条第1款规定："仲裁庭在作出裁决前，可以先行调解。当事人自愿调解的，仲裁庭应当调解。调解不成的，应当及时作出裁决。"

1）调解的概念。是指当事人在自愿的基础上，在仲裁庭主持下，查明事实，分清是非，通过仲裁庭的工作，促使双方当事人互谅互让，达成协议解决争议。

2）调解与和解的不同。主要区别在于有无仲裁庭的介入，有无仲裁庭做双方当事人的工作。后者则没有仲裁庭的介入，也无仲裁庭做双方当事人的工作。

3）调解应坚持的原则。自愿原则，即如有一方不同意调解，则应裁决。合法原则，即调解须在查明事实，分清是非、公平合理、实事求是的前提下进行。调解不是裁决前的必经程序。

4）调解书及其效力。如果调解达成协议的，仲裁庭应当制作调解书。调解书应当写明仲裁请求和当事人协议的结果。调解书由仲裁员签名，加盖仲裁委员会印章，送达双方当事人。调解书与裁决书具有同等法律效力。如果当事人在签收调解书前反悔的（调解书经双方当事人签收后生效），仲裁庭应当及时作出裁决。

5）裁决及裁决书。裁决应当按照仲裁员的意见作出，仲裁庭不能形成多数意见时，裁决应当按照首席仲裁员的意见作出。裁决书应当写明仲裁请求、争议事实、裁决理由、裁决结果、仲裁费用的负担和裁决的日期。当事人协议不愿写明争议事实和裁决理由的，可以不写。裁决书由仲裁员签字，加盖仲裁委员会印章。裁决书自作出 3 日起发生法律效力。

（五）申请撤销裁决

实行或审或裁的制度后，法院对仲裁可能不加以干预，但需要一定的监督。申请撤销裁决便是法院实行监督的一种方法。

1. 裁决被撤销的原因

根据《仲裁法》58 条的规定，当事人提出证据证明裁决有下列情形之一的，可以向仲裁委员会所在地的中级人民法院申请撤销裁决：

（1）没有仲裁协议的；

（2）裁决的事项不属于仲裁协议的范围或仲裁委员会无权仲裁的；

（3）仲裁庭的组成或仲裁的程序违反法定程序的；

（4）裁决所根据的证据是伪造的；

（5）对方当事人隐瞒了足以影响公正裁决的证据的；

（6）仲裁员在仲裁该案时有索贿受贿、徇私舞弊、枉法裁决行为的。

人民法院经组成合议庭审查核实裁决有前款规定情形之一的，应当裁定撤销。人民法院认定该裁定违背社会公共利益的，应当裁定撤销。

2. 申请撤销裁决的时效

我国《仲裁法》第 59 条规定，当事人申请撤销裁决的，应当自收到裁决书之日起 6 个月内提出。

3. 我国《仲裁法》第 60 条规定，人民法院应当在受理撤销裁决申请之日起 2 个月内作出撤销裁决或驳回申请的裁定。

（六）裁决的执行

1. 裁决的执行

由于仲裁基本上是基于当事人的意愿进行的，特别是在是否采用仲裁方式解决争议，以及由谁来公断争议这两个关键性问题上都遵循了当事人的约定。因而，在仲裁的调解书和裁决书作出后，绝大多数当事人都能自觉履行义务。但也出现有些当事人不履行义务的情况。如果一方当事人不履行裁决，另一方当事人可以依照民事诉讼法的有关规定向人民法院申请执行，受申请的人民法院应当予以执行。

2. 不予执行制度

根据《民事诉讼法》第 217 条规定，被申请人提出证据证明仲裁裁决有下列情形之一的，经人民法院组成合议庭审查核实，裁定不予执行：

1）当事人合同中没有订有仲裁条款或事后没有达成书面仲裁协议的；

2）裁决的事项不属于仲裁协议的范围或仲裁机构无权仲裁的；

3）仲裁庭的组成形式或仲裁的程序违反法定程序的；

4）认定事实的主要证据不足的；

5）适用法律确有错误的；

6）仲裁员在仲裁该案时有贪污受贿、徇私舞弊、枉法裁决行为的。

3. 涉外仲裁裁决不予执行的规定

《民事诉讼法》第 274 条规定，对中华人民共和国涉外仲裁机构作出的裁决，被申请人提出证据证明仲裁裁决有下列情形之一的，经人民法院组成合议庭审查核实，裁定不予执行：

（1）当事人在合同中没有订有仲裁条款事后没有达成书面仲裁协议的；

（2）被申请人没有得到指定仲裁员或进行仲裁程序的通知，或由于其他不属于被申请人负责的原因未能陈述意见的；

（3）仲裁庭的组成或仲裁的程序与仲裁规则不符的；

（4）裁决的事项不属于仲裁协议的范围或仲裁机构无权仲裁的。

4. 不予执行或撤销裁决的后果

法院裁定不予执行或撤销裁决后，当事人之间的争议如何处理？原仲裁协议是否有效？对此，《仲裁法》第 9 条 2 款规定："裁决被人民法院依法裁定撤销或者不予执行的，当事人就该争议可以根据双方重新达成的仲裁协议申请仲裁，也可以向人民法院起诉。"由此可见，在裁决不予执行或被撤销后，原仲裁协议失效，当事人不能按照原仲裁协议申请仲裁。但为了解决争议，当事人可以按照重新达成的仲裁协议申请仲裁，也可以向人民法院提起诉讼。

第三节　工程建设活动中的证据

一、证据概述

（一）证据的概念

证据是指能够证明案件事实的一切材料。在工程建设主体维护自身权利的过程中，根本的目的就是要明确对方的责任和自身的权利，减轻自己的责任和减少、甚至消除对方的权利。但这一切都必须依法进行。因为我国的法律都明确规定了哪一种行为应当承担什么样的后果，所以，确定自己和对方实施了什么样的行为，形成一个什么样的案件事实，便成了保护权利的核心问题。不论是在诉讼中，还是在仲裁、调解、谈判中，案件事实都是确定权利和责任的核心问题。然而，一个行为或一项事实要依靠什么来判断其是否存在呢？依靠的就是证据。因此，证据是工程建设主体维护权利的基础。

在实践中，工程建设主体的合法权利不能得到及时、有效的保证和实现，直接的问题就反映在了不能提供充分的、明确自己权利的证据上。

（二）证据的种类

根据我国刑事诉讼法、民事诉讼法和行政诉讼法的规定，可以作为证据使用的材料有以下七种：

1. 书证。是指以其文字或数字记载的内容起证明作用的书面文书和其他载体。如合同文本、财务账册、欠据、收据、往来信函以及确定有关权利的判决书、法律文件等。

2. 物证。是指以其存在、存放的地点、外部特征及物质特性来证明案件事实真相的证据。如购销过程中封存的样品，被损坏的机械、设备，有质量问题的产品等。

3. 证人证言。是指知道、了解事实真相的人所提供的证词，或向司法机关所作的陈诉。

4. 视听材料。是指能够证明案件真实情况的音像资料。如录音带、录像带等。

5. 被告人供述和有关当事人陈诉。它包括：犯罪嫌疑人、被告人向司法机关所作的承认犯罪并交代犯罪事实的陈诉或否认犯罪或具有从轻、减轻、免除处罚的辩解、申诉。被害人、当事人就案件事实向司法机关所作的陈述。

6. 鉴定结论。是指专业人员就案件有关情况向司法机关提供的专门性的书面鉴定意见。如，损伤鉴定、痕迹鉴定、质量责任鉴定等。

7. 勘验、检验笔录。是指司法人员或行政执法人员对与案件有关的现场、物品、人身等进行勘察、试验、实验或检查的文字记载。这项证据也具有专门性。

（三）证据的特点

作为可以证明案件事实的证据，必须具备三个特点：

1. 真实性。即证据必须符合客观实际情况，能够用来证明真实情况。虚假的材料是不能用来作为证据使用的。

2. 联系性。也称相关性，是指各个证据之间相互能够印证，共同证明事实。它一方面要求每一个证据都与整个事实或其中的一部分有密切的联系，可以反映事实的内容；另一方面还要求各个证据之间相互衔接、相互印证，形成完整的证据体系。比如甲乙方各自所持两个合同文本，其内容不同时，则任何一个合同文本都不能直接作为证据使用。只有在用其他证据排除其中一个合同文本后，另一个合同文本才能作为证据使用。

3. 合法性。只有依据合法的形式和手段取得的材料才能作为证据使用。采用非法的手段，如刑讯逼供、欺诈等形式取得的证据都是无效的证据。

二、工程建设活动中证据的特殊性

工程建设主体的权利主要产生在工程建设活动中，所以在工程建设活动中如何维护自身的权利至关重要，充分地认识建设活动中的证据则也显得尤为突出了。在工程建设活动中，也存在着诉讼中常使用的七种证据，只是工程建设活动中的证据，有它自己的特点。

（一）体系庞杂

由于工程建设活动本身是一个庞大的系统工程，环节较多，涉及的权利在各个方面都存在着，所以需要的证据也是一个庞杂的体系。如有以合同、签证、财务账目为代表的书证，以建筑原材料为代表的物证，以管理人员、中介人员、监督人员为代表的证人证言，以技术鉴定为代表的鉴定结论，以现场调查为代表的勘验检查笔录，以现场录像、照相为代表的视听证据等等。

（二）内容繁多

由于建设工程涉及方方面面的问题，这就决定了工程建设活动中的证据所反映的内容也是繁杂的，它包括：工程承发包方面的证据，施工组织与管理方面的证据，原材料采购方面的证据，涉及国家行政监督方面的证据，工程结算证据等。

（三）证据易逝、难以获取

由于施工中隐蔽工程多、工期长等原因，往往造成了其中的证据被湮没，获取证据的难度明显增加。

（四）专业性强

工程建设专业是一个独立的专业，其中又涉及多方面的专业知识，加之现场复杂、环节多变等因素，对于工程建设活动中的证据往往靠普通的勘查检验或技术鉴定难以得出真实的结论。这就需要组织较强的专业技术人员进行收集证据的活动。

除此之外，就我国而言，涉及工程建设活动的法律法规繁多且易变化，这也带来了工程建设活动中证据收集时目的不易明确、证据运用时矛盾较多等困难。

三、证据的收集和保全

（一）证据的收集和保全的含义

从狭义上讲，证据的收集单指司法机关在办案过程中，围绕案件事实收集证据的活动。但民事诉讼法把举证责任归为主张权利的当事人以后，证据的收集就不仅仅是司法机关的工作了，它还包括当事人自己在具体工作中为维护自身的合法权益而收集的有关证明材料。这就是广义的证据收集。

在现实的生活中，有许多证据是不易收集的。或者由于其自身的因素，或者由于人为的因素，这些证据往往一闪即逝，不注意保管证据，在真正需要它的时候，便后悔莫及了。从广义上讲，证据保全就是司法机关即企事业单位和公民个人，为了维护合法权益、查明案件事实，对容易灭失或难以取得的证据所采取的固定、保护措施。它包括对书证的拍照、复制，对物证的勘验、绘图、拍照、录像和保存。对证人证言的笔录、文书、录音等措施等。

（二）工程建设主体收集和保全证据的原则

就工程建设主体而言，在收集和保全证据过程中，必须明确一个指导思想，即其在生产经营过程中收集和保全证据不仅仅是为了打官司。因为工程建设主体的权利涉及了诸多方面的行为，收集和保全各种证据的核心目的就是要维护自身的合法权益。不论是通过谈判、调解，还是通过仲裁、诉讼，都要依靠事实和法律来处理问题。所以收集和保全证据，如同协商、诉讼一样，仅仅是维护自身权益、实现权利的手段而已。在实践中，许多工程建设主体为了强调合作，往往碍于情面或因为其他的人为因素，对该索取的证据不予索取，对该保全的不予保全，结果让对方钻了空子，造成不该赔偿的赔偿，应该实现的权利没有实现。

（三）工程建设主体收集和保全证据的方法

在工程建设活动中，收集和保全证据的最佳方法就是加强管理，建立、健全文书流转制度，及时、全面、准确记载有关情况。最重要的有：

1. 加强以合同为代表的文书档案管理

（1）要加强合同文本管理。在合同订立中坚持签订合法有效的合同，对无效的合同既不能签订也不能执行；合同订立时不仅要明确合同的主要内容，对具体操作细节也应当予以明确；对难以确定的内容，应当在合同中载明以双方代表临时确认的签字为依据。

（2）要在执行合同过程中，对变更的内容也应坚持依法变更，全面细腻的原则。

（3）要注意保存与业务相关的往来信函、电报、文书，不能业务刚刚结束，就将其销毁、扔掉。

（4）要建立业务档案，将涉及具体业务的相关资料集中分类归档，定期销毁。

（5）对采取以合同方式授权代理的合同，一定要在合同标的或项目名称中详细载明标的内容及授权范围；或者在合同中注明该合同在使用中必须以授权方式或含有授权内容的介绍信同时使用方能生效。

（6）要加强单位公章、法定代表人名章和合同专用章的管理，不能乱扔、乱放，随便授之以人。

2. 加强以收支票据为代表的财务管理

对于每一项收支必须要有完整的账目记录，详细记载资金来源及使用目的，资金取向及用途，并附之以有关票据，特别是对于暂付、暂借等款项，绝不能简单地凭所谓的信誉或感情用事而不是收据或欠据。

3. 加强施工中的证据固定工作

对施工的进度情况、停工原因、租赁设备的使用情况，应当坚持日记制度，而且每一项日记都应坚持甲乙双方代表签字。对施工中发现的质量问题应当及时进行现场拍照，必要时可及时聘请有关技术监督部门迅速作出技术鉴定和勘验检查笔录，或者将有关情况详细记录在日记中，并由甲乙双方签字。

（四）工程建设主体在收集和保全证据时需要注意的几个问题

1. 对重要的文件、书证，要注意留有备份，以防止遗失。

2. 对遗失的有关文件、书证要根据情况分别处理：对可能涉及对方不承认的情况时，要注意保密，防止对方篡改有关证据或否认事实而侵犯自身的权利；在可能的情况下，应从对方重新复制、索取有关文件，或找到有关知情人及时回忆，形成书面证言予以保留；对涉及隐蔽工程，现场已遭破坏等情况时，应及时聘请有关专业人员重新勘验，确定原因。

3. 对涉及的重要知情人，要记载清楚其下落、联系方式，以便随时请其出证。

4. 在开始诉讼时，对于那些对自己有利而对方不愿提供的证据，要及时请求法院采取强制性的证据保全措施。

四、证据的运用

（一）证据的运用的概念

证据的运用就是为了要形成事实以用来维护自身的权利。运用证据在各种保护权利的方式中，都可能碰到。由于运用证据的方式是相同的，在此我们完整地介绍诉讼中的运用证据。

（二）举证责任

举证责任是指司法机关、行政机关及当事人为证明案件事实而向人民法院提供的责任。我国法律规定，负有举证责任的人不能提供足够证据来证明案件事实时，则其所阐述的事实不能被法庭所认可，当然其权利也不可能得到保护了。

在刑事诉讼中，检察机关负有举证责任。它负责对犯罪嫌疑人的犯罪事实提供证据。对犯罪嫌疑人的辩解，它必须提出肯定或否定的证据。

在民事和经济诉讼中，主张权利者负有举证责任。原告人在起诉时必须提供其权利受到侵犯的证据；被告人在答辩时或提出反诉时也必须提供自己不应承担责任或对方应当承担责任的证据。

在行政诉讼中，作为被告人的行政机关负有举证责任。它必须提供作出具体行政行为时所依据的事实和法律文件等有关证据。

（三）运用证据的基本原则

工程建设主体在运用证据时，首先要注意的是，案件事实与客观事实往往存在着一定的误差。这主要是由于法律规定得较为笼统，客观事实又较为复杂等原因造成的。所以，运用证据的核心目的就是排除或削减对方的权利，形成对自己有利的案件事实。这样，在运用证据时，就必须结合具体案情和涉及该案的有关法律，充分地利用各种证据对案件定性提出意见。

在使用证据时，必须紧紧围绕着证据的三个特点进行，即提供的证据应当是真实的，不能提供伪证；提供的证据应当全面，能够互相印证，而不是相互矛盾；提供的证据必须是经合法手段取得的。其中，证据的联系性尤为重要。

具体使用证据时，则应提供出涉及案件客观事实的证据，事实与对方的关系，事实与自己的关系等证据，将其组合成一个证据体系来证明事实，明确责任。比如，若要起诉对方产品质量不合格给乙方造成损失而请求赔偿时，则首先应提供购货证据，如购销合同、协议、付款凭证，以证明产品从对方处购买或系对方生产的。其次应提供产品质量瑕疵的证据，如产品和损坏部位的照片、录像带，被封存的损坏的产品，关于质量问题的技术鉴定结论等；第三，应提供造成损失情况的证据，如产品的购价证明、对现场破坏情况的照片、录像带，恢复原状时的支付明细，对造成人身伤亡时的医疗证明，延误工期的施工日记等等。

（四）运用证据时需要注意的几个问题

由于在民事、经济和行政诉讼中，往往要互相质证，各自提供有利于自己的证据，因此经常出现双方之间证据的矛盾，此时需要注意以下几点问题：

1. 要设法否定对方的证据效力，使对方的证据不能够作为证据使用。一是注意对方的证据是否是伪证；二是注意对方所提供的证据之间是否存在矛盾，相互间能否印证；三是注意对方的主要证据能否证明完整的事实，对于各具体情节间的联系，是否存在着漏洞；四是注意对方所提供的证据是否是通过合法手段取得的，有无法律效力。

2. 证人证言带有较大的主观性，视听证据具有模糊、不准确的一面，鉴定结论、勘查记录也有疏漏的时候。针对这些情况，结合具体案情，当发现自己的权利因错误的证据而受到侵犯时，可以采取请证人出庭，当庭质证，对视听证据请求鉴定真伪，要求重新鉴定或重新勘验等。

3. 在认定事实时，应将双方的证据同时考虑，以去伪存真，特别是要注意对方提供的对自己有利的证据，将其结合到自己的证据体系中。

4. 与此按相关的他案事实，或有关政策、法规往往也可以成为此案的证据。如因甲方违约造成了乙方对丙方的违约，则丙方向乙方主张权利的诉讼文书就成了乙方向甲方索赔的证据之一。再如，国家有关具体法规和政策的调整，也可以成为违约方免责的证据。

第四节　工程建设争议解决制度案例

案例 1

申请人：××建筑集团公司

被申请人：××跨国集团

一、基本案情

××跨国集团作为业主与作为承包商与××建筑集团公司订立了一份施工总承包合同，就业主投资的某室内装修工程作了约定。该室内装修工程总承包面积 9954m²，以原报价单为基础，双方确认合同总价款为 6771435 美元。在施工过程中发生设计变更所引起的工程费用在工程决算中予以调整。装修工程完工后，承包商应提前通知业主并与业主指定的设计师及管理人员进行验收，经验收合格后由业主委任的设计师、管理人员签发验收证明书。如验收中发现施工安装质量部分未全达到合同规定的技术要求但又不影响使用的，由承包商提出书面承诺在保修期内按合同规定的技术要求加以改善后，业主发给承包商工程验收证明书。业主在合同生效后两个星期内付给承包商合同总价 30％作预付款。半年保修期满后，业主付还承包商合同总价 5％的工程保修金。合同签订后，乙方开始装修工程的施工。但装修完成后，双方因拖欠装修工程款的争议协商未果，乙方遂依合同约定争议条款向中国国际经济贸易仲裁委员会深圳分会申请仲裁，请求裁决甲方偿付工程尾款 11000 美元、工程保修金 28377 万美元及两项欠款利息。

在仲裁庭审理期间，被申请人的主要答辩意见是：由于工程质量问题，双方曾口头协商不再付给申请人 5％保修金，此外的工程款早已全部支付。装修工程进行到最后，经双方协商确定最后付款额 565143 美元。因被申请人通过申请人 43044077 美元转交香港某公司用来购买装修材料，而该香港公司的法定代表人与申请人的法定代表人都是同一个人，被申请人有理由认为，该笔款项实际上是由申请人收取了，故应冲抵工程款，且余额应返还被申请人。对于申请人提交的工程竣工验收证书，被申请人提出没有其公章、未经总经理签字，是申请人单方面制造的。

二、案件审理

仲裁庭审理查明：关于工程总价款问题，双方认可曾共同签字确认合同总价款由原来 6771435 美元降为 5610099 美元，申请人交给被申请人的工程预（结）算表中，就增加工程及签证分项列价，标明新增工程价为 56636 美元。被申请人代表对部分单价做修改，并注明"实际数量及价格合理，应按我们改后之单价结算，实际为 52057 美元"。仲裁庭由此认定工程总价款为 5662156 美元。

关于工程验收问题，申请人在装修工程完工后，即会同被申请人指定的设计师及管理人员进行验收，并且设计师及管理人员向申请人签发了"工程竣工验收证书"。由此仲裁庭认为被申请人有关验收证书异议不成立。

关于 5％保修金问题，在工程竣工后的保修期内，申请人按照被申请人在验收证书中所列的保修项目做了全面整改，被申请人对整改项目也有签字认可。仲裁庭认为，被申请人主张无事实依据，应按合同约定支付申请人 5％保修金及利息。关于工程尾款问题，根据被申请人已付数额，认定尚欠尾款为 110000 美元。对于多支付的 430440 美元，被申请人称双方均同意转交给某香港公司作为被申请人装修酒店购买装修材料的定金，被申请人同时承认申请人已将该定金汇给某香港公司。仲裁庭认为，香港公司和申请人是两个不同法人，被申请人不能以该两公司的法定代表人系同一人为由，而认为是申请人收取了定金，也不能以香港公司未履约为由，认为定金抵偿了工程款。最后仲裁委员会裁决被申请人偿付申请人工程尾款 110000 美元、保修金 283777 美元及两款相应利息。

三、案例评析

诉讼与仲裁，是解决合同争议的两个基本法律途径。仲裁一般以不公开审理为原则，有着很好的保密性，对当事人今后的商业机会影响较小。同时仲裁实行一裁终局制、有利于迅速解决纠纷，并且由于时间上的快捷性，费用相应节省，又无须多级审级收费，故仲裁收费总体来说要比诉讼低一些。相对诉讼而言，建筑企业可优先考虑通过仲裁解决拖欠工程款等工程合同纠纷。此外，由于仲裁员通常是具有行业背景的专家，在解决复杂的专业问题上更有权威，因此仲裁结果更能符合实际。

案例 2

上诉人：安顺××房地产开发有限责任公司（以下简称"甲公司"）

被上诉人：王某（安顺开发区南星酒店）

原审被告：贵州××建设工程有限公司（以下简称"乙公司"）

一、基本案情

王某于 2012 年 10 月投资设立了安顺市开发区南星酒店，每月营业收入均为 100 万元左右。自 2013 年 5 月起，由安顺××房地产开发有限责任公司开发、贵州××建设工程有限公司承建的"安顺市经济技术开发区星光苑"项目开始施工，施工地点位于原告经营的南星酒店隔壁。项目于施工产生了噪声污染，对王某的酒店经营产生影响，给王某造成一定的经济损失。经与两被告协商未果，王某于 2013 年 7 月 12 日委托安顺市环境监测站对南星酒店现场声环境现状进行检测，证明南星酒店所处声环境为超 4 类。王某认为，被告的施工项目已对原告构成侵权，请求：（1）依法判令两被告立即采取有效措施停止对原告的噪声污染侵权行为；（2）判令两被告连带赔偿原告因噪声污染侵权造成的损失，暂时计算至起诉之日为人民币 1,314,323.85 元。

二、案件审理

法院认为本案应属噪声污染责任纠纷，本案甲公司的授权施工行为、乙公司的施工行为共同产生噪声污染，均属对南星酒店的加害行为，共同造成其损害。

（一）关于甲公司、乙公司是否存在噪声污染行为的问题。

法院认为，甲公司、乙公司存在噪声污染行为。甲公司、乙公司上诉称，其施工办理了排污许可证，施工符合操作规范，噪声污染超标没有证据证明，不存在侵权。法院认为该理由不成立。第一，本案相关证据与事实充分表明，本案星光苑房开项目施工行为确实产生噪声，并且有超标的情形，应可以认定存在噪声污染行为。第二，排污是否超标不是承担侵权责任的界限。环境污染损害责任采无过错责任，国家或者地方规定的污染物排放标准，是环境保护主管部门决定排污单位是否需要缴纳排污管理费和进行环境管理的依据，并不是确定排污者是否承担赔偿责任的界限。即使排污符合标准，给他人造成损害的，也应当根据有损害就要赔偿的原则，承担赔偿责任。

（二）关于南星酒店是否存在损害的问题。

法院认为，南星酒店存在损害。根据 2013 年 7 月 12 日《贵州省环境监察执法通知书》和同年 7 月 16 日甲公司向安顺环保局经开分局提交《关于减小"星光苑"项目噪音扰民的报告》的内容，以及二审合议庭观听视频资料的内容，法院可以依据日常生活经验合理推论，本案星光苑房开项目施工产生较为严重的噪声污染，的确影响周边居民或企业

（包括与其毗邻的南星酒店）的生产、生活，客观会影响南星酒店的营业，降低南星酒店的营业额，给南星酒店正常经营造成一定的损失。

（三）关于甲公司、乙公司的噪声污染行为与南星酒店的损害是否存在因果关系的问题。

法院认为，存在因果关系。根据《中华人民共和国侵权责任法》第六十六条规定："因污染环境发生纠纷，污染者应当就法律规定的不承担责任或者减轻责任的情形及其行为与损害之间不存在因果关系承担举证责任"的规定，甲公司、乙公司应当对不存在因果关系承担举证责任，现其未举证，就应当承担举证不利的后果。法院依法推定因果关系成立。

（四）关于南星酒店无法证明噪声污染损害数额大小，但损害确实产生该如何认定损害数额的问题。

法院认为，如果侵权损害事实客观存在，当事人对损害的具体数额以及赔偿的利益额有争执，且客观上无法确定，人民法院不得拒绝裁判，应考虑案件全部情况，遵循法官职业道德，运用日常生活经验，综合对此作出判断。本案南星酒店提供的噪声污染致使其遭受损害数额的证据，因是单方提供，上述证据无法认定。南星酒店没有损害数额的证据，但是如前所述，南星酒店损害确实客观存在。损害具体数额可以由当事人协商处理。因本案双方不能协商，就应当依法通过鉴定或者评估确定损失数额，由于我国目前没有专门的噪声污染损害数额鉴定或者评估机构，且采此法确定损害具体数额成本过高，就使得本案损害数额客观无法确定。在此情况下，为避免当事人讼累，增加当事人经济负担，人民法院可以酌情确定损害赔偿数额。法院酌情确定赔偿数额为15万元。

三、案例评析

本案甲公司、乙公司噪声污染侵权事实存在，南星酒店损害客观存在，二者存在因果关系。甲公司、乙公司的噪声污染行为符合《中华人民共和国侵权责任法》第六十五条规定的环境污染责任构成要件，依法应当承担侵权损害赔偿责任。其责任损害数额因客观无法确定，为保护受害人南星酒店的合法权益，人民法院不得拒绝裁判，一审法院综合考虑案件全部情况，酌情确定15万元的赔偿责任数额，二审中上诉人甲公司未能举证证明该酌情认定存在不当，二审法院也认为该酌情认定并无不当，故维持一审判决。

案例3

再审申请人（一审被告、反诉原告，二审上诉人）：黄山市××置业投资集团有限公司（以下简称"甲公司"）

被申请人（一审原告、反诉被告，二审上诉人）：黄山市××联合建筑装饰工程有限公司（以下简称"乙公司"）

一、基本案情

2008年，甲公司就金太阳大厦二期工程的施工与浙江横店建筑工程有限公司（简称浙江横店公司）签订《施工合同》及《补充协议》，约定工程总造价为3248万元。后双方协议终止了《施工合同》及《补充协议》的履行。金太阳大厦二期工程于2009年4月10日进行招投标，但于招投标活动前，乙公司2009年3月5日向甲公司出具了《承诺函》，后又于2009年3月30日向甲公司支付了履约保证金150万元，并进行了施工前的相关准备工作。甲公司与乙公司签订一份《建设工程施工合同》，约定：由甲公司将金太阳大厦二期工程发包给乙公司进行施工。乙公司（乙方）与甲公司（甲方）另行签订一份《补充协议》，另行约定金太阳大厦二期的工程价款计算方式。后双方就施工合同发生纠纷，2011 年 8 月 2 日，乙公司向原审法院提起诉讼。请求判令：1. 确认乙公司承建的黄山市金太阳大厦二期工程的工程款按照招投标文件约定的决算方式即按照 16% 的取费标准，并根据招投标文件中约定定额标准据实结算，甲公司应支付乙公司工程款为 6937177.06元；2. 甲公司支付乙公司拖欠工程款的利息 1331938.08 元（按中国人民银行发布的同期同类贷款利率自 2011 年 1 月 26 日起暂计算至 2013 年 1 月 26 日，此后一直计算至付清为止）；3. 由甲公司承担全部诉讼费用。甲公司提出反诉，请求判令：1. 乙公司支付逾期竣工验收合格违约金 97.44 万元；2. 乙公司赔付各项工程质量维修费用计 221.06 万元；3. 乙公司向甲公司支付因其原因造成农民工团体上访的违约金 204.94 万元；4. 乙公司向甲公司出具 11667411 元工程款完税发票；5. 反诉费用由乙公司承担。

二、案件审理

2011 年 7 月 29 日，乙公司向原审法院提交申请，请求以《中标通知书》及招标文件为依据，对金太阳大厦二期工程的工程造价进行司法鉴定。同年 9 月 5 日，甲公司亦向原审法院提交申请，请求以双方签订的施工合同为依据，对工程造价进行司法鉴定。

再审查明，乙公司与甲公司签订的《建设工程施工合同》及补充协议，载明的签订时间是 2009 年 4 月 18 日，但实际签订于 2008 年 12 月 8 日。

承包人乙公司未请求按合同价结算，而请求以中标价进行结算，但双方招投标是串通，违反了强行性规定，中标行为无效。无证据证明中标价等同于实际造价，或能够反映双方对合同无效的过错责任，该请求欠缺合法、合理性依据。从本案查明的事实看，双方当事人签订建设工程施工合同，约定了价款。为规避行政监管，双方进行招投标，还确定了与合同价不同且差额巨大的工程价款。双方的行为不仅违反了招投标法的有关规定，损害了第三人利益，也扰乱了市场秩序。较长时间以来，建筑工程市场为买方市场，发包方对承包方的选择、合同条款的订立和交易价格的确定具有主动权，因甲公司作为乙公司建筑工程合同相对方的优势主体，理应对双方合同关系无效并造成的危害后果承担主要责任。所以，尽管乙公司在招投标中承诺工程价款按双方签订的合同执行，但原判综合考虑乙公司实际承包范围、合同履行过程中市场材料及人工费价格的变化，以及双方当事人对合同无效的过错程度，在合同约定价款的基础上，将其与中标价差额的 20% 纳入工程款，作为甲公司对乙公司的补偿，既维护了诚实信用，又兼顾了公平，还体现了过错责任原则。甲公司认为应按合同约定确定工程价款及乙公司认为应按中标费率计算工程价款，均依据不足，法院对双方当事人请求都不予支持。

三、案例评析

关于工程价款问题。双方当事人存在串通招投标行为，所建立的建设工程承包合同关系应为无效。《中华人民共和国合同法》第五十八条规定，合同无效，因合同而取得的财产应当返还，不能返还的，应折价补偿。有过错的一方应赔偿对方因此所受到的损失，双方都有过错的，应当各自承担相应的责任。而对于如何折价，最高人民法院《关于审理建设工程施工合同纠纷案件适用法律问题的解释》第二条规定，合同无效，但工程竣工验收合格的，承包人请求参照合同约定支付工程价款的，应予支持。从本条文意看，是否判定发包人按照合同约定支付工程价款，应视承包人请求及案件的事实状况。倘若依照合同约定的价款，不能使得承包人已经物化为合格建筑工程的人料费投入得以弥补，且承包人对合同无效过错程度较小，而发包人过错程度较大，此情形下承包人请求以符合据实结算并体现过错责任原则的方式进行折价补偿，合乎合同法的规定，也未尝不可。

第十七章　建设法律责任

第一节　法律责任概述

一、法律责任的概念

（一）法律责任的概念

法律责任也称违法责任，是指自然人、法人或国家公职人员因违反法律而应依照法律承担的法律后果。

（二）法律责任的特征

1. 法律责任具有法定性

法律责任的法定性主要表现了法律的强制性，即违反法律时就必然要受到法律的制裁，它是国家强制力在法律规范中的一个具体体现。

2. 引起法律责任的原因是法律关系的主体违反了法律

法律关系主体违反法律不仅包括没有履行法定义务，而且还包括超越法定权利。任何违反法定的义务或超越法定权利的行为，都是对法律秩序的破坏，因而必然要受到国家强制力的修正或制裁。

3. 法律责任的大小同违反法律义务的程度相适应

违反法律义务的内容多、程度深，法律责任就大，相反，违反法律义务少、程度浅，法律责任就小。

4. 法律责任须由专门的国家机关和部门来认定

法律责任是根据法律的规定而让违法者承担一定的责任，是法律适用的一个组成部分。因此，它必须由专门的国家机关或部门来认定，无权的单位和个人是不能确定法律责任的。

二、法律责任的构成要件

通常，有违法行为就要承担法律责任，受到法律制裁。但是，并不是每一个违法行为都能引起法律责任，只有符合一定条件的违法行为才能引起法律责任。这种能够引起法律责任的各种条件的总和称之为法律责任的构成要件。法律责任的构成要件有两种：一类是一般构成要件，即只要具备了这些条件就可以引起法律责任，法律无需明确规定这些条件；另一类是特殊要件，即只有具备法律规定的要件时，才能构成法律责任。特殊要件必须有法律的明确规定。

（一）一般构成要件

法律责任的一般构成要件由以下四个条件构成，它们之间互为联系、互为作用，缺一不可。

1. 有损害事实发生

损害事实就是违法行为对法律所保护的社会关系和社会秩序造成的侵害。这种损害事实首先具有客观性，即已经存在，没有存在损害事实，则不构成法律责任。其次，损害事实不同于损害结果。损害结果是违法行为对行为指向的对象所造成的实际损害。由此可见，有些违法行为尽管没有损害结果，但是已经侵犯了一定的社会关系或社会秩序，因而也要承担法律责任，如犯罪的预备、未遂、中止等。

2. 存在违法行为

法律规范中规定法律责任的目的就在于让国家的政治生活和社会生活符合统治阶级的意志，以国家强制力来树立法律的威严，制裁违法，减少犯罪。如果没有违法行为，就无需承担法律责任，而且合法的行为还要受到法律的保护。所以，只要行为没有违法，尽管造成了一定的损害结果，也不承担法律责任。如正当防卫、紧急避险和执行职务的行为，就不承担法律责任。

3. 违法行为与损害事实之间有因果关系

违法行为与损害事实之间的因果关系，指的是违法行为与损害事实之间存在着客观的、必然的因果关系。就是说，一定损害事实是该违法行为所引起的必然结果，该违法行为正是引起损害事实的原因。

4. 违法者主观上有过错

所谓过错，是指行为人对其行为及由此引起的损害事实所抱的主观态度，包括故意和过失。如果行为在主观上既没有故意也没有过失，则行为人对损害结果不必承担法律责任。如企业在施工中遇到严重的暴风雨，造成停工，从而延误了工期，在这种情况下，停工行为和延误工期造成损失的结果并非出自施工者的故意和过失，而属于不可抗力，因而不应承担法律责任。

（二）特殊构成要件

特殊构成要件是指由法律特殊规定的法律责任的构成要件，它们不是有机地结合在一起的，而是分别同一般要件构成法律责任。

1. 特殊主体

在一般构成要件中对违法者即承担责任的主体没有特殊规定，只有具备了相应的行为能力即可成为责任主体。而特殊主体则不同。它是指法律规定违法者必须具备一定的身份和职务时才能承担法律责任。主要指刑事责任中的职务犯罪，如贪污、受贿等，以及行政责任中的职务违法，如徇私舞弊、以权谋私等。不具备这一条件时，则不承担这类责任。

2. 特殊结果

在一般构成要件中，只要有损害事实的发生就要承担相应的法律责任，而在特殊结果中则要求后果严重、损失重大，否则不能构成法律责任。如质量监督人员对工程的质量监督工作粗心大意、不负责任，致使应当发现的隐患而没有发现，造成严重的质量事故，那么他就要承担玩忽职守的法律责任。

3. 无过错责任

一般构成要件都要求违法者主观上必须有过错，但许多民事责任的构成要件则不要求行为者主观上是否有过错，只要有损害事实的发生，那么，受益人就要承担一定的法律责任。这种责任，主要反映了法律责任的补偿性，而不具有法律制裁意义。

4. 转承责任

一般构成要件都是要求实施违法行为者承担法律责任，但在民法和行政法中，有些法律责任则要求与违法者有一定关系的第三人来承担。如未成年人将他人打伤的侵权赔偿责任，应由未成年人的监护人来承担。

三、法律责任的种类

依照行为违法的不同和违法者承担法律责任的方式的不同，法律责任可分为民事责任、行政责任、经济责任、刑事责任和违宪责任。这里，仅介绍前四种。

1. 民事责任

民事责任是指按照民法规定，民事主体违反民事义务时所应承担的法律责任。以产生责任的法律基础为标准，民事责任可分为违约责任和侵权责任。违约责任是指行为人不履行合同义务而承担的责任。侵权责任是指行为人侵犯国家、集体和公民的财产权利以及侵犯法人名称权和自然人的人身权时所应承担的责任。承担民事责任的方式有：停止侵害、排除妨碍、消除危险、返还财产、恢复原状、修理、更换、重作、赔偿损失、支付违约金、消除影响、恢复名誉、赔礼道歉等。

2. 行政责任

行政责任是指因违反法律和法规而必须承担的法律责任。它包括两种情况：一种是公民和法人因违反行政管理法律、法规的行为而应承担的行政责任；另一种一是国家工作人员因违反政纪或在执行职务时违反行政法规的行为。与此相适应的行政责任的承担方式分为两类：一类是行政处罚，即由国家行政机关或授权的企事业单位、社会团体，对公民和法人违反行政管理法律和法规的行为所实施的制裁，主要有警告、罚款、拘留、没收、停止营业等。另一类是行政处分，即由国家机关、企事业单位对其工作人员违反行政法规或政纪的行为所实施的制裁，主要有警告、记过、记大过、降职、降薪、撤职、留用察看、开除等。

3. 经济责任

经济责任是指经济法律关系主体因违反经济法律和法规而应承担的法律责任。由于经济法律关系包含了行政、民事法律关系的内容，因此，其法律责任的承担方式主要是行政责任和民事责任的承担方式，如果违反经济法律关系的行为触犯了刑法的规定，那么，必须承担刑事责任。

4. 刑事责任

刑事责任是指犯罪主体因违反刑法的规定，实施了犯罪行为时所应承担的法律责任。刑事责任是法律责任中最强烈的一种，其承担方式是刑事处罚。刑事处罚有两种；一种是主刑，包括管制、拘役、有期徒刑、无期徒刑和死刑。另一种是附加刑，包括罚金、没收财产和剥夺政治权利。有些刑事责任可以根据犯罪的具体情况而免除刑事处罚。对免除刑事处罚的罪犯，有关部门可以根据法律的规定使其承担其他种类法律责任，如对贪污犯可以给予开除公职的行政处分等。

第二节 工程建设常见法律责任

一、工程建设民事责任

1. 民事责任概念

民事责任是指按照民法规定，民事主体违反民事义务时所应承担的法律责任。

2. 民事责任分类

(1) 违约责任是指行为人不履行合同义务而承担的责任。

(2) 侵权责任是指行为人侵犯国家、集体和公民的财产权利以及侵犯法人名称权和自然人的人身权时所应承担的责任。

3. 承担民事责任的方式

(1) 停止侵害

当侵权行为人实施的侵权行为仍然处于继续状态时，受害人可以依法要求法院责令加害人停止侵害人身或财产权的行为。停止侵害可以及时制止侵权行为，防止侵害后果的继续扩大。

(2) 排除妨碍

当侵权行为人实施的侵权行为使受害人的财产权利、人身权利无法正常行使时，受害人有权请求排除妨碍。

(3) 消除危险

当行为人的行为对他人的人身财产安全造成了威胁，或存在对他人人身、财产造成损害的危险时，处于危险中的人有权要求行为人采取措施消除危险。

(4) 返还财产

当侵权行为人没有合法依据，将他人财产据为己有时，受害人有权要求其返还财产。返还财产是物的追及权的表现形式，根据民法理论，无论物权标的物辗转于何人之手，其所有人均可要求物的占有人进行返还。

(5) 恢复原状

恢复原状是指侵权行为致使他人的财产遭到损坏或形状改变，受害人有权要求加害人对受损财产进行修复或采取其他措施，使其回复到原来状态。

(6) 修理、重做、更换

造成不动产或者动产毁损的，权利人可以请求修理、重作、更换或者恢复原状。

(7) 继续履行

指违约方根据对方当事人的请求继续履行合同规定的义务的违约责任形式。

(8) 赔偿损失

当侵权行为人给他人造成财产或人身损害时，应当给予赔偿。所谓赔偿，就是以金钱方式对受害人遭受的损失进行弥补。一般而言包括对财产损失的赔偿，对人身损害的赔偿以及精神损害的赔偿。

1) 对财产损失的赔偿。侵权行为人侵犯他人财产权的，首先应返还原物，原物如果损坏但能修复的要尽量修复，修复后导致价值减少的应给予经济补偿，如果既不能返还原物，又不能恢复原状的，就应考虑进行赔偿损失。

2) 对人身损害的赔偿。侵害公民身体造成伤害的，应当赔偿医疗费、因误工减少收入、残废者生活补助费等费用；造成死亡的，并应当支付丧葬费、死者生前抚养的人必要的生活费等费用。

3) 精神损害的赔偿。所谓精神损害，是指民事主体依法享有的人格权和身份权受到不法侵害，遭受到的精神上的痛苦。对精神损害以金钱的方式给予赔偿可以对受害者以经济上的补偿、精神上的抚慰。精神损害赔偿的内容除要求侵权人承担停止侵害、恢复名誉、消除影响、赔礼道歉等民事责任外，受害人还可要求侵权人赔偿相应的精神损害抚慰金。精神抚慰金的方式包括：致人残疾的，为残疾赔偿金；致人死亡的，为死亡赔偿金；以及其他损害情形的精神抚慰金。

（9）支付违约金

违约方根据合同违约条款，以约定违约金或给对方造成的损失情况向对方支付一定数额的违约金。

（10）消除影响、恢复名誉

1）公民的姓名权、肖像权、名誉权、荣誉权受到侵害的，有权要求恢复名誉、消除影响。

2）法人的名称权、名誉权、荣誉权受到侵害的，也可要求恢复名誉、消除影响。

3）消除影响，是指行为人因为其侵权行为在一定范围内对受害人的人格权造成了不良影响，应该予以消除。

4）恢复名誉，是指侵权行为人因其侵权行为导致被害人人格评价降低的，应该使受害人的人格利益恢复至未受侵害前的状态。

（11）赔礼道歉

1）赔礼道歉是指侵权行为人通过向受害人承认错误、表达歉意、请求原谅的方式以弥补受害人心理上的创伤。

2）赔礼道歉适用于对公民的姓名权、肖像权、名誉权、荣誉权的侵害及对法人的名称权、名誉权、荣誉权的侵害。

4. 违反建筑市场管理法律、法规责任认定与处理

（1）连带责任

建筑施工企业转让、出借资质证书或者以其他方式允许他人以本企业的名义承揽工程的，对承揽工程不符合规定的质量标准造成的损失、建筑施工企业与使用本企业名义的单位或者个人承担连带赔偿责任。

（2）损害赔偿责任

涉及主体或承重结构变动的装修工程擅自施工的，给他人造成损失的，应当承担补偿损失的责任。

（3）因相邻关系引起的民事责任

1）施工现场对毗邻建筑物、构筑物和特殊环境可能造成损害的，建筑施工企业应当采取安全防护措施。否则，对方有权要求排除危险，由此造成损失的，建筑施工单位应当赔偿。

2）建筑施工企业应当保护施工现场的地下管线。否则有关方面有权要求停止侵害；造成损失的，建筑施工单位应当赔偿。

3）施工现场因噪声，振动等妨碍周围邻人生产、生活的，他人有权要求建筑施工单位采取控制措施。对由此造成损害的，建筑施工单位应当赔偿。

（4）职务侵权责任

负责颁发建筑工程施工许可证的部门及其工作人员，对不符合施工条件的建筑工程颁发许可证的，负责工程质量监督检查或竣工验收部门及其工作人员，对不合格的建筑工程出具合格文件或按合格工程验收的。如造成损失，由该部门承担相应的赔偿责任。

5. 违反建设工程质量管理法律、法规责任认定与处理

（1）连带责任

1）承包单位转包工程或者违法分包，造成工程不符合工程质量标准的损失由承包单位与接受转包和分包的单位承担连带赔偿责任。

2）工程监理单位与建设单位或施工企业串通，弄虚作假，降低工程质量造成损失，由工程监理单位、建设单位或施工企业承担连带赔偿责任。

（2）损害赔偿责任

1）建筑设计单位不按照建筑工程质量、安全标准进行设计，造成损失的，承担赔偿责任。

2）建筑企业在施工中偷工减料的，使用不合格建筑材料、建筑构配件和设备的，或者不按工程设计图纸或施工技术标准施工的行为，造成工程质量不符合规定的质量标准的，首先是返工、修理，如果造成损失的，还应当赔偿因此造成的损失。

（3）质量责任

1）在建筑物的合理使用寿命内，因建筑质量不合格受到损害、受害方有权依据实际情况向施工单位、设计单位、建设单位、监理单位要求赔偿。

2）在建设工程保修期内出现屋顶、墙面渗漏、开裂等质量问题，有关方面应当承担维修和赔偿责任。但因意外事件而出现的问题，有关方面不承担责任。

二、工程建设行政责任

1. 行政责任概念

行政责任是指因违反法律和法规而必须承担的法律责任。

2. 行政责任分类

（1）公民和法人因违反行政管理法律、法规的行为而应承担的行政责任；

（2）国家工作人员因违反政纪或在执行职务时违反行政法规的行为。

3. 行政责任的承担方式

（1）行政处罚。即由国家行政机关或授权的企事业单位、社会团体，对公民和法人违反行政管理法律和法规的行为所实施的制裁，主要有警告、罚款、拘留、没收、停止营业等。

（2）行政处分。即由国家机关、企事业单位对其工作人员违反行政法规或政纪的行为所实施的制裁，主要有警告、记过、记大过、降职、降薪、撤职、留用察看、开除等。

4. 违反建筑市场管理法律、法规责任认定与处理

（1）建设单位未取得施工许可证或者开工报告未经批准擅自施工的，责令停止施工，限期改正，处工程合同价款百分之一以上百分之二以下罚款。

（2）建设单位将建设工程发包给不具有相应资质等级的勘察、设计、施工单位或者委托给不具有相应资质等级的工程监理单位的，责令改正，处 50 万元以上 100 万元以下的罚款。建设单位将建设工程肢解发包的，责令改正，处工程合同价款 0.5％以上 1％以下的罚款；对全部或者部分使用国有资金的项目，并可以暂停项目执行或者暂停资金拨付。

（3）建设单位有下列行为之一的，责令改正，处 20 万元以上 50 万元以下的罚款：1）迫使承包方以低于成本的价格竞标的；2）任意压缩合理工期的；3）明示或者暗示设计单位或者施工单位违反工程建设强制性标准，降低工程质量的；4）施工图设计文件未经审

查或者审查不合格，擅自施工的；5）建设项目必须实行工程监理而未实行工程监理的；6）未按照国家规定办理工程质量监督手续的；7）明示或者暗示施工单位使用不合格的建筑材料、建筑构配件和设备的；8）未按照国家规定将竣工验收报告、有关认可文件或者准许使用文件报送备案的。

（4）勘察、设计、施工、工程监理单位超越本单位资质等级承揽工程的，责令停止违法行为，对勘察、设计单位或者工程监理单位处合同约定的勘察费、设计费或者监理酬金一倍以上两倍以下的罚款；对施工单位处工程合同价款2％以上4％以下的罚款，可以责令停业整顿，降低资质等级；情节严重的，吊销资质证书；有违法所得的，予以没收。未取得资质证书承揽工程的，予以取缔，依照前款规定处以罚款；有违法所得的，予以没收。以欺骗手段取得资质证书承揽工程的，吊销资质证书，依照本条第一款规定处以罚款；有违法所得的，予以没收。

（5）勘察、设计、施工、工程监理单位允许其他单位或者个人以本单位名义承揽工程的，责令改正，没收违法所得，对勘察、设计单位和工程监理单位处合同约定的勘察费、设计费和监理酬金一倍以上两倍以下的罚款；对施工单位处工程合同价款2％以上4％以下的罚款；可以责令停业整顿，降低资质等级；情节严重的，吊销资质证书。

（6）承包单位将承包的工程转包或者违法分包的，责令改正，没收违法所得，对勘察、设计单位处合同约定的勘察费、设计费25％以上50％以下的罚款；对施工单位处工程合同价款0.5％以上1％以下的罚款；可以责令停业整顿，降低资质等级；情节严重的，吊销资质证书。

工程监理单位转让工程监理业务的，责令改正，没收违法所得，处合同约定的监理酬金25％以上50％以下的罚款；可以责令停业整顿，降低资质等级；情节严重的，吊销资质证书。

（7）在工程发包与承包中索贿、受贿、行贿构成犯罪的，分别处以罚款，没收贿赂的财物，对直接负责的主管人员和其他直接责任人员给予处分。对行贿的单位除依照上述的规定处罚外，可以责令停业整顿，降低资质等级或者吊销资质证书。

5. 违反建设工程质量管理法律、法规责任认定与处理

（1）勘察单位为按照工程建设强制性标准进行勘察的；设计单位未根据勘察成果文件进行工程设计的；设计单位指定建筑材料、建筑构配件的生产厂、供应商的；设计单位未按照工程建设强制性标准进行设计的，责令其改正，并处10万元以上30万元以下罚款，造成工程质量事故的，责令停止整顿，降低资质等级；情节严重的，吊销资质证书；造成损失的，依法承担赔偿责任。

（2）工程监理单位与建设单位或者建筑施工企业串通，弄虚作假、降低工程质量的；或者将不合格的建设工程、建筑材料、建筑构配件和设备按照合格签字的，责令改正，处50万以上100万以下的罚款，降低资质等级或者吊销资质证书；有违法所得的，予以没收；造成损失的，承担连带赔偿责任。工程监理单位转让监理业务的，责令改正，没收违法所得，可以责令停止整顿，降低资质等级；情节严重的，吊销资质证书。工程监理单位与监理工程的施工承包单位以及建筑材料、建筑构配件和设备供应单位有隶属关系或者其他利害关系而承担该项建设工程的监理业务的，责令改正，处5万元以上10万元以下的罚款，降低资质等级或者吊销资质证书；有违法所得的，予以没收。

（3）建设单位违反规定，要求建筑设计单位或者建筑施工企业违反建筑工程质量、安全标准，降低工程质量的，责令改正，可以处 20 万以上 50 万以下的罚款。

（4）施工单位在施工中偷工减料的，使用不合格的建筑材料、建筑构配件和设备的，或者有其他不按照工程设计图纸或者施工技术标准施工的行为的，责令改正，处以合同价款 2％以上 4％以下的罚款；情节严重的，责令停业整顿，降低资质等级或者吊销资质证书。施工单位未对建筑材料、建筑构配件、设备和商品混凝土进行检验，或者未对设计结构安全的试块、试件以及有关材料取样监测的，责令改正，处 10 万元以上 20 万元以下的罚款，情节严重的，则令停业整顿，降低资质等级或者吊销资质证书；造成损失的，依法承担赔偿责任。

（5）施工单位不履行保修义务或者拖延履行保修义务的，责令改正，处 10 万元以上 20 万元以下的罚款，并对在保修期内因质量缺陷造成的损失承担赔偿责任。

（6）违反规定，涉及建筑主体或者承重结构变动的装修工程，没有设计方案擅自施工的，责令改正，处 50 万元以上 100 万元以下的罚款；房屋建筑使用者在装修过程中擅自变动房屋建筑主体和承重结构的，责令改正，处 5 万元以上 10 万元以下的罚款；造成损失的，依法承担赔偿责任。

（7）发生重大质量事故隐瞒不报、谎报或者拖延报告期限的，对直接负责的主管人员和其他责任人员依法给予行政处分。

（8）注册建筑师、注册结构工程师、监理工程师等注册执业人员因过错造成质量事故的，责令停止执业 1 年；造成重大质量事故的，吊销执业资格证书，5 年以内不予注册，情节特别恶劣的，终身不予注册。

（9）建设、勘察、设计、施工、工程监理单位的工作人员因调动工作、退休等原因离开该单位后，被发现在该单位工作期间违反国家有关建设工程质量管理规定，造成重大工程质量事故的，仍应当依法追究法律责任。

6. 违反建设工程安全管理法律、法规责任认定与处理

（1）建筑设计单位不按照建筑工程质量、安全标准进行设计的，责令改正，处以罚款；造成工程质量事故的，责令停业整顿，降低资质等级或者吊销资质证书，没收违法所得，并处罚款；造成损失的，承担赔偿责任；构成犯罪的，依法追究刑事责任。

（2）施工单位的主要负责人、项目负责人未履行安全生产管理职责的，责令限期改正；逾期未改正的，责令施工单位停业整顿；造成重大安全事故、重大伤亡事故或者其他严重后果，构成犯罪的，依照刑法有关规定追究刑事责任。

作业人员不服管理、违反规章制度和操作规程冒险作业造成重大伤亡事故或者其他严重后果，构成犯罪的，依照刑法有关规定追究刑事责任。

施工单位的主要负责人、项目负责人有前款违法行为，尚不够刑事处罚的，处 2 万元以上 20 万元以下的罚款或者按照管理权限给予撤职处分；自刑罚执行完毕或者受处分之日起，5 年内不得担任任何施工单位的主要负责人、项目负责人。

施工单位取得资质证书后，降低安全生产条件的，责令限期改正；经整改仍未达到与其资质等级相适应的安全生产条件的，责令停业整顿，降低其资质等级直至吊销资质证书。

（3）负责行政审批的政府部门或者机构对不符合法律、法规和规章规定的安全条件予

以批准的，不对取得批准的单位和个人实施严格监督检查，或者发现其不再具备安全条件而不立即撤销原批准的，对发现或者举报的未依法取得批准而擅自从事有关活动的，不予查封、取缔、不依法给予行政处罚，工商行政管理部门不予吊销营业执照的，对部门或者机构的正职负责人，根据情节轻重，给予降级、撤职直至开除公职的行政处分。

（4）市（地、州）、县（市、区）人民政府依照规定应当履行职责而未履行，或者未按照规定的职责和程序履行，本地区发生特大安全事故的，对政府主要领导人，根据情节轻重，给予降级或者撤职的行政处分。

（5）发生特大安全事故，社会影响特别恶劣或者性质特别严重的，由国务院对负有领导责任的省长、自治区主席、直辖市市长和国务院有关部门正职负责人给予行政处分。

三、工程建设刑事责任

1. 刑事责任概念

刑事责任是指犯罪主体因违反刑法的规定，实施了犯罪行为时所应承担的法律责任。

2. 刑事责任的承担方式

（1）刑事责任的承担方式是刑事处罚。刑事处罚有两种：

1）主刑，包括管制、拘役、有期徒刑、无期徒刑和死刑。

2）附加刑，包括罚金、没收财产和剥夺政治权利。

（2）有些刑事责任可以根据犯罪的具体情况而免除刑事处罚。对免除刑事处罚的罪犯，有关部门可以根据法律的规定使其承担其他种类法律责任，如对贪污犯可以给予开除公职的行政处分等。

3. 在城乡规划实施过程中引起刑事责任的行为

（1）由于违法建设行为而造成严重危害，威胁居民生命安全，使国家财产遭受重大损失，情节严重，已经构成违法的。

（2）以暴力、威胁方法阻挠城市规划管理人员依法执行公务，造成城乡规划实施受到严重影响，国家财产受到重大损失的直接责任人员，情节严重，已经构成犯罪的。

（3）由于城市规划行政主管部门的工作人员玩忽职守、滥用职权、徇私舞弊使国家、集体和公民个人财产遭受重大损失，情节严重，构成犯罪的。

（4）在城市规划实施过程中，由于违法建设行为而造成严重危害，威胁居民生命安全，使国家财产遭受重大损失，已经构成犯罪的，对于有关责任人员要追究刑事责任。

4. 违反建筑市场管理法律、法规责任认定与处理

（1）在工程发包与承包中索贿、受贿、行贿，情节严重的，分别依照《刑法》第163条、第164条、第385条、第386条和第390条的规定追究受贿罪和行贿罪的刑事责任，可以判处有期徒刑或者拘役；数额巨大或特别巨大的，可以处无期徒刑直至死刑，并处没收财产。

（2）对不具备相应资质等级条件的单位颁发该等级资质证书的；对不符合施工条件的建筑工程颁发施工许可证的；对不合格的建筑工程出具质量合格文件或者按合格工程验收的；政府及其所属部门的工作人员指定发包单位将招标发包的工程发包给指定的承包单位的，依照《刑法》第397条追究滥用职权罪、玩忽职守罪或者徇私舞弊罪的刑事责任。其中，滥用职权或者玩忽职守致使公共财产、国家和人民利益遭受重大损失的，处3年以下有期徒刑或者拘役；情节特别严重的，处3年以上7年下有期徒刑。徇私舞弊致使公共财产、国家和人民利益遭受重大损失的，处 5 年以上 10 年以下有期徒刑。

5. 违反建设工程质量管理法律、法规责任认定与处理

工程监理单位与建设单位、施工单位串通，弄虚作假、降低工程质量的；建设单位要求建筑设计单位或施工企业违反建筑工程质量、安全标准，降低工程质量；建筑设计单位不按照建筑质量、安全标准进行设计的；建筑施工企业在施工中偷工减料、使用不合格的建筑材料、建筑构配件和设备的，或者其他不按工程设计图纸或者施工技术标准施工的；涉及建筑主体或承重结构变动的装修工程擅自施工的；用欺骗手段取得资质证书的，发生重大质量、安全事故的，追究其建筑工程安全事故罪的刑事责任，依照《刑法》第 137 条的规定："对直接责任人员处五年以下有期徒刑或者拘役，并处罚金；后果特制严重的，处 5 年以上 10 年以下有期徒刑，并处罚金"。

6. 违反建设工程安全管理法律、法规责任认定与处理

（1）工程设计单位不按照建筑工程质量、安全标准进行设计的，构成犯罪的，依法追究刑事责任。

（2）工程施工企业对事故隐患不采取措施，致使发生重大事故，造成劳动者生命和财产损失的，追究刑事责任；工程施工企业强令劳动者违章冒险作业，发生重大伤亡事故，造成严重后果的，对责任人员依法追究刑事责任；工程施工企业安全生产规章制度不落实或者违章指挥、违章作业的；不按照建筑安全生产技术标准施工或者构配件生产，存在着严重事故隐患或者发生伤亡事故的；不按照规定提取和使用安全技术措施费，安全技术措施不落实，连续发生伤亡事故的；连续发生同类伤亡事故或者伤亡事故连年超标，或者发生重大死亡事故的；对发生重大伤亡事故抢救不力，致使伤亡人数增多的；对于伤亡事故隐匿不报或者故意拖延不报的，构成犯罪的，由司法机关依法追究刑事责任。

（3）负责行政审批的政府部门或者机构与当事人勾结串通的，构成受贿罪、玩忽职守罪或者其他罪的，依法追究刑事责任。负责行政审批的政府部门或者机构、负责安全监督管理的政府有关部门，未依照规定履行职责，发生特大安全事故的，对部门或者机构的正职负责人，根据情节轻重，给予撤职或者开除公职的行政处分；构成玩忽职守罪或者其他罪的，依法追究刑事责任。

（4）市（地、州）、县（市、区）人民政府依照规定应当履行职责而未履行，或者未按照规定的职责和程序履行，本地区发生特大安全事故的，对政府主要领导人，构成玩忽职守罪的，依法追究刑事责任。

7. 工程建设活动中常见的刑事犯罪

（1）重大责任事故罪

1）重大责任事故罪是指工厂、矿山、林场、建筑企业或其他企业、事业单位的职工，在生产、作业中违反有关安全管理的规定，因而发生重大伤亡事故或者造成其他严重后果的，危害公共安全的行为。

重大责任事故罪属过失犯罪，犯本罪的，处 3 年以下有期徒刑或者拘役；情节特别恶劣的，处 3 年以上 7 年以下有期徒刑。

2）强令违章冒险作业罪是指强令他人违章冒险作业，因而发生重大伤亡事故或者造成其他严重后果的。

强令违章冒险作业罪属过失犯罪，犯本罪的，处五年以下有期徒刑或者拘役；情节特

别恶劣的,处五年以上有期徒刑。

(2) 重大劳动安全事故罪

1) 重大劳动安全事故罪是指工厂、矿山、林场、建筑企业或其他企业、事业单位的劳动安全设施不符合国家规定,经有关部门或者单位职工提出后,其直接责任人员对事故隐患仍不采取措施,因而发生重大伤亡事故或者造成其他严重后果,危害公共安全的行为。

2) 重大劳动安全事故罪属过失犯罪,犯本罪的,处 3 年以下有期徒刑或者拘役;情节特别恶劣的,处 3 年以上 7 年以下有期徒刑。

(3) 工程重大安全事故罪

1) 工程重大安全事故罪是指建设单位、设计单位、施工单位、工程监理单位违反国家规定,降低工程质量标准,造成重大安全事故,危害公共安全行为。

2) 犯本罪的,处 5 年以下有期徒刑或者拘役,并处罚金;后果特别严重的,处 5 年以上 10 年以下有期徒刑,并处罚金。

(4) 非国家工作人员受贿罪

1) 非国家工作人员受贿罪是指公司、企业或者其他单位的工作人员利用职务上的便利,索取他人财物或者非法收受他人财物,为他人谋取利益,数额较大的行为。公司、企业或者其他单位的工作人员在经济往来中,利用职务上的便利,违反国家规定,收受各种名义的回扣、手续费,归个人所有的,依照非国家工作人员受贿罪处罚。

2) 非国家工作人员受贿罪是故意犯罪,犯本罪,数额较大(6 万元以上不满 100 万元)的,处 3 年以下有期徒刑或者拘役;数额巨大(100 万元以上)的,处 3 年以上 10 年以下有期徒刑,可以并处没收财产。

(5) 对非国家工作人员行贿罪

1) 为谋取不正当利益,给予公司、企业或者其他单位的工作人员以财物数额较大的行为。

2) 对非国家工作人员行贿罪是故意犯罪,犯本罪,数额较大(6 万元以上不满 100 万元以上)的,处 3 年以下有期徒刑或者拘役;数额巨大(100 万元以上的,处 3 年以上 10 年以下有期徒刑,可以并处罚金。单位犯本罪的,实行双罚制,即对中位判处罚金,并对其直接负责的主管人员或其他责任人员作出相应处罚。

(6) 贪污罪

1) 贪污罪是指国家工作人员利用职务上的便利,侵吞、窃取、骗取或者以其他手段非法占有公共财物的行为。

2) 贪污罪是故意犯罪,犯本罪,数额较大(3 万元以上不满 20 万元)的,处 3 年以下有期徒刑或者拘役,并处罚金;数额巨大(20 万元以上不满 300 万元)的,处 3 年以上 10 年以下有期徒刑有期徒刑,并处罚金或者没收财产;数额特别巨大(300 万元以上)的,依法判处 10 年以上有期徒刑、无期徒刑或者死刑,并处罚金或者没收财产。

(7) 介绍贿赂罪

1) 介绍贿赂罪,是指向国家工作人员介绍贿赂,情节严重的行为。

2) 介绍贿赂罪是故意犯罪,犯本罪的,处 3 年以下有期徒刑或者拘役。介绍贿赂人在被追诉前主动交代介绍贿赂行为的,可以减轻处罚或者免除处罚。

（8）单位行贿罪

1）单位行贿罪，是指公司、企业、事业单位、机关、团体为谋取不正当利益而行贿，或者违反国家规定，给予国家工作人员以回扣、手续费，情节严重的行为。

2）单位行贿罪是故意犯罪，犯本罪的，对单位判处罚金，并对其直接负责的主管人员和其他直接责任人员，处 5 年以下有期徒刑或者拘役。因行贿取得的违法所得归个人所有的，依照行贿罪、关联行贿罪处罚。

（9）签订、履行合同失职罪

1）国家机关工作人员签订、履行合同失职被骗罪，是指国家机关工作人员在签订、履行合同过程中，因严重不负责任被诈骗，致使国家利益遭受重大损失的行为。

2）国家机关工作人员签订、履行合同失职被骗罪是过失犯罪，犯本罪的，处 3 年以下有期徒刑或者拘役；致使国家利益遭受特别巨大损失的，处 3 年以上 7 年以下有期徒刑。

（10）非法低价出让国有土地使用权罪

1）非法低价出让国有土地使用权罪，是指国家机关工作人员徇私舞弊，违反土地管理法规，非法低价出让国有土地使用权，情节严重的行为。

2）非法低价出让国有土地使用权是故意犯罪，犯本罪的，处 3 年以下有期徒刑或者拘役；致使国家或者集体利益遭受特别重大损失的，处 3 年以上 7 年以下有期徒刑。

（11）强迫劳动罪

1）强迫职工劳动罪，是指用人单位以暴力、威胁或者限制人身自由的方法强迫他人劳动的行为。

2）强迫劳动罪是故意犯罪，犯本罪的，对单位判处罚金，并对其直接负责的主管人员和其他直接责任人员，处三年以下有期徒刑或者拘役，并处罚金；情节严重的，处三年以上十年以下有期徒刑，并处罚金。

（12）挪用公款罪

1）挪用公款罪，是指国有公司、企业或者其他国有单位中从事公务的人员和国有公司、企业或者其他国有单位委派到非国有公司、企业以及其他单位从事公务的人员，利用职务上的便利，挪用本公款归个人使用或者借贷给他人，数额较大、超过三个月未还的，或者虽未超过三个月，但数额较大、进行营利活动的，或者进行非法活动的行为。

利用职务上的便利，挪用公款归个人使用，进行非法活动的，或者挪用公款数额较大、进行营利活动的，或者挪用公款数额较大、超过三个月未还的。

2）挪用公款罪是故意犯罪，犯本罪的，处 5 年以下有期徒刑或者拘役；挪用本单位资金数额巨大的，或者数额较大不退还的，处 5 年以上 10 年以下有期徒刑。挪用用于救灾、抢险、防汛、优抚、扶贫、移民、救济款物归个人使用的，从重处罚。

（13）重大环境污染事故罪

1）污染环境罪，是指违反国家规定，排放、倾倒或者处置有放射性的废物、含传染病病原体的废物、有毒物质或者其他有害物质，严重污染环境的行为。

2）污染环境罪是过失犯罪，犯本罪的，处 3 年以下有期徒刑或者拘役，并处或者单处罚金；后果特别严重的，处 3 年以上 7 年以下有期徒刑，并处罚金。

第三节 工程建设法律责任的认定与处理

一、违反《城乡规划法》的法律责任

1. 在城市规划区内，未取得建设用地规划许可证而取得建设用地批准文件、占用土地的，批准文件无效，占用的土地由县级以上人民政府责令退回。

2. 在城市规划区内，未取得建设工程规划许可证件或者违反建设工程规划许可证的规定进行建设，严重影响城市规划的，由县级以上人民政府城市规划行政主管部门责令停止建设，限期拆除或者没收违法建筑物、构筑物或者其他设施；影响城市规划，尚可采取改正措施的，由县级以上地方人民政府城市规划行政主管部门责令限期改正，并处罚款。

3. 对未取得建设工程规划许可证件或者违反建设工程规划许可证件的规定进行建设的单位的有关责任人员，可以由其所在单位或者上级主管机关给予行政处分。

4. 当事人对行政处罚决定不服的，可以在接到处罚通知之日起 15 日内，向作出处罚决定的机关的上一级机关申请复议；对复议决定不服的，可以在接到复议决定之日起 15 日内，向人民法院起诉。当事人也可以在接到处罚通知之日起 15 日内，直接向人民法院起诉。当事人逾期不申请复议、也不向人民法院起诉、又不履行处罚决定的，由作出处罚决定的机关申请人民法院强制执行。

5. 城市规划行政主管部门工作人员玩忽职守、滥用职权徇私舞弊的，由其所在单位或者上级主管机关给予行政处分；构成犯罪的，依法追究刑事责任。

二、违反《招标投标法》的法律责任

1. 应该招标而未招标的法律责任

必须进行招标的项目而不招标的，将必须进行招标的项目化整为零或者以其他任何方式规避招标的，责令限期改正，可以处项目合同金额千分之五以上千分之十以下的罚款；对全部或者部分使用国有资金的项目，可以暂停项目执行或者暂停资金拨付；对单位直接负责的主管人员和其他直接责任人员依法给予处分。

2. 招标代理机构法律责任

招标代理机构违反本法规定，泄露应当保密的与招标投标活动有关的情况和资料的，或者与招标人、投标人串通损害国家利益、社会公共利益或者他人合法权益的，处 5 万元以上 25 万元以下的罚款，对单位直接负责的主管人员和其他直接责任人员处单位罚款数额 5％以上 10％以下的罚款；有违法所得的，并处没收违法所得；情节严重的，禁止其一年至二年内代理依法必须进行招标的项目并予以公告，直至由工商行政管理机关吊销营业执照；构成犯罪的，依法追究刑事责任。给他人造成损失的，依法承担赔偿责任。上述所列行为影响中标结果的，中标无效。

3. 招标人法律责任

（1）招标人以不合理的条件限制或者排斥潜在投标人的，对潜在投标人实行歧视待遇的，强制要求投标人组成联合体共同投标的，或者限制投标人之间竞争的，责令改正，可以处 1 万元以上 5 万元以下的罚款。

（2）依法必须进行招标的项目的招标人向他人透露已获取招标文件的潜在投标人的名

称、数量或者可能影响公平竞争的有关招标投标的其他情况的，或者泄露标底的，给予警告，可以并处 1 万元以上 10 万元以下的罚款；对单位直接负责的主管人员和其他直接责任人员依法给予处分；构成犯罪的，依法追究刑事责任。上述所列行为影响中标结果的，中标无效。

（3）依法必须进行招标的项目，招标人违反本法规定，与投标人就投标价格、投标方案等实质性内容进行谈判的，给予警告，对单位直接负责的主管人员和其他直接责任人员依法给予处分。上述所列行为影响中标结果的，中标无效。

（4）招标人在评标委员会依法推荐的中标候选人以外确定中标人的，依法必须进行招标的项目在所有投标被评标委员会否决后自行确定中标人的，中标无效。责令改正，可以处中标项目金额 0.5％以上 1％以下的罚款；对单位直接负责的主管人员和其他直接责任人员依法给予处分。

4. 投标人法律责任

（1）投标人相互串通投标或者与招标人串通投标的，投标人以向招标人或者评标委员会成员行贿的手段谋取中标的，中标无效，处中标项目金额 0.5％以上 1％以下的罚款，对单位直接负责的主管人员和其他直接责任人员处单位罚款数额 5％以上 10％以下的罚款；有违法所得的，并处没收违法所得；情节严重的，取消其 1 年至 2 年内参加依法必须进行招标的项目的投标资格并予以公告，直至由工商行政管理机关吊销营业执照；构成犯罪的，依法追究刑事责任。给他人造成损失的，依法承担赔偿责任。

（2）投标人以他人名义投标或者以其他方式弄虚作假，骗取中标的，中标无效，给招标人造成损失的，依法承担赔偿责任；构成犯罪的，依法追究刑事责任。

依法必须进行招标的项目的投标人有上述所列行为尚未构成犯罪的，处中标项目金额 0.5％以上 1％以下的罚款，对单位直接负责的主管人员和其他直接责任人员处单位罚款数额 5％以上 10％以下的罚款；有违法所得的，并处没收违法所得；情节严重的，取消其 1～3 年内参加依法必须进行招标的项目的投标资格并予以公告，直至由工商行政管理机关吊销营业执照。

5. 评标委员会法律责任

评标委员会成员收受投标人的财物或者其他好处的，评标委员会成员或者参加评标的有关工作人员向他人透露对投标文件的评审和比较、中标候选人的推荐以及与评标有关的其他情况的，给予警告，没收收受的财物，可以并处 3000 元以上 5 万元以下的罚款，对有所列违法行为的评标委员会成员取消担任评标委员会成员的资格，不得再参加任何依法必须进行招标的项目的评标；构成犯罪的，依法追究刑事责任。

6. 中标人法律责任

（1）中标人将中标项目转让给他人的，将中标项目肢解后分别转让给他人的，违反本法规定将中标项目的部分主体、关键性工作分包给他人的，或者分包人再次分包的，转让、分包无效，处转让、分包项目金额 0.5％以上 1％以下的罚款；有违法所得的，并处没收违法所得；可以责令停业整顿；情节严重的，由工商行政管理机关吊销营业执照。

（2）中标人不履行与招标人订立的合同的，履约保证金不予退还，给招标人造成的损失超过履约保证金数额的，还应当对超过部分予以赔偿；没有提交履约保证金的，应当对招标人的损失承担赔偿责任。

（3）中标人不按照与招标人订立的合同履行义务，情节严重的，取消其二年至五年内参加依法必须进行招标的项目的投标资格并予以公告，直至由工商行政管理机关吊销营业执照。因不可抗力不能履行合同的，不适用上述规定。

7. 行政处罚

（1）招标人与中标人不按照招标文件和中标人的投标文件订立合同的，或者招标人、中标人订立背离合同实质性内容的协议的，责令改正；可以处中标项目金额 0.5% 以上 1% 以下的罚款。

（2）本章规定的行政处罚，由国务院规定的有关行政监督部门决定。本法已对实施行政处罚的机关作出规定的除外。

8. 行政监督机关法律责任

对招标投标活动依法负有职责的国家机关工作人员徇私舞弊、滥用职权或者玩忽职守，构成犯罪的，依法追究刑事责任；不构成犯罪的，依法给予行政处分。

三、违反《建筑法》的法律责任

1. 建设施工企业法律责任

（1）未取得施工许可证或者开工报告未经批准擅自施工的，责令改正，对不符合开工条件的责令停止施工，可以处以罚款。

（2）超越本单位资质等级承揽工程的，责令停止违法行为，处以罚款，可以责令停业整顿，降低资质等级；情节严重的，吊销资质证书；有违法所得的，予以没收。未取得资质证书承揽工程的，予以取缔，并处罚款；有违法所得的，予以没收。以欺骗手段取得资质证书的，吊销资质证书，处以罚款；构成犯罪的，依法追究刑事责任。

（3）建筑施工企业转让、出借资质证书或者以其他方式允许他人以本企业的名义承揽工程的，责令改正，没收违法所得，并处罚款，可以责令停业整顿，降低资质等级；情节严重的，吊销资质证书。对因该项承揽工程不符合规定的质量标准造成的损失，建筑施工企业与使用本企业名义的单位或者个人承担连带赔偿责任。

2. 工程承包单位法律责任

（1）承包单位将承包的工程转包的，或者违反本法规定进行分包的，责令改正，没收违法所得，并处罚款，可以责令停业整顿，降低资质等级；情节严重的，吊销资质证书。

承包单位有前款规定的违法行为的，对因转包工程或者违法包的工程不符合规定的质量标准造成的损失，与接受转包或者分包的单位承担连带赔偿责任。

（2）在工程发包与承包中索贿、受贿、行贿，构成犯罪的，依法追究刑事责任；不构成犯罪的，分别处以罚款、没收贿赂的财物、对直接负责的主管人员和其他直接责任人员给予处分。

对在工程承包中行贿的承包单位，除依照前款规定处罚外，可以责令停业整顿，降低资质等级或者吊销资质证书。

3. 工程监理单位法律责任

工程监理单位与建设单位或者建筑施工企业串通，弄虚作假、降低工程质量的，责令改正，处以罚款，降低资质等级或者吊销资质证书；有违法所得的，予以没收；造成损失的，承担连带赔偿责任；构成犯罪的，依法追究刑事责任。

工程监理单位转让监理业务的，责令改正，没收违法所得，可以责令停业整顿，降低资质等级；情节严重的，吊销资质证书。

4. 建筑施工、设计单位法律责任

（1）违反本法规定，涉及建筑主体或者承重结构变动的装修工程擅自施工的，责令改正，处以罚款；造成损失的，承担赔偿责任；构成犯罪的，依法追究刑事责任。

（2）建筑施工企业违反本法规定，对建筑安全事故隐患不采取措施予以消除的，责令改正，可以处以罚款；情节严重的，责令停业整顿，降低资质等级或者吊销资质证书；构成犯罪的，依法追究刑事责任。

建筑施工企业的管理人员违章指挥、强令职工冒险作业，因而发生重大伤亡事故或者造成其他严重后果的，依法追究刑事责任。

（3）建设单位违反本法规定，要求建筑设计单位或者建筑施工企业违反建筑工程质量、安全标准，降低工程质量的，责令改正，可以处以罚款；构成犯罪的，依法追究刑事责任。

（4）建筑设计单位不按照建筑工程质量、安全标准进行设计的，责令改正，处以罚款；造成工程质量事故的，责令停业整顿，降低资质等级或者吊销资质证书，没收违法所得，并处罚款；造成损失的，承担赔偿责任；构成犯罪的，依法追究刑事责任。

（5）建筑施工企业在施工中偷工减料的，使用不合格的建筑材料、建筑构配件和设备的，或者有其他不按照工程设计图纸或者施工技术标准施工的行为的，责令改正，处以罚款；情节严重的，责令停业整顿，降低资质等级或者吊销资质证书；造成建筑工程质量不符合规定的质量标准的，负责返工、修理，并赔偿因此造成的损失；构成犯罪的，依法追究刑事责任。

（6）建筑施工企业违反本规定，不履行保修义务或者拖延履行保修义务的，责令改正，可以处以罚款，并对在保修期内因屋顶、墙面渗漏、开裂等质量缺陷造成的损失，承担赔偿责任。

5. 处罚

（1）责令停业整顿、降低资质等级和吊销资质证书的行政处罚，由颁发资质证书的机关决定；其他行政处罚，由建设行政主管部门或者有关部门依照法律和国务院规定的职权范围决定。依照本法规定被吊销资质证书的，由工商行政管理部门吊销其营业执照。

（2）对不具备相应资质等级条件的单位颁发该等级资质证书的，由其上级机关责令收回所发的资质证书，对直接负责的主管人员和其他直接人员给予行政处分；构成犯罪的，依法追究刑事责任。

6. 主管部门法律责任

（1）政府及其所属部门的工作人员违反本法规定，限定发包单位将招标发包的工程发包给指定的承包单位的，由上级机关责令改正；构成犯罪的，依法追究刑事责任。

（2）负责颁发建筑工程施工许可证的部门及其工作人员对不符合施工条件的建筑工程颁发施工许可证的，负责工程质量监督检查或者竣工验收的部门及其工作人员对不合格的建筑工程出具质量合格文件或者按合格工程验收的，由上级机关责令改正，对责任人员给予行政处分；构成犯罪的，依法追究刑事责任；造成损失的，由该部门承担相应的赔偿责任。

四、违反《安全生产法》的法律责任

1. 安全生产监督管理部门相关法律责任

(1) 负有安全生产监督管理职责的部门的工作人员，有下列行为之一的，给予降级或者撤职的处分；构成犯罪的，依照刑法有关规定追究刑事责任：

1) 对不符合法定安全生产条件的涉及安全生产的事项予以批准或者验收通过的；

2) 发现未依法取得批准、验收的单位擅自从事有关活动或者接到举报后不予取缔或者不依法予以处理的；

3) 对已经依法取得批准的单位不履行监督管理职责，发现其不再具备安全生产条件而不撤销原批准或者发现安全生产违法行为不予查处的；

4) 在监督检查中发现重大事故隐患，不依法及时处理的。

负有安全生产监督管理职责的部门的工作人员有前款规定以外的滥用职权、玩忽职守、徇私舞弊行为的，依法给予处分；构成犯罪的，依照刑法有关规定追究刑事责任。

(2) 负有安全生产监督管理职责的部门，要求被审查、验收的单位购买其指定的安全设备、器材或者其他产品的，在对安全生产事项的审查、验收中收取费用的，由其上级机关或者监察机关责令改正，责令退还收取的费用；情节严重的，对直接负责的主管人员和其他直接责任人员依法给予行政处分。

(3) 承担安全评价、认证、检测、检验工作的机构，出具虚假证明的，没收违法所得；违法所得在十万元以上的，并处违法所得两倍以上五倍以下的罚款；没有违法所得或者违法所得不足十万元的，单处或者并处十万元以上二十万元以下的罚款；对其直接负责的主管人员和其他直接责任人员处两万元以上五万元以下的罚款；给他人造成损害的，与生产经营单位承担连带赔偿责任；构成犯罪的，依照刑法有关规定追究刑事责任。对有上述违法行为的机构，吊销其相应资质。

2. 生产经营单位相关法律责任

(1) 生产经营单位的决策机构、主要负责人、个人经营的投资人不依照本法规定保证安全生产所必需的资金投入，致使生产经营单位不具备安全生产条件的，责令限期改正，提供必需的资金；逾期未改正的，责令生产经营单位停产停业整顿。

有上述违法行为，导致发生生产安全事故，构成犯罪的，依照刑法有关规定追究刑事责任；尚不够刑事处罚的，对生产经营单位的主要负责人给予撤职处分，对个人经营的投资人处二万元以上二十万元以下的罚款。

(2) 生产经营单位的主要负责人未履行本法规定的安全生产管理职责的，责令限期改正；逾期未改正的，处二万元以上五万元以下的罚款，责令生产经营单位停产停业整顿。

生产经营单位的主要负责人有前款违法行为，导致发生生产安全事故的，给予撤职处分；构成犯罪的，依照刑法有关规定追究刑事责任。

生产经营单位的主要负责人依照前款规定受刑事处罚或者撤职处分的，自刑罚执行完毕或者受处分之日起，五年内不得担任任何生产经营单位的主要负责人；对重大、特别重大生产安全事故负有责任的，终身不得担任本行业生产经营单位的主要负责人。

(3) 生产经营单位有下列行为之一的，责令限期改正，可以处五万元以下的罚款；逾期未改正的，责令停产停业整顿，并处五万元以上十万元以下的罚款，对其直接负责的主管人员和其他直接责任人员处一万元以上二万元以下的罚款：

1）未按照规定设置安全生产管理机构或者配备安全生产管理人员的；

2）危险物品的生产、经营、储存单位以及矿山、金属冶炼、建筑施工、道路运输单位的主要负责人和安全生产管理人员未按照规定经考核合格的；

3）未按照规定对从业人员、被派遣劳动者、实习学生进行安全生产教育和培训，或者未按照规定如实告知有关的安全生产事项的；

4）未如实记录安全生产教育和培训情况的；

5）未将事故隐患排查治理情况如实记录或者未向从业人员通报的；

6）未按照规定制定生产安全事故应急救援预案或者未定期组织演练的；

7）特种作业人员未按照规定经专门的安全作业培训并取得相应资格，上岗作业的。

（4）生产经营单位有下列行为之一的，责令停止建设或者停产停业整顿，限期改正；逾期未改正的，处五十万元以上一百万元以下的罚款，对其直接负责的主管人员和其他直接责任人员处两万元以上五万元以下的罚款；构成犯罪的，依照刑法有关规定追究刑事责任：

1）未按照规定对矿山、金属冶炼建设项目或者用于生产、储存、装卸危险物品的建设项目进行安全评价的；

2）矿山、金属冶炼建设项目或者用于生产、储存、装卸危险物品的建设项目没有安全设施设计或者安全设施设计未按照规定报经有关部门审查同意的；

3）矿山、金属冶炼建设项目或者用于生产、储存、装卸危险物品的建设项目的施工单位未按照批准的安全设施设计施工的；

4）矿山、金属冶炼建设项目或者用于生产、储存危险物品的建设项目竣工投入生产或者使用前，安全设施未经验收合格的。

（5）生产经营单位有下列行为之一的，责令限期改正，可以处五万元以下的罚款；逾期未改正的，处五万元以上二十万元以下的罚款，对其直接负责的主管人员和其他直接责任人员处一万元以上两万元以下的罚款；情节严重的，责令停产停业整顿；构成犯罪的，依照刑法有关规定追究刑事责任：

1）未在有较大危险因素的生产经营场所和有关设施、设备上设置明显的安全警示标志的；

2）安全设备的安装、使用、检测、改造和报废不符合国家标准或者行业标准的；

3）未对安全设备进行经常性维护、保养和定期检测的；

4）未为从业人员提供符合国家标准或者行业标准的劳动防护用品的；

5）危险物品的容器、运输工具，以及涉及人身安全、危险性较大的海洋石油开采特种设备和矿山井下特种设备未经具有专业资质的机构检测、检验合格，取得安全使用证或者安全标志，投入使用的；

6）使用应当淘汰的危及生产安全的工艺、设备的。

（6）未经依法批准，擅自生产、经营、运输、储存、使用危险物品或者处置废弃危险物品的，依照有关危险物品安全管理的法律、行政法规的规定予以处罚；构成犯罪的，依照刑法有关规定追究刑事责任。

（7）生产经营单位有下列行为之一的，责令限期改正，可以处十万元以下的罚款；逾期未改正的，责令停产停业整顿，并处十万元以上二十万元以下的罚款，对其直接负责的主管人员和其他直接责任人员处两万元以上五万元以下的罚款；构成犯罪的，依照刑法有关规定追究刑事责任：

1) 生产、经营、运输、储存、使用危险物品或者处置废弃危险物品，未建立专门安全管理制度、未采取可靠的安全措施的；

2) 对重大危险源未登记建档，或者未进行评估、监控，或者未制定应急预案的；

3) 进行爆破、吊装以及国务院安全生产监督管理部门会同国务院有关部门规定的其他危险作业，未安排专门人员进行现场安全管理的；

4) 未建立事故隐患排查治理制度的。

（8）生产经营单位未采取措施消除事故隐患的，责令立即消除或者限期消除；生产经营单位拒不执行的，责令停产停业整顿，并处十万元以上五十万元以下的罚款，对其直接负责的主管人员和其他直接责任人员处两万元以上五万元以下的罚款。

（9）生产经营单位将生产经营项目、场所、设备发包或者出租给不具备安全生产条件或者相应资质的单位或者个人的，责令限期改正，没收违法所得；违法所得十万元以上的，并处违法所得两倍以上五倍以下的罚款；没有违法所得或者违法所得不足十万元的，单处或者并处十万元以上二十万元以下的罚款；对其直接负责的主管人员和其他直接责任人员处一万元以上两万元以下的罚款；导致发生生产安全事故给他人造成损害的，与承包方、承租方承担连带赔偿责任。

生产经营单位未与承包单位、承租单位签订专门的安全生产管理协议或者未在承包合同、租赁合同中明确各自的安全生产管理职责，或者未对承包单位、承租单位的安全生产统一协调、管理的，责令限期改正，可以处五万元以下的罚款，对其直接负责的主管人员和其他直接责任人员可以处一万元以下的罚款；逾期未改正的，责令停产停业整顿。

（10）两个以上生产经营单位在同一作业区域内进行可能危及对方安全生产的生产经营活动，未签订安全生产管理协议或者未指定专职安全生产管理人员进行安全检查与协调的，责令限期改正，可以处五万元以下的罚款，对其直接负责的主管人员和其他直接责任人员可以处一万元以下的罚款；逾期未改正的，责令停产停业。

（11）生产经营单位有下列行为之一的，责令限期改正，可以处五万元以下的罚款，对其直接负责的主管人员和其他直接责任人员可以处一万元以下的罚款；逾期未改正的，责令停产停业整顿；构成犯罪的，依照刑法有关规定追究刑事责任：

1) 生产、经营、储存、使用危险物品的车间、商店、仓库与员工宿舍在同一座建筑内，或者与员工宿舍的距离不符合安全要求的；

2) 生产经营场所和员工宿舍未设有符合紧急疏散需要、标志明显、保持畅通的出口，或者锁闭、封堵生产经营场所或者员工宿舍出口的。

（12）生产经营单位与从业人员订立协议，免除或者减轻其对从业人员因生产安全事故伤亡依法应承担的责任的，该协议无效；对生产经营单位的主要负责人、个人经营的投资人处两万元以上十万元以下的罚款。

（13）生产经营单位的从业人员不服从管理，违反安全生产规章制度或者操作规程的，由生产经营单位给予批评教育，依照有关规章制度给予处分；构成犯罪的，依照刑法有关规定追究刑事责任。

（14）违反本法规定，生产经营单位拒绝、阻碍负有安全生产监督管理职责的部门依法实施监督检查的，责令改正；拒不改正的，处两万元以上二十万元以下的罚款；对其直接负责的主管人员和其他直接责任人员处一万元以上两万元以下的罚款；构成犯罪的，依照刑法有关规定追究刑事责任。

（15）生产经营单位的主要负责人在本单位发生生产安全事故时，不立即组织抢救或者在事故调查处理期间擅离职守或者逃匿的，给予降级、撤职的处分，并由安全生产监督管理部门处上一年年收入百分之六十至百分之一百的罚款；对逃匿的处十五日以下拘留；构成犯罪的，依照刑法有关规定追究刑事责任。

生产经营单位的主要负责人对生产安全事故隐瞒不报、谎报或者迟报的，依照前款规定处罚。

（16）有关地方人民政府、负有安全生产监督管理职责的部门，对生产安全事故隐瞒不报、谎报或者迟报的，对直接负责的主管人员和其他直接责任人员依法给予处分；构成犯罪的，依照刑法有关规定追究刑事责任。

（17）生产经营单位不具备本法和其他有关法律、行政法规和国家标准或者行业标准规定的安全生产条件，经停产停业整顿仍不具备安全生产条件的，予以关闭；有关部门应当依法吊销其有关证照。

（18）发生生产安全事故，对负有责任的生产经营单位除要求其依法承担相应的赔偿等责任外，由安全生产监督管理部门依照下列规定处以罚款：

1）发生一般事故的，处二十万元以上五十万元以下的罚款；

2）发生较大事故的，处五十万元以上一百万元以下的罚款；

3）发生重大事故的，处一百万元以上五百万元以下的罚款；

4）发生特别重大事故的，处五百万元以上一千万元以下的罚款；情节特别严重的，处一千万元以上两千万元以下的罚款。

（19）本法规定的行政处罚，由安全生产监督管理部门和其他负有安全生产监督管理职责的部门按照职责分工决定。予以关闭的行政处罚由负有安全生产监督管理职责的部门报请县级以上人民政府按照国务院规定的权限决定；给予拘留的行政处罚由公安机关依照治安管理处罚法的规定决定。

（20）生产经营单位发生生产安全事故造成人员伤亡、他人财产损失的，应当依法承担赔偿责任；拒不承担或者其负责人逃匿的，由人民法院依法强制执行。

生产安全事故的责任人未依法承担赔偿责任，经人民法院依法采取执行措施后，仍不能对受害人给予足额赔偿的，应当继续履行赔偿义务；受害人发现责任人有其他财产的，可以随时请求人民法院执行。

五、违反《质量管理条例》的法律责任

1. 建设单位法律责任

（1）建设单位将建设工程发包给不具有相应资质等级的勘察、设计、施工单位或者委托给不具有相应资质等级的工程监理单位的，责令改正，处 50 万元以上 100 万元以下的罚款。

（2）建设单位将建设工程肢解发包的，责令改正，处工程合同价款 0.5% 以上 1% 以下的罚款；对全部或者部分使用国有资金的项目，并可以暂停项目执行或者暂停资金拨付。

（3）建设单位有下列行为之一的，责令改正，处 20 万元以上 50 万元以下的罚款：

1）迫使承包方以低于成本的价格竞标的；

2）任意压缩合理工期的；

3）明示或者暗示设计单位或者施工单位违反工程建设强制性标准，降低工程质量的；

4）施工图设计文件未经审查或者审查不合格，擅自施工的；

5）建设项目必须实行工程监理而未实行工程监理的；

6）未按照国家规定办理工程质量监督手续的；

7）明示或者暗示施工单位使用不合格的建筑材料、建筑构配件和设备的；

8）未按照国家规定将竣工验收报告、有关认可文件或者准许使用文件报送备案的。

（4）建设单位未取得施工许可证或者开工报告未经批准，擅自施工的，责令停止施工，限期改正，处工程合同价款 1% 以上 2% 以下的罚款。

（5）建设单位有下列行为之一的，责令改正，处工程合同价款 2% 以上 4% 以下的罚款；造成损失的，依法承担赔偿责任：

1）未组织竣工验收，擅自交付使用的；

2）验收不合格，擅自交付使用的；

3）对不合格的建设工程按照合格工程验收的。

2. 勘察、设计、施工、工程监理单位法律责任

（1）勘察、设计、施工、工程监理单位超越本单位资质等级承揽工程的，责令停止违法行为，对勘察、设计单位或者工程监理单位处合同约定的勘察费、设计费或者监理酬金 1 倍以上 2 倍以下的罚款；对施工单位处工程合同价款 2% 以上 4% 以下的罚款，可以责令停业整顿，降低资质等级；情节严重的，吊销资质证书；有违法所得的，予以没收。

未取得资质证书承揽工程的，予以取缔，依照上述规定处以罚款；有违法所得的，予以没收。

以欺骗手段取得资质证书承揽工程的，吊销资质证书，依照本条第一款规定处以罚款；有违法所得的，予以没收。

（2）勘察、设计、施工、工程监理单位允许其他单位或者个人以本单位名义承揽工程的，责令改正，没收违法所得，对勘察、设计单位和工程监理单位处合同约定的勘察费、设计费和监理酬金 1 倍以上 2 倍以下的罚款；对施工单位处工程合同价款 2% 以上 4% 以下的罚款；可以责令停业整顿，降低资质等级；情节严重的，吊销资质证书。

（3）承包单位将承包的工程转包或者违法分包的，责令改正，没收违法所得，对勘察、设计单位处合同约定的勘察费、设计费 25% 以上 50% 以下的罚款；对施工单位处工程合同价款 0.5% 以上 1% 以下的罚款；可以责令停业整顿，降低资质等级；情节严重的，吊销资质证书。

工程监理单位转让工程监理业务的，责令改正，没收违法所得，处合同约定的监理酬金 25% 以上 50% 以下的罚款；可以责令停业整顿，降低资质等级；情节严重的，吊销资质证书。

（4）违反本条例规定，有下列行为之一的，责令改正，处 10 万元以上 30 万元以下的罚款：

1) 勘察单位未按照工程建设强制性标准进行勘察的；

2) 设计单位未根据勘察成果文件进行工程设计的；

3) 设计单位指定建筑材料、建筑构配件的生产厂、供应商的；

4) 设计单位未按照工程建设强制性标准进行设计的。

有上述所列行为，造成重大工程质量事故的，责令停业整顿，降低资质等级；情节严重的，吊销资质证书；造成损失的，依法承担赔偿责任。

（5）施工单位在施工中偷工减料的，使用不合格的建筑材料、建筑构配件和设备的，或者有不按照工程设计图纸或者施工技术标准施工的其他行为的，责令改正，处工程合同价款2%以上4%以下的罚款；造成建设工程质量不符合规定的质量标准的，负责返工、修理，并赔偿因此造成的损失；情节严重的，责令停业整顿，降低资质等级或者吊销资质证书。

（6）施工单位未对建筑材料、建筑构配件、设备和商品混凝土进行检验，或者未对涉及结构安全的试块、试件以及有关材料取样检测的，责令改正，处10万元以上20万元以下的罚款；情节严重的，责令停业整顿，降低资质等级或者吊销资质证书；造成损失的，依法承担赔偿责任。

（7）施工单位不履行保修义务或者拖延履行保修义务的，责令改正，处10万元以上20万元以下的罚款，并对在保修期内因质量缺陷造成的损失承担赔偿责任。

（8）工程监理单位有下列行为之一的，责令改正，处50万元以上100万元以下的罚款，降低资质等级或者吊销资质证，有违法所得的，予以没收；造成损失的，承担连带赔偿责任：

1) 与建设单位或者施工单位串通，弄虚作假、降低工程质量的；

2) 将不合格的建设工程、建筑材料、建筑构配件和设备按照合格签字的。

（9）工程监理单位与被监理工程的施工承包单位以及建筑材料、建筑构配件和设备供应单位有隶属关系或者其他利害关系承担该项建设工程的监理业务的，责令改正，处5万元以上10万元以下的罚款，降低资质等级或者吊销资质证书；有违法所得的，予以没收。

（10）违反本条例规定，涉及建筑主体或者承重结构变动的装修工程，没有设计方案擅自施工的，责令改正，处50万元以上100万元以下的罚款；房屋建筑使用者在装修过程中擅自变动房屋建筑主体和承重结构的，责令改正，处5万元以上10万元以下的罚款。有上述所列行为，造成损失的，依法承担赔偿责任。

3. 其他相关部门人员法律责任

（1）发生重大工程质量事故隐瞒不报、谎报或者拖延报告期限的，对直接负责的主管人员和其他责任人员依法给予行政处分。

（2）供水、供电、供气、公安消防等部门或者单位明示或者暗示建设单位或者施工单位购买其指定的生产供应单位的建筑材料、建筑构配件和设备的，责令改正。

（3）注册建筑师、注册结构工程师、监理工程师等注册执业人员因过错造成质量事故的，责令停止执业1年；造成重大质量事故的，吊销执业资格证书，5年以内不予注册；情节特别恶劣的，终身不予注册。

（4）建设单位、设计单位、施工单位、工程监理单位违反国家规定，降低工程质量标准，造成重大安全事故，构成犯罪的，对直接责任人员依法追究刑事责任。

（5）国家机关工作人员在建设工程质量监督管理工作中玩忽职守、滥用职权、徇私舞弊，构成犯罪的，依法追究刑事责任；尚不构成犯罪的，依法给予行政处分。

（6）建设、勘察、设计、施工、工程监理单位的工作人员因调动工作、退休等原因离开该单位后，被发现在该单位工作期间违反国家有关建设工程质量管理规定，造成重大工程质量事故的，仍应当依法追究法律责任。

六、违反《勘察设计管理条例》的法律责任

1. 建设单位的违法责任

发包方将工程建设勘察、设计业务发包给不具有相应资质等级的工程建设勘察、设计单位的，责令改正，处以 50 万元以上 100 万元以下的罚款。

2. 勘察、设计单位的违法责任

（1）非法承揽业务的责任

建设工程勘察、设计单位有下列情形的，责令停止违法行为，处合同约定的勘察费、设计费 1 倍以上 2 倍以下的罚款，有违法所得的，予以没收；可以责令停业整顿，降低资质等级；情节严重的，吊销资质证书。

未取得资质证书承揽工程的，予以取缔，依照前款规定处以罚款；有违法所得的，予以没收。

以欺骗手段取得资质证书承揽工程的，吊销资质证书，依照本条第一款规定处以罚款；有违法所得的，予以没收。

（2）非法转包的责任

工程建设勘察设计单位将所承揽的工程进行转包的，责令改正，没收违法所得，处合同约定的勘察费、设计费 25％以上 50％以下的罚款，还可责令其停业整顿、降低其资质等级，情节严重的，吊销其资质证书。

（3）不按规定进行设计的责任

对于不按工程建设强制性标准进行勘察、设计的勘察、设计单位；不按勘察成果文件进行设计，或指定建筑材料、建筑构配件生产厂、供应商的设计单位，责令其改正，并处 10 万元以上 30 万元以下的罚款。因上述行为造成工程事故的，责令停业整顿，降低资质等级。情节严重的，吊销资质证书；造成损失的，依法承担赔偿损失。

3. 勘察、设计执业人员的违法责任

未经注册、擅自以注册工程建设勘察、设计人员的名义从事工程建设勘察、设计活动的，责令停止违法行为；已经注册的执业人员和其他专业技术人员，但未受聘于一个工程建设勘察设计单位或同时受聘于两个以上工程建设勘察设计单位从事有关业务活动的，可责令停止执行业务或吊销资格证书。对于上述人员，还要没收其违法所得，处违法所得 2 倍以上 5 倍以下的罚款，给他人造成损失的，依法承担赔偿责任。

4. 国家机关工作人员的违法责任

国家机关工作人员在建设工程勘察、设计活动的监督管理工作中玩忽职守、滥用职权、徇私舞弊，构成犯罪的，依法追究刑事责任；尚不构成犯罪的，依法给予行政处分。

5. 勘察、设计单位法律责任

勘察、设计单位未依据项目批准文件，城乡规划及专业规划，国家规定的建设工程勘察、设计深度要求编制建设工程勘察、设计文件的，责令限期改正；逾期不改正的，处

10万元以上30万元以下的罚款；造成工程质量事故或者环境污染和生态破坏的，责令停业整顿，降低资质等级；情节严重的，吊销资质证书；造成损失的，依法承担赔偿责任。

6. 处罚规定

本条例规定的责令停业整顿、降低资质等级和吊销资质证书、资格证书的行政处罚，由颁发资质证书、资格证书的机关决定；其他行政处罚，由建设行政主管部门或者其他有关部门依据法定职权范围决定。

依照本条例规定被吊销资质证书的，由工商行政管理部门吊销其营业执照。

第四节 行政处罚程序

一、行政处罚的实施主体

行政处罚的实施主体是指享有行政处罚权，进行行政处罚行为的组织。行政处罚权作为一项重要的行政管理职权，必须对其实施主体作出严格的规定。根据《中华人民共和国行政处罚法》，行政处罚的实施主体包括以下几类：

（一）行政机关

《行政处罚法》第15条规定："行政处罚由具有行政处罚权的行政机关在法定职权范围内实施。"行政机关是行政处罚实施主体中最重要的一类，行政处罚权作为行政管理的重要手段，应当由行政机关行使，但并不是任何行政机关都可以行使处罚权，只有法律、法规和规章明确授权，即依法取得行政处罚权的行政机关才能行使。如《建筑法》第76条规定："本法规定的责令停业整顿、降低资质等级和吊销资质证书的行政处罚，由颁发证书的机关决定；其他行政处罚，由建设行政主管部门或者有关部门依照法律和国务院规定的职权范围决定。依照本法规定被吊销资质证书的，由工商行政管理部门吊销其营业执照。"这一规定，将建设管理的行政处罚权赋予了建设行政主管部门及其他有关部门，建设行政主管部门成为实施建设管理处罚的重要主体。

除了由单一的行政机关实施处罚外，《行政处罚法》还规定了有关综合执法机关实施行政处罚的问题。综合执法就是将原来由几个行政机关分别行使管理权力的管理领域统一由一个行政机关合并进行管理，其目的是为了便于精简机构、提高效率、减少职权纠纷。在决定合并的处罚事项上，只要经过国务院或者经国务院授权的省、自治区、直辖市人民政府决定，有关行政机关就取得了独立的行政处罚主体的地位，它可以以自己的名义实施处罚，并独立承担法律后果。

（二）法律、法规授权的组织

根据《行政处罚法》第17条的规定："法律、法规授权的具有管理公共事务职能的组织可以在法定授权范围内实施行政处罚。"所以，除行政机关拥有行政处罚权外，经法律、法规授权的组织也可以行使行政处罚权。但是，这些组织要成为实施行政处罚的主体，必须具备一定条件，即必须有法律、法规的明确授权，该组织必须是具有管理公共事务职能的组织。如《中华人民共和国注册建筑师条例》第29条规定："以不正当手段取得注册建筑师考试合格资格或者注册建筑师证书的，由全国注册建筑师管理委员会或者省、自治区、直辖市注册建筑师管理委员会取消考试合格资格或者吊销注册建筑师证书；对负有直接责任的主管人员和其他直接责任人员，依法给予行政处分。"在这里，注册建筑师管理委员就是一种由行政法规授权的组织。

（三）受行政机关委托的组织

基于公共管理的需要，行政机关还可以依法将自己拥有的行政处罚权委托给非行政机关组织行使。但受行政机关委托的组织必须具备法定的条件：（1）该组织应属依法成立的管理公共事务的事业组织；（2）具有熟悉有关法律、法规、规章和业务的工作人员；（3）对违法行为需要进行技术检查或者技术鉴定的。

与法律、法规授权的组织不同，受行政机关委托的组织不具有行政主体的地位。其在委托的范围内，不能以自己的名义，而是以委托行政机关名义实施行政处罚，而且不得再委托其他任何组织或者个人实施行政处罚；其实施行政处罚的行为受到委托机关的监督，并由该机关对其行为的后果承担法律责任。

《建设工程质量管理条例》第46条规定："建设工程质量监督管理，可以由建设行政主管部门或者其他有关部门委托的建设工程质量监督机构具体实施。"在这里，工程质量监督机构就是受建设行政主管部门委托的组织。

二、行政处罚的管辖和适用

（一）行政处罚的管辖

行政处罚的实施主体解决了行政处罚权由谁行使的问题，但对于一个具体的行政处罚案件应由谁作出处理，是行政处罚管辖所要解决的问题。行政处罚的管辖就是确定对某个行政违法行为由哪一个享有处罚权的主体实施处罚，它解决的是处罚实施的权限分工。

《行政处罚法》第20条规定："行政处罚由违法行为发生地的县级以上地方人民政府具有行政处罚权的行政机关管辖。法律、行政法规另有规定的除外。"这一规定确定了行政处罚的管辖原则，明确了有关行政处罚的地域管辖、级别管辖等问题。

1. 地域管辖

在地域管辖上，以由违法行为发生地的行政机关管辖为一般原则，即违法行为发生在何处，就由当地有行政处罚权的行政机关管辖。如果违法行为的发生地与发现地不在同一个地域，或者违法行为发生地与行为人的住所地不在同一个地域，则都应由违法行为发生地的行政机关管辖。

2. 级别管辖

在级别管辖上，由县级以上地方人民政府具有行政处罚权的行政机关管辖，县以下的行政机关无权实施行政处罚。在我国，行政机关的各职能部门的设置大多在县一级，县一级是我国按区域实行管理较为基层的单位，由县一级的职能部门实施行政处罚符合我国的国情。但是，如果法律、行政法规对级别管辖有特别规定的，应按特别规定进行管辖。如《中华人民共和国注册建筑师条例》第32条规定："因建筑设计质量不合格发生重大责任事故，造成重大损失的，对该建筑设计负有直接责任的注册建筑师，由县级以上人民政府建设行政主管部门责令停止执行业务；情节严重的，由全国注册建筑师管理委员会或者省、自治区、直辖市注册建筑师管理委员会吊销注册建筑师证书。"

3. 指定管辖

《行政处罚法》还规定了指定管辖，指定管辖主要是针对共同管辖的。共同管辖是指两个或两个以上行政机关对同一违法行为均享有行政处罚权。共同管辖的处理规则一般是由行政机关相互协商或按惯例等方式解决；但当异议无法消除，行政机关就管辖权发生争议时，应当报请它们共同的上一级政府机关来确定管辖。

（二）行政处罚的适用

行政处罚的适用，是行政处罚实施主体对违法案件具体运用行政处罚法规范实施处罚的活动。

1. 应受处罚的构成要件

应受处罚的构成要件，是指某种行为受到行政处罚所必须具备的条件。具体的构成要件是：

（1）必须已经实施了违法行为，违法事实已经客观存在，不能将行为人主观想象或者计划设想当违法行为。

（2）违法行为属于违反行政法律规范的行为，这区别于其他违法行为。

（3）具有责任能力的行政管理相对人。受到行政处罚的相对人是公民、法人和其他组织，其中法人和其他组织应是具有责任能力的责任主体，公民必须达到责任年龄并具备责任能力。

（4）依法应当受到处罚。尽管相对人有违法行为的存在，但因有些违法行为可能尚未达到受处罚的程度，或者因法律有特别规定而不应给予处罚的，行政机关不能对其实施行政处罚。

2. 不予处罚的规定

不予处罚是指行为人虽然实施了违法行为，但由于具有特定的情形，而不给予处罚。《行政处罚法》规定有下列情形之一的不予处罚：

（1）不满十四周岁的人有违法行为的，不予行政处罚，责令监护人加以管教；已满十四周岁不满十八周岁的人有违法行为的，从轻或者减轻行政处罚。

（2）精神病人在不能辨认或者不能控制自己行为时有违法行为的，不予行政处罚，但应当责令其监护人严加看管和治疗。间歇性精神病人在精神正常时有违法行为的，应当给予行政处罚。

3. 从轻或减轻处罚

从轻处罚，是指在行政处罚的法定种类和法定幅度内，使用较轻的种类或者处罚的下限给予处罚，但不能低于法定处罚幅度的最低限度。减轻处罚，是指在法定处罚幅度的最低限以下给予处罚。当事人有下列情形之一的，应当依法从轻或者减轻行政处罚：

（1）主动消除或者减轻违法行为危害后果的；

（2）受他人胁迫有违法行为的；

（3）配合行政机关查处违法行为有立功表现的；

（4）其他依法从轻或者减轻行政处罚的。

违法行为轻微并及时纠正，没有造成危害后果的，不予行政处罚。

4. 行政处罚的追诉时效

所谓行政处罚的追诉时效，是指对违法行为人追究责任，给予行政处罚的有效期限。如果超出这个期限，就不再实施行政处罚。

行政处罚的追诉时效为 2 年。在违法行为发生后 2 年内，未被行政机关发现，在 2 年后，无论何时发现这一违法行为，都不能给予行政处罚。时效的计算，是从违法行为发生之日起计算；如果违法行为有连续或者继续状态的，则从行为终了之日起计算。追诉时效为 2 年，属一般规定，如果法律有特别规定的，依照特别规定。

三、行政处罚决定

为保障和监督建设行政执法机关有效实施行政管理，保护公民、法人和其他组织的合法权益，促进建设行政执法工作程序化、规范化，建设部根据《行政处罚法》发布实施了《建设行政处罚程序暂行规定》（1999 年月 3 日建设部令第 66 号发布）。结合《行政处罚法》和《建设行政处罚程序暂行规定》的有关规定，建设行政处罚程序应遵守如下规定：

（一）一般程序

1. 立案

执法机关依据职权，或者依据当事人的申诉、控告等途径发现违法行为。执法机关对于发现的违法行为，认为应当给予行政处罚的，应当立案，但适用简易程序的除外。立案应填写立案审批表，附上相关材料，报主管领导批准。

2. 调查取证

立案后，执法人员应及时进行调查，收集证据。执法人员调查案件，不得少于二人，并应当出示执法身份证件。执法人员对案件进行调查，应当收集以下证据：书证、物证、证人证言、视听资料、当事人陈述、鉴定结论、勘验笔录和现场笔录。只有查证属实的证据，才能作为处罚的依据。

执法人员询问当事人及证明人，应当个别进行。询问应当制作笔录，笔录经被询问人核对无误后，由被询问人逐页在笔录上签名或盖章。如有差错、遗漏，应当允许补正。

执法人员应当收集、调取与案件有关的原始凭证作为书证。调取原始凭证有困难的，可以复制，但复制件应当标明"经核对与原件无误"，并由出具书证人签名或盖章。调查取证应当有当事人在场，对所提取的物证要开具物品清单，由执法人员和当事人签名或盖章，各执一份。对违法嫌疑物品进行检查时，应当制作现场笔录，并有当事人在场。当事人拒绝到场的，应当在现场笔录中注明。

执法机关查处违法行为过程中，在证据可能灭失或者难以取得的情况下，可以对证据先行登记保存。先行登记保存证据，必须当场清点，开具清单，清单由执法人员和当事人签名或盖章，各执一份。

案件调查终结，执法人员应当出具书面案件调查终结报告。调查终结报告的内容包括：当事人的基本情况、违法事实、处罚依据、处罚建议等。

3. 案件核审

调查终结报告连同案件材料，由执法人员提交执法机关的法制工作机构，由法制工作机构会同有关单位进行书面核审。执法机关的法制工作机构接到执法人员提交的审核材料后，应当登记，并指定具体人员负责核审。案件核审的主要内容包括：

（1）对案件是否具有管辖权；

（2）当事人的基本情况是否清楚；

（3）案件事实是否清楚，证据是否充分；

（4）定性是否准确；

（5）适用法律、法规、规章是否正确；

（6）处罚是否适当；

（7）程序是否合法。

执法机关的法制工作机构对案件核审后，应提出以下书面意见：

（1）对事实清楚、证据充分、定性准确、程序合法、处理适当的案件，同意执法人员意见；

（2）对定性不准、适用法律不当、处罚不当的案件，建议执法人员修改；

（3）对事实不清、证据不足的案件，建议执法人员补正；

（4）对程序不合法的案件，建议执法人员纠正；

（5）对超出管辖权的案件，按有关规定移送。

对执法机关法制工作机构提出的意见，执法人员应予采纳。执法机关法制工作机构与执法人员就有关问题达不成一致意见时，给予较轻处罚的，报请本机关分管负责人决定；给予较重处罚的，报请本机关负责人集体讨论决定或本机关分管负责人召集的办公会议讨论决定。

4. 做出处罚决定

执法机关对当事人作出行政处罚，必须制作行政处罚决定书。行政处罚决定书的内容包括：

（1）当事人的名称或者姓名、地址；

（2）违法的事实和证据；

（3）行政处罚的种类和依据；

（4）行政处罚的履行方式和期限；

（5）不服行政处罚决定，申请行政复议或提起行政诉讼的途径和期限；

（6）作出处罚决定的机关和日期。

行政处罚决定书必须盖有作出处罚机关的印章。行政处罚决定生效后，任何人不得擅自变更或解除。处罚决定确有错误需要变更或修改的，应由原执法机关撤销原处罚决定，重新作出处罚决定。

（二）听证程序

执法机关在作出吊销资质证书、执业资格证书、责令停业整顿（包括属于停业整顿性质的、责令在规定的时限内不得承接新的业务）、责令停止执业业务、没收违法建筑物、构筑物和其他设施以及处以较大数额罚款等行政处罚决定之前，应当告知当事人有要求举行听证的权利。当事人不承担执法机关组织听证的费用。听证规则可以由省、自治区、直辖市建设行政主管部门依据《行政处罚法》的规定制定，但必须遵守如下规定：

（1）当事人要求听证的，应当在执法机关告知后 3 日内提出；

（2）执法机关应当在听证的 7 日前，通知当事人举行听证的时间、地点；

（3）除涉及国家秘密、商业秘密或者个人隐私外，听证公开举行；

（4）听证由执法机关指定的非本案调查人员主持；当事人认为主持人与本案有直接利害关系的，有权申请回避；

（5）当事人可以亲自参加听证，也可以委托 1～2 人代理；

（6）举行听证时，调查人员提出当事人违法的事实、证据和行政处罚建议；当事人进行申辩和质证；

（7）听证应当制作笔录；笔录应当交当事人审核无误后签字或者盖章。

（三）简易程序

违法事实清楚、证据确凿，对公民处以 50 元以下、对法人或者其他组织处以 1000 元以下罚款或者警告的行政处罚，可以当场作出处罚决定。当场作出处罚决定，执法人员应当向当事人出示执法证件，填写预定格式、编有号码的处罚决定书并当场交付当事人。当场作出的行政处罚决定书应当载明当事人的违法行为、处罚依据、罚款数额、时间、地点、执法机关名称，并由执法人员签名或盖章。执法人员当场作出的行政处罚决定，必须报所属行政机关备案。

（四）送达

（1）执法机关送达行政处罚决定书或有关文书，应直接送受送达人。送达必须有送达回执。受送达人应在送达回执上签名或盖章，并注明签收日期。签收日期为送达日期。受送达人拒绝接受行政处罚决定书或有关文书的，送达人应当邀请有关基层组织的代表或其他人到场见证，在送达回执上注明拒收事由和日期，由送达人、见证人签名或盖章，把行政处罚决定书或有关文书留在受送达人处，即视为送达。

（2）不能直接送达或直接送达有困难的，按下列规定送达：受送达人不在的，交其同住的成年家属签收；送达人已向执法机关指定代收人的，由代收人签收；邮寄送达的，以挂号回执上注明的收件日期为送达日期；送达人下落不明的，以公告送达，自公告发布之日起三个月即视为送达。

四、行政处罚的执行

行政处罚执行程序，是指确保行政处罚决定所确定的内容得以实现的程序。行政处罚决定一旦作出，就具有法律效力，当事人应当在行政处罚决定的期限内予以履行。公民、法人或者其他组织对行政机关作出的行政处罚，有权申诉或者检举；行政机关应当认真审查，发现行政处罚有错误的，应当主动改正。当事人对行政处罚决定不服申请行政复议或者提起行政诉讼的，行政处罚不停止执行，法律另有规定的除外。《行政处罚法》关于处罚执行程序的规定，有三项重要内容：

（一）作出罚款决定的行政机关应当与收缴罚款的机构分离

除依照《行政处罚法》的规定可当场收缴的罚款以外，作出行政处罚决定的行政机关及其执法人员不得自行收缴罚款。当事人应当自收到行政处罚决定书之日起15日内，到指定的银行缴纳罚款。银行应当收受罚款，并将罚款直接上缴国库。但下列情形之一的，执法人员可以当场收缴罚款：

（1）依法给予20元以下罚款的。

（2）不当场收缴事后难以执行的。

（3）在边远、水上、交通不便地区，执法机关及其执法人员依照《行政处罚法》作出罚款决定后，当事人向指定的银行缴纳罚款确有困难，经当事人提出，执法机关及其执法人员可以当场收缴罚款。

执法机关及其执法人员当场收缴罚款的，必须向当事人出具省、自治区、直辖市财政部门统一制发的罚款收据；不出具财政部门统一制发的罚款收据的，当事人有权拒绝缴纳罚款。

（二）严格实行收支两条线

罚款必须全部上缴财政。执法人员当场收缴的罚款，应当自收缴罚款之日起2日内，交至执法机关；在水上当场收缴的罚款，应当自抵岸之日起2日内交至执法机关；执法机关应当在2日内将罚款缴付指定的银行。

执法机关实施罚款、没收违法所得或者没收非法财物拍卖的款项，必须全部上缴国库，任何行政机关或者个人不得以任何形式截留、私分或者变相私分；财政部门不得以任何形式向作出行政处罚决定的行政机关返还罚款、没收的违法所得或者返还没收非法财物的拍卖款项。

（三）行政处罚的强制执行

当事人逾期不履行行政处罚决定的，作出行政处罚决定的行政机关可以采取下列措施：

（1）到期不缴纳罚款的，每日按罚款数额的3％加处罚款；

（2）根据法律规定，将查封、扣押的财物拍卖或者将冻结的存款划拨抵缴罚款；

（3）申请人民法院强制执行。

当事人确有经济困难，需要延期或者分期缴纳罚款的，经当事人申请和行政机关批准，可以暂缓或者分期缴纳。

五、行政处罚的监督管理

《行政处罚法》第54条规定："行政机关应当建立健全对行政处罚的监督制度。县级以上人民政府应当加强对行政处罚的监督检查。"据此，《建设行政处罚程序暂行规定》第33条规定："执法机关从事行政执法活动，应当自觉接受地方人民政府法制工作部门和上级执法机关法制工作机构的监督管理。"

行政处罚终结后，执法人员应当及时将立案登记表、案件处理批件、证据材料、行政处罚决定书和执行情况记录等材料立卷归档。上级交办的行政处罚案件办理终结后，承办单位应当及时将案件的处理结果向交办单位报告。

执法机关及其执法人员应在法定职权范围内、依法定程序从事执法活动；超越职权范围、违反法定程序所作出的行政处罚无效。

对当场作出的处罚决定，执法人员应当定期将当场处罚决定书向所属执法机关的法制工作机构或指定机构备案；执法机关作出属于听证范围的行政处罚决定之日起7日内，应当向上级建设行政主管部门的法制工作机构或有关部门备案。各级建设行政主管部门，要对本行政区域内的执法机关作出的处罚决定的案件进行逐月统计。省、自治区、直辖市建设行政主管部门，应在每年的2月底以前，向国务院建设行政主管部门的法制工作机构报送上一年度的执法统计报表和执法工作总结。

上级执法机关发现下级执法机关作出的处罚决定确有错误，可责令其限期纠正。对拒不纠正的，上级机关可以依据职权，作出变更或撤销行政处罚的决定。执法人员玩忽职守、滥用职权、徇私舞弊的，由所在单位或上级机关给予行政处分。

对于无理阻挠、拒绝执法人员依法行使职权，打击报复执法人员的单位或个人，由建设行政主管部门或有关部门视情节轻重，根据有关法律、法规的规定依法追究其责任。

第五节　工程建设争议解决制度案例

案例1

一、基本案情

苏州××建筑装饰工程有限公司，在办公楼局部翻新工程项目建设中（面积：677平方米，合同价：47.14万元），未办理质量监督手续、未办理安全监督手续、未取得建筑工程施工许可证的情况下，已由河北××建设集团有限公司，于2018年11月5日擅自施工。上述行为违反了《建设工程质量管理条例》第十三条、《建设工程安全生产管理条例》第十条和《中华人民共和国建筑法》第七条第一款的规定。

二、事故处理

苏州××建筑装饰工程有限公司于2018年11月5日至2018年11月28日在办公楼局部翻新项目中，未取得建筑工程施工许可证即擅自施工该行为违反了《中华人民共和国建筑法》第七条第一款的规定，其违法事实有调查笔录、照片等证据予以证明。根据《中华人民共和国建筑法》第六十四条和《建设工程质量管理条例》第五十七条的规定，苏州市住房和城乡建设局拟对苏州××建筑装饰工程有限公司未取得建筑工程施工许可证擅自施工的行为，责令停止施工、限期改正，处以罚款陆仟壹佰贰拾元整的行政处罚。上述行政处罚决定的履行期限为：十五天，履行地点和方式：凭罚没收入专用缴款书到中国工商银行苏州分行营业部缴罚款。到期不缴纳罚款的，根据《中华人民共和国处罚法》第五十一条第一项的规定，每日按罚款数额的百分之三加处罚款。

三、案例评析

苏州××建筑装饰工程有限公司未取得建筑工程施工许可证即擅自施工的行为违反《中华人民共和国建筑法》第七条第一款，苏州市住房和城乡建设局《中华人民共和国建筑法》第六十四条和《建设工程质量管理条例》第五十七条对该公司作出处罚。

案例2

一、基本案情

2013年，大连××环保能源有限公司（以下简称"甲公司"）在大连金州新区立项，拟在大连经济技术开发区八号路建设一座天然气汽车加气站。2014年5月23日，甲公司与大连电力勘察设计院有限公司签订《技术服务合同》，大连电力勘察设计院有限公司出具了甲公司10kV临时电工程施工图，确定了顶管路径起自开发区八号路常规加气站合建站工程红线内，经路安停车场、绿化带、城富街，抵终点科宇箱式开关站配电柜。6月19日，大连××建设工程有限公司（以下简称"乙公司"）使用雷迪精确定位管线仪对入钻点至出钻点之间的金州新区路安停车场院内的地下管道情况进行了探查，探查显示顶管路径地下有2条天然气管线、2条原油管线，并根据现场探查情况绘制了草图，编制了施工说明。6月23日，甲公司经理刘某（另案处理）邀请中国石油管道公司大连输油气分公司（以下简称"大连输油气分公司"）新港输油站书记、副站长王某、管道队队长曹某，并会同乙公司总经理被告人李某，对金州新区路安停车场院内的地下管道情况再次进行了探查。6月25日，乙公司将编制的顶管作业施工图（标明以4.5米深度穿越地下管线）和施工说明送交甲公司。同日，乙公司与甲公司签订了《大连德泰八号路加气站 φ160pe 电力套管穿越道路及输油管道工程协议书》。6月27日，乙公司施工队队长被告人谢某、付某、贺某、肖某、李某某，经过刘某同意后进入施工现场，进行机器定位和挖掘工作坑，开始非开挖管道穿越工程作业，在以深度4米向西横向钻进了17米后钻头断裂，遂停止施工。6月28日，被告人谢某在征得被告人李某同意后，改变钻点。"第二眼"在"第一眼"的基础上东移3米，南移0.5米，"第三眼"在"第二眼"的基础上南移7～8

米，均以 3.5 米深度横向向西钻进 20 米左右，因钻头跑偏和钻头无法钻过而失败。6 月 30 日 8 时许，被告人谢某及付某等五人再次来到施工现场进行第四次作业。被告人谢某持雷迪精确定位管线仪和钻头导向仪，负责钻机钻头导向，并通过对讲机指挥付某作业，付某在水平定向钻机上负责司钻，其他人予以协助。本次作业在"第三眼"的基础上北移 1 米，以 2.8 米深度向西横向钻进。18 时 40 分许，被告人谢某感觉地面震动较强烈，遂告知付某暂停，在用钻头导向仪探测后，仪表显示钻头深度是 2.8 米。被告人谢某电话请示被告人李某，被告人李某了解情况后表示"按照目前 2.8 米深度问题不大，可以向前钻"，于是被告人谢某指示付某继续钻进，18 时 58 分致大连输油气分公司运营管理的新大一线输油管道钻漏。泄漏的原油进入市政雨水管网和污水管网。污水管网的原油注入污水处理厂，雨水管网的原油流入寨子河雨水排水出口。因石油蒸发气在寨子河与市政桥交叉处的相对密闭空间处聚集，浓度达到燃爆极限，在河边电力线路打火引燃因素的介入下发生火灾，经扑救于当日 22 时 20 分将火扑灭。"6.30"中石油管道原油泄漏燃烧事故造成直接经济损失 553.42 万元。经大连市人民政府金州新区"6.30"中石油管道原油泄漏燃烧事故调查组认定，该事故是一起非法违法施工引起的生产安全责任事故。

二、案件审理

经辽宁省大连市中级人民法院二审，依照《中华人民共和国刑法》第一百三十四条第一款、第六十七条第一款、第七十二条第一款、第七十三条第二、三款，《最高人民法院、最高人民检察院〈关于办理危害生产安全刑事案件适用法律若干问题的解释〉》第六条第一款第（二）项、第十二条第一款第（一）项，《中华人民共和国刑事诉讼法》第二百三十六条第一款第（三）项之规定，判决上诉人李某犯重大责任事故罪，判处有期徒刑一年六个月，缓刑二年。上诉人谢某犯重大责任事故罪，判处有期徒刑一年六个月，缓刑二年。

三、案例评析

上诉人李某、谢某在生产、作业中违反有关安全管理规定，因而发生重大责任事故，造成严重后果，其行为构成重大责任事故罪。其二人明知乙公司未取得建筑施工安全生产许可证仍施工作业，发生重大责任事故，予以从重处罚。其二人系自首，依法予以从轻处罚。审理期间与另案处理上诉人共同赔偿全部直接经济损失，确有悔罪表现，酌情从轻处罚并可适用缓刑。

附　录

（具体内容详见中国政府网法律法规：http：//www. gov. cn/flfg/index. htm，住房和城乡建设部网站：http：//www. cin. gov. cn/，及其他相关网站）

一、法律

《中华人民共和国刑法》

《中华人民共和国仲裁法》

《中华人民共和国铁路法》

《中华人民共和国消防法》

《中华人民共和国审计法》

《中华人民共和国劳动法》

《中华人民共和国建筑法》

《中华人民共和国公司法》

《中华人民共和国合同法》

《中华人民共和国担保法》

《中华人民共和国测绘法》

《中华人民共和国保险法》

《中华人民共和国标准化法》

《中华人民共和国民法总则》

《中华人民共和国合伙企业法》

《中华人民共和国民事诉讼法》

《中华人民共和国招标投标法》

《中华人民共和国行政许可法》

《中华人民共和国土地管理法》

《中华人民共和国监察法》

《中华人民共和国行政处罚法》

《中华人民共和国城乡规划法》

《中华人民共和国水土保持法》

《中华人民共和国安全生产法》

《中华人民共和国环境保护法》

《中华人民共和国防震减灾法》

《中华人民共和国水污染防治法》

《中华人民共和国个人所得税法》

《中华人民共和国大气污染防治法》

《中华人民共和国反不正当竞争法》

《中华人民共和国个人独资企业法》

《中华人民共和国环境影响评价法》

《中华人民共和国税收征收管理法》

《中华人民共和国城市房地产管理法》

《中华人民共和国消费者权益保护法》

《中华人民共和国环境噪声污染防治法》

《中华人民共和国公路法》（1999 年修正）

《中华人民共和国全民所有制工业企业法》

《中华人民共和国固体废物污染环境防治法》

《中华人民共和国劳动合同法》

《中华人民共和国企业所得税法》

《中华人民共和国物权法》

《中华人民共和国企业破产法》

《中华人民共和国证券法》（修订）

《中华人民共和国治安管理处罚法》

《中华人民共和国公证法》

《中华人民共和国可再生能源法》

《中华人民共和国固体废物污染环境防治法》（修订）

《中华人民共和国土地管理法》

《中华人民共和国拍卖法》

《中华人民共和国节约能源法》

二、行政法规

《工伤保险条例》

《水库大坝安全管理条例》

《建设工程质量管理条例》

《特种设备安全监察条例》

《地震安全性评价管理条例》

《建设工程安全生产管理条例》

《建设项目环境保护管理条例》

《建设工程勘察设计管理条例》

《中华人民共和国消费税暂行条例》

《中华人民共和国增值税暂行条例》

《中华人民共和国注册建筑师条例》

《中华人民共和国标准化法实施条例》

《使用有毒物品作业场所劳动保护条例》

《民用爆炸物品安全管理条例》

《中华人民共和国民用核设施安全监督管理条例》

《国务院关于特大安全事故行政责任追究的规定》

《中华人民共和国防治海岸工程建设项目污染损害海洋环境管理条例》

三、部门规章

《招标公告和公示信息发布管理办法》

《注册造价工程师管理办法》

《注册房地产估价师管理办法》

《工程建设项目施工招标投标办法》

《工程建设项目自行招标试行办法》

《评标委员会和评标方法暂行规定》

《实施工程建设强制性标准监督规定》

《注册监理工程师规定》

《评标专家和评标专家库管理暂行办法》

《中华人民共和国注册建筑师条例实施细则》

《房屋建筑和市政基础设施工程施工招标投标管理办法》

《工程监理企业资质管理规定》

《建设工程勘察设计资质管理规定》

《建筑业企业资质管理规定》

四、规范性文件

《建设工程监理规范》

《中国建筑工程鲁班奖（国家优质工程）评选办法》

《建设工程项目管理规范》

《注册造价工程师管理办法》

《建造师执业资格制度暂行规定》

《商品住宅装修一次到位实施细则》

《小城镇（乡）环境规划编制导则》

《关于放开房地产咨询收费和下放》

《房地产经纪收费管理的通知》

《关于加强城乡规划监督管理的通知》

《关于发布工程定额编制管理费的通知》

《关于加强建设项目工程质量管理的通知》

《关于加强住宅工程质量管理的若干意见》

《司法部企业承包经营合同公证程序细则》

《注册结构工程师执业资格制度暂行规定》

《关于开展建设工程项目执法监察的意见》

关于印发《国土规划编制办法》的通知

《关于加强基础设施工程质量管理的通知》

《关于发布工程建设监理费有关规定的通知》

《关于工程设计与工程监理有关问题的通知》

《关于统一印发建设项目选址意见书的通知》

《关于加强建筑意外伤害保险工作的指导意见》

《关于加强省域城镇体系规划实施工作的通知》

《关于严禁政府投资项目使用带资承包方式进行建设的通知》

《关于进一步加强建筑工程施工许可管理工作的通知》

《关于工程勘察设计单位改建为企业问题的批复》

《关于民事、行政诉讼中司法赔偿若干问题的解释》

《关于工程勘察设计单位体制改革若干意见的通知》

《关于加强建筑工程室内环境质量管理的若干意见》

《关于加强外商投资建设项目环境保护管理的通知》

关于发布《村镇规划编制办法（试行）》的通知

关于印发《建造师执业资格制度暂行规定》的通知

《关于城镇土地使用税若干具体问题的解释和暂行规定》

关于《环境保护法》第三十六条规定有关问题的复函

关于印发《建设工程设备监理管理暂行规定》的通知

关于印发《关于控制建设工程造价的若干规定》的通知

《关于禁止在工程建设中垄断市场和肢解发包工程的通知》

关于印发《小城镇环境规划编制导则（试行）》的通知

《关于长江流域河道管理范围内建设项目审查权限的通知》

关于批准建设部《城市总体规划审查工作规划》的通知

关于印发《全面深化建筑市场体制改革的意见》的通知

《关于做好城市规划工作促进住宅和基础设施建设的通知》

《关于进一步整顿和规范建筑市场秩序的意见的通知》

《关于进一步做好基层公共文化设施规划和建设工作的通知》

《关于培育发展工程总承包和工程项目管理企业的指导意见》

《关于西部大开发中加强建设项目环境保护管理的若干意见》

关于印发《注册结构工程师执业资格制度暂行规定》的通知

《关于加强中小型建设项目环境保护管理工作有关问题的通知》

《关于律师从事基本建设大中型项目招标投标法律业务的通知》

《关于深化工程勘察设计体制改革和加强管理的几点意见的通知》

《关于统一实行建设用地规划许可证和建设工程规划许可证的通知》

关于发布《国家重点风景名胜区规划编制审批管理办法》的通知

关于印发《工程总承包企业资质管理暂行规定（试行）》的通知

关于公布《建设项目环境保护分类管理名录》（第一批）的通知

《关于贯彻执行建筑工程勘察设计及施工质量验收规范若干问题的通知》

关于颁发《全国工程勘察、设计单位资格认证管理暂行办法》的通知

关于转发国家发展计划委员会《国家重大建设项目稽察办法》的通知

关于印发《提高住宅设计质量和加强住宅设计管理的若干意见》的通知

关于印发《中央直属水库移民遗留问题处理规划实施管理办法》的通知

《关于中央级大、中型基本建设项目竣工财务决算签署审核意见问题的函》

关于转发深圳市建设局、规划国土局《关于制止不正当压价竞争的通知》

关于印发《关于改进工程建设概预算定额管理工作的若干规定》等的通知

关于认真贯彻《建筑装饰装修管理规定》做好原有房屋安全管理工作的通知

《关于建筑企业项目经理资质管理制度向建造师执业资格制度过渡问题的通知》

《关于对航空、航天、船舶工业总公司所属军工企业免征土地使用税的若干规定》

《国务院办公厅转发建设部等部门关于调整住房供应结构稳定住房价格意见的通知》

《建设工程质量保证金管理办法》

《国务院办公厅转发建设部关于加强城市总体规划工作意见的通知》

《建设部、保监会关于推进工程质量保险工作的意见》

五、管理规范

《建设工程监理规范》

《城市规划收费工日定额》

《建设工程项目管理规范》

《房屋建筑工程和市政基础设施工程实行见证取样和送检的规定》

六、建设工程合同示范文本

《测绘合同》

《建筑施工物资租赁合同》

《房屋建筑工程质量保修书》

《国有土地使用权出让合同》

《建设工程施工合同示范文本》

《家庭居室装饰装修工程施工合同》

《水利水电土建工程施工合同条件》

《建设工程监理合同示范文本》

《建设工程造价咨询合同示范文本》

《业主/咨询工程师标准服务协议书》

《建设工程勘察合同示范文本（一）》

《建设工程勘察合同示范文本（二）》

《建设工程设计合同示范文本（一）》

《建设工程设计合同示范文本（二）》

《建设工程施工劳务分包合同示范文本》

《建设工程施工专业分包合同示范文本》

七、司法解释

最高人民法院《关于审理建设工程施工合同纠纷案件适用法律问题的解释》

最高人民法院《关于建设工程价款优先受偿权问题的批复》

主要参考文献

[1] 何佰洲. 工程建设法规 [M]. 北京：中国建筑工业出版社，2011.

[2] 宿辉，何佰洲. 2017 版《建设工程施工合同（示范文本）》（GF—2017—0201）条文注释与应用指南 [M]. 北京：中国建筑工业出版社，2018.

[3] 沈德咏.《中华人民共和国民法总则》条文理解与适用 [M]. 北京：人民法院出版社，2017.

[4] 韩世远. 合同法总论 [M]. 北京：法律出版社，2018.

[5] 杨立新. 侵权责任法 [M]. 北京：法律出版社，2018.

[6] 最高人民法院民事审判第一庭. 最高人民法院建设工程施工合同司法解释的理解与适用（重印本）[M]. 北京：人民法院出版社，2015.

[7] 最高人民法院民事审判第一庭. 最高人民法院建设工程施工合同司法解释（二）的理解与适用 [M]. 北京：人民法院出版社，2019.

[8] 杜万华.《第八次全国法院民事商事审判工作会议（民事部分）纪要》理解与适用 [M]. 北京：人民法院出版社，2017.

[9] 人民法院出版社. 最高人民法院司法观点集成（民事卷）[M]. 北京：人民法院出版社，2017.

[10] 林鲁海. 建设工程法律服务操作实务：建筑企业的风险防范与效益创造 [M]. 北京：北京大学出版社，2012.

[11] 谭敬慧. 建设工程疑难问题与法律实务 [M]. 北京：法律出版社，2016.

[12] 周月萍团队. 最高人民法院审理建设工程案件裁判规则解析 [M]. 北京：法律出版社，2016.

[13] 高印立. 建设工程施工合同法律实务与解析（第二版）[M]. 北京：中国建筑工业出版社，2018.

[14] 贾劲松. 建设工程施工合同案件裁判要点与观点 [M]. 北京：法律出版社，2016.

[15] 何红锋. 建设工程合同签订与风险控制 [M]. 北京：人民法院出版社，2007.

[16] 中国建设工程法律评论第四工作组. 建设工程优先受偿权 [M]. 北京：法律出版社，2017.